本刊受上海市高水平地方高校（学科）建设项目资助

CSSCI来源集刊

法律方法
Legal Method

第37卷

主　编·陈金钊　谢　晖
执行主编·戴津伟

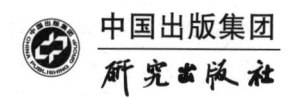

中国出版集团
研究出版社

图书在版编目(CIP)数据

法律方法.第37卷/陈金钊,谢晖主编.--北京：研究出版社,2022.1
ISBN 978-7-5199-1244-4

Ⅰ.①法… Ⅱ.①陈…②谢… Ⅲ.①法律–文集 Ⅳ.①D9-53

中国版本图书馆CIP数据核字(2022)第074641号

出 品 人：赵卜慧
出版统筹：张高里　丁　波
责任编辑：张立明

法律方法（第37卷）

FALV FANGFA（DI 37 JUAN）

陈金钊　谢　晖　主编

研究出版社 出版发行

（100006　北京市东城区灯市口大街100号华腾商务楼）
北京中科印刷有限公司　新华书店经销
2022年1月第1版　2022年1月第1次印刷
开本：787mm×1092mm　1/16　印张：31.75
字数：648千字
ISBN 978-7-5199-1244-4　定价：112.00元
电话（010）64217619　64217612（发行部）

版权所有·侵权必究
凡购买本社图书，如有印制质量问题，我社负责调换。

法律方法

（第37卷）

主　编
陈金钊　谢　晖

学术顾问
（以姓名拼音为序）

郝铁川	胡玉鸿	蒋传光	季卫东
李桂林	刘作翔	舒国滢	沈国明
孙笑侠	王　申	熊明辉	叶　青
於兴中	张斌峰	张继成	郑成良

编辑委员会
（以姓名拼音为序）

陈金钊	戴津伟	杜文静	黄　涛
黄　炎	金　梦	蒋太珂	刘风景
吕玉赞	宋保振	吴冬兴	杨铜铜
杨知文	郑　菲		

本卷执行主编
戴津伟

序　言

　　人们不能总是消费别人的信任而不断地进行压服，司法裁判只有阐明裁判结论的形成过程和正当性理由，才可能提高裁判的可接受性，实现法律效果和社会效果的有机统一。法律方法就是站在维护法治的立场上，把法律作为修辞进行说服的纠纷解决方法，其包括但不限于法律发现、法律解释、利益衡量、漏洞填补、法律推理以及法律论证。而法律方法论则是对法律如何被运用的一系列解释、论证和推理的技巧、规则、程序、原则的系统思考。由于对逻辑思维的轻视，我国对法律方法论的研究起步较晚。但自21世纪初以来，随着对思维方式的体系化改造，法律方法论研究逐渐成为我国法学研究中的一门显学。

　　创刊于2002年的《法律方法》，迄今已经出版37卷，为法律方法论人才的培育，法律方法论研究的普及、深化、繁荣，提供了专业化的学术交流、切磋平台。多年来，幸赖学界同仁的支持、出版界同仁的合作，《法律方法》与学界同仁一道，共同推动了中国法律方法论的研究，见证了法律方法论研究的繁荣。

　　法律方法论研究的持续繁荣蕴含着研究契机的转换。随着裁判文书上网、案例指导制度的建立，学界越来越关注司法实践发展出来的教义规则及其方法支撑。法律方法论的研究正从以译介消化域外相关理论为特色的学说继受阶段，转向以本国立法、司法实践的教义学化为契机的本土化时代。面对这一新的发展趋势，我们认为，促进法治中国建设、生成法学教义规则，理应成为今日法律方法论研究的出发点和落脚点。法律方法论研究也应当在继续深挖法律方法的基础理论之上，提炼能够回应我国实践需求的命题。

　　因而，我们需要继续深挖法律方法的基础理论，拓展法律方法论的应用研究。

　　一是法律方法与法治的关系。法律方法依托于法治，没有法治目标，要不要法律方法都无所谓。基于何种法治立场、实现何种法治目标、讲述何种法治故事，是奠定法律方法论价值取向的前提性问题。如果忽略对这些问题的研究，法律方法的研究、运用必将沦为方法论上的盲目飞行。

　　二是法律方法与逻辑的关系。逻辑是思维的规律和规则。法律方法表现为各种具体的法律思维规则，法律思维规则构成了法律方法的骨架。如今，逻辑学经历了传统的形式逻辑向实质逻辑的转向。结合逻辑学的新变化，建构法律解释、法律推理、法律论证模型，对夯实法律方法论的逻辑基础，强化法律方法论的实践指向，具有重要的理论和实践意义。

三是回应实践的需要,提炼新的命题。面对法律供给不足的现实,我们应当坚持"持法达变"思维,把法律当成构建决策、裁判理由的主要依据,重视体系思维,将宪法中的"尊重和保障人权"原则融入法律思维或者法律方法之中,以防止"解释权"的误用、滥用。这意味着法律规范的供给不足隐含的是法律方法或者说法律思维规则供给不足。因此,面对法治实践的需要,应不断提炼出反映中国法治实践需要、满足中国法治实践需要的新的理论命题或者规则。

在法律方法研究重点发生转向的新时代,《法律方法》将"不忘初心、牢记使命",继续秉持"繁荣法律方法研究,服务中国法治实践,培养方法论学术新进"的宗旨,为我国法律方法研究的繁荣、法律方法研究的实践取向,以及法律方法人才的培养做出应有的贡献。同时也希望各位先达新进不吝赐稿,以法律方法论研究为支点,共同推动中国法治建设。

陈金钊

目 录　　　法律方法（第37卷）

序　言　　　　　　　　　　　　　　　　　　　　　　　　　　陈金钊／I

域外法律方法论

法律解释的目标　　　　　　　　　［德］马库斯·乌尔丁格著　钱炜江译／3
——法学的经典问题以及方法论的核心争议
法律解释方法、司法自由裁量权的正当性与政治领域内的司法裁判
　　　　　　　　　　　　　　　　　［波兰］拉菲尔·曼科著　解晋伟译／14
法律推理与法律一体化　　　　［荷］伽普·哈格（Jaap Hage）著　韩　亮译／27
税法中的实质解释规则　　　　　　　　　［美］乔纳森·H. 崔著　任　超译／48
比较法律经济学：法社会学研究下的经济学回归
　　　　　　　　　　　　　　　　　　［英］柳博米拉·格拉切娃著　翟　浩译／95
新证据学：对证明过程的分析　　　　　　［美］Richard Lempert著　成小爱译／116
课堂上的实验性法律方法
　　　　　　　　　　　［法］阿瑟·戴夫　［斯洛伐克］米哈尔·奥瓦德著　危红波译／142
解释、真理和解释话语的逻辑形式　　　　［意］皮尔鲁吉·基亚索尼著　邱小航译／156
英国普通法法律方法的变迁　　　　　　　　　　　　　　　　　　　王　婧／173
——以19世纪判例制度的"严格化"为中心

法律方法基础理论

论法律解释的确定性　　　　　　　　　　　　　　　　　　　　　陈克铭／191
"建设性"法律现实主义　　　　　　　　　　　　　　　　　　　罗有成／209
——对卢埃林法律现实主义的另一种解读

麦考密克后果主义论证理论述评 .... 杨笑宇 / 225
基本道德法治化的实践理路 .... 王庆廷 / 245
作为古代历史解释的"考镜源流" .... 贾建军 / 257
"连环小说"喻示的法律解释标准 .... 刘冰琪 / 270
法律论证理论对提高裁判可接受性的启示 .... 许迎玲 / 281
　　——基于"昆仑燃气公司案"的分析

法律方法前沿

民主论辩场域中的法律修辞应用与反思 .... 朱　璇 / 297
哈耶克法治经济思想及其方法论的批判分析 .... 王　鑫 / 311
案例分析的鉴定式转向 .... 柳婷婷 / 322
党内法规解释权授权的规范反思及完善 .... 尚千惠 / 337
党内法规文本中"或者"连词的规范分析 .... 何晓琴 / 351
司法审判证据提示模式构建 .... 祝艳丽 / 371
　　——以诈骗罪为例
公益诉讼指导性案例适用难题及其破解 .... 王　浩 / 386
　　——以最高人民检察院19个指导性案例为分析对象

部门法方法论

刑法占有问题的教义学展开 .... 张金钢 / 403
　　——兼论错误汇款领受行为的法律评价
论刑法违反性规定中参照规范的确定方法 .... 潘华杰 / 415
刑事违法所得追缴的两元体系构造 .... 卫　磊 / 431
僧尼遗留财产的分配路径 .... 刘　焓 / 445
　　——从民法解释论到宗教法治方案
执法视角下行政法漏洞的识别与填补方法 .... 贺译葶 / 470
行政机关救援违法旅游遇险者的费用补偿研究 .... 闫映全 / 484
　　——以行政法上的无因管理为视角

附：《法律方法》稿约 .... / 495

域外法律方法论

法律解释的目标

——法学的经典问题以及方法论的核心争议[*]

[德] 马库斯·乌尔丁格[**]著 钱炜江[***]译

摘 要 澄清法律解释的目标有助于避免方法论上的任意性倾向。对此主要有强调立法者意志的"主观理论"、强调客观情势的"客观理论"以及试图调和两者的"折中理论"三种不同的观点。前述分歧会产生明显的实践效果,其不仅能影响法律的解释、论证以及建构,更会影响到宪法上的权力分配。对这一问题的处理,应当采用更为深入的调和理论即"主观—客观理论":一方面应当承认立法者规范意图的拘束作用,尤其不应忽视可以客观化的立法资料;另一方面,这种拘束力并不排斥法律适用者根据客观情势进行进一步的思考,但任何试图偏离立法者意图的人都必须负担论证责任。

关键词 法律解释的目标 主观理论 客观理论 主观—客观理论

法律解释的目标问题是一个"基本的方法论问题"。① 它促使每一代法律人去思考新的东西②,并且一再引发实质性的、引人注目的讨论。③ 这一讨论关注规范能否比其制定

---

[*] 基金项目:本文系国家社会科学基金青年项目"大陆法系司法传统下的法律类推适用研究"(项目编号:17CFX053)的阶段性成果。

[**] 马库斯·乌尔丁格(Markus Würdinger),帕绍大学(Universität Passau)法学院教授。

[***] 钱炜江,浙江财经大学法学院副教授,研究方向为法律方法、法哲学。

① Kramer, Jur. Methodenlehre, 4. Aufl. 2013, 121; grdl. 关于这个问题还可以参见: Heck, Gesetzesauslegung u. Interessenjurisprudenz, 1914; Mennicken, Das Ziel d. Gesetzauslegung, 1970; Larenz/Canaris, Methodenlehre d. Rechtswissenschaft, 1995, 137: "立法者意志还是规范意义?"。

② Fleischer, AcP 211 (2011), 317 (321).

③ 例如,最近对此的争论可见: Rüthers, JZ 2011, 593, und Canaris, JZ 2011, 879;也可以参见: Höpfner, Die systemkonforme Auslegung, 2008, 147ff. mwN。

者更为聪明，关注宪法以及权力问题，① 并关注法治国的危险——"法治国家"可能会被"无限解释"② 所侵蚀而变成"法官国家"（Richterstaat）。③ 当然，争议最大的是历史上的立法者意志在法律解释中扮演的角色。

一、方法论的意义何在？④

（一）作为阿里阿德涅线团及精神纽带的法律方法论

"方法论的意义何在？"——针对这个问题，吕瑟斯（Rutherse）在《法学教育》（Juristischen Schulung）发表的一篇论文中恰当地阐明了这一学科的中心问题：

"对于身处现行法秩序的迷雾和激流中的法律日常工作而言，某种导航仪是不可或缺的。而这也正是法律方法论的作用。"⑤

事实上，法律适用者常常会被无穷无尽的材料压得喘不过气来，不堪重负。在这种信息泛滥的情况下，人们越来越难以全面了解整个法律领域，处理法律纠纷，并为疑难案件找到决定性依据。要摆脱这样的迷宫，就需要一个"阿里阿德涅线团"——而法律方法论就可以发挥这样的作用。因为只有按照方法进行思考，才能够降低复杂性并过滤掉不必要的素材。借此才能建立起一个对于判例和文献的筛选机制，使多余和不重要的部分被阻挡在外，只让有价值和重要的部分进入其中。⑥ 否则，法律人将面临梅菲斯特（《浮士德》中的角色）所描述的威胁："他能把部分掌握在手里，可惜，只缺少精神的联系。"⑦ 方法论正是法律文本越来越有可能失去的那个精神联系。换言之，没有方法论的法学，根本不是科学（Wissenschaft）。

（二）方法论上的任意性是危险的根源

与之相关的是，伴随着法律中解释与论证的增加⑧以及"去教义学化"的现象⑨，方法论上的任意性危险开始出现了。"每个好的法律人都有自己的方法，但他说不出

---

① Rüthers, NJW 2009, 1461 (1462).
② Rüthers, Die unbegrenzte Auslegung – Zum Wandel der Privatrechtsordnung im Nationalsozialismus, 7. Aufl. 2012, passim.
③ 最近的相关观点见 Rüthers, Die heimliche Revolution vom Rechtsstaat zum Richterstaat, 2014, passim。
④ Rüthers, JuS 2011, 865.
⑤ Rüthers, JuS 2011, 865 (867). 关于方法论的历史以及"作为科学的法律"见 Jan Schröder, Recht als Wissenschaft, 2. Aufl. 2012, 227 f., 345 ff., 366 ff., 380 f. (关于法律解释目标的内容)。
⑥ 法律教学也与之相仿。相关结论见 Würdinger, JuS 2008, 949。
⑦ Goethe, Faust, komm. v. Erich Trunz, 2005, 63. (中译本见［德］歌德：《浮士德》，钱春绮译，上海译文出版社 1999 年版，第 101 页)。
⑧ 例如，见 Koziol, AcP 212 (2012), 1 (3)；他进一步指出：德国民法教义学的光辉最近似乎有所减退。
⑨ Würdinger, Rechtskultur 2 (2013), 79 (81).

来"——已成为格言。① 是故,学术文献正确地批评了这种方法论的多元主义。其中,科兹奥尔(Koziol)对这种司法方法的发展采取了尤其严厉的批判态度:

"法律方法论已经发生了变化,她从严格的道德监护人变成了一种精巧并符合规则的论辩,进而又变成了任人打扮的小姑娘,可以满足任何愿望。"②

法院的实践常常被证明是一种结果导向的法律适用。③ 而类似的做法在数量上也已经到了难以忽略的程度了。这种在方法论上不诚实的司法运作模式,事实上扩张了司法的判断空间,使得分权的界限产生变动,而这种变动方式在宪法上是值得商榷的。④ 由此,规范的制定权将从立法机关被转移到司法机关,并且破坏法的安定性以及教义学的可靠性。⑤ 在这一背景下,吕瑟斯分析并批评了司法权力的这种发展,将其称为"从法治国家到法官国家"的秘密革命。⑥

前述法律方法论的精神纽带作用以及任意性危险,都表明坚持批判性地对基本问题加以反思以及合乎技艺地(lege artis)运用法律方法论的重要性。⑦ 与针对特定问题的意见分歧不同,方法论问题对所有法系都有普遍性的影响。关于法律解释目标的争论也是如此。⑧ 它是法学争论的核心问题与经典问题之一。

二、法律解释的目标问题概览

(一) 问题的提出

立法者意图在法律解释中的地位和意义是什么?历史上的立法者意图是决定性标准,还是可以甚至必须通过对法律的客观解释来(对于规范内容)加以决定?⑨ 恩吉施(En-

---

① 见 Fikentscher, Methoden d. Rechts I, 1975, 10(关于恩斯特·拉贝尔 Ernst Rabel 的说明)。也可见 Rüthers, JZ 2006, 53(54),他引用德国联邦宪法法院的前院长泽德勒(Zeidler)的话说:"你知道,对我们来说,每个案件实际上都有自己的方法。"

② Koziol, AcP 212 (2012), 1 (55).

③ Rüthers, JZ 2006, 53 (54);关于"以结果为导向的方法"的危险见 Würdinger, AcP 206 (2006), 946 (977)。

④ 另见 Lüke, NJW 1976, 1826 (1827),他正确地强调了法官的重大责任,同时也指出:法官在填补漏洞以及法律续造方面必须要有所控制,以便于维持既定的权力结构。

⑤ 在此意义上见 Rüthers, JZ 2006, 53 (54)。

⑥ Rüthers, Die heimliche Revolution vom Rechtsstaat zum Richterstaat, 2014, , 79. RIeble 也提出了非常尖锐的批判,见 Rieble, FAZ v. 27. 5. 2015, N 4,他以论战的方式指出:"当终审法官无视至今已被明确理解的法律,而是声称:'这不是对法律的歪曲,而是法律续造时,法官的宪法义务对最高法院来说已经是废纸一张了。'他们完全是自行决定如何理解约束他们的法律。"

⑦ 关于"私法的方法",见 Stürner, Haferkamp, Gsell, Oberhammer, Mülbert 最近在 2013 年维尔茨堡民法教师协会会议上的发言,AcP 214 (2014), 7(附有瓦格纳/齐默尔曼的前言,AcP 214 [2014], 1)。

⑧ Mennicken, Das Ziel d. Gesetzesauslegung, 1970, 9 ff.

⑨ 关于联邦宪法法院判例中的主观与客观理论的对立,见 BVerfGE 11, 126 = NJW 1960, 1563;相关概述可见:Hassold, ZZP 94 (1981), 192 mwN; Staudinger/Honsell, BGB, 2013, Einl. Rn. 132 ff. 以及 Zippelius, Jur. Methodenlehre, 11 ed. 2012, 17 et seq;在法律教育上对此的最近处理可见 Walz, ZJS 2010, 482; Steinrötter, AL 2011, 411。

gisch）详细地阐明了这个问题：

"制定法的实质内容以及与之相连的最后的'解释目标'，是通过历史上立法者的唯一'意志'来决定和确立的，以至于法律教义学者必须追随法律历史学家的脚步；还是说，制定法的实际内容就在其本身和作为'制定法意志'的'文字'中，其作为客观意义是独立于历史上立法者的'主观'意见和意志的，且在必要时就像其他参与'客观'精神的事物一样是可以变化的。"①

这个问题一直都是法学持续讨论的主题，完全可以将之称为法学的文化战争（Kulturkampf）。②其致力于消弭立法者与解释者或文本与解释之间在时间上的鸿沟。③ 从当代视角看来，这个方法论问题其实是一个权力和宪法的问题。④ 任何国家、任何时代的法律人都无法忽视这个问题。它在时间及空间上都具有普遍的意义。⑤ 因此，也能从法律史⑥以及比较法⑦中发现极其有趣的观点。在19世纪，通常的做法是，法律解释必须确定立法者的意图是什么。⑧ 但与之相反的是，在英格兰，长期存在所谓"排除规则"——根据该规则，不允许在法律解释时诉诸议会辩论记录。⑨

（二）主观理论

按照主观理论的看法，历史上立法者（法律的起草者）的意图应当被视为解释的重要目的。⑩ 据此，立法者在"历史背景下的动机"是法律解释的决定性因素。⑪ 是故，制定法的支配权应当保留给历史上的立法者，而非让渡给当下的法律适用者。⑫ 为此还可以引

---

① Engisch, Einf. in das jur. Denken, 11. Aufl. 2010, 159 f. （中文本版见［德］恩吉施：《法律思维导论》，郑永流译，法律出版社2014年版，第106页）。
② 关于这个术语，见 Ernst Fuchs, Jur. Kulturkampf, 1912, passim。
③ Kaspers, Philosophie – Hermeneutik – Jurisprudenz, 2014, 171。
④ Rüthers, NJW 2009, 1461 (1462)。
⑤ 关于欧共体（现在是欧盟）的立法者意志在欧洲法院司法中的应用，见 Leisner, EuR 2007, 689 mwN。
⑥ 关于这一点，见 Jan Schröder, Recht als Wissenschaft, 2. Aufl. 2012, 227 f., 345 ff., 366 ff., 380 f。
⑦ 关于此，参见 Fleischer, AcP 211 (2011), 317。
⑧ 关于对此的批判，可参见 Kohler, GrünhutsZ 13 (1886), 1. 关于其历史，见 Thiessen in Fleischer, Mysterium „Gesetzesmaterialien", 2013, 45 (52 ff.)。
⑨ 关于这一点以及方法论上的范式转变可以参见具有里程碑意义的 Pepper vs. Hart 案, 1993 AC 539, 633 A；Fleischer, AcP 211 (2011), 317 (334 ff.)；Vogenauer, Die Auslegung v. Gesetzen in England u. auf dem Kontinent II, 2001, 967 ff.；Hager, Rechtsmethoden in Europa, 2009, Rn. 138 ff. 关于当代美国的解释理论，见 Melin, Gesetzesauslegung in den USA u. in Deutschland, 2005, 116 ff。
⑩ Donellus 在其 De jure civili I, 13, § 2 (Ed. 1840 I, 94) 中已经指出："表达出来的其实不是表面的法律，而是立法者的意志。"（转引自 Kohler, GrünhutsZ 13［1886］, 1）Savigny, System d. heutigen röm. Rechts I, 1840, 213；Windscheid, Lehrb. d. Pandektenrechts I, 1862, 48；Heck, Gesetzesauslegung u. Interessenjurisprudenz, 1914, 59. 最近的观点见 Jestaedt, Grundrechtsentfaltung im Gesetz, 1999, 332 ff。
⑪ BVerfGE 11, 126 (130) = NJW 1960, 1563 (1564)。
⑫ 关于此的分析见 Lorz in Baldus/Theisen/Vogel, „Gesetzgeber" u. Rechtsanwendung, 2013, 87 (92)。

用分权原则（《德意志联邦基本法》第20条第3款）加以证明。① 否则，立法权就会从国会转移到司法机关。②

根据萨维尼的观点，解释是"确定立法者利用文义所表达的意义"。③ 温德沙伊德则要求法律适用者"通过所有可能取得的要素来尽可能完整地思考立法者的精神"。④ 是故，制定法应当根据可能获得的立法者规整意图加以解释。

（三）客观理论

与之相反的是，客观理论⑤将制定法看作是解释要完成的实际目标。⑥ 只有它的内容本身才是决定性的，正如拉德布鲁赫所言："法律解释不是对已经思考过的东西重复进行思考，而是将已在思考的东西加以完成。"⑦ 或像恩吉施所说的那样："我们的任务绝非带着几十年来积累下来的当代问题，回溯到与我们无关的立法者精神当中。"⑧ 具有决定性的是基于现在的解释（interpretatio ex nunc）而非基于过去的解释（interpretatio ex tunc）。⑨ 由此，法律被赋予了属于自己的生命。⑩ 也可以用比喻的方式说，法律仿佛学会了自己走路。⑪ 如卡纳里斯所言，"解释法律的人需要在其中寻求自己时代问题的答案"。⑫ 根据客观理论，解释的对象是法律本身，是立法者的意志在法律中的客观化。⑬ 德国联邦宪法法院即致力于实现这一解释目标，其指出：

---

① 所提及的有"历史的""发生学的""主观目的论的"解释，也有"基于发生史的解释"。关于此说见 Koch/Rüßmann, Jur. Begründungslehre, 1982, 167 mwN。

② Rüthers, JZ 2006, 53 (58). 但也参考从信赖的角度论述的观点，例如 Klement, Verantwortung, 2006, 164 指出："根据作者的意愿来解释法律文本，意味着不是在规范性文本中，而是在其'背后'寻求真理，从而使法律交往的所有参与者处于不利地位——因为缺乏相应的研究可能性，他们必须依赖文本，而且只能依赖文本。"

③ Savigny, System d. heutigen röm. Rechts I, 1840, 213; 同样观点还有 Windscheid, Lehrb. d. Pandektenrechts I, 1862, 48;

④ Windscheid, Lehrb. d. Pandektenrechts I, 1862, 49;

⑤ Larenz/Canaris, Methodenlehre d. Rechtswissenschaft, 1995, 137（"制定法内在意义理论"）。

⑥ Kohler, GrünhutsZ 13 (1886), 1, 参照罗马人对于法律意志（voluntas legis）的看法："起到决定作用的并非是法律起草者的意志，而是法律本身的意志。"对此的批评见 Rüthers, JuS 2011, 865 (868); 同样观点还有 ZRP 2008, 48 (50) 以及 Röhl/Röhl, Allg. Rechtslehre, 3. Aufl. 2008, 631。

⑦ Radbruch, Einführung in die Rechtswissenschaft, 12. Aufl. 1969, 254; Zweigert, RabelsZ 15 (1949/50), 5; Kirchhof, NJW 1986, 2275 中也指出："司法不仅仅是重复已经加以规定的内容。"

⑧ 类似的观点如 Kohler, GrünhutsZ 13 (1886), 1 (3): 法律对于"其作者而言就像一个新的，甚至外来的东西一样，对其司法效果的探索，对他来说就像音乐家对声音的剖析、画家对色彩效果的剖析一样，是一项新的任务，而他创作的美学魅力正是基于此。"

⑨ Engisch, Einf. in das jur. Denken, 11. Aufl. 2010, 164.

⑩ Larenz/Canaris, Methodenlehre d. Rechtswissenschaft, 1995, 138: "随着时光流逝，它仿佛逐渐发展出自己的生命，并因此远离它的创造者最初的想法。"

⑪ Lorz in Baldus/Theisen/Vogel, „Gesetzgeber" u. Rechtsanwendung, 2013, 87 (94).

⑫ Larenz/Canaris, Methodenlehre d. Rechtswissenschaft, 1995, 139.

⑬ BVerfGE 11, 126 = NJW 1960, 1563 (1564). 同样观点还有 Herresthal, Rechtsfortbildung im europ. Bezugsrahmen, 2006, 228 ff。

"基于规范文义的解释(即文义解释),基于上下文脉络关系的解释(即体系解释),基于其目的的解释(即目的解释)以及基于立法资料及发生史的解释(即历史解释)——均可被用于确定立法者的客观意图。只要能表明法律的客观内容,立法资料的引用也是允许的。"①

在这种思路当中,经常会出现这样的说法:法律规范比它的制定者更聪明。② 如拉德布鲁赫所言:"解释者可以比法律的制定者更好地理解法律,③ 法律可以甚至必须比它的制定者更聪明。"④ 这一比喻在最近经常引发激烈的争论。⑤ 对此持不同意见者认为,法律规范是不能被说成"聪明的",因此也不可能"更聪明"。⑥ 而前述说法要求我们对文本的理解比其作者"自己理解得更好"⑦ ——这实际上已不是解释了,而是一种主张(Einlegung)。⑧

事实上,前述所谓"更聪明"的比喻并不合适,因为并不能说规范"聪明"——其与作者之间的比较也就无从谈起了。不过,人们也不应当这么狭隘地去理解这一比喻。这里的关键是,一个规范可能会产生其制定者无法预见的效果。然而必须强调的是,也不能因此为完全没有限制的解释大开方便之门。更不能使用在方法上不诚实的技巧;对于法律的每次解释及续造都需要方法论上的反馈。

(四) 折中的解决方案

对此,目前在学术界占据主流的是调和理论。⑨ 其认为极端的主观论与客观论都是站

---

① BVerfGE 11, 126 = NJW 1960, 1563 (1564).
② BVerfGE 36, 342 (362) = NJW 1974, 1181 (1182):"法律可以比其制定者更聪明。"Hirsch, JZ 2007, 853 (855). 同样的观点还有 Herbert Roth, NJW 2014, 1224, gg. Riehm, JZ 2014, 73。
③ 例如 Bollnow, Das Verstehen, 1949, 9 中也声称:"更好地理解一个作家意味着什么。比他自己了解的更多?"
④ Radbruch, Rechtsphilosophie, 8. Aufl. 1973, 207;参见 Kant, Kritik d. reinen Vernunft, 2. Aufl. 1787, zit. in Weischedel, Kant – Werkausgabe IV, 1968, 322;Heinrich Thöl, Einleitung in d. dt. PrivatR, 1851, 150。
⑤ 一方面的观点可见 Rüthers, JZ 2011, 593, 另一方面见 Canaris, JZ 2011, 879;对于争议的情况的详细叙述见 Würdinger, Rechtskultur 2 (2013), 79 (82):"对法律方法中比喻的争议。"
⑥ Röhl/Röhl, Allg. Rechtslehre, 3. Aufl. 2008, 629 恰当地指出:"当然,更聪明的并非是法律,而是解释者自以为聪明。因此,他们希望摆脱历史上的立法者。"Rüthers/Fischer/Birk, Rechtstheorie m. Jur. Methodenlehre, 8. Aufl. 2015, Rn. 797 中则强调:"法律不可能比立法者更聪明,因为它们没有自己的智慧。"
⑦ Kant, Kritik d. reinen Vernunft, 2. Aufl. 1787, 322.
⑧ Rüthers, JZ 2006, 53 (58) 尖锐地指出:"他想要欺骗别人或是欺骗自己。"同样的观点见 ZRP 2008, 48 (51):"事实上,这是解释者的一种欺骗或自欺欺人。"关于对客观解释理论的最新评价见 Stürner, AcP 214 (2014), 17 (29):"一个有害的虚构甚至幻觉。"
⑨ 例如参见 Larenz/Canaris, Methodenlehre d. Rechtswissenschaft, 1995, 137;Grigoleit, ZNR 2008, 259 (264);Höpfner (o. Fn. 3), 148 f.;Martens, Methodenlehre d. UnionsR, 2013, 457 ff. 见 Riesenhuber in Riesenhuber, Europ. Methodenlehre, 3. Aufl. 2015, § 10 Rn. 11;Herresthal, ZEuP 2009, 600, 据此,一方面需要阐明历史上的规范目的,另一方面则要结合当代情况加以解释。

不住脚的①，每一种观点都拥有"部分真理"。② 有学者主张"暗示理论"（Andeutungstheorie），据此，只要能在制定法文义中找到相应的表达，那么立法者的意志就应当加以考虑。③ 而另一种观点则认为，这应当取决于法律的古老程度④——制定法越古老，立法者意志就越是微不足道。⑤ 毕竟，古老法律的民主合法性比较弱⑥。与之相反，较新的法律则应适用主观理论。⑦ 司法实践则长期以来一直主张所谓立法者的客观意志⑧：

"解释一项法律规定的决定性因素是立法者在法律规范（法律文义或是其意义脉络关系）中所表达的客观意图。"⑨

近来，司法实践重新开始重视立法者意志的作用，例如联邦宪法法院就是如此，它指出：⑩"法官不得规避立法者所确定的法律含义和目的。他必须尊重立法上的基本决定并且在条件已经发生变化的情况下，尽可能切实地体现出立法者的意志。"⑪

（五）灰色的理论（graue Theorie）并不存在⑫

法律解释的目标问题并不是一个没有实际后果的理论争议。⑬ 方法论意识的提高对于法律问题的解释、论证以及建构都有影响。借助于此，我们才能恰当区分"未来更好的法律"的视角（de lege ferenda）与现有法律（de lege lata）的层面。⑭

---

① Hassold, ZZP 94 (1981), 192 (209); Rüßmann in Behrends/Dießelhorst/Dreier, Rechtsdogmatik und praktische Vernunft, Symposion zum 80. Geb. v. Franz Wieacker, 1990, 35 (43).

② Larenz/Canaris, Methodenlehre d. Rechtswissenschaft, 1995, 137.

③ Siebert, Die Methode der Gesetzesauslegung, 1958, 39; 对之的批判例如 MüKoBGB/Säcker, 7. Aufl. 2015, Einl. Rn. 17 mwN; 更进一步的观点见 Wank, Die Auslegung v. Gesetzen, 5. Aufl. 2011, § 3 II 3, 其正确地指出这对于文义给予了过多的重视。

④ 持有同样性质观点的还有 BVerfGE 54, 277 (297) = NJW 1981, 39 (42), 其指出："特别是在新出现以及事实上有所更新的条款中，立法机关的规范意图由于立法程序而变得非常清晰，因此在解释中具有相当大的分量。"

⑤ 对于这种渐进形式的分析，见 Würdinger, Rechtskultur 2 (2013), 79 (83).

⑥ Ehrlich, Die jur. Logik, 2. Aufl. 1925, 160: "死人对于活人的统治"是不存在的。

⑦ Wank, Die Auslegung v. Gesetzen, 5. Aufl. 2011.

⑧ 对此的激烈批评，见 Rüthers, ZRP 2008, 48 (50)："有利于扩张司法权力的虚构，一个法律童话。"

⑨ 见最近的案例 BVerfG, NVwZ 2012, 504 (505), 以及 BVerfGE 122, 248 = NJW 2012, 376 (377).

⑩ 联邦宪法法院对于刑事程序中的上诉停滞的决定，见 BVerfGE 122, 248 = NJW 2009, 1469 (mAnm Rüthers, NJW 2009, 1461) = JuS 2009, 564 (Jahn), 特别是 Voßkuhle、Osterloh 以及 Di Fabio 的投票; 关于此见 Möllers, JZ 2009, 668; Rüthers, NJW 2009, 1461.

⑪ BVerfGE 128, 193 (210) = NJW 2011, 836 (838) (mAnm Brudermüller/Götz, NJW 2011, 801, u. Rüthers, NJW 2011, 1856) = JuS 2011, 648 (Wellenhofer).

⑫ 译注：所谓"灰色理论"的说法来自德国诗人歌德的一句诗：理论是灰色的，生命之树常青。其意指理论往往会过于抽象而脱离现实。本文提到的"灰色的理论并不存在"说法，则是指不存在对现实没有影响的理论。参见[德]歌德：《浮士德》，钱春绮译，上海译文出版社1999年版，第106页。

⑬ Kramer, Jur. Methodenlehre, 4. Aufl. 2013, 122: "与法律解释实践直接相关的设定。"例如 BSGE 104, 227 = BeckRS 2009, 74399 就令人印象深刻地诉诸了主观以及客观理论。

⑭ 这一观点可以说是法律方法论中的分离原则（Trennungsprinzip）。关于制定法拘束的目标见 Martens, Rechtstheorie 42 (2011), 145 (165).

1. 立法资料的实践意义——"从资料看来是十分清晰的"

司法实践并不严格遵守客观理论，相反，它常常将立法资料引入讨论当中。例如联邦最高法院关于妨碍使用损害（Nutzungsausfallschaden）的判决就是如此：若卖方有过错地交付了一台有缺陷的机器，并因此延误了开工，要求损害赔偿的依据则存在争议。该损害赔偿的要求是直接基于《德国民法典》第437条第3项、第280条第1款，还是基于债务人履行迟延的规定（《德国民法典》第280条第2款、第286条）？就此，联邦最高法院采用前一种观点，并且引用了立法资料对此加以证明：①

"从立法资料可以看出，这里提到了损害赔偿不应基于迟延履行情况的规定。法律草案的立法理由书明白地指出（BT – Drs. 14/6040，225）：《债法现代化法》（RegE）第437条引用了第280条第2款，而该款规定基于迟延履行赔偿请求权还必须符合第286条的额外要求。而这对于《债法现代化法》第280条第1款第1句所规定的违反义务的行为不生影响，因为此时卖方违反的该法第433条第1款第2句所规定的合同义务，交付了有缺陷的货物。"②

这个例子代表了相当一部分司法判决——在这些判决中，立法资料在主观理论的意义上发挥了实际作用。③ 当然，这种诉诸立法资料的手段只是法律解释的一个中间阶段。④方法论上的真诚性要求详细叙述这种历史论证，并且对之进行分析。⑤

2. "明确的立法决定"——法院的权力之争

对"现在的法"以及"未来更好的法"分界线的维持有时甚至会在联邦最高法院中发生争议，并且有可能导致特殊类型的权力斗争。其中，值得特别注意的是联邦最高法院（BGH）针对联邦劳工法院（BAG）对用现金支付（《破产法》第142条）所拖欠工资的破产撤销权的判决作出的反应。在该案中，联邦最高法院认为即使方法论上的争议是决定性的，也应简要阐明判决的破产法背景："在雇主破产的情况下，破产管理人越来越多地对雇员提出解除合同的要求。"雇主对于工资的支付原则上受到《破产法》第130条"同等偿还"规定的拘束。但对于持续时间较短的工作，在用现金支付对价情况下则可以免于被撤销（在其他情况下，就需要返还相应款项并加入破产分配）。然而，支付拖欠工资时，根据《破产法》第143条第1款要求返还就会显得非常严厉。若雇主在危机中为雇员在前三个月所做的工作支付报酬，那么联邦劳工法院就会背离30天现金交易期的规定，而认

---

① 关于这个例子，Würdinger, Rechtskultur 2 (2013), 79 (80) 已经提到了"立法资料的论证力"。
② BGHZ 181, 317 = NJW 2009, 2674 (2675) = JuS 2009, 863 (Faust)．
③ 详细论述见 Reichelt, Die Absicherung teleol. Argumente in d. Zivilrspr. d. BGH, 2011, 183 据此，联邦最高法院更偏向于主观理论优先。
④ 联邦最高法院民事审判第五庭用以下的方式转向目的解释："立法者的规范概念最终是以目的论考量为基础的。"对此参见 Grigoleit/Riehm, AcP 203 (2003), 727 (756); dies., JuS 2004, 745.
⑤ 一个更具爆炸性的例子是对《基本法》第6条第1款婚姻和家庭保护规定的解释，对此在方法论上常常未能深入考察。而 Rüthers 的法律方法理论则对此予以了关注，见 Rüthers, Die heimliche Revolution vom Rechtsstaat zum Richterstaat, 2014, 115ff. Gröpl/Georg, AöR 139 (2014), 125.

定其为现金交易（从而不用加以返还）。[1] 联邦劳工法院的这种"有利于雇员"的司法判决受到了联邦最高法院的严厉批评。联邦最高法院第九民事审判庭诉诸明确的立法决定为其依据：

"联邦劳工法院的判决出于社会政治性原因……忽视了法律续造的局限性，以现金交易的特例为幌子，放弃了法律对于其所谓'直接性'的要求，从而得出了《破产法》第142条文义根本不能支持的解释结果——事实上，雇员的这种优先权已经被立法者所明确取消了。法官不得基于自己的法政策立场，用背离司法性质的解决方案取代明确的立法决定。"[2]

几乎不可能有比这更纯粹的法院权力斗争了。

三、法律解释目标的意见与结论

（一）法秩序的变动性

极端、纯粹的主观理论在今天的德国几乎没有代表人物。若采用此种观点，就会忽略法秩序实际存在的变动性。任何规定最终都需要适应于整体的法秩序。而法秩序会由于法律的变化而变化[3]，因此，历史上立法者的意愿不一定是解释的终点。此外，在这个因技术或社会发展而不断变化的世界上，新的情况也不断出现。[4] 即使在不同的视野和时代精神下形成的古老法律也必须对于这些新的问题作出回答。[5] 因此，是应完全取决于客观解释，还是应当将主观理论与客观理论加以结合（组合方案，统一理论），是有争议的。

（二）"主张"替代"解释"的危险

（纯粹）客观理论的危险性乃是：法官将对于制定法的续造伪装成客观解释。在进行法律续造时，法官必须对之加以披露，以便讨论法律续造[6]的具体智慧以及实质理由。[7] 客观解释论认为立法机关的意志无关紧要，只关注法律的规范性意义，因此只要解释者决定反对立法者的意志，那么解释结果必然只体现解释者的意志。[8] 但事实上，不应将解释变异为"主张"（Einlegung）。[9] 其毋宁仍需弄清并且详述历史方面的论据。否则，解释者

---

[1] BAGE 139, 235 = NZI 2011, 981 mAnm Wroblewski, NJW 2012, 894; BAGE 147, 172 = NZI 2014, 372.
[2] BGHZ 202, 59 Rn. 24 = JZ 2014, 1114 mAnm Marotzke.
[3] Würdinger, AcP 206 (2006), 946 (956): "法秩序从来不是静止的，而是始终处于动态当中。"
[4] Hirsch, ZRP 2006, 161: "规范是静态的，是根据历史上立法者的认识水平制定的，但生活却是变动的。"
[5] Rüthers/Fischer/Birk (o. Fn. 52), Rn. 313: "太阳底下新事多。"关于效力的变化，见 Neuner, Die Rechtsfindung contra legem, 2. Aufl. 2005, 116。
[6] 从解释到法律续造的过渡是不确定的。关于此，见 Christian Fischer, Topoi verdeckter Rechtsfortbildungen im ZivilR, 2007, 40。
[7] Rüthers/Fischer/Birk, Rechtstheorie m. Jur. Methodenlehre, 8. Aufl. 2015, , Rn. 797.
[8] MüKoBGB/Säcker, 7. Aufl. 2015, Einl. Rn. 80，该书中明确提及了法律渊源理论以及宪法理论的问题。
[9] Rüthers, ZRP 2008, 48 (50).

就会以令人疑虑的方式与宪法上的分权原则发生冲突。[1] "法官不得基于自己的法政策立场,用背离司法性质的解决方案取代明确的立法决定。"[2]

(三) 立法资料的作用

常有论者认为,"立法者"本身就是一种虚构[3],是故,所谓历史上立法者的意志是很难加以研究的。[4] 事实上,这种意志确实是一种虚构[5]:一方面,只有生物才会有意志;另一方面,制定法常常只是政治妥协的结果,但却不应就此认为立法资料毫无作用。[6] 笼统的争论无济于事。需要具体地弄清楚立法者支持法律文本的理由是否存在,是否可以称为立法者意志。[7] 若非如此,历史解释并不能发挥任何作用。有效的立法资料则不同,其可以使得法律解释和论证更有成效。决定性的因素不是法律的年代,而是历史论证的质量。[8]

(四) 主观—客观理论

立法者的规范意图是一种"有约束力的准则"。[9]解释法律的一个重要步骤就是根据现有的材料研究其发生史。[10] 任何"忽视或贬低立法资料的人,都会降低他们按照自己的设想解释法律的机会"。[11] 所以当温德沙伊德要求法律适用者"尽可能考虑所有可以获得的要素,深入思考立法者的立场"时,他是完全正确的。[12] 然而,这并不排除以这种方式加以思考的东西,可能"需要进一步思考"(拉德布鲁赫语)。[13] 根据前述看法,主观以及客

---

[1] Würdinger, Rechtskultur 2 (2013), 79 (86):"解释不是普洛克罗斯的床。"(译注:普洛克罗斯是希腊神话中的一个强盗。他设置了两张铁床,一长一短,强迫旅客躺在铁床上,身矮者睡长床,强拉其躯体使与床齐;身高者睡短床,用利斧把旅客伸出来的腿脚截短。)

[2] BGHZ 202, 59 Rn. 24 = JZ 2014, 1114 (1116) mAnm Marotzke. 类似观点还有 Rüthers/Höpfner, JZ 2005, 21 (25)。

[3] Baldus in Baldus/Theisen/Vogel, „ Gesetzgeber " u. Rechtsanwendung, 2013, 1.

[4] 对此可参见相关论文 Fleischer, Thiessen, Waldhoff, Seibert u. Wedemann in Fleischer, Mysterium „ Gesetzesmaterialien ", 2013。

[5] Müller/Christensen, Jur. Methodik I, 11. Aufl. 2013, Rn. 443, 这两位学者认为所谓立法者意志不过是一种幻想(eine Chimäre)。同样批判主观解释的还有 Klement, Verantwortung, 2006, 161ff。

[6] 但持有此观点是 Kunz/Raff in Baldus/Theisen/Vogel, „ Gesetzgeber " u. Rechtsanwendung, 2013, 195 (230)。

[7] 关于作为"基本诠释学原则"的解释过程的历史性(Geschichtlichkeit der Auslegungsvorgangs), 见 Gadamer, Hermeneutik I, Wahrheit u. Methode, 6. Aufl. 1990, 270。

[8] Würdinger, Rechtskultur 2 (2013), 79 (87); 关于立法是一种"集体的意向性行为"(kollektiv intentionale Handlung)见 Wischmeyer, JZ 2015, 957。

[9] Larenz, Methodenlehre d. Rechtswissenschaft, 6. Aufl. 1991, 328.

[10] Rüthers, NJW 2011, 1856 (1857).

[11] Thiessen in Fleischer, Mysterium „ Gesetzesmaterialien ", 2013, 45 (74) 中恰当地分析道:"任何人只能丢弃他已经认识到的东西。"

[12] Windscheid, Lehrb. d. Pandektenrechts I, 1862, 49.

[13] Radbruch, Einführung in die Rechtswissenschaft, 12. Aufl. 1969, 254.

观理论就将被结合起来。也就是说,更可取的是"主观—客观理论"。其首先必须确定规范的历史目的。① 这是为法律规定的意义和目的构建联系的唯一方法。任何想要偏离规范的历史目的的人,都需要负担论证责任。

四、结论

(1) 法律方法论能够减少复杂性。它是法律文本可能会失去的一种精神纽带。缺乏方法论的法学不是科学。

(2) 法律解释的目标是方法论的经典问题,也是核心问题。这是一个宪法以及权力的问题,涉及规范是否可能比其制定者更聪明。有争议的是,法律解释的目标是由历史上的立法者意志(主观理论),还是由法律本身的客观内容(客观理论)加以决定的。

(3) 对之加以折中是比较好的解决方案(主观-客观理论)。因此,解释者必须按照温德沙伊德的主张"深入思考立法者的立场"。② 但若有必要,他也必须如拉德布鲁赫所要求的那样,"将思想进行到底"(das Gedachte zu Ende denken)③ 并且在不断变化的法秩序背景下对于个别规范加以解释。④

(编辑:戴津伟)

---

① 关于这种三阶段法律适用模式,见 Höpfner, Die systemkonforme Auslegung, 2008, 144。
② Windscheid, Lehrb. d. Pandektenrechts I, 1862, 49.
③ Radbruch, Einführung in die Rechtswissenschaft, 12. Aufl. 1969, 254.
④ BGHZ 202, 59 Rn. 24 = JZ 2014, 1114 (1116) mAnm Marotzke.

法律解释方法、司法自由裁量权的正当性与政治领域内的司法裁判[*]

[波兰] 拉菲尔·曼科[**] 著　解晋伟[***] 译

摘　要　通过对欧洲法院司法判例中法官所适用的法律解释方法、司法自由裁量权的正当性以及司法判决对结构性社会对抗的影响的研究表明，欧洲法院所适用的解释方法、自由裁量权的正当性以及涉及政治性的裁判水平，三者之间有着直接关联。即是说，如果法官选择以严格契合条约制定者和立法者的客观意志的语义解释作为解释方法，则意味着其裁判具有更强的正当性，但也意味着司法判决对政治的介入程度也相应降低。但是，由于法律语言的自身特点，尤其是欧洲判例法的语言特点，致使法官不能仅通过对法律文本的语义解读便做出裁判，法官还需要通过价值选择和利益保护来促成其判决的正当化。鉴于此，便需要一种适用于欧洲法院的法律解释规范理论。

关键词　法律解释　正当性　社会对抗　实质正义　自由裁量

引　言

法律解释方法、司法自由裁量权的正当性以及司法裁判对结构性社会对抗（structural

---

[*] 本文受华东政法大学博士研究生海外调研项目资助。

[**] 拉菲尔·曼科（Rafal·Mańko），阿姆斯特丹大学博士，并于2019年获得波兰弗罗茨瓦夫大学特许任教资格。现任荷兰阿姆斯特丹大学阿姆斯特丹变革私法中心（ACT）研究员，波兰弗罗茨瓦夫大学法律教育和社会理论中心（CLEST）联合研究员，惯例执行委员会成员（executive committee of Nomos），克拉科夫贾吉略大学法律、文化和权力国际法研究中心研究员。原文标题为"methods of legal interpretation, legitimacy of judicial discretion and decision – making in the field of the political: a theoretical model and case study"，载《国际比较法学》（International Comparative Jurisprudence）。此文翻译已获授权。

[***] 解晋伟，男，山西太原人，华东政法大学法律学院博士研究生，研究方向为宪法学。

social antagonisms）的影响，此三者相互区别但却又相互牵连。笔者借用审判批判理论①的研究框架，通过对欧洲法院的司法活动来分析以上三个问题。通过对欧洲法院的判例研究表明，法院选择的解释方法、自由裁量权的正当性，与涉及结构性社会对抗（the political "政治性"）的裁判水平有着直接的关联。也就是说，如果法官选择以严格契合条约制定者和立法者的客观意志的语义解释作为法律解释方法，则意味着裁判具有更强的正当性，但也意味着司法判决对政治性的介入程度也相应降低。但是，由于法律语言有着自身特点②，且欧洲法律语言本身又具有特殊性及语种的多样性的特征③，从而使得语义解释更为困难。因此，法官不可能完全通过对法律文本的语义解读来裁决案件，还必须求助于其他解释方法，例如原则、先例或目的性判断，而这些方法的使用又增加了法官的自由裁量权。而且，法官还需要借助其他非文本的依据使其判决正当化，比如说裁决对抗性社群的利益冲突时，对抗群体的观念形态偏好就成为必须要考虑的因素（第三部分）。因此，为了提升判决的正当性（第二部分），我们提出了一种规范性法律解释方法，用以解决欧洲法院在无法通过遵从立法者意图而使得判决获得正当性时的问题。

此外，欧洲法院虽应尽可能地忠诚于语义学标准，但是，基于文义解释不可能满足于所有的实际情况④，欧洲法院还应采用意识价值论（conscious axiological）⑤作为捍卫弱势一方权利的选择。弱势一方大致包括与企业发生纠纷的消费者、与雇主发生劳资摩擦的工人、与房东发生冲突的租户，以及向多数群体主张权利的少数群体。因此，欧洲法院在裁判中必需意识到自身的道德立场（consciously ethical position）⑥，在促进实体正义，尤其是促进社会正义时，不再对其道德立场遮遮掩掩⑦。

据此，笔者会在文章第一部分探讨现有的法律解释方法，特别是麦考密克（MacCor-

---

① Mańko, R. *W stronę krytycznej filozofi orzekania：Polityczność, etyka, legitymizacja*《走向批判的审判哲学：政治、伦理、合法性》. Łódź：Wydawnictwo Uniwersytetu Łódzkiego. (2018a)。

② Gizbert – Studnicki, T. *Język prawny z perspektywy socjolingwistycznej*.《社会语言学视野中的法律语言》Kraków：Nakładem Uniwersytetu Jagiellońskiego. (1986)。

③ Kalisz, A. *Wykładnia i stosowanie prawawspólnotowego*《欧洲共同体法律的解释与适用》. Warszawa. 153 – 154 (2007)；Doczekalska, A. Drafting and Interpretation of EU Law – Paradoxes of Legal Multilingualism. In *Formal Linguistics and Law*. Berlin – New York：Mouton De Gruyter. eds. G. Grewendorf & M. Rathert. 339 – 370 (2009)；Beck, G. *The Legal reasoning of the Court of Justice of the EU*. Oxford：Hart. 236 (2012)；Łachacz O. & Mańko R. Multilingualism at the Court of Justice of the European Union：Theoretical and Practical Aspects. *Studies in Logic, Grammar and Rhetoric*. 81 – 82 (2013)；Jedlecka, W. Reguły językowe wykładni prawa UE《解读欧盟法律的语言规则》. In *Wykładnia prawa Unii Europejskiej*《欧盟法律解释》. ed. Leszek Leszczyński. Warszawa：C. H. Beck. 142 (2019)。

④ Szot, A. Reguły celowościowe i funkcjonalne w wykładni prawa UE《解释欧盟法律的目的和功能指令》. In *Wykładnia prawa Unii Europejskiej*. ed. Leszek Leszczyński. Warszawa：C. H. Beck. 179 (2019)。

⑤ the whole phrase is conscious axiological choice, i. e., conscious selection of values. 作者注。

⑥ Mańko, R. *W stronę krytycznej filozofi orzekania：Polityczność, etyka, legitymizacja*《走向批判的审判哲学：政治、伦理、合法性》. Łódź：Wydawnictwo Uniwersytetu Łódzkiego. (2018a)。

⑦ Douzinas, C. & Gearey, A. *Critical Jurisprudence：The Political Philosophy of Justice*. Oxford：Hart. 172 – 176 (2005)。

mick)、萨默斯（Summers）和塔鲁夫（Taruffo）提出的 MST 类型学①，借以说明法院目前所适用的法律解释方法更注重于目的论与传统意志论（purposeful topoi）。第二部分则阐释正当性裁判的概念，并将法律解释方法与正当性裁判联系起来。第三部分，探讨政治性裁判的概念，即司法裁判与结构性社会对抗的关系。在第四部分，会详细说明法律解释方法的选择对社会对抗的影响。最后，在文章第五部分，结合第二、第四部分的研究结果，去探讨如何提高欧洲法院判例法的正当性，并提出一种规范性解释理论，以建议欧洲法院在审理社会对抗的案件中应当如何出判决。

在方法论上，本文是应用法学理论的一次实践。即以批判法学为理论基础，特别是对审判批判哲学②的应用，对欧洲法院的司法实践进行批判分析后（第二、第三部分），进而形成一种规范的解释理论（第四部分），以作为对现有法律解释方法所存在问题和不足的回应。

一、欧洲法院所适用的法律解释方法

法律解释方法，是指法院处理书面法律材料（如立法或判例）的方式，一般来讲，是指法院所建立的法律论证方式。其外，也会涵盖一些游离于"法律材料"之外的概念，例如"一般法律原则"③或类似于"例外不得扩张"这样的推理准则④。可以说，法律解释方法所关涉的是法庭论证过程，这些论证可以是以条约、法律、判例等具有文本形式的法律文件为导向，也可以是以利益、原则或效应等不具有文本形式的概念为导向。许多基于非文本的论证被称作"实用主义"，尤其是在使用社会效应与经济效应等方法去阐述法院观点的情况下⑤。学界最为有名并得到公认的法律解释方法是由麦考密克（MacCormick）、萨默斯（Summers）和塔鲁夫（Taruffo）⑥构建的 MST 类型学。MST 类型学将论证模式分为三大类十一种：即文意论证（linguistic）、体系论证（systematic）、目的论论证/评估

---

① MacCormick, Neil & Summers, R. *Interpreting Statutes*. New York：Routledge.（1996）.

② Mańko, R. *W stronę krytycznej filozofi orzekania：Polityczność, etyka, legitymizacja*《走向批判的审判哲学：政治、伦理、合法性》. Łódź：Wydawnictwo Uniwersytetu Łódzkiego.（2018a）.

③ Hesselink, M. The general principles of civil law：their nature, roles, and legitimacy. In *The Involvement of EU law in private law relationships*. Oxford：Hart Publishing.（2013）.

④ Mańko, R. Roman Roots at Plateau du Kirchberg：Recent Examples of Explicit References to Roman Law in the Case – Law of the Court of Justice of the EU. In *Mater Familias：Scritti romanisticiper Maria Zabłocka*. ed. J. Urbanik et al. Varsavia：Faculty of Law and Administration of the University of Warsaw, 502（2016）；Case C – 96/14 *Van Hove v CNP Assurances*, ECLI：EU：C：2015：262. para. 31

⑤ 因为突出其无涉"成文法"，非文本形式甚至被描述为"超法律的"。参见：Mańko, R. The Use of Extra – Legal Arguments in the Judicial Interpretation of European Contract Law：A Case Study on *Aziz v Catalunyacaixa*（CJEU, 14 March 2013, Case C – 415/11）. *Law and Forensic Science*. 10, 7 – 26（2015）. 尽管它们被用于法律解释，而法律解释本身受某些规则的制约，而一些法律理论家，像 Artur Kozak, 则反对将非文本形式视为"超法律"的。并强调其属于广义上的法律。参见：Mańko, R. Artur Kozak§ Juriscentrist Concept of Law：A Central European Innovation in Legal Theory. *Review of Central and East European Law*, 370 – 372（2020a）.

⑥ Beck, G. *The Legal reasoning of the Court of Justice of the EU*. Oxford：Hart. 130（2012）.

性论证（teleological/evaluative），而从构建者的意图来判断，每一种类型的划分都是横向并列的①。详细划分如下②：

A：文义论证③：（A.1）普通语义；（A.2）特殊语义④。

B：体系论证：（B.1）上下文一致；（B.2）遵从先例；（B.3）个别类推（analogia legis）；（B.4）逻辑论证；（B.5）原则性论证；（B.6）历史论证。

C：目的论论证/评估性论证：（C.1）目的论论证（目的导向）；（C.2）基于道德、政治、经济或其他社会因素的结果论证。

D：立法原意论证（Arguments from legislative intent）。

MST 类型学的分类方式可谓之全面，目前法院所使用的法律论证方式都可囊括于其中。

众所周知，法院更倾向于使用"文本外"的法律论证方式，而不仅仅只是拘泥于文本的形式主义论证⑤。作为论证规则，法院的判例法语义论证渐让位于体系论证和目的论论证⑥，而法律论证又让步于"政治考量"⑦。

当然，即使渐隐于目的论论证的光辉之下，语义论证在法庭中仍占有相当重要的地位⑧。例如，欧洲法院在 2000 年 3 月 23 日的判决中⑨，对《欧洲共同体海关法》中的"证据"一词进行了语义解释，并将由此解释形成的"语义概念"作为了主要的裁判依

---

① Beck, G. *The Legal reasoning of the Court of Justice of the EU*. Oxford：Hart. 130 – 133（2012）.

② Ibid. 130 – 133.

③ 文字解释都始于字义。字义是一种表达方式的意义，依普通语言用法构成之语词组合的意义，或者，依照特定语言用法组成之语句的意义。特定语言一般有专门术语，例如契约、继承等，还有一种情况是特定语义会比普通语义具有更宽或更窄内涵，例如，民法中所规定的亲属的范围与一般语义中的亲属所指范围要窄。

④ 也称作技术语义标准，不过，在《法律方法论》中，与普通语义相对应的是"特殊语义"，因此，在这里译作特殊语义。参见［德］卡尔·拉伦茨著：《法律方法论》，陈爱娥译，商务印书馆，2003 年版，第 200 页。

⑤ Marcisz, P. *Koncepcja tworzeniaprawaprzez Trybunal Sprawiedliwości Unii Europejskiej*《欧盟法院创设法律的构想》. Warszawa：LEX. 115（2015）；Mańko, R. The Use of Extra – Legal Arguments in the Judicial Interpretation of European Contract Law：A Case Study on *Aziz v Catalunyacaixa*（CJEU, 14 March 2013, Case C – 415/11）. *Law and Forensic Science*. 7（2015）。

⑥ Schilling, T. Beyond Multilingualism：On Different Approaches to the Handling of Diverging Language Versions of a Community Law. *European Law Journal*. 60（2010）.

⑦ Stawecki, T. O praktycznym zastosowaniu hermeneutyki w wykladni prawa《论解释学在法律解释中的实践应用》. In *Teoria i praktyka wykladni prawa*《法律解释的理论与实践》. ed. P. Winczorek. Warszawa：Liber. 108（2005）；Arnull, A. *The European Union and Its Court of Justice*. 2nd ed. Oxford：Oxford University Press. 612（2006）；Paunio, E. The Tower of Babel and the Interpretation of EU Law：Implications for Equality of Languages and Legal Certainty. In *Private Law and the Many Cultures of Europe*, ed. T. Wilhemsson. Alphen a/d Rijn：Kluwer Law International. 392（2007）；Paunio E. &S. Lindroos – Hovinheimo, S. Taking Language Seriously：An Analysis of Linguistic Reasoning and Its Implications in EU Law. *European Law Journal*. 399（2010）；Łachacz O. &Mańko R. Multilingualism at the Court of Justice of the European Union：Theoretical and Practical Aspects. *Studies in Logic，Grammar and Rhetoric*. 82 – 83（2013）。

⑧ Beck, G. *The Legal reasoning of the Court of Justice of the EU*. Oxford：Hart. 188（2012）.

⑨ Judgment of 23 March 2000. Joined Cases C – 231/98 and C – 406/98 *Leszek Labis*., ECLI：EU：C：2000：154.

据①，而此也并非个案②，毕竟对欧盟法律的解释都必须从语义层面展开③。不过，值得注意的是，由于欧洲法院对欧盟法律的解释有着"自主解释"的传统④，即便是适用文义解释，欧洲法院依然具有很强的创造性。也就是说，还可以给上文的 A 类论证方式中再加一条，即 A.3：欧洲法院的自主文义解释。

不过，欧洲法院更倾向于适用体系解释，尤其是从自身的判例（B.3）和法律的一般原则展开论证（B.5）⑤。在一些经典的论证过程中，法律的序言已常被作为论证基础而加以适用⑥。不过，值得一提的是，到目前为止我们只能在事实上探讨判例，因为没有任何官方文本承认过遵循判例原则⑦。但是，欧洲法院依然竭尽全力地发展了一套具有强制力与约束力的判例去规范实践⑧。而且，不可否认的是，在欧盟法律秩序中，判例在理论上也是最重要的法律渊源⑨。不过，由于规定遵循判例的法律规范的缺失，导致欧洲法院在什么情况下可以不受判例约束的标准无案可寻，从而造成时不时地违背判例倒成了欧洲法院心照不宣的光明正大的操作⑩。正如前文所示，目的论解释方法，包括功能标准和后果主义标准⑪，已在欧洲法院的推理论证过程中占据了特殊的地位。据此，我们可以得出一个结论：作为一个整体，目的性功能解释是欧盟法律最具特色的解释方法⑫。

---

① Judgment of 23 March 2000. Joined Cases C‑231/98 and C‑406/98 *Leszek Labis*., ECLI：EU：C：2000：154.（Paras. 28‑31）.

② Beck, G. *The Legal reasoning of the Court of Justice of the EU*. Oxford：Hart. 188（2012）.

③ Szot, A. Reguły celowościowe i funkcjonalne w wykładni prawa UE《解释欧盟法律的目的和功能指令》. In *Wykladnia prawa Unii Europejskiej*. ed. Leszek Leszczyński. Warszawa：C. H. Beck. 178（2019）。

④ Judgment of European Court Case C‑28/98 *Linster*. Judgment of 19 September 2000. ECLI：EU：C：2000：468（2000a）; Jedlecka, W. Reguly językowe wykladni prawa UE. In *Wykladnia prawa Unii Europejskiej*. ed. Leszek Leszczynski. Warszawa：C. H. Beck. 151‑152（2019）; Szot, A. Reguły celowościowe i funkcjonalne w wykładni prawa UE《解释欧盟法律的目的和功能指令》. In *Wykladnia prawa Unii Europejskiej*. ed. Leszek Leszczyński. Warszawa：C. H. Beck. 179（2019）。

⑤ 欧洲法院从欧盟法中至少引申出 11 项一般原则，包括：（1）平等对待和禁止歧视原则；（2）罪刑罚相当原则；（3）欧盟法律适用一致原则；（4）管辖效力原则（effectiveness）；（5）确定性原则；（6）忠诚合作原则；（7）尊重基本权利原则；（8）欧盟法律至上原则；（9）垂直直接效力原则；（10）协调解释原则/间接水平效力原则；（11）对例外、豁免和减损的限制性解释原则。See Beck, G. *The Legal reasoning of the Court of Justice of the EU*. Oxford：Hart. 195（2012）。

⑥ Beck, G. *The Legal reasoning of the Court of Justice of the EU*. Oxford：Hart. 191（2012）; Judgment of 5 February 2002. Case C‑255/99 *Anna Humer*, ECLI：EU：C：2002：73.

⑦ McAuliffe, K. Precedent at the Court of Justice of the European Union：The Linguistic Aspect. In *Law and Language：Current Legal Issues*. ed. M. Freeman & F. Smith. Oxford：Oxford University Press. 483（2013）.

⑧ Stone Sweet, A. *The Judicial Construction of Europe*. Oxford：Oxford University Press. 97‑98（2004）.

⑨ Schermers, H. G. & Waelbroeck, D. F. *Judicial Protection in the European Union*. The Hague：Kluwer Law International. 133（2001）.

⑩ Komarek, J. Precedent and Judicial Lawmaking in Supreme Courts：The Court of Justice Compared to the US Supreme Court and the French Cour de Cassation. *Cambridge Yearbook of European Legal Studies*. 400‑401（2009）.

⑪ Beck, G. *The Legal reasoning of the Court of Justice of the EU*. Oxford：Hart. 207‑215（2012）.

⑫ Kalisz, A. *Wykładnia i stosowanie prawawspólnotowego*《欧洲共同体法律的解释与适用》. Warszawa. 153‑170（2007）。

二、法律解释方法和裁判的正当性

正当性与合法性是两个不同的概念[1],正当性有着比合法性更宽泛的内涵,而后者是达成前者的一个重要因素[2]。不过,鉴于司法判决的不确定性,以及强调涵摄(subsumption)和自主主义(automatism)的传统法律解释模式已不被认可,导致判决的正当性就无法完全依靠对法律条文墨守成规的解读而建立,尤其是存在因立法者有意而造成法律文本不严密的情况;或者是因立法者无法预见而出现法律空白的情况[3]。此外,即便是法律文本经过认真的编撰,情况也远非那么乐观,主要原因在于司法自由裁量权是无法完全被剔除于审判之外的,毕竟"法律的适用与否不能由执法机构直接决定",进而导致"在法律中挑挑拣拣就成为判决的必由之路"[4]。实际上,司法判决,特别是像欧洲法院这样的法院在处理"疑难案件"后所形成的判决倒是一个造法过程,"是具有权威性的,因为其不是从既有的规范或是从更高的权威所导出;而是一个从无到有的过程,从某种意义上来讲,也就具了绝对性"[5]。

裁判的正当性可以建立在众多基础之上。就制度基础而言,正当性体现为对法官的民主授权,当然,授权可以是直接授权也可以是间接授权[6]。如果授权直接来自公民(通过公民直接选任法官)或是议会(通过议院选举宪法法院法官,或是由议院委员会任命法官),这种授权便是强授权;相反,如果授权来自一个自身都是被间接赋权的机关,例如司法部长任命,那么这种授权就是一种弱授权。而欧洲法院的法官的选任,则是由一个特别委员会推选,再由国家任命[7]。

如果制度基础无法发挥作用或是无力决定法官的任命,裁判的正当性则可以通过遵从于立法者的选择来确立,即所谓的司法节制模式[8]。然而,即便法官采取遵从立法者的立场,对法律文本和立法意图进行了解读,法官也会遇到无法获得答案的情况[9]。而这种情况还普遍存在,尤其对法律解释本身就存有质疑的情况下。当然,并不是说欧洲法院审理

---

[1] Schmitt, C. *Legality and Legitimacy*. Durham – London: Duke University Press. (2004).
[2] Ibid. 6, 9.
[3] Peretiatkowicz, A. Studia prawnicze《法学研究》. Poznań: Księgarnia św. Wojciecha. 98 – 100 (1938); Gizbert – Studnicki, T. Język prawny z perspektywy socjolingwistycznej. Kraków: Nakładem Uniwersytetu Jagiellońskiego. 107 – 108 (1986).
[4] Bekrycht, T. Transcendentalna filozofia prawa. O zewnętrznym obowiązywaniu i uzasadnianiu istnienia prawa《先验法哲学:论法律存在的外在约束力与正当性》. Łódź: Wydawnictwo Uniwersytetu Łódzkiego. 190 (2015).
[5] Fusco, G. G. Normalising sovereignty: reflections of Schmitt's notions of exception, decision, and normality. *Griffith Law Review* 26 (1), 134 (2017). https://doi.org/10.1080/103834412017.1345708.
[6] Mańko, R. *W stronę krytycznej filozofi orzekania: Polityczność, etyka, legitymizacja*《走向批判的审判哲学:政治、伦理、合法性》. Łódź: Wydawnictwo Uniwersytetu Łódzkiego. 243 – 247 (2018a).
[7] Dumbrovsky, T., Petkova B., Van der Sluis, M. Judicial Appointments: The Article 255 TFEU Advisory Panel and Selection Procedures in the Member states. *Common Market Law Review*. 51 (2), 455 – 482 (2014).
[8] Posner, R. A. The Meaning of Judicial Self – Restraint. *Indiana Law Journal*. 59 (1). (1983).
[9] Ibid. 24.

的案件都会遇到这种问题，但是即便没有遇到以上情况，法官即便秉持以善良意志行事，以遵从立法者选择的方式去解读法律似乎也难以施行。原因就在于，以多种语言起草的欧盟法律从撰写起始就带有了模糊性，毕竟其表达的是原则和目标，而不是具体的行为模式[①]。而且，还有一个不争的事实，即是欧盟的立法起草团体所涉及的人员众多，人员之间不仅风俗习惯各相迥异，文化背景也是千差万别，在法律文本的表达上他们更关心的是如何实现求同存异，而不是明确和精准[②]。此外，由于"千差万别的语言版本、含糊不清的原则性规定、以及无法确定的'立法者'意图等诸多因素冲击着传统的法律解释理论"[③]，使得司法节制模式也受到了更多的挑战。事实上，欧洲法院对立法者意图这种法律解释方法，也没表现出太多的兴趣[④]。正如审判批判哲学中所假设的观点，我们有必要将焦点从忠诚于立法者，转向于忠诚于正义[⑤]，即"结果正当"（output legitimacy）[⑥]，也可称为实用层面的正当性（pragmatic aspect of legitimacy）[⑦]。我们可以这样理解"忠诚于正义"，即欧洲法院应当在结构性社会对抗中支持因处于弱势而受到压迫、支配的一方。

除此之外，还应当为裁判的正当性增加程序性理由（实用层面的正当性[⑧]），例如，让法院之友[⑨]、或社会裁判员参与审判[⑩]。正如皮奥特·尤查兹所强调的，"社会裁判员参与审判是强化司法正当性的重要因素"。[⑪]

[①] Arnull, A. *The European Union and Its Court of Justice*. 2nd ed. Oxford：Oxford University Press. 612（2006）；Łachacz O. & Mańko R. Multilingualism at the Court of Justice of the European Union：Theoretical and Practical Aspects. *Studies in Logic, Grammar and Rhetoric*. 81（2013）.

[②] Kalisz, A. *Wykładnia i stosowanie prawawspólnotowego*《欧洲共同体法律的解释与适用》. Warszawa. 153 – 152 – 153（2007）；Guggeis, M. & Robinson, W. "Co – Revision"：Legal – Linguistic Revision in the European Union "Co – Decision" Process. In *The Role of Legal Translation in Legal Harmonization*. ed. C. J. W. Baaij. Alphen aan den Rijn：Kluwer Law International. 51 – 81；61 – 62（2012）.

[③] Łachacz O. & Mańko R. Multilingualism at the Court of Justice of the European Union：Theoretical and Practical Aspects. *Studies in Logic, Grammar and Rhetoric*. 81（2013）.

[④] Szot, A. Reguły celowościowe i funkcjonalne w wykładni prawa UE《解释欧盟法律的目的和功能指令》. In *Wykladnia prawa Unii Europejskiej*. ed. Leszek Leszczyński. Warszawa：C. H. Beck. 181（2019）.

[⑤] Mańko, R. *W stronę krytycznej filozofi orzekania：Polityczność, etyka, legitymizacja*《走向批判的审判哲学：政治、伦理、合法性》. Łódź：Wydawnictwo Uniwersytetu Łódzkiego. 249 – 250（2018a）；Douzinas, C. & Gearey, A. *Critical Jurisprudence：The Political Philosophy of Justice*. Oxford：Hart. 172 – 176.（2005）.

[⑥] Milej T. Prawowitość wladzy państwowej a demokracja parlamentarna i re？ imy polityczne《国家权力的正当性与议会民主和政治制度关系》. In *Prawowitść wladzy państwowej*,《国家权力的正当性》ed. M. Masternak – Kubiak, A. Mlynarska – Sobaczewska, A. Preisner. Wroclaw：Beta – Druk. 239.（2014）.

[⑦] Mańko, R. *W stronę krytycznej filozofi orzekania：Polityczność, etyka, legitymizacja*《走向批判的审判哲学：政治、伦理、合法性》. Łódź：Wydawnictwo Uniwersytetu Łódzkiego. 249（2018a）.

[⑧] Ibid. 247 – 249.

[⑨] 法院之友，原文作"amici curiae"，是指对案件中的疑难法律问题陈述意见并善意提醒法院注意某些法律问题的临时法律顾问。

[⑩] 指那些非职业法律工作者的公民。Juchacz, P. S. Trzy tezy o sędziach społecznych i ich udziale w sprawowaniu wymiaru sprawiedliwości w Polsce《三论关于波兰非专业法官及其参与司法活动的》*Filozofia Publiczna i Edukacja Demokratyczna* 5（1）（2016）.

[⑪] Ibid. 162.

三、解释方法与政治性

对"政治性"的定义,笔者采纳的是查特尔·墨菲的概念,即强调社会的对抗性[1]。此概念区别于"政治"(politics)和"政策"(policies)。"政治"指向的是国家权力和权力分配的实践领域;"政策"指向的是国家权力运作,如经济政策、农业政策、社会政策、国防政策等[2]。墨菲的竞争性民主理论是建立在对"后政治民主"的批判之上,根据罗尔斯和哈贝马斯的"后政治民主"理论学说[3],冲突被可达成的理性共识所取代[4]。尽管墨菲强调冲突而非共识,但是她认为非常有必要通过嵌入适当的制度将对抗规制到可控的范围之内,以防止因对抗失控而导致民主制度的瓦解[5]。墨菲的理论可以这样理解:对抗可以而且应当被控制在一个政治共同体之内,而不是政治共同体之外。如果可以将敌人转变为对手,那么对国家最高权力的竞争就会为程序主义所掩盖,暴发极端事件的可能性就会让位于周期性的民主进程[6]。在墨菲看来,对抗性政治是可以被"驯服"和"升华"的,即将"对抗"转化为"竞争",而后者是可以与多元民主相兼容的。与"敌对方"不同,"竞争对手"认同"自身与竞争对手同属一个政治共同体,是在象征性领域之内的冲突"[7]。

而传统审判中的解释范式,包括法律操作的解释和法律适用的解释,是与政治性、政治、政策相隔离的,法律的运作同样也有别于政治性的运作。与此不同,审判批判哲学强

---

[1] 在《民主的悖论》一书中,墨菲建议将社会中根深蒂固的"对抗"称为"政治性",即"the political",以便将它同"政治(politics)"区分开来。"政治"指的是以组织人类共存为目的的多种形式的实践活动。在墨菲看来,"对抗"的概念在社会的思维中处于核心地位,因为否定性是社会最基本的构成要素,且永远无法被克服。"对抗"的理念同样也揭示了冲突的存在,并且对此没有理性的解决方法。"对抗"指向了一种对多元主义的理解,这与自由主义的所称的多元化又有很大的不同。自由主义所称的多元主义是一种稳定的交换模式,而墨菲认为的多元主义是社会对抗分化的结果。换句话说,在多元社会的结构下,对抗性是一种社会常态,这种对抗性可能会以一种"政治"的面目表现出来,也会以一种"社会活动"的形式展现。与"政治"的"求同"不同,"政治性"更多地表现为"存异",即是寻求对社会中无法聚合也不可消弭的对抗与冲突的缓解方式。参见 Mouffe, Ch. *The Democratic Paradox*. Routledge. (2000).

[2] Sulikowski, A., Mańko, R. & Lakomy, J. Polityczność prawa i ogólnej refleksji nad prawem: wprowadzenie [The Political Character of Law and Jurisprudence: An Introduction]. *Archiwum Filozofii Prawai Filozofii Społecznej*. 5-6 (2018).

[3] Menga, F. G. Conflicts on the Threshold of Democratic Orders: A Critical Encounter with Muffle's Theory of Agonistic Politics. *Jurisprudence*. 8 (3), 540 (2017).

[4] Monteiro Crespo de Almeida, L. Direitos fundamentais e a democracia agonística: considerações jurídicas sobre a teoria política de Chantal Mouffe《基本权利与竞争性民主:查特尔·莫夫政治理论的司法评论》. *Revista Direitoe Práxis*, 11 (2), 466 (2020); McNay, L. *The Misguided Search for the Political*. Cambridge: Polity Press. 67 (2014).

[5] Monteiro Crespo de Almeida, L. Direitos fundamentais e a democracia agonística: considerações jurídicas sobre a teoria política de Chantal Mouffe《基本权利与竞争性民主:查特尔·莫夫政治理论的司法评论》. *Revista Direitoe Práxis*, 11 (2), 467 (2020).

[6] Smoleński, J. Chantal Mouffe vs. Carl Schmitt: The Political, Democracy, and the Question of Sovereignty. *Hybris*. 16, 63-81 (2012).

[7] Mouffe, Ch. *The Democratic Paradox*. Routledge. 20 (2000).

调审判和政治性领域的结构联系①,尤其是政治性被赋予了结构性社会对抗、竞争性社群或竞争性主体的相面②,例如,雇员与雇主,消费者与销售商,保守派与自由派,多数派与少数派,等等。事实上,法官作为法律解释者不可能超然其外,而是"在结构性社会对抗中占据着决定性的地位"。③ 因此,可以这样理解法官所发挥的作用,即"为广泛的社会对抗在具体的法庭诉讼中寻找相应的位置,并为如何适当解释那些影响着诉讼走向的重要法律展开辩论"。④

政治性(结构性社会对抗)与判决之间的联系源于这样一个事实,即法官对个人之间争端的裁决常常(几乎总是)会对这种对抗造成影响,也就是说,不论是否出于法官本意,司法总会介入政治性领域⑤。这种介入分为两种情况。第一种,法官的判决影响了个别公民或组织的利益,而该公民或组织又刚好属于结构性对抗中的特定群体。例如,法官所处理的消费者和银行之间的民事纠纷⑥,消费者与银行在结构性社会对抗中便分属不同的群体。虽然阿齐兹先生和加泰罗尼亚凯萨的律师们在法庭上为他们的个人利益而辩护,但是,他们的"战斗"同样也是银行和消费者之间法律"阵地战"的延伸。第二种情况,也是最为重要一种情况,如果争议由高等法院裁决(比如上诉法院或最高法院)、或由判决具有事实先例权威的超国家法院裁决(如欧洲法院),这就意味着这份本是针对诉讼双方利益的裁决,不仅会影响到朱巴克先生和夫人与莱芬生银行的利益,还会影响到那些与此案双方当事人处于类似情况的消费者与银行的利益⑦。

由此可知,法院,尤其是像欧洲法院这样享有至高司法权威的机关,不应当把自己的活动局限于解释客观法律和保护主观权利之内,还应当将自身视为政治性领域的仲裁员,毕竟其判决会直接影响到现有的结构性社会对抗,比如劳资之间、消费者和银行之间、保守派和自由派之间、多数派和少数派之间。当然,这也给我们带来了一个疑问:作为社会

---

① Łakomy. J. Hermeneutic Universalism: A Post – Analytical Perspective on the Political Character of Legal Interpretation. In *A Post – Analytical Approach to Philosophy and Theory of Law*. ed. A. Bator & Z. Pulka. Berlin: Peter Lang. 55 (2019a).

② Mańko, R. Dimensions of the Political in Adjudication: A Case Study. *Acta Universitatis Lodziensis. Folia Iuridica*. 7 (2020b).

③ Łakomy, J. 'Polityczność (teorii) wykładni prawa: perspektywa neopragmatyzmu Stanleya Fisha'.《法律解释理论的政治特征:斯坦利·菲什的新碎片主义视角》. *Archiwum Filozofii Prawa i Filozofii Społecznej*. 26 (2018).

④ Łakomy. J. Hermeneutic Universalism: A Post – Analytical Perspective on the Political Character of Legal Interpretation. In *A Post – Analytical Approach to Philosophy and Theory of Law*. ed. A. Bator & Z. Pulka. Berlin: Peter Lang. 51 (2019a).

⑤ Mańko, R. Orzekanie w polu polityczności《政治领域的司法裁判》. *Filozofia Publiczna I Edukacja Demokratyczna*. (2018b); cf. Sulikowski, A. & Wojtanowski, M. The Polish Constitutional Court Crisis – Some Remarks on the Political, Liberalism and Culture. In *The Gradual Emergence of the Juristocratic State*. ed. B. Pokol & A. Téglási. Budapest: Dialóg Campus. 188 – 190 (2019).

⑥ Judgment of 14 March 2013. Case C – 415/11 *Aziz*, ECLI: EU: C: 2013: 164; Judgment of 3 October 2019. Case C – 260/18. *Dziubak*, ECLI: EU: C: 2019: 819.

⑦ 在上述案件中,消费者和银行都签订了以瑞士法郎为计价单位的贷款合同。作者注。

对抗的仲裁人,欧洲法院在多大程度上是根据自己的权威对社会对抗施加影响的,或又有多大程度是依据来自其他地方的决定(立法者)而施加影响的。对于这个问题,我们可以这样解释,如果欧洲法院尽可能地采取忠实于法律文本的方式去解读法律(即适用上文第一部分中所述的 A.1、A.2 和 D 论证方法),那么欧洲法院就相当于将如何解决社会对抗的问题推到了立法者身上,也就是将自身裁判的影响力限制于个案之中。相反,如果欧洲法院采用更开放的法律解释方法,例如法律原则解释(方法 B.5),目的论解释(方法 C.1)或基于社会因素的解释(方法 C.2),这就意味着法院拥有了更大的自由裁量权。平衡论即是借鉴了此类解释方法的推理模式①。如果法院需要在相互冲突的利益、法律原则、基本权利之间寻求平衡点,法院就必须具有相当大的自由裁量权,否则对平衡点的探求很难会有最终的结果。最后,关于体系解释中的先例问题(方法 B.2),如果法律解释是基于欧洲法院自身的先例,而不是聚焦于死板的教条主义(判决依据和事实类比)②,法院也会享有很大的自由裁量权。

四、司法解释的规范理论

审判批判哲学既有描述性要素,也有规范性要素。描述性要素包括对司法自由裁量权界线的分析③和法官对政治性领域的介入(结构性社会对抗),以及"司法——政治性裁判"的概念化④。规范因素包括裁判的伦理方面⑤和正当性理论⑥。审判批判哲学是具有普遍适用性的理论,可适用于任何类型的法院或裁判所。不过,将该理论适用于欧洲法院时,还必须考虑到欧洲法院所具有的超国家的特性。当然,审判批判理论的必要性也可以通过事实来证明,即有一种可以为欧洲法院广泛接受的法律解释规范理论,则可以提升其裁判的正当性,特别是在涉及类似于政治性司法裁判的疑难案件。

解释方法的概况如下:首先,对条约的解释,欧洲法院应遵循《维也纳条约法公约》的原则(以下简称《公约》)。《公约》第 31 条第 1 项规定,"条约应依其用语按其上下文并参照条约目的及宗旨所具有的通常意义,善意地解释。"第 32 条,则规定了解释的补充

---

① Kennedy, D. The Hermeneutic of Suspicion in Contemporary American Legal Thought. *Law and Critique*, 25 (1). (2015); Kotowski, A. Argumentacja z tożsamosci konstytucyjnej – celem podsumowania《宪法身份之争:综述》. *Studia i Analizy Sądu Najwyższego*, 47 (2017)。

② Beck, G. *The Legal reasoning of the Court of Justice of the EU*. Oxford: Hart. 242-250 (2012)。

③ Mańko, R. *W stronę krytycznej filozofi orzekania: Polityczność, etyka, legitymizacja*《走向批判的审判哲学:政治、伦理、合法性》. Łódz: Wydawnictwo Uniwersytetu Łódzkiego. 95-146 (2018a)。

④ Mańko, R. Dimensions of the Political in Adjudication: A Case Study. *Acta Universitatis Lodziensis. Folia Iuridica*. 7 (2020b)。

⑤ Kennedy D. *A Critique of Adjudication | fin de siècle*. Cambridge, Massachusetts: Harvard University Press. (1997); Mańko, R. *W stronę krytycznej filozofi orzekania: Polityczność, etyka, legitymizacja*《走向批判的审判哲学:政治、伦理、合法性》. Łódz: Wydawnictwo Uniwersytetu Łódzkiego. 171-220 (2018a)。

⑥ Mańko, R. *W stronę krytycznej filozofi orzekania: Polityczność, etyka, legitymizacja*《走向批判的审判哲学:政治、伦理、合法性》. Łódz: Wydawnictwo Uniwersytetu Łódzkiego. 237-253 (2018a)。

方法，即"为证实由适用第31条所得之意义起见，或遇依第31条作解释而：（甲）意义仍属不明或难解；或（乙）所获结果显属荒谬或不合理时，为确定其意义起见，得使用解释之补充资料，包括条约之准备工作及缔约之情况在内"。《公约》第31和32条的规定反映了现存的条约解释的国际习惯和普遍惯例，具有很高的权威性，适用于所有条约的解释，也包括对规定国际组织构成的解释，其中"目的和宗旨"便侧重于国际组织的有效运作。

《公约》支持经典的解释方法三分法：文义解释、体系解释、目的解释。《公约》第32条规定了解释补充资料的使用，即可以为证实第31条解释方法所得之意义而使用，也可以适用于条约含义在解释后仍模糊不清或为克服依31条解释方法所得结论出现"明显荒谬或不合理"的情况。《公约》明确采用了"文义解释"方法，即认为条约文本是各方意图的真实表达。因此，解释的出发点都是条约文本中的应有之义，而不是文本外的双方意愿。关于文义解释、体系解释和目的解释之间的相互关系，不存在适用时的位阶等级或优先顺序问题，可以视为需要同时考虑的组合操作。就建立国际组织的条约而言，目的解释是以"管辖较力"（effectiveness）要素为前提，而"管辖较力"要素则是将权力赋予组成的国际组织的正当理由。尽管如此，对条约文本的目的和意图的探寻仍存在局限性。毕竟与解释国内法或私法合同不同，国际条约文本内容的客观表达要比当事人双方的共同意愿更为重要，所以对条约的解读应当根据上下文的文义与文本中所含的目的来解读。但是，如果解释结果仍然模棱两可，法院有权适当利用辅助解释方式。

二级立法（指令、条例）的解释规则与国际条约的解释规则不同，其解释也不受《公约》的指导。曾在欧洲法律文化中盛极一时的立法原意解释，在二级立法的解释中也曾占据主导地位。但就目前来看，这种影响也日渐消退①。

考虑到法律保障的需要，将先例作为法律解释规范理论的重要组成部分，有助于提升欧洲法院判例法的正当性。特别是为欧洲法院审判庭的组成方式②和不同类型的程序（先决裁判、未能履行欧盟义务的诉讼、评议）提供正当性基础。审判庭组成，可以效仿波兰最高法院的模式，即只有在明确规定的情况下，由七名法官组成的审判庭的裁决才对法院具有约束力，但是由法庭、联合法庭、全体法官会议做出的裁决，则具有当然约束力。七名法官组成的审判庭做出的判决可被法庭的判决推翻；法庭做出的判决则可被该法庭或联合法庭的判决推翻；联合法庭的判决则可由同一联合法庭或由法院推翻；由法院做出的判决只能由其自己推翻③。波兰的这一模式可以在稍加改变后适用于欧洲法院，即如果欧

---

① Szot, A. Reguły celowościowe i funkcjonalne w wykładni prawa UE《解释欧盟法律的目的和功能指令》. In *Wykladnia prawa Unii Europejskiej*. ed. Leszek Leszczyński. Warszawa: C. H. Beck. 181 (2019)。

② 欧洲法院法官审理案件的合议庭的组成方式包括：全体法官会议、大审判庭、五名法官审判庭、三名法官审判庭。

③ 最高法院不得推翻其自身先例的原则因应予避免，因为这一原则本身缺乏灵活性。该原则形成于伦敦电车公司诉伦敦郡议会一案，并由英国上议院确认后于1898年至1966年间有效（London Tramways Co. v London County Council [1898] AC 375），后于1966年7月26日于加德纳勋爵的实务申明中予以废止（Lorda Gardiner's Practice Statement of 26 July 1966 (Practice Statement [1966] 3 All ER 77)。

洲法院专门小组认为有必要的话，可以用明确决议的方式，确认其判决是具有约束力的先例。由三名法官组成的审判庭的判决可以被由五名法官组成的审判庭的判决推翻，五名法官组成的审判庭的判决可以由十五名法官组成的大审判庭的判决推翻，大审判庭的判决则由全体法官会议推翻。以此明确欧洲法院所适用的法律解释效力的起止时间，从而提升法律的确定力。鉴于欧洲法院的地位和作用，其判决也应对成员国的法院具有约束力。

解释方法和判例约束力将构成解释规范理论的表现形式。然而，在实践领域中，审判批判哲学非常强调司法自由裁量权的界线，因为司法自由裁量权会规避解释规范理论的论证公式，哪怕法院是以语义或体系解释去解释法律也会存在这种情况，更不用说以目的解释去解读法律的情况了。[1] 事实上，"每当释法者'解读法律'时，他们不可避免地会跨入政治领域，因为他们的所有脑力活动都自带了政治属性"。[2] 邓肯·肯尼迪强调，司法自由裁量权的界限不是绝对的，而是一个程度问题，即法官为寻求与法律和先例所能导出的不同结果时，而对法律可以进行多大程度上的解读问题。也就是在大致了解法律和先例后，法官可以进行多大程度的解释工作的限制问题[3]。解决这个问题的关键便是引入"观念形态"（ideology）[4] 或价值论（axiology）判断，即判决影响到谁的利益时，谁的偏好便应当予以考虑。在这里，列举几例由法院在裁判中会涉及的冲突群体：消费者与销售者、雇主与雇员、企业或环境保护组织[5]。本着批判法学所具有的开放精神[6]，保护弱势一方（劳动者、消费者、承租人、少数派）和易受损的公共利益（环境保护、动物福利、文化多样性）因此成为欧洲法院解释法律时具有实质意义的指导原则。适用公开的价值论（价值驱动）立场，符合审判批判哲学的预设，也有助于提升欧洲法院判例法的实质正当

---

[1] Mańko, R. *W stronę krytycznej filozofi orzekania：Polityczność, etyka, legitymizacja*《走向批判的审判哲学：政治、伦理、合法性》. Łódź：Wydawnictwo Uniwersytetu Łódzkiego. 113 – 114 (2018a)。

[2] Łakomy. J. The Space of the Political in Legal Interpretation (Some Remarks on the Dworkin – Fish Debate). In *Law, Space and the Political：An East – West Perspective*. ed. P. Bieś – Srokosz et al. Częstochowa：Podobiński Publishing House. 136 (2019b)。

[3] Kennedy D. *A Critique of Adjudication ｛fin de siècle｝*. Cambridge, Massachusetts：Harvard University Press. 160, 162, 166, 81 (1997); Kennedy, D. *Legal Reasoning：Collected Essays*. Aurora：Davies Group. 158, 160 – 162, 168 (2008)。

[4] "观念形态"，在这里理解为"在与其他利益群体的冲突中，将自身视为本利益群体代表而行动的知识分子的普遍化目标。"参见 Kennedy D. *A Critique of Adjudication ｛fin de siècle｝*. Cambridge, Massachusetts：Harvard University Press. 39 (1997)。

[5] Mańko, R. Dimensions of the Political in Adjudication：A Case Study. *Acta Universitatis Lodziensis. Folia luridica*. 10 – 13 (2020b)。

[6] Skuczyński P. Typy myśli krytycznej w prawoznawstwie. Od krytyki poznania do walki o uznanie《法理学中的批判性思维类型：从认知批判到认知斗争》. In *Integracja zewnętrzna i wewngtrzna nauk prawnych*《法律科学的外部和内部整合》. ed. M. Zirk – Sadowski et al. Łódź：Wydawnictwo Uniwersytetu Łódzkiego. 133 – 134 (2014); Mańko, R. *W stronę krytycznej filozofi orzekania：Polityczność, etyka, legitymizacja*《走向批判的审判哲学：政治、伦理、合法性》. Łódź：Wydawnictwo Uniwersytetu Łódzkiego. 136 (2018a)。

性和推进渐进式的社会转型。就目前来看，在涉及消费者保护①和环境保护②的案例中，法院的确采纳了价值论，但却没有将其适用于保障劳动者权利的案件，③也没有适用于涉及社会住房的案例，④应当是法院认为资本的自由流动比广泛的住房政策更重要⑤。而我们所强调的解释规范理论，是在欧洲法院遵循通常的法律解释方法的前提下，面临如何适当地解释法律的两难境地时，要求法院站在弱势群体的一方。而在做出判决之前，也应先行分析案件中所涉及的结构性冲突⑥。

结 论

欧洲法院所适用的法律解释方法与其所做出的涉及结构性社会对抗的裁判的正当性之间有着紧密的联系，而按照查特尔·墨菲对政治性概念的定义，我们可以推断欧洲法院所有的司法裁判都会与政治性有所牵连。基于此，笔者提出了欧洲法院法律解释的规范理论，以回应文章开始时所提出的挑战。概括而言，法律解释适用前，要先对裁决对象的冲突性质做出界定，选择更有利于弱势方的解释方法，以此作为促进社会正义的正当手段。在实施更为民主的法官任命之前，如果可以推行这一解释方法，不但有助于提升欧洲法院裁判的正当性，还会提升个案裁判的道德性。正如上文所强调，尽管欧洲法院已有保护弱势群体（消费者）的先例，但是并没有将其扩张到对工人和承租人的保护。而若采用本文提出的规范性解释方法则可以改进这一问题，从而使欧洲法院的裁判不仅仅只是技术和形式"正义"（Justiz）的体现，同样也是实质"正义"的体现（Gerechtigkeit），⑦这样，欧洲法院的判决便享有了名副其实的"正义"。显然，促进社会正义的任务的限度在于法院的管辖范围，例如，法院更有可能对消费者案件做出裁决，而不是在劳动法领域内。

（编辑：杨铜铜）

---

① Judgment of 14 March 2013. Case C‐415/11 *Aziz*, ECLI：EU：C：2013：164；Judgment of 3 October 2019. Case C‐260/18. *Dziubak*, ECLI：EU：C：2019：819.

② Judgment of 17 April 2018. Case C‐441/17 *Commission v Poland（Bialowieża Primal Forest）*. ECLI：EU：C：2018：255.

③ Judgment of 18 December 2007. Case C‐341/05. *Laval*, ECLI：EU：C：2007：809；Judgment of 18 July 2013. Case C‐426/11 *Alemo‐Herron et al. v Parkwood Leisure*, ECLI：EU：C：2013：521；GC（2018）. Judgment of 15 November 2018. Joined Cases T‐202/10 RENV II and T‐203/10 RENV II *Stichting Woonlinie et al. v Commission.*, ECLI：EU：T：2018：795.

④ Judgment of 8 May 2013. Joined Cases C‐197/11 and C‐203/11. *Libert et al. v Flemish Government*, ECLI：EU：C：2013：288.

⑤ Korhals Altes, W. K. The single European market and the demise of Flemish housing policy. *International Journal of Housing Policy*, 15（2）. 209（2015）.

⑥ Mańko, R. Dimensions of the Political in Adjudication：A Case Study. *Acta Universitatis Lodziensis. Folia Iuridica*. 5‐15.（2020b）.

⑦ 英语中的justice一词对应于德语中的两个术语，即"Justiz"与"Gerechtigkeit"，前者意指司法正义，类似于英美所指的形式正义，而后者意指实质正义。

法律推理与法律一体化[*]

[荷]伽普·哈格（Jaap Hage）[**] 著 韩 亮[***] 译

摘 要 皮埃尔·罗格朗认为，通过欧洲民法典来统一欧洲私法并不可行，因为欧洲民法典需要在不同的法律文化（思维）中运行。在民法传统中，以这样一部法典为基础的法律推理是演绎性的，而在普通法传统中，法律推理的出发点是案例本身，普通法推理往往不会抽象出个别案例的特殊性。罗格朗的民法推理构思是基于法规适用的涵摄模型，除了做出有限的可能性解释外，它并没有使法律适应具体案件。民法和普通法系传统之间存在的法律文化差异，并非源自法规推理和案例推理之间的区别，两者的法律文化差异只能依情况而定。欧洲民法典的引入将有助于克服这两种传统之间的差异。而这样做是否可取，则是另一个问题。

关键词 法律适用原因模型　基于法规的推理　基于案例的推理　法律体系开放度

一、引言

只要能够提出正确的问题，你就已经得到了一半的答案。这一宝贵见解不但适用于日常生活中遇到的问题，还可能更加适用于学术研究，包括法学。许多法学讨论都得益于有人提出了正确的问题。在笔者看来，法律理论的主要优点在于，它从传统意义上把分析哲学的技巧应用到法学问题上，从而促进提出正确的问题。只要问题合适，"普通"的法律

---

[*] 原文刊载于 10 Maastricht J. EUR. & COMP. L. 67（2003）。
[**] 马斯特里赫特大学（荷兰）法理学讲师。作者感谢简·斯密茨的宝贵意见，这些意见帮助厘清了本文的模糊部分。而是否成功厘清，须由读者判断。在任何情况下，作者都对余下所有不明确的内容和错误承担全部责任。
[***] 韩亮，男，安徽阜阳市人，华东政法大学经济法学院博士研究生，上海市宝山区人民法院法官，研究方向为经济法学。

知识往往足以回答这些问题。为阐明这一点，本文将探讨现代法律逻辑的技巧会如何促进对欧洲法律一体化的讨论。

几年前，皮埃尔·罗格朗发表了一项颇具说服力的言论，反对通过制定《欧洲民法典》实现欧洲私法一体化。[①] 他从两方面为自己的观点辩护，一个是一体化不可取，另一个是一体化无法通过统一的《欧洲民法典》来实现。罗格朗批评了支持《欧洲民法典》的提议，理由有四，其中之一（与本文相关）是，该法典"将无法实现它所代表的普遍适用"。如果这部法典要应用到两种根本不同的法律文化（即民法文化和普通法文化）中，那么同一部法典不可能产生相同的法律。

罗格朗的观点涉及两种不同的思维。首先是民法传统的思维。根据罗格朗对皮特金的分析，民法传统将抽象的法规作为决策的出发点，并把决策视为"演绎性过程，因为构成决策的法规先于应用决策的实践"。[②]与此相反，普通法传统则以具体案例为出发点。当人们为了判决一个新的案例而参考一个旧的案例时，旧的案例并没有被抽象成一个普遍的法规，而是被完整地采纳，包括所有的事实细节。对此，罗格朗引用了塞缪尔的话，"法律的发展不是从大量事实情况中归纳出法规、条款或制度，而是从事实本身向外推进"。[③]

这些对民法和普通法传统的描述非常抽象。罗格朗试图更直观地描述这种差异，但他的观点始终是高度抽象的。为了促进理解，我们将举例说明。

一个贫穷的年轻人照料一位富有的老太太。两人随后结婚，而且没有对财产做任何特别的安排。根据荷兰法律，二人的财产被合并，成为他们的共同财产。

婚后不久，这个年轻人就谋杀了自己的妻子。他因谋杀罪受罚，但这并不是问题的关键所在。问题是，在婚姻已经结束的情况下，他能否得到一半的婚姻财产。很明显，他不能继承另一半遗产，因为法律规定，一个人不能继承他所谋杀的人的遗产。然而，对于丈夫谋杀妻子时的婚姻财产分割，荷兰法律中没有具体规定。

这个看似普通的案件引发了激烈讨论。显然，荷兰法律没有明文规定，当婚姻中的一方谋杀另一方时如何分割婚姻财产，但尚不清楚是否存在处理这一问题的相关法规。对于有解决方案的特定情况，如果法律体系中存在相关规定，那么我们完全可以说，虽然许多案例没有合适的成文法规，但仍受到某些法律法规的制约。因此，若法律法规存在，则认为对某类案例存在着法律上正确的解决方案。这种观点虽然站得住脚，但也有其缺点，因为它模糊了处理某类案例的法规与针对各类案例的法律解决办法之间的区别，后者有时依据的是上述法规。[④] 笔者在本文中所述的"法规"，是指那些被明确制定的法规，而不是

[①] P. Legrand, Against a European Civil Code´, 60 *Modem Law Review* 1（1997），44–63.

[②] 此处也对比了 Jan Smits, The Making of European Private Law,（Intersentia, 2002），82 on the syllogistic nature of legal reasoning in the civil law tradition。

[③] P. Legrand, 60 *Modem Law Review* 1（1997），50.

[④] 类似于凯尔森提出的法律规范和法律条文（H. Kelsen, *Reine Rechtslehre*,（Franz Deuticke, I960），73f.）），以及阿尔乔登和布里金（C. E. Alchourrdn and E. Bulygin, The Expressive Conception of Norms´, in R. Hilpinen（ed.）, *New Studies in Deontic Logic*,（Reidel, 1981））提出的表达性和融合性规范概念的区别。

针对不同类型案例的法律解决方案。

诚然，罗格朗的观点不无道理，对于谋杀配偶这类的案例，普通法的推理方式有足够的空间予以恰当处理，而且更容易得出"谋杀者不应获得一半婚姻财产"的结论。但如果罗格朗是对的，我们却很难在民法传统中达成这样的解决方案。在荷兰法律中，只有一条规定大致与此案相关。它规定，如果婚姻结束，夫妻共同财产将由双方分割（如果其中一方已经死亡，则由其继承人继承）。从这项规定来看，本案例仅仅只有婚姻已经结束（因配偶一方死亡）这一事实是相关的。本案中婚姻的结束是由于一方杀死了另一方，这一点并不相关，因为上述规定并未提到这一点。这一法规决定了相关的事实，而且由于"在应用法规之前便提出了法规"，此前并未考虑到夫妻中未亡的一方会杀死已故的一方。根据民法的推理方式，这意味着凶手将获得一半的婚姻财产，至少按照罗格朗的说法是这样。

为避免得出这一结论，正如前文所述，罗格朗可能会称法规是"各类案例的法律解决方案"。在这种广义的法规观中，民法法系可能有适合这类案例的不成文法规。这样的法规适用于本案，并能得出"谋杀配偶的一方不会得到一半婚姻财产"这样的结论。然而，如果罗格朗采取这种方式，那么他关于普通法系和民法法系在思维方式上的差异的观点就失去了优势，因为这样一来，法规就不再先于案例被提出。

因此，让我们假设民法和普通法之间的差异真的与罗格朗描述的一样，那么罗格朗所称的"民法和普通法传统在思维方式上的差异将破坏一般民法典的效果"将是正确的。然而，笔者需要指出的是，这种差异并不以这种方式存在，所以罗格朗的论点并不像乍看起来那样有力。下文将再次提到谋杀配偶案，并说明荷兰民法传统对该案的处理方式。在此之前，先列出本文的思路结构。

我认为，罗格朗观点的正确性取决于法律体系是否开放。事实上，我们可以把他的观点解释为，在以案例为基础的系统中，法律必然是开放的，而在以法规为基础的系统中，法律必然是封闭的。案例方法和法规方法之间的差异意味着，一部《欧洲民法典》的引入无法实现私法统一。

罗格朗的观点也可以被解释为，普通法系只是恰好更加开放，并不认同普通法系以案例为基础的特性造就了这种开放性。按照这种解释，本文的论点就弱了很多，罗格朗的观点也是，因为它没有给出任何理由，更没有说明普通法系恰好更开放的原因。因此，针对罗格朗理论的两种解释，本文提供了两种论点。如果罗格朗不预设普通法传统和民法传统之间推理方式的差异源于案例推理和法规推理之间的区别，那么他的观点则毫无依据可言。但是，如果他的预设是，普通法传统和民法传统之间推理方式的差异源于案例推理和法规推理之间的区别，那么本文则试图表明，他的假设是错误的。在这两种情况下，罗格朗的观点都遭到了驳斥。

在对法律的开放性进行简短讨论后，笔者将详细阐述罗格朗的论点，解释为何法律在普通法中可能是开放的，而在民法中则是封闭的。然后，笔者将阐述法规适用逻辑如何保持民法体系的开放性，以继续反驳罗格朗的观点。在这方面，笔者将借鉴法律逻辑领域的最新成果，特别是借用"可废止逻辑"对法律推理的分析。由此，得出的结论是，虽然民法法系基于法规而非案例来运作，但这不意味着，它必然是封闭的。以法规为基础的体系的开放程度取决于其他因素。

这一结论驳倒了罗格朗的主要观点。接下来，笔者将阐述民法体系不同的开放程度，并简要分析背后原因。还将证明，这些原因也与普通法系有关。

二、法律体系的开放性

与基于公平原则裁决所有案例相比，法律体系的一个优势是提供了更高程度的结果可预测性。它表明了案例中的哪些事实与法律有关，以及它们以何种方式导致某种结果，因此降低了预测案例结果的难度。此外，这种可预测性使社交互动变得更容易。富勒甚至认为，法律体系必须具有最低限度的可预测性。[①]

同时，如果不限定法律认为相关的事实，有时就无法考虑到那些似乎相关的事实。法律推理不仅是将相关法律适用于案例，而且是实用推理的一种特殊情况，即决定做什么。[②]从这个角度来看，将与判决有关的事实限制在预先确定的范围内，是违反法律性质的，因为把可能有关的事实排除在外显然不合理。这是每个法律体系都面临的基本矛盾，法律体系的开放程度正是这一矛盾的体现。

从这个意义上而言，法律体系是更加开放的，因为它使更多的事实被确认为与法律相关，虽然表面上这些事实似乎并不相关。如前所述，建立法律体系的目的之一是，区分事实与特定案例的解决是否有关。此外，应该在案例出现之前区分相关事实和不相关事实。如果根据事后被认定的相关事实来裁定案例，那么虽然采取的方式合理（这种合理性也可能会受到质疑），但不合法。从定义上讲，拥有法律体系意味着先确定在法律上的相关事实。[③]

关于法律体系的开放性，问题的关键在于判断标准有多严格。如果完全不严格，即预先判定法律相关的事实没有实际意义，那么这就不再是法律体系。如果判断标准非常严格，即不允许有任何例外，那么这一法律体系就是封闭的。由于法律是一种行为指引，要考虑到各种因素，因此这种封闭系统的可行性值得怀疑。[④] 事实上，所有法律体系在某种程度上都是开放的。在预先确定法律相关事实时，都有限制地允许例外情况。法律体系的开放程度取决于对例外的允许程度。

罗格朗认为，在预先判定法律相关事实方面，普通法系比民法法系能允许更多的例外情况。为了确认这一点，需要对案例推理和法规推理的逻辑进行仔细研究。为了加深对案

---

① L. L. Fuller, *The Morality of Law*, (Yale University Press, 1969), 33f.

② R. Alexy, *Theorie der juristischen Argumentation*, (Suhrkamp, 1978), 263 and R. Alexy, The Special Case Thesis∗, 12 *Ratio Juris* 4 (1999), 374 – 384.

③ Fuller, The Morality of Law, 49f. and G. Radbruch, E. Wolf and H. P. Schneider (eds.), Rechtsphilosophiey (Koehler Verlag, 1973), 164f.

④ J. C. Hage and A. Peczenik, ∗Law, Morals, and Defeasibility∗, 13 Ratio Juris 3 (2000), 305 – 325.

例推理和法规推理的了解，下一节将介绍二者在逻辑方面的区别。

三、原因及其逻辑

如果存在一个恰当的概念框架，我们就能够更容易地理解普通法推理和民法推理之间的区别。在本节中，笔者将借鉴原因逻辑（加上对应的英文）的形式，尝试制定这样一个框架。原因逻辑是一种可废止逻辑，可废止逻辑源自人工智能研究，用于处理经验法则和例外情况。与其他可废止逻辑不同的是，原因逻辑专门针对法律法规和原则的推理特性。①

（一）原因

在原因逻辑中，一个核心概念就是原因。我认为所有的原因都是事实，即现实中那些使话语为真的事项。例如，如果"在下雨"为真，那么是因为正在下雨这个事实而为真。如果一个句子为真，那么我认为句子所说的一切都是事实。例如，如果"这幅画很美"为真，那么这幅画很美就是一个事实。这意味着，我接受没有实质基础支撑的事实（如5大于3），以及只有基于法规才可能存在的事实（如法院有判决权，债务人应该偿还债务）。②因此，我显然接受那些只能存在于法律体系范围内的事实。

有些事实与其他事实的存在有关。例如，约翰拥有一本书的事实与他被允许把书撕成碎片的事实有关。这种相关性可以通过"原因"一词来表达。约翰拥有这本书的事实是他能撕碎书的原因，而莱亚被监禁的事实是她不能有效投票的原因。③

"原因"一词还有其他意义，但本文重点关注的是上述意义。此处的"原因"是指"决定其他事实是否存在的事实"。我把有原因支撑的事实称为原因的结论。因此，"约翰拥有一本书"这个事实，是"杰拉德将这本书转让给约翰"这一原因的结论。

原因可以细分为决定性原因和促成性原因。决定性原因决定了以其为原因的事实是否存在。例如，房间里只有两只狗、三只猫这一事实，共同构成了房间里有五只动物这一事实的决定性原因。同样，作用在物体上的唯一力是引力这一事实，是该物体向引力方向加速的决定性原因。

相反，促成性原因并不决定其支撑事实的存在性，只是促成其存在。例如，如果简答应去看望杰拉尔丁，这就是她去看望杰拉尔丁的促成性原因。至于她是否应该去看望杰拉

---

① Bart Verheij, *Rules, Reasons, Arguments. Formal studies of argumentation and defeat*, PhD – thesis Maastricht (1996) and J. C. Hage, *Reasoning with rules*, (Kluwer, 1997).

② 其中一个原因是，由于祈使句和命令句（ought – sentences & command）之间的错误平行，有人怀疑祈使句（"规范"）的真假。笔者在此处认为，至少有些祈使句为真。详细信息，参见 Hage, Reasoning with rules, 70 and J. C. Hage, Moderately Naturalistic Deontic Logic *, in P. McNamara and H. Prakken (eds.), Norms, Logics, and Information Systems, (IOS Press, 1999), 56 – 72。

③ 有时一个原因包含不止一个事实。例如，弗兰克实施了侵权行为并因此造成了损害，这些事实共同构成了弗兰克对损害承担责任的原因。这些事实中的任何一个单独来看都不是原因，但它们结合在一起就是责任存在的原因。

尔丁，还要看是否存在其他原因因素。首先，如果有一个决定性原因导致她不应该去看杰拉尔丁，那么她就不应该去。其次，如果存在不去看望杰拉尔丁的促成性原因，并且如果反对看望的原因比支持的原因更重要，那么她也不应该去。然而，如果没有反对看望杰拉尔丁的原因，或者如果反对看望的原因不如支持的原因重要，那么简就应该去看望杰拉尔丁。

本文附录总结了上述原因逻辑。

关于促成性原因很重要的一点是，必须权衡各种促成性原因。权衡的结果往往是决定哪一组原因更重要。有时，这种决定本身也可能有其原因，但并不总是如此。例如，如果两组原因之前被权衡过，那么之前的决定可以作为新决定的先例（同样的原因必须以相同的方式衡量）。此外，对于其他作为原因的事实，还可能存在与其重要性甚至相关性有关的原因。例子如下：①

因财务原因，一家小型超市必须解雇一名员工，且解雇的决定必须得到负责人的同意。雇员玛丽工龄更长，这是负责人不解雇她的原因。雇员理查德能力更强，这是不解雇他的原因。既然很明显其中一名雇员必须因经济原因被解雇，那么反对解雇理查德的原因也是允许解雇玛丽的原因。

负责人认为，虽然理查德能力更强，但玛丽的能力也不错，所以能力不再是主要的评判标准。因此，玛丽的长工龄这一事实左右了对原因的权衡。请注意，玛丽适合这份工作的事实并不是不解雇她的原因，这个事实只是玛丽的长工龄打败理查德的出色能力的原因。

（二）法规

通常通过条件结构来解读法规，法规由条件部分和结论部分组成。法规的意义在于，一旦条件满足，就能得出结论。以荷兰侵权法的主要法规为例，该法规规定，如果某人实施了侵权行为，并且该侵权行为可以归责于其行为人，那么该行为人就要对其行为造成的损害负责。可以看出，要得出这一法规的结论，需要满足两个条件。

如果一项法规适用于某个案例，那么该法规的结论就对该案成立。就原因而言，我们可以说，一项法规在某个案例的适用性是该法规的结论成立的决定性原因。然而，这引出了一个无解的问题，一项法规何时适用于某个案例。法规适用的标准情况是，案例满足该法规的所有条件。因此，结合对荷兰侵权法法规的分析，如果 A 实施了侵权行为，且该侵权行为可以归咎于 A，则该法规适用于 A 所涉的案例，由此得出结论：A 应该对其行为造成的损害承担责任。这是立法者制定法规时预期的标准情况，也是该法规适用的正常情况。②

---

① Kantongerecht Rotterdam, June 12th, 1985, Praktijkgids 1985/2349.
② 在 5.1 节中将讨论一些不太常见的情况。

（三）原则

法律原则至少有两种主要类型。第一种原则类似于法规，因为它有着与法规相同的条件结构（法规的特点）。我把这类原则称为法规式原则。另一种原则发挥目标的作用，所以被称为目标式原则，或者简称为目标。

法规式原则的典型例子包括：任何人都不能转让自己没有的权利（"无权转让"原则）；法治原则（政府没有法律明文规定之外的权力）；以及任何违反刑法的行为都是侵权行为的原则。法规式原则与法规的不同之处在于：两者对某个案例的适用并不对其结论产生一个决定性原因，而只产生一个促成性原因。因此，要得出一项原则的结论仍然需要权衡其他原因。例如，违反刑法的行为原则上是侵权行为，但如果有足够紧急的理由来实施这种违反行为（进行权衡）），那么这种违反行为就是正当的，该行为也不构成侵权。本文的其余部分将不考虑法规式原则。

目标式原则规定了法律在现实和法律允许的范围内尽可能实现的目标，[1] 例如人权、政府政策（如充分就业）和法律原则（如合同法中的当事人自治和消费者保护）。目标式原则与法规式原则有关，因为它们都只是促成性原因的基础。如果某些法规或决定有助于实现某个目标，那么这就是采取这一法规或做出这一决定的促成性原因。然而，仍然需要权衡这一促成性原因与反对该法规或决定的促成性原因。例如，禁止公布最近释放的囚犯的照片是为了保护囚犯的隐私，这是禁止公布的一个促成性原因，但仍需考虑基于另一目标（即新闻自由）而允许公布的促成性原因。[2]

四、法规推理的涵摄模型

罗格朗认为，在法律适应当前案例的需要方面，法规推理的余地要小得多。罗格朗认为，基于法规的决策是"演绎性的，因为构成决策的法规先于应用决策的实践"。[3]

这一观点的表述有些模棱两可。一方面，它可能只表明法律决策可以被分为两个阶段。第一阶段是根据法律渊源和手头案例的需要制定法规，第二阶段则是将这一法规演绎地应用于案例。文献经常以启发式与合法化、[4] 次要与主要正当性、[5][6][7] 法律适用的内部

---

[1] R. Alexy, *Theorie der Grundrechten*, (Suhrkamp, 1996) and R. Alexy, *On the Structure of Legal Principles*, 13*Ratio Juris* 3 (2000), 294 – 304.

[2] 参见 Alexy, *Theorie der Grundrechten*, 84f。

[3] P. Legrand, 60 *Modern Law Review* 1 (1997), 48.

[4] J. H. Nieuwenhuis, *Legitimatie en heuristiek van het rechterlijk oordeel*, 6 *Rechtsgeleerd Magazijn* 7716^ (1976), 494 – 515.

[5] Alexy, *Theorie der juristischen Argumentation*, 273 and D. N. MacCormick, *Legal Reasoning and Legal Theory* ^ (Clarendon Press, 1978), 10lf.

[6] J. Wrdblewski, Z. Bankowski and N. MacCormick (eds.), *The Judicial Application of Law*, (Kluwer Academic Publishers, 1992), 62f.

[7] 这一观点似乎也将法规视为第一章所讨论的各种案件的法律解决方案。

与外部评价 19/20 等为标题来论证这一观点。这一观点的另一层含义是,预先给定的法规可能被盲目处理,就像由计算机程序完成一样,而没有考虑到当前案例的需要。罗格朗似乎考虑到了这种"演绎性"法规的适用方式,否则他的其他观点就不具相关性了。本文将这种法规适用的观点称为涵摄模型。根据该模型,法规适用的逻辑如下:

(1) 判断当前案例的相关事实是否满足一项法规的条件。

(2) 如果答案是肯定的,则该法规适用,且法规结果附于当前案例。

(3) 如果答案是否定的,则该法规不适用,且法规结果不附于当前案例。

在该模型中,只有第一步存在使法律后果适应案例需要的空间,因为在这个步骤,需要对法规条件做出解释,并对案例事实进行分类。①

作为法规推理模型,涵摄模型并不准确,它尤其不能说明对法规进行例外处理和类推适用的可能性。显然,在关于法律和逻辑的文献中,已经有人尝试将例外情况和类推适用法规纳入涵摄模型,②但就结果来看,该法规并不按照其字面意义运作,这存在两种情况:一,法规包含一项额外条件,而这个条件在当前的案例中无法满足(例外情况);二,法规的实际条件比字面含义更为宽泛(类推适用)。试图论证法规不按照字面含义运作的做法不可取,因为这曲解了法律推理的过程,使推理陷入一种先入为主的错误模式。③ 因此,最好能用一个更现实的模型来取代涵摄模型,在此建议采用法规适用原因模型。

五、法规适用的原因模型

法规适用原因模型以两个假设为出发点。第一个假设是,如果一项法规适用于某个案例,那么该法规的结论将作为法律后果附于该案。④ 例如,如果"可归责侵权行为的实施者对该侵权行为造成的损害负有责任"这一法规适用于某个案例,那么侵权行为人就应对其侵权行为造成的损害负责。

第二个假设是,一项法规是否适用,取决于如何权衡支持和反对原因。以上一例子为例,"可归责侵权行为的实施者对该侵权行为造成的损害负有责任"这一法规是否适用于某个案例,既取决于支持适用的促成性原因,也取决于反对适用的促成性原因,因此不仅仅取决于法规条件是否得到满足。

第一个假设与涵摄模型区别不大,但第二个却有很大差异,这体现在:

(1) 第二个假设允许出现反对和支持法规适用的原因;以及

(2) 它没有先验地说明哪些事实可以作为支持或反对适用的原因。

通过第二个特点可以看出,根据原因模型进行法规推理,很容易与相对开放的法律体

---

① 除了不忠实于法律实践外,对涵摄模型的一个重要异议是,它给法律解释带来了过重的负担,最大化了"解释"的难度。

② 参见 R. Zippelius, *Einführung in die juristische Methodenlehre*, (Beck, 1974), 41 and 69。

③ 关于对此更广泛的讨论,请参见 Hage, *Reasoning with rules*, 4f。

④ 根据 R. Dworkin, Taking Rights Seriouslyy (Duckworth, 1978), 24. 一文,可将其解释为"全有或无"。

系兼容。

为了证明这一点，笔者将对该模型进行详细阐述。虽然原因模型并没有说明哪些事实可以作为支持及反对法规适用的原因，但我们可以通过合理的方式对该模型进行扩展。在此笔者将介绍其中的三种。

(一) 对法规适用原因模型的第一种扩展

第一种扩展是，假设某个案例的事实满足一项法规的所有条件，那么该法规适用于该案例，但这只是该法规适用的一个促成性原因。[1] 这看起来与涵摄模型相似，但有一个关键的区别，因为根据涵摄模型，法规的适用性是法规适用的一个决定性原因。这个区别意味着什么呢？

首先，这意味着即使一项法规适用，也可能存在反对适用该法规的原因，这些原因可能（但无需）比支持该法规适用性的原因更重要。例如，适用某项法规会违背该法规的目的。

为了说明这一点，富勒举了禁止在火车站睡觉的例子，这项规定是为了防止流浪汉在火车站过夜。[2] 如果这一法规也适用于在等待晚点火车时打了几分钟瞌睡的旅客，那就违背了制订这条法规的目的，因为这无助于阻止流浪汉在车站过夜。

如果一项法规适用某一案例会违背该法规的目的，那么这往往会构成反对适用该法规的一个促成性原因。通常情况下，如果一项法规适用某一案例会违背该法规的目的，则该法规不适用。如果该法规仍然适用，那么既存在支持将该法规适用于该案例的原因，也有反对将其适用于该案例的原因。根据法律确定性的要求，法规的适用性比"适用会违背法规的目的"更重要，但这种要求不是决定性的，而只是"适用性比反对适用的原因更重要"的一个促成性原因。原因之间的权衡结果可能是，反对适用该法规的原因比支持适用的原因更重要。因此，该法规不适用，且其结论不作为法律后果附于该案。

其次，这意味着可能存在一个决定性原因反对法规的适用，而从定义上来说，该原因会导致本来适用的法规变得不适用。例如，如果另一项有相悖结论的法规也适用于某个案例，且第二项法规优先于第一项法规，那么就存在反对使用某一适用法规的决定性原因。例如，在荷兰租赁法中，有关商业用房租金的法规有时与有关租金的一般法规相冲突，如果发生这种冲突，那么有关商业用房租金的更具体的法规优先于有关租金的一般法规。如果一项法规的适用性优先于另一法规，则该法规通常构成反对适用后一法规的决定性原因。

第三，第一种扩展意味着，如果一项法规适用，则存在适用该法规的一个促成性原因。如果没有任何促进性或决定性原因反对这种适用，那么该法规必然适用，且其结果附

---

[1] 请注意，法规的适用性与其适用不同。根据原因模型，适用性仅仅是适用的一个促成性原因。
[2] L. L. Fuller, Positivism and Fidelity to Law: A Reply to Professor Hart *, 71 *Harvard Law Review* (1958), 630 – 672.

于该案。这是正常的情况,此时原因模型和法规适用涵摄模型会导致同样的结果。这使涵摄模型有了一定的可信度,因为该模型的缺点在正常情况下没有过多影响。

(二)对法规适用原因模型的第二和第三种扩展

对法规适用原因模型的第二种扩展是,如果一项法规不适用于某个案例,则构成反对将该法规适用于该案例的一个促成性原因。初看之下,这个扩展似乎并无必要,因为如果一项法规不适用,似乎就没有理由使用,所以适用问题似乎根本不存在。只有参照法规适用原因模型的第三种扩展,才能充分理解第二种扩展的相关性。

第三种扩展是,除适用性外,可能还有支持适用某项法规的其他原因。原因模型本身并没有指明什么是其他原因,而只是保留了存在其他支持适用的原因的可能性。

有时候,即便一项法规的条件未得到满足,但该法规仍适用于某个案例,这通常是因为该做法符合立法者最初制定该法规时使用的原则或目标。这意味着,该案例属于与立法者所考虑的法规相似的类型。因此,尽管某一法规适用的条件没有得到满足,但适用该法规的案例通常与该法规所适用的案例相似。所以,当一项法规被用于它不适用的案例时,我们通常称之为法规的类推适用。① 在对某项法规进行类推适用时,必须权衡支持适用的原因与反对适用的原因(即法规的不适用性)。此时,法律确定性再次构成一个促成性原因,即法规的不适用性比支持类推适用的原因更重要,但最后的结论可能仍然是该法规应被类推适用。

六、法律的双层模型

法律推理涉及的一个重要问题是,为什么法规会构成一个决定性原因。决定性原因的存在意味着对支持相反结论的促成性原因不予考虑,这看起来似乎是不合理的。对此,拉兹给出了一个有趣的答案,他将法规②与决策作对比。理想情况下,基于对支持和反对行动方案的促成性原因的权衡做出决策。做出决策之后,决策者不需要再去权衡促成性原因,而是可以依靠所做出的决策,它代替了当初做出这一决策时的促成性原因。③

同样地,法规代替了制定该法规时的促成性原因。法规在更深层次的考量和具体决策之间发挥协调作用,并提供中间层次的原因,在需要做出决定的正常情况下,人们可以诉诸于此。这一层次的原因可通过参考其依据的更深层次的考量来证明。

此外,这些考量……已经穷尽了法规的力量。当人们把一项法规或指令作为原因时,

---

① 更多关于法规类推适用的讨论,请参见 H. B. Verheij and J. C. Hage, Reasoning by analogy; a formal reconstruction *, in H. Prakken, A. J. Muntjewerff 及 A. Soeteman (eds.), Legal knowledge based systems; the relation with legal theory, (Koninklijke Vermande, 1994), 65 – 78 and in Hage, Reasoning with rules, 118f。

② 事实上,拉兹(Raz)的讨论仅限于行为的原因,因此也局限于规定行为的法规(强制性规范)。然而,对于拉兹所论证的行为指导法规,不存在根本的限制原因。参见 J. Raz, Practical Reason and Normsy (Hutchinson, 1975), 65f。

③ J. Raz, *Practical Reason and Norms*, 65f.

就不能再把证明其合理性的原因作为其他独立因素。因此，可以将法规视作制定该法规的原因的一种总结，但又不止于此，因为接受了权威的法规后，人们可以委托他人或机构来判断该怎么做……①。

通过描述法规及其背后的促成性原因之间的关系，可以很容易地解释并证明前文提到的法规的原因逻辑。如果一项法规适用于某一案例，那么这就是根据该法规来决定该案的理由。此时，支持或反对该决定的促成性原因不再有效，因为它们已经被总结在了法规当中。没有必要再对这些原因进行权衡，案例将根据法规来裁定。因此，法规的适用性会构成一个决定性原因。

然而，一项法规只能取代得出这项法规的原因。在制定法规时没有考虑到的其他可能的原因仍然有效。② 如果现实案例中存在这样的原因，那么该案例就不能仅仅依靠法规来裁决。但是，对于支持和反对预期解决方案的原因，必须分别加以权衡。如果权衡后的结果是应当做出不同于法规建议的决定，则说明该法规有例外情况，该法规便不适用。③

笔者将通过荷兰私法中的一条法规来说明这一点。该法规出现在《荷兰民法典》第3条第86款，其中提到这样一种情况，即某人出于善意，从另一个无权转让的人（通常不是所有者）手中获取了动产。该法规（大致）认为，如果该财产不是偷盗得来，并且接收者出于善意行事，且愿意支付所有相关费用，那么他将成为新的财产所有者。

该法规权衡了原所有者（因为特殊情况才丧失财产）和善意行事的接收者（在其最可能保留财产时获得财产）的利益。然而，假设（与实际情况相反）制定这一法规的立法者没有考虑到这一情况，即原所有者不是因为盗窃，而是因为贪污而失去财产。如果是贪污的情况，那么该法规必须暂时不予考虑，而且必须重新权衡支持和反对接收者获得所有权的全部原因。此外，由于法律的确定性，还要额外考虑该法规的适用性。对所有原因的权衡（包括法规的适用性）将决定是原所有者保留其财产，还是接收者获得财产的所有权。

拉兹对最后一点持保留态度，即，如果权衡后的结果是应当做出不同于法规建议的决定，则该法规不适用。在对该案的讨论中，拉兹认为当局（立法者）本该考虑到某些原因，但却没有。他写道，这些原因"仍然是证明该指令具有约束力的一个理由"。拉兹解释了这一明显奇怪的观点。他指出，"根据正常的推理，如果权威比其主体更有可能出于正确的原因而采取恰当的行为，如果每次指令都出错，它的正确性就会受到质疑，那么接受权威指导人们得出更可靠、更成功的正确原因而带来的优势就会消失"。④ 随后，拉兹对明显（容易发现的）错误和重大（后果严重的）错误进行了区分，并由此提出，当局

---

① J. Raz, The Morality of Freedom, (Clarendon Press, 1986), 58 – 59.
② 这些原因既包括直接支持或反对该法规结论的原因，也包括考虑该法规的（相对）相关性的原因。最后哈格的《法规推理》没有提到这些原因。
③ 有时通过审查违反法律原则的法规。欲知相关信息，参见 J. C. Hage, Twee lagen van het recht *, in P. W. Brouwer et al. (eds.), Drie dimensies van recht, (Boom Juridische uitgevers, 1999), 197 – 217.
④ Raz, The morality of freedom, 61.

的明显错误可作为对相关法规进行例外处理的原因，但不明显（却可能重大）的错误则不能作为例外处理的依据。

此处不对拉兹的观点进行全面讨论，只为说明拉兹关于促成性原因和法规之间的关系的理论，为法规的原因逻辑，以及"法规具有独立的权威，仅次于支撑法规的原因"这一观点提供了法学基础。

七、法规适用原因模型与法律的开放性

介绍完法规适用原因模型后，现在要确定与涵摄模型相比，该模型是否支持以更多的方式引入新的相关事实。笔者将按照该模型的步骤进行确认，并考虑每个步骤是否提供了引入相关事实的可能性。法规适用原因模型包含以下步骤：

（1）判断当前案例的相关事实是否满足一项法规的条件。

（2）如果事实满足该法规的条件，则存在一个适用该法规的促成性原因，然后确定是否有反对适用该法规的原因。

a）如果存在反对适用的决定性原因，则该法规存在例外情况，该法规不适用。

b）如果不存在反对适用该法规的原因，则该法规适用，且其结论作为法律结果附于该案。

c）如果有一个或多个反对适用的促成性原因，则必须权衡反对适用原因与支持适用原因，包括法规的适用性。

i）如果支持适用的原因比反对适用的原因更重要，则该法规适用，且其结论作为法律后果附于该案。

ii）如果反对适用的促成性原因比支持适用的促成性原因更重要，则该法规存在例外情况，该法规不适用，且其结论不作为法律后果附于该案。

3. 如果事实不满足该法规的条件，则存在一个不适用该法规的促成性原因，然后确定是否有支持类推适用该法规的原因。

a）如果有一个或多个支持类推适用的促成性原因，则必须权衡支持类推适用的原因与反对适用的原因，包括该法规的不适用性。

i）如果支持类推适用的促成性原因比反对适用的促成性原因更重要，则可（类推）适用该法规，且其结论作为法律后果附于该案。

ii）如果反对适用的促成性原因比支持类推适用的促成性原因更重要，则该法规不适用，且其结论不作为法律后果附于该案。

b）如果不存在支持类推适用的原因，则该法规不适用，且其结论不作为法律后果附于该案。

第一步是确定当前案例的相关事实是否满足一项法规的条件。在这一步，需要对法规进行解释，或对案例事实进行分类，这为引入新的相关事实提供了余地。但涵摄模型同样可以做到这一点。因此，原因模型在第一步与涵摄模型区别不大。

如果在第一步中,认为法规是适用的,那么在原因模型的第二步,要确定是否存在反对适用该法规的决定性原因。原因模型没有指明反对适用某项法规的决定性原因,因此,为引入新的相关事实提供了充足空间。然而,决定性原因比促成性原因要少得多,而且一个法律体系不太可能承认反对适用某一法规的多个决定性原因。如前所述,最有可能的情况是该法规与另一适用法规之间发生了冲突。这种冲突是否发生,完全取决于对其他法规的解释和/或对案例事实的分类。与涵摄模型相比,此处的余地差别不大。

然而,如果存在冲突,就需要决定法规的优先性。在一个法律体系中,可能有优先性方面的"法规"(如特别法)来对此做出规定,但这些优先权"法规"更应该被视作法规式原则,而非此处所指的严格意义上的法规。例如,即便两个相互冲突的法规中的一个比另一个更具体,这也只是该法规优于另一法规的一个促成性原因。可能还存在其他促成性原因,表明另一条法规才具有优先性(例如,另一条法规是最近发布的,或者是由更高级别的法院制定的)。对于冲突法规之间的优先性的促成性原因,法律体系通常不设限制。因此,冲突法规的优先性问题为引入新的相关事实提供了可能性。

如果在第一步中,法规被认为是适用的,而且在第二步中没有发现反对适用该法规的决定性原因,那么在原因模型的第三步,将确定是否有反对适用该法规的促成性原因。原因模型没有规定反对适用某项法规的促成性原因,其承认的反对适用法规的促成性原因完全取决于相关的法律体系。此外,如果存在这种反对适用的促成性原因,也要由法律体系来决定如何权衡这些原因和支持使用该法规的其他可能的原因。换言之,此处引入新的相关事实的余地很大。

如果在第一步中,法规不适用,那么在原因模型的第二步,要确定是否存在支持对该法规进行类推适用的促成性原因。同样,原因模型没有规定支持对法规进行类推适用的促成性原因,其承认的支持对法规进行类推适用的促成性原因完全取决于相关的法律体系。此外,如果存在这种支持类推适用的促成性原因,也要由法律体系来决定如何权衡这些原因与反对类推适用的其他可能的原因。换言之,此处引入新的相关事实的余地也很大。

总之,法规适用原因模型支持向法律中引入新的相关事实,而在涵摄模型中这种可能性不大。而在需要做出以下决定时,这种可能性就会出现:

(1)决定冲突法规的优先性;(2)是否存在反对适用某项法规的促成性原因;(3)是否存在支持对某项不适用法规进行类推适用的原因;(4)当支持和反对法规适用的原因同时存在时,决定哪种原因更重要。

八、案例推理的原因模型

为验证罗格朗观点的正确性,即在案例推理中更有可能将新的相关事实引入法律,需要把前文中的法规适用原因模型与类似的案例推理原因模型进行比较。为此,笔者将在同样的促成性原因、决定性原因和原则的概念框架基础上,勾勒出一个案例推理逻辑模型。

案例在法律推理中的使用主要有两种方式。第一种常见于民法,即从案例中提取某种法规,并将其大致作为成文法法规来使用。另一种常见于普通法,支持类比推理。引用旧案例是为了论证,应该对新案例做出类似的判决,因为旧案例和新案例是相似的。笔者将后一种案例使用形式称为案例推理。

法规推理原因模型和案例推理原因模型之间的一个重要区别是,法规推理取决于这样一个事实,即法规的适用会产生一个支持法规结论的决定性原因,而案例推理却并非如此。按照拉兹的分析,这是因为法规具有一种特殊的权威要素,而案例中却缺乏这种要素。这并不意味着,案例中没有权威要素。事实上,在采用先例制度的体系中,案例的约束力相当大。二者的主要区别在于,制定法规的目的是给相关事实做出权威规定,而案例则不是。

然而,先例制度的前提是,如果两个案例在法律上完全相同,那么其中一个案例的判决也应适用于另一个案例。只是不同于法规,案例本身并没有说明相关事实。

支持 D 的促成性原因	反对 D 的促成性原因
其他相关事实	

旧案

支持 D 的促成性原因	反对 D 的促成性原因
其他相关事实	

新案

由于案例推理不像法规推理那样以决定性原因为基础,所以案例的事实不包括决定性原因,而只包括支持和反对可能结论的促成性原因。假设案例推理涉及两个案例,它们与给定的结论类似或不类似。把它们分别称为 O(旧案件)和 N(新案件),并假设在旧案中做出了判决 D。现在的问题是,在新案中是否也应做出判决 D,以及旧案的权威性在多大程度上允许做出这一判决。

这两起案例都包含了与判决 D 有关的零个或多个事实。其中一些(同样是零个或多个)是支持 D 的促成性原因,一些是反对 D 的促成性原因。还有一些事实(零个或多个)是间接相关的,例如,通过影响作为促成性原因的事实的相关性(程度)。[1]

斯通笼统地称,在先例制度中,司法选择有很大余地。[2] 根据上述逻辑机制可知,在实施案例推理之前必须做出三个选择。

首先要做出的决定是,哪些事实在某种程度上与当前的结论有关。在两个案例中都要做出这项决定。旧案的判决动机可能有一定帮助,但构不成决定性因素。确定哪些事实与所涉问题有关,对于案例推理的结果至关重要,但同时,案例本身无法为此提供指引。这

---

[1] 有许多其他相关事实的关联方式,对这一问题的阐述超出了本文的范围。
[2] J. Stone, *Legal System and Lawyer's Reasonings* (Stanford University Press, 1968), 267f.

预设了"什么是法律上相关"的先验理解。①②

所有与某一结论相关的事实都具有相关性，因为它们通常是一种与这类结论相关的事实。例如，约翰损坏了简的汽车，这一事实与他应该赔偿损失的结论有关，因为（在某些情况下）损坏是一种侵权行为，而侵权行为与责任有关。所有相关的事实都有一个特定的描述，表明它们与所涉问题的相关性。

第二个必须做出的决定与描述相关事实的抽象程度有关。

以著名的多诺霍诉史蒂文森案为例。在该案中，消费者在一瓶姜汁啤酒里发现了一只腐烂的蜗牛，该啤酒的生产商因此被追责。相关事实指的是，该产品是一瓶不透明的姜汁啤酒，还是一瓶不透明的饮料，还是任意一瓶饮料，还是任何供人饮用的商品的容器？③

第三是确定旧案中的事实的逻辑作用。根据上述对逻辑作用的粗略分类，可能有三种作用，即支持判决的促成性原因、反对判决的促成性原因，以及其他相关事实。

在案例推理中考虑某个事实时，必须确定该事实的确切逻辑作用。例如，假设一个事实在旧案中是相关的，因为它支持该案的判决。如果这个事实在新案中不存在，那么就有了一个区分这两个案例的原因，因为至少在这一方面，新案对判决的支持不如旧案有力。如果同一事实对旧案的判决提出反对，那么新案中没有这一事实可能不是区分这两个案例的原因，因为鉴于新案没有反对该判决的原因，新案对该判决的支持更加有力。

我们来举例说明：在旧案中，被告故意殴打原告，而在新案中，被告不小心打了原告。我们假设，打人的意图是被告承担责任的一个原因。如果在旧案中，被告被追究责任，那么新案中"缺乏打人意图"这一事实就是区分两个案例的原因。但时，如果在旧案中被告不承担责任，那么案例之间的差异不是区分它们的原因，而是进行进一步论证的原因。

同样地，如果在旧案中有一个事实提高了支持已达成结论的某个原因的重要性，或者降低了反对该结论的某个原因的重要性，而如果新案中没有这一事实，那么这就是区分两个案例的一个原因。但是，如果新案的事实无法降低支持结论的某个原因的重要性，也无法提高反对结论的某个原因的重要性，那么这就不是区分两个案例的原因。

以第三章 A 中提到的超市案例为例。在这个案例中，某人适合工作这一事实降低了她不具备所需能力的相关性。案例的结论是，她不应该被解雇。因此，如果在新的案例中，某人不太适合其工作，那么这两个案例就可以彼此区分。如果在旧案中的结论是，尽管当

---

① 要确定案件相关事实，需要事先了解什么是法律上相关的，但这并不意味着，相关性是事先确定的。承认事实具有法律相关性，很有可能是与即将判决的新案件有关的说服性推理的结果，因此于新案件之后产生。笔者在此处的观点是，无论是旧案还是新案，对相关性的认识都是不合理的。

② 1932, A. C. 562.

③ Stone, *Legal System and Lawyer's Reasonings*, 269.

事人适合这份工作，但还是应该被解雇，那么两个案例就不能互相区分。①

综上，案例推理原因模型需要做出以下决定：

（1）决定相关事实；

（2）在何种分类下事实是相关的；以及

（3）事实的逻辑作用。

根据这些决定，可以从逻辑上判断旧案能否支持以相同方式对新案进行裁决。如果以下两个条件都成立，则支持以相同方式裁决：

旧案中所有支持D的原因在新案中也存在，且至少具有同等的重要性。

新案中所有反对D的原因在旧案中也存在，且至少具有同等的重要性。②

但应该注意的是，支持以相同方式裁决并不足以对新案作出判决。如果旧案与新案的判决是相关的，则构成以旧案的裁决方式来裁决新案的一个促成性原因。仍必须权衡该促成性原因与做出不同于旧案裁决的促成性原因。

九、案例推理与法规推理的对比

让我们回到案例推理的逻辑上来，再次探讨案例推理与法规推理之间的差异，以及这些差异在法律体系开放程度问题上的相关性。第7节区分了法规适用原因模型支持引入新的相关事实的四种方式，即必须做出如下决定：

（1）在两个相互冲突的法规中，决定更优先的法规；

（2）决定是否存在反对适用某项法规的促成性原因；

（3）决定是否存在支持对某项不适用法规进行类推适用的原因；

（4）当支持和反对法规适用的原因同时存在时，决定哪种原因更重要。

现在要回答的问题是，这些可能性与案例推理中相应的可能性之间有什么关系。从案例推理模型所要求的三个决定来看，前两个决定（决定相关事实，以及决定事实在何种分类下相关）允许引入新的相关事实。

值得注意的是，法规模型更加具体地描述了在何时必须做出有关相关性的决定。其原因在于，法律决策的法规模型比案例模型更具有结构性。这种特殊性差异使得难以对二者进行深入比较，但从案例模型较弱的特殊性可以看出，案例模型更有可能承认新的相关事实，这与罗格朗的观点一致。但是，再仔细思考一个问题：是否存在某些事实与案例的解决方案在直觉上相关，但却被法规模型排除在外？要回答这样的抽象问题并不容易，不过

---

① 关于更多该类型的例子，请参见 A. Roth, *A Typology of Moves Involved in Case Comparison´, *Proceedings of the 8th International Conference on Artificial Intelligence and Law* (ACM, 2001), 129 – 138 及 A. Roth, *The Dialectics of Case Comparison: a Formal Reconstruction*, in BartVerheij*et al.* (eds.), *Proceedings of Jurix* 2001 (IOS Press, 2001), 29 – 40。

② 在 J. C. Hage, Tormalizing legal coherence*, in Proceedings of the 8th International Conference on Artificial Intelligence and Lawt (ACM, 2001), 2231. 一文中，对这些发现进行了广泛的论证和阐述。

可以一试。假设现在有一个案例 C，要确定是否应该做出判决 D。接下来将依次讨论四种可能性：

a) 有一条适用的法规 R，可得出结论 D。

b) 有一条适用的法规 R，其结论与 D 相互矛盾。

c) 有两条适用的法规，一条的结论是 D，另一条的结论与 D 相互矛盾。

d) 没有适用于 D 的法规。

如果有一个结论为 D 的适用法规 R，那么案例的正常结果应该是 D。只有在对该结论提出异议时，附加的相关事实 F 才具有相关性。根据这些附加的相关事实，是否有可能得出反对 D 的结论？答案是肯定的，那么我们只需要对法规 R 进行例外处理，因为 F 的重要性超过了 R 的适用性。从逻辑上讲，在法规模型中考虑 F 是没有问题的。至于 F 的重要程度是否足以对 R 做出例外处理，则是一个无法单靠逻辑来回答的问题，而是一个有关法律制度的问题。然而，上述情况表明，我们不能仅根据"该制度属于民法传统"这一事实对其做出判断，这与罗格朗的观点不同。

这种情况恰好印证了前一种情况。现在，F 只有在支持 D 时才真正相关。同样，这里的核心问题是 F 的重要程度是否足以对 R 做出例外处理，而这个问题同样不能仅根据法律体系的民法传统来回答。

当两个相互冲突的法规都适用于某个案例时，要决定对哪个法规进行例外处理，因为另一个法规是适用的，即必须决定哪一个法规更具优先性。

有时会有一个适用的法规来处理这个问题。例如，《荷兰民法典》第 7a 条 1623b 款第 5 节明确规定，房屋租赁合同的通知条款取代一般租赁合同的条款。如果在这类案例中有新的相关事实，则必须对这种优先法规进行例外处理。

当法规之间发生冲突时，我们往往会诉诸优先原则。特别法优先原则就是这样一种原则，它为"为什么更具体的法规具有优先性"提供了一个促成性原因。当新的事实是优先原则不同方向的促成性原因（以支持另一法规的优先性），或新的事实是以某种方式权衡优先性的原因时，新的相关事实可以发挥作用。

如果既没有法规也没有原则来处理冲突法规的优先级，那么新的相关事实可以作为"决定冲突法规优先级"的原因，以此发挥作用（这种情况与前一种情况没有本质上的区别）。

如果在一个基于法规的系统下，出现了一个没有法规的案例，那么这个案例就必须以不基于法规的原因来裁决。由于逻辑上不存在对"认为事实具有法律相关性"的异议，因此，这种情况不反对赋予事实以法律相关性。

综上，我们发现，在这四种不同的情况下，在逻辑上都不存在对赋予某一事实或一组事实以法律相关性的反对意见。因此，关于是否存在与案例的解决直觉上相关的事实，但却被法规模型排除在外，答案是否定的。法规模型本身并没有对法律相关性的承认构成任何限制。

十、回顾谋杀配偶案

以上关于法规推理和案例推理可能性的讨论相当抽象,所以让我们回到前文中谋杀配偶的案例,探索讨论结果在法律实践中的意义。首先探讨在案例推理体系下应该如何处理这个案件,然后回顾遵循法规推理体系的荷兰法院实际上如何处理该案件。案件的情况如下:

一个贫穷的年轻人照料一位富有的老太太。两人随后结婚,而且没有对财产做出任何特别安排。根据荷兰法律,这意味着二人的财产被合并,成为他们的共同财产。婚后不久,这个年轻人就谋杀了自己的妻子。所涉及的法律问题是,在婚姻已经结束的情况下,他是否可以获得一半的婚姻财产。

首先要明确的是,荷兰的法律体系主要以法规为基础,而判例法主要用来解释法律法规。只有这样,才能认为本案是在案例推理体系下审理的。在所有先前的法律资料中,有一项法规的相关性最高。它规定,因杀害或试图杀害死者而被定罪的人不配继承死者的遗产。① 这条法规隐含的意思是,这样的人不可以继承遗产。为了将这一法规用于案例推理,我们把它当作一个案例,并假定对该案例的裁决是,凶手本来会继承死者的遗产,但实际上却没有得到遗产。

为了将此案作为先例,需要确定该案的哪些事实是相关的,在哪个分类下相关,以及它们的逻辑作用是什么。由于我们假设的案例取自一项法律法规,所以能够更容易地确定旧案例中的哪些事实是相关的,因为该案例不包含任何不相关的事实。然而,这无助于确定新案例中的相关事实。潜在的继承人照顾过死者,他最近才和她结婚,这些相关吗?显然,谋杀者与死者结婚是相关的,否则就不可能出现他在婚姻已经结束的情况下是否有权获得一半财产的问题。但是,作为一项单独的原因,他与死者结婚与他应该获得一半遗产也相关吗?

第二个问题(即决定在什么分类下事实是相关的)是完全开放的。在旧案中,凶手不继承遗产是因为他谋杀了死者,还是对死者做了某种错事,还是对死者做了某种严重的错事,还是因为他造成的错误只是导致死者死亡,而不一定等同于谋杀死者?凶手与死者结婚的事实具有相关性,是因为结婚是一种亲密关系,还是因为它是一种法律上认可的关系?

对于旧案来说,第三个问题比较容易确定。潜在的继承人谋杀了死者这一事实是他不应该继承遗产的一个原因,大概也是他不应该获得一半婚姻财产的原因之一。但是,凶手与死者结婚这一事实的作用是什么?这不是他应该得到一半遗产的原因吗?而他们最近才

---

① Article 4:3 section 1 sub a of the Dutch Civil Code.

结婚的事实是削弱了最后一个原因的重要性,还是也是潜在继承人谋杀妻子成为他不能获得一半婚姻财产的更有力的原因之一?

要得出"凶手不应获得一半婚姻遗产"这一理想结论,可以假设旧案中的凶手未继承遗产的原因是:

接受遗产相当于从死者的去世中获利;

他谋杀了死者;

他谋杀了死者的事实是一个反对他继承遗产的原因,而且比他应该继承遗产的原因更重要。

同样,也对新案例进行假设:

接受一半的婚姻财产相当于从死者的去世中获利;

凶手与死者结婚的事实是支持他获得一半遗产的原因,但其重要性并不高于其不应获得一半遗产的原因(基于其谋杀死者的事实)。

通过这些假设可以看出,这两个案例是完全类似的。这也是旧案例的结论(在抽象意义上,凶手不应该从谋杀死者中获利)对新案例也应成立的原因。

显然,案例推理为得出理想结论提供了足够的余地,那么法规推理呢?

裁决此案的法院面临的问题是:荷兰法律中没有任何与本案相关的法规,而只有一项通则,即当婚姻结束时,婚姻财产在前夫妻之间平均分配。这意味着,如果婚姻因其中一方的死亡而结束,那么财产将在未亡配偶和已故一方的继承人之间进行分割。这条规定中没有提到婚姻一方谋杀另一方的可能性,所以如果法院适用这条法规,结果将是杀人的一方获得一半的婚姻财产。

然而,事实并非如此。法院认为,《荷兰民法典》第4条第3款第1节a项隐含了一项法律原则,即谋杀者不配继承被谋杀者的遗产。[1] 在法院看来,这一原则认为,谋杀者不应该从其谋杀行为中获利。将该原则适用于谋杀配偶案后,法院发现,当一方杀害配偶时,婚姻财产分割的法规不适用。换言之,在法规推理体系下,谋杀配偶案的实际结果与案例推理体系下的结果完全相同,而且与案例推理的原因本质上也相同,尽管逻辑结构不同。

在谋杀配偶的案例中,法规推理体系的"僵化",并不像罗格朗描述的那样具有局限性。当然,这只是一个例子,但它说明了前文提出的一点理论,即在案例推理体系下认为是法律相关的任何事实,在法规推理体系下也可以认为是相关的。虽然案例推理和法规推理使用了不同的逻辑结构,但这种形式上的差异不一定会导致内容上的差异。在案例推理体系下有可能发生的一切,在法规推理体系下也有可能发生,尽管方式并不总是完全相同。

---

[1] Smits, *The Making of European Private Law*, chapter 3. 一文对不同发展做了简要描述。

十一、可能性与实际情况

案例推理和法规推理仅存在形式上的差异,这些差异不一定会导致实际案例结果的差异。在案例推理体系下有可能发生的一切,在法规推理体系下也有可能发生。由于罗格朗的观点建立在案例推理和法规推理会导致不同结果的基础上,所以这种观点是错误的。

不过,罗格朗可能会挽救自己的立场,称法律上的可能性和实际情况是有区别的。与法规推理体系相比,案例推理体系有时可以更容易地引入新的相关事实。如果这种差异存在的话,将其归因于案例推理和法规推理性质的可取性降低,但并不会消除这种差异。

假设罗格朗的观点正确,因为在将表面不相关的事实认定为具有法律相关性的难易程度方面,在法律思维上存在分歧。甚至有可能,基于先例的体系恰好在这一方面比基于法规的体系更开放,然而是否如此应通过实证研究来确定,不能仅根据案例推理和法规推理的固有性质来进行先验论证。这就是前几节逻辑研究的结果。

然而,假设从经验上看,罗格朗是对的,法律体系的开放程度存在差异(这很有可能),而且这种差异与一个法律体系是以先例为基础还是以法规为基础(这并不明显)相吻合。这是否意味着,通过《欧洲民法典》实现法律一体化注定要失败?

答案是否定的,因为如果本文的论点正确,那么这些差异与有关法律体系的不同逻辑基础没有内在联系,而只是巧合。它们很可能是不同法律体系在不同历史发展时期的结果。但是,历史上发展起来的分歧也可能在历史上消失,而《欧洲民法典》的出台可能会促使这些分歧消失。无法从逻辑上确定这是否属实可取,这也不属于本文的讨论范围。

十二、结论

本文开篇提出了一个不争的事实,即提出正确的问题就已经得到了一半的答案。罗格朗反对引入《欧洲民法典》,理由是,如果这部法典要在两种根本不同的法律文化(即民法文化和普通法文化)中运行,那么同一部法典不可能产生相同的法律。在笔者看来,普通法系比民法法系更加开放。笔者希望通过法规适用的逻辑模型和案例推理来清晰展示罗格朗提出的问题,并通过另一种法规适用模型论证一点:尽管基于先例的制度和基于法规的制度之间存在逻辑上的差异,但这些差异不一定会导致对新的相关事实的认知差异。换言之,普通法系和民法法系之间的差异不一定会导致有关体系的开放程度的差异。因此,罗格朗基于普通法系和民法法系的思维差异而提出的原因是不成立的。

然而,法律体系在开放程度上存在差异并非不可能。由于开放度差异不一定与体系的逻辑差异有关,因此,在开放度差异出现之处,在逻辑上有理由相信可以弥合这些差异。《欧洲民法典》的引入有望弥合法律体系在开放性方面的差异。

附录：原因逻辑

原因逻辑可以概括为：

决定性原因

（1）如果 A 是事实（或事实的组合），且 A 是 B 的决定性原因，则 B 为事实。

（2）如果 A 是事实（或事实的组合），且 A 是反对 B 的决定性原因，则 B 不为事实。

促成性原因

假设 Pi ... Pm 是一个构成支持 D 的促成性原因的事实（或事实的组合），且 Ci ... Cn 是一个构成反对 D 的促成性原因的事实（或事实的组合）。

在以下情况，D 为事实：

－有一个支持 D 的决定性原因，或

－Pi ... Pm 整体上比 Cj ... Cn 更重要。

在以下情况，D 不为事实：

－有一个反对 D 的决定性原因，或

－Ci ... Cn 整体上比 Pj ... Pm 更重要。

如果 P 为事实，且是支持 D 的促成性原因，且没有任何反对 D 的促成性或决定性原因，则 D 为事实。

如果 P 为事实，且是反对 D 的促成性原因，且没有任何反对 D 的促成性或决定性原因，则 D 不为事实。

（编辑：吕玉赞）

税法中的实质解释规则

[美] 乔纳森·H. 崔[*]　任　超[**]译

摘　要　传统上，税法中的反滥用原则被表述为多因数测试，衡量纳税人案件的事实，但忽略了有争议的税收法规。事实证明，这种方法是存在问题的：一些法官引入了法律的考虑因素，根本不顾所造成的前后矛盾和混乱，还有一些学者批评该原则是反文本主义的司法发明。这些质疑破坏了反对滥用税收计划的重要障碍。本文认为，反滥用原则应被视为建构的实质原则，可由法律文本或目的予以推翻的解释性推定。这样做将解决该原则在应用中的明显任意性，即简单地反驳推定，并将实质原则与作为宪法允许的背景规范的文本主义相调和。它还将提供一个框架来检验有争议的理论的有效性，并使其更具灵活性和直观性。虽然许多学者分立开来研究了实质原则和反滥用原则，但本文将两者联系起来。它还根据现有的判例法对实质课税原则进行编列，为将来的学者、从业人员和法官提供资源。

关键词　税法　反滥用原则　实质解释规则　文本主义

导　论

众所周知，国内税收法典（以下简称"法典"）非常复杂，但是生活更是如此。国会无法预见其税法的所有可能的应用，而且纳税人不可避免地将法典的不同规定结合起来，产生无法预料的避税处和漏洞。法院已经清晰阐明了各种针对这种威胁的原则，例如，应

---

[*] 乔纳森·H. 崔（Jonathan H. Choi），撰写原文时为美国纽约大学法学院研究员（现为美国明尼苏达大学法学院副教授）。原文标题为"The Substantive Canons of Tax Law"，载《斯坦福法律评论》（*Stanford Law Review*）2020年第2期（总第72卷），第195-260页。

[**] 任超，男，江苏省张家港市人，华东政法大学经济法学院教授，研究方向为经济法、财税法。

无视缺乏经济实质的交易的原则,① 以及禁止纳税人从一次交易中抵扣两项的原则。② 这些原则("反滥用"原则③)已按惯例被表述为不涉及法律文本或目的的直截了当的规则④——例如,经济实质原则是一种两因素测试,它仅取决于交易的经济效果⑤和商业理由⑥,而不考虑有争议的税收法规。

常规待遇碰到两个主要问题。首先,许多法官拒绝以与基本法律相抵触的方式来适用反滥用原则,例如,即使激励性税收抵扣未通过两因素测试,大多数法院也不适用经济实质原则来否定奖励性税收抵扣(如可再生能源抵扣)。⑦ 但是,由于没有一致的理论来衡量模糊不清的法律目的与僵硬的普通法规则,法官们在寻求合理的结果时在两者之间取得了偶然的平衡。⑧ 有时,法院会以荒谬的方式调整这些原则,有时甚至完全拒绝该原则。⑨ 这就在反滥用原则的适用方式和时间方面造成了混乱和不一致。

---

① 参加 I. R. C. § 7701 (o) (2017)(法典化普通法经济实质原则); IES Indus., Inc. v. United States, 253 F. 3d 350, 353(第八巡回法院. 2001),(引用 Shriver v. Comm'r, 899 F. 2d 724, 725 – 26(第八巡回法院. 1990))(适用普通法经济实质原则, 如虚假交易原则); Rice's Toyota World, Inc. v. Comm'r, 752 F. 2d 89, 92(第四巡回法院. 1985)(同样)。

② 参见 Charles Ilfeld Co. v. Hernandez, 292 U. S. 62, 66(1934)("如果 [可适用的法案] 或规章中没有可公平解读为授权 [双重抵扣] 的规定, 所主张的抵扣是不被允许的。"). 也参见下文第二节. C. 2; 下文附录 D 节。

③ 本文专门论述法官制定的反滥用原则, 而不是法定或规章定的反滥用规则。参见, 例如 26 C. F. R. § 1. 701 – 2(2018). 为简洁起见, 我并不像其他一些人那样称之为"司法反滥用原则"。

④ 参见, 例如, Bittker et al., Federal Income Taxation of Individuals 1. 03; Michael J. Graetz, Deborah H. Schenk & Anne L. Alstott,《联邦所得税: 原则和政策》第 518 – 31 页(8th ed. 2018); Leandra Lederman, 经济实质何去何从, 95 Iowa L. Rev. 389, 414 – 17(2010)(描述和批评经济实质原则从促进立法意图的工具演变为一套严格定义的规则); Shannon Weeks McCormack, 避税和法律解释: 迫切需要的有目的的方法, 2009 U. Ill. L. Rev. 697, 700("[法院] 假设不适当的交易可以通过使用不考虑法律目的的传统反滥用测试来确定。")。

⑤ I. R. C. § 7701 (o) (1) (A) (2017).

⑥ I. R. C. § 7701 (o) (1) (B) (2017).

⑦ 参见下文第一部分 A 节。

⑧ 参见 McCormack, at 715, 717; 下文 I 节. A。

⑨ 参见, 例如, Sacks v. Comm'r, 69 F. 3d 982, 991 – 92(第九巡回法院 1995)(拒绝适用"国会有意利用税收激励改变投资者行为"的经济实质原则); Historic Boardwalk Hall, LLC v. Comm'r, 136 T. C. 1, 26 – 27(T. C. 2011), 因其他理由, 694 F. 3d 425(3d Cir. 2012)(调整经济实质原则, 将仅产生税收影响的交易包括在内)。

第二，反滥用原则在日益增长的文本主义①世界中受到了攻击。② 现代文本主义的兴起激发了人们的指控，即反滥用原则违反了三权分立，并且通常是非法的。③ 这反过来又鼓励了机会主义的纳税人进行可疑的交易，希望该原则不适用。④

本文通过将反滥用原则整合到立法学者早已熟知的框架中来解决这两个问题。⑤ 它认为这些原则应被理解为建构的实质原则，被法官用以解释法典的含义时将其用作可反驳的推定。⑥ 将反滥用原则重新概念化为推定，通过允许法院将其与法律文本和目的相结合，

---

① 文本主义者通常强调法律文本高于立法目的，特别是排除立法历史作为法律含义的证据。参见 John F. Manning, The New Purposivism, 2011 SUP. CT. REV. 113, 126 – 29（描述了文本主义在过去三十年中的兴起，包括它对目的主义法官的影响）。

② 参见，例如，Gitlitz v. Comm'r, 531 U. S. 206, 219 – 20 (2001)（适用文本主义解释方法）；Summa Holdings v. Comm'r, 848 F. 3d 779, 788 – 89（第六巡回法院2017）（相同）；IES Indus. , Inc. v. United States, 253 F. 3d 350, 356 & n. 5（第八巡回法院2001）（相同）；ACM P'ship v. Comm'r, 157 F. 3d 231, 265 (3d Cir. 1998) (McKee, J. , dissenting)（相同）；Coltec Indus. , Inc. v. United States, 62 Fed. Cl. 716, 756 (Fed. Cl. 2004)（相同），vacated, 454 F. 3d 1340（联邦巡回法院2006）；Antonin Scalia, Common – Law Courts in a Civil – Law System：The Role of United States Federal Courts in Interpreting the Constitution and Laws, in A MATTER OF INTERPRETATION：FEDERAL COURTS AND THE LAW 3 (Amy Gutmann ed. , 1997)；William N. Eskridge, The New Textualism, 37 UCLA L. REV. 621, 624 (1990)（"新的文本主义是20世纪80年代法院合法性（立法法理学）中最有趣的发展，非常值得理解。"）；John F. Manning, Textualism and the Equity of the Statute, 101 COLUM. L. REV. 1, 9 (2001)（"近年来，文本主义者的立法过程批判明显影响了最高法院的决策。"）。

③ 参见如 Gitlitz, 531 U. S. at 219 – 20；Coltec Indus. , Inc. v. United States, 62 Fed. Cl. 716, 756（联邦上诉法院 Fed. Cl. 2004）（"使用'经济实质主义'来压倒'仅仅遵守准则'将违反权力分立。"），vacated, 454 F. 3d 1340（联邦巡回法院2006）；Noe？ 1 B. Cunningham & James R. Repetti, Textualism and Tax Shelters, 24 VA. TAX REV. 1, 20 – 26 (2004)（现代税收学术研究中文本主义的盛行及其对反滥用原则的挑战）；Brian Galle, Interpretative Theory and Tax Shelter Regulation, 26 VA. TAX REV. 357, 369 (2006)（"随着文本主义在过去二十年中变得越来越普遍，[经济实质] 原则受到了文本主义法庭越来越多的怀疑。"）；Amandeep S. Grewal, Economic Substance and the Supreme Court, 116 TAX NOTES 969, 970 (2007)（"法院应确认其先前的坚持，并指示下级法院，为了司法测试而漠视法律语言是不适当的。"）；Linda D. Jellum, Codifying and "Miscodifying" Judicial Anti – Abuse Tax Doctrines, 33 VA. TAX REV. 579, 589 – 90 (2014)（论文本主义者对反滥用原则的批评）；Allen D. Madison, The Tension Between Textualism and Substance – Over – Form Doctrines in Tax Law, 43 SANTA CLARA L. REV. 699, 702 (2003)（"本文从这一分析得出结论，这里讨论的实质重于形式的学说在税务案件中不再适用。"）. See generally John F. Coverdale, Text as Limit: A Plea for a Decent Respect for the Tax Code, 71 TUL. L. REV. 1501 (1997)（论税收法规解释中的文本主义）。

④ 参见下文第一部分第二小部分。

⑤ 例如，参见：James J. Brudney & Corey Ditslear, The Warp and Woof of Statutory Interpretation：Comparing Supreme Court Approaches in Tax Law and Workplace Law, 58 DUKE L. J. 1231, 1268 – 70 (2009)（实质原则的实证调查）；Abbe R. Gluck & Lisa Schultz Bressman, Statutory Interpretation from the Inside—An Empirical Study of Congressional Drafting, Delegation and the Canons：Part I, 65 STAN. L. REV. 901, 940 – 49 (2013)（相同）；Anita S. Krishnakumar, Reconsidering Substantive Canons, 84 U. CHI. L. REV. 825, 832 – 35 (2017)（总结实质原则的学术讨论）。

⑥ 本文使用口语化、可互换的术语"解释"和"建构"，这在有关法律解释/建构的文献中很常见。比较 WILLIAM N. ESKRIDGE, JR. ET AL. , LEGISLATION AND STATUTORY INTERPRETATION 341 (2d ed. 2006)（讨论"法律解释规则"），与 ESKRIDGE ET AL. , supra note, at 389（指与"法律建构规则"相同的规则）。有些学者，如 Lawrence Solum, 有效区分了法律的"解释"和"建构"。一般参见 Lawrence B. Solum, The Interpretation – Construction Distinction, 27 CONST. COMMENT. 95 (2010). 在该标题中，本文主要涉及法律解释，因为实质原则通常决定法律的效力，而不是其语言的含义。Solum, at 113. 此外，尽管本文中讨论的大多数实质课税原则都作为推定，但有些也作为较弱的决胜局来决定法律的歧义。参见下文的附录。

解决了其适用中①的明显的任意性。②

  本文进一步认为，这些实质课税原则可以作为法规起草者（尤其是实际负责大部分起草工作的职员专家③）、监管机构、法院和从业人员所熟悉的背景规范，是合理的，因此，反滥用原则是对法律进行最佳解读的基础。作为背景规范的实质原则，本质上既不是文本主义的，也不是目的主义的，④ 并且已被许多不同方法论领域的理论家所接受。⑤ 此外，通过提供一个客观的有效性标准（广泛接受为背景规范），该框架在许多被建议为反滥用原则的规则之间进行裁决。⑥ 本文所讨论的实质课税原则可以通过调查有争议的（解释）原则的常识来进行调查，或通过对它们的寿命和普遍性进行历史研究来进行调查。将反滥用原则重新考虑为实质原则，这提供了解释上的灵活性，而不是迫使国会通过对这些（解释）原则的法律例外进行硬性法典化来避免荒谬。这有助于反滥用原则在不可预见的事实

---

 ① 参见第一部分第一小节。
 ② 参见下文第二部分第二节。
 ③ 参见下文第三部分第一小节；相关注释以及相应的文本。
 ④ 与文本主义相反，目的主义强调法律目的并使用立法历史作为该目的的证据。例如，参见 Comm'r v. Engle, 464 U. S. 206, 217 (1984); Norfolk S. Corp. v. Comm'r, 104 T. C. 13, 37 (T. C. 1995) ("如果法律有歧义，我们可以查看其立法历史和制定原因。"), 因其他原因修改, 104 T. C. 417 (T. C. 1995), aff'd, 140 F. 3d 240 (4th Cir. 1998). 这一传统的开创性案例是 Holy Trinity Church v. United States, 143 U. S. 457 (1892). 参见 Adrian Vermeule, Legislative History and the Limits of Judicial Competence: The Untold Story of Holy Trinity Church, 50 STAN. L. REV. 1833 (1998). 经典的目的主义者包括亨利·哈特和阿尔伯特·萨克斯。一般参见 HENRY M. HART, JR. & ALBERT M. SACKS, THE LEGAL PROCESS: BASIC PROBLEMS IN THE MAKING AND APPLICATION OF LAW (1958) 创建目的主义的"法律程序"学派。本文中对目的主义的大部分分析也适用于意向主义，尽管我关注的是目的主义，因为它是迄今为止最流行的方法论。
 ⑤ 支持者包括：Justice Scalia, Cass Sunstein, Bryan Garner, John Manning, and Abbe Gluck. 参加 ANTONIN SCALIA & BRYAN A. GARNER, READING LAW: THE INTERPRETATION OF LEGAL TEXTS 30 – 31 (2012) （认为某些建构的原则"根深蒂固"，它们必须为起草者和读者都知道，以便它们可以被认为与文本的含义密不可分。）; Abbe R. Gluck, Congress, Statutory Interpretation, and the Failure of Formalism: The CBO Canon and Other Ways That Courts Can Improve on What They Are Already Trying to Do, 84 U. CHI. L. REV. 177, 187 (2017) ("我们目前的解释制度最广泛的合法性原则是，这些规则在反映国会实践方面做得很好，或者，稍微不同的是，它们使一套共同的规范，我们都根据这些规范起草和解释立法。"); Gluck & Bressman, at 913 (描述文本主义者和目的主义者如何经常使用实质原则); John F. Manning, What Divides Textualists from Purposivists?, 106 COLUM. L. REV. 70, 81 – 82 (2006) ("未说明的例外情况或资格可能构成律师理解某一特定类别法规运作背景的一部分。文本主义者也依赖……一些实质（政策导向）的原则，由于长期的规定而被接受为背景假设。"); Cass R. Sunstein, Interpreting Statutes in the Regulatory State, 103 HARV. L. REV. 405, 413, 459 (1989) (捍卫建构原则，包括实质原则，作为"背景原则"，并认为建构规则作为一个描述性问题是不可避免的); Anita S. Krishnakumar & Victoria F. Nourse, The Canon Wars, 97 TEX. L. REV. 163, 181 (2018) (复习 WILLIAM N. ESKRIDGE, INTERPRETING LAW: A PRIMER ON HOW TO READ STATUTES AND THE CONSTITUTION (2016)) （"[实质原则被认为反映了宪法、普通法或法律体系的某些其他要素中确立的背景规范。"）。
 ⑥ WILLIAM N. ESKRIDGE, JR. ET AL., CASES AND MATERIALS ON LEGISLATION AND REGULATION: STATUTES AND THE CREATION OF PUBLIC POLICY app. B (5th ed. 2014) 列出了数百条建构原则，但只有三个与税法有关。本文认为，税法原则的清单应该更长，包括许多传统上被视为传统普通法而不是建构原则的学说。它还认为 Eskridge 等人提出的三个原则中的两个的基础相对较少。比较下文附录第 G 节（讨论 IRS 评估作为非原则是正确的假设）；下文附录第一节（讨论税收评估法遵循多数方法作为非原则的假设），以及 ESKRIDGE ET AL.（将这两种加上列为原则）。

模式中作为直观的指南发挥其理想的作用。①

具有讽刺意味的是,许多反滥用原则最初被理解为法律解释的工具,产生于法院竭力解释模糊不清的②早期税收法规。③ 但是,随着反滥用原则被形式化,并将其从广泛的直觉转变为具体的多因素测试,它们的初始精神消失了。④ 考虑到多因素规则,法官和监管者倾向于机械地应用这些因素,而排除了可能规定替代结果的法律背景。虽然这有时可以令人称赞地增加纳税人的确定性,但在这种情况下,它消除了理论应用中的关键细微差别。

本文的第一部分描述了反滥用原则的历史沿革及存在的问题与现状。第二部分从总体上解释了实质原则,并将该框架应用于反滥用原则。第三部分规范性地将实质原则作为背景规范进行辩护,解释了它们如何灵活的和直观的指南,对文本主义和目的主义是有用的。附录基于对相关税务案件的审查,提供了反滥用原则作为背景规范的地位提供了其他额外证据。它是税法中实质原则的目录,阐明了规则的发展,并为读者提供了额外的资源。

一、现状问题

(一) 前后矛盾

长期以来,法院一直在努力使反滥用原则与法律的背景保持一致,结果常常执行不一致。这一点在几乎所有税务从业者和学者都熟悉的三个最著名的反滥用原则中最为明显:(1) 实质重于形式的原则(要求以交易的实质而非形式来征税),⑤ (2) 分步交易理论("要求对整体交易的相互关联的步骤进行整体分析而不是分开处理"⑥),以及 (3) 经济实质理论原则。每一个都恰当地说明了法院努力平衡法官制定的规则与法律的含义之间的关系。

实质重于形式的原则经常被批评为应用不一致。法典包含了许多纯粹是形式问题的规定,包括允许纳税人在现金(收付实现制)或权责发生制会计方法、⑦ 加速折旧或直线折

---

① 参见下文第三部分第二节。
② 本文在口语中使用了"模棱两可的"和"模棱两可",没有区分"模棱两可"和"含糊"。
③ 参见下文第一部分第一节。
④ 参见下文第一部分第一节。
⑤ 参见例如 Gregory v. Helvering, 293 U. S. 465, 469 (1935); United States v. Phellis, 257 U. S. 156, 168 (1921); Estate of Weinert v. Comm'r, 294 F. 2d 750, 755 (5th Cir. 1961)。
⑥ BORIS I. BITTKER & LAWRENCE LOKKEN, FEDERAL INCOME TAXATION OF INCOME, ESTATES AND GIFTS 4. 3. 5 (2019). 应用分步交易原则的案例示例,参见 True v. United States, 190 F. 3d 1165, 1174 – 76 (10th Cir. 1999); Associated Wholesale Grocers, Inc. v. United States, 927 F. 2d 1517, 1521 – 22 (10th Cir. 1991)。
⑦ I. R. C. § 446 (c) (2017).

旧方法①、以及财政年度或日历年之间进行选择的各种选择。② 在某些情况下，法院得出结论认为，形式实际上胜过实质——例如，法典第 71（c）节，已被解释为要求纳税人特别"指定"其希望获得免税的子女抚养费，这意味着免税的实质性资格是不够的。③ 鲍里斯·比特克（Boris Bittker）和劳伦斯·洛肯（Lawrence Lokken）在他们的主要教科书中抱怨说："几乎不可能从实质重于形式的案件的混乱中提炼出有用的概括"④——实际上，我们认为这些案例反映的是一种静态的法律规则，而不是依赖于潜在法律的细微差别。

同样，法院和美国国税局在分步交易原则的适用上也存在差异，这显然是出于对国会意图的尊重。⑤ 例如，如果满足某些条件，法典规定不对股东以资产出资换取股权的行为征税，⑥ 其中包括转让后的股东必须在公司的"控制权"之内。⑦ 根据分步交易理论，如果股东在转让后按照预先存在的计划处置其在公司中的股份，则通常失去控制权（并因此要征税）。⑧ 但是，当国税局意识到与法律目的（以减少税收摩擦）有冲突时，国税局有时拒绝采用这种理论。⑨ 评论员们同意这一结果，但质疑美国国税局的理由，将其描述为分步交易理论中的"新的混乱层面"。⑩

最后，经济实质原则最能说明不一致的问题。该理论有两个方面，要使交易得到尊重，必须同时满足这两个方面。其中一项要求是"纳税人具有达成此类交易的实质目的

---

① I. R. C. § 168（b）（5）（2017）.
② I. R. C. § 441（2017）.
③ Comm' r v. Lester, 366 U. S. 299, 305 – 06（1961）.
④ Boris I. Bittker & Lawrence Lokken, Federal Taxaton of Income, Estates and Gifts 4.3.3（2019）.
⑤ Rev. Rul. 2017 – 09, 2017 – 21 I. R. B. 1246（将该原则的适用范围限制在纳税人选择的形式可能违反某些"强制性"政策或法典的"意图"的情况下（citing H. B. Zachry Co. v. Comm' r, 49 T. C. 73（T. C. 1967）; Makover v. Comm' r, 26 T. C. M.（CCH）288（T. C. 1967）; and Rev. Rul. 78 – 330, 1978 – 2 C. B. 147））; BITTKER & LOKKEN, FEDERAL TAXATON OF INCOME, ESTATES AND GIFTS 4.3.5（2019）（"分步交易原则通常作为一般原则加以阐述，但法院可能更愿意将其适用于某些条款，而不是其他条款，这意味着假设国会本打算在方法上有所不同。"）.
⑥ I. R. C. § 351（2017）.
⑦ I. R. C. § 351（a），（c）（2017）.
⑧ 参见例如，S. Klein on the Square, Inc. v. Comm' r, 188 F. 2d 127, 129 – 30（2d Cir. 1951）; Rev. Rul. 79 – 194, 1979 – 1 C. B. 145 – 46.
⑨ Rev. Rul. 2003 – 51, 2003 – 1 C. B. 938, 940（"按照第 351 条所述，将财产转让后收到的股票的不征税处置视为转让，并不一定与第 351 条的目的不一致。因此，在这种情况下，控制要求可能会得到满足，即使收到的股票是根据转让财产以换取股票时的具有约束力的承诺转让的。"）. 也参见 Rev. Rul. 2017 – 9, 2017 – 21 I. R. B. 1244, 1246（"在符合适用的法典条款的基本意图并且没有强制性替代政策时，通常会尊重背靠背的非确认转让。"）.
⑩ 也参见 Jasper L. Cummings, Jr. , Rev. Rul. 2003 – 51: A New Gloss on the Step Transaction Doctrine?, 101 TAX NOTES 1473, 1473（2003）（指出 IRS 的"推理为分步交易原则增加了一层新的混乱，并可能证明意外结果是合理的"）.

(除了联邦所得税影响)"。① 问题在于，许多税收规定仅出于税收原因邀请纳税人参与交易——历史复兴信贷吸引了对历史复原毫无兴趣的投资者②、可再生能源信贷吸引了对可再生能源不感兴趣的投资者③，等等。在这里应用经济实质原则将是一项糟糕的政策，补贴应扩大投资者的群体数量，并因此降低投资此类项目所需的回报。如果仅为获得税收抵扣而进行投资的投资者没有获得税收抵扣，那么这种抵扣实际上将成为现有投资者的意外之财，而不是刺激新的投资。

法院以各种方式回避了这个问题。一家法院推断了激励计划的经济实质原则中的一个例外。④ 另一法院（如第二部分第三节 1 部分所述）对该原则进行了调整，以便仅税收效应就能够提供足够的经济实质来支持交易。⑤ 这没有任何意义，当然，即使是最恶劣的避税措施，如果考虑到税收效应，也将改变纳税人的经济地位，并具有实质性目的。

因此，总体情况是混乱的。在某些情况下，我们希望应用反滥用原则，但在某些情况下，我们知道该原则不适用——而该原则本身也没有依据来区分这些案例。因此，评论员对专断性的指责，无法分辨出共同点或一贯的理论。法院和国税局感到受到约束的是，不能以与相关法律的目的明显矛盾的方式来适用该原则。⑥ 相反，他们在必要时偏离了该原则，以实现"合理的结果"。⑦

并非总是这样。法官最初提出的反滥用原则并不是司法政策制定，而只是为了阐明模棱两可的法律。许多原则是在联邦所得税初期，法院对联邦法定所得税的法律目的进行反

---

① I. R. C. § 7701 (o) (1) (B) (2017). 这是客观方面；客观方面着眼于交易对"纳税人经济状况的影响"。参见 I. R. C. § 7701 (o) (1) (A) (2017). 在 2010 年法典化之前，各巡回法院之间在经济实质原则的细节方面存在很大差异。参见，例如，Bank of New York Mellon Corp. v. Comm'r, 801 F. 3d 104, 115 (2d Cir. 2015)（解决第 7701 (O) 节通过之前的纳税年度，并指出"在我们的巡回法院中，测试不是具有分隔的两个方面的严格的两步过程；相反，我们采用了一种'灵活'的分析方法，在对交易的实际经济效果进行全面调查时，这两个方面都是需要考虑的因素"）。然而，法典化决定性地将经济实质原则推向了严格因素的方向由于将案件提交审判的滞后性，本文所引用的大多数经济实质案件涉及该原则的法典化前的版本。然而，即使在法典化之后，这些旧案例中存在的问题仍然存在。特别是，法典化没有明确经济实质原则将适用或不适用于哪些交易。参见下文第二部分第四节。

② 参见下文第二部分第三节第 1。

③ 参见例如，Sacks v. Comm'r, 69 F. 3d 982, 991-92 (9th Cir. 1995)。

④ Sacks v. Comm'r, 69 F. 3d, at 992（"如果政府将税收优惠交易视为虚假交易，除非它们在税前基础上具有经济意义，那么行政部门就剥夺了立法部门的权力。"）。

⑤ Historic Boardwalk Hall, LLC v. Comm'r, 136 T. C. 1, 26 (T. C. 2011)（裁定所涉及纳税人在考虑恢复税收抵免后满足经济实质测试的客观要求），以其他理由重新修订，694 F. 3d 425 (3d Cir. 2012). 也参见 Michael Bauer & Kevin Juran, The Economic Substance of Tax Credits, TAX NOTES 499, 503 (2011)（"甚至还不如说，税务法院有机会认定经济实质原则与本案无关，并选择不这样做，该如何理解"）。

⑥ 参见 Historic Boardwalk Hall, 136 T. C., at 26（描述国会在本案中颁布有争议的法典条款的目的，这是初审法院推理的关键部分）；ACM P'ship v. Comm'r, No. 10472-93, 1997 WL 93314, at 36 (Mar. 5, 1997)（将虚假交易描述为"寻求国会无意中获得税收优惠"），部分完成，部分修订，157 F. 3d 231 (3d Cir. 1998)。

⑦ 参见 McCormack, at 715, 717。

思中提出的，当时该法典较为稀疏，其规定更为笼统。① 当时，这些原则与其说是独立的规则，② 不如说是法律解释的工具。

在随后的几十年中，部分是为了响应纳税人对更高确定性的要求，法院已经阐明了越来越多关于反滥用原则应用的细节。这就导致了从广泛的一般标准向当今所使用的具体因素的转变。③ 为纳税人提供清晰性和确定性的司法尝试值得称赞，但多因素测试不可避免地会鼓励法官将重点放在这些因素，而排除激发这些因素的解释性关注。④ 本文试图将反滥用原则置于法律解释的框架之内，并因此在其适用中带回一些额外的细微差别。因为这项建议是对早先法院对反滥用原则作用的理解的回溯，所以法院和美国国内税务局应该直接采纳它。

反滥用原则的历史也很重要，因为它们是在目的主义的鼎盛时期发展起来的，而早期执行这些理论的案例的语言往往是高度目的主义的，充斥着国会的意图以及如何最好地实现这一意图。因此，这些原则倾向于推进税法视野，这有时与法典的"字面"解读不一致。⑤ 这导致了现状的第二个问题。

（二）文本主义的紧张关系

由于关于反滥用原则的大多数判例法的非字面意义的基调，文本主义的兴起使法院和

---

① 参见，例如，Gregory v. Helvering, 293 U. S. 465, 469（1935）（阐明实质重于形式原则和经济实质原则的前身，作为中央确定交易是否"是法律意图的事情"的一个方面）；Lynch v. Turrish, 247 U. S. 221, 226（1918）（在解释当时新的所得税法并作为实质重于形式分析的先驱的最早案例之一中驳回了"单纯的形式改变"），被引用在 United States v. Phellis, 257 U. S. 156, 168（1921）（应用实质重于形式原则的早期版本）；Warner Co. v. Comm'r, 26 B. T. A. 1225, 1228（B. T. A. 1932）（引入分步交易原则，并认为法典关于公司重组的规定"允许，如果不需要，审查所采取的几个步骤"）。

② Andy Grewal 将目前适用的经济实质原则称为"自由浮动"原则。他认为，与下级法院的做法相反，最高法院除了作为法律解释的工具外，从未使用过经济实质原则。Grewal, at 970. Grewal 对法律解释的强调表明了实质原则框架对文本主义者的潜在吸引力。

③ 比较 Gregory, 293 U. S. at 469（拒绝一项交易，因为它不是"法律所意图的事情"），和 IES Indus., Inc v. United States, 253 F. 3d 350, 353（8th Cir. 2001）（在不考虑相关法律目的的情况下适用经济实质原则）。比较 Warner, 26 B. T. A. at 1228（粗略的将分步交易原则的应用解释为"我们的意见"），和 Superior Trading, LLC v. Comm'r, 137 T. C. 70, 87 – 90（T. C. 2011）（详细描述在应用分步交易原则时需要考虑的因素，而不参考相关法律）。

④ 一般也参见 Grewal,（认为下级法院和美国国税局从最高法院的裁决中推断出严格的多因素测试，这些裁决仅包含传统的法律解释）。

⑤ Gregory, 293 U. S. at 469 – 70（拒绝一项交易，因为它不是"法律意图的东西"，从而驳回了初审法院的裁决，即"如此精心起草的法律必须被解释为税收政策的字面表达"，Gregory v. Comm'r, 27 B. T. A. 223, 225（B. T. A. 1932））；Coltec Indus., Inc. v. United States, 454 F. 3d 1340, 1354（Fed. Cir. 2006）（认为经济实质原则的作用是在"实现基本的国会目标"中克服"对法律的字面上的遵守"）；In re CM Holdings, Inc., 301 F. 3d 96, 102（3d. Cir. 2002）（"即使一项交易完全符合获得扣除的所有要求，如果它缺乏经济实质，'无论好坏，出于联邦税收目的，它都不会被承认。'< citations omitted >）；Cadwell v. Comm'r, 136 T. C. 38, 56（T. C. 2011）（"根据实质重于形式的原则，尽管交易的形式可能确实符合法典的规定，但如果该形式没有商业目的并且只是作为掩盖其真实特征的手段而运作，则该形式将不会生效）。特别是经济实质原则经常以非字面的方式应用。正如第一部分第二节所讨论的，虽然文本主义对反滥用原则的批评不仅限于经济实质原则，但对经济实质原则的许多文本主义反对意见已通过第 7701（O）节的法典化得到解决，如在第二部分第四中讨论的。

评论员们怀疑这些原则的持续合法性。① 随着"新文本主义"在 20 世纪末期所形成的发展势头强劲,② 最高法院开始以更狭窄、更侧重于文本的方式理解法规,尤其是通过避开立法历史。文本主义严重影响了最高法院的判例,③ 在较小程度上影响了上诉法院和地方法院的判例。④ 尽管当今很少有最高法院法官或法官完全是目的主义者或完全是文本主义者,但我们已经达到了一种平衡,它包含各种法律含义的标志,但侧重于法律文本。⑤ 法律解释的一般方法的这种转变对联邦税法产生了深远的影响。

特别是,一些学者和实践参与者认为,文本主义关注点与反滥用原则从根本上是不相容的,因此应废除反滥用原则。⑥ 针对这种原则上的转变,法院有时还裁定,反滥用原则

---

① BITTKER ET AL., 1.04 (描述经济实质原则为 "少数税务从业人员坚持认为法官制定的原则是非法的,最高法院从未实际应用过它去否定纳税人任何税收优惠"); Cunningham & Repetti, at 20 – 32; Jellum, supra note 14, 589 – 90 (描述了文本主义的兴起和对司法反滥用原则的日益增长的怀疑). 但也参见上文 (描述这些挑战是如何通过编纂经济实质原则来部分解决的);下文第二部分第四节 (相同)。

② 所谓新文本主义是为了区别于旧的 "简单的意义" 的文本主义。"简单的意义" 文本主义一直存在到 20 世纪初期,当时它被目的主义所取代。例如,参见 United States v. Gudger, 249 U. S. 373, 374 – 75 (1919); Caminetti v. United States, 242 U. S. 470, 485 (1917); Procter & Gamble Co. v. United States, 225 U. S. 282, 293 (1912); Manning, at 79 – 80。

③ Kagan 大法官在回顾斯卡利亚大法官的工作时曾说过一句著名的话:"我们现在都是文本主义者。"Justice Elena Kagan, The Scalia Lecture: A Dialogue with Justice Elena Kagan on the Reading of Statutes at 8: 09, YOUTUBE (Nov. 18, 2015). 这句话已成为有关法定解释的学术著作中的陈词滥调。例如,参见 Abbe R. Gluck, Justice Scalia's Unfinished Business in Statutory Interpretation: Where Textualism's Formalism Gave Up, 92 NOTRE DAME L. REV. 2053, 2056 (2017); Thomas R. Lee & Stephen C. Mouritsen, Judging Ordinary Meaning, 127 YALE L. J. 788, 793 (2018)。

④ 下级法院和机构在采用最高法院的文本主义例子时表现出了不同的敏捷性。总的来说,初审法院仍然比上诉法院更具目的主义。参见 Aaron – Andrew P. Bruhl, Statutory Interpretation and the Rest of the Iceberg: Divergences Between the Lower Federal Courts and the Supreme Court, 68 DUKE L. J. 1, 58 (2018) (指出 "上诉法院司法文本主义的增加幅度大于地区法院")。也参见 Abbe R. Gluck & Richard A. Posner, Statutory Interpretation on the Bench: A Survey of Forty – Two Judges on the Federal Courts of Appeals, 131 HARV. L. REV. 1298, 1310 (2018) ("甚至以文本主义为中心的法官也用'文本主义 – 实用主义者'或'文本主义 – 语境主义者'这样的术语来描述自己。")。尽管 Gluck 和 Posner 法官的调查没有详细说明,但他们对实用主义的认可,可能反映了 Eskridge 和 Frickey 最初倡导的 "实践理性"。参见下文注释。但是,争论主要集中在目的主义和文本主义之间的冲突上。

⑤ 参见 Abbe R. Gluck, at 2057 – 58 (由于文本主义者、目的主义者和实用主义者在过去三十年中的巨大智力努力,已经出现了一个基本的平衡。所有各方都已明显缓和,并且基本上达成了一个以文本为中心的中间立场……包括求助于更广泛的背景,包括,以严格的规范……立法材料。); John F. Manning, Inside Congress's Mind, 115 COLUM. L. REV. 1911, 1925 (2015) (认为主要的目的主义和文本主义 "有比许多人可能意识到的更多的共同点"); John F. Manning, Second – Generation Textualism, 98 CALIF. L. REV. 1287, 1315 (2010); Jonathan T. Molot, The Rise and Fall of Textualism, 106 COLUM. L. REV. 1, 30 (2006) ("文本主义在改变非信奉者的观点方面非常成功,以至于文本主义越来越难以识别,更不用说征服文本主义的追随者和不信奉者之间的任何领域。"); Jonathan R. Siegel, The Inexorable Radicalization of Textualism, 158 U. PA. L. REV. 117, 119, 128 – 30 (2009) ("然而,解释战的最新举措是宣布某种程度的停战。文本主义、意向主义和目的主义要么与人们通常的思考方式没有太大不同,要么至少没有什么不同。")。

⑥ 例如,参见 Grewal at 978 (认为 "对最高法院判例的仔细审查表明,法院从未对税收法规应用自由浮动经济实质测试。相反,法院只有在可适用的法律使这些原则具有相关性时审查经济实质原则。"); Madison, at 702 ("文章从这一分析得出结论,这里讨论的实质重于形式的原则不再适用于税务案件。")。

是法官制定的，不具有约束力，因为它们源于对立法意图的司法重新建构。[1] 而且，许多税务顾问（尤其是大型会计师事务所的税务顾问[2]）都引用了法律文本的至高无上来支持符合法典字面语言，但根据反滥用原则将导致失败的交易。[3]

尽管美国国税局并未遵循文本主义的司法倾向，[4] 但文本主义和反滥用原则之间明显的张力促使税务律师签署了对目的主义来说是可疑的交易。[5] 因此，文本主义在学术辩论中的突出地位削弱了滥用的税收计划的关键障碍。

即使对于那些不认同文本主义的理论家（像我本人），新的文本主义对似乎废除法律文本的司法原则的正当性提出了重要质疑。一些学者完全拒绝了文本主义的论点，而是认可了法律解释的另一种理论——例如，朝着目的主义的[6]或实践理性的方向发展。[7] 在这些论点中隐含着这样一种观点，即文本主义与反滥用原则根本上是不相容的。但是，还有另一种方法来解决所谓的不兼容问题，一种使原则适应我们这个更具文本主义的时代的

---

[1] 例如，也参见 Summa Holdings, Inc. v. Comm'r, 848 F. 3d 779, 782 (6th Cir. 2017) ("实质重于形式"的每一个词，至少正如专员在这里使用的那样，都应该停顿一下……就法律而言，"形式"就是"实质"。法律的文字（形式）决定内容（实质））；ACM P'ship v. Comm'r, 157 F. 3d 231, 265 (3d Cir. 1998) (McKee, J., dissenting)；Coltec Indus., Inc. v. United States, 62 Fed. Cl. 716, 740 – 41, 752 – 56 (Fed. Cl. 2004), vacated and remanded, 454 F. 3d 1340 (Fed. Cir. 2006)；Cunningham & Repetti, at 20 – 26（根据新文本主义，观察法院和从业者远离非文字原则，但认为即使在文本主义下，分步交易和虚假交易原则也可能具有有效的基础）；Galle, at 363（自20世纪80年代中期以来，随着关于法律解释的'文本主义'理论变得越来越流行，法院对法官制定的税收政策越来越持怀疑态度，尤其是在该政策具有否定文本明确词汇含义的效果的情况下。"）。一般参见第二部分第三节 1 – 2（讨论文本主义倾向的法院对实质重于形式原则持怀疑态度的例子）。

[2] Tanina Rostain, Sheltering Lawyers: The Organized Tax Bar and the Tax Shelter Industry, 23 *YALE J. REG.* 77, 88 – 92 (2006).

[3] Cunningham & Repetti, at 20 – 32；Rostain, at 94（描述避税的兴起是由文本主义税务律师向客户提供有利意见的能力所驱动的）。也参见 Joseph Bankman, Tax Enforcement: Tax Shelters, the Cash Economy, and Compliance Costs, 31 OHIO N. U. L. REV. 1, 3 (2005)（将 Scalia 大法官与字面主义和避税联系起来）；Joseph Bankman, The Business Purpose Doctrine and the Sociology of Tax, 54 SMU L. REV. 149, 150 – 54 (2001)（描述年轻律师和大型会计师事务所中的形式主义、文本主义和文字主义，以促进避税措施的颁布）；Galle, at 359 – 60（这表明文本主义者对经济实质原则的怀疑是毕马威广为宣传的逃税案的"核心"。上一段中的资料来源涉及2000年代中期减少的避税地。然而，即使最臭名昭著的避税地已经减少，文本主义和反滥用原则之间的持续紧张仍然是支持低调避税的一个凸起的地方。正如下文第二部分第三节第3部分所示，即使在今天，对这些原则的文本主义怀疑仍在继续保护避税地。

[4] 参见 Jonathan H. Choi, A Computational Study of Statutory Interpretation in Tax Law, 95 N. Y. U. L. REV. （即将带来的2020年）（手稿在第30 – 34 页）（与作者一起存档）（发现，尽管税务法院遵循了向文本主义的一般司法转变，但美国国税局仍然保持着高度的目的主义）。也参见 BITTKER ET AL., 1.04（指出关于经济实质原则是不合法的观点"几乎没有或根本没有得到支持"）。

[5] Cunningham & Repetti, at 26 – 30；Rostain, at 94.

[6] 例如，参见 Cunningham & Repetti, at 54（"将目的主义指定为解释 K 分章和确定何时应忽略合伙企业的方法是否合理？我们相信这个问题的答案是肯定的。"）；Lederman, at 444（"法院应该毫不犹豫地对所有涉及滥用税法的案件采用系统的方法进行有目的的解释。"）；McCormack, at 720 – 31. 有些人还提议朝着我所谓的"结构目的主义"迈进。参见下文注释以及随后的文本。

[7] 实践理性是文本主义、意向主义和目的主义的融合，以法官的实践智慧为中介，由 William Eskridge 和 Philip Frickey 首先提出，并由 Michael Livingston 应用于税收环境。一般参见 William N. Eskridge, Jr. & Philip P. Frickey, Statutory Interpretation as Practical Reasoning, 42 *STAN. L. REV.* 321 (1990)；Michael Livingston, Practical Reason, "Purposivism," and the Interpretation of Tax Statutes, 51 *TAX L. REV.* 677, 720 – 24 (1996).

方法。

二、实质原则的框架

（一）什么是实质原则？

建构（解释）的原则是指导法院解释法规的规则。立法学者通常将原则分为"语言文字原则"和"实质原则"。① 语言文字原则告诉我们如何理解文本。例如，拉丁语的格言"expressio unius est exclusio alterius"规定，法律中某些项目的明确列出推断性的排除任何未提及的可比项目。② 另一方面，实质原则是基于规范的忧虑来告知法律的实质性含义。例如，从宽原则要求对模棱两可的刑事法规做出有利于被告的解释。③

尽管学者们提出了几种实质原则，④ 但本文还是着重于推定。推定"可以被法律语言、立法历史和总体目的所推翻"，这取决于一个人的方法论喜好。⑤ 一般来说，目的论者考虑所有这三个方面，但是文本主义者避开了立法历史，只在文本不清楚时才考虑总体的法律目的。⑥

实质原则的一种较弱的形式是"断路器"，如果其他解释工具使法院对法律的含义产

---

① 例如，参见 James J. Brudney & Corey Ditslear, Canons of Construction and the Elusive Quest for Neutral Reasoning, 58 VAND. L. REV. 1, 12 – 14 (2005); Krishnakumar, at 833 – 35; David L. Shapiro, Continuity and Change in Statutory Interpretation, 67 N. Y. U. L. REV. 921, 927 – 41 (1992). 语言规范有时也被称为"文本规范"，有时还增加了第三类"外在规范"，指的是"外部来源，例如立法历史"。Abbe R. Gluck & Lisa Schultz Bressman, Statutory Interpretation from the Inside—An Empirical Study of Congressional Drafting, Delegation, and the Canons: Part I, 65 STAN. L. REV. 901, 924 – 25 (2013)。

② Chevron U. S. A Inc. v. Echazabal, 536 U. S. 73, 80 (2002) ("表示关联组或系列中的一个项目会排除另一个未提及的项目"（引用 United States v. Vonn, 535 U. S. 55, 65 (2002)))。也参见 Barnhart v. Peabody Coal Co., 537 U. S. 149, 168 (2003); Leatherman v. Tarrant Cty. Narcotics Intelligence & Coordination Unit, 507 U. S. 163, 168 (1993)。

③ 例如，参见 Skilling v. United States, 561 U. S. 358, 410 (2010) (引用 Cleveland v. United States, 531 U. S. 12, 25 (2000)); United States v. Santos, 553 U. S. 507, 514 (2008) (宽宥原则要求对模糊的刑法作出有利于被告的解释); United States v. Wiltberger, 18 U. S. (5 Wheat.) 76, 95 (1820)。

④ 推定通常与"明确的陈述规则"形成对比，后者"只能通过明确的法律文本来反驳"。William N. Eskridge, Jr. & Philip P. Frickey, Quasi – Constitutional Law: Clear Statement Rules as Constitutional Lawmaking, 45 VAND. L. REV. 593, 597 (1992). 由于明确的陈述规则通常被认为是促进特定宪法价值的正当理由，因此本文重点关注推定，并且此处讨论的所有实质性税收原则都是推定而非明确的陈述规则。Astoria Fed. Sav. & Loan Ass'n v. Solimino, 501 U. S. 104, 108 (1991) ("简单陈述和严格解释的规则仅适用于保护重要和不变的价值，无论它们是否符合宪法"（省略引文)); ESKRIDGE ET AL., CASES AND MATERIALS ON LEGISLATION: STATUTES AND THE CREATION OF PUBLIC POLICY 884 (4th ed. 2007) ("最高法院制定了明确的陈述规则，作为准宪法价值的表达。"); Amy Coney Barrett, Substantive Canons and Faithful Agency, 90 B. U. L. REV. 109, 164 (2010) ("促进宪法外价值的原则只能作为一种推定，指导人们在对一项法规作出同等合理的解释之间进行选择。")。

⑤ 参见 Eskridge & Frickey, at 597。

⑥ Manning, at 84 – 85 (文本主义者通常放弃依赖立法历史作为法律的明显总体目的的权威来源，但是……当语义歧义创造了必要的余地时，文本主义者将试图构建一个看似合理的假设目的（如果可能的话）……")。

生疑问,则"断路器"适用于"解释性分析结束时"。① 与断路器不同,可反驳的推定适用于解释性分析的开始时。② 我认为,大多数实质课税原则更适合归类为推定,而不是"断路器"③——首先,这更接近于它当前的被对待方式,因为它们普遍适用,而不仅仅是推定。

在过去的几十年中,建构原则已变得越来越重要,部分原因是文本主义的兴起。人们认为文本主义的法官更可能会使用(建构)原则,一些批评家认为,实质原则尤其是起到了"安全阀"的作用,可以防止形式主义的文本主义产生荒谬的结果。④ 然而,文本主义者并不是唯一采用建构原则的法官——阿贝·格鲁克(Abbe Gluck)和理查德·波斯纳(Richard Posner)法官最近对四十二名上诉法院法官进行的一项调查显示,所有人都经常使用建构原则,⑤ 尽管没有人自认是不合格的文本主义者。⑥ 学者们现在也经常援引建构原则,不管它们的方法论取向如何。正如格鲁克和波斯纳所指出的那样,建构的原则"不仅在最高法院的意见中,而且在现在广泛存在的法学院的立法教学中,都比立法历史更为重要"。⑦ 显然,在当前的目的论和文本主义之间的缓和中,建构原则将仍然是重要的解释工具。⑧

值得注意的是,近年来,建构原则的普遍兴起,特别是实质原则的兴起——许多学

---

① ESKRIDGE ET AL., at 353.
② ESKRIDGE ET AL. at 353-54. Eskridge 和他的合作作者指出一些假设可能会被解释工具的"一部分"反驳——然而,正如我提出的那样,实质性的税收原则可以被任何传统的解释工具所推翻。
③ 有两个例外,参见下文附录。
④ Linda D. Jellum, But That Is Absurd!: Why Specific Absurdity Undermines Textualism, 76 BROOK. L. REV. 917, 921 (2011) ("但立法机构可能不完善,文本也不精确;因此,文本主义者有安全阀,这些理论允许他们避免法律文本的含义,即使该文本非常清楚。"); Manning, at 118 ("荒谬原则提供了一个重要但有限的安全阀。"); Krishnakumar, at 826-27 (法律解释学者普遍认为,"法律建构的实质原则……充当'安全阀',帮助文本主义法官避开或'减轻'文本主义的严格性。") 也参见 ESKRIDGE ET AL., at 743 (批评者可能会提出这样的建议……"每一种人类解释技术,包括文本主义,都需要某种'安全阀'。")。
⑤ Gluck & Posner, at 1328. 关于最高法院法官使用原则的类似实证工作,得出结论认为所有大法官都广泛使用了原则,参见 Anita S. Krishnakumar, Dueling Canons, 65 DUKE L. J. 909, 928, 929-30, tbl. 1 (2016); Nina A. Mendelson, Change, Creation and Unpredictability in Statutory Interpretation: Interpretive Canon Use in the Roberts Court's First Decade, 117 MICH. L. REV. 71, 99-101 (2018)。
⑥ Gluck & Posner, at 1310 ("即使被要求提供一个词来描述他们的解释方法,也没有一位法官愿意无条件地自称'文本主义者'。甚至以文本为中心的法官也使用'文本主义者——实用主义者'或'文本主义者——语境主义者'这样的术语来形容自己。")。
⑦ Gluck & Posner, at 1301.
⑧ Cf. id. at 1301 ("许多人认为,关于文本主义与目的主义的争论已经缓和……")。

者，以不同的方法论立场，都支持实质原则，或提出新的原则。① 加上威廉·埃斯克里奇和他的合著者在他们的主要判例书中列出的广泛和经常被引用的清单。② 然而，这一运动几乎没有达到税收学者：埃斯克里奇的清单仅讨论了我在本文中认可的一个实质课税原则，即附录E节中关于禁止默示免税的规则。③ 最重要的是，学者们并未将第一部分中讨论的反滥用原则视为实质原则。④

---

① 一般参见 Nicholas S. Bryner, An Ecological Theory of Statutory Interpretation, 54 IDAHO L. REV. 3, 6 – 7 (2018)（提出"环境原则"）; Jonathon S. Byington, The Fresh Start Canon, 69 FL. 115, 116 – 18 (2017)（认为巡回法院已经在破产案件中制定了"重新开始原则"，并将其重要性提升到了一个不适合破产法目标的水平）; Gluck, at 182（提出"CBO 原则"……模棱两可的法律应按照国会预算办公室通过的法律来解释"）; Krishnakumar,（一般地讨论实质原则）; Noah B. Lindell, The Dignity Canon, 27 CORNELL J. L. & PUB. POL'Y 415, 417 (2017)（提出"自尊原则"）; Clinton G. Wallace, Congressional Control of Tax Rulemaking, 71 TAX L. REV. 179, 183 (2017)（提出"JCT Canon"，即"条例制定者和法院"……应遵循 JCT 在其收入估计和法律条款解释中所采用的建构。"）。

② ESKRIDGE ET AL., app. B.

③ 参见 ESKRIDGE ET AL., at 1214. Steve Johnson 还描述了几个潜在的实质课税原则，包括有利于纳税人的原则（我认为它已经过时了，参见下文附录第六部分），反纳税人原则（我认为是有效的，参见下文附录第六部分），整个法典规则的变体（这是我拒绝的，因为应用不一致和经验不足，参见下文附录第一部分），以"支持文本主义或目的主义的司法陈述（例如，"税收法律不会超出其明确的进口范围……"; "法典条款的解释应当与税收制度基本前提一致……"）或者特定案件的裁决未表述为普遍适用的规则（例如，"抵扣和免税不能被建构为可适用于非法或违反公共政策的活动"也参见下文注释 293），而不是实质原则。Steve R. Johnson, The Canon that Tax Penalties Should Be Strictly Construed, 3 NEV. L. J. 495, 495 – 96 (2003). Corey Ditslear 和 James Brudney 曾写过税法中的原则，但主要侧重于反对隐含免税的规则。Ditslear & Brudney, at 1295 – 96, 1297 n. 272 ("我们希望税法学者将税收原则的起源和发展作为一个单独的项目来研究"）。一般参见 Andy S. Grewal, Why Lenity Has No Place in the Income Tax Laws, 81 MO. L. REV. 1045 (2016)（讨论适用于税务案件的刑法中的一般宽宥原则，而不是特定的税收原则）; Kristin E. Hickman, Of Lenity, Chevron, and KPMG, 26 VA. TAX REV. 905 (2007)（相同）。也参见 Steven A. Dean & Lawrence M. Solan, Tax Shelters and the Code: Navigating Between Text and Intent, 26 VA. TAX REV. 879, 891 – 904 (2007)（讨论税法中的一般宽宥原则，以及观察到"税收法律被自由的解释为有利于纳税人的原则"的"不一致"外观，我在附录第一节（引用 Limited, Inc., v. Commissioner 286 F. 3d 324, 332 (6th Cir. 2002)））; Wallace,（提出"JCT 原则，"也在附录第一节中讨论）; Kristin Hickman, Bridging Exceptionalism and Anti – Exceptionalism with the JCT Canon, JOTWELL (Dec. 10, 2018), https: //tax. jotwell. com/bridging – exceptionalism – and – anti – exceptionalism – with – the – jct – canon（表明 Wallace 的 JCT 原则也可能被理解为一个税收例外论者的论点，为法典的目的主义解释）。

④ Brian Galle 为经济实质原则提出了一项"选择加入规则"，其中国会将"制定一项法典化原则，指示法院禁止为缺乏经济实质的交易提供税收优惠，除非该交易被国会明确定为一项应该得到优惠待遇。" Galle, at 387. 虽然某种程度上类似于将经济实质原则视为实质原则，但 Galle 的规则并未在经济实质原则的编纂中被采纳，并且将作为一项立法明确陈述规则，而不是作为一项司法推定发挥类似的作用。Cf. Charlene D. Luke, The Relevance Games: Congress's Choices for Economic Substance Gamemakers, 66 TAX LAW. 551, 569 (2013)"最早的两项涉及经济实质的法案实际上包含了一份简短的以信用清单形式列出的天使清单，但此类清单并未出现在以后的版本中。"引用 Small Business Tax Relief Act of 2000, H. R. 3874, 106th Cong. § 266 (2000); Abusive Tax Shelter Shutdown Act of 1999, H. R. 2255, 106th Cong. § 3 (1999). Charlene Luke 辩称,《法典》第 7701 (O) 节中规定的经济实质原则不应"适用于与主张的税收优惠的形式和目的明显一致的交易"同上，at 558 – 61. 这也与将经济实质原则视为实质原则具有类似的效果，尽管 Luke 并未从这些方面分析该原则。然而，Luke 的论点基于对法典第 7701 (O) 节背后的立法历史的具体解读，因此她的论点比本文中所述的要狭隘，并且主要是描述性的，而不是规范性的。Joseph Bankman 此前曾指出，经济实质原则"在某些方面类似于解释的实质原则"，但并未赞同这些观点。Joseph Bankman, The Economic Substance Doctrine, 74 S. CAL. L. REV. 5, 11 (2000), cited by Santander Holdings USA, Inc. v. United States, 844 F. 3d 15, 21 (1st Cir. 2016). 也参见 NEW YORK STATE BAR ASSOCIATION TAX SECTION, REPORT ON CODIFICATION OF THE ECONOMIC SUBSTANCE DOCTRINE 6 & n. 12 (2011)（表明经济实质原则类似于反对荒谬的原则）。

(二) 作为实质性原则的反滥用原则

实质性原则的框架解决了第一部分中概述的两个问题。实质性原则不一定有目的性。解释方法论在反驳该原则适用的推定时很重要，但反驳可能涉及文本主义、目的主义、实践理性或任何其他方法。因此，文本主义不应该对作为实质性原则的反滥用原则有压倒性的反对意见，尽管他们在实践中不可避免地会有不同的应用。

该框架还通过提供一个更清晰、更易于理解关于这些原则的实际应用的描述来解决理论上的不一致。实质性原则框架要求法院将相关法规视为反滥用原则的组成部分，而不是作为一个外在因素，理论上（但实际上往往）不影响结果。换句话说，当法院适用反滥用原则时，我建议它们采取两步程序。首先，法院解析纳税人案件的事实，以了解该原则是否适用。如果它确实适用，那么它仅是作为一种推定，因此第二步是询问法律文本或目的是否反驳了该推定。

如果推定可以通过文本或目的反驳，那么该提议是否会将反滥用原则放在无关紧要的位置？可能不会。实质性原则的框架可能会在一定程度上缩小该反滥用原则的在空白处使用的范围——尤其是为律师提供了另一种方式，使其辩称其客户的行为符合法典的意图，并因此不受制于反滥用原则——但如上所述，即使在目前的情况下，法院也会习惯这些论点。[①]

经验表明，推定要比其试探性的正式措辞更有效。法律案件，特别是在法院审理的少数案件，往往涉及密切的联系，在这种联系中，诸如推定之类的理论可以起决定性作用。[②] 实际上，学者们最常见的批评是，实质性原则被广泛引用，任何解释尺度上的顶端将产生巨大的影响。[③]

实质性原则框架最可能产生的影响是，诉讼将从理论本身的内容转移到相关法规，尤其是法规是否成功地反驳了这些原则。本文与反驳中使用的工具无关，因为这将直接取决于读者（和法院）对法律解释的态度，但是我们仍然可以尝试预测这种转变在实践中的效果。

由于最高法院的案件往往会吸引最多的学术关注，因此人们可能会猜想，当前最高法院的文本主义倾向将意味着文本主义对实质课税原则的美化，因此只有在文本模棱两可的情况下才允许适用。但是这种怀疑低估了 IRS 的实践重要性。如果最高法院裁定某项特定（反滥用）原则无效，那么最高法院在确定可用的反滥用原则的工具箱方面具有巨大影响

---

① 参见上文第一部分第一节。
② 参见下文附录第四、五、六节。
③ 例如，参见 Krishnakumar，at 827（在传统的叙述中，实质原则被认为拥有巨大的力量，事实上，对解释结果的力量太大了）。使用实证证据，Anita Krishnakumar 辩称，实质原则的主导地位被夸大了，但指出，14.4%的最高法院最近的意见仍然援引了这些原则。Krishnakumar, at 850. 最常被引用的实质原则包括一些仅作为推定的原则，包括禁止优先购买权的推定、禁止追溯力的推定，以及可以说是回避原则。Krishnakumar, at 856。

力,下级法院和国税局受其裁定的约束,其他法院和机构通常可以自由决定自己的法律解释方法。① 国税局最初管理税务索赔,是绝大多数纳税人将要打交道的唯一行政机关,② 在实践中极具目的性。③ 因此,在大多数情况下,反滥用原则会可能会被法律文本、目的和立法历史的某种组合所推翻。

评论者们可能会抱怨说,推定的定义过于宽松,因此给法官提供了过多的回旋余地,尤其是在对法律文本或目的是否可以推翻推定时,这是一个至关重要的判断。④ 这是一种公正而基本的批评:因为实质课税原则旨在解决税收法规的不可预见的应用,它们并没有为自己划清界限,并且它们确实为法官(和IRS)提供了更大的解释范围。下文第三B节认为,这是该框架的一个特征,而不是一个缺陷,但一般反对扩大司法或行政权力的批评者可能认为这一论点没有说服力。

(三)适用这一框架

本节以判例法为例,说明反滥用原则在历史上是如何运作的,以及它们如何作为实质性原则运作。这些案例还强调了与上面概述的文本主义的不一致和紧张的问题。

1. 历史悠久的木板路大厅

2000年,成立了一个组织来恢复大西洋城的国家历史地标——历史悠久的木板路大厅。⑤ 该组织向投资者做广告,强调以历史修复税收抵扣的形式进行投资可能带来的潜在税收优惠。⑥ Pitney Bowes(一家邮费计费公司,未曾参与过历史修复工作)加入了该项目,但只有在收到律师的意见并得到修复组织者的保证后,该公司才有资格获得抵扣。⑦ 由 Pitney Bowes 投资的历史性木板路大厅得以修复,至今仍然是一个受欢迎的活动场所。

---

① 参见 Gluck, at 178 – 79(注意到,虽然法院在理想情况下应该遵守"一套较少的、有序的和可预测的法律解释规则……考虑到先发制人效应",在实践中,他们不会始终如一地解释法律,并且可能"永远不会")。

② 只有一小部分提交的纳税申报表会被审计。参见 Enforcement: Examinations, INTERNAL REVENUE SERV., https://www.irs.gov/statistics/enforcement – examinations("美国国税局审计了近100万份纳税申报表,约占2017年提交的所有申报表的0.5%")。在经过审计的申报表中,只有一小部分会经过审判。参见 Elizabeth Chao & Andrew R. Roberson, Overview of Tax Litigation Forums, TAX CONTROVERSY 360 (Apr. 21, 2017), https://www.taxcontroversy360.com/2017/04/overview – of – tax – litigation – forums(描述每年大约有30000个联邦税务案件待决,包括税务法院案件和联邦地方方法院案件)。

③ 美国国税局起草的条例和其他行政材料的序言经常引用立法历史。例如,参见 T. D. 9817, 2017 – 9 I. R. B 968; I. R. S. Notice 2018 – 76, 2018 – 42 I. R. B. 599. 立法历史通常被理解为目的主义方法论的代表。参见 Bruhl, at 29. 也参见 Choi,(手稿at 30 – 32)(描述了美国国税局如何保持高度目的主义,而不是像法院通常那样转向文本主义)。

④ 例如,参见 Bruhl, at 11(将这一决定描述为"模糊")。

⑤ Historic Boardwalk Hall, LLC, 136 T. C. 1, 3 (T. C. 2011), rev'd, 694 F. 3d 425 (3d Cir. 2012).

⑥ 这些税收抵免提供与历史修复项目中发生的费用成比例的税收抵免,以激励投资者进行此类项目。I. R. C. § 47 (2000)。

⑦ Historic Boardwalk Hall, 136 T. C. at 15 – 16.

但是，国税局否认了 Pitney Bowes 试图获得历史修复税收抵扣的尝试。国税局援引经济实质，声称该交易是伪造的，在税收方面应该不予考虑。① 应用经济实质原则的两个方面，国税局有一个强有力的例子。从主观上讲，Pitney Bowes 显然仅出于税收利益而对该交易感兴趣——实际上，该交易最初被广告宣传为税收抵扣的"出售"。② 客观上，该项目除出售税收抵扣外几乎没有任何经济效果。③

尽管如此，初审法院仍认为该交易具有足够的经济实质。对其观点至关重要的是，它首先考虑了国会制定历史性修复抵扣的意图。它指出："国会颁布了修复税收抵扣，以刺激私人投资于无利可图的历史性修复……如果没有修复税收抵扣，Pitney Bowes 不会投资于［历史悠久的木板路大厅］的修复项目，因为否则它将无法从其投资中获得足够的净经济利益。"④

完全正确，但法院并未以这种有力的意见作为结论。相反，它感到有必要在经济实质原则的因素范围内为自己辩护，在考虑修复税收抵扣后判断交易的经济效果。⑤ 如上所述，这没有任何意义——包括税收优惠，任何税收规避将产生重大的经济效果。经济实质原则的全部观点是只考虑非税收效果。

美国国税局同意，审判法院的理由不充分。正如首席法律顾问备忘录（通过 FOIA 要求公开提供的 IRS 政策内部声明）中所述，国税局继续拒绝类似于历史悠久的木板路大厅的交易。⑥ 国税局与税务法院之间的分歧仍然悬而未决，令从业人员感到懊恼。⑦

以下是经济实质原则如何作为实质性原则而运作的，使用法院所青睐的同样的目的性分析。Pitney Bowes 没有符合该理论的至少一项或全部两项要求，因此，该税收抵扣将被推定拒绝。但是，税收抵扣的法律目的（通过吸引新投资者来鼓励历史性修复）将反驳这一推定，而 Pitney Bowes 终将获得税收抵扣。因此，这种分析最终得出了与审判法院相同的结果，但没有把国税局推向相反结果的令人困惑的特别理由。

2. 吉特利兹案

接下来，考虑一个鲜为人知（但更直观）的反滥用原则：防止纳税人从一笔交易中获

---

① Historic Boardwalk Hall, at 17。
② Historic Boardwalk Hall, 136 T. C. at 6.
③ 参见 Historic Boardwalk Hall, at 16. 将此案例与 ACM P'ship v. Comm'r, 157 F. 3d 231, 248 n. 31（3d Cir. 1998）案例进行比较（裁决"像 ACM 这样的交易既没有客观的非税收经济效应，也没有主观的非税收目的，构成经济欺诈，其税收后果必须忽略不计"）。
④ Historic Boardwalk Hall, 136 T. C. at 26.
⑤ Historic Boardwalk Hall, 136 T. C. at 26.
⑥ I. R. S. Chief Couns. Mem. 20124002F, at 16 – 18, 20 – 21（Aug. 30, 2012）.
⑦ Shamik Trivedi, Practitioners Balk at IRS Memo on Rehabilitation Credits, 138 TAX NOTES 1050, 1052（2013）. 这个问题在 2014 – 12 号税收程序中有所改善，它为恢复信贷交易提供了一个安全港，纳税人承担必要数量的经济风险，从而避免经济实质问题。Rev. Proc. 2014 – 12, 2014 – 3 I. R. B. 415, 415 – 16. 但这种局部解决方案只会给理想情况下可以自由交易的税收抵免的销售增加交易成本。

得两项额外的税收优惠的规则,有时也被称为"伊尔费尔德规则"。① 近几十年来,法学家们开始将反对双重税收优惠的规则视为反文本主义,就像许多其他反滥用原则一样。这一运动在最高法院2001年在吉特利兹(Gitlitzv)的裁决中达到了顶峰,有争议的裁决,单一交易有权使股东增加税基和免征所得税。②

吉特利兹(Gitlitz)涉及一个关于S公司股东的高度技术性事实模式,这种公司形式允许"流经"税收,这样该公司及其股东一起仅需缴纳单一层级的税收(而不是传统的"C公司"的两层级税收)。S公司股东在其纳税申报表中报告公司所得,③ 为了防止对公司未来分配给股东的款项重复征税,股东可将其在公司中的税基增加任何此类所得的数额。④ 具体来说,税基的增长包括"所得项目(包括免税所得)……单独处理可能会影响任何股东的纳税义务"。⑤ 税基的增加有利于股东,通过减少其在随后任何股票销售中的应纳税所得额。⑥

根据该案的事实,S公司无力偿债,因此注销了大约200万美元的债务。⑦ 一般而言,注销债务被视为减轻债务的纳税人的所得。⑧ 这将导致应纳税所得额被S公司股东确认,除非债务的注销不包括在破产实体的总所得中。⑨ 因为S公司即使在债务注销后仍无力偿债而破产,因此股东未从债务注销中获得应税所得。然而,股东们仍试图提高其股份的计税基础,根据注销债务是一项"所得项目"的理论,即使这并未包括在"总所得"中。⑩ 由于破产而免税,加上税基的增加,是纳税人有争议地试图主张的双重税收优惠。

托马斯法官,以8∶1的多数票来写,裁定纳税人胜诉。尽管他承认这导致了"双重暴利",但他仍感到受到法律"纯文本"的限制。⑪ 在税务案例中,此案被认为是文本主义

---

① Charles Ilfeld Co. v. Hernandez, 292 U. S. 62, 66 (1934) ("如果课适用的法案或条例中没有可以公平解读以授权双重扣除的条款,则所申请的扣除额是不允许的。"). 也参见 United States v. Skelly Oil Co., 394 U. S. 678, 684 (1969); Duquesne Light Holdings, Inc. v. Comm'r, 861 F. 3d 396, 407-09 (3d Cir. 2017); Ambac Indus., Inc. v. Comm'r, 487 F. 2d 463, 467 (2d Cir. 1973); Knapp King-Size Corp. v. United States, 527 F. 2d 1392, 1401 (Ct. Cl. 1975) (将反对双重扣除的规则成为"税法的基本原则之一"); Black & Decker Corp. v. United States, No. Civ. WDQ-02-2070, 2004 WL 2051215, at *2 (D. Md. Aug. 3, 2004); Denton & Anderson Co. v. Kavanagh, 164 F. Supp. 372, 377-78 (D. Mich. 1958); I. R. S. Tech. Adv. Mem. 79-39-013 (June 18, 1979).

② 531 U. S. 206, 219-20 (2001).

③ I. R. C. § 1366 (a) (1) (A) (1991). 由于本案的争议事件发生在1991年, Gitlitz, 531 U. S. at 210, 我参考了当年的美国法典版本。

④ I. R. C. § 1367 (a) (1) (A) (1991).

⑤ I. R. C. § 1367 (a) (1) (A) (1991).

⑥ 或者增加任何应税损失,这也将减少他们的纳税义务。

⑦ Gitlitz, 531 U. S. at 210.

⑧ I. R. C. § 61 (a) (12) (1991).

⑨ I. R. C. § 108 (a), (d) (7) (A) (1991).

⑩ Gitlitz, 531 U. S. at 210.

⑪ Gitlitz, 531 U. S. at 219-20.

的"高水位线",① 以及反滥用原则与文本主义之间的紧张关系的一个恰当例子——近乎一致的裁决,几乎完全用文本主义的措辞写成,即使是持不同意见的人也没有主张说立法历史胜过一切,而只是认为该法规是含糊不清的。②

暂时戴上文本主义者的帽子(就像某些著名的目的主义者,例如布雷耶大法官 Justice Breyer 在这种情况下所做的那样),我们可能会问,实质性原则框架在这里会有什么不同?如果托马斯大法官是对的,而且文本的含义是明确的,那么从文本主义者的角度来看,在实质性原则框架中就没有空间对双重抵扣适用推定——该推定已经被法规的文本所推翻了。但是,该法规并不像大多数人所主张的那样明确,事实上,吉特利兹案是一个很好的案例研究,应用了实质课税原则,正如布雷耶大法官(唯一的异议者)所建议的那样,其中包含了大量的含糊不清。

法典中关于注销债务所得的规定明确规定:在"S 公司的情况下",相关规定"应在公司层面适用"。③ 初审法院裁定,④ 根据过去类似案件的逻辑,⑤ 即注销债务的规定仅限于"公司层面",排除了对股东层级的任何影响,因此阻止了股东加强其税基。事实上,很难想象提到"公司××层面"指的是着什么,除了排除股东效应之外。⑥

布雷耶大法官的异议强调了该法规的两种相互竞争的解读。⑦ 虽然他承认大多数人区分所得项目和总所得之间的合法性,但他总结说:"双方纯文本的论点产生模糊性,而不是确定性。"⑧ 但是布雷耶法官随后利用这种模糊性来证明利用立法历史来提供额外的明晰性是正当的,⑨ 这种方法可预见地被法院的文本主义者所拒绝。

法院如何裁定使用实质性原则来抵制双重税收优惠? 纳税人主张的双重税收优惠将被推定为禁止。因此,问题是这些法规是否足够明确,足以驳斥这一推定。布雷耶可能不会这么想,而托马斯无论如何都会这么想。但是,这种分析方式,不同于一个标准的确定法规的最佳解读的尝试。在这种情况下,它增加了税率,禁止双重税收优惠的软因素,以及在这种情况下纯粹出于解释性理由(而不是作为政策问题)对纳税人作出裁决的一种方

---

① 参见 Thomas D. Greenaway & Danshera Cords, Textualism and the Internal Revenue Code, 25 A. B. A. SEC. TAX' N NEWS Q., Summer 2006, at 15, 15。
② Gitlitz, 531 U. S. at 220 – 24 (Breyer, J. 持有不同意见)。
③ I. R. C. § 108 (d) (7) (A) (1991).
④ Winn v. Comm'r, Nos. 5358 – 96, 5359 – 96, 1998 WL 66085, at 1 (T. C. Feb. 19, 1998), withdrawing 1997 WL 344736 (T. C. June 24, 1997), aff'd sub. nom. Gitlitz v. Comm'r, 182 F. 3d 1143 (10th Cir. 1999).
⑤ Nelson v. Comm'r, 110 T. C. 114 (T. C. 1998).
⑥ 反对"冗余的推定"似乎与此有关:"避免以一种会使法律的其他条款变得多余或不必要的方式来解释一项规定。" ESKRIDGE ET AL. 3, app B. at 1197。
⑦ Gitlitz, 531 U. S. at 220 – 24 (Breyer, J. 持有不同意见)。
⑧ Gitlitz, 531 U. S. at 220, 223。
⑨ 具体而言,Breyer 大法官引用国会委员会报告中的外在证据。同上注 at 221, 223。Breyer 还指出,在"其他条件相同的情况下,我们应该将模棱两可的法律解读为关闭而不是维护税收漏洞",尽管他的推理似乎反映了常识,而不是对实质原则任何正式诉诸。Gitlitz, 531 U. S. at 223。

式。虽然这种方法可能不会动摇法庭上强硬的文本主义者，但它可能会说服较为温和的法官。

不出所料，国会于次年通过修改法规翻转了吉特利兹的结果——认可了审判法院和布雷耶法官提出的逻辑，该修正案明确指出，法规提及的"公司层面"的内容包括不把注销债务视为破产公司股东的收入。① 然而，由于该修正案没有追溯力，因此股东能够修改其上一年度的纳税申报表，以利用吉特利兹案创造的双重税收优惠，从而导致财政收入的大量损失，以及国税局十多年的额外工作。②

简而言之，吉特利兹案正是那种法院本应援引对双重税收优惠的推定的一个案件：含糊不清；双方争论；以及可以在两种对立观点之间做出裁定的原则。吉特利兹案还强调了作为推定的实质性原则的实用性——实际上，尤其是在很难产生巡回法庭分裂的情况下，像法典一样复杂的法规很少承认明确的答案。反对双重税收优惠的规则作为一种简单的理论规则的传统概念，掩盖了其在调解歧义性方面的潜在作用。

3. 贝纳森和萨玛裁决

一些读者可能会对我对吉特利兹的看法持怀疑态度，尤其是那些认为最高法院的裁决更多是出于政治而非理论动机的读者。其他人可能会认为，文本主义者对反滥用原则的质疑是一纸空文，是 2000 年代避税战争的遗物。本小节将运用实质性原则重新评估过去几年在最高法院以外的法院所作的裁决。

这些案件涉及 Clement Benenson 和 James Benenson 三兄弟，他们认为自己已经发现了一种新的方法来减少他们的税收，使用罗斯个人退休账户（Roth IRA）。罗斯个人退休账户是退休储蓄账户，不提供任何税收抵扣，③ 但从账户中分配的任何款项均免税。④ 由于罗斯个人退休账户的现金基本上是永久性免税的，因此非常有价值。但是像 Benensons 这样的高收入的纳税人，通常不能向罗斯 IRA 捐赠任何现金。

贝纳森夫妇试图借助一家生产出口产品的家族企业的帮助来规避这些限制。贝纳森一家成立了一家国内国际销售公司（DISC），由家族公司就这些出口产品支付佣金。⑤ DISC 公司的收入按低于正常公司利润的税率缴税。⑥ 因为 DISC 公司是典型的由支付佣金的公

---

① I. R. C. § 108（d）（7）（A）（2002）（重点补充）; Job Creation and Worker Assistance Act of 2002, Pub. L. No. 107-147, § 402（a）, 116 Stat. 21（2002）. 参见 H. R. REP. NO. 107-251, at 52（2001）（"该条款规定，不包括在 S 公司收入之外的 S 公司债务清偿的收入，不作为任何股东的收入项目考虑，因此不会增加任何股东在公司的股份基数。"）。

② 参加 I. R. S. Tech. Adv. Mem. 201321019（2013 年 5 月）（允许股东因法典第 108（D）（7）节生效之前发生的债务免除而增加的 S 公司的税基）。

③ I. R. C. § 408A（c）（1）（2017）.

④ I. R. C. § 408A（d）（1）。

⑤ Summa Holdings v. Comm'r, 848 F. 3d 779, 783（6th Cir. 2017）.

⑥ DISC 公司每年可免除高达 1000 万美元的佣金，并且从 DISC 公司分配给个人所有者的任何收入都以较低的税率征税。I. R. C. §§ 991, 995（b）（1）（E）（2017）。但是，DISC 公司的股东每年支付递延所得税负债的利息。I. R. C. § 995（f）（2017）。

司股东拥有，通过 DISC 公司传递利润实际上起到了国会批准的出口补贴的作用。

通常，DISC 公司是与制造公司由同一个人或多人共同拥有的封闭式公司。但是在这种情况下，DISC 公司属于 Benensons 的 Roth IRA 而非直接由 Benensons 拥有。① 因此，通过将现金从制造公司转移到 DISC 公司，再转移到 Roth IRAs，Benensons 家族能够将现金转入他们的罗斯 IRA，这远远超出了普通限额（低收入纳税人每年 5000 美元，而 Benensons 是零②）——总计 5182314 元。③

初审法院的判决主要取决于实质重于形式的原则。④ Benensons 的裁决，他们建立 DISC 和 Roth IRA 的唯一目的是将资金转移到超出缴款限额的 RothIRAs。因为 Benensons 公司、DISC 公司和 Roth IRA 之间的关系完全基于形式而非实质，法院的结论是，这些付款"不是 DISC 公司的佣金，而是被视为对 Summa 股东的股息，然后是对 Beenson Roth IRA 的捐款。"

专业评论坦率地将 Benensons 的战略描述为"漏洞"⑤ 和"避税"。⑥ 交易完全在关联方之间进行，这通常会带来最大的风险，即适用实质重于形式的原则。⑦ 从表面上看，这似乎是反滥用原则的典型案例，在该案例中，法典的两个复杂的、被广泛分离的条款以一种不可预见的方式相互作用。贝纳森一家提出上诉，但他们的前景似乎并不乐观。⑧

然而，在一系列令人惊讶的翻转中，初审法院的推理被第六巡回法院⑨、第一巡回法院⑩和第二巡回法院⑪全面驳回。第六巡回法院首先作出裁决，它不仅批评了这种实质重于形式原则的这种具体应用，而且还批判了原则本身，表达了对"实质重于形式原则"术

---

① 他们的 Roth IRAs 通过一家中介公司拥有 DISC 公司，以避免"承担任何税务报告或股东义务"。Summa Holdings v. Comm'r, 848 F. 3d 779, 783 (6th Cir. 2017)。

② Summa Holdings, 848 F. 3d at 783.

③ Summa Holdings, at 784.

④ Summa Holdings v. Comm'r, Nos. 26476 – 12, 756 – 13, 759 – 13, 777 – 13, 779 – 13, 2015 WL 3943219, at 7 (T. C. June 29, 2015)（还暗示该交易可能没有违反经济实质原则，但没有明确适用）。

⑤ Lorraine Bailey, Sixth Circuit Upholds Tax Loophole for the Rich, COURTHOUSE NEWS SERV. (Feb. 17, 2017), https://www.courthousenews.com/sixth-circuit-upholds-tax-loophole-for-the-rich.

⑥ Peter J. Reilly, Conservative Judge Okays Huge Roth IRA Tax Shelter, Slams IRS Substance over Form Attack, FORBES (Feb. 20, 2017, 7:41 AM), https://www.forbes.com/sites/peterjreilly/2017/02/20/conservative-judge-slams-irs-substance-over-form-doctrine.

⑦ BITTKER & LOKKEN, supra note 36, 4.3.3 ("政府援引实质重于形式的原则在关联人之间的交易中取得了最大的成功，因为在这些情况下，形式通常具有最小的非税收后果（如果有的话），并且通常选择特定形式仅用于减税。")。

⑧ Ed Slott, $7,000 in Roth IRA Contributions that Became $6 Million in Tax-Free Gains, FIN. PLAN. (Mar. 28, 2017, 11:17 AM EDT)（将上诉法院随后推翻判决描述为"令人惊讶的结果"），https://www.financial-planning.com/news/7-000-in-roth-ira-contributions-that-became-6-million-in-tax-free-gains。

⑨ Summa Holdings v. Comm'r, 848 F. 3d 779 (6th Cir. 2017).

⑩ Benenson v. Comm'r, 887 F. 3d 511 (1st Cir. 2018).

⑪ Benenson v. Comm'r, No. 16 – 2953 – ag, slip op. (2d Cir. Dec. 14, 2018).

语中"每一个词"的怀疑。① 法院认为,"当最初构想和传统上使用",该原则只是阻止纳税人随意的重新标记他们的活动,例如通过把"所得"标记成为其他东西来逃避所得税。② 它认为美国国税局使用该原则是为追求财政收入而进行的大刀阔斧的尝试。③ 最重要的是,第六巡回法院对法律文本的完整性感到担忧。④ 就像吉特利兹案的法院一样,它认为,无论是否这样做是"可疑的税收政策",都必须尊重法律文本。⑤ 但是,通过将实质重于形式原则仅限制于标签问题,从而大大缩小了这一原则的传统范围。

第六巡回法院的意见的一个重要思路,⑥ 在第一⑦巡回法院和第二⑧巡回法院的意见中变得更加明显,那就是实质重于形式的原则(至少是由 IRS 使用的)仅仅是目的主义的一个代表。法院将国税局对这一原则的使用解释为"援引法定目的(最大限度地增加财政收入)",但它被法院拒绝了。⑨ 随后的评注承认了这些裁决的真实性:"文本主义的反革命",反滥用原则的感知的反目的主义。⑩

但是,关于实质重于形式的原则并不一定有目的论或文本主义。以下是它作为实质性原则的经典的工作方式。所有仅为减税而非反映实质内容的交易,特别是关联方之间未经公平交易或公平市场估值而进行的交易,在税收方面都被推定无效。但是,这一推定可以通过法规予以反驳,使用文本、立法历史或法官偏爱的其他证据的任何组合。因此,即使是传统的罗斯 IRA 也被认为是无效的,但是该推定被法典的文本、目的和立法历史所推翻,因此传统的罗斯 IRA 最终是安全的。国会设定的其他税收优惠项目也是如此。

对 Benensons 的实质重于形式原则将如何发挥作用?我个人的看法是,在本案中,法典的文本和立法历史都不是特别清楚,也没有表明对这一问题有任何认识。因此,应当坚持最初的无效推定,否定贝纳森的结构。当然,法律明确性是一个难以捉摸的概念,任何

---

① Summa Holdings, 848 F. 3d at 782.

② Summa Holdings, 848 F. 3d at 785.

③ Summa Holdings, 848 F. 3d at 788 – 89. 也参见上注 at 787 ("作出作为防止纳税人在交易上贴标签以避免他们不喜欢的税收后果的工具,冒着成为允许专员在交易上贴标签以必看他不喜欢的文本后果的工具的风险")。

④ Summa Holdings, 848 F. 3d at 788 – 89 ("实现国会细致入微的政策判断的最佳方法是按照文本要求应用每条规定,因为当纳税人以意料以外的减税方式构建交易时,其不要将目的高于文本。"); id. at 789 ("法律目的必须以文本为基础。不能援引它来拯救法律本身。"); Summa Holdings, 848 F. 3d at 790 ("这些法律允许纳税人避开 Roth IRA 的缴款限额,这可能是国会立法行动的意外后果,但它同样是文本驱动的后果。")。

⑤ Summa Holdings, 848 F. 3d at 790.

⑥ Summa Holdings, 848 F. 3d at 789 (拒绝美国国税局"援引法律目的(实现收入最大化)"的企图)。

⑦ Benenson v. Comm'r, 887 F. 3d 511, 521 (1st Cir. 2018).

⑧ Benenson v. Comm'r, No. 16 – 2953 – ag, slip op. at 16 (2d Cir. Dec. 14, 2018) ("简而言之,实质重于形式是一种工具,可以防止纳税人错误标记交易,'以避免他们不喜欢的税收后果'";这不是授权专员重新标记交易以"避免他不喜欢的文字后果"。(引用 Summa Holdings, 848 F. 3d at 787))。

⑨ 第六巡回法院,其他巡回法院对其大量借鉴,尤其批评广泛实质重于形式规则,它源自 Commissioner v. Court Holding Co., 324 U. S. 331 (1945)。参见 Summa Holdings v. Comm'r, 848 F. 3d 779, 786 – 87 (6th Cir. 2017). 也参见 Benenson, 887 F. 3d at 528 – 29 (Lynch, J 持不同意见)(批评第六巡回法院拒绝法院判决)。

⑩ Mazzei v. Comm'r, Nos. 16702 – 09, 16779 – 09, 2018 WL 1168766, at 34 (T. C. Mar. 5, 2018) (Holmes, J 持不同意见)。

巡回法院都可能不同意。但是至少他们会以一种分析上一致的方式这样做，并且以一种与先前的判例法更为一致的方式这样做，而不会破坏现有的实质重于形式的原则。

我们可能会很快了解更多。第六巡回法院作出判决后不久，同一审判法院在一个非常相似的案件中作出判决，再次使用实质重于形式的原则拒绝了纳税人通过嵌套所有权结构将大量现金转移至罗斯 IRA 的企图。① 该案已被上诉至第九巡回法院，在我看来，这也将得益于对作为实质性原则的理论的分析。②

（四）法典原则：第 7701（o）节

如果法官们拒绝实质性原则框架，并继续挑战反滥用原则会怎么样？国会仍然可以通过编纂这些原则来挽救它们。这种情况经常发生，③ 最重要的例子是第 7701（o）节，该节在 2010 年将经济实质原则编成法律。④ 国会一直担心，新的文本主义鼓励实践者去辩称该原则是"非法的"⑤ ——委员会报告描述了第 7701（o）节及其颁布背后的理由，强调了联邦索赔法院在科尔特克工业公司（Coltec Industries）案中的裁决，⑥ 其中（在格言中）"使用经济实质原则打败仅仅遵守法典，将违反权力分立"，⑦ 这是一个熟悉的文本主义者的抱怨。联邦索偿法院的裁决还引用了一些著名的文本主义学者和法学家，包括斯卡利亚大法官。⑧ 尽管联邦索偿法院的裁决随后被联邦巡回法院推翻，⑨ 国会希望重申经济实质原则的持续有效性，同时希望阐明其适用的细节。⑩

---

① Mazzei, Nos. 16702 – 09, 16779 – 09, 2018 WL 1168766, at 17.
② 参见 Brief of Appellant, Mazzei v. Comm'r, No. 18 – 72451（9th Cir. 2019）。
③ 这些比较常见，不一定是对文本主义的回应，但通常是 hi 为了让美国国税局在防止滥用避税方面有更大的自由度。参见 Madison, at 746 – 47（在法典第 183、269 和 707 节以及管辖法典 355（e）节的条例中，列出了例子）。一般参见 Jacob Scott, Codified Canons and the Common Law of Interpretation, 98 GEO. L. J. 341（2010）（考虑立法机构如何有效的编纂建构原则，并举例说明）。
④ Health Care and Education Reconciliation Act of 2010, Pub. L. No. 111 – 152, § 1409, 124 Stat. 1029, 1067（2010）（编纂在 I. R. C. § 7701（o））。
⑤ 参加 BITTKER ET AL., supra note 3, 1.04（描述"少数税务从业人员坚持认为法官制定的经济实质原则是非法的，而且最高法院从未实际应用过否决纳税人任何税收优惠"）。
⑥ Coltec Indus., Inc. v. United States, 62 Fed. Cl. 716, 756（Fed. Cl. 2004），空出和还押，454 F. 3d 1340（Fed. Cir. 2006）。
⑦ Coltec, 62 Fed. Cl. at 756（省略内部引用）。
⑧ Coltec, 62 Fed. Cl. at 755（引用 ANTONIN SCALIA, A MATTER OF INTERPRETATION：FEDERAL COURTS AND THE LAW（Amy Gutmann ed., 1997）; Coverdale.
⑨ Coltec Indus., 454 F. 3d at 1343.
⑩ H. R. Rep. No. 111 – 443, pt. 1, at 293 – 95（2010）. 这些细节包括关于经济实质测试是联合还是分隔的悬而未决的巡回法院之间的分裂的解决。参见同上注释 at 297。法典化经济实质原则的法案还增加了对从事引缺乏经济实质而被禁止的交易的纳税人的特殊惩罚。参见 I. R. C. § 6662（i）（2017）; H. R. Rep. No. 111 – 443, pt. 1, at 298 – 305（2010）. 法典化被视为财政收入增加，以部分抵消"平价医疗法案"的成本。参见 Andy Grewal, Economic Substance De – Codification and the Supreme Court, 36 YALE J. ON REG.：NOTICE & COMMENT（Mar. 6, 2017）, http：//yalejreg. com/nc/economic – substance – de – codification – and – the – supreme – court。

显而易见的是，第7701（o）节的编纂标题为"澄清经济实质原则"，① 而不是颁布新的法律。为了更清楚地说明问题，该法令的一个小节指出："确定经济实质原则是否与交易有关，应以从未颁布本小节的相同方式进行。"② 这一规定在学者中引起了混乱，③ 但是如果人们认为经济实质原则是实质性原则，那就完全有意义了。国会打算澄清该原则的某些方面，但在其他方面则保留其作为一个推定的完整性。事实上，美国国税局首席法律顾问办公室（带着可预见的目的主义）已经将这一短语理解为"当纳税人对某一项目的处理符合相关法典所规定的国会意图时，则不适用经济实质原则"。④

第7701（o）节不仅使国会对经济实质原则有所认可，而且还提供了更大的压力，要求对其他反滥用原则做出与现代推理模式相一致的解释，这种解释通常至少在某种程度上是文本主义的。此外，第7701（o）节（以及在整个法典中更具体的情况下对理论的类似编纂）打击了反滥用原则在法律解释的一般原则下本来就不可接受的论点。⑤

最后，第7701（o）节在程序上很有价值，因为它可以作为修改和澄清实质性原则的典范。⑥ 国会通过法律指导具体的实质课税原则的应用来帮助解释法典，这是正确的。⑦ 虽然我不认为编纂对于法院继续执行反滥用原则性是必要的，但如果文本主义者继续对这些原则持怀疑态度，则编纂将是一个有用的优先选择。

三、实质课税原则的情况

（一）实质性原则作为背景规范

所有这些都不是说实质性原则没有受到批评——各种学者和法官都仔细研究了实质性

---

① I. R. C. § 7701 (o) (2017).
② I. R. C. § 7701 (o) (5) (C) (2017).
③ 例如，参见 Jellum, at 626（虽然整个立法创造了一个更统一适用的原则，但这一具体规定只会增加混乱）; Erik M. Jensen, Legislative and Regulatory Responses to Tax Avoidance: Explicating and Evaluating the Alternatives, 57 ST. LOUIS U. L. J. 1, 32 (2012)（这是一个令人困惑的提议；假装忽略一些你真的无法忽略的东西）。
④ I. R. S. Chief Couns. Mem. 2006 - 40 - 018, at 42 (Sept. 30, 2016)。
⑤ 然而，一个文本主义者可能会争辩说，该原则的法典化本身就意味着对其他未被法典化的原则的否定，根据"明示其一排除其他"的原则，在这一点上，我感谢 Leandra Lederman。如果提出这一论点，压力可能会增加，要求按照同样的程序法典化其他实质原则。我不认为法典化是必要的，因为实质课税原则已经是好的法律。
⑥ Charlene Luke 提出了同样的观点，认为应解释条款，以便"该法律不适用于与所主张的税收优惠的形式和目的明显一致的交易……"Luke, at 555. 她的论点主要基于法典化的立法历史，包括税收联合委员会报告中的声明，"如果交易的税收优惠的实现符合国会旨在实现税收优惠的国会目的或计划，这并不意味着不允许此类税收优惠。"同上注 at 565 - 81 [引用 JOINT COMM. ON TAXATION, GENERAL EXPLANATION OF TAX LEGISLATION ENACTED IN THE 111TH CONGRESS, JCS - 2 - 11, at 378 n. 1034 (2011)）. 也参见 Heather C. Maloy, I. R. S, LB&I Directive LB&I - 04 - 0711 - 015, Guidance for Examiners and Managers on the Codified Economic Substance Doctrine and Related Penalties 2 (July 15, 2011)（在《美国国税局员工法典化后内部指南》中建议，如果"产生有针对性的税收激励的交易在形式和实质上与国会提供激励的意图一致"，这"往往表明经济实质原则的应用……可能不合适。"）。
⑦ Cf. Scott（审查由州立法机关或国会法典化的原则，包括实质原则）; Nancy C. Staudt, Rene? Lindsta?dt & Jason O'Connor, Judicial Decisions as Legislation: Congressional Oversight of Supreme Court Tax Cases, 1954 - 2005, 82 N. Y. U. L. REV. 1340 (2007)（审查对最高法院税收裁决的立法回应）。

原则，在某些情况下，找到他们想要的。本小节通过将实质课税原则局限于作为背景规范的相对有限的一组原则来解决这些问题。尽管实质性原则有各种理由可以证明是正当的，① 但本文重点关注反映国会与法院之间共识的原则。它认为，这种受限制的原则集是合理的，即使是对实质性原则的批评者也应该接受。

早期对建构原则的批判质疑是 1950 年卡尔·利韦林（Karl Llewellyn）的指控，大多数情况下，每一个原则都有一个对应的反原则，可以用来达到相同或相反的效果。② 利韦林（Liewelly）通过列出 28 种原则（包括语义和实质性原则），以及二十八个"拦挡"来阐释相反的规则。③ 尽管其他人对他的清单的有效性提出质疑，④ 利韦林的开创性文章提出了更广泛的批评，认为法官和大法官可以从更广泛范围内的假定原则中挑选，以便产生有效的结果。⑤ 尽管人们普遍认为文本主义者更可能使用实质性原则，如斯卡利亚这样的法学家⑥却担心模糊的实质性原则可能更容易被法院操纵，或者以其他方式促进司法权力的攫取。⑦

另一种批评意见是，该原则没有反映实际的国会规范，因此，我们的很多或大多数原

---

① 参见 Gluck & Bressman, at 912 – 16（总结建构原则的不同理由）；Gluck & Posner, at 1329（同样）。

② 参见 Karl N. Llewellyn, Remarks on the Theory of Appellate Decision and the Rules or Canons About How Statutes Are to Be Construed, 3 VAND. L. REV. 395, 401 – 06（1950）。为了现代的重新评估，参见 Krishnakumar, at 912（"本文以 Llewellyn 著名的原则和反原则并置为灵感，考察了现代最高法院在同一案件中发对意见的最常见的解释原则的实际争论程度。"）。

③ Llewellyn, at 401 – 06.

④ Scalia, at 26（如果仔细研究一下这份清单，就会发现在'几乎每一点'上真的没有两个相反的原则——除非你把一个任性的、歪曲法律的法官所作的任何乏味的陈述都奉为原则。"）；Jonathan R. Macey & Geoffrey P Miller, The Canons of Statutory Construction and Judicial Preferences, 45 VAND. L. REV. 647, 650 – 51（1992）（"在各种各样的情况下，常识或实践智慧将告知法官在特定情况下使用哪种原则的决定。例如，有人可能会告诉一个站在深谷边缘的人说"犹豫的人迷路了"，也有人可能会说"三思而后行"。但当然，常识表明，后一条格言比前一条格言更合适。"）。

⑤ William N. Eskridge, Jr., The New Textualism and Normative Canons, 113 COLUM. L. REV. 531, 534（2013）（reviewing ANTONIN SCALIA & BRYAN A. GARNER, READING LAW: THE INTERPRETATION OF LEGAL TEXTS（2012））. 也参见 Eskridge & Frickey, at 595 – 96；Mendelson, at 76 – 77；William N. Eskridge, Textualism, the Unknown Ideal?, 96 MICH. L. REV. 1509, 1542 – 43（1998）（审查 ANTONIN SCALIA, A MATTER OF INTERPRETATION: FEDERAL COURTS AND THE LAW（1997））（警告实质原则"可能是不民主的，……可能无法无天，……并可能破坏稳定"，如果法官违反国会的意愿而适用）。

⑥ "对于诚实的文本主义者来说，所有这些优先规则和假设都是很麻烦的……"和"增加司法裁决的不可预测性，如果不是任意性的话。" Scalia, at 28。

⑦ Krishnakumar, at 827（""传统观点认为，实质原则是一张解释性的王牌，允许法官拒绝其他解释工具所规定的法律解读，而支持基于外部政策考虑的解读。"）也参见 Krishnakumar, at 827 – 28（总结了关于实质原则是"反多数主义的，受司法发明和重新发明的影响，国会难以克服"的投诉［引用 Neal Kumar Katyal & Thomas P. Schmidt, Active Avoidance: The Modern Supreme Court and Legal Change, 128 HARV. L. REV. 2109, 2119（2015）；Eskridge & Frickey, at 636 – 40；Eskridge, at 1542 – 43；Eskridge, at 683 – 84］）,；. 然而，请注意，在宪法要求的实质原则的背景下，对反多数主义的抱怨最为尖锐，参见 Katyal & Schmidt, at 2119（讨论回避的宪法原则）。本文不涉及宪法原则，我也不知道有任何基于宪法正当性理由的实质课税原则。Gluck 认为，有大量公认的原则，并强调区分它们的困难，这通常减少了这些原则应用的形式主义。Abbe R. Gluck, at 2061 – 64. 也参见 Daniel A. Farber, The Inevitability of Practical Reason: Statutes, Formalism, and the Rule of Law, 45 VAND. L. REV. 533, 547 – 49（1992）。

则都应被删除或替换。① 这一论点并没有拒绝建构性解释原则的一般概念,因为它要么赞同它们的基本逻辑,要么至少承认法院在实践中广泛使用的原则,因此不太可能改变。② 但是,它确实要求对原则进行精选,并在某些情况下提出了法院应采用的替代原则。③

我想为传统上从方法论和意识形态上各不相同的法院的裁决中得出的一长串非税原则辩护。④ 我也不会对这些原则进行一般性辩护,我同意其中很多都是经验性问题,或者是含糊不清,以至于容易被挑拣。正如附录中的分析所更详细地说明的那样,许多可能被视为实质性原则候选的税收原则经不起严密审查。但是,有些是。

首先,本文所提倡的实质性税收原则通常不承认 Llewellyn 所描述的那种反原则。⑤ 虽然反对双重税收优惠的规则可以被推翻,但没有相应的原则认为纳税人应作为一般事项获得双重税收优惠。实质性税收原则仅是可以反驳的推定,而不是无保留的普遍规则,但是对它们的规定非常狭隘,以至于它们几乎没有反向原则。

第二,实质课税原则可以被狭隘地证明合理,理由是它们反映了共同的理解,并因此可以作为加强法规的背景规范。也就是说,实质课税原则反映了立法中所隐含的共同理解,即使法规的文本、立法历史或法规的明显目的中没有表达出来。⑥ 即使是原则的批评者也承认,这一有限的原则子集是合理的,有时它们认为,原则应该缩减,只包括这一子集。⑦ 最高法院本身认为背景规范或一般立法意识是许多案件中实质性原则的有效基础,

---

① 参见 Gluck, at 185("事实是,国会起草者并不认为联邦法院的解释实践具有足够的可预测性或客观性,因此无法与之协调");Gluck & Bressman, at 940 – 49;Gluck & Posner, at 1327 – 34;Shu – Yi Oei & Leigh Z. Osofsky, Constituencies and Control in Statutory Drafting:Interviews with Government Tax Counsels, 104 IOWA L. REV. 1291, 1334 – 36 (2019)。

② 参见 Gluck, at 183 – 87。

③ 参见 Gluck, at 182(提出"CBO 原则……应根据对国会预算办公室通过的法律的解读来解释模棱两可的法律。");Wallace, at 183(提出一个"JCT 原则","条例的制定者和法院……应当遵循 JCT 在其收入估算和对法律条款的解释中采用的建构")。

④ 最长引用的此类清单是 ESKRIDGE ET 等人的百科全书汇编, app. B。

⑤ 一个有争议的例外是禁止默示免税的规则,在下文附录第五部分进行了讨论。从历史上看,有着一条有利于纳税人的相反规则,但后一条规则已被视为过时了至少 70 年。参见下文 Appendix Section E。

⑥ 因此,实质原则与目的主义不同——它们经常违背法律的明显目的,以防止法律走得太远。

⑦ Scalia 和 Brian Garner 法官因批评广泛的实质原则而闻名,他们曾说,有一些原则"如此根深蒂固,它们必须为起草者和读者都知道,这样才能认为它们与文本的含义不可分割"。SCALIA & GARNER, at 31. 也参见 Scalia, at 29(表明宽大原则"完全是古代的事实",并指出对另一项实质原则的减损"是一种非常特殊的行为,人们通常期待它是明确颁布的,而不是随意暗示")。

包括一些在新的文本主义制度下裁判。① 许多持不同方法论观点的评论员,包括法学家斯卡利亚、布莱恩·加纳、卡斯·桑斯坦、约翰·曼宁和阿贝·格鲁克在内,都赞同这种应用实质性原则的正当性理由。②

尽管本文从理论上论证了文本主义与实质课税原则的兼容性,但某些文本主义者可能最终会不同意。很难在总体上描述文本主义者的观点而不冒过度普遍化的风险,当然也有一些文本主义者不赞成具体的税收原则。(例如,斯卡利亚法官不同意禁止默示免税的规则,如附录 E 中所述)。在实践中,许多文本主义者比其他人更同情某些原则——例如那些处理联邦主义的原则③。

但是,文本主义者最反对的是对法律的自由重构以符合国会的意图。至少对于某些法院而言,这就是反滥用原则的代表。④ 这是本文重新考虑的观点。作为实质性原则,这些原则对文本主义者和目的主义者同样有用,他们在反驳步骤中叠加自己的解释方法。关于哪些原则是有效的原则的决定,应该与方法论的一般问题分开。

用作背景规范的原则只是忠实代理机构的工具,它们有助于对文本进行解释,因为这样的文本是传统意义上的理解。从宪法到合同法,它们的使用在文本解释的各种语境中都很普遍,但并不直接涉及法规。⑤ 例如,合同具有隐含的适销性保证和隐含的并发交换条款(因此,"只有在货物招标时才能要求付款,只能在现金招标时才能要求交货"⑥)。隐含的合同条款不反映在合同文本中。相反,它们在合同中被理解为有助于有效起草合同的背景规范,而不是要求当事方在每次签订协议时都明确重申每个标准的合同理解。就像实

---

① 例如,参见 Abramski v. United States, 573 U. S. 169, 188 n. 10 (2014); AT&T Corp. v. Iowa Utils. Bd. , 525 U. S. 366, 397 (1999) ("国会很清楚,它选择在法律中产生的模棱两可之处будет由行政执行机构解决……"); Associated Gen. Contractors of Cal. , Inc. v. Cal. State Council of Carpenters, 459 U. S. 519, 531 n. 22 (1983) ("国会……似乎已经普遍意识到该法律将由普通法法院根据传统原则来解释")(省略了内部引文和引文). 也参见 oAbramski, 573 U. S. 169 at 204 − 05 (Scalia, J 反对); Bond v. United States, 572 U. S. 844, 856 − 63 (2014); 866 − 73 (Scalia, J. , 同意); United States v. Hayes, 555 U. S. 415, 428 − 29 (2009); 434 − 35 (Roberts, C. J. , 反对); Lockhart v. United States, 546 U. S. 142, 148 (2005) (Scalia, J 同意 g) ("立法明确的引用或明确的陈述要求可以作为国会推定知道的建构的背景原则"); Babbitt v. Sweet Home Chapter of Cmtys. for a Great Or. , 515 U. S. 687, 712 (1995); 720 − 21 (Scalia, J. 反对).

② 参加 Gluck, at 180 − 81 ("法官,包括尤其是文本主义——形式主义者,……经常声称原则是国会起草的背景假设,并以此为基础证明它们优于其他解释工具,例如目的和立法历史。"); Manning, at 81 − 82 ("未说明的例外情况或资格可能构成律师理解某一类别法律运作的背景的一部分. 文本主义者还依赖于法律界特有的现成的建构原则,包括一些实质(面向政策的)原则,这些原则由于长期的规定而被接受为背景假设。"); Manning, 187.

③ Abbe R. Gluck, Essay, Intrastatutory Federalism and Statutory Interpretation: State Implementation of Federal Law in Health Reform and Beyond, 121 YALE L. J. 534, 553 & n. 44 (2011).

④ 参见上文 Parts I. B, II. C. 2, II. D。

⑤ 参见 Richard A. Epstein, Our Implied Constitution, 53 WILLAMETTE L. REV. , 295, 309 (2017) ("在阅读基本文本时,有必要用一套正确的背景规范来补充文本的精确度,以理解全文。")。

⑥ Richard A. Epstein, Our Implied Constitution, 53 WILLAMETTE L. REV. , 298 [引用 Edwin W. Patterson, Constructive Conditions in Contracts, 42 COLUM. L. REV. 903, 933 (1942)]。

质课税原则一样，如果当事方明确地违反了标准条款，则可以予以反驳。①

同样，法学家在宪法中也读到广泛的警察权，尽管宪法本身从未使用过这一术语。② 相反，法学家已经推断出警察权力是为了使宪法切实可行并取得合理的结果，正如法官推断实质课税原则是为了使法典切实可行并取得合理的结果一样。③ 正如理查德·爱泼斯坦（Richard Epstein）在合同方面所说，宪法和一般的法规，则所主张的那样，"法律语言与普通语言一样，在设计上是不完整的。为每次例行交易阐明所有背景条件，这既费钱又麻烦。"④

由于其作为背景规范的地位是可以检验的，因此本文建议的实质课税原则本身也是可以检验的，并邀请以前由其他教授进行的调查，看看哪些解释方法和原则被立法起草者所接受。⑤ 未来的研究可以提供更多的证据，证明我所认可的实质课税原则是否已被广泛接受。本文中讨论的任何实质课税原则，如果起草者未广泛了解或理解，则必须放弃或以其他理由进行辩护。

我不希望过分夸大建构原则在多大程度上可以通过对国会工作人员的民意调查得到证实。几十年前通过了许多税收法规，目前生效的一些税收法规最早可以追溯到1954年的《国内税收法》，并且很难对当时的起草者和国会议员进行民意调查，以了解他们是否同意本文所提出的实质课税原则。事实上，文本主义的一个主要贡献是强调了在确定国会的共同意图时的认识上的困难，甚至是共同意图存在的认识上的困难。仅仅对立法者和法官进行的调查，虽然可以构成支持或反对某项法律原则的有用证据，但并不具有决定性（也不是这样宣传的）。实际上，调查在揭穿潜在的原则方面可能比验证原则做得更好，——出于这个原因，本文倾向于强调，实质课税原则是可伪造的，而不是可完全验证的。

但是，反对统一的国会规范的论点可能会走得太远。在现代生活中，共同的理解是普遍存在的，实际上使有说服力的论述成为可能。词语具有共同的含义，大多数文件，例如合同和宪法，都充斥着背景规范，这些背景规范为解释性结论提供了依据。尽管我们应该

---

① 参见 Alan Schwartz & Robert E. Scott, The Common Law of Contract and the Default Rule Project, 102 VA. L. REV. 1523, 1525 (2016) （"因为当事人可以自由地进行自己的交易，合同法的其余部分发挥了剩余作用；也就是说，法律是规定当事人将合同留白时，合同的默认部分的规则和标准。"）. 例如，当事人可能会模式的适销性的保证之外订立合同. U. C. C. § 2-316 (AM. LAW INST. & UNIF. LAW COMM'N 2019).

② Epstein, at 310-19.

③ Epstein, at 310.

④ Epstein, at 298, 309 （在阅读基本文本时，有必要用一套正确的背景规范来补充文本的精确度，以理解全文。）; Abbe R. Gluck, Intersystemic Statutory Interpretation: Methodology as "Law" and the Erie Doctrine, 120 YALE L. J. 1898, 1970-76, 1980-82 (2011) （将法律解释方法类比为合同解释规则和宪法解释规则）. Epstein 确定背景规范的方法具有目的主义或结构目的主义的色彩，而不是本文强调的对已发现背景规范的关注（尽管我认为两者是兼容的）. 参见 Epstein, at 310-11.

⑤ 一般参见 Lisa Schultz Bressman & Abbe R. Gluck, Statutory Interpretation from the Inside——An Empirical Study of Congressional Drafting, Delegation and the Canons: Part II, 66 STAN. L. REV. 725 (2014) （讨论国会工作人员关于立法起草实践的调查结果）; Gluck & Bressman（同样）; Oei & Osofsky, （讨论税收立法工作人员关于税法特定立法起草实践的调查结果）.

始终意识到调查工作的局限性,但对这些规范进行分析几乎是不可能的。调查应辅以历史工作、社会学研究和判例法分析,但仍值得进行。最终,新的实质性原则的发明并不是本文的目标。相反,本文"查找"了现有的原则,这些原则反映了税务案例中过去持有的逻辑,以及税务学术中广泛阐述的概念。

重要的是,以上讨论的反滥用原则是联邦税法中一些最普遍接受的概念。① 对任何税务律师来说,不熟悉实质重于形式的原则、经济实质原则或分步交易原则,都是一种渎职行为,以及对于任何法官而言,如果不酌情考虑它们,将是严重的疏忽。这些理论为税务从业人员、税务学者、财政部和国税局的雇员以及许多从未从事过税务工作的律师所熟悉,因为这些法规经常在联邦税务法学院课程中教授。② 此外,因为税务专家在整个起草过程中从最初的概念开始就参与了税收立法的制定过程,③ 我们可以确信,某些实质课税原则确实是法律起草者在审议过程中所知道的背景规范,在他们审议的相关问题上。

因此,本文提出的最重要的主张极不太可能因为经验基础而被推翻。正如 Bittker 和 Lokken 在其教义学的④论文中所指出的那样,反滥用原则"如此普遍,以至于它们类似于法典的序言,描述了所有法律条文在其中起作用的框架"。⑤ 它们既受尊敬又广受欢迎——本文所认可的所有实质课税原则均在 1954 年所得税法之前建立,而该法案是至今仍然有效的最早的税收法规的来源。⑥

在进一步进行之前,需要进行一些澄清。首先,我并不认为任何起草者实际上都是在制定税收法规时特别考虑了实质课税原则——反滥用原则并不能因为国会已经预见了该计划阻止任何避税计划的产生,而是因为国会没有。相反,我认为这些原则构成了固定的原则模式,在其中起草者推定已经意识到。

其次,尽管本文重点讨论实质性原则,其合法性来源于其作为被广泛接受的背景规范

---

① 例如,参见 BITTKER & LOKKEN, supra note 36, 4.3(将实质重于形式原则、分步交易原则和经济实质原则作为"普遍司法原则"进行讨论)。

② 例如,参见 Marvin A. Chirelstein, Federal Income Taxation: A Law Student's Guide to the Leading Cases and Concepts 439 – 47 (11th ed. 2009); Michael J. Graetz & Deborah H. Schenk, Federal Income Taxation: Principles and Policies 813 – 14 (6th ed. 2009)。

③ McCormack, at 727 – 28("国会议员不会写出税收附录的实际语言,甚至可能在批准之前不会阅读这些法律……相反,国会工作人员和书写者根据委员会成员的一般指示精心设计精确的语言。"); Oei & Osofsky, at 1295 – 96("众议院和参议院立法顾问办公室的起草者对将政策转化为法律语言负有主要责任和控制权,并且……该过程中的其他参与者几乎完全听从立法顾问在制定问题上的意见……"); Wallace, at 181 – 83, 210。

④ 没有双关语。

⑤ BITTKER & LOKKEN, 4.3.1。

⑥ 该法典目前的编纂源自 1986 年的"税收改革法案"。例如,参见 STEPHEN F. GERTZMAN, FEDERAL TAX ACCOUNTING 3.01 [2], at 3 – 4 n. 6 (2017) ("除非另有说明,所有提及的 IRC 或代码均指 1986 年修订的《国内税收法典》")。但由于 1986 年的税收改革法案纳入了 1954 年《国内税收法典》的大部分内容,因此保守地说,我们应该回顾了 1954 年确立实质课税原则的真实性。1964 年的《所得税法》是对《国内税收法典》的大规模修改,有意识的重新颁布或拒绝每项规定,这在很大程度上受到美国法律协会《税法范本》的影响。参加 Lawrence Zelenak, The Almost – Restatement of Income Tax of 1954: When Tax Giants Roamed the Earth, 79 BROOK. L. REV. 709, 717 – 23 (2014)。因此,1954 年代表了一个安全的测试点,那时最重要的反滥用原则被广泛接受。

的地位，但也有其他原则认可更广泛的原则。其中一些人完全放弃了法官作为立法机关忠实代理人的想法。由于最近的实证研究对国会的共识程度产生了怀疑，甚至是对诸如宽恕规则等关键理论都产生了怀疑，① 所以替代的解释理论变得越来越有吸引力。②

例如，威廉·鲍德（William Baude）和史蒂芬·萨克斯（Stephen Sachs）认为，无论国会是否意识到这些实质性原则可能都是有效的；③ 他们和其他学者已经认可了各种标准来确定此类原则的合法性，例如哈特著名的"承认规则"。④ 本文涉及的是争议最小的实质性原则集，在学者和法学家中是获得最多支持的，⑤ 以及避免就超出本文范围的法律解释的性质进行持续辩论。⑥ 但是，我同意更为雄心勃勃的实质性原则，其合法性基础是法官的广泛接受，而不是国会。重要的是，在这种观点下，本文中的论点更为适用：法官的广泛接受比立法者的广泛接受更容易检验，鉴于目前的法官投票相对容易，而不是很久以前的立法者。

乔纳森·西格尔（Jonathan Siegel）的"语境主义"理论也与我对实质性原则的使用相类似。他认为法律解释是受"行政法的背景原则"驱动的，⑦ 具体适用于每一个法律领域，并被证明是"司法权力"的表达方式。⑧ 西格尔与鲍德和萨克斯一样，相信这些背景原则有时可以合法地凌驾于国会意志之上。⑨ 他的理论最终取决于背景原则的"司法识别"。⑩ 我怀疑这种方法会赞同与本文相同的实质课税原则，甚至可能更多。

最后，一些学者可能会批评实质性原则为法官提供了更大的自由度，即使没有反向原则，法官也可以有选择地应用它们。例如，如果不援引实质重于形式的原则，形式可能会

---

① 参见 Gluck & Bressman, at 946（"在我们调查的 65 名参与起草刑事立法的受访者中，只有 35% 的人通过姓名熟悉从宽处理原则。"）。

② 我打算在随后的文章中讨论税法中的非忠实代理人解释理论。

③ 参见 William Baude & Stephen E. Sachs, The Law of Interpretation, 130 HARV. L. REV. 1079, 1123 (2017)（"法律原则运作，尤其是如果起草者未真正意识到它们的情况下"）。本文中提出的一系列原则旨在成为 Baude 和 Sachs 提出的严格的子集。

④ 参见 H. L. A. HART, THE CONCEPT OF LAW 92–93 (1961)。Baude 和 Sachs 认为"推定……类似于 Hartian 实证主义的东西"在他们的文章中，"部分是为了便于阐释"。Baude & Sachs, at 1116. William Eskridge 还认为，解释性推定可以被辩护为"公共价值，……有助于并产生我们政治社会道德发展的背景规范。" William N. Eskridge, Jr., Public Values in Statutory Interpretation, 137 U. PA. L. REV. 1007, 1008, 1045–49 (1989)。

⑤ 参见 Manning, at187。

⑥ 参见 Charles L. Barzun, The Positive U–Turn, 69 STAN. L. REV. 1323, 1336–39 (2017)。

⑦ Jonathan R. Siegel, Textualism and Contextualism in Administrative Law, 78 B. U. L. REV. 1023, 1024 (1998)。

⑧ Siegel, at 1094–1103. Siegel 还认为，司法机关是推断背景原则的"最有能力的参与者"，因此，这些原则的使用在规范上是可取的。Siegel, at 1103。

⑨ 实际上，Siegel 更进了一步，他认为原则甚至可能凌驾于法律文本之上。Siegel, 1037, 1050（描述背景原则如何"甚至可能克服对该具体问题的法律文本的强烈影响"，以及他的语境主义理论如何有时"维持行政法的健全结构比执行国会的意愿更大的权重"）。

⑩ Siegel, 1060–62.

在默认的情况下胜过实质,这意味着可能存在某种影子反向原则可以被法官在暗中适用。①

这种微妙的批评并没有体现出勒韦林(卢埃林)抱怨的核心,即建构原则是无用的,因为它们对被迫在相互矛盾的价值观之间选择的法官几乎没有指导作用。在这里,实质重于形式的原则不公平地损害了纳税人的利益,并为法官提供了明确的方向性指导。相反,对选择性适用的批评反对法官和 IRS 扩大解释权,后者现在将在自己的判决中享有额外自由度。我同意这是一个可能的结果,并且在下一节中我认为这实际上是合乎规范性的。同样,反对任何扩大司法或行政权力的批评者会发现这一论述并不令人满意,最终他们和我可能会不同意。

(二) 实质性原则使法规更加灵活和直观

通过作为背景规范,实质性原则可以使法规起草更加有效,并帮助法院更好地充当立法机关的忠实代理人。但是,将反滥用原则改写为实质性原则还有另一个额外的结构性好处,即这样做可以使立法者在更高和更直观的层面上起草法典。如果没有实质性原则的框架,国会可能有义务对这些原则的例外情况进行专门的硬编码。例如,马文·奇雷尔斯坦(Marvin Chirelstein)和劳伦斯·泽伦纳克(Lawrence Zelenak)提议国会明确制定不应受经济实质原则约束的激励计划,并呼吁制定第 170(e)节(慈善捐款减免);第 219(a)节(退休金捐款)及其他条款。② 如上所述,国会还被迫修改该法,以明确防止吉尔利兹案判决后 S 公司股东获得双重税收优惠。

关于法律特殊性和一般性之间的权衡,有大量文献资料讨论——当国会试图解决法典本身的漏洞和错误时,当国会将法律间隙留给国税局和法院解决时的一般性。③ 特殊性的主要优势是它为纳税人提供了计划事务的确定性。如果纳税人的计划本身是良性的,这将是有益的——例如,如果纳税人必须猜测哪些活动符合研究税收抵免的条件,那么任何人

---

① 例如,参见 United States v. Davis, 397 U. S. 301, 312 – 13 (1970) ("税法中形式和实质之间的差异在很大程度上是有问题的……")。

② 参见 Marvin A. Chirelstein & Lawrence A. Zelenak, Essay, Tax Shelters and the Search for a Silver Bullet, 105 COLUM. L. REV. 1939, 1955 – 56, 1956 n. 55 (2005). 也参见 Galle, at 385 – 87 (批准引用这项建议)。

③ 一般参见 Samuel A Donaldson, The Easy Case Against Tax Simplification, 22 VA. TAX REV. 645, 661 – 65 (2005). 在"大规模复杂性"和"特定复杂性"之间进行权衡,前者是技术细节为所有纳税人提供确定性(对许多纳税人来说是一种负担,他们必须处理更长、更多的技术法规),而后者是高水平的法律,让纳税人根据需要寻求具体指导(对必须寻求此类指导的纳税人来说是一种负担);Bayless Manning, Hyperlexis and the Law of Conservation of Ambiguity: Thoughts on Section 385, 36 TAX LAW. 9 (1982) (将"hyperlexis"描述为律师过度复杂化的倾向,并将其在税法中的存在源于纳税人和税务从业人员对具体指导的渴望). Manning 的 hyperlexis 理论更进一步的讨论,,参见 Gordon D. Henderson, Controlling Hyperlexis—The Most Important "Law and …," 43 TAX LAW. 177 (1989); Richard M. Lipton, "We Have Met the Enemy and He Is Us": More Thoughts on Hyperlexis, 47 TAX LAW. 1 (1993).

都没有好处,并且该法典相应地详细列出了相关标准。① 另一方面,在纳税人本身是恶意的情况下,通用性是理想的,因为额外的确定性只会为纳税人的剥削提供路线图。

反滥用原则是一种普遍性更好的典型案例,因为它们一直被视为打击纳税人滥用的一种武器。② 将严格的法定例外情况纳入原则中,其主要功能是减轻不可预见的法律怪癖,是讽刺的和适得其反的。反滥用原则的灵活性使其在法律起草中具有普遍性,而实质性原则框架促进了这种普遍性,避免了繁琐的法律细节。③

同样,实质性原则框架允许以更直观的方式应用反滥用原则,从而提高了纳税人的可预测性并降低了纳税人的计划成本。直觉法则作为背景规范自然更容易被广泛接受——许多实质性原则的产生是一些法院试图避免产生非直觉的结果。并且,一旦创建了特定的先例,直觉的吸引力就极大地促进了它的采用。反对双重税收优惠的规则是直觉法则的一个很好的例子,因此许多不同的法院在没有相互引用的情况下都独立应用了该规则。④

出于三个主要原因,将税法朝着直观的方向发展是有益的。首先,它减少了纳税人在时间和金钱上的计划成本,因为纳税人仔细检查纳税表和聘请律师的一个主要原因是为了避免对粗心大意者的反直觉陷阱。第二,它使法律更加公平,因为合规负担不成比例地落在最贫穷的纳税人身上,他们是最不愿意花费时间和金钱来理解复杂规则的人。⑤ 第三,出于公正的考虑,缩小"直观税法"和实际税法之间的距离,可以避免让有意但不老练的纳税人成为无意的罪犯。⑥ 因此,更直观的税法将更简单、成本更低、更公平。

(三) 实质性原则补充目的主义

尽管实质课税原则旨在吸引所有口译人员,无论采用何种方法,但人们可能会问,实质课税原则对目的论者和文本论者是否同样适用。目标主义者能否简单地用一般目的主义

---

① I. R. C. § 41 (2017).

② 参见 Likhovski, at 967 ("反滥用原则意味着阻止税收法典的滥用。")。

③ 参见 David A. Weisbach, Formalism in the Tax Law, 66 U. CHI. L. REV. 860, 867 (1999) (支持作为标准的反滥用原则,特别是法律和条例中的原则,因为 "规则在系统上比标准更复杂,因为规则比标准更不能忽视不常见的交易")。

④ 附录第四部分深入讨论了一系列拒绝双重征税优惠的案例,依据 Charles Ilfeld Co. v. Hernandez, 292 U. S. 62 (1934). 但是,许多其他案件否定双重征税但没有引用 Ilfeld. 案件。例如,参见 U. S. Trust Co. v. I. R. S., 803 F. 2d 1363, 1369 (5th Cir. 1986) (在许多情况下,拒绝对 "允许遗产获得双重税收优惠" 的法典部分进行 "字面解释"); Payne v. United States, 482 F. 2d 1404, 1407 (Ct. Cl. 1974) (否认 "双重税收优惠" 是 "国会未考虑的意外收获")。

⑤ 例如,参见 Peter H. Schuck, Legal Complexity: Some Causes, Consequences, and Cures, 42 DUKE L. J. 1, 19 (1992) (此外,复杂性的成本通过提高价格和需要律师和其他受过复杂性管理培训的专业人员的服务,给穷人带来了不成比例的负担。")。

⑥ 在某些情况下,例如合伙企业税收,甚至是律师事务所有时似乎也会根据直觉而非法律分析为其客户提供建议。Lawrence Lokken, Taxation of Private Business Firms: Imagining a Future Without Subchapter K, 4 FL. TAX REV. 249, 252 (1999); George K. Yin, The Future Taxation of Private Business Firms, 4 *FL. TAX REV*. 141, 201 (1999).

者的调查来代替实质课税原则,正如某些人所建议的那样?① 或者,国税局(如上所述)与更多的纳税人互动,比上过法庭的要多,它是否可以在谢弗林尊重(法院对行政解释的尊重)支持下以一种有目的的方式开展业务?②

我认为,国税局已从其主要的目的主义立场中受益——但是,这种方法与实质课税原则的应用并不相互排斥。实际上,实质性原则框架通过在最常见的事实模式中为美国国税局和法院提供了额外的背景来补充目的论。这与在规则和标准之间进行选择的传统学术观点相一致,其中更确定的规则更适合于更可能发生的法律情况。③

上面略述的目的论的方法假设,一般目的主义可以实现与实质课税原则相同的目标,这并不完全正确。实质课税原则规定了与目的主义不同的结果。它们在某些方面的范围较为狭窄:它们并未涵盖国会意图可能与法规的纯文本相抵触的所有情况。但是,它们在某些方面也更广泛:实质性原则的理论意味着,即使在立法历史中没有证据表明国会希望获得特定结果的情况下,也可以推断出法律含义。④ 因此,在某些情况下,立法历史是不具有包容性的,并且可以通过实质课税原则所反映的背景规范来作有益的补充。事实上,实质课税原则最有可能适用,正是因为国会不会费心在其委员会报告中进行辩论或反映结论,这些结论仅反映了广泛适用的关于税法适用的假设,而这正是实质课税原则的根本所在。

此外,实质性原则框架提供了一些规范性的好处,而不仅仅是目的主义。首先,反滥用原则在法律解释中提供了统一性和可预测性。尽管一个普遍的目的性标准似乎具有无限的灵活性,但在国税局和无数的有权审理税务案件的法院中,在实践中将很难实施,这在审判和预审期间,解释方式和程序方法都存在很大的差异。⑤ 考虑到这些官方机构之间的方法上的差异,也很难想象它们成功地实施了一般目的主义规则。

第二,对实质课税原则的列举为国会提供了行使权力的方式,并在某些情况下修订原则的内容。正如上文第二节所讨论的那样,国会正是通过编纂经济实质原则来做到这一点的,将这种待遇扩展到其他实质课税原则也可能是有用的。因此,实质性原则框架为辩论其合法性或根据需要对其进行修正提供了解决的基础。

第三,任何从反滥用原则转向广泛的司法自由裁量权的转变,都可能引起相当大的短期混乱,最终可能导致法院无论如何都会依赖实质课税原则。每一个实质课税原则都是由

---

① 例如,参见 Lederman, at 444 ("法院应该毫不犹豫地对所有涉及滥用税法的案件采用系统的方法进行有目的的解释。"); McCormack, at720-45。

② 一般参见 Mayo Found. for Med. Educ. & Research v. United States, 562 U. S. 44 (2011) (适用税收案件中的谢弗林尊重)。

③ 例如,参加 Louis Kaplow, Rules Versus Standards: An Economic Analysis, 42 *DUKE L. J.* 557, 577 (1992)。

④ Cf. Dean & Solan, at 889 ("虽然法院在做出判决时依赖于立法意图,但他们并不依赖未表达的立法意图。")。

⑤ 一般参见 Choi,(对比美国国内税务局的目的主义和税务法院的文本主义)。

法官制定的，旨在以目的论的方式解释法规，同时仍为其继任者和纳税人提供可行的道路标志。这些法官设法制定了持久的规则，这些规则今天已经传承给我们。鉴于实质性原则框架解决了反滥用原则中的不一致性，以及它们与文本主义之间的紧张关系——正是这些问题激发学者们首先提出一种一般的目的主义——实质性原则框架是更为简约和审慎的方法。

第四，最务实，也许是最具决定性的考虑是，不太可能发生向目的主义的急剧转变，并且几乎可以肯定不会仅仅出于税收目的而发生。纯粹的目的主义的拥护者必须与我们相对而言的文本主义的法院抗衡。① 因此，即使那些认为一般目的主义更可取的人，也可能会接受实质性原则框架作为次优解决方案。

不过，某种特定的目的主义者可能会提出更为具体的担忧。一些学者，最著名的是黛博拉·吉尔（Deborah Geier）和劳伦斯·泽伦纳克（Lawrence Zelenak），已经提出了一种专门针对联邦税法的法律解释方法，这种方法可以称为"结构目的论"——他们认为，法典本身的结构应被理解为隐含某些可以克服法律文本的特定原则。② 实质课税原则是否真的与这一思想流派截然不同？

是的，并且出于与目的主义类似的原因，因此更普遍。实质性原则框架更具确定性、更加熟悉、更加简约，并且通常与结构目的主义的总体立场互补。这两个框架相去甚远：实质课税原则的正当性与基于结构性原则的正当性不同，结构原则可以通过对法典的密切和广泛的熟悉中预测。相反，如上文所述，实质课税原则是广为接受的背景规范，这意味着，将会有一些公认的结构性原则，而不是像原则那样通过集合（例如，附录 H 中讨论的"整个法典规则"），还有一些不能反映结构原则的规范（大多数反滥用原则是出于政策原因而不是从法典的结构中推论而来的）。

此外，实质课税原则从概念上讲是有用的，因为它们是可以被证伪的③——与一般的结构原则不同，它们可以通过历史调查或测验予以反驳。批评者声称，一个聪明的法典解释者可能会证明几乎任何原则最终都是"结构性的"，从而使结构目的主义具有任意性、

---

① 参见 Bruhl, at 6 – 7（尽管从 20 世纪 80 年代后期开始，下级法院和最高法院都转向了文本主义工具，但这种变化在司法层级下的每一步，都受到抑制，也没有那么具有变革性。"）；Choi, at 28 – 29（描述税务法院如何遵循文本主义的一般司法趋势）。

② Deborah A. Geier, Interpreting Tax Legislation: The Role of Purpose, 2 *FL. TAX REV.* 492, 497 (1995) （"法典条款的解释不应损害它们的基本结构，即使这样做需要以非文字（非文本）方式解释法律术语。"）；Lawrence Zelenak, Thinking About Nonliteral Interpretations of the Internal Revenue Code, 64 *N. C. L. REV.* 623, 661 (1986) （"待解释的语言出现的法律模式可能表明法律结构和潜在的立法政策与语言的字面解释不一致。"）。

③ Cf. KARL R. POPPER, CONJECTURES AND REFUTATIONS: THE GROWTH OF SCIENTIFIC KNOWLEDGE 37 (Routledge & Kegan Paul, ed., 4th ed. 1972) （"一个理论的科学地位的标准，是它的可证伪性、可反驳性和可检验性。"）。

不可预测性,并且使作为法官区分不同潜在结果的机制没有用处。① 反对这种批评,实质课税原则的可证伪性与确定性,是一个特殊的优势。②

(四) 实质课税原则的演变

第 I 部分 A 节讨论了实质课税原则演变的一个方面,从常规法律解释的推论到"自由浮动"规则。③ 但这又提出了另一个问题:这些原则能否演变? 以及它们的演变在多大程度上可以由国会、法院或两者共同指导?

这个问题的部分原因是,最初提出反滥用原则的法院和本文所强调的背景规范之间明显的脱节。实质性原则如果广为人知的话,它仅仅是个背景规范。有一段时间,每个原则都不为人所知,因此人们可能会争辩说,即使是今天合法的实质课税原则,也并不像最初颁布的那样合法。

这一论点过于狭窄地看待规范如何演变。就像词语的含义可能会改变一样,规范也会出现或消失,以适应任何法律体系的内容和背景。④ 货物的"平均质量"或使用它们的"一般用途"的改变将会改变对适销性的默示保证。⑤ 同样,如果美国改用营业税或增值税,反滥用原则将不那么适用,并会被其他规范所取代。⑥

在联邦所得税的初期,当法规相对稀少且官方机构实践相对不确定时,法院介入并建立了实质性原则,此后在法律和立法起草者的思想中都已根深蒂固。⑦ 今天,因为大部分税法都是法定的,并且由于现有的反滥用原则已在很大程度上填补了所有剩余的空白,因此,新的实质课税原则的空间要小得多。这是应该的——如果没有对法典初期所特有的迫切澄清需求,保持一套一致的原则在可预测性、可管理性和民主合法性方面具有诸多好处,因此法院不能轻易更改国会立法所依据的背景规范。⑧

---

① 例如,参见 Livingston,at 679 ("结构性目的性解释的支持者倾向于夸大法典的逻辑和一致性,并夸大税收学者作为基本税收原则解释者的权威。"); Edward A. Zelinsky, Commentary, Text, Purpose, Capacity and Albertson's: A Response to Professor Geier, 2 FL. TAX REV. 717, 718 – 25 (1996) (提供了各种示例,其中法典中的结构原则存在争议)。

② 此外,与目的主义一样,结构目的主义可能与后来被最高法院采纳的文本主义不兼容。参见 Geier, at 516 ("因为我相信 Scalia 法官有时会把普通意义上的论证弄错,所以我拒绝了他的字面文本主义语言,而接受了目的主义的语言")。 Zelenak 对"字面解释"的批评也可能被认为是对新文本主义的早期拒绝。参见 Zelenak, at 675 ("但是,不应该有绝对的规则,禁止与字面法律语言不符的解释。足够有力的论据可以证明上下文解释是合理的,即使该解释与法律语言不一致。")。

③ Cf. Grewal, at 970.

④ 这一论点映射了关于普通法如何随时间变化的文献。一般参见 HART, at 93 – 96 (描述法律中的"变更原则")。

⑤ U. C. C. § 2 – 314 (2) (b) – (c) (Am. Law Inst. & Unif. Law Comm'n 2017)。

⑥ Cf. CONG. BUDGET OFFICE, OPTIONS FOR REDUCING THE DEFICIT: 2019 – 2028; IMPOSE A 5 PERCENT VALUE – ADDED TAX (Dec. 13, 2018), https://www.cbo.gov/budget – options/2018/54820 (最后访问日为 2019 年 7 月 5 日) (建议联邦增值税)。

⑦ 参见上文注释以及随后的文本。

⑧ 例如,参见 Eskridge, at 683。

因此，实质课税原则的司法发展，在今天似乎已经大大倒退。① 实质课税原则可能会随着时间的推移而不断变化，但是法官重塑现有实质性原则的能力比过去要狭窄得多（例如，附录 E 部分中讨论的反对默示免税的现行规则，是从陈述完全相反结果的先前规则演变而来的）。

国会可能会通过就这些问题立法来代替司法部门来弥补这一懈怠。国会已在法典中的许多地方编纂了反滥用原则。国会关于法律解释方法的指导一直存在争议，一些学者和法学家抵制立法干预。② 然而，指导实质课税原则适用的立法是特别合适的干预措施。它涉及法律或政策的特定解释点，而不是广泛的方法论指导（例如，康涅狄格州的一项法规广泛要求法院采用文本主义的方法，③ 而法院通常对此予以忽略④）。它仅限于宪法内容较少的法律领域，在该领域中，国会的指令不会威胁到更广泛的权力分立问题，例如司法审查。而且它被限制在一个基本上由国会制定的法律领域，因此在这个领域，立法指令更像是定义性的澄清，而不是司法权优先。

甚至是琳达·杰鲁姆（Linda Jellum），立法干预法律解释的著名学术批评家，也认为"一般性解释指令可能违反了权力分立，而具体的解释指令却没有"。⑤ 总的来说，影响实质课税原则的内容和广度的立法是司法机构与法院之间的有益对话。

结　论

迄今为止，学者和法官在税法中普遍构建了反滥用原则，作为没有涉及法律含义而适用的自由浮动规则。法官确定的原则与法律文本之间的张力激起了文本主义者的批评；⑥

---

① 尽管这并不排除在税法的新领域发展新的司法实质课税原则。例如，联邦税收体系的大幅扩张，例如采用销售税或消费税，可能需要新的实质原则来促进新法律的解释和执行。

② 大多数学者普遍反对立法指导法院进行宪法解释，但也有一些学者抵制非宪法性法律解释的方向。比较 Abbe R. Gluck, The Federal Common Law of Statutory Interpretation: Erie for the Age of Statutes, 54 WM. & *MARY L. REV.* 753, 768 n. 48 (2013) （"可能的情况是，一些关于法律解释的特殊规则在性质上足够符合宪法，无法通过国会进行修改。"），以及 Nicholas Quinn Rosenkranz, Federal Rules of Statutory Interpretation, 115 HARV. L. REV. 2086, 2139 – 40, 2156 (2002) （"国会可以而且应该法典化法律解释规则……某些解释技术是宪法要求的，国会可能不会废除。"），与 Abbe R. Gluck, The States as Laboratories of Statutory Interpretation: Methodological Consensus and the New Modified Textualism, 119 *YALE L. J.* 1750, 1794 – 95 (2010) ［以下简称 Gluck, 方法论共识］（讨论康涅狄格州最高法院对立法机关文本主义制定的地址），，以及 Linda D. Jellum, "Which Is to Be Master," the Judiciary or the Legislature? When Statutory Directives Violate Separation of Powers, 56 UCLA L. REV. 837, 879 – 97 (2009) （主张在某些情况下应抵制立法干预司法解释）. 关于司法抵制立法干预解释方法的评论，参见 Gluck, Methodological Consensus, at 1785 – 97；SCALIA & GARNER, at 244 – 45 （将有关具体法律的立法指令描述为仅"阐明法律的含义"，但将立法机关制定的普遍适用性解释性规则描述为"更有问题"，"不适用于过去的法律，也可能不适用于未来的法律。"）。一般参见 Scott,（认可对建构原则的法典化）。

③ 2003 Conn. Pub. Acts 03 – 154 (codified at CONN. GEN. STAT. § 1 – 2z (2003)).

④ 例如，参见 Gluck, Methodological Consensus。

⑤ Jellum, at 879.

⑥ 例如，参见 Gitlitz v. Comm'r, 531 U. S. 206, 209 – 19 (2001); Coltec Indus., Inc. v. United States, 62 Fed. Cl. 716, 755 – 56 (Fed. Cl. 2004), vacated and remanded, 454 F. 3d 1340 (Fed. Cir. 2006)。

此外，反滥用原则的狭隘重点引起了混乱，在法院拒绝适用或修改这些原则以取得合理结果的案件中。本文重新评价了作为实质性原则的反滥用原则，对文本主义者和目的主义者均有用，并通过阐明国会和法院共有的背景规范，促进对法典的最佳解读。它还对实质课税原则进行了分类和评估，对税务案件进行广泛的初步审查。

除了对立法和反滥用原则文献作出贡献外，本文也使关于税收例外主义的文献变得复杂化了。① 一些学者认为，税收立法应免于普遍适用的解释方法。根据这些税务例外主义者的观点，该法典太复杂、太老、太专业，或太充斥着丰厚的避税机会，因此无法像其他法规一样对待。② 另一些人则认为，这是错误的想法，即这种区别是文化上的而不是税收立法所固有的，因此联邦税法应该像对待其他学科一样对待。③ 本文通过建议联邦税法遵循与其他主题领域相同的过程来产生实质性原则，从而调和了这两个阵营，不过它只是具有更多或更广泛的实质原则，凭借其悠久历史、复杂性和基本政策目标。

总体而言，实质性原则框架在税法管理方面提供了许多改进。④ 它建议了未来的实证工作，在这方面，可以对国会工作人员进行调查，以了解他们对本文列举的各种实质课税原则的了解和支持。最终，它会更新旧法官为现代法律制定的原则。

附录：实质课税原则目录

本附录根据我对相关判例法的审查，列出了实质课税原则。上文已经讨论了本文提出

---

① 具体来说，法律解释中关于税收例外论的文献。其他类型的税收例外主义包括行政法例外论。一般参见 Kristin E. Hickman, The Need for Mead: Rejecting Tax Exceptionalism in Judicial Deference, 90 MINN. L. REV. 1537 (2006)（拒绝行政税收例外论）。它们还包括对税法提出的独特规范问题的例外论。例如，参见 Alex Raskolnikov, Accepting the Limits of Tax Law and Economics, 98 CORNELL L. REV. 523, 527 (2013)（认为许多"基本税收政策问题"无法"基于法律和经济学学者在处理其他经济监管领域时通常采用的相同类型的推理来回答"）。

② 例如，参见 Cunningham & Repetti, at 7（指出文本本主义"特别不适合解释税收法律"）; Mary L. Heen, Plain Meaning, the Tax Code, and Doctrinal Incoherence, 48 HASTINGS L. J. 771, 786 & n. 73, 818 – 19 (1997); Bradford L. Ferguson, Frederic W. Hickman & Donald C. Lubick, Reexamining the Nature and Role of Tax Legislative History in Light of the Changing Realities of the Process, 67 TAXES 804, 806 – 07 (1989)（引用了法典的复杂性、年代、广泛的立法历史、专业性质和专门的起草过程）; Michael Livingston, Congress, the Courts, and the Code: Legislative History and the Interpretation of Tax Statutes, 69 TEX. L. REV. 819, 826 – 27 (1991)（引用了法典的复杂性、修订频率和丰富的背景）。

③ 例如，参见 BITTKER & LOKKEN, 4.2.1（"[从历史的角度来看，甚至从当代一般管辖权法院的法官来看，该法典只是另一部法律，自议会第一次干预普通法以来，该法律就遭受着同样的影响。"）; Paul L. Caron, Tax Myopia, or Mamas Don't Let Your Babies Grow Up to Be Tax Lawyers, 13 VA. TAX REV. 517, 590 (1994)（"税法和非税法之间的共生关系将加深我们对税收的理解，同时为检验和完善非税收原则提供了一个肥沃的领域。"）; James B. Lewis, Viewpoint: The Nature and Role of Tax Legislative History, 68 TAXES 442, 442 – 47 (1990)（认为税收立法过程没有不同，税收立法历史没有更广泛，总体而言，税收法律解释不应与其他主题领域区别对待）; Livingston, at 686（"根据我个人的经验，其他领域的学者往往对税收独特性的主张不以为然，他们指出，税收细节、修订和基本结构的原则的固有特点是在不同程度上与其他法律相同。"）。

④ 参见上文第三部分第二节。

的许多实质课税原则。① 本部分通过考虑（有时是拒绝）潜在的法规，为未来的学者提供了更多的细节和资源。②

如果广泛接受是关键标准的话，则并非所有此处列出的原则都处于平等地位。前三个非常有名，在法学院被广泛教授，并被从业人员广泛应用。其他的则不那么被广泛接受，并且有时会引起争议。③ 此外，本文认可的前四个标准与最后两个标准之间在概念上有所区别。前四个规则作为真正的推定而运行，这些规则在法律分析开始时适用，并且必须予以反驳。④ 最后两个更像是打破僵局的规则，如果仍然存在歧义，则在法律分析结束时适用这些规则。⑤

由于本附录仅参考判例法和学术文章，因此可以通过实证工作，例如对法官或立法者的调查或对特定原则的更集中的历史分析，进行有益的补充。我将这份清单列为第一步，但请您就其具体细节提出任何异议。

（一）实质重于形式原则

实质重于形式原则⑥要求按照交易的实质而不是形式征税。⑦ 该原则是最早的实质课税原则之一，其历史可追溯至1918年。⑧ 它也可以说是涵盖了大部分本文所述的其他实质性原则——其他原则背后的核心概念是，遵守法典的字面语言（即形式）可能不足以取得特定的税收结果。⑨

实质重于形式的原则在判例法中得到广泛应用，并经常在联邦税收入门课程中教

---

① 参见上文导论部分（讨论经济实质原则和收入分配原则）；第一部分第一节（讨论实质重于形式原则、步骤交易原则和经济实质原则）；第二部分第三节（讨论经济实质原则、反对双重税收优惠的规则以及实质重于形式原则）；P 第三部分第一节（讨论实质重于形式原则、经济实质原则、分步交易原则和反对双重税收优惠规则）；第三部分第二节（讨论经济实质原则和反对双重税收优惠的规则）。

② 并非本附录中描述的所有实质课税原则都是反滥用原则，例如，纳税人赎回财产的宽大原则旨在使纳税人受益，而不是防止滥用。

③ 参见下文注释 Barrett, 295-297, 307-309。

④ 参见 ESKRIDGE ET AL., at 353-54。

⑤ 同上注 at 353. 宽大规则（或反宽大规则，如反对默示免税的规则）更具有打破僵局的性质，因为它们适用于解决普通法律解释后仍然存在的歧义。参见上注 at 379（描述 Lawrence Solan 的观点，即现代宽大规则起到了打破僵局的作用。）。

⑥ 参见上文注释以及附随的文本。

⑦ 例如，参见 Gregory v. Helvering, 293 U.S. 465, 469 (1935); United States v. Phellis, 257 U.S. 156, 168 (1921); Estate of Weinert v. Comm'r, 294 F. 2d 750, 755 (5th Cir. 1961)。

⑧ Lynch v. Turrish, 247 U.S. 221, 226 (1918)（在解释当时新的所得税法的最早案例之一中，驳回了"纯粹的形式改变"，并成为实质重于形式分析的先兆），引用在 Phellis, 257 U.S. at 168（应用实质重于形式原则的早期版本）。

⑨ 例如，参见 Sec. Indus. Ins. Co. v. United States, 702 F. 2d 1234, 1244 (5th Cir. 1983)."分步交易原则是一般税收原则的推论，即税收的发生取决于交易的实质而不是其形式。"引自 Kuper v. Comm'r, 533 F. 2d 152, 155 (5th Cir. 1976)。

授。[1] 因此，它是最安全的实质课税原则之一。

（二）经济实质原则

经济实质原则[2]广泛地指出，出于税收目的，缺乏经济实质的交易将被忽略。有时被称为"虚假交易原则"，[3] 与"商业目的原则"（它现在已经包括在内）有关，[4] 它是本文中使用的主要示例，可以说是最重要的实质课税原则。它仅比实质重于形式原则年轻一点，因为大多数学者将其追溯到最高法院 1935 年在 Gregory 诉 Helvering 案中的裁决。[5] 经济实质原则在对抗 2000 年代的恶性避税中发挥了重要作用，[6] 并且继续被用于今天的反避税。[7] 它在判例法中也被广泛使用，在税收入门课程中也被广泛教授，[8] 这是一个重要且无争议的实质原则。

（三）分步交易理论

分步交易原则[9] "要求将整体交易的相关步骤作为一个整体进行分析，而不是分开处理"。[10] 到目前为止，在本文讨论的原则中，它可能是法院和国税局最被视为原则的。它们经常明确地将其与法律目的和国会意图相权衡。[11] 而且，分步交易原则也非常古老（可追溯到 1930 年代[12]），被广泛引用，[13] 并且经常在法学院课程中被教授[14]——总的来说，是一个可靠的实质标准。

---

[1] 例如，参见 Richard Schmalbeck, Lawrence Zelenak & Sarah B. Lawsky, Federal Income Taxation 263 – 75, 756 (5th ed. 2018)。

[2] 参见上文注释以及随后的文本；第二部分第四节。

[3] 例如，参见 Summa Holdings, Inc. v. Comm'r, 848 F. 3d 779, 785 (6th Cir. 2017)。

[4] 例如，参见 Shockley v. Comm'r, 872 F. 3d 1235, 1247 (11th Cir. 2017)。正如今天所阐明的，商业目的只是经济实质原则的一个分支。I. R. C. § 7701 (o) (1) (B) (2017)。

[5] Gregory v. Helvering, 293 U. S. 465, 469 (1935)（阐明经济实质原则的前身，作为核心确定交易是否"是法律意图的东西"的一部分）。

[6] 例如，参见 Coltec Indus., Inc. v. United States, 454 F. 3d 1340, 1352 (Fed. Cir. 2006); IES Indus., Inc. v. United States, 253 F. 3d 350, 353 (8th Cir. 2001)。

[7] 例如，参见 Bank of N. Y. Mellon Corp. v. Comm'r, 801 F. 3d 104, 115 (2d Cir. 2015)。

[8] 例如，参加 SCHMALBECK ET AL, at 707 – 28。

[9] 参见上文注释以及随后的文本。

[10] BITTKER & LOKKEN, 有关分步交易原则的案例例子，参见 True v. United States, 190 F. 3d 1165, 1174 – 77 (10th Cir. 1999); 联合 Wholesale Grocers, Inc. v. United States, 927 F. 2d 1517, 1521 – 26 (10th Cir. 1991)。

[11] 参见上文注释以及随后的文本。

[12] Warner Co. v. Comm'r, 26 B. T. A. 1225, 1228 (B. T. A. 1932)（引入分步交易原则，并认为法典关于公司重组的规定"允许，如果不需要，审查所采取的几个步骤"）。

[13] 例如，参见 Barnes Grp., Inc. v. Comm'r, 593 F. App'x 7, 9 (2d Cir. 2014); Gunkle v. Comm'r, 753 F. 3d 502, n. 2 (5th Cir. 2014)。

[14] 例如，参见 George K. Yin & Karen C. Burke, Corporate Taxation 394 – 95 (2d ed. 2016)。

（四）反对双重税收优惠规则

也许最著名的反对双重税收优惠的规则的陈述，[1] 是最高法院在美国诉 Skelly Oil Co. 一案中的裁决，即"该法典不应被解释为允许［纳税人］实际上等于双重扣除……国会没有明确的意向声明"。[2] 注意，正如 Skelly Oil 案所表述的那样，禁止双重扣除的规则要强于纯粹的推定规则[3]——相反，它很像是一个"明确声明规则"，是一种"只能通过明确的法律文本"（而不是通过显示立法目的）来反驳的一种实质性原则。[4] 伊尔费尔德的法院则更具试探性，裁定"在［适用的法律］或条例中没有规定可以公平地理解为授权（双重抵扣），则不允许要求抵扣"。[5] 自这些早期的判例以来，法院在克服旨在抵制双重税收优惠的规则所需的国会意图的准确程度上一直存在分歧——有些法院明确将该规则表述为"推定"，[6] 而不是明确的陈述规则。

我个人的观点，与 Eskridge 的观点是一样的，是应该节俭地颁布明确的陈述规则，因为在实践中，规则通常很难被反驳（如第二部分 B 所述，实质性原则在实践中往往获得比理论上所能预测的更大的力量。）许多评论家认为，出于政策原因而要求国会明确声明的原则，而不是为了保护宪法价值观，会威胁到三权分立，并给司法机关带来过度的解释自由。[7] 反对双重税收优惠的规则应仅作为一种推定。正如吉特利兹（Gitlitz）案所说明的那样，即使这一限制，法院也面临着足够数量的疑难案件，他们将有足够的机会运用该原则。

像前面的三个原则性一样，禁止双重税收优惠的规则在过去也一直不一致地应用。例如，假设一个纳税人收到了一分现金礼物，并将现金捐赠给慈善机构，将礼物视为免税的，[8] 捐赠视为可抵扣税收。[9] 在这种情况下，"很明显，纳税人可以同时利用扣除和排除，即使这相当于双重抵扣"。[10] 理查德·施马尔贝克（Richard Schmalbeck）、劳伦斯·泽

---

[1] 参见上文第二部分第三节第2。

[2] 394 U. S. 678, 684 (1969)（引用 Charles Ilfeld Co. v. Hernandez, 292 U. S. 62, 68 (1934)）.

[3] 例如，参见 Black & Decker Corp. v. United States, No. WDQ - 02 - 2070, 2004 WL 2051215, at 2 (D. Md. Aug. 3, 2004) ("税法不应被解释为允许纳税人在没有国会明确陈述意图的情况下进行双重扣除。").

[4] Eskridge & Frickey, at 597. 然而，有些资料来源并不区分推定和明确的陈述规则。例如，参见 JOHN F. MANNING & MATTHEW C. STEPHENSON, LEGISLATION AND REGULATION 247 (2d ed. 2013)（将宽大原则描述为"明确陈述规则"）.

[5] 292 U. S. at 66.

[6] 例如，参见 United Telecomm. v. Comm'r, 589 F. 2d 1383, 1387 - 88 (10th Cir. 1978)（引用"推定……法律和条例不允许双重扣除"）. 也参见 Ambac Indus., Inc. v. Comm'r, 487 F. 2d 463, 467 (2d Cir. 1973) ("我们进一步被说服解决任何含糊之处……因为最高法院最近一再警告，不应将法典解释为允许纳税人实际等同于双重扣除。").

[7] 例如，参见 Barrett, at 163 - 64（"促进宪法外价值的原则只能用作推定"）.

[8] I. R. C. § 102 (2017).

[9] I. R. C. § 170 (2017).

[10] SCHMALBECK ET AL, at 482.

伦纳克（Lawrence Zelenak）和莎拉·劳斯基（Saeah Lawsky）由此得出结论，反对双重税收优惠的规则，不适用于"只要这两项优惠有独立的政策理由"。① 尽管在这些术语中没有明说，但其逻辑与本文的观点相类似，即反对双重税收优惠的规则是一种推定，可以由相反的法律目的所推翻。

一个重要的必然问题是，反对双重税收优惠的规则延伸到多远。在 Ilfeld、Skelly Oil 和其他采用该规则的早期案例中，该规则特别适用于合并纳税申报表，以防止公司母公司从单一经济损失中获得两次税收抵扣。② 然而，许多其他案例将这一原则扩展到了更为广泛的联邦税法中。③ 这导致了巡回法院的分裂，某些巡回法院将伊尔费尔德原则限制在合并纳税中，而其他巡回法院则将其更广泛地应用。④ 吉特利茨案可以说解决了这一巡回法院的分裂，通过采用更有限的观点；但是，由于吉特利兹案并没有正面处理反对双重税收优惠的规则，并且当然也没有将其作为实质性原则，我个人的观点是，这个问题仍然存在，可以通过未来最高法院的裁决来解决。此外，国会对吉特利茨案结果的立即反转，可以被视为支持广泛规则的证据。

总的来说，反对双重税收优惠的规则是足够直观的，而且得到广泛的遵循，因此应将其作为一项普遍适用的实质课税原则。但是，与经济实质原则一样，国会可以将此规则作为一项推定加以编撰，以消除任何挥之不去的疑虑。

（五）反对默示免税的规则

用美国诉富国银行（Wells Fargo Bank）的话来说，反对默示免税的规则指出："免税不是默示的；必须明确地加以证明"，⑤ 这是一个后来被上诉法院和审判法院广泛引用的

---

① SCHMALBECK ET AL, at 483.

② 例如，参见 Duquesne Light Holdings, Inc. v. Comm'r, 861 F.3d 396, 407 – 09 (3d Cir. 2017)（Ilfeld 原则的地位）；Greif Cooperage Corp. v. Comm'r, 85 F.2d 365, 366 (3d Cir. 1936)；Comm'r v. Nat'l Casket Co., 78 F.2d 940, 941 – 42 (3d Cir. 1935)。

③ 例如，参见 Marwais Steel Co. v. Comm'r, 354 F.2d 997, 997 – 99 & n.1 (9th Cir. 1965)（公司纳税人之间的投资损失单独申报）；Chi. & N. W. R. Co. v. Comm'r, 114 F.2d 882, 887 (7th Cir. 1940)（铁路财产的适当折旧方法）；Comar Oil Co. v. Helvering, 107 F.2d 709, 711 (8th Cir. 1939)（预期库存损失的扣除）。

④ 例如，参见 Estate of Miller v. Comm'r, 400 F.2d 407, 411 (3d Cir. 1968)（区分针对"合并企业所得税申报的特殊所得税背景"的双重扣除的规则）。

⑤ United States v. Wells Fargo Bank, 485 U. S. 351, 354, 356, 359 (1988). 也参见 Chickasaw Nation v. United States, 534 U. S. 84, 95 (2001)（引用"警告我们不要将联邦法律解释为提供免税，除非这些免税得到明确表达"的原则）；Squirev. Capoeman, 351 U. S. 1, 6 (1956)（"为了有效，应明确表达对税法的豁免"）；U. S. Trust Co. v. Helvering, 307 U. S. 57, 60 (1939)（"免税不取决于暗示"）。

格言。① 作为推论，一些法院裁定应严格解释所得税的抵扣。② 与本文赞同的其他实质课税原则不同，该原则经常被法院明确地描述为建构原则。因此，它被纳入 Eskridge 及其合作者编撰的有影响力的实质原则清单（本文认可的唯一实质课税原则，包含在这个清单中）。③

一些评论家从理论和历史的角度批评了这一原则。斯卡利亚大法官认为，"就像政府对财产或人身自由的任何其他侵犯一样，税收法规应赋予其公平的含义，并且其中包括对其所含例外的公平解释"。④ Bittker、Martin McMahon 和 Zelenak 曾评论说："目前还不清楚为什么要严格针对纳税人或政府来解释该法典"。⑤ 事实上，在20世纪30年代之前，最高法院经常明确提出相反的规则，即应以纳税人为受益人来解决模棱两可的问题。1917年，最高法院裁定："在有疑问的情况下，[税收法规] 被解释为最强烈的反对政府，保护人民。"⑥

但是，到了1934年，案例汇编的作者们已经开始反对有利于纳税人的规则，并指出"法院的最新趋势强烈反对允许避税的结构"。⑦ 这一规则的逆转是在新政期间发生了更广泛的政治转变，朝着目的主义和反对纳税人（特别是富人）的方向发展。⑧ 如今，一般性的反纳税人规则已得到足够广泛的验证和引用，在我看来，它在实质性原则中的地位是稳固的。

---

① 例如，参加 Dollander v. Internal Revenue Serv. , 383 Fed. Appx. 932, 933 (11th Cir. 2010); Adkins v. United States, 882 F.2d 1078, 1080 (6th Cir. 1989); United States v. Mount Sinai Medical Ctr. of Fl. , 353 F. Supp. 2d 1217, 1223 (D. S. Fl. 2005); United States v. Mayo Found. for Med. Educ. & Research, 282 F. Supp. 2d 997, 1007 (D. Minn. 2003)。

② 例如，参见 Knight v. Comm'r, 552 U. S. 181, 192 (2008) （"所得税减免是立法宽限期的问题。"），（引用 INDOPCO, Inc. v. Comm'r, 503 U. S. 79, 84 (1992)）。一个变体是"国会提供税收减免的意图不被解释为适用非法或违反公共政策的活动的原则"。Green v. Connally, 330 F. Supp. 1150, 1161 (D. D. C. 1971)。但是，在 Green 案和其他地方，这一原则被表述为一种目的主义的含义，而不是一个独立的原则，因为国会不可能有意为某些不良慈善机构提供慈善豁免。参见 Bob Jones Univ. v. United States, 461 U. S. 574, 586 (1983)（指出国会的"意图是免税权取决于满足某些普通法慈善标准——即寻求免税地位的机构必须服务于公共目的，并且不得违背既定的公共政策"）。质疑这个高度目的主义的结论在今天仍然成立。

③ ESKRIDGE ET AL. , app. B at 1214. 也参见 Sunstein, at 475.

④ SCALIA & GARNER, at 362. 我认为 Scalia 大法官对这条规则的质疑主要是规范性的，尽管他也声称"许多最高法院拒绝豁免的案件都没有提到这一规则，甚至有些授予豁免的案件也忽略了这一规则。"同上注 at 359. 无论如何，这是一个很好的例子，说明了一种情况，即文本主义者可能合理的不同意我关于哪些特定的反滥用原则是合法的，即使他们同意本文中更广泛的项目，即这些原则应该被评估为实质原则。

⑤ BITTKER ET AL. , 1.03 [1]. 也参见 Peter Lowy, Deductions Should Not Be Narrowly Construed, 89 TAX NOTES 1181, 1181 (2000); Johnson, at 500 n. 51。

⑥ Gould v. Gould, 245 U. S. 151, 153 (1917). 也参见 United States v. Wigglesworth, 28 F. Cas. 595, 596 – 97 (D. Mass. 1842); Adams v. Bancroft, 1 F. Cas. 84, 85 (D. Mass. 1838)。一般参见 Assaf Likhovski, The Duke and the Lady: Helvering v. Gregory and the History of Tax Avoidance Adjudication, 25 CARDOZO L. REV. 953, 977 – 83 (2004)（总结关于禁止默示免税规则的判例变化）; SCALIA & GARNER, at 359 ("事实上，直到20世纪初，适用于联邦税收豁免的规则是相反的")。

⑦ Randolph E. Paul & Jacob Mertens, Jr. , The Law of Federal Income Taxation 37 – 38 (1934).

⑧ 参见 Likhovski, at 977 – 88。

此外，最高法院的翻转可能并不像它初看起来那样任意（武断）。有人可能会争辩说，该规则的方向应该取决于政府或纳税人滥用的可能性。如果人们认为政府可能征收任意税，有利于纳税人的推定将作为对政府过度征税行为的一种遏制。相反，如果人们认为纳税人可能会使用滥用计划来逃避合法的税收，那么反纳税人的推定将作为对避税行为的一种检查。从亲纳税人规则到反纳税人规则的转变，是在1930年代富人普遍避税的报道之后发生的。①

此外，有人可能会争辩说，即使这两种立场都是同样合法的，但始终如一地适用反纳税人规则可以作为一个有用的突破（断线器），促进可预测性和可管理性②——就像在右侧行驶的规则，在两个同样好的选择中进行选择，但仍然发挥着重要的公共作用。因此，禁止默示免税的规则可以防止纳税人浪费时间来猜测他们可能寻求征收的税收优惠。

无论如何，法院已经广泛接受了这一原则，并且在可预见的将来，它不太可能消失。

（六）纳税人赎回财产的宽容原则

几乎在美国的整个历史上，政府都有权从没有纳税的纳税人手中扣押财产。这项权力对于实施任何税收制度都是必要的，并且早于现代联邦所得税。③ 但是，所有权人通常具有一项抵消的法定权利，通过支付所欠税款来赎回被扣押的财产。④ 法律长期以来认为，此类赎回法规应以对纳税人宽容的态度来解释。⑤

这项权利很早就出现了，实际上是本文所列所有实质原则中最古老的。早在1870年，最高法院就认为："这是法院的一般规则，赋予法律授权从销售税中赎回有利于所有权人的结构。"⑥ 随着联邦所得税在20世纪初开始实施，这一规则变得越来越重要，直到今天仍然适用。尽管纽约最高法院偶尔夸夸其谈地表达了该规则是对"不受限制的暴政"的限制，⑦ 但它仍然（像刑法中的宽恕规则一样）被普遍理解为仅仅是一种推定——法院将其

---

① 参见 Likhovski, at 958（"在最高法院1934年 Gregory 案件的裁决之前的几个月和几周内，报纸上充斥着关于一群领先的实业家和银行家实施避税伎俩的报道，其中最重要的是前财政部长 Andrew Mellon。"）。

② 一般参见 Baude & Sachs, at 1110-12（讨论"结束规则"，作为分界线的解释性默认值）；Adam M. Samaha, On Law's Tiebreakers, 77 U. CHI. L. REV. 1661 (2010)（讨论一般性的法律分界线）。

③ Corbett v. Nutt, 77 U. S.（10 Wall.）464, 465-68 (1871)（考虑在内战期间未能支付对邦联各州征收的土地税后出售的财产的赎回）；Bennett v. Hunter, 76 U. S.（9 Wall.）326, 333-36 (1870)（同样）。

④ 例如，参见 I. R. C. § 6337 (b)(1)(2017)。

⑤ 例如，参见 Corbett, 77 U. S.（10 Wall.）at 474-75（"法院的一般规则是为授权从税收销售中赎回的法律提供有利于业主的建构"）；Hunter, 76 U. S.（9 Wall.）at 335（认为由于税收出售只是一种"收入措施"，因此"如果法律能够按其条款进行更自由的解释"，就不应禁止赎回受税收出售约束的财产）；Westland Holdings, Inc. v. Lay, 392 F. Supp. 2d 1283, 1286 (D. Wyo. 2005)；Seay v. United States, No. W-98-CA-145, 1998 WL 718187, at 4 4 (W. D. Tex. July 8, 1998)；Babb v. Frank, 947 F. Supp. 405, 406-07 (W. D. Wis. 1996)；Anselmo v. James, 449 F. Supp. 922, 925 (D. Mass. 1978)；United States v. Lowe, 268 F. Supp. 190, 192 (N. D. Ga. 1966), aff'd sub nom., Lowe v. Monk, 379 F. 2d 555 (5th Cir. 1967)。

⑥ Corbett, 77 U. S.（10 Wall.）at 474-75。

⑦ McCampbell v. DiNuzzo, 270 N. Y. S. 2d 685, 689-90 (N. Y. Sup. Ct. 1966)。

描述为"经验法则（rule of thumb）",① 最高法院表示"法院不能……作出法律中没有规定的任何例外"。② 法院还指出,"关于对赎回法规进行自由解释的规则并不意味着可以不理会赎回法律的规定"。③

纳税人宽恕的规则随着法定赎回权的现代扩展而扩大——例如,所有人以外的其他方赎回,例如"继承人、遗嘱执行人或管理人",④ 或者涉及留置权而不是扣押。⑤ 总的来说,该条规则是无争议的、古老且广泛遵循的,因此是一个可靠的实质原则。

（七）不是建构原则：国税局评估是正确的推定

法院长期以来一直遵循"国税局税收评估是正确无误的推定"原则。⑥ 这是公认的普通法规则的一个很好的例子,但是它不涉及法律解释,因此不应被视为建构原则。

虽然措施宽泛,但这一规则的作用是狭隘和程序性的。税务纠纷始于美国国税局向纳税人提供一份"欠税通知",其中注明任何欠税的性质和金额。⑦ 正如莱安德拉·莱德曼（Leandra Lederman）所描述的那样,该通知"作为一个早期的投诉,纳税人通过提交申请来回答"。⑧ 如果纳税人向法院提出诉请质疑该通知,正确评估的推定有助于将举证责任推给纳税人。⑨

正确性的推定得到了辩护,因为与 IRS 相比,纳税人更容易获得对税收要求提出质疑所需的证据,这些证据通常包括纳税人的财务记录。⑩ 基于规范性理由,作为一个描述性问题,正确评估的推定似乎是一项合法的普通法规则。但是,并非所有的有效规则都是建构性的原则。⑪ 有效的规则可能只涉及事实问题；它可能只涉及事实问题。相反,建构原则是法律解释的工具,并且只有当一条规则涉及法律问题时,把它归类为原则才是有

---

① Babb, 947 F. Supp. , at 406.
② Keely v. Sanders, 99 U. S. 441, 446 (1879).
③ Krassner v. Veneman, 23 Cal. Rptr. 673, 677 (Cal. Dist. Ct. App. 1962), 引用在 Babb, 947 F. Supp. at 407.
④ I. R. C. § 6337 (b) (1) (2017).
⑤ I. R. C. § 6337 (b) (1) (2017).
⑥ 参见 ESKRIDGE ET AL. , at app. B at 1214, 引用 United States v. Fior D'Italia, Inc. , 536 U. S. 238, 242 –43 (2002).
⑦ 参见 I. R. C. § 6212 (a) (2017); 26 C. F. R. § 301.6212 –1 (a) – (b) (2018).
⑧ Leandra Lederman, "Civil" izing Tax Procedure: Applying General Federal Learning to Statutory Notices of Deficiency, 30 U. C. DAVIS L. REV. 183, 193 (1996).
⑨ Lederman 区分了"前进的负担"和"说服的负担"。同上注 at 201 – 03. 前进的负担是"一审举证的负担",而说服的负担是证明纳税人的立场"更有可能的负担"。参见 Edward W. Cleary, Presuming and Pleading: An Essay on Juristic Immaturity, 12 STAN. L. REV. 5, 15 – 16 (1959).
⑩ Leo P. Martinez, Tax Collection and Populist Rhetoric: Shifting the Burden of Proof in Tax Cases, 39 HASTINGS L. J. 239, 275, 277 (1988).
⑪ 关于建构原则和一般解释方法是否作为一种受制于先例判决的联邦普通法形式存在一些争议。Gluck 主张采用这种方法论的裁决,虽然承认她的观点在实践中没有得到重视。例如,参见 Gluck, at 178. Jacob Scott 还认为,建构原则应被视为"普通法解释"的一部分。Scott, at 345.

用的。

另一种思考这种区别的方法是思考什么会反驳这种推定。在整篇文章中,我已经强调,法律对推定予以反驳——通过法律文本或目的,或立法者制定法规的意图。① 相比之下,正确评估的推定并未被法规所反驳,而是由纳税人出示证据证明国税局的评估事实上是不准确的。因此,尽管这一推定似乎是一项有效的程序规则,但它并不是一个建构原则。

(八) 不是建构原则: 整个法典规则

"整个法典规则"是一种推测性的实质原则,规定"当国会在国内税收法典的一部分中表达或描述税法概念时,该表达或描述应被视为国会在另一部分中对该概念的处理的证明"。② 在某些案件中,最高法院已援引并依赖了该规则。③ 然而,现有的证据或现行实践并没有很好地支持该规则,④ 使其成为一个很好的反例,一个已经得到一些理论支持但却可以基于经验的理由加以推翻的规则。

学者们普遍批评"整体法律"⑤ 或"整体法典"规则对国会实际起草法规的方式的描述不充分。总的来说,调查和其他直接的主要证据表明,国会在起草新法规时,并没有考虑现有法规。⑥

有人认为,"整体法典规则"当特别具体适用于税收法规时,更为合理,因为该法典是一个"基本上统一的且具有自我参照意义的监管方案……它几乎每年都会以某种方式进行修订,并定期进行实质性更新"。⑦ 另一方面,许多人认为法典根本不连贯,而是随着时间的推移拼凑在一起,以实现各种不同的机构目标。⑧ 我同意后一种观点,事实上,在法典的不同部分之间使用和解释不一致的术语的例子很多。⑨ 总的来说,几乎没有证据表

---

① 参见上文注释以随后的文本;上文第二部分第二节。
② Brudney & Ditslear, at 1298 – 99.
③ 参见 Yates v. Hendon, 541 U. S. 1, 13 – 16 (2004); Drye v. United States, 528 U. S. 49, 56 – 57 (1999); United States v. Reorganized CF&I Fabricators of Utah, Inc., 518 U. S. 213, 222 – 23 (1996); United States v. Hill, 506 U. S. 546, 555 – 56 & n. 7 (1993); United States v. Dalm, 494 U. S. 596, 601 – 02 (1990); United States v. Rodgers, 461 U. S. 677, 695 – 98 (1983); United States v. Consumer Life Ins. Co., 430 U. S. 725, 745 – 46 (1977); Laing v. United States, 423 U. S. 161, 176 – 77 (1976)。
④ 这对于整个美国法典来说都是正确的,如下文所讨论的,但特别是关于《国内收入法典》。
⑤ 参见 ESKRIDGE ET AL. 3, app. B at 1197 ("每项法律条文都应参考整个法案来阅读。法律解释是一项整体的努力。")。
⑥ 例如,参见 William W. Buzbee, The One – Congress Fiction in Statutory Interpretation, 149 *U. Pa. L. Rev.* 171, 176 – 77, 242 – 45 (2000); Gluck & Bressman, at 936。
⑦ Brudney & Ditslear, at 1299 – 1300 (discussing, but not endorsing, this view).
⑧ Oei & Osofsky, at 1323 (指出由于"起草者经常在巨大的时间压力下工作",他们"在考虑条款之间的相互关系时,可能不如在其他方面所希望的那样出色")。
⑨ 例如,参见 Merkel v. Comm'r, 192 F. 3d 844, 850 – 51 (9th Cir. 1999) (讨论"破产"一词定义的变化)。

明一致性规范已经渗透到了法典的起草或解释中,也没有证据表明这一特定原则是有效的背景规范,甚至是国会起草实践的精确反映。

(九) 其他非原则

上面的讨论仅限于被法院和法规起草者广泛接受的实质课税原则。本文所使用的实质原则的概念将广泛共享的背景规范提升到不仅仅是"司法推理模式"① 或"良好的经验法则"② 之上。当前实质原则的流行鼓励了许多学者对自己喜欢的政策进行规范化,③ 安妮塔·克里斯纳库玛(Anita Krishnakumar)和维多利亚·努尔塞(Victoria Nourse)批评说,这是危险的"过度规范化",它"为任何人打开了大门——尤其是法官——让他们随时可以选择编规则"。④ 并不是每一个司法趋势或良好的政策都是原则⑤:本文采取了更为谨慎的观点,尽管我欢迎其他人对其所讨论的原则的有效性持不同意见。

法院的裁决中还提出了其他几项原则,作为联邦税收的一般原则,但我并没有发现有说服力的证据,证明其被广泛接受为背景规范。这些包括:

(1) 在国会没有明确指示的情况下,应避免对国税局传唤权的限制。⑥

(2) 税收规定……在国会没有明确表达外国概念控制的情况下,纳入国内税收概念。⑦

(3) "推定税收估价法规遵循多数人的方法[即大多数州所采用的方法],并且偏离多数人的方法将用明确的法律语言表示。⑧

(4) JCT原则……指示法规制定者和法院,在面对含糊的法律规定时,应遵循JCT对其收入估算和对法律规定的解释所采用的建构。⑨

(5) 对收入征收最小的"单一层级税收"。⑩

(6) 宽泛的理解资产扣除和豁免。⑪

---

① 参见 Krishnakumar & Nourse, at 175 - 77。

② Krishnakumar & Nourse, at 177 - 79。

③ 例如,参见 WILLIAM N. ESKRIDGE JR., INTERPRETING LAW: A PRIMER ON HOW TO READ STATUTES AND THE CONSTITUTION 114 - 21 (2016)。

④ Krishnakumar & Nourse, at 174 - 79。

⑤ Cf. id. at 189 ("[对原则的最终检验是体现妥协的稳定性,我们的意思是,原则反映了不同政党任命的、跨越意识形态分歧的最高法院法官的一致意见。")。

⑥ United States v. Arthur Young & Co., 465 U. S. 805, 816 (1984) (引用 United States v. Bisceglia, 420 U. S. 141, 150 (1975))。

⑦ United States v. Goodyear Tire & Rubber Co., 493 U. S. 132, 145 (1989)。

⑧ ESKRIDGE ET AL., app. B at 1215 (引用 Limtiaco v. Camacho, 549 U. S. 483, 491 (2007))。

⑨ Wallace, at 183。

⑩ Geier, at 499。即使有效,该原则也不适用于 C 类公司,根据该法典,C 类公司须缴纳两层税。参见 I. R. C. § 11 (2017) (对公司征收一层税);I. R. C. § 1 (2017) (对公司的股息和出售公司的资本收益征收单独的一层税)。

⑪ Johnson, at 496。也参见 Hartwick Coll. v. United States, 801 F. 2d 608, 615 (2d Cir. 1986)。

（7）税收部分应被解释为尽量减少滥用和规避。① 这是"司法推理模式"的一个很好的例子，② 它不符合背景规范的要求——尽管大多数法官都在尝试避免滥用和规避行为，但他们这样做是作为一个问题或健全的政策或常识，而不是遵循原则。

（8）"完全会计原则"，根据该原则，"纳税人的应申报收入，无论如何计量，最终应等于其实际收入"。③

（9）税收处罚只应严格执行。④

（10）"丹尼尔森规则"可防止纳税人否认其选择的交易形式，除非在"错误、不正当影响、欺诈或胁迫"等情况下。⑤ 与美国国税局评估正确的推定一样，该规则最好被归类，作为一种务实的推定，可以通过展示事实而不是法律来反驳。

（11）如果"对税收法律的措辞存有疑问，则必须以反对政府和有利于纳税人的方式来解决疑问"。⑥ 这一声明尤其与反对默示免税的规则产生紧张关系。

未来的研究可能会受益于这些潜在原则的进一步逐点讨论，包括国会对它们的接受程度的研究。即使它们不作为背景规范，它们也可能会因本文范围之外的其他理由进行辩护——例如，它们可能服务于宪法目的，满足读者偏爱的哈蒂安式"承认规则"，⑦ 或帮助法律解释以符合实际的国会实践（与 JCT 原则一样）。

本文的一个贡献是根据我对判例法的理解，将所有可以被公平的描述为背景规范的规则组合在一起。尽管我的目标是全面的，但我排除了并非专门针对税收的实质原则，即使它们也可能适用于税务案件，例如，在国税局雇员不当行为的情况下援引主权豁免原则，⑧ 或是宽严相济刑事原则在税收案件中的适用。⑨ 我还排除了法院为澄清具体的税收

---

① Johnson, at 496, 引用 Gitlitz v. Comm'r, 531 U. S. 206, 223 (2001) (Breyer, J. 持反对意见)。

② 参见 Krishnakumar & Nourse, at 175 – 77。

③ Theodore P. Seto, The Function of the Discharge of Indebtedness Doctrine: Complete Accounting in the Federal Income Tax System, 51 TAX L. REV. 199, 206 (1996)。

④ Johnson, at 497, 511 – 17. Johnson 认为，这条规则由来已久，但并未普遍遵循。同上注 at 517 – 22, 525 （"大多数税务处罚案件都没有援引它……"）。他还根据一些规范性理由批评它，表明它对税收案件中的标准解释方法几乎没有补充。

⑤ Comm'r v. Danielson, 378 F. 2d 771, 775 (3d Cir. 1967)。

⑥ United States v. Marshall, 798 F. 3d 296, 318 (5th Cir. 2015) (引用 United States v. Merriam, 263 U. S. 179, 188 (1923))，被引用 In re Canada, 574 B. R. 620, 635 (N. D. Tex. 2017)。但参见 Dean & Solan, at 893 （"众所周知，法院在应用这一原则时是不一致的……"）。

⑦ 参见 HART, at 92。

⑧ 参见 Internal Revenue Serv. v. Murphy, 892 F. 3d 29, 40 – 41 (1st Cir. 2018) (拒绝适用主权豁免原则)。

⑨ 一般参见 Grewal（考虑特别适用于税收案件的一般宽大原则）；Hickman,. 然而，正如我在别处讨论的那样，法院似乎对税收案件适用了一种特别强力的宽大规则版本，这可能是由于人们认为税法更为复杂，同时也更难遵守。当涉及刑事处罚时，法院似乎更有可能宣布税收法律因含糊不清而在宪法上无效。参见 IAN M. COMISKY, LAWRENCE S. FELD & STEVEN M. HARRIS, TAX FRAUD & EVASION: OFFENSES, TRIALS, CIVIL PENALTIES 2.03 [3] [d] (6th ed. 2019)（"如果法律本身不可知、模糊或模棱两可，无知也是情有可原的。在这种情况下，法律未能就要求或禁止的内容充分通知，违反了《第五修正案》的正当程序条款。"）。

法规而颁布的定义——例如，法院用来确定金融工具是债务还是权益的因素，[1] 个人是雇员还是独立承包商，[2] 或者是否已形成有效的合伙关系。[3] 这些指南只是法院对相关法规的最佳解读；它们与其说是普通课程的法律解释，不如说是实质原则。[4]

（编辑：杨知文）

---

[1] 例如，参见 Tex. Farm Bureau v. United States, 732 F. 2d 437, 438 (5th Cir. 1984)。
[2] 例如，参见 Filipidis v. United States, No. 17585, 1970 WL 425, at 1 – 2 (D. Md. Dec. 29, 1970)。
[3] 例如，参见 Chemtech Royalty Assocs. v. United States, 766 F. 3d 453, 460 – 61 (5th Cir. 2014)。
[4] 也参见上文附录第七节（认为与法律解释无关的普通法推定不是建构原则）；（认为通向目的主义或文本主义的一般司法倾向不是建构原则）。类似的，收入分配原则，例如，参见 Comm'r v. Banks, 543 U. S. 426, 433 – 34 (2005)（"收益应当对赚取收益的人征税，……我们称之为所得税的第一原则"）。最好将其理解为根据《国内收入法》，美国国内税务局解释"收入"的含义，I. R. C. § 61 (a) (2017)。

比较法律经济学：
法社会学研究下的经济学回归

[英] 柳博米拉·格拉切娃[*] 著　翟　浩[**] 译

摘　要　法律经济学是一种颇具争议的法学研究方法，尽管在法学界日益流行，但并不被其他专业人士所赞同。许多律师和经济学家提出了一些反对意见，他们认为法律经济学是经济学在法律领域的错误运用所致。作者以芝加哥学派和波斯纳为代表的新古典经济学与新制度经济学进行对比，认为新古典经济学给法学研究带来了诸多问题，新制度经济学可以克服新古典经济学的不足，其完全符合法律自身的方法论原则，然而，作者认为新制度经济学分析也存着不尽完美之处，除非第三种因素介入其中：比较法。在此，作者呼吁发展比较法律经济学，为法社会学研究提供了一个新的视角与解释方法。

关键词　新古典经济学　新制度经济学　比较法律经济学　方法论

引　言

法律经济学是一个兼收并蓄的领域，经济法律实务人士将不同的学派比作学术思想市场，这些思想之间存在竞争关系，它们之间并不同质，却带来了惊人的多样性与分析视角[①]。事实上，从20世纪80年代初起，随着批判新古典经济学等新兴研究方法的兴起，

---

[*]　柳博米拉·格拉切娃（Lyubomira Gramcheva），诺丁汉大学法学院研究员，原文发表于 *Maastricht Journal of European and Comparative Law* (2019) 26, pp. 372 - 393, 本文已获得作者中文翻译授权。

[**]　翟浩，男，河南信阳人，上海立信会计金融学院法学院讲师，法学博士，研究方向为金融法。

[①]　N. Mercuro and S. G. Medema, *Economics and the Law. From Posner to Post - Modernism and Beyond* (2nd edition, Princeton University Press, 2006), p. 59; M. Richardson, 'The Second Wave in Context', in M. Richardson and G. Hadfield (eds.), *The Second Wave of Law and Economics* (1st edition, The Federation Press, 1999), p. 2.

在法律经济学领域一直处于统治地位的芝加哥学派地位逐渐削弱①。除了芝加哥法律经济学派之外又产生了其他法经济学派，包括公共选择理论、法律制度经济学、新制度经济学、纽黑文学派、奥地利学派②，此外，行为法律经济学也于20世纪90年代产生，这些观点都在一定程度上与芝加哥法经济学派相左，旨在纠正芝加哥法经济学学派的一些假设。一些学者认为，这些学派缺乏将经济原则具体应用于法律制度的直接方法，作为障碍，难以让律师和法官在内心真正接受法律经济学③。其他人则认为这种声音是不和谐的力量，他们指出，法律经济问题太复杂，无法用一种单一的方法来解决④。还有一些人强调，问题在于哪种方法更适合解决某一特定问题⑤。

然而，这是内部人士之间的对话。法律经济学对数学理论的高度依赖使法律学者越来越难以跨越法律与经济学之间的界限⑥，把"什么才是法律经济学的风格"变成一个自相矛盾问题，这个问题的解决有助于保持芝加哥法经济学派的持续流行而不仅仅存在于技术层面。对有兴趣学习基本概念的人来说，最好的切入点是学习介绍性叙述，如波斯纳的《法律经济分析》（第九版）⑦或A. 米切尔·波林斯基的《法经济学导论》，它们代表了法律经济学的主流观点⑧。让人欣慰的是，这些书的内容相对易懂。波斯纳法律经济学最重要的替代品是罗伯特·库特的《法律经济学》⑨，但该书旨在平衡各种观点，并赞扬行为经济学和社会规范，由于其仅限于介绍性叙述，并没有勾列出一副真正思辨与学术竞争的图画，在法律经济学这个相对固化的领域，其严格的新古典经济学范式基本上没有受到挑战。法律经济学这门学科中数学的复杂程度，也让许多早期法学研究者望而却步，因为他们发现法社会研究中的规范性方法论语言似乎更容易获得。因此，对于许多局外人（或有点局外的人）来说，法律经济学仍然主要依靠芝加哥学派及波斯纳法官等少数学者在研究。

所有这一切的可悲结果是法律经济学和法社会学研究之间出现了分歧。虽然这两个学术研究方法都持有一致的工具性法律概念，但它们基本上都彼此孤立运作⑩。今天，法律

---

① E. Mackaay, 'History of Law and Economics (0200)', in G. De Geest and B. Bouckaert (eds.), *Encyclopedia of Law and Economics vol I* (1st edition, Edward Elgar, 2000), p. 80.

② N. Mercuro and S. G. Medema, Economics and the Law. From Posner to Post – Modernism and Beyond.

③ E. Mackaay, in G. De Geest and B. Bouckaert (eds.), *Encyclopedia of Law and Economics vol I*, p. 80, 93.

④ N. Mercuro and S. G. Medema, Economics and the Law. From Posner to Post – Modernism and Beyond, p. 341.

⑤ M. Richardson, in M. Richardson and G. Hadfield (eds.), *The Second Wave of Law and Economics*, p. 2.

⑥ 2004年至2010年间在《法律研究杂志》上发表文章的作者中，有62.6%是经济学家，只有27.5%的法律学者。T. Eisenberg, 'The Origins, Nature, and Promise of Empirical Legal Studies and a Response to Concerns', 2011 *University of Illinois Law Review* (2011), p. 1723; G. Hay, 'The Past, Present and Future of Law and Economics', 3 Agenda (1996), p. 78。

⑦ R. Posner, *Economic Analysis of Law* (9th edition, Wolters Kluwer, 2014).

⑧ A. Mitchell Polinsky, *An Introduction to Law and Economics* (3rd edition, Aspen Publishers, 2003).

⑨ R. Cooter and T. Ulen, *Law and Economics* (6th edition, Pearson Education, 2012).

⑩ 对此论述，参见：J. Donohue, 'Law and Economics: The Road Not Taken', 22 *Law and Society Review* (1988), p. 903 – 906; T. Eisenberg, 2011 *University of Illinois Law Review* (2011), p. 1719。

经济学和法社会学研究尽管被视为可以进行选择调换的职业道路，但需要重建学术研究资源。我自己攻读博士学位的研究机构把一年级的博士生分为两个方向：法律经济学方向和法社会学方向。

在法社会学者看来，这种分歧是基于不可调和的方法论差异。在他们看来，法律经济学遵循一些基本的经济原则，依据"效率"使复杂的法律制度合理化，或者说减少了其复杂性。由于经济学为法律决策提供指导的一系列普遍的、不变的公理，所有的法律都必须遵守，经济学被这些人称为"现代自然科学"。[①] 其他人则认为，芝加哥学派通过阐述微观经济理论的抽象原理，将它们演绎地应用于法律的任何领域，并促使决策者做出决定以提高制度效率，这种法律经济研究方法只代表了新的形式主义[②]。这两种观点都看到了法律经济学分析方法实质上使法律脱离了制度背景与环境特征，法律被简化为超越时间和空间、仅依靠"供给"和"需求"来维持的经济学产物。因此，无视生活事实和法律所处的制度环境，法律经济学难以产生解决问题的普遍办法，这促使许多法律学者对相关问题进行研究时，干脆完全避开经济分析工具。

这些批评并非毫无根据，这主要基于芝加哥学派草率和肤浅地将法律与经济学两个学科进行结合，这是个过于自信和以普适主义为特征的法律经济学，芝加哥学派并没有全面发展这个多样化和快速发展的领域。本文的目的不是对当今法律经济学的不同流派进行分类，本文的主要论点是，复杂的经济分析需要注入运用比较法律经济学的方法[③]，结合背景内容去分析制度效率，合并新制度经济学和比较法产生了一种创新的跨学科方法，其能够克服各个学科的缺点为法律经济学研究注入新的力量。我提议开发一个比较法律经济学的方法，我认为基于社会现实，可以使用微观的法律经济分析方式。故而，本文观点如下：首先，揭示芝加哥学派法律经济学的普适性价值；第二，把效率的概念从普适主义的法律经济学中拯救出来，它普遍存在于波斯纳的法律经济学分析中，但存在三个主要的缺陷；第三，注重利用比较法进一步将"效率"放在不用制度背景下进行分析，在不同法律渊源之间搭建起研究桥梁。

一、一些初步意见

描述对手总是要冒着讽刺他人的风险，有些人可能会认为下面对芝加哥学派的描述过于简化与片面。其他人可能会指出在芝加哥学派和新制度经济学之间并不具有明显的分界线。事实上，法律和经济学的各种研究方法常常显得模糊不清，甚至由于不同的学术派系

[①] M. Feeley, 'Three Voices of Socio-Legal Studies', 35 *Israel Law Review* (2001), p. 193-194.

[②] V. Nourse and G. Shaffer, 'Varieties of New Legal Realism: Can a New World Order Prompt a New Legal Theory?', 95 *Cornell Law Review* (2009), p. 95-99. 公平地说，格雷戈里·沙费尔认识到法经济学比芝加哥学派更重要。

[③] 对该方面的论述，参见：N. Mercuro and S. G. Medema, Economics and the Law. From Posner to Post-Modernism and Beyond。

和每个学派存在不同思想（包括在相互竞争的观点）往往使情况更加复杂。一方面，尽管批评新古典微观经济学的假设条件，但新制度经济学并不完全否定其框架，旨在与"旧"制度经济学保持一定的距离①；另一方面，随着根植于契约理论中的"不完全合同"等关键理论的发展，新的法律经济学与新制度经济学已经界限模糊②。今天一些芝加哥学派的学者提倡有限理性③，甚至波斯纳自己也已经部分摆脱了他早期的主张④，尽管从他最近出版的论著来看，他关于普通法效率的论断似乎没有实质性的改变⑤。由于不同学术派别及思想存在界限不清晰的原因，在进行比较分析时很可能会产生混淆，基于这个原因，本文选取了两种学术派别中极具代表性的观点：一个是传统的波斯纳观点；另一个是新制度经济学创始人威廉姆森所倡导的新制度经济学核心理念⑥。我承认我用带有一定修辞性的手法来表达两者的差异，尽管我意识到有些主流学者可能会逃避一些批评，但我认为，下文概述的差异仍然将新制度经济学与主流范式区分开来。

二、芝加哥学派法律经济学的普适性

时至今日，那些本身并不从事法经济学研究的法律学者们把该学科的经济学研究方式与芝加哥学派联系在一起。在某种程度上这并不奇怪，法律经济学研究是从芝加哥大学开始的，芝加哥学派则将法律经济学应用扩展到现实生活的所有领域⑦。此外，优雅和精确的模型使芝加哥学派对政策制定者具有吸引力，因为决策者喜欢明确的预测与建议。芝加哥学派的主要贡献在于发展了系统的法律改革方法，它将稳定的经济理论（价格理论）运用到法律规则中去，法律规则会增加违法行为的价格成本，但也会产生制度激励作用，理性的人会对此做出反应，违法即意味着增加成本，无论是在侵权或违约的情况下都会导致更高的损害赔偿。在犯罪活动中，更重的罚款和更长的监禁时间会使违法行为成本高昂，

---

① O. Williamson, *The Mechanisms of Governance* (1st edition, Oxford University Press, 1996), p. 3, 6 - 10; R. Coase, 'The New Institutional Economics', 88 *The American Economic Review* (1998).

② R. Scott and G. Triantis, 'Incomplete Contracts and the Theory of Contract Design', 56 *Case Western Reserve Law Review* (2005); R. Craswell, 'The 'Incomplete Contracts' Literature and Efficient Precautions', 56 *Case Western Reserve Law Review* (2005); S. Shavell, 'Contractual Holdup and Legal Intervention', 36 *Journal of Legal Studies* (2007).

③ R. Epstein, 'The Optimal Complexity of Legal Rules', in C. Engel and G. Gigerenzer (eds.), *Heuristics and the Law* (1st edition, MIT Press, 2006).

④ R. Posner, The Problems of Jurisprudence (Harvard University Press, 1990), p. 31, 387（这本书修改了我先前发表的观点，我们在推动财富最大化时应该谨慎态度）。

⑤ R. Posner, *Economic Analysis of Law*.

⑥ 科斯是芝加哥法学院的核心人物。然而，他坚持交易成本的研究，使他也有助于推动新制度主义经济学的起源，科斯的交易成本法更进一步被威廉姆森所研究，今天是新制度主义经济学的核心。On Coase see also footnote 38。

⑦ 例如，诺贝尔奖获得者加里·贝克尔（Garry Becker）将经济分析应用于家庭关系。For a short history of Chicago law and economics, see N. Mercuro and S. G. Medema, Economics and the Law. From Posner to PostModernism and Beyond, p. 94 - 102。

这促使参与者减少违法行为①。就激励结果而言，法律规则引导人们的行为，也能够影响人类行为的方式，以此产生所需的预测结果②，这就是芝加哥法律经济学方法的核心逻辑。它可以毫不夸张地说，通过有条不紊的培养，芝加哥法律经济学派有助于进行政策权衡及对政策选择后果有清晰的判断，并为更好地理解法律行为的选择与结果之间的关系打开了一个可行的路径。

然而，在吸引了大批追随者的同时，芝加哥法律经济学派也遭到大批学者的批评。新古典主义法经济学家认为自己具备了普适性可以应用于任何领域的分析工具③。但是在研究时，他们把研究目标从其运作的特定背景中分离出来，将其建立在一个完全竞争的市场理论结构中，所探讨的具体法律制度在很大程度上脱离了其所处的法律和社会框架。完全竞争的市场结构中必须要有明确的权利界定、有效的执行，以及极度注重分散民主决策等假设。但随着法律经济学的兴起，制度中权利结构的特征和发展过程则被忽视了。毕竟，任何法律制度背景不能被忽视，否则永远都是在外围研究。这种研究方式将法律制度之间的契合性及人与人之间的互动等都隐匿在研究视野之外，至于交易成本，通常假设为零。即使他们是以经济模型形式介绍，这也只是一个初步的方式，并没有对制度的本质特征进行系统分析。假设那些交易成本只是为了排除重新谈判，关于合同损害赔偿的研究新古典主义经济学模型就足够了，而能够对制度内容进行实质性分析的研究工具则被完全低估了。所以，排除所有事情的复杂性，新古典主义法律经济学能够自信地宣称其具有解决方案的普遍性，这并不奇怪。

公平地说，新古典经济学对法律制度分析的上述特征不应只被归咎于学科的经济学方面，拥护法律经济的法律学者几乎没有质疑过经济学家对待法律问题的最初假设，这些学者长期主要接受美国法培训，把注意力集中在他们最熟悉的法律体系上，不太关注比较法，他们长期不言而喻地持实证主义观点，视法律为国家自然发展的产物，而不是一种复杂的社会现象。含蓄的实证主义者研究基础是相同的假设，即充分界定的权利和无交易成本的执行，这是完全充分竞争市场的典型特征。④ 不言而喻的，由于实证主义范式影响，芝加哥学派将美国普通法进程定位为自然假定的环境，一个与经济环境非常匹配的分散决策论模式，根植于法律实证主义假设加强了经济理论的僵化，亦助长了它普遍适用的野心。就这样，经济学的世界普遍适用性源于一种理想的创造，但现实却被源自实证主义的美国认知帝国主义无限放大。

---

① N. Mercuro and S. G. Medema, Economics and the Law: From Posner to Post – Modernism and Beyond, p. 104

② Ibid., p. 104, 33.

③ 法律并不是唯一一门渗透了经济分析的学科。比如，在政治学领域，经济分析已经应用于非市场政治决策，产生了公共选择理论。

④ 同样的论点，参见：A. Nicita and U. Pagano, 'Law and Economics in Retrospect', in E. Brousseau and J. Glachant？ (eds.), *New Institutional Economics: A Guidebook* (1st edition, Cambridge University Press, 2008).

这并不是说新古典经济模型是无用的,相反,他们代表重要的研究和教育工具,其提供行为如何受法律激励机制的影响,以及在交易成本与激励机制下如何进行权衡和选择,我自己也花费了大量的时间和精力来研究这些由合同赔偿产生的影响以及法经济学家将这一知识应用于其他合同救济与赔偿的学说。然而,我的观点是,新古典主义经济模型在运用激励效应评估法律制度时也存在普遍的外在限度,一旦限制达到极限,就有必要踏入现实世界去研究,因为进一步的洞察是可能的,这只有考察不完美环境及其特殊性才能获得。

经济分析决策没有必要必须以新古典经济学为基础,在法学思想上,这种分析也不可避免地受到根深蒂固的实证主义偏见影响。因此,我主张运用比较法律经济学的方法进行研究,比较法律经济学方法加入了新制度经济学和比较法。下面,我将首先谈谈经济因素,在接下来的章节中转到法律方面进行分析。

三、新制度经济学

将经济分析应用于法律制度时,芝加哥学派与新制度经济学存在三个方面的差异:(1)在经济分析中所达到的现实主义程度;(2)对加强管制或放松管制所采取的不同立场;(3)动态发展的研究框架不同。[1] 而我更赞成新制度经济学派的研究方法,这些方法上的差异非常显著,导致了人们对效率的不同理解和对比较法律经济学的期望。

A. 现实的程度

依靠非常严格的前提条件,芝加哥法律经济学创造了一种"经济涅槃",[2] 根据罗纳德·科斯的说法,这与"现实世界中发生的事情"[3] 并无太多关系,作为个体,他们是理性的最大化者,在完美市场背景下,将价格激励嵌入法律规则中,后者的设计具有提高效率的目的。尽管财富最大化和实现财富最大化的手段也是新制度经济学的核心,[4] 但新制度经济学已经远远超越了新古典主义经济学,甚至后新古典主义经济学范式。首先,它将

---

[1] 关于芝加哥学派和新制度经济学的基本组成部分,参见:N. Mercuro and S. G. Medema. Economics and the Law. From Posner to Post – Modernism and Beyond, p. 102 – 126; 241 – 276。

[2] A. Nicita and U. Pagano, in E. Brousseau and J. – M. Glachant (eds.), *New Institutional Economics: A Guidebook.*.

[3] R. Coase, 88 *The American Economic Review* (1998), p. 73. 关于科斯和奥利弗·威廉姆森之间的辩论一边是理查德·波斯纳,另一边是奥利弗·威廉姆森。参见:R. Posner 'The New Institutional Economics Meets Law and Economics', Zeitschrift fur die gesamte Staatswissenschaft (1993); R. Coase, 'Coase on Posner on Coase: Comment', 149 Zeitschrift fur die gesamte Staatswissenschaft (1993); O. Williamson, 'Transaction Cost Economics Meets Posnerian Law and Economics', 149 *Zeitschrift fu r die gesamte Staatswissenschaft* (1993); R. Posner, 'Reply', 149 Zeitschrift fur die gesamte Staatswissenschaft (1993); R. Coase, 'Concluding Comment',, 149 *Zeitschrift fur die gesamte Staatswissenschaft* (1993)。

[4] R. Coase, 'The Problem of Social Cost', 3 *The Journal of Law and Economics* (1960); O. Williamson, *The Economic Institutions of Capitalism: Firms, Markets, Relational Contracting* (1st edition, Collier Macmillan, 1985), p. 23.

交易费用的概念引入到经济分析中[1],揭示了交易费用的内涵,主流经济学家生活在一个虚幻舒适的世界里——一个没有搜查、谈判、监测和执行等费用的理想世界[2]。但这种观点与传统经济学并没有太大背离,正如后来芝加哥法经济学者也越来越意识到交易成本的重要性和需要用经济思维去超越完美市场[3]。第二,为了将新制度经济学分析建立在有限理性概念基础上,放宽了完全理性假设[4]。同样,后来一些芝加哥学者也认识到需要在研究方法中纳入更现实的行为模式[5]。本文认为,新制度经济学取得的真正进步是,它的分析是基于这样一种方式,并不抽象和复杂,且对事实更加敏感,它认真对待交易成本的概念,看待它们不仅作为交易的障碍应该被消除,而且是作为特定制度的产物,在特定的背景下,需要对这些构成交易成本制度本身的内在实质进行研究。

分析总是从科斯定理开始[6],在交易成本为零的世界里,法律确实不重要,因为各方通过讨价还价可以自然产生一个有效结果。然而,我们生活在存在交易成本的世界里,法律仍要有效率方面的蕴意[7]。在不完美的人类世界,只有当权利达到最有价值,预期收益超过预期成本时,各方才会停止讨价还价。那么特定权利最初是如何分配决定了它的最终位置,法律要有效率,就必须对产权进行合理的结构调整。具体制度的设计需要对其本身进行分析使交易成本最小化,社会财富最大化[8]。对此,芝加哥学派、新制度经济主义者并没有持不同意见[9],但具体步骤是什么?如何寻找有效的法律解决方案?这里出现最重要的分歧。

---

[1] R. Coase, 'The Nature of the Firm', 4 Economica (1937); R. Coase, 3 *The Journal of Law and Economics* (1960).

[2] R. Coase, The Firm, *the Market and the Law* (1st edition, University of Chicago Press, 1988), p. 7.

[3] 例如:C. Goetz and R. Scott, 'The Mitigation Principle: Toward a General Theory of Contractual Obligation', 69 *Virginia Law Review* (1983)。

[4] H. Simon, Administrative Behaviour (2nd edition, Macmillan, 1961), p. 24, 一些新制度经济学家甚至努力超越有限理性的概念,通过探索人类如何通过预先存在的心理特征解读环境,他们旨在解释制度的变化以及这些变化对经济环境的影响。D. North, Institutions, *Institutional Change and Economic Performance* (1st edition, Cambridge University Press, 1990); D. North, 'Prologue' in J. *Drobak and J. V. C. Nye* (eds.), *The Frontiers of the New Institutional Economics* (1st edition, Academic Press, 1997), p. 11. 在这方面,新制度经济学文献与行为法经济学相互交叉影响。

[5] E. Posner, 'Economic Analysis of Contract Law after Three Decades: Success or Failure', 112 *The Yale Law Journal* (2003), p. 865 – 868, 875 – 877. 更准确地说,波斯纳意识到有限理性假设的问题,他还对有限理性模型是否能更好地为合同法提供经济分析表示怀疑。

[6] 事实上,科斯本人并没有明确说科斯定理,它是由《法经济学杂志》1960年所介绍。

[7] 通常情况下,只强调科斯定理所依据的一个假设——零假设交易成本(包括信息成本)。因此,在此回顾,另外两个假设将是有用的:(1)对资源的权利得到充分界定,(2)法律权利得到充分保护且可转让。N. Mercuro and S. G. Medema, Economics and the Law. From Posner to Post – Modernism and Beyond, p. 110, 113. For more on these two assumptions, see the text accompanying footnotes 100 – 105。

[8] 这就是众所周知的科斯理论,有关科斯定理的详细证明和解释,请参见:N. Mercuro and S. G. Medema, Economics and the Law. From Posner to Post – Modernism and Beyond, p. 107 – 119。

[9] 因此,科斯被认为是这两个学派的创始人,也正是出于这个原因,Mercuro 和 Medema 认为新制度主义经济学在许多方面与芝加哥学派的做法一致。参见:N. Mercuro and S. G. Medema, Economics and the Law. From Posner to Post – Modernism and Beyond, p. 243。

芝加哥学派分析的逻辑大致如下：首先，在交易成本为零的假设下建立了优化模型，当事人应该能够在最优模型中实现预期的结果，然后将现有的法律规则与最优模型进行对比分析：如果相同，则该法律规则是有效的；如果它不同，那么它被批评为不能产生最佳结果的法律规则，因此应予以更改①。实践可能会还包括改变零交易成本模型的假设，以区分不同的规则在不同条件下其假设是否有效，然后，再研究现实生活中的法律制度是否符合效率准则②。但与之相比，新制度经济学则采用了不同的方法，其认为不同的现实问题需要确定不同的解决方案，在此基础上，构建了特定的研究框架，以发现哪些是决定交易成本的因素及交易成本的类型，和相关的解决方案。最后，对不同的制度安排进行比较分析，而在成本方面，合适的制度就意味着是最低交易成本的制度③。

显然，这两个学派的目标都是尽可能接近零交易成本的制度设计。

那么为什么新制度经济学的方法论程序是首选的呢？芝加哥学派的问题在于强调确定的优化模型是连续与稳定的，在芝加哥学派的愿景中，理想世界应该有最优化模式，通过模仿来靠近，通过复制来达到最优化的制度模式。如果当事人由于交易成本的存在，无法达到产权的有效配置，应该帮助他们取得好的结果，就好像没有交流障碍一样，通过权利义务的分配达到交易成本最小化，依靠该假设是正确的，责任的分配就通常取决于经济上最有效的方式，法律制度在从事相互作用活动的人之间分配权利与义务，以达到共同价值最大化的效果④。然而，这一假设并非如此，因为无论交易成本降低多少，它们都不会完全降低并消除了，而且在界定和执行财产权时总会有相关的成本⑤。事实上，我们根本无法真地达到理想世界。

另一方面，新制度经济学者已经接受了这是不可行的，所以该理论的重点是在我们现在的位置上，而不是我们想要的位置上。他们研究现有的替代治理制度，目的是通过有效的治理制度来节约交易成本以达到最优的制度成本，但机械地依靠制度来实现这种情况是不可行的，如果交易成本不存在，当事人就会陷入困境，所以要选择现实生活中可行的且具有成本优势的方法。此外，由于交易成本取决于特定的制度框架，因此合适的解决方案取决于特定的制度背景。这样，新制度经济学就远离了"经济涅槃"，采取了一种新的经

---

① 值得注意的是，与波斯纳的工作不同，今天的主流学者大多对巨额索赔是持怀疑态度地。例如：R. Cooter and T. Ulen, Law and Economics。

② 有关芝加哥学派思维的类似描述，请参见：E. Posner, 'Economic Analysis of Contract Law after Three Decades: Success or Failure', 112 *The Yale Law Journal* (2003), p. 833 – 834。

③ 这一论述摘自威廉森《资本主义的经济制度：企业、市场、关系契约》第1章交易成本的方法论描述。

④ 合同缔约方被允许违约的原因背后有效率的理由：如果违约的收益超过成本，则可以一方可以终止合同。

⑤ S. Cheung, 'On the New Institutional Economics', in S. Cheung (ed), *Economic Explanations: Selected Papers of Steven Cheung* (1st edition, Arcadia Press Ltd., 2005), p. 248 – 250; R. Cooter and T. Ulen, *Law and Economics* (5th edition, Pearson/Addison – Wesley, 2008), p. 94; R. Cooter, 'The Cost of Coase', 11 *Journal of Legal Studies* (1982). p. 11.

济模式以得出更准确的结论。

换言之，虽然从法律规则的工具性角度来看，新古典经济学模式具有教育意义，但是，不要忘记，它们只是在很大程度上假定世界只有规范性结构而不存在其他状态。通常，他们会忽略重要的事实变量，后者在理想世界中并没有显得至关重要，因为学者们更专注于提出明确的建议，其他包括相关变量的复杂模型，只有在有统计数据的情况下才能得出明确的结论，这些数据可以输入到模型中，使其具有可操作性。① 相反，新制度经济学详细分析了特定情境下交易成本的来源，通过比较不同制度的成本弱化了量化研究方面的困难，通过制度差异分析其成本，并不因为一些成本数据无法获得而导致研究瘫痪。而律师本身就是这样，虽不必过于专注于计算问题，但他们可以在这一分析过程中做出重大贡献，因为他们受过良好的培训，能够通过比较相关法律制度来识别交易成本。

B. 关于放松管制/管制辩论中的立场

芝加哥学派始终坚持制度效率与市场之间存在必然的联系，如果产权的有效配置可以通过当事人契约来实现，那么从道理上讲，法律应该可以依靠制度通过最低的交易成本以最大可能性来促进产权交易，它排除对合同自由的任何限制，"模仿自由竞争市场"以达到最有效的市场效率。这样科斯定理很容易被解释成最低监管要求的规范性建议。监管机构强制性的公共监管被视为交易成本的额外来源，会妨碍竞争性市场的运作，② 普通法的效率观（广义上理解为法官制定的法律）也有助于这一理论。③ 波斯纳认为，普通法鼓励当事人"通过市场引导他们的交易"，或者，如果成本不妨碍市场运作情形下，即便是交易成本高，也可以重复复制交易过程而获得最优的结果。基于法律的效率原因，芝加哥学派认为不必要通过国家立法对市场进行干预，④ 特别是法律并没有合适的路径产生最优结果，无论是通过当事人协商还是通过法院裁决。⑤ 制度的进化应当由当事人效用最大化决策机制来驱动，⑥ 或者由审判体制结构中的法官决定。⑦ 简而言之，存在自我修复且分权决策的自由市场，可以产生效率。尽管市场失灵会发生，但依靠普通法可以进行自我修复以达到有效效果。

---

① 参见：E. Posner, 112 *The Yale Law Journal* (2003)。
② G. Stigler, 'The Theory of Economic Regulation', 2 *The Bell Journal of Economics and Management Science* (1971).
③ Richard Posner, *Economic Analysis of Law* (5th edition, Little, Brown and Co., 1972); G. Priest, 'The Common Law Process and the Selection of Efficient Legal Rules' 6 Journal of Legal Studies (1977); P. Rubin, 'Why Is the Common Law Efficient?' 6 Journal of Legal Studies (1977); J. Goodman, 'An Economic Theory of the Evolution of Common Law', 7 Journal of Legal Studies (1982).
④ R. Posner, *Economic Analysis of Law* (4th edition, Little, Brown and Co., 1992), p. 252.
⑤ R. Coase, 3 *The Journal of Law and Economics* (1960); W. Landes, 'An Economic Analysis of the Courts', 14 *Journal of Law and Economics* (1971).
⑥ P. Rubin, 6 Journal of Legal Studies (1977); G. Priest, 6 Journal of Legal Studies (1977).
⑦ R. Posner, 'What Do Judges Maximise (The Same Thing Everybody Else Does)', 3 *Supreme Court Economic Review* (1993).

然而，这种观点与越来越多表明制度监管作用日益增强的证据并不一致。可以肯定的是，这些证据表明公共监管的重要性，意味着市场并不总是有效运作，当市场失灵时需要纠正。从长期趋势来看，以命令和控制为基础的激励型监管非常有必要，而不是像芝加哥学派所倡导的那种放松监管趋势。很明显，市场制度偏见的根源在于芝加哥学派对科斯理论的错误领会，在他们看来，法律的作用应该只是界定财产权，并将其分配给最能带来价值的一方，因为这是在零交易成本中市场自然运作的结果。然而，正如所解释的那样，这种自由放任的观点只有在它确实存在的情况下才会产生效果，但实际这只是一个理想的世界——一个极不可能的结果[1]。

另外，市场偏见的根源也可以在自然法的产权模式中找到，自然法是新古典主义经济学的基础，这也是模仿亚当·史密斯，其藐视与批判"重商主义"，以他的"看不见的手"作为理论。[2] 依据史密斯的学术理论，芝加哥学派接受了自然法对财产权的定义，意味着个人权利在法律体系中的重要，个人亦即君主，个人独立于政府，个人对自己的财产拥有不受限制的权利。但随着民事法学家对相关理论的拓展，自然法脱离了法定义务观念，产权的外部性控制及任何产权限制都等同于对自由权利的限制。这种绝对的财产权由私法赋予，仅仅在公法中有限制[3]。这种模式在很大程度上仍然是一种智力产品，任何法律制度中的产权结构都以其纯粹的形式存在[4]，然而，它却成了主流法经济学理论强调自由市场发展的背景，并认为对自由市场的任何限制都是外来强加的[5]。

即使科斯重新将产权和责任义务联系起来之后[6]，主流经济学家仍不重新审视产权的概念，它继续包含了一个"自由区"，漠视这样的事实：在任何法律制度中，财产权利人

---

[1] 关于这种论点，另见：S. Deakin and F. Wilkinson, 'Labour Law and Economic Theory: A Reappraisal', in G. De Geest, J. Siegers and R. van den Bergh (eds.), *Law and Economics and the Labour Market* (1st edition, Edward Elgar, 1999); S. Deakin, 'Law versus Economics? Reflections on the Normative Foundations of Economic Activity', in M. Richardson and G. Hadfield (eds.), *The Second Wave of Law and Economics* (1st edition, The Federation Press, 1999)。

[2] 史密斯的《国富论》是对当时盛行的重商主义政策的一种反映，在他们影响下，该州颁布了许多保护主义商业条例，并深深地参与到经济中来，同一时间，威廉·布莱克斯通爵士在英国引入了自然法框架，W. Blackstone, *Commentaries on the Laws of England vol* 4 (Clarendon Press, 1765 – 1769)，在史密斯看来，产权结构正如自然法模型中所描述的那样，墨西哥人主张的政府大规模干预是不必要的，因为自由市场的无形之手会自动将自利个人的努力引导到社会理想的目的。A. Smith, An Inquiry into the Nature and Causes of the Wealth of the Nations (1st edition, 1776), http://www.gutenberg.org/ebooks/3300。关于更详细地解释亚当·斯密发展其"看不见的手"学说的历史背景，参见：U. Mattei, *Comparative Law and Economics* (1st edition, The University of Michigan Press, 1997), p. 40 – 46。

[3] 关于民法中的自然法模式，参见：U. Mattei, Comparative Law and Economics, p. 33 – 38。

[4] 尽管这一模式很有影响力，但随后遭到民事律师的质疑和抛弃，在普通法中传统上，它在学术著作中找到了自己的方式，特别是在黑石的评论中，但从未被普通法法官采纳，因此，它从未渗透到法律制度的根本，关于普通法模式，参见：U. Mattei, Comparative Law and Economics, p. 39 – 40。

[5] 关于更详细地解释新古典经济学中对自然法的误解，参见：U. Mattei, *Comparative Law and Economics*, p. 27 – 67。

[6] R. Coase, 3 *The Journal of Law and Economics* (1960)。

同时也有对应的义务①。为了寻找新的方法来填补法律现实主义的空白②，许多美国法律学者采纳了经济学概念但没有对其进行批判与质疑，经济学理论在没有明确驳斥自然法假设的情况下仍得到了支持。尽管科斯打开了经济学通向法律制度世界的大门，分析的矛头直指美国法律，但在自然法模式的支持下，放松管制似乎是常态，并得到了美国国家法律制度层面的支持。美国的法律体系赋予法院重要的角色，但对集中决策等监管行为并不信任。从这个意义上说，已经存在的误解并没有消除，但另一层不确定性也增加进来了——母国偏见，后者如前所述，根植于不加约束、默认的法律实证主义假设③。

然而，科斯的"社会成本问题"为法律经济学分析方式的真正转变铺平了道路，科斯拒绝将零交易成本视为一个理想的社会状况，没有成本，任何机构——甚至市场——都会毫无用处④。他把现有的法律纳入现状分析，迈出了脱离自然法的第一步，自然法是新古典经济理论的根基。另外，他的研究与分析表明，政府应该通过事前的中央集权对市场进行监管，在此之前，经济学家们都认为，市场存在一种功能相当的事后分权模式，通过私人诉讼等补救措施来解决相关问题⑤。事实上由于科斯定理被误读为排除国家干预，因此建立政府干预的范式是漫长而困难的⑥。其中一个原因是新制度经济学仍然没有提出一个关于公法和私法之间如何选择的理论⑦，但是他们在挖掘不同背景和条件下的制度如何选择方面取得了重大进步，脱离了让市场自我调解的主流经济学建议。

新制度经济学之所以具有法律经济学价值，是因为它的前提是将法律框架视为经济绩效的一部分⑧。制度决定交易成本的高低，无论是微观层面的私人缔约方之间，还是在宏观经济层面⑨。当论及有效市场时，经济学家们已经假设了一套复杂的制度，总的来说，这些制度促进了经济市场的有效运行⑩。也就是说，市场本身并不是有效的，它的效率取决于制度结构，经济绩效的提高需要制度进行改进，所以需要研究不同的制度框架与背景

---

① R. Cooter and T. Ulen, *Law and Economics*, p. 73–74.
② 法律现实主义导致法律自主性的幻灭，存在日益增加的法律合法化手段的运动，参见：N. Mercuro and S. G. Medema, Economics and the Law. From Posner to Post – Modernism and Beyond, p. 14–19. 类似的论点，参见：U. Mattei, *Comparative Law and Economics*, p. 57。
③ 欲了解更多法律经济学中的母国偏见问题，参见：infra footnote 105 and the text accompanying it。
④ R. Coase, The Firm, the Market and the Law, p. 7. "零交易成本的世界通常被描述为科肖恩世界。没有比这更离谱的了，这是现代经济理论的世界，我就是其中之一，希望说服经济学家离开。"R. Coase, The Firm, the Market and the Law, p. 174。
⑤ 后来威廉姆森将注意力也转向了私人监管，O. Williamson, *The Economic Institutions of Capitalism*: Firms, Markets, Relational Contracting。
⑥ Cooter 将科斯定理所带来的关于推广的混乱称为"科斯的代价"，参见：R. Cooter, 'The Cost of Coase', 11 *Journal of Legal Studies* (1982)。
⑦ T. Ulen, 'The Future of Law and Economics', in F. Cafaggi (eds.), *Legal Orderings and Economic Institutions* (1st edition, Routledge, 2007), p. 3。
⑧ 制度构成了"社会的游戏规则"，它们是"塑造人类的人性化约束"，通过构建"政治、社会或经济的人类交流激励"进行互动，D. North, Institutions, *Institutional Change and Economic Performance*, p. 3。
⑨ Ibid., p. 61–69.
⑩ . Ibid., p. 64–66.

下如何提高效率①。依靠新制度经济学，最佳的——尽管不是完美的，但无论现实生活中存在什么情形，都可以提供合适的解决方案：事前或事后，依靠成文法、法官制定的法律或私人命令，或上述解决方案的组合。从这个意义上说，在交易成本的世界里，市场自我修复方案只是可能的选择之一，此外还有各种可能性，包括监管和控制相对应的法规②，任何最优越的方案只有在仔细考虑并进行制度比较分析，揭示每种选择的利弊后才可以获得③。

效率概念已经脱离了市场范围，成为一个依赖于体制背景下的特定概念，法律是这一背景的重要组成部分④。法律研究人员可以头脑清醒继续进行，睁大眼睛比较不同国家不同司法管辖区下的法律制度。正如没有一个绝对有效的解决办法，也不能从一开始就判断出哪个国家的法律制度更有效率，这一结论需要深入研究每个国家的法律经济环境所产生的交易成本类型，更重要的是，由于效率已不再是衡量比较的绝对标准，因此针对每个国家的具体情况，建议与措施可能会有所不同。因此，更多的微观具体制度分析会产生更有针对性和更合理的规范性解决方式⑤。

C. 研究框架的动态性

芝加哥学派对法律经济分析是非常静态的⑥，该学说忽略了法经济学在法律体系的动

---

① 关于新制度经济学对这方面的论述，参见：G. Medema, *Economics and the Law. From Posner to Post-Modernism and Beyond*, p. 241-245。

② 关于科斯定理对此的解释，参见：S. Deakin, in M. Richardson and G. Hadfield (eds.), *The SecondWave of Law and Economics*; S. Deakin and F. Wilkinson, in G. De Geest, J. Siegers and R. van den Bergh (eds.), *Law and Economics and the Labour Market*。

③ 在这方面，科斯非常明确，参见：R. Coase, 3 *The Journal of Law and Economics* (1960), p. 18-19; R. Coase, The Firm, the Market and the Law, p. 117-118; R. Coase, 'Law and Economics and A. W. Brian Simpson', 25 *Journal of Legal Studies* (1996)。

④ 制度包括正式规则（宪法、法律、法规）和非正式约束（公约、行为规范、行为、自我强加的行为准则），参见 D. North, *Institutions, Institutional Change and Economic Performance*, p. 4。

⑤ 当然，这种对新制度主义经济学优势的解释并不意味着，其所有的研究都是建立在制度层面，并对法律制度进行跨司法管辖区的比较分析，自动规避了理论和方法上的问题。因此，新比较经济学学派相关的研究受到法律界的猛烈批评，运用统计方法，新比较经济学试图在不同国家之间的法律规则的内容和执行与经济表现之间建立某种联系，其大规模的研究提供了影响深远的结论，它的研究不区分来源国和接受国或国家，或者法律移植发生的方式（非自愿强制、自愿模仿等）不同等区别，也就是说，尽管法律起源理论表面上承认制度对经济增长的重要性增长，似乎是基于这样一种假设，即不同的制度环境不会产生对移植的法律制度效果方面产生差异性影响。这一学派没有进行严格的比较制度分析，它没有分析发展中国家法官制定法律、自我监管和市场解决方案的反对意见等，但只提到公共监管的不利之处，从而得出结论，即效率要求发展中国家司法管辖区采用减少监管，关于新比较经济学关于方法论更详细的批评，参见 A. Bakardjieva Engelbrekt, 'Toward an Institutional Approach to Comparative Economic Law', in A. Bakardjieva Engelbrekt and J. Nergelius (eds.), *New Directions in Comparative Law* (1st edition, Edward Elgar, 2009). For studies from the Legal Origins strand, see R. La Porta, 'Legal Determinants of External Finance', 52 *Journal of Finance* (1997); R. La Porta, 'Law and Finance', 106 *Journal of Political Economy* (1998); R. La Porta, 'The Quality of Government', 15 *Journal of Law, Economics and Organization* (1999); R. La Porta, 'Judicial Checks and Balances', 112 *Journal of Political Economy* (2004). For studies from the Institutional Possibilities Frontier strand, see S. Djankov, 'The New Comparative Economics', 31 *Journal of Comparative Economics* (2003)。

⑥ 科斯感到遗憾的是，新古典经济学的静态框架从未经历过西方经济学所经历的变革，虽然他的理论也受到了亚当·斯密的启发。R. Coase, 88*The American Economic Review* (1998)。

态性特征，新古典主义经济学理论只能描绘特定时间点的特征。由于推理规则，完全依赖于对成本和收益的事前比较，科斯模型也忽略了法律经济变化的维度。例如，一项补偿外部性的法律规则可能会在短期内阻止提高福利企业的崛起，但从长远来看，它可能会鼓励竞争对手，为了创新，减少有害的生产方式，从长期视角来看，可以达到实际增加幸福感的目的。① 二十世纪七八十年代，芝加哥学派提出了一个假说将普通法发展与效率挂钩并逐步演进。② 然而，在商业实践中，经验性时间序列研究已经产生了与这一假设相矛盾的许多证据。③

随着理论动态的发展，新制度经济学已经建立了更加坚实的理论基础。这一理论建立在制度变迁的模型之上，新制度主义者主要将制度变迁视为增量过程，但不排除不连续的变化。④ 在模型中，法律不再是某种外生的、人为的因素添加到市场中，以一种永恒的姿态出现现存的神造物，相反，法律和市场均是制度设计，它们以一种更宏大、更复杂的制度环境方式存在，共同演进，相互施加压力。⑤

与新古典主义经济学形成鲜明对比的是，新制度经济学既描绘了制度走向稳定均衡的过程，同时也叙述了复杂变化的故事，在这个故事中，趋同和分歧以一种复杂的方式出现。而诺斯并不否认，西方发达国家可以观察到一些趋同，他令人信服地表明，即使在这种情况下，国家的发展历程也会出现分歧，当分歧超出一定程度时，差别就会急剧增长⑥。他解释道，趋同是作为一种高效率运动的过程，然而，他同时认为，世界范围内的低效产权结构是丰富的（没有竞争压力消除它们），社会在经济上的表现差异非常大。他把这合理化了—从主流观点来看——令人费解的制度性约束，制约了组织的选择，导致现有体制结构下的行为固定化。了解制度变迁，像跨司法管辖区机构的趋同或发散的历史演变，都需要追溯国家法律制度演变的历史背景⑦。

诺斯对国家间经济表现趋同和分歧的观察与比较法学者所认为的趋同/分歧趋势是一致的。比较法分类越来越强调所谓的西方法律传统，尽管所包含的普通法和民法之间有着

---

① S. Grundmann, 'Privatrecht und (Institutionen –) Ökonomik', in S. Grundmann, Privatrechtstheorie (1st edition, Mohr Siebeck, 2015).

② R. Posner, Economic Analysis of Law; see also G. Priest, 6 *Journal of Legal Studies* (1977); P. Rubin, 6 *Journal of Legal Studies* (1977).

③ 例如，一项基于1970年至2005年发布的461份美国州法院上诉裁决数据集的研究表明，在建筑纠纷中涉及经济损失赔偿规则，法律没有发展形成固定或稳定的规制，在不同的州，制度发展是不同的，参见：A. Niblett, 'The Evolution of a Legal Rule', 39 *Journal of Legal Studies* (2010).

④ D. North, Institutions, *Institutional Change and Economic Performance*, p. 6.

⑤ 新比较经济学对制度理论的运用在这方面也存在缺陷，在法学研究中，法律起源被视为外生的 - 通过征服或殖民化移植来完成地，在假设法律制度的发展不能由一国的政治和经济环境决定前提下，法律渊源被用作工具变量，以检验法律规则地对经济发展的影响，但法律制度的僵化性和法律规则变化的遗漏，让人怀疑对普通法/大陆法与经济成果之间的区别与联系做出决定性结论是非常有问题地。See J. Armour, 'Law and Financial Development：What Are We Learning from Time – Series Evidence', *Brigham Young University Law Review* (2009).

⑥ D. North, Institutions, *Institutional Change and Economic Performance*, p. 6, 130.

⑦ Ibid., p. 6 – 7, 73 – 82.

重要的区别,但司法管辖区大体上是同质的①。新制度经济主义理论迫使律师认识到,引入新的法律解决方案意味着进一步消耗稀缺资源,经济可行地揭穿任何犯罪痕迹可能只能留给比较法了。② 然而,更重要的是,通过探索制度变迁,可以分析不同时间点、不同历史阶段如何提高制度效率,新制度经济学学派的历史分支可以极大地丰富比较法学对法律移植的研究,这是重要的,③ 考虑到尽管已经收集了大量关于法律变革的资料,比较主义者对其发生的原因知之甚少,对其产生的原因也知之甚少,他们只是提到一些权威的模糊概念与定义。④

考察历史,路径依赖和制度互补对于理解长期的法律经济变化至关重要,法律制度和市场的演变路径支撑国家的收益递增,而制度的变更往往只能通过政治或技术的巨变来实现。⑤ 从这个角度来看,变化的模式(例如,通过合同法或行政干预)可能是由强路径依赖决定的。一方面,这种依赖性使人们能够预测法律制度对环境可能的反应,其在连续性条件下是一个新挑战;另一方面,在一个特定司法管辖区的新法律规则下,它会产生什么样的效果⑥。另外,选择一种经济领域的制度设计,需要法律制度在该领域具有可行性,反之亦然。这种制度互补性创造了多重均衡的可能性,所有这些均衡可能同样都是最优的,但也可能导致帕累托劣质的结果。⑦ 故而,法律制度以效率为导向在理论上是可能

---

① U. Mattei, *Comparative Law and Economics*, p. 95, 224 – 226; P. G. Monateri, 'Methods in Comparative Law: an Intellectual Overview', in P. G. Monateri (ed.), *Methods of Comparative Law* (1st edition, Edward Elgar Publishing, 2012), p. 10.

② 已经明确,国内律师的实证主义观点得到了新古典经济学的支持,即法律规范等级体系的一致性在没有任何理性约束与交易成本限制下可以得到。A. Nicita and U. Pagano, in E. Brousseau and J. – M. Glachant (eds.), New Institutional Economics: A Guidebook; F. Cafaggi, 'Law, Economics, and Institutional Complexity. An Introduction', in F. Cafaggi (ed.), *Legal Orderings and Economic Institutions* (1st edition, Routledge, 2007), p. 1 – 2. 然而,关于法律刺激因素和法律碎片化的比较学术,对经济学家称为交易成本和有限理性的约束有理解上的限制,G. Teubner, 'Legal Irritants: Good Faith in British Law, or How Unifying Law Ends Up in New Divergences', in F. Snyder (ed.), *The Europeanisation of Law: the Legal Effects of European Integration* (1st edition, Hart Publishing, 2000). 然而,在某种程度上,一些律师仍然倾向于借鉴和协调"最佳"解决方案的引入,即使是比较分析也没有完全摆脱经济涅槃。

③ 新比较经济学关于成功法律变革改变的必需条件的论述受到批评,有人认为,移植法律制度解决问题的效果将在很大程度上取决于其在接受国实现的归化程度,而不是来自它们是借来的。D. Berkowitz, 'Economic Development, Legality and the Transplant Effect', 47 *European Economic Review* (2003); D. Berkowitz, 'The Transplant Effect', 51 *American Journal of Comparative Law* (2003).

④ 对此论述,参见:A. Watson, 'Comparative Law and Legal Change', 37 *Cambridge Law Journal* (1978), p. 320; R. Sacco, 'Legal Formants: A Dynamic Approach to Comparative Law', 39 *American Journal of Comparative Law* (1991), p. 398; U. Mattei, *Comparative Law and Economics*, p. 123 – 125, 127 – 128。

⑤ D. North, *Institutions, Institutional Change and Economic Performance*, p. 112.

⑥ U. Mattei and F. Cafaggi, 'Comparative Law and Economics', in P. Newman (ed.), *New Palgrave Dictionary of Economics and the Law vol 1* (Macmillan Reference, 1998), p. 348 – 349.

⑦ M. Aoki, *Toward a Comparative Institutional Analysis* (1st edition, MIT Press, 2001). For a formal definition of institutional complementarity, see U. Pagano, 'Legal Positions and Institutional Complementarities', in F. Cafaggi (ed.), *Legal Orderings and Economic Institutions* (1st edition, Routledge, 2005), p. 65 – 66.

的，但在现实中没办法保证，分歧可能意味着效率低下，但实际并非如此，[①] 不同的高效或低效的发展轨迹可能是一样的。因此，新制度经济学强调地方历史条件以及法律和经济领域之间的相互依存关系，否定了芝加哥学派所设想的普遍法律进化路径，相反，它提供了一个变化的法律动态分析框架，允许趋同的趋势，但也考虑到基于各国法律的多样性，不同的法律在各国发挥作用的方式各异，对于相同事实可能采用不同的方式，以及通过法律移植的方法解决问题[②]。

综上所述，不同的分析方法，以及市场本身是否有效率，对制度如何随时间变化作出令人信服的解释构成了现实芝加哥学派和新制度经济学在方法论上的主要差异，最终转化为对效率概念持不同立场。在新古典主义经济学理论中，效率被理解为卡尔多－希克斯意义上的理想解决方案，自由市场和普通法可以带来高效率。另一方面，新制度经济学没有绝对的效率观，它不沉迷于设计理想的制度解决方案，它从确定的方案中寻找合适可行的解决方案，根据交易成本的多少和类型来寻求替代方案，交易成本本身取决于所处的制度环境，[③] 因此，效率成为一个相对的、动态的概念，而不等同于唯一性。但在芝加哥学派的视野中，法律长期必然趋向一致，新制度经济学认为，效率应当根据制度框架视情况而定，而制度框架又取决于特定的历史发展道路与背景。

正是这种依赖于语境的、动态的效率概念被比较法律经济学所接受，[④] 其为精细化、经验性相关的经济分析奠定了基础。这种方式对效率的理解意味着，对于同一个法律问题，合同救济在一个法律体系中是有效的，而在另一个法律体系中可能是无效的，或者说是不同的合同救济措施在不同的国家法律中可能被证明效力不一。[⑤] 因此，对于任何规范性建议中，效率被视为一个范畴，需要在不同的领域、不同法律体系中区别加以理解。[⑥]

厘清了经济学方法论的选择和有争议的效率问题，现在从理论的角度转向比较法用跨学科方法去研究相关的问题。

四、比较法的作用

由于新制度经济学和比较法都采用了比较的技术和功能，它们可以很自然地融合在比较法经济学的方法中。过去，律师常常陷入描述性、习惯性的法律行为，他们观察到法律制度之间的相似性和差异性，却没有提供令人信服的理论解释。从这个角度看，比较法可

[①] 相同论述，参见：U. Mattei, *Comparative Law and Economics*, p. 129, 133 – 134。

[②] 同类论述，参见：A. Nicita and U. Pagano, in E. Brousseau and J. – M. Glachant (eds.), *New Institutional Economics: A Guidebook*。

[③] 参见：O. Williamson, *The Mechanisms of Governance*。

[④] U. Mattei, Comparative Law and Economics; U. Mattei and F. Cafaggi, in P. Newman (ed.), *New Palgrave Dictionary of Economics and the Law vol 1*.

[⑤] Paraphrased from U. Mattei and F. Cafaggi, in P. Newman (ed.), *New Palgrave Dictionary of Economics and the Law vol 1*, p. 347. See in the same sense U. Mattei, *Comparative Law and Economics*, p. 133 – 134.

[⑥] 相同论述，参见：U. Mattei, *Comparative Law and Economics*, p. 22。

以从成熟的经济制度框架中获益,提供一种更好的阐释经验数据的可能性,以更准确地衡量不同国家法律间的共同点与差异。① 与普通法传统中精通归纳分析的律师不同,经济学家倾向于从事演绎思维:在某些假设的基础上,他们构建模型,然后针对实证数据进行检验,以得出结论。② 在这个意义上,法学学者可以从经济推理中获益,迫使他们理解并明确自己关于法律系统假设的观点。毫无疑问,抽象的法律规范、统领全局的法律原则到具体法律适用方面,民事律师也习惯于演绎分析。③ 然而,这并不意味着他们精通于阐明自己的假设前提,相反,这些前提很大程度依赖于法律传统,且往往被认为是理所当然的,在律师眼中这些都是不言而喻的。此外,技术性立法以及司法机构地位的提高逐步激发民事判决的归纳法思维方式。因此,大陆法系学者们也可以从经济学家那里学习,在研究时澄清他们的假设以找到问题的正确答案。

经济分析丰富了比较法研究,然而,后者对法律经济学的贡献也不容小觑:比较法提供了丰富的经验数据,因此增强了经济分析的现实性。它积累了丰富的法律秩序知识,可以整合不同的法律解决方案,从而整合影响交易成本的变量,但同样重要的是,比较法克服了英美法系和大陆法系不同法律渊源带来的研究困难。

A. 丰富的经验材料

比较法为解决经济问题提供了取之不尽、用之不竭的法律解决方案,使经济学不那么抽象,更多地接触现实世界,同时不仅能概括地域性背景的法律运作程序,也能归纳普遍性适用的法律方法。④

比较法打开了通往各种现有产权结构的大门,且与自然法模式相匹配,显示出超越主流法经济学分析所依据不切实际的研究范式。⑤ 通过研究广泛的"法律关系"(权利、自由、权力、豁免、义务、责任和义务)⑥ 将有助于更好地了解不同补救措施组合的法律制度的存在原因,允许法官在裁判这些补救措施时拥有较大或较小的自由裁量权,以及采用不同的模式(集中或分散)进行补偿性分配⑦。

与比较法的合并也丰富新制度经济学的研究内容,新制度主义者正努力依赖于一种

---

① 相同论述,参见:U. Mattei and F. Cafaggi, in P. Newman (ed.), *New Palgrave Dictionary of Economics and the Law vol* 1, p. 346 – 347; U. Mattei, *Comparative Law and Economics*, p. 97, 124 – 125。

② N. Mercuro and S. G. Medema, *Economics and the Law. From Posner to Post – Modernism and Beyond*, p. 41 – 43.

③ K. Zweigert and H. Kötz, *Introduction to Comparative Law* (3rd revised edition, Clarendon Press/Oxford University Press, 1998), p. 69.

④ 对该论述,参见:U. Mattei and F. Cafaggi, in P. Newman (ed.), *New Palgrave Dictionary of Economics and the Law vol* 1, p. 346, 348; U. Mattei, *Comparative Law and Economics*, p. 27 – 28, 70。

⑤ 关于新古典法经济学对自然法误解,见脚注 52 – 55 所附文本。

⑥ D. Cole and P. Grossman, 'The Meaning of Property 'Rights': Law vs. Economics', 78 *Land Economics* (2002).

⑦ U. Mattei, *Comparative Law and Economics*, p. 58, 63 – 67.

"法律涅槃"① 去设法克服关于零交易成本的"经济涅磐",② 该"法律涅槃"即是被凯尔森视为一个统一的、等级制度支持的法律规范体系,无交易成本即是源于单一法律规范的权威性。③ 在新制度经济学研究中,这一"法律涅槃"尚未消失,继续假定所有有价值的商品和服务属性都是明确的、可交易的产权,对于这些权利,总是存在一个市场和确定的执行制度,利用有效的方式去解决经济冲突④。

新制度主义经济学家假定权利存在且可以有效执行,在他们的研究中,交易治理和法律制度均不影响交易成本的高低。⑤ 由于对诸多法律规则均感兴趣,比较法自然拒绝单一的"法律涅槃",它也有效治愈了那些美国法律学者天生在法律经济学领域的母国偏见⑥,比较法在某种程度上带来丰富多样的法律设计与规则,不仅证实了它们对交易前和交易后成本的重要性,而且能以单一法律制度为基础抽象出制度的基本特征及制度效力等结论性问题。这是另一个原因,为什么新制度经济学与比较法的结合可以有更深入的见解。

B. 了解法律规则所嵌入的法律体系

经济分析工具可以应用于任何法律制度,这是个具有专业知识的问题,靠经验是无法完成的,提供不同法律解决方案给司法裁判者进行分析。功能分析方法⑦允许经济学研究者穿透法律体系的教义面纱,这些面纱阻碍了对法律规则运作方式的理解。事实上,功能分析忽略了不同国家法律之间的概念差异,并确定解决不同法律体系中的相同问题适用统一的法律规则。例如,功能性练习可以检测不同法律体系之间关于补救措施类型和损害赔偿计算的相似性和差异,它也能穿透不同法律类型中(如合同/侵权法、公法/私法)中存在的差异,以便进行分析法律规则对个人行为的影响。然而,如果这项工作仍停留在功能

---

① A. Nicita and U. Pagano, in E. Brousseau and J. – M. Glachant (eds.), *New Institutional Economics: A Guidebook*; F. Cafaggi, in F. Cafaggi (ed.), *Legal Orderings and Economic Institutions*, p. 1 – 2. 作者令人信服地阐明了经济涅槃和法律涅槃相互依存的方式。一方面,零交易成本的世界取决于无摩擦、始终如一的法律体系的假设,由完全理性的人执行;另一方面,实证主义的法律视野忽略了因资源稀缺而产生的任何约束,有限理性,交易成本。另见脚注 63。

② 关于芝加哥法经济学的经济涅槃,见第 4. A 节。

③ H. Kelsen, *General Theory of Law and State* (Russel and Russel, 1961).

④ A. Nicita and U. Pagano, in E. Brousseau and J. – M. Glachant (eds.), *New Institutional Economics: A Guidebook*; F. Cafaggi, in F. Cafaggi (ed.), *Legal Orderings and Economic Institutions*, p. 1 – 2.

⑤ 有关无视法律影响的示例,请参见:O. Williamson, *The Economic Institutions of Capitalism: Firms, Markets, Relational Contracting*. For the importance of uncovering the relationship between economic systems and law, technology, culture, see R. Coase, 88 *The American Economic Review* (1998), p. 74。

⑥ 关于母国偏见,见脚注 59 所附文本。法律学者没有纠正这种偏见,而是,在欧洲引入了法经济学,通过不对特定法律环境进行任何调整来支持它。关于在法经济学中废除法律实证主义的必要性,U. Mattei, Comparative Law and Economics, p. 69 – 99。

⑦ K. Zweigert and H. Kötz, *Introduction to Comparative Law*, p. 34.

比较阶段，忽视司法概念框架的差异，那么真实的交易成本分析将是难以验证的。① 一旦通过法官采取功能替代的方式将法律问题予以解决，则需要在每一个特定的法律体系背景下，将各种方案并列起来进行比较分析。如何体现出替代制度拥有更高的效率？在这一点上，特定的分类和概念结构界定再次变得重要，因为它们是交易成本的重要来源。

比较法积累了大量的知识，有助于区分普通法和民法、美国法和欧洲法以及欧洲大陆不同体系之间真实和想象的差异。可以说，不同的法律传统和可能产生的障碍会排除法律制度向效率上的转化。② 翻译成经济学术语，这些障碍构成了产权定义中的事前交易成本——这是一个需要考虑的问题，但仅仅依靠经济分析手段难以对其进行有效说明，③ 但比较法可以解释这个原因，功能上等同的法律解决方案在一个法律框架中是合同行为，但在另一个系统却是侵权行为，通过司法审判，它可以阐明法律制度在不同领域的不同角色，从而证明了私法和公法机制的不同作用。法律制度的不同特征和法律传统不一导致的交易成本，需要在现有法律领域范围内对其进行修改，而不改变其在不同领域（例如，合同或侵权行为、私法或公法）之间的分配。④ 比较法研究表明，法律制度的发展可能在很大程度上取决于不同法律背景下制定法律的专业团体影响，因此，受权威和权力等外界因素的制约，法律制度的演变可能并不必然导致交易成本的降低。⑤ 所有这些都是必须进行实际的背景研究。然而，现阶段需要强调的是，比较法可以提供解构已公开的法律规则和对法律制度的来龙去脉进行深层次审查的方法论，⑥ 这两个框架对于制定合理的经济政策至关重要。

C. 弥合法律分歧的根源

在使经济分析能够考虑到制度特殊性的同时，比较法也可以弥合普通法/民法之间的分歧，后者与法经济学无关，这一点在普通法和民法体系的法律渊源问题上最为明显。

依据传统观点，法律结构的渊源是区别英美法系和大陆法系两者的关键——前者主要基于法官制定的法律，适用于根据先例规则，而后者以成文法为基础，由法官来解释法律。从表面上看，这引发了一个问题：对于判例法，法律经济学主要关注点是什么？这种分析可能会被批评为不可信。毕竟，即使对法律现实有一些影响，但判例法在大陆法系毕

---

① 关于在比较法律规则时支持目的和概念的论点，另见：J. Gordley, 'The Functional Method', in P. G. Monateri (ed.), *Methods of Comparative Law* (1st edition, Edward Elgar Publishing, 2012), p. 110 - 114。实际上，尽管函数方法产生了良好的结果，但通常情况下，比较法学者用另一种方法（历史的、哲学的等等）来补充它，这取决于他们研究的重点，V. V. Palmer, 'From Lerotholi to Lando: Some Examples of Comparative Law Methodology', 4 *Global Jurist Frontiers* (2004), p. 23 - 24。

② U. Mattei, Comparative Law and Economics, p. 77, 141.

③ 对此论述，参见：F. Cafaggi, in F. Cafaggi (ed.), *Legal Orderings and Economic Institutions*, p. 6。

④ U. Mattei and F. Cafaggi, in P. Newman (ed.), *New Palgrave Dictionary of Economics and the Law vol 1*, p. 348; U. Mattei, *Comparative Law and Economics*, p. 74.

⑤ U. Mattei, *Comparative Law and Economics*, p. 120 - 121.

⑥ 比较法中的"法律共振峰"强调陈述规则和操作规则之间的冲突以及法律论述的重要性，参见：P. G. Monateri, in P. G. Monateri (ed.), *Methods of Comparative Law*, p. 22 - 24。

竟是不具有约束力的法律规则。因此，先例规则的缺失引起了人们对经济手段是否适用于大陆法系的担忧。显然，这样的观点是实证主义法学观念的遗留问题，但其忽视了比较法最新的方法论成果。①

比较法本质上是反实证主义的，早就超越了现存只有欧洲大陆法系成文法典观点，努力对未法典化的普通法进行阐释。对现行法律的关注开辟了新的研究途径，揭示了这两种法律传统之间的相似之处比先前所设想的要多。比较主义者反复强调，在整个20世纪，英美法/大陆法两大法律传统经历了融合的过程，在法律渊源上差异性有所减少。长期以来，人们一直认为普通法法院生活在"法规时代",② 但大陆法系国家的立法者面临着判例法对立法系统影响日益增大的现实问题。大陆法系法官作为"立法者的喉舌"，面对日益增多的法律问题已经疲惫不堪，其难以穷尽"孟德斯鸠"宣布的"法律"。相反，他们也有自己的造法贡献，不仅仅是提供了《民法典》的大陆法系国家（法国和德国）有这样的情况，不太知名的大陆法系国家也这样处理，如保加利亚，保加利亚法院法官已经制定了违反合同损害赔偿制度的重要问题，合同中第三人利益问题，合同中的财产利益转让问题，法院宣布涉及上述合同方面的判决，甚至促使立法者对相关法定条文进行修改。③ 即使判例法不导致法律修改，民法法官也在一定程度上参与立法。毫无疑问，总的来说，民法体系立法行为中大量使用的宽泛标准（"理性人"等），实际上增加了判例法的重要性，因为法官肩负着赋予这些宽泛概念一个具体的含义。民法典无法跟上现代生活，法官的填补与解释使法律适应社会现实，从而推动法律规范性发展。所有积累的比较经验都表明，大陆法系和英美法系在法律渊源结构方面的差异性被夸大了，大陆法系并不排除经济分析。

在论及不同的法律渊源结构时，比较法并不局限于大陆法系和英美法系趋同趋势的识别，其承认不断变化的社会现实，并努力推动法律的调整。最近的比较法理论认为，一个具体的法律规则不能仅仅通过参考法律来源（立法或判例法），由国家认可的法律定义也起到作用，法律规则是不同因素（法院判决、立法法案、学术著作）相互作用的产物，每一个因素都有助于形成规则。④ 因此，要找到这些规则的适用，需要查阅许多不同的法律文本，这些文本由不同的法律提供者制定与编写，很可能面临巨大的矛盾和挑战。比较法研究者的角色就是通过分析所有这些文本，发现哪些不是规则，哪些是现实世界中真正的

---

① 对此论述，参见：U. Mattei, *Comparative Law and Economics*, p. 69 – 99。

② G. Calabresi, A *Common Law for the Age of Statutes* (1st edition, Harvard University Press, 1982); P. Atiyah, 'Common Law and Statute Law' 48 *Modern Law Review* (1985), p. 1.

③ K. Stoychev, 'Contracts. Bulgaria' in R. Blanpain (ed), *International Encyclopaedia of Laws vol* 1 (1st edition, Kluwer Law International, 1999), p. 12.

④ R. Sacco, 39 *American Journal of Comparative Law* (1991). 法律共振峰也可以指参与制定法律的专业团体（法官、立法者、教授）, J. Dawson, *The Oracles of the Law* (2nd edition, Greenwood Press, 1978); R. van Caenegem, *Judges, Legislators, and Professors: Chapters in European Legal History* (1st edition, Cambridge University Press, 1987); P. G. Monateri, in P. G. Monateri (ed.), *Methods of Comparative Law*。

操作规则,以及他们的各种制约与影响因素,以这种方式分析研究不同法律渊源的法律结构,比较法不仅设法克服英美法系和大陆法系之间的差距这一难题,还将自己确立为最有希望的研究方式。这也促使其可以利用经济分析去解释不同法律传统之间的差异成为可能,同时也搭建了一个桥梁以便从共同的分析角度来研究它们。①

换言之,正如新古典经济学不是强制性的经济分析方法一样,美国法律(或其他普通法法律体系)也不构成经济研究的强制性背景。依靠丰富的经验材料和积累不同法律渊源下的专业知识,比较法可以从经济学的角度揭示不同国家背景下法律的特殊性,同时驳斥了自然法和实证法的假设,这仍然是经济理论和解决具体方法问题的基础。总之,比较法有助于法律经济学普世理想的实现。

法律和经济学研究的好方法是最终要求互惠。从另一门学科——经济学中汲取真知灼见,为法律研究开辟了新的视野,给法学注入新的分析能量。然而,真正的跨学科不可能在哪里都可以实现,经济学(如新古典经济学)征服法律,不考虑两个学科之间深层次的内在联系的情况下进行客体研究,跨学科只有当两种方法以一种相互促进的方式结合在一起时,交互才有意义,创造一个真正的研究方法,才可以增加研究力量和洞察力。因此,比较法律经济学是法学与经济学两种学科很好结合的非常有前途的学科,根植于历史与制度特征,新制度经济学与比较法可以相得益彰,相互促进。在结果丰富的框架中,效率不再是衡量和评价所有法律制度的普遍基准,只有在特定司法管辖区的制度环境中进行区分才有意义。能够深入研究各国法律制度,比较法律经济学能用统一法律视角去分析普遍的社会现象,但令人遗憾的是直到现在,这种新的跨学科领域尚未得到充分的探索与研究。

五、结论

本文作了几点贡献。第一种是适度的:它向法律层面的受众体披露杂志上刊登了另一种经济学的可用性———一种不太常见的经济学,但实际却是充分发展,为分析诸多法律问题作出了重要贡献。更重要的是,在表面上,新制度经济学特征没有新古典主义经济学的缺点,许多法律实务人士并不喜欢后者,其更是雄心勃勃地提出新制度经济学的发展方法。我已经证明了这一点,新制度经济学代表了新古典经济学的一种改进的替代方法,但新制度经济学本身也存在问题,然而,它本身的局限性使它在适用于法律时并不能充分发挥作用。相反,本文已经证明它是比较法的天然伙伴。新制度经济学可以与比较法形成一个天然的伙伴关系 - 比较法经济学,这对经济学和法学都是非常有成效的。对于我们这些想在丰富背景下学习法律的人来说,这是非常有价值的。而法社会学研究在学术界越来越受欢迎,但法经济学显然缺乏对"社会深层"的研究,好像经济学不是一门社会科学。因此,本文的最大目标不仅是要展示一个正确的方法来研究法经济学,而且要把经济学放回

---

① U. Mattei, *Comparative Law and Economics*, pp. 70 – 71.

广泛的法社会学正轨道路上。

  本文所阐释的最后一个贡献,是将效率的概念从新古典经济学控制中拯救出来,而不是让经济学家通过普遍单一的标准去理解规则,这样他们很难完全理解制度和法律体系,比较法经济学使用了一个依赖于制度背景的概念,允许在一个管辖区内的不同制度之间进行有意义的比较,或在不同司法管辖区内不同制度之间比较,它避免了根据是否靠近"柏拉图式的理想"法律的不同,对制度优劣进行排名的冲动。

(编辑:杜文静)

新证据学：对证明过程的分析[*]

[美] Richard Lempert[**] 著　成小爱[***] 译

一、证据学：从规则到证明

十七年前，当我开始教授证据法的时候，这块领域是停滞不前的。对于普通法上伟大的系统主义者——威格摩尔（Wigmore）、马奎尔（Maguire）、麦考密克（McCormick）、摩根（Morgan）以及他们的同僚来说，即使他们没有全部离去，他们的工作也基本上已经完成了。不但大多数所谓的证据学的东西几乎不值一读（其实，大多数时候法学许多领域的研究可以说都是如此），而且几乎没有学者会定期就证据问题进行学术写作（如果不算学生作业的话）。

这种状况随着《联邦证据规则》的提议和通过而得以改变。新的人才被吸引到证据领域，关于证据的重要文章在法律评论中大量涌现。然而，这些文章往往遵循"传闻规则第二十九条例外有什么问题以及如何加上三个词以解决问题"[①]的模式。它们很无趣，所以即使它们有潜在的效用，也很少实现，因为联邦规则在很大程度上还是当时所制定的那样。[②] 简言之，这项工作是一种胆怯的解构主义，没有一个总的批判理论来赋予它生命。但是，通过联邦规则的启发，人们对证据的兴趣，即使很少在这方面经典的作品中体现出来，对于证据领域的发展都是有益的。真正有才华的人开始对探索证据问题产生兴趣。

今天，我想我们看到了这种蓬勃发展的兴趣以及它吸引的人才所带来的成果。证据正

---

[*] 基金项目：本译文系北京市社科基金青年项目"刑事案件的事实认定模式研究"（项目编号：17FXC032）阶段性成果。

[**] 理查德·伦伯特（Richard Lempert），密歇根大学法学院法律与社会学教授。在尊重原作版权及完整性的前提下，经与原作者联系，译文已略去部分注释。译者特别感谢本文作者伦伯特教授的慷慨授权与吴洪淇教授对本文的大力引荐。吴洪淇教授和师弟张嘉源同学对译稿所提出的精心修改意见使得本译文避免了许多谬误。本译文已获伦伯特教授的授权，原文载于《波士顿大学法律评论》总第66期（Richard Lempert，"The New Evidence Scholarship: Analyzing the Process of Proof"，*Boston University Law Review*，vol. 66，1986，p. 439 – 478）。

[***] 成小爱，中国政法大学证据科学研究院博士研究生，研究方向为证据法学。

[①] 这个题目不仅暗示了我正在思考的学术类型的重点，而且在篇幅和缺乏优雅性方面都很典型。

[②] 这些工作中的一些可能影响了州法典或模棱两可语言的司法解释。这种影响如果发生，是一种真正的贡献，我不会诋毁。它提醒我们，学术可能是有价值的，而不是有趣的。

在从一个关注规则表述的领域转向关注证明过程的领域。威格摩尔的其他巨著正在被重新发现（rediscovered），[1] 法律以外的学科，如数学、心理学和哲学，正在为它们所能给予的指引而努力。[2]

这次研讨会是证据学第三次浪潮的见证（在我的教学生涯中）；事实上，对证明的关注更核心的莫过于那些寻求构建或批判数学模型作为证明模式或作为理解审判过程的方式的学术研究。在这篇论文中我提议做的是，首先，简要讨论这一系列工作的目的。然后，我将根据艾伦教授的一部分论文和更广泛的文献，包括为这次研讨会准备的其他论文，提出一些主题。最后，由于这篇论文源于邀请我评论艾伦教授为研讨会准备的论文，因此，我将仔细研究艾伦教授的建议，即与其重新思考数学，不如对审判进行再概念化（reconceptualize）。

二、模型的使用

将概率理论与证明理论联系起来的文献，在很大程度上是一场争论，争论的一方是主张贝叶斯推论模式在理解或适用法律方面发挥作用的一方，另一方则是批评或反对这一立场的一方。[3] 争论的语言通常是数学或本质上是数学隐喻，但在这种情况下，数字的抽象并不排除相当大的激情。这种激情表明，某些重要的东西正处于危险之中。事实上，利害关系是多种多样的，问题的实质对于相互冲突的立场有着重要的影响。然而，太多时候，由于利害关系没有区分清楚，所以我们评估贝叶斯方法和其他方法在证明问题上的相对优势的能力受到影响。因而，我们的第一步是询问为什么使用或提倡证明过程的特定概念化。正如舒姆（Schum）[4] 和蒂勒斯（Tillers）教授[5]在他们为本次研讨会准备的论文中所建议的那样，某些概念化将比其他东西更适合于特定目的。

---

[1] John Henry Wigmore, The Science of Judicial Proof as Given by Logic, Psychology, and General Experience, and Illustrated in Judicial Trials, Boston：Little, Brown, 1937.

[2] 我意识到，到目前为止，我所做的那种粗线条的描绘需要在法律评论传统中通过引用来提供详细的支持。然而，作为一个研讨会上的特邀评论员，我认为散文家的传统（并不要求对大多数人所知道的东西进行详细说明）并非不合时宜，而且是值得赞扬的。对任何一个了解证据的人来说，引用伟大的普通法注释法学派和系统主义学派的著作是不必要的，我无论如何也不会引用"第二十九条例外"类型文章的作者，因为让人难堪或制造不必要的敌人是没有美德的。我将在下面讨论"过程与证明"的主要著述。在我可以在这一标题下引用的著作中，让我简单地指出罗纳德·艾伦关于推定的研究，例如，Allen, "Structuring Jury Decisionmaking in Criminal Cases：A Unified Constitutional Approach to Evidentiary Devices", Harvard Law Review, vol. 94, 1980, p. 321 – 368, 以及查尔斯·尼森, Nesson, "Reasonable Doubt and Permissive Inferences：The Value of Complexity", Harvard Law Review, vol. 92, 1979, p. 1187 – 1225, 强调对证据学的关注从规则转向证明，并不排斥常见的法学理论研究模式。

[3] 在讨论贝叶斯方法对于统计的效用时，常与贝叶斯方法对立的频率论者（Frequentists）通常不参与讨论。But see Cohen, "Confidence in Probability：Burdens of Persuasion in a World of Imperfect Knowledge", New York University Law Review, vol. 60, 1986, p. 385 – 422.

[4] Schum, "Discovery, Proof, and Probability：Is the Current Probability Debate Necessary?", Boston University Law Review, vol. 66, 1986.

[5] Tillers, "Mapping Inferential Domains", Boston University Law Review, vol. 66, 1986, p. 883 – 936.

(一) 诉讼的指示

芬克尔斯坦(Finklestein)和费尔利(Fairley)对人民诉柯林斯案(People v. Collins)[①]评论的文章引发了关于贝叶斯推理在审判过程中应用的广泛兴趣,也可以说,人们仍然对概率理论充满激情。在这篇文章中,芬克尔斯坦和费尔利认为,该案的真正问题不在于检察官试图使用统计推理(statistical reasoning),而在于未能以最适合于陪审团决策任务的形式即贝叶斯定理向陪审团提供统计信息。[②]劳伦斯·却伯(Laurence Tribe)教授在他著名的《通过数学来审判》(Trial by Mathematics)文章[③]中,从两个方面对芬克尔斯坦和费尔利提出了异议。

在法学界,人们普遍认为却伯赢得了这场特别的论战。正如艾伦教授在其为本次研讨会准备的文章中所写的那样,"举个例子,越来越明显的是,贝叶斯方法可以启发性地用作理性思考的指引,而不是作为法庭决策的具体蓝图"。[④] 然而,得出这个结论还为时过早。[⑤] 统计证据(statistical evidence)在诉讼中的应用已有一个多世纪的历史,[⑥]并在近年

[①] 68 Cal. 2d 319, 438 P. 2d 33, 66 Cal. Rptr. 497 (1968) (en banc).

[②] Finkelstein & Fairley, "A Bayesian Approach to Identification Evidence", *Harvard Law Review*, vol. 83, 1970, p. 489 – 517. 这不是法学文献中第一篇提出贝叶斯定理适用于审判证明的文章。See Cullison, "Probability Analysis of Judicial Fact – Finding: A Preliminary Outline of the Subjective Approach", *University of Toledo Law Review*, vol. 1, 1969, p. 538 – 598; Kaplan, "Decision Theory and the Factfinding Process", *Stanford Law Review*, vol. 20, 1968, p. 1065 – 1092. See also Ball, "Moment of Truth: Probability Theory and Standards of Proof", *Vanderbilt Law Review*, vol. 14, 1961, p. 807 – 830. 然而,这些早期的讨论既没有得益于人民诉柯林斯案(People v. Collins)所引起的对概率论的兴趣,也没有得益于如此大胆和可疑的主张,以至于引起像劳伦斯·却伯这样大的对手的兴趣。芬克尔斯坦和费尔利的文章以及却伯的回应引发了一些辩论,这是另一种更自传(autobiographical)的感觉。1972年冬天,我为耶鲁法学院的五名学生开设了一个关于审判和证明问题的研讨会。我们花了几个星期的时间对贝叶斯模型进行辩论,主要是从这两篇文章的脚注中学习贝叶斯定理。我们得出的一个结论是,虽然却伯已经赢得了关于指示陪审员使用贝叶斯定理是否可取的辩论,但该定理作为法律标准和证明过程的一个模型具有巨大的潜力。那次研讨会的一半成员(如果我可以认为自己是一名成员)接着发表了体现这一信念的文章。丹尼尔·科恩斯坦(Daniel Kornstein)撰写了一篇题为《无害错误的贝叶斯模型》的文章(Daniel Kornstein, "A Bayesian Model of Harmless Error", *Journal of Legal Studies*, vol. 5, 1976, p. 121 – 146),我写了一篇《建模相关性》的文章(Richard Lempert, "Modeling Relevance", *Michigan Law Review*, vol. 75, 1977, p. 1021 – 1057),到目前为止,这个小组中最重要的成员是戴维·凯,他在讨论贝叶斯定理、统计学和审判过程方面的众多贡献都非常突出,这一点从他在本次专题讨论会上发表的论文的许多引注中可以看出。

[③] Tribe, "Trial by Mathematics: Precision and Ritual in the Legal Process", *Harvard Law Review*, vol. 84, 1971, p. 1329 – 1393.

[④] Allen, "A Reconceptualization of Civil Trials", *Boston University Law Review*, vol. 66, 1986, p. 401 – 402. (citing Callen, "Notes on a Grand Illusion: Some Limits on the Use of Bayesian Theory in Evidence Law", *Indiana Law Journal*, vol. 57, 1982, p. 1 – 44.)

[⑤] 我应该指出,这是我曾经分享过的观点。See Richard Lempert, "Modeling Relevance", *Michigan Law Review*, vol. 75, 1977, p. 1021。

[⑥] See Paul Meier & Sandy Zabell, Benjamin Peirce and the Howland Will, *Journal of the American Statistical Association*, vol. 75, 1980, p. 497 – 506. (讨论罗宾逊诉曼德尔案, 20 Fed. Cas. 1027 (C. C. D. Mass. 1868))。

来变得越来越普遍和复杂。① 例如，最近在 LEXIS 上为美国国家科学研究委员会（National Research Council）报告进行的统计术语搜索：

通过一个基于计算机的法律信息检索系统，对联邦法院公布的意见进行检索，发现自 1960 年以来，涉及某种形式的统计证据的案件急剧增加。1960 年 1 月至 1979 年 9 月期间，"统计学（statistic（s））"或"统计（statistical）"一词在 83769 份联邦地区法院报告意见中出现了约 3000 份，或占 4%。在上诉法院，同样的词汇出现在 1671 份报告意见中。②

这些用途不仅包括对样本和总体的统计描述，还包括芬克尔斯坦和费尔利提出的那种作为辨认证据（identification evidence）的用途。③ 这两种用途都会产生问题，因为在贝叶斯方法可能更适合手头任务的情况下，陪审员们会看到频率统计数据。④

除了提出上述一点意见外，我将不详细讨论这个问题。本次研讨会的许多与会者都在大刀阔斧地反对在审判过程中使用贝叶斯模型。⑤ 他们的主要论证，或者他们的部分论证，读起来就好像统计证据在审判中没有一点立足之地一样。那些批评在法律程序中应用贝叶斯模型以及建议在审判中应用贝叶斯方法的人，必须面对在审判中每天都会提供统计证据的现实。

我并不是说贝叶斯模型的批评者或提议应用的批评者不能接受这种现实。不难想象统计证据在理论中的地位，就像大多数理性证明的非贝叶斯理论一样，集中于冲突证据（conflicting evidence）的相对权重（relative weight）、审判证据所允许的似真概括（plausible generalizations），或者证据与一些更为似真故事的融贯性（coherence）。对于那些拒绝贝叶斯方法的人来说，更困难的挑战是，如果在审判中出示了统计证据，为什么频率论方法应当优先贝叶斯方法，⑥ 以及重新评估用来拒绝贝叶斯方法来证明的论证，在这些论证中它们没有接受统计证据被经常运用的现实。从直觉上说，法律不允许裁决依赖于赤裸裸的统计证据（naked statistical evidence），因此基于这种直觉的论证必须接受或谴责这样一个世界：在这里，唯一可采的区别证据包含在统计模型中，或者将被告人与犯罪联系在一

---

① See Stephen E. Fienberg, "The Increasing Sophistication of Statistical Assessments as Evidence in Discrimination Litigation", *Journal of the American Statistical Association*, vol. 77, 1982, p. 784 – 787.

② Stephen E. Fienberg, The Evolving Role of Statistical Assessments as Evidence in the Courts11, 1986（美国国家科学研究委员会统计评估作为证据组的报告草稿）。

③ 例如，通过血液或头发样本确认被告人是罪犯。（我应该指出，头发样本辨认的统计基础是可疑的。See Stephen E. Fienberg, The Evolving Role of Statistical Assessments as Evidence in the Courts11, 1986, p. 79 – 82.）其他种类的辨认证据如指纹，也依赖于统计推论，但这些检验的可靠性被认为是如此之高，以至于其统计基础可能被忽略。

④ Lempert, "Statistics in the Courtroom: Building on Rubinfeld", *Columbia Law Review*, vol. 85, 1985, p. 1098 – 1116; See Stephen E. Fienberg, The Evolving Role of Statistical Assessments as Evidence in the Courts11, 1986.

⑤ See, e. g., Brilmayer & Kornhauser, "Review, Quantitative Methods and Legal Decisions", *University of Chicago Law Review*, vol. 46, 1978, p. 116 – 153; L. Jonathan Cohen, The Probable and the Provable, Clarendon Press, 1977.

⑥ 对于那些拒绝证明过程中使用贝叶斯模型的人来说，甚至这可能不是必要的。贝叶斯证据出示的某些作用可能嵌套在一个更包容的非贝叶斯理论（non – bayesian theory）中。

起的唯一可采的证据是一根头发的匹配（a hair match）。① 如果答案是统计概率足够高（正如在指纹证据的情况下似乎隐含的那样），以至于没有问题，则需要解释为什么一种不可简化（irreducible）和不可否认（undeniable）的不确定性程度是可容忍的，而另一种不确定性程度则不可容忍。

（二）规范的模型

贝叶斯定理和竞争概率图式（competing probabilistic schemes）的第二个用途是作为一种规范模型。这种用途与我所讨论的第一种用途并非完全不同，正如那些主张用贝叶斯定理指引事实认定者的人所做的那样，他们的假定是贝叶斯推理在规范上适用于法律事实认定。对贝叶斯定理作为规范模型的攻击，同样可能是因为人们认为贝叶斯定理作为审判事实认定的规范模型的地位与向陪审员提供以贝叶斯方式进行推理所需信息的适当性之间的联系。某种程度上，为了防止向后一个方向发展，"通过数学来审判"中的批评者否认贝叶斯定理可能是审判事实认定者应该如何进行事实认定的规范模型。

然而，在审判中促进贝叶斯方法使用的实际结果并不是接受贝叶斯定理作为判决事实认定的规范模型。首先，可能存在相互冲突的规范。贝叶斯定理可能只建模陪审员对信息的部分反应，并强调贝叶斯定理可能会对其他价值产生不利影响。例如，陪审团有权宣布无效，这表明陪审团的事实认定之所以是有价值的，是因为它超出了对证据的理性权衡。鼓励陪审员们更加相信贝叶斯模型可能会导致他们强调其任务的理性及证据权衡方面而损害我们希望保留的其他方面。更进一步，为陪审员提供贝叶斯信息处理的帮助（想象未来的陪审员在每一项证据后都将他们的先验概率和似然率输入计算机），或者甚至未能向陪审员提供更多的统计证据，这也许会象征性地以及不可容忍地贬低我们希望传达的关于审判或人类判断的信息。②

贝叶斯模型的规范性并不必然意味着改变现有证明模式的第二个原因是，它不可能为陪审员提供他们以贝叶斯理性方式处理信息所需的信息。特别是，我们可能无法向陪审员充分告知那些涉及为吸收新信息提供依据的先验概率，或各项证据之间的依赖程度。贝叶斯方法的倡导者通常处理这个问题的动议——允许主观估计这些难以（也许不可能）量化的价值——并不一定是可靠的，因为明显的"次优"问题已经被提出来了。根据完全信息

---

① 通常情况下，后一类证据不是赤裸裸的，因为一些证据将是可采的，例如，导致决定从嫌疑人身上采集头发样本的证据。但是，导致嫌疑人被捕的证据不具有可采性时，或者如在指纹的情况下，当"痕迹"证据（其分量只能通过统计进行评估）是唯一可以辨认嫌疑人的"痕迹"证据时，这种统计证据可能就是赤裸裸的。此外，即使在统计证据不是赤裸裸的情况下，它的权重也可能远远超过其他所有证据，因为它显然是至关重要（crucial）和决定性的（dispositive）。如果这一点很清楚，我们必须面对这样一个事实，即尽管这些证据具有不可减少和不可否认的不确定性，但审判者仍依赖于统计证据，因此构成赤裸裸统计证据的核心问题。

② Charles Nesson, "The Evidence or the Event? On Judicial Proof and the Acceptability of Verdicts", *Harvard Law Review*, vol. 98, 1985, p. 1357–1392.

贝叶斯理性的标准，具有不准确先验或错误估计证据依赖的严格贝叶斯决策，可能会导致比陪审员通过普通非系统性和非数学过程做出的决策更糟糕。

如果人们不是天然的贝叶斯决策者，很明显就会出现另一个次优问题。① 虽然事实认定者的整个决策过程可能更理性，因为如果整个案件能够在统计上以可接受贝叶斯操作的准确概率呈现，那么平均而言，会产生更准确的判决，但它不一定遵循，如果只提出部分案例，平均判决将更加准确。却伯教授②在他的通过数学来审判的批判中提出了一个重要的原因，当时他认为数字信息可能会使"软"的数据相形见绌。对于这一观察结果，人们可能会补充说，贝叶斯模型的呈现信息方式可能比软信息处理的呈现信息方式产生更大的影响。当然，在每种情况下，软数据或更适合软处理的数据可能比现有的信息，或者可以以更系统和定量的形式呈现的信息更具信息性、诊断性。

即使法律事实认定者是天然的贝叶斯推理者，关于"硬"使"软"相形见绌的论证也可能适用，因为他们可能会根据信息与天然推理模式的兼容性来处理信息。如果事实认定者不是天然的贝叶斯推理者，那么当试图鼓励他们用贝叶斯术语来思考一个案例的全部或部分时，可能会出现进一步的问题。事实认定者可能会在某些方面感到困惑，如果他们没有得到如何组合证据的建议，他们就不会这样做，或者因为对贝叶斯决策风格不熟悉或感到费力，他们可能给量化证据太少而不是太多的权重。如果所有的证据都是定性的，而且贝叶斯定理一字不提，那么最终结果可能会比系统产生的裁决更不准确。

至少出于这些原因，关于贝叶斯定理是否是整个或部分审判过程的准确的规范模型的争论，对我们选择审判的方式没有必要的影响。但这些潜在的问题并非意味着指引陪审团或法官进行贝叶斯推理，或在审判中引入更多定量方法（quantitative methods）是错误的。我上面讨论的问题是否如此严重，以至于即使贝叶斯定理是适用于全部或部分审判过程的规范模型，也不应该试图使法律事实发现者成为更好的贝叶斯推理者，这是一个经验问题。③ 然而，让我们假定，我指出的问题来排除贝叶斯方法在审判中的实际应用。那么，贝叶斯定理有什么用？为什么贝叶斯方法的规范性很重要？我将提出两个理由。

第一，贝叶斯定理或许是一种启发式的方法（a heuristic device）。这是我在《建模相关性》（*Modeling Relevance*）一文中对它的使用。④ 虽然我显然不是提供公正证言的人，

---

① Schum & Martin, "Formal and Empirical Research on Cascaded Inference in Jurisprudence", *Law & Society Review*, vol. 17, 1982, p. 105 – 152. See also Daniel Kahneman, Paul Slovic & Amos Tversky, *Judgment Under Uncertainty: Heuristics and Biases*, Cambridge: Cambridge University Press, 1982; Richard Nisbett & Lee Ross, *Human Inference: Strategies and Shortcomings of Social Judgement*, Prentice – Hall, 1980.

② Tribe, "Trial by Mathematics: Precision and Ritual in the Legal Process", *Harvard Law Review*, vol. 84, 1971, p. 1329 – 1393.

③ 同样的道理，贝叶斯定理可能是一个不适当的审判规范模型，但是指示陪审员用贝叶斯方法来处理信息是适当的。如果问题不在于陪审员是否会得到统计证据，而在于如何提出证据，那么这个案例可能会显得尤为有力。

④ Richard Lempert, "Modeling Relevance", *Michigan Law Review*, vol. 75, 1977, p. 1021 – 1057.

但每年在证据课上教授相关性（relevance）的时候，我都使用贝叶斯定理，并且它很管用。学生们对与相关性有关的问题有了比我使用这种方法之前更好的理解，并且在整个课程中形成了一个共同的词汇来讨论与相关性有关的问题。① 我还是继续为以下命题辩护：相关性的基本规则——《联邦证据规则》第401条和第402条，② 作为一个规范问题，被贝叶斯定理所获得；并且关于证明力（probative value）是否被规则第403条考虑因素（诸如偏见和浪费时间）所超过（outweighed）的问题，可以在贝叶斯框架中予以阐明。③

贝叶斯定理的这种用法将法律规则和程序视为规范性的，并试图对其进行建模。有人可能会争辩说，由贝叶斯定理所表示的类型的理性应该是法律事实认定的特征，并认为如果法律规范不符合贝叶斯模型理性的要求，则应当改变法律规范，使之符合。这本质上就是艾伦教授所做的，他认为我们应该通过改变我们对审判的思考方式来回应法律相对于理性规范模型的缺陷。这一举措的大胆是不言而喻的，艾伦教授使这一建议成为现实的尝试同样具有独创性。他认为，目前民事案件中存在的审判方式不仅与贝叶斯模型的理性决策概念不相容，而且与培根模型（Baconian）和其他理性概念也不相容。假设这种不相容存在，正如我在本文中所述，它明确地提出了法律规范是否以及何时应当与其他体系所界定的规范相符合的问题。即使法律体系的核心是一个形式上理性的事实认定规范，但也不清楚这是否是或应该是民事或刑事案件的主要规范。在本文的最后一部分，我将在评论艾伦教授的具体建议时，表达我对这些和其他一些观点（other scores）的怀疑。

（三）描述的模型

贝叶斯模型或其他推理模型的第三个用途是描述性的。例如，有人可能会争辩说，贝叶斯定理反映了人们实际处理信息的方式。许多反对贝叶斯模型的文章似乎都是以描述性的理由攻击它。事实上，一些提供非贝叶斯理性推理模型的非法律群体（non-lawyers）④ 似乎被法律所吸引，因为他们在法律规则和实践中看到了很好的证据，表明贝叶斯定理的

---

① 在这方面需要注意的是，课堂模型不仅包括贝叶斯定理，还包括一个效用矩阵（称为"遗憾矩阵（regret matrix）"），它允许捕捉基本的价值选择和概念，如偏见。

② 《联邦证据规则》第401条，"相关证据"的定义："相关证据"是指具有使任何事实的存在变得比没有证据更可能或更不可能的证据。《联邦证据规则》第402条，相关证据一般可采；不相关证据不可采。除《美国宪法》（Constitution of the United States）、国会法案（Act of Congress）、本规则或最高法院根据法定权力规定的其他规则另有规定外，所有相关证据均具有可采性。不相关的证据不具有可采性。

③ 在为研讨会准备的论文中，谢弗（Shafer）教授温和地批评了我早期的研究，并指出，即使是启发式的贝叶斯定理也不够充分，因为它忽略了证据可能与不同问题相关的事实。Shafer, "The Construction of Probability Arguments", *Boston University Law Review*, vol. 66, 1986, p. 799, 815. 我不反对谢弗教授的观点，但我认为他对我使用贝叶斯模型的批评误解了法律程序。虽然这一点没有明确阐述，除非出现争议，但证据总是针对具体问题提供，相关性是根据提供证据的问题来判断的。因此，该模式适用于具体问题，即使证据可能是可采的，但支持者基于其证明其他观点的倾向而主张可采。

④ L. Jonathan Cohen, The Probable and the Provable, Clarendon Press, 1977; Shafer, "The Construction of Probability Arguments", *Boston University Law Review*, vol. 66, 1986, p. 799–816.

规定与一种明显的理性决策形式不一致。

试图用描述性的理由来质疑贝叶斯定理的做法有点令人费解，因为我们知道贝叶斯定理并不能成功地建模那些认为自己在理性地进行推理的人的决策，或者建模那些认为他们应该这样做的人的决策。大量的研究表明，当以贝叶斯定理的标准来判断时，人们的推理充其量是不一致的；他们在理解累积概率（cumulated probabilities）所能达到的极限方面特别困难，而且在某些方面和某些问题上，他们根本没有用贝叶斯定理的方式进行推理。①

我认为，针对描述不充分模型的攻击的解释（这种攻击是令人费解的），在于混淆了"是和应该"（is and the ought），就像蒂勒斯教授在为这次研讨会准备的论文中所指出的那样。② 第一，贝叶斯定理的批评者似乎通过展示它没有充分地建模人类的决策来试图证明它的规范性不充分。第二，那些提供了贝叶斯理性替代模型的人试图通过表明其方案符合法律似乎规定的推理模式来支持其方案在描述上的充分性。

通常情况下，人们不能从"应该"中得出"是"，所以第一个论证似乎是可疑的。然而，当问题不是什么是对的抽象问题，而是法律体系是否需要某种特定推理的问题时，可以提出一个很好的论证，即"是"——"应当"的区分应当消除。如果人们事实上不能以贝叶斯方式一致地推理，或者如果在审判中用贝叶斯干预的实际问题太严重，那么可能是贝叶斯模型理性的规范要求与法律不符，因为它们没有为指引决策提供现实标准。但即使这一立场是理性的，也绝不是不言而喻的正确。实现法律理性决策目的的最佳途径可能是在审判中强制使用贝叶斯理性的证据规则和程序，即使法律事实认定者在处理提交给他们的证据的方式上并非完全地使用或基本上不使用贝叶斯定理。

既然反过来也是可能的，法律可以选择遵循与贝叶斯要求不一致的证据规则和程序，即使事实认定者基本上遵循贝叶斯逻辑，那么法律规则和程序作为规范，某种程度上它们与贝叶斯方法不一致，在关于理性决策竞争模型的描述充分性上，并不一定是提供有用信息的。提到法律问题可能是一个有益的猜测来源，甚至思想实验，但它不能解决关键问题。需要舒姆和马丁教授③进行那种实证实验。

三、主观概率与客观悖论

在我看来，审判决策的贝叶斯模型所提出的关键问题是规范的。我们可能会问，贝叶

---

① 然而，请注意，贝叶斯定理未能一致地建模实际行为并不意味着它没有描述效用。它可能仍然获得人们思考某些或大多数问题的方式的中心倾向。以此类推，人类行为的经济模型未能获得许多关于人类决策的重要信息；但在总体层面上，甚至在微观层面上，它可能为人们面对特定激励时的反应方式提供了一个适当甚至良好的模型。同样地，在某些情况下，贝叶斯定理可以很好地预测某些类型的信息，这可能对人类决策产生特殊或平均影响。

② Tillers, "Mapping Inferential Domains", *Boston University Law Review*, vol. 66, 1986, p. 933.

③ Schum & Martin, "Formal and Empirical Research on Cascaded Inference in Jurisprudence", *Law & Society Review*, vol. 17, 1982, p. 105 – 152.

斯定理是否符合事实认定过程的法律期望,并且我们可能会问事实认定过程是否符合贝叶斯理性的要求。有人会辩称,贝叶斯方法和法律决策规范之间的不一致,就像贝叶斯定理的规定与人们实际处理信息的方式之间的不一致一样明显。除了《联邦证据规则》第401条和第402条的规范特征外,[1] 我对贝叶斯定理是否充分反映了法律对审判应当如何进行期望这一问题持不可知论。然而,我确实认为,一些用来表明贝叶斯定理作为实际审判过程的模型不适用的论证,并不像那些推动它们的人以及许多反对它们的人所假定的那样令人信服。

这样的两个论证以悖论(paradoxes)的形式出现。他们将贝叶斯方法的表面要求与我们在法律中看到的结果并列,并从两者之间的明显不一致性中辩称,贝叶斯定理是法律决策期待的不充分模型。第三个论证是,贝叶斯方法在审判中没有考虑到证据的分量(the weight of evidence),因此提出了一些结果(比如,在民事案件中,只要最终贝叶斯概率大于0.50,就可以做出对原告有利的裁决,尽管支持原告的证据在某种意义上是无法令人信服的),但这些结果与在审判中已经达到并且应该达到的结果不一致。艾伦教授基于两个"悖论",即合取悖论(the conjunction paradox)和逃票者悖论(the gatecrasher's paradox),认为贝叶斯模型与目前指导审判的规则不一致,他还注意到关于证据分量的论证。布里迈尔(Brilmayer)教授、[2] 科恩(Cohen)教授[3]和谢弗(Shafer)教授[4]在为这次研讨会准备的论文中强调了后一个论证。

当把明显由贝叶斯定理所调整的结果与对法律审判直觉上正确的结果进行比较时,悖论之所以会产生,原因是悖论是基于对客观概率的控制(manipulation),而事实认定是基于主观概率。诚如萨维奇(Savage)教授[5]和其他人所表明的那样,主观概率可以根据与客观概率相同的概率计算来处理,并且这种处理将产生一致的、理性的(某种意义上)结果,在评价法律体系的贝叶斯理性时,我们不应忽视概率估计的主观性质。

(一)合取悖论

首先考虑合取悖论。众所周知,在帕斯卡系统(Pascalian system)中,两个独立事件

---

[1] Richard Lempert, "Modeling Relevance", *Michigan Law Review*, vol. 75, 1977, p. 1021 – 1057.
[2] Brilmayer, "Second – Order Evidence and Bayesian Logic", *Boston University Law Review*, vol. 66, 1986, p. 673, 681 – 85.
[3] See Cohen, "On the Role of Evidential Weight in Criminal Proof", *Boston University Law Review*, vol. 66, 1986, p. 635 – 650.
[4] See Shafer, "The Construction of Probability Arguments", *Boston University Law Review*, vol. 66, 1986, p. 799 – 816.
[5] Leonard J. Savage, *The Foundations of Statistics*, Wiley Publications in Statistics, 1954.

A 和 B 的概率等于 A 的概率乘以 B 的概率。① 艾伦教授指出了这一事实的一种明显含义。如果原告必须证明有两个独立的要素才能提出诉讼，每一个要素都代表一种状态，而这两个要素的存在对另一个要素的存在没有任何影响，并且每一个要素都以 0.75 的概率存在，那么它们的合取概率为 0.56，原告应当在民事诉讼中获得赔偿，因为优势证据标准被认为是为原告做出一个裁决，对于原告来说，他的案件作为整体更有可能（即有超过 0.50 的可能性）是真实的。另一方面，如果原告的案件中有第三个要素与其他两个要素同样独立，并且存在的概率相同，那么原告（必须证明这三个要素同时存在）在所有方面都达到了证明责任的合取概率为 0.42，被告应该胜诉。然而，鉴于优势证据标准，法律显然要求原告以略高于 0.50 的概率证明其案件的每一个要素，这似乎不符合贝叶斯理性模型的必要条件，并可能导致过多的不利于原告的裁决。这一胜诉规则不仅表明法律不遵守贝叶斯决策过程，而且在许多人看来，法律在这一观点上似乎是正确的，而且很难发现过多的不利于原告的裁决，而贝叶斯方法将避免这些裁决。因此，法律不能也不应该遵守贝叶斯推理方式的智慧。从贝叶斯定理的角度看，不正确的判决无论从法理上（jurisprudence）还是司法上（justice）都是正确的。

如果相信法律是贝叶斯理性（或者至少没有被这个例子证明贝叶斯是非理性的），那么可能会存在许多辩护。大多数辩护都避免了这个问题，但在这一点上也同样可能是正确的。例如，有人可能会争辩说，支持原告案件中不同要素存在的可能性一般具有高度依赖性，而胜诉的原告通常证明其案件中的独立要素远远超过优势证据标准。如果这些经验假定站得住脚，那么在大多数像原告胜诉的必要元素的合取概率也可能超过 0.50。②

第二种也是更有趣的辩护是，法律可能是贝叶斯理性的，而不必强制一个事实认定过程，该过程结合了符合贝叶斯定理或其背后的公理要素。如果在设计一种法律体系时，试图在民事案件中最大限度地提高正确裁决的数量，那么贝叶斯理性策略不一定是坚持让事实认定者以贝叶斯的方式评估独立要素的合取概率，并且只有当合取概率超过 0.50 时才做出裁决。只有当各要素的概率估计在客观上是正确时，该决策规则才是最优的。但是事实认定者仅限于主观评价，而法律的目的是客观真实。

---

① 这是乘法规则（product rule）的一种表现。如果有两个事件 A 和 B，P (A & B) = P (A) x P (B | A)；如果 P (B | A) = P (B)，那么事件 A 和 B（下面讨论的案例中的要素）是独立的。注意，除非 P (B | A) = 1，否则 P (A & B) 总是小于 P (A) 和 P (B)。事件的非独立性并不破坏乘法规则。这仅仅意味着 P (A&B) 比独立的 P (A) 和 P (B) 要大。但是，正如我在后面建议的，这一事实对合取悖论提出的挑战的影响绝不是微不足道的。

② 我知道支持这一结论的经验假定，就像那些提出合取悖论的人提出的完美或实质独立的假定一样，尚未得到系统的检验。事实认定者收到的证据中一个明显的依赖性来源是，具有不同要素的证据可能来自同一证人。因此，支持一个案件要素的证言的可信性可能与支持另一个案件要素的证言的可信性相似。这意味着，即使案件的要素在概念上是独立的，这些要素的证明和事实认定者存在的主观可能性也不必是独立的。简言之，当与原告案件各要素相关的主观概率均超过 0.50 时，有利于原告的合取主观概率为 0.50 或更小，尽管这种情况在数学上是似真的，但在经验上可能是罕见的。

用于法律决策的贝叶斯理性应当考虑到事实认定者的主观性。为了只处理边际案件,我们感兴趣的是原告实际值得追偿的概率与原告在这种情况下不值得追偿的概率之间的对比,因为事实认定者认为原告案件所需的所有要素都有略高于 0.50 的真实可能性。在这种情况下,通过允许而不是拒绝胜诉,可以将总错误最小化。换言之,人类信息处理的不完善,以及陪审员无法获得与他们必须决定的问题相关的所有信息这一事实,可能意味着允许在合取主观概率小于 0.50 的情况下获得赔偿的规则,只要每个要素的存在被认为比不存在的可能性更大,从系统的角度来看就是贝叶斯理性。与其他任何易于应用的规则相比,该规则更能准确地分离一些案件,在这些案件中,原告客观上应该从其没有得到赔偿的案件中得到赔偿。[1]

(二)逃票者悖论

逃票者悖论提出了另一个不同的问题。有 499 人支付了牛仔表演比赛的入场费,但有 1000 人观看了比赛;剩下 501 人没有付钱买票而偷偷潜入进去。我们的直觉是,如果表演场老板起诉所有观众,并且除了前面的统计数据之外,没有提供任何证据,那么他无法从任何人身上得到赔偿,尽管在每一个案例中被告是逃票者的概率超过 0.50。假定优势证据标准意味着责任概率(probability of liability)超过 0.50,这一结果似乎与贝叶斯定理的要求不一致。因此,这一悖论也意味着贝叶斯定理产生的结果与审判中已经存在的结果和应该达到的结果不一致。

戴维·凯(David Kaye)教授在一篇论文中试图解决这个悖论,这篇论文被艾伦教授引用。[2] 他承认主观概率可能与表面上的客观概率不同,并认为作为法律问题,事实认定者的主观概率在"逃票者"假设中一定小于 0.50,并且应当是对被告有利的指示裁决。凯认为,指示裁决的规则给原告一个提供更多背景统计数据的动机。事实上,在这种情况下,允许陪审员达到超过 0.50 的主观责任概率是不合理的,因为原告没有提供更多的信息,而这条规则要求他必须提供信息,本身就被视为不利于原告的证据。艾伦教授认为凯的动机原理避开了这种假设,而这种主张相对于毁灭证据(spoliation[3])的论证更为有力。

如果凯教授的论证避开了这一假设,那么至少说明了一个很好的政策理由,为什么州政府应该把获取更多证据的责任推给原告,甚至即使在原告不可能这样做的情况下。原因

---

[1] 当然,这是一个经验问题。我只是认为,审判过程的贝叶斯理性模型并不一定会被合取悖论所反驳。

[2] Kaye, "The Paradox of the Gatecrasher and Other Stories", *Arizona State Law Journal*, vol. 1979, 1979, p. 101–110. See also Fienberg, "Gatecrashers, Blue Buses and the Bayesian Representation of Legal Evidence", *Boston University Law Review*, vol. 66, 1986, p. 693–700.

[3] Spoliation,毁灭证据,篡改文件。指毁灭文件或将文件的内容进行有目的的重大更改的行为。如果这种毁灭或篡改证据的行为得到证实,则推定该证据对负有毁灭或篡改责任的当事人不利。这构成对司法公正的妨碍。——译者注

是，在现实世界中我们永远无法确定假设条件是否得到满足；通常情况下，这些条件得不到满足，并且原告能获得更多的信息。因此，如果我们寻求一种在实际案件中尽量减少错误的规则，那么，一种对原告施加超过背景统计责任的规则就会这样做。从长远来看，法律拒绝贝叶斯理性的明显要求和特定案件中为了最小化错误的优势证据标准的事实并不意味着从系统角度来看，法律采用了贝叶斯非理性规则。①

现在，让我们搁置任何政策上的理由来直接做出对原告不利的指示裁决，并给出一个完全的贝叶斯论证，即原告案件应该不能够交由陪审团审理。遵循凯教授②的观点，该论证是一种诉诸毁灭证据论证。也就是说，原告未能提供额外信息本身就是一种信息。由于假设规定原告所提供的证据表面上几乎不超过更可能的临界值（threshold），任何不利于原告的毁灭证据的推论都将使被告有权获得指示裁决。

让我们考虑一下可能对这一立场提出的反对意见。首先是艾伦教授的论证，即被告提供非统计证据可能和原告一样容易。的确，在逃票者案例的情况下，被告可能比原告更能提供非统计证据，因为如果买票了，一些无辜的被告可能保留了他们的票根，并且所有被告都可以宣誓作证他们实际上已经支付了费用。但是尽管存在这些可能性，艾伦教授的评论漏掉了一个重要的点，就是，法律目前规定原告承担举证责任，而不是被告。问题是，在原告的案件结束时，被告没有机会提交证据的情况下，一个合理的陪审团是否能够发现原告的案件为真的可能性更大。被告提交或没能提交证据是不是会增强原告的案情，这时候法院还不该考虑这个问题。只要现行规则如此并且原告有强烈的动机提出可获得的有证明力的证据，在逃票者案例的情境中对每个被告都做出指示裁决，就与如下情况中对概率的贝叶斯评估相一致：似乎只要原告的诉讼请求有价值，就一定会有支持原告诉讼请求的其他证据。

例如，在逃票者案例中，如果原告真的认为被告 A 是逃票者，为什么不叫 A 出庭作证，让他宣誓，并询问他是否支付了入场费？既然为证人的可信性"保证"的观念已经被普遍抛弃，"敌对"的证人也可以被质疑，不会有什么损失。我们不能假定 A 会说谎，即使 A 说谎了，交叉询问也可能会暴露出 A 的欺骗行为。原告决定不叫 A 出庭的一个可能的原因是，原告可能基于 A 在证据开示陈述时的行为举止，有理由相信 A 更有可能在他声称已付款时讲真话。因此，未能叫 A 出庭可能是一个信息，表明 A 更有可能是付

---

① 作为对凯教授的回应，艾伦教授还辩称，如果原告能够提供更多的证据，那么被告也可以提供更多的证据。但事实并非如此，因为提供更多证据的能力很可能取决于责任的存在以及原告选择提出的问题。

② Kaye, "The Paradox of the Gatecrasher and Other Stories", *Arizona State Law Journal*, vol. 1979, 1979, p. 101 – 110. See also Lempert, "Modeling Relevance", Michigan Law Review, vol. 75, 1977, p. 1021 – 1057; Tribe, "Trial by Mathematics: Precision and Ritual in the Legal Process", *Harvard Law Review*, vol. 84, 1971, p. 1329 – 1393.

费的。①

至少有两种反对意见可能会反对这种试图调和逃票者悖论与贝叶斯理性。第一个是艾伦教授针对凯的主张，他认为该主张避开了假设；第二个是如果观看牛仔竞技表演的80%的观众逃票，我们将会以同样的方式做出决定。在后一种情况下，尽管存在毁灭证据推论，但在原告案件结束时，一个合理的陪审团可能会认为，某一特定被告未付钱的可能性更大。我将先处理后一项反对意见。

这种可能性体现在另一个常见的问题案例中，该案例通常被认为与法律要求实施（contemplates）贝叶斯理性事实认定的观点不一致。本案通常不是用逃票者来表述，而是用红与蓝出租车或蓝与绿公交车来表述，其中一辆车撞了原告，当时的情况是疏忽大意以及无法进行更具体的辨认。这个论证基于这样一个假定，即在这种情况下，法院会适当地对被告作出指示裁决。我认为这种假定是错误的，或者如果它是正确的，也是因为它表明贝叶斯模型的运用（在一个优势证据标准被概念化为被告负有责任的概率大于0.50的世界中）与指导审判证明规则之间没有必然的不一致。

首先，从直觉的角度来考虑这个问题。假定我们确信原告实际上是被一个疏忽大意的公交车司机撞伤的，公交车属于两家公司中的一个，并且原告不可能提供任何证据证明哪家公司的公交车负有责任。在原告案件结束时否认被告要求指示裁决的动议有什么不合适的吗？允许这样一个案件在指示裁决下胜诉（survive），并迫使较大的公交车公司提供证据（例如，关于其公交车时刻表的证言，其司机关于当晚他们没有伤害任何人的证言）或风险责任（risk liability）都没有太大的成本。毕竟，统计证据总是被引入审判。例如，在性别歧视诉讼（sex discrimination suit）中，原告的案件可能基于一个等式（equation），该等式不仅被认为是对被告就业政策的不完美表述，即使是完美的，也表明一些可能性（例如，二十分之一的可能性），即数据相等或更容易引起歧视，尽管被告没有做任何不合法的事。②

一些人在讨论蓝色公交车假设时得出了一个令人苦恼的结论：如果允许此类诉讼继续进行，那么大型公交公司最终将为镇上所有的公交车事故买单。抛开这是否比产生一系列受伤的、有资格的原告永远无法获得赔偿更麻烦的问题，以及在未来的大多数公交车案件中，原告要么无法解释他们缺乏非统计证据的原因，要么被告将能够反驳原告诉求这样的事实，让我简单地指出，反对意见如果处理得当，则并不威胁审判事实认定规范的贝叶斯

---

① 我承认，只有最薄弱的推论可以从原告未能在"逃票者"假设的背景下叫A出庭作证，但当假设被提出时，即使是一个轻微的毁灭证据推论都会改变概率的平衡，从而使原告不再受到支持。在实际案例中，甚至在事实上更丰富的假设案例中，可能存在更强的推论。

② 也可以考虑反托拉斯诉讼（antitrust actions），在这种情况下，损害赔偿是基于对所造成损害的统计估计。陪审团无需将原告的损害赔偿金限制在损害估计值周围95%置信区间（confidence interval）的下限。例如，如果陪审团就损害赔偿金的估计值达成一致，原告很有可能得到的赔偿金超过了他应得的数额，但我们对此并不感到困扰。如果损害赔偿金必须设定在95%区间（interval）的下限，原告通常会得到少于他们应得的赔偿金。

特征。贝叶斯定理作为一个规范模型,仅仅告诉我们应该如何处理信息。它没有告诉我们什么时候其他的价值应该超过有利于原告的概率判断。因此,如果法院以总让大型公交公司付费的做法不公平为由做出对被告有利的指示裁决,这并不使如下主张受到质疑,即贝叶斯方法比排除特权信息更能抓住审判事实认定过程的核心规范,而排除特权信息阻止了对全部事实做充分的信息评估。

最后,可能会有人认为,蓝色公交车假设所适用的法律与我对敏锐直觉所暗示的特征不一致。在这一点上最常被引用的案例是史密斯诉快速运输公司案(Smith v. Rapid Transit Company)。① 然而,史密斯案只是一种情形,而不是彩色公交车假设情形。如果史密斯案以另一种方式做出判决的话,很少有人会感到震惊。史密斯案并没有涉及赤裸裸的统计证据。还有与公交车时刻表等有关的其他证据,该证据表明如果史密斯夫人关于她受伤和无法提供更详细信息的故事是可信的,那么公交公司确实要对她的事故负责。如果史密斯案的决定是正确的,那么这些额外的事实可能会反驳我的观点,但我认为它们削弱了史密斯案的说服力。当然,那些反对允许基于赤裸裸的统计证据做出裁决的人并没有主张能够将他们的论证扩展到史密斯案例中存在的那种额外信息的情况。事实上,在一些类似的情况下,如萨默斯诉提斯案(Summers v. Tice)② 和辛德尔诉雅培公司案(Sindell v. Abbott Laboratories)③,法院因其创造性的解决方案而受到赞扬,这些解决方案使得原告获得赔偿,因为原告因其受伤的性质而无法以优势证据标准证明特定被告的责任。

这让我想到,与凯一样,我也避开了假设。我将以承认和避免作为回应,但避免应先于承认。考虑到事实认定的主观性,可以通过指出不确定性来认识和避免逃票者问题,这种不确定性将存在于是否满足逃票者假设的条件。这些条件是,对被告不利的唯一证据是他们是一个团体的成员,其中 50.1% 的人欠原告的钱,而且原告不可能对被告提出任何更具体的侵权证据。这些都是严格的条件,只有原告才能完全知道——而且只有在付出一些努力的情况下——它们是否适用。如果原告被允许向陪审团表明赤裸裸的统计数据是唯一可用的证据,他们将有动机虚假地制造出这样的假象。尤其是,他们将设法避免确定是否有更具体证据可用的费用,以及他们发现在审判中不能为自己开脱罪责的无辜被告的无罪

---

① 317 Mass. 469, 58 N. E. 2d 754 (1945). 在史密斯一案中,马萨诸塞州最高法院认为,被告拥有某辆据称应对原告事故负责的公交车的唯一证据是,被告是唯一一家有权在事故发生的街道上经营公交车的公交车公司,并且被告公司的班车时刻表可能与卷入事故的公交车相一致,因此对被告做出了一项适当的指示裁决。该法院引用了较早的马萨诸塞州的一个案例:"从数学上讲,机会多少有利于证明一个命题是不够的;例如,当年生产的有色汽车数量超过黑色汽车的事实,不足以保证当年未描述的汽车是有色而非黑色的⋯⋯" Sargent v. Massachusetts Accident Co., 307 Mass. 246, 250, 29 N. E. 2d 825, 827 (1940).

② 33 Cal. 2d 80, 199 P. 2d 1 (1948).

③ 26 Cal. 3d 588, 607 P. 2d 924, 163 Cal. Rptr. 132, *cert. denied*, 449 U. S. 912 (1980).

证据的可能性。① 其结果是，在案件的审理过程中，一项对处于逃票者情境的被告做出指示裁决的一般规则，很可能通过法律的优势证据标准，而导致做出更准确的事实认定。换言之，规则比主观的逐案决策更有效。在特定的案件中，看起来并非是贝叶斯理性的决策规则，与贝叶斯理性体系是一致的。

但是假设，我们既不允许诉诸凯的如下价值，即向原告提供发现具体信息的动机；也不允许诉诸我主张的如下价值，即通过在案件整个过程中都适用更可能标准来做出更加正确的决定，那么我们必须正面面对这个假设。在原告不能提供非统计证据以及我们不能参考其他价值的情况下，我认为，原告不应该胜诉以及法律不允许原告胜诉的直觉都是不正确的。它们之所以不正确，是因为我们的直觉和法律的明显规定都是基于实际遇到的情况，或者是基于对隐含着其他因素的情况的思考，比如说毁灭证据推论的可能性。如果我们遇到纯粹赤裸裸的统计推论的案例，比如频频发生的逃票者假设，我们的直觉和法律规则都会改变。的确，在像辛德尔这样的案件中，或者像在统计证据往往是最佳的（如果不是唯一的证明方式）的案例中，我们的直觉和法律都接受的判断在很大程度上依赖于客观的、量化概率的权重，这些概率表面上清楚地表明不可减少的错误概率。

如果纯粹的逃票者事件频频发生，我们会开始为饥饿的表演经营者感到遗憾（或者我们会强烈反对诚实的人被收取高昂的票价），法律将会调整这种情况。最简单的调整办法是，允许统计证据让被告承担向前推进的负担，但这只有在被告能够提出免责证据的情况下才能奏效。在纯粹的假设中，这种可能性被排除了。第二个应对措施是坚持传统规则来鼓励表演经营者采取措施防止有人逃票。如果这种可能性也被排除在外，那么逃票者事件继续不断出现的假设世界就越来越远离我们生活的世界。但是，如果我们可以从我们的法律世界中概括，我们看到，在相对过失（comparative negligence）的趋势中，以及在辛德尔共同责任（joint responsibility）的案件中，可能出现严格的法律解决办法，可能涉及某种形式的相称的赔偿和责任。不太可能的是，一项针对只能提供赤裸裸统计证据的原告的指示裁决的规则会持续下去。这在我们看来是正确的，只是因为在这个世界上，我们的直觉和法律都受到表面上类似的情况的制约，在这些情况下，粗心的概括（careless generalization）是很容易的。

考虑以下假设情况。501 人付钱参加竞技表演。他们付了钱，被允许进入，但没有收到票根。然后 499 人逃票。被激怒的经理在演出开始前取消了演出，并且不退还任何款项。X 提起诉讼要求赔偿他的入场费。X 只能提供统计证据（尽管很难想象这种情况），

---

① 在极端情况下，原告在逃票者情境中可以明确辨认所有 501 名"逃票者"，在概率平衡的情况下，其他 499 名可能被认定负有责任的人将被驳回其案件。事实上，一旦三名被告被明确确认为逃票者，在随后的每一个案件中，修正后的赤裸裸统计数字（499 名购票者；498 名身份不明的逃票者）意味着，某一被告购买了一张票的可能性比没有的可能性更大。因此，如果赤裸裸统计证据足以证明一个初步性案件，那么逃票者假设中的原告将有强烈的动机压制在少数案件中可能获得的更好、更具体的证据。

他未能提供其他证据与他花钱进来的可能性没有关系。竞技经理会被允许拒绝 X 和与他有类似情况的人的赔偿吗？① 为什么逃票者悖论的解决要转向动议方身份（the identity of the moving party）的纯个案？法律是否应该允许这种情况存在于没有其他价值的地方，比如期望的稳定性，他们存在吗？我想不是。②

（三）证据的分量

最后，让我谈谈证据的分量。对法律决策的贝叶斯模型最基本和最有趣的挑战是，它们没有描述事实认定者是如何处理证据的，而且在原则上也不能这样做，因为事实认定者对证据分量的感觉与贝叶斯概率不一致。就这一点做了如下论证，在原则上，贝叶斯定理所要求的与法律事实认定如何进行之间的这种分离意味着，贝叶斯定理在描述性和规范性上都是法律对其事实认定者期望的一个不充分的模型，因为它导致的结果是法律体系不会也不应该达到的结果。例如，可能存在这样的情况：根据概率平衡原则，被告似乎更有可能对原告承担责任，但原告的证据太少，以至于他不能也不应该被允许获得赔偿。如果是这样的话，贝叶斯定理既不能捕捉到法律规范，也不能在它与法律规范不同的地方提出一个我们应该遵守的规范性主张。③

我不想断言，贝叶斯模型和证据分量的决策模型在原则上没有区别，因为融贯和不一致的逻辑体系是基于这些不同的观点产生的。然而，就法律而言，我不相信有一个令人信服的案例，即贝叶斯模型产生的结果与法院或陪审团根据法律规范评估证据的分量时产生的结果不一致。直觉上的论证通常基于这样一个命题，即人们可以想象在民事案件中，被告承担责任的概率从贝叶斯的角度来看似乎高于 0.50，但是所提供的支持原告的案件的证据是如此之少，以至于陪审团不能完全地确信被告的责任被优势证据标准所证明。

我怀疑这种假设的案例是否实际存在。我认为，通常为支持这一命题而提供的例子隐晦地假设贝叶斯先验概率为 1:1，或者近似于 1:1，然后假定当所提供很少的证据似然率有利于原告时，应用贝叶斯定理得到的后验概率大于 0.50。由此可以假定，根据贝叶斯模型，原告已经以优势证据标准证明了自己的案件，尽管该案件没有说服力。

这里的错误在于隐晦地或明确地将贝叶斯先验概率设置为 1:1。虽然民事陪审团不应该偏袒一方，但根据我的相关性模型，这是一个由遗憾矩阵（a regret matrix）④ 捕获的问

---

① 就法庭所能得到的证据而言，X 的处境和牛仔竞技的情况一样，付钱的顾客和逃票者都一样。
② 当然，我承认，法律有打破僵局的规则，这些规则通常对那些挑战现状的人不利。我的观点是，我们对"逃票者"案的正确结果的直觉并没有引发对此类规则的需要，而且我们更好地理解，当我们思考相反的情况时，许多人对纯粹的案例所表达的直觉的可疑基础。
③ 我只是在讨论法律方面证据分量的问题，但正是这个问题，是关于我们应该如何思考证据和理性推理性质的更广泛辩论的核心。See L. Jonathan Cohen, *The Probable and the Provable*, Clarendon Press, 1977; Glenn Shafer, *A Mathematical Theory of Evidence*, Princeton University Press, 1976。
④ matrix，矩阵。在数学中，矩阵是数字、符号或字母在行和列中的排列，用于解决数学问题。——译者注

题，而不是由贝叶斯定理捕获的问题。① 贝叶斯定理只涉及信息的处理，即是一种经验过程（an empirical process）。法律规范不能设定贝叶斯先验概率；不支持任何一方的"应该"无法确定"是"。② 那么什么才是适当的先验？当然，这是所有尝试将贝叶斯方法应用于现实世界决策的症结所在。当我们在讨论贝叶斯定理作为法律推理的规范模型原则上的适用时，尽管对先验概率的任何主观评价通常是可以容忍的，但当我们关注贝叶斯事实认定者应该达到的后验概率时，类似的宽松是不可容忍的。

我建议，在所有案件中，无论是民事案件还是刑事案件，所涉问题的先验概率都应被设定为1比上比世界上的参与者数量少1的概率。换言之，在事实认定过程开始时，被告不应被视为有罪或负有责任，而如果责任是通过抽签分配的，世界上每一个参与者都有同样的机会被选中。③ 在完全没有任何信息的情况下，我看不到其他经验性合理的起点。④ 为了继续讨论这个论证，设想一个贝叶斯信息处理机器，它从上述建议的先验概率开始处理信息。贝叶斯机器可能需要按顺序接收证据，但它会一起评估信息。因此，它计算的第一个似然率为：

$$\frac{P(A|H)}{P(A|\text{非}H)}$$

其中A是一项证据，H是本案中有争议的某个假设，例如被告的过失行为。该机器计算的第二个似然率为：

$$\frac{P(A\&B|H)}{P(A\&B|\text{非}H)}$$

---

① Lempert, "Modeling Relevance", *Michigan Law Review*, vol. 75, 1977, p. 1032. 换言之，没有任何法律规则表明，事实认定者应当在当事人陈述其案件之前，持有原告有可能获得赔偿的推定立场。相反，事实认定者应该在整个诉讼过程中坚持这样一种信念：对原告的错误判决和对被告的错误判决一样值得遗憾。

② 无罪推定似乎可以做到这一点，但我认为，这主要涉及陪审员在评估证据时应采取的态度，而不是具体说明根据案件证据修改的先验概率。然而，它在设定先验方面确实是以消极的方式运作的，因为它指示陪审员，他们在案件开始时掌握的某些信息，例如被告已被逮捕的事实，不应纳入他们的先验概率。此外，无罪推定的态度可能更符合某些先验概率，而不是其他概率。

③ 例外情况存在于类似逃票者的案例中，我们知道不止一个人参与了一项活动。这里适当的先验是已知参与该活动的参加者人数与世界上参与者的数量减去已知参与活动的人数之间的比率。（参与者不必是人，但可以是其他实体，如公司。）当然，法律事实认定者面临的问题不是我在文中讨论的身份问题。至于动机之类的问题，更难确定一个客观的指称，即使只是在理论上，也可以用来表示适当的先验概率。然而，我认为同样的原则也适用；例如，在动机的情况下，先验概率原则上可以设定为一个估计数与所有可能解释争议行为的其他动机的数目之比。也就是说，除非行为本身表明某些动机比其他动机更有可能，否则没有进一步证据的事实认定者在收到其他证据之前，不应认为一种动机比其他可能的动机更能解释这种行为。

④ 有些人认为，对于一个不了解真实情况的人来说，1：1是适当的初始概率（beginning odds）。我相信谢弗教授已经表明了这可能导致的问题。Glenn Shafer, *A Mathematical Theory of Evidence*, Princeton University Press, 1976. 关于我的建议，我并不是说这是事实认定者在听取第一项证据之前应该拥有的先验值。更确切地说，这是事实认定者在开始思考案件时应首先着手的。在提供任何证据之前所学或假定的许多东西，将适当地影响第一项证据提出时事实认定者持有的先验值。例如，事实认定者可以合理地假设，只有被告所属的某些当地人口才可能从事指控行为（例如，在特定时间可能在特定地点的人群）。这将大大减少先验值，这是一个无害的飞跃，只要被告能到达该地点的证据在审判时出示，而不是"重复计算"。

以此类推，直到计算出：

$$\frac{P（A\&B\&…N｜H）}{P（A\&B\&…N｜非H）}$$

为止。该程序允许充分考虑信息的依赖性，它还规定了一种异常情况，即在收到新证据后，反转到证据削减的方向。① 如果贝叶斯机器在接收到每一项证据后都给出了一个暂时的后验概率，那么我们会看到先前的证据大大降低了与这个假设相悖的概率。例如，在一起过失汽车事故诉讼中，肇事逃逸的被告否认自己涉嫌事故，被告驾驶汽车的证据会降低反对被告承担责任的概率，即从1比上世界上居住人数的概率，再到从1比上开车人数的概率。被告通常在事故附近开车的证据会进一步降低被反对告涉案的概率。但最终，为了证明被告很可能负有责任，需要更具体的证据。我将断言而且只能断言（因为这个例子必须在思想实验的层面上），每当贝叶斯机器基于所有提出的证据，以这种方式进行程序所给出的最终概率超过0.50时，包括允许的毁灭证据推论，证据将足以使法律允许裁决成立。如果是这样的话，在一个优势证据标准被概念化为原告的主张是正确的超过0.50的概率世界里，显然用贝叶斯方法证明的判决与法律规范要求的那些判决之间没有原则上的区别。②

我认为，贝叶斯机器的描述考虑到了这样一个建议：贝叶斯结论原则上不同于法律关于审判决策的规范，且与非贝叶斯冲突证据权衡得出的判决相比，更不符合法律关于审判决策的规范。虽然对贝叶斯定理的辩护可能到此为止，但最后还有一点我想说的是，这一点涉及接受一个默示的前提，即民事案件中适当的贝叶斯先验是1:1的概率比。我这样做并不是因为我认为这个假定是正确的，而是因为它有助于解释另一个由主观概率推导出客观悖论所引起的问题。

这种说法基本上是，如果贝叶斯定理是一个审判模型，那么当原告试图建立的假设有超过0.50的真实可能性时，采用优势证据标准的事实认定者必须始终作出对原告有利的判决，并且必须在所有其他情况下作出对被告有利的判决。用艾伦教授的话说，这个论证是否定的论证。关于H和非H的贝叶斯概率之和必须为1。因此，似乎没有办法拒绝给予判断，并要求更多的信息。

这一论证的有效性取决于如何对法律标准进行表述。如果法律要求事实认定者在后验贝叶斯概率超过0.50时做出对原告有利的判决，而对被告则相反，那么法律是将主观概

---

① 例如，有证据表明，在谋杀案中被告因闯红灯而收到罚单，而在谋杀发生时，被告到达犯罪现场这一点是非常困难的但并非不可能，由此表明被告是无辜的，因为如果没有证据表明被告在关键时刻在犯罪现场的话，这种可能性似乎更小。但是，如果被告闯红灯时也能看到警察的全貌，那么被告所在地的证据更能证明有罪，而不是无罪；现在看来，被告想要被开罚单，这一愿望与试图证明犯罪不在场证明相一致。

② 注意，对于贝叶斯机器和关于概率的客观信息，合取规则应该适用于必须证明不止一个元素的情况。也就是说，如果原告必须证明的三个独立因素中的每一个的概率为0.75，那么原告就会败诉，因为原告应该得到赔偿的事件发生的可能性不到0.50。我相信如果我假设的机器的准确性和客观性能够得到保证，法律将允许合取规则，因为就整个案件而言，法律关注的是原告更有可能获得胜诉。

率或信念度视为客观概率,没有第三种选择。然而,如果法律承认事实认定者的主观性(subjectivity),并要求事实认定者当他们确信后验概率大于 0.50 时,应当作出对原告有利的判决,而对被告则相反,事实认定者有三种选择。当他们确信原告有超过 0.50 获得赔偿的可能性时,他们应该做出对原告有利的判决。当他们确信原告有 0.50 或更少获得赔偿的可能性时,他们应该做出对被告有利的判决;当他们看到原告案件中的空缺或其他缺陷使他们对原告的裁决感到不安时,即使被迫猜测,他们会认为原告胜诉的可能性更大,他们也应该做出对被告有利的判决。

如果说第三种选择在民事案件中似乎不熟悉,那么在法律上也并不陌生。在刑事案件中,"合理怀疑"通常是为陪审员定义的一种怀疑,不是概率性的术语,而是一种会使他们在重大的个人信息输入问题(great personal import)上犹豫不决。事实认定者会用贝叶斯的方式来推理,以让原告承担起消除事实认定者对明显超过 0.50 的概率是否实际存在的不确定性的责任,这并非是不合理或不一致的期待。[1] 事实认定者不是贝叶斯机器,从长远来看,事实认定的准确性将得到提高,而不是因为遵守难以识别的不适来源而受到阻碍。[2]

此外,有一种普通法传统,即在很大程度上陪审员不应基于推测做出裁决。推测可能产生对原告案件的主观概率或信念度高于 0.50,但这种概率评价或许是基于太少的证据,以至于从法律上讲,无论其有多高,都不足以证成一项对原告有利的裁决。因此,法律可以期待事实认定者以贝叶斯的方式进行推理,但也必须认识到,这种期待最多只能不完全地实现。在由此产生的次优世界里,即使唯一关心的是准确的事实认定,也不需要将 0.50 以上的不确定的贝叶斯后验概率僵化地转换为有利于原告的裁决,这可能是有意义的。与我们理想的贝叶斯机器不同,法律事实认定者可能会以过高的先验概率开始,或者他们可能会高估多余的证据,因为很难理解依赖性的含义。的确,这样的错误可能会导致难以清楚地表达不安的根源,而在有意识地权衡可能性的情况下,似乎才是恰当的最终裁决。[3]

---

[1] See also Cohen, "Confidence in Probability: Burdens of Persuasion in a World of Imperfect Knowledge", *New York University Law Review*, vol. 60, 1986, p. 385 – 422. 我认为科恩教授对"证据的分量"问题的关注是合适的,但我并不想赞同他为自己的立场所作的所有论点。

[2] 请注意,如果不适的来源(因为它可能会经常是)是一种毁灭证据推论——例如,如果被告真的负有责任,原告为什么不出示 X 证据——则不适也好地符合贝叶斯模型,并且如果不适的来源得到认可,则会降低最终的概率判断。正如亚瑟·柯南·道尔(Arthur Conan Doyle)向我们展示的以及其他人记录的那样,see Richard Nisbett &Lee Ross, Human Inference: Strategies and Shortcomings of Social Judgement, Prentice – Hall, 1980, 人们往往不了解"负面"证据的相关性。然而,我们也许会因为狗从不吠叫而对分析缺乏信心。

[3] 此外,其他与法律事实认定者期望的信息处理方式无关的价值可能证明"不被说服"的选择是合理的。例如,我们可能希望诱导当事人(特别是原告)提供更多或更高质量的证据,或者,我们可能不希望事实认定者离开审判时对他们觉得被迫发回的判决不满。如果这些都是我们的动机,那么法律制度的选择并不倾向于非贝叶斯的证据模式。他们只是把其他的价值观提升到一个理性的事实认定的概念之上,不管怎样定义,这些价值在其中都没有一席之地。

四、再概念化审判

如我在前一节中所表明的那样,如果艾伦教授及其他学者得出的悖论表明,贝叶斯理性的事实认定过程与法律规范所规定的事实认定过程之间不存在或者并非意味着这样一个基本的分离,那么就没有必要继续进行艾伦教授那样的"再概念化"审判。因此,就我个人而言,可能没有什么可说的了。① 然而,由于我已被邀请对艾伦教授的论证发表评论,而且在这一点上我几乎没有履行这一义务,因此,我将假定艾伦教授阐述的这种分离存在,并将重点放在他所建议的解决办法上。

在谈到艾伦教授提议的细节之前,我想强调一下他所提出的方案的大胆性。它表现在两个方面:第一,艾伦教授并没有追随大多数贝叶斯理性模型批判者的观点,他们认为如果真正的决策不符合我们抽象模型,那么抽象模型应该改变。相反,他认为这些模型或者至少它们所包含的理性前提是规范的,并认为如果审判不像模型那样,那么审判证明规则应该改变;第二,尽管艾伦教授谈及再概念化审判,但实际上他主张重塑审判。也就是说,他不仅仅是在提出一种新的构想或思考审判的方式。相反,他正在制定一套新的法律规则。这些规则对证据的可采性、陪审员的指示和指示裁决的发布都有影响。

虽然我真心钦佩艾伦教授的勇气与创造力,但不管是他提出的具体建议还是这些建议背后更为一般的立场,我都有相当大的困惑。艾伦教授的分析首先指出,在民事案件中,法律应该对有利于原告的错误和有利于被告的错误中立,并且从长远来看,应着眼于将总体错误率降至最低。换言之,在艾伦教授看来,证明规则应在双方当事人之间保持中立。这一立场表面上与民事案件的优势证据标准一致,因此它根植于法律规范之中。艾伦教授接着暗示,理性的决策,无论是帕斯卡还是培根类型,往往都会导致这样一种事态。因为他看到,使用这两种一般方法中的任何一种可能作出的判决与现行审判实践规则可能产生的判决之间都存在不一致,所以,他认为审判实践规则应当改变。

尽管有其独创性,这种方法却仍然留下了一些重要的问题没有回答。第一个问题是,我们为什么要从最小化原告和被告的同等权重的错误的角度来界定一个理性的民事审判证明体系。要说这个决定遵守了法律规范或民事证明责任中所阐明的理性的定义——艾伦教授的讨论所暗示的答案——是行不通的。因为根据艾伦教授的说法,对这一规范的追求需要改变其他的审判证明规范,这些规范表面上与民事证明责任所暗示的一样,都要求得到遵守。此外,审判证明体系追求除裁决错误最小化以外的目的,显然并非不合理,因为通

---

① 如果发现科恩教授、谢弗教授以及其他人提供的模型是理性决策的模型,并接受这样的说法,即这些模型所描述的过程通常与表征审判的过程相似,那么也是同样的道理。当然,艾伦教授试图证明,这些模型会产生一些与贝叶斯模型相同的悖论,因此,作为审判过程的模型,它们与贝叶斯模型的许多所谓的缺陷是相同的。我对艾伦教授提出的论点有一些困惑,但由于这些模型的支持者(不像贝叶斯)仍然是活跃的学者,我将把回答艾伦教授论证中与他们的理论有关的部分任务留给他们。

过优势证据标准，审判服务于分配正义之外的价值。

艾伦教授承认这一点，① 但他的论证有时近乎否认这一点。例如，他建议的方案比现行体系更依赖于有效的审前证据开示（pretrial discovery）。这表明，围绕证据开示相关问题的争论可能会增加。证据开示争论的潜在社会成本是很明显的，法律体系的规则也很可能承认这一点。这种情况与价值反映的问题不太容易衡量的情况类似。例如，艾伦教授写道：

> 这些规则的唯一正当理由是某些证据会被误用，包括被用于不适当的目的，如对一方当事人有不公平的偏见。②

这一断言并非不证自明地有效。关于证据的可采性，特权提供了一个明晰的反例，因为他们排除证据的理由并不是艾伦教授所声称的那样。关于充分性问题，同样理性事实认定之外的价值也有可能占上风。例如，我们可能不想让像"逃票者"这样的案例依赖于统计证明，因为我们认为这是不可容忍的非人性化。被告被裁定对他所属的类别负责，而不是对他自身负责。正如我们不允许工作歧视案中的被告提供统计证据表明黑人或女性的平均表现不如白人或男性一样，所以我们也不允许民事诉讼仅仅根据被告属于某个广义类别（这个类别中超过一半的成员欠原告的钱）的证据来进行诉讼。当责任认定带有侮辱性色彩时，法律可能会特别适当地不重视根据属于某个广义类别的成员统计性特征来分配责任的象征性质，正如当一个人被表明行为粗心大意，甚至更糟糕的是，不付钱就偷偷溜进了牛仔表演比赛也是如此。

最后，还不清楚在当事人之间保持中立意味着什么。例如，艾伦教授的提议，将在原告的案件结束时，基本上取消有利于被告的指示裁决，因为根据他的方案，陪审团的职责不是权衡原告案件的一般似真性，而是要权衡原告案件相对于被告提出案件的似真性。这使得原告对被告施加比现行体系更高的成本，并可能影响原告提起边际（marginal）诉讼或"恶意诉讼（strike suits）"的倾向。而且，在现行体系下，那些由于自身的缺陷没有提交陪审团审理的案件，几乎总是在被告方案件提出后才对被告做出判决。因此，不必要的费用将强加给被告，这是无谓的社会损失。

艾伦教授没有回答的另一个相关问题是，为什么帕斯卡方法或培根方法是理性审判体系的适当模型。我将不详细讨论这个问题，只想指出，当讨论转向重新制定审判的具体方式时，艾伦教授的一般论证的优势就变成了弱势。如果艾伦教授的主张是正确的，即帕斯卡模型和培根模型都不适合指导审判的证明规则，那么当用两种主要的形式方法来判断人类理性问题时，审判过程似乎都是非理性的。这一观点是独创性的，是艾伦教授论证的一

---

① See Allen, "A Reconceptualization of Civil Trials", *Boston University Law Review*, vol. 66, 1986, p. 401 - 402.

② See Allen, "A Reconceptualization of Civil Trials", *Boston University Law Review*, vol. 66, 1986, p. 428.

个优势,因为它表明,无论理性决策的概念是什么,如果这是我们的目的,我们都会为已经出现的指导审判的程序所困扰。

然而,当对审判实践提出了具体的重新制定建议时,这一优势就变成了弱势。帕斯卡方法和培根方法提出了不同方式来评估审判决策的理性,并通过适当的理性标准将错误最小化。艾伦教授提出了重新制定审判程序的建议,他必须选择一种理性决策的模型,以此来判断他的建议。但他没有这样做。即使艾伦教授提议的修订方案将消除某些与帕斯卡模型和培根模型相矛盾的审判特征,但这并不意味着修正后的体系会参照任何一种模型的标准做出理性的判断。

简言之,当我在艾伦教授论文的引言中读到他打算对审判进行再概念化时,我认为他想到了一项像他之前的尼森教授[1]和却伯教授[2]所做的那样的项目。也就是说,我希望他能详细地阐述一个审判模型,这个模型关注的是理性以外的价值,但是,对尼森和却伯所做的工作又有所进步,即在这个模型中有一个清晰的位置,可以进行培根或帕斯卡的理性信息处理。相反地,与该主题的其他当前学者相比,艾伦教授更愿意让一些形式的理性决策模型主导我们对审判应该如何进行的看法。在他的方案中,这些模型的规范性不在于它们在多大程度上与法律关于决策应当如何进行的规则相一致,而在于它们假定遵守了一个几乎没有争议的首要前提,即民事法律将理性的、中立的决策置于所有其他价值之上。但这里存在一个循环,因为根本不清楚理性决策是如何进行的。艾伦教授认为,帕斯卡模型和培根模型(至少在其含义重叠的地方)设定了一个判断法律程序适当性的理性标准,他将形式的数学规范提升到了法律规范之上。就我个人而言,我在某种程度上感到困扰,因为我不是努力在为法律规则所要求的理性进行形式化建模。[3]

从艾伦教授关于再概念化审判意味着什么的观点,到他关于我们应该如何进行改变的具体建议的转变,我发现还有更多的问题困扰着我。我在讨论艾伦教授的观点忽略的一些价值时,提到了其中一些问题,例如,证据开示争论的社会成本,以及在原告的案件结束时以指示裁决而告终的案件中增加的抗辩费用。我认为艾伦教授的方法还存在其他一些更为根本的问题。例如,艾伦教授的建议,审判事实认定者将完全特定原告的案件和完全特定被告的案件的概率进行比较,假定任何一方当事人在查明事实真相方面都没有优势,并且能够讲出最有可能故事的一方当事人理应获胜。在我看来,这一建议要么是对现在发生

---

[1] Charles Nesson, "The Evidence or the Event? On Judicial Proof and the Acceptability of Verdicts", *Harvard Law Review*, vol. 98, 1985, p. 1357–1392.

[2] Tribe, "Trial by Mathematics: Precision and Ritual in the Legal Process", *Harvard Law Review*, vol. 84, 1971, p. 1329–1393.

[3] 区别在于法律规则与形式模型之间的分离所产生的影响。如果这种模型是独立的规范模型,则不一致的法律规则是"错误的",并应加以改变。如果法律是规范的,那么法律与模型之间的不一致就反映了模型的不充分。如果艾伦教授能够表明法律包含某种形式理性模型作为其首要规范,那么要求次要的程序规范符合该模型就不会有问题,因为它将要求它们符合某种更高的法律规范。艾伦教授也许认为这就是他所描述的情况,但他并没有令人信服地构建这种情况。

了何事一种指示（包括否定抗辩的可能性），要么是可能导致严重不公正的举动。

假设被告在原告的案件结束时提出指示裁决的动议。他要求法庭裁定，在没有合理的证据解读的情况下，陪审团可能会得出原告的主张更可能是真实的结论。如果原告的案件如被告声称的那样薄弱，就要求被告提出一个比他要求做出指示裁决的动议中隐含的更似真故事——也就是，该事件必须以其他方式发生——又能有什么好处呢？没什么，我会争辩。

如果艾伦教授的提议意味着被告将被要求在这种情况下提供详细的相反的故事，那么将会产生费用。这种后果我已经提到，即迫使被告承担其他不必要的抗辩成本。第二种后果是，由于被告不知道如何解释原告试图追究其责任的现象，因此无法详细讲出相反故事，如此一来，可能会导致不公正的判决。

例如，考虑一个10岁的原告对接生他的医生提起的医疗事故诉讼。原告的说法是，其9岁时开始出现左手臂颤抖的症状，是由于十年前医生接生他的方式造成的。医生可能已经不记得分娩的事了，因为原告的出生可能是医生帮助下的数千个不起眼的分娩中的一个，而且医生可能不知道是什么导致了原告的颤抖。因此，除非他可能完全支付诊断原告病情的费用，否则医生所能说的是，无论9岁时出现颤抖的原因是什么，都不在于一个之前不起眼的接生。我们当然不想把查明原告病情原因的费用强加给被告医生，这不仅可能最终无法查明原因，而且，即使有可能查明，如果没有原告及其家人的充分合作，也可能无法确定。

艾伦教授认为，在某些情况下，他更喜欢的诉讼模式类似于维持现状（status quo）。他写道："陪审团在评估证据时应该得出结论，被告的现实版本概率是1减去原告的现实版本概率，前提是它认为它面前有所有相关的现实版本。"① 说一个事件以某种方式发生——也就是说以任何可能的方式发生，而不是原告所主张的那样，向陪审团提供了所有相关的现实版本，因为原告的主张和被告的否定穷尽了事故发生的可能方式。如果这种否定被允许，那么审判就可以像现在这样进行。如果艾伦教授不考虑这种穷尽了现实可能的普遍反对意见，当原告的主张不太可能发生时，就会产生不公正的结果，正如在上述医疗事故的例子中，我们不能指望一个无辜的被告知道到底发生了何事。

现在考虑这样的情况：在当前的法律标准下，主诉原告的案件足以在要求做出指示裁决的动议中获胜。这里，被告未能提出相反的故事，这将使他承担风险。② 因此，不足为奇的是，在面对原告的案件足以提交陪审团审理时，民事案件的被告总是提供辩护，不像刑事被告人有时满足于不提供证据，并辩称控方在排除合理怀疑的情况下证明其案件。虽然我们没有系统地描述民事审判中抗辩案件的典型组成部分，但很可能他们呈现的故事情

---

① Allen, "A Reconceptualization of Civil Trials", *Boston University Law Review*, vol. 66, 1986, p. 433.

② 请注意，相反的故事不必涉及陈述一个案例，甚至不必涉及事件的不同版本。这可能只是一个故事，通过交叉询问来表达，原告对事件的说法是不可信的。

节与原告的故事相冲突。① 矛盾的故事可以简单到"原告的证人不能被相信",也可以像解释原告的伤害而否认被告应负责任的任何暗示一样复杂。如果提供了相反的故事,那么事实认定者很可能通过评估竞争版本的相对似真来做出决定。这正是艾伦教授让他们做的。

但艾伦教授写道,似乎以这种方式做出决定与一种体系不一致,在这种体系中,"优势证据"意味着"更有可能",正如我们所说要胜诉,原告必须证明他所提供事实版本的正确性至少有略高于 0.50 的可能性。因此,在艾伦教授提出的方案中,原告提供的一个或多个故事有 0.40 为真可能性,他就会胜诉于被告对发生了何事提供的一个或多个版本只有 0.30 为真可能性的情况。

然而,我认为我们被误导了,因为客观概率被用来分析事实认定者采用主观评价的情况。事实认定者不被要求评估原告案件的为真概率。相反,他或她必须根据案件中的证据来决定原告的案件是否更有可能为真,也就是说,是否有超过 0.50 的可能性。在大多数情况下,当一个事实认定者看到原告的故事有 0.40 为真可能性,而被告的故事有 0.30 为真可能性时,可以得出结论,根据面前的证据,原告的故事更有可能为真,不仅仅比被告的故事更有可能为真。这在一定程度上是因为,如果所提供的证据都没有提出该事件的其他解释,该事件客观上有 0.30 为真可能性,那么根据现有证据评估的概率将在主观上总和超过 0.70,甚至可能达到 1.0。事实认定者不会意识到其他的可能性,因此也不会给予它们一些概率。

当事实认定者意识到其他可能性时,毁灭证据推论可以填上另一个明显的空缺。例如,假设原告提出的一个故事让事实认定者印象深刻,因为它有 0.40 的概率准确地叙述发生了何事。被告提出了一个免责的故事,事实认定者估计有 0.30 的概率描述发生了何事。另一个免责的可能性(也有一个很明显的 0.30 概率来描述发生了何事)对于事实认定者来说是显而易见的。如果这种情况需要一个理性结论,即原告的故事有超过 0.50 为真可能性,那么事实认定者是否可以认为原告以优势证据标准证明了他的案件?我认为是这样。对事实认定者来说显而易见的第二种免责可能性对被告来说也应该是显而易见的。被告未能提供证据支持这种可能性,表明被告(也许原告也是)从未提交的证据中知悉,这一看似似真理论并没有得到事实的支持。因此,事实认定者可以理性地依赖毁灭证据推论,并将案件当作原告的说法有七分之四的概率是正确的。

如果有证据证明毁灭证据推论是不合理的,并且情况如上所述,② 我认为,优势证据

---

① W. Lance Bennet & Martha S. Feldman, Reconstructing Reality in the Courtroom: Justice and Judgment in American Culture; O'Barr & Conley, "Litigant Satisfaction Versus Legal Adequacy In Small Claims Court Narratives", *Law & Society Review*, vol. 19, 1985, p. 661 – 702.

② 也就是说,原告提出有责故事有 0.40 为真可能性,被告提出免责故事有 0.30 为真可能性;还有一种明显的第二种免责可能性有 0.30 为真可能性,这种可能性并没有因为被告没有提供支持它的证据而变得不似真。

标准通常应该需要做出对被告有利的裁决,尽管原告的故事比被告明确提供的说法更加似真。然而,很难想象这样的情况,因为在反驳毁灭证据推论时,被告实际上是在提出第二个免责的故事。他试图说服事实认定者,他没有提供更具体的证据来支持一个似真的免责故事,并不意味着这个故事不是真实的。被告之所以难以获得具体的支持性证据,① 是因为这些证据既不以故事的真实性为条件,也不在被告的控制之下。②

当被告的策略是通过交叉询问来摧毁原告的案件,而被告以主诉的方式提供很少或什么都没有时,就存在一种相关的情况。根据艾伦教授的方案,在这种情况下原告可能会胜诉,因为即使是一个非常可疑的故事似乎也比没有故事更重要。但我们的直觉告诉我们这是不对的。因为被告依靠交叉询问是在讲故事,并且如果交叉询问是毁灭性的,那么被告的故事比原告的更似真。被告的故事是,造成伤害的事件顺序并没有以被告必须承担法律责任的方式发生。之所以会出现这种情况,是因为原告发现了观察力差、健忘或有欺骗性的证人。

被告不能解释伤害是如何发生的并不排除一项抗辩裁决(a defense verdict)。根据面前的证据,事实认定者不能断定损害是如何发生时,更有可能做出对原告有利的判决。在通过交叉询问来攻击原告的案件时,被告提出了许多方式,通过这些途径(如果有可信的目击证人转述这些事实),就可以免除他的责任。如果交叉询问是艺术性的,可能就不需要主诉案件的抗辩了。

因此,我不同意艾伦教授的建议,即要求被告以"同样具体和肯定的说法而不是简单的否认"来回应原告的主张。③ 我认为艾伦教授提出的重新制定证明规则的建议(基于他对"否定问题"的关注)在实践中是行不通的。当事实情况或证据规则难以建立真实的抗辩故事(defense stories)时,它会给被告带来不必要的成本,并可能导致不公正。我也不认为这个建议在概念上有说服力。基于我刚才概述的原因,我认为在大多数情况下不存在艾伦教授概述的那种否定问题。这是因为事实认定者必须根据其面前的证据来决定案件,这通常会涉及比较原告和被告的故事,在考虑到毁灭证据的推论的情况下,原告和被告对事件的主观概率加起来为 1。如果不是这样,我认为要求原告证明他胜诉的概率大于

---

① 如果能提供支持第三种可能性的具体证据,这种可能性的概率应该高于艾伦教授假设的 0.30 概率。之所以如此,是因为法律的事实认定者必须根据所出示的证据来决定案件,并根据常识对其进行评估。如果事实调查者认为存在一种免责的可能性,这种可能性不是直接提出的,只是间接地得到支持(即所提供的证据不排除这种可能性),而且这种可能性有 0.30 为真概率,那么如果提供了具体的支持证据,几乎可以肯定地认为这种可能性有 0.30 以上的为真概率。

② 如果由于某些法律规则,例如特免权规则,使被告不能支持这种可能性,那么当毁灭证据的推论站不住脚时,就存在一个例外,即被告有能力利用明显的免责可能性。在这里,即使被告未能提供证据并不能得出这种可能性实际上不存在的推论,事实认定者在评估原告案件的强度时通常不应考虑这种可能性。这是因为排除被告提供证据的政策原因通常排除了基于假设的判决,无论证据所包含的内容多么合理。如果没有,如在允许在民事案件中提及援引特权的法域,则情况恢复到文中所述的情况。如果政策原因确实排除了这种假设,那么国家决定牺牲准确的判决来换取一些官方更重要的价值。

③ Allen, "A Reconceptualization of Civil Trials", *Boston University Law Review*, vol. 66, 1986, p. 426.

0.50 是合适的。我认为没有好理由说明被告不能既利用原告案件中的弱点，又利用事实调查者的常识能力，即发现任何一方具体提出的理论，但要根据证据进行合理的推理。① 从长远来看，我认为准确裁决意义上的公正将得到加强。这可能在一定程度上反映了我的看法，艾伦教授和其他学者提出的悖论并不像一些人想象的那么严重，我相信即使他们提出了概念上的问题，但这并不意味着目前规范审判证明的规则使审判成为一个不理性的事实认定制度。

总之，我认为艾伦教授并没有提供一个理论与实践均实用的对于审判的重新认识。尽管如此，我很欣赏艾伦教授的文章，因为他的一些最具争议性的主张背后蕴含着创造性。他新颖的立场使他的努力成为一项有趣而刺激的工作。在这方面，艾伦教授的文章说明了新证据学的优点，因为它表明了从关注规则到关注证明的过程中可能伴随的争议和知识兴奋。

（编辑：杜文静）

---

① 注意后一种可能性是对称的。没有特别提出的常识理论可能会填补原告案件中原本的空白。

课堂上的实验性法律方法

[法] 阿瑟·戴夫[*]　　[斯洛伐克] 米哈尔·奥瓦德[**]著
危红波[***]译

摘　要　随着法律研究和学术正日益转向跨学科方法，出现了如何将定量研究技术引入通常不熟悉实证方法的学生群体的问题。我们认为，课堂实验是一种有效的方法，从学生的角度来看，也是一种有吸引力的方法，可以教法律专业学生实证研究的逻辑。许多由判决或法规影响所产生的问题和争议是与信仰和行为相关的，实验方法非常适合调查该类问题。此外，实验性法律研究相当直观，不需要高级统计知识。得益于现代软件工具，实验可以在课堂上进行和分析，而无须事先掌握很多技术知识。我们提供了如何进行课堂实验法律研究的基本指导，并讨论了关于性别效应、锚定效应和中立偏见的课堂实验实例。

关键词　随机实验　法律方法　教学　课堂实验实例

一、引言

法律学术研究正日益转向跨学科。[①]虽然实证转向在美国[②]和以色列比在欧洲更为明

---

[*] 阿瑟·戴夫（Arthur Dyevre），比利时鲁汶大学法律理论和实证法学中心（Centre for Legal Theory and Empirical Jurisprudence, KU Leuven）教授。本文刊载于 *Utrecht Law Review*，2020 年第 16 卷第 1 期，第 1—12 页。

[**] 米哈尔·奥瓦德（Michal Ovádek），比利时鲁汶大学法律理论和实证法学中心（Centre for Legal Theory and Empirical Jurisprudence, KU Leuven）博士生。

[***] 危红波，女，福建浦城人，华东政法大学研究生院助理研究员、博士研究生。

① 参见 Urska Sadl and Henrik Palmer Olsen, 'Can Quantitative Methods Complement Doctrinal Legal Studies? Using Citation Network and Corpus Linguistic Analysis to Understand International Courts' (2017) 30 *Leiden Journal of International Law* 327; Tom Ginsburg and Thomas J Miles, 'Empiricism and the Rising Incidence of Coauthorship in Law' (2011) *University of Illinois Law Review* 1785; Kees van den Bos and Liesbeth Hulst, 'On Experiments in Empirical Legal Research' [2016] Law and Method < https：//www.bjutijdschriften.nl/tijdschrift/lawandmethod/2016/03/lawandmethod – D – 15 – 00006 > accessed 20 January 2019; Thomas J Miles and Cass R Sunstein, 'New Legal Realism, The'

显，但它正影响着研究和教学。①实证法律研究有可能回答传统教义方法无法触及的问题。这些问题包括法律规则对其意图管制的人类代理人行为的有效影响；对司法结果的预测；以及法官和其他法律决策者的偏见和成见。在回答这些问题时，实证研究可以产生对法律从业者和法律改革者有用的见解。我们认为实证法律研究的兴起是一个积极的发展。然而，随着实证法律研究的扩展和多样化，人们越来越期望律师即使不能自己进行实证研究，至少可成为这种研究方式成果的聪明使用者，无论是定量的还是定性的。②这提出了一个教育挑战，因为法律学生通常不熟悉开展和评估实证工作所需的概念和技术。因此就有了一个问题：我们如何最好地向这些学生群体传授实证技能？

  我们认为，实证法律研究不仅丰富了法律研究，也丰富了法律教学。③对于法律和裁决，很少有哪些方面是实证方法在某种程度上无法帮助阐明的（如果有的话）。我们不仅认为这适用于法律的所有分支，而且我们还认为应该在法律课程的早期就给学生介绍这种实证方法。我们相信，实证方法的知识除了有助于阅读实证法律期刊上的文献之外还有其他好处。事实上，他们向学生介绍了因果关系、变量测量、数据和概率等基本概念，这些概念在大数据和法律技术时代对律师越来越有用。④然而，几年来，我们一直在以大组和小组的形式教授以前没有实证研究方法知识的法学学生，我们非常清楚所面临的教育挑战。我们的经验表明，课堂实验代表了一种非常有效的、动手实践的方式，向法学学生介绍实证研究的逻辑，并使他们对跨学科研究法律的方法充满热情。首先，随机（小案例）实验的方法是直观的，并且非常容易理解，尤其是与观察性研究相比，观察性研究中克服推理问题所需的技术专业水平可能会让人感到难以承受。其次，由于有了现代的在线软件工具，随机对照实验可以在课堂上开展，甚至可以进行分析。课堂实际上成了一个实验室，学生们积极地为研究结果的产生做出贡献。第三，实验方法与法律实践和司法决策的许多方面都相关。实验已经探究了广泛的主题包括诉讼、裁决和消费者保护方面，仅举几

(2008) 75 *University of Chicago Law Review* 831; Peter Cane and Herbert Kritzer (eds), *The Oxford Handbook of Empirical Legal Research* (Oxford University Press 2010); András Jakab, Arthur Dyevre and Giulio Itzcovich (eds), *Comparative Constitutional Reasoning* (Cambridge University Press 2017)。

  ② 参见 See Tracey E George, 'An Empirical Study of Empirical Legal Scholarship: The Top Law Schools' (2006) 81 *Indiana Law Journal* 141。

  ① 主要是由于美国对以色列法学院的影响，参见 Pnina Lahav, 'American Moment [s]: When, How, and Why Did Israeli Law Faculties Come to Resemble Elite US Law Schools?' (2009) 10 *Theoretical Inquiries in Law* 653。

  ② 参见 Christoph Engel, 'Legal Experiments: Mission Impossible?' (2013) *Erasmus Law Lectures*。法律学者撰写的一本被引用最多、影响最大的书广泛地倾向于实验研究，参见 Richard H Taler and Cass R Sunstein, *Nudge: Improving Decisions about Health, Wealth, and Happiness* (Penguin 2009)。

  ③ 为在法律研究中采用实证方法而积极辩护，参见 Arthur Dyevre, Wessel Wijtvliet and Nicolas Lampach, 'The Future of European Legal Scholarship: Empirical Jurisprudence' (2019) 26 *Maastricht Journal of European and Comparative Law* 348。

  ④ 参见 Daniel Martin Katz, 'MIT School of Law – A Perspective on Legal Education in the 21st Century, The' (2014) 2014 *University of Illinois Law Review* 1431。

个例子。[1]第四，通过展示如何根据硬数据提出和检验假设，课堂实验可以激发学生极大的热情。毫不奇怪，学生更有可能参与他们自己对此有贡献的研究。实验有助于揭示法律的行为维度，并可以让学生意识到自己的倾向和认知偏见。最后，课堂实验的结果可以作为真正的学术研究的基础。因此，它们代表了一种实际操作性非常强的方式，将教学和研究结合起来。

一旦学生熟悉了实验设计，就更容易向他们介绍其他定性和定量的方法：定性访谈、调查设计、现场实验、观测数据的统计方法等。课堂实验让他们感受构成实证研究基础的概念和原则：变量、假设、因果关系、外部与内部效度和概率。

本文不仅解释了如何进行课堂法律实验，还指出了一些需要避免的陷阱，并讨论了我们自己进行的课堂法律实验的例子。此外，我们还将讨论学生对课堂实验的反应。我们将看到，我们的经验表明，学生们对此反应热烈并意识到这种研究对法律研究和法律实践的价值。

二、如何进行课堂法律实验

实验有各种形式。它们可以在现实世界的社会环境中进行。然后它们被称为"现场实验"。但它们也可以在类似实验室的环境中进行。实验可以采用类似游戏的形式，也可以使用小案例——对假设场景的简短描述。参与者可以是学生、法官或法律顾问。在这里，我们专注于随机的小案例实验，因为它们与法律研究最相关，可以在课堂上运行。[2]

（一）实验研究的基础：治疗和随机化

不熟悉社会科学研究的人通常对医学研究中进行实验所需的基本步骤有一个大致的了解，在医学研究中，随机对照实验是一种重要的研究方法。实验总是将参与者分成不同的小组。在医学研究中，这通常意味着治疗组和对照组。例如，在药物试验中，治疗组将接受药物，而对照组将接受安慰剂。在法律和社会科学领域，参与者也被分成不同的组，不同的是，他们通常接受的是小案例，而不是药物和安慰剂。一个小案例是对一个假设的情况的描述（例如，一种假设的法律纠纷），当事人被要求作出回应。根据受试者被分配到的群体，受试者得到的同一小案例的版本略有不同。小案例的版本之间的区别在于，该实验被设计用来测量和定义治疗组和对照组。在下面讨论的例子中，两组（有时是三组）学

---

[1] 参见 Chris Guthrie, Jeffrey J Rachlinski and Andrew J Wistrich, 'Blinking on the Bench: How Judges Decide Cases'（2007）93 *Cornell Law Review* 1; Andrew J Wistrich and Jeffrey J Rachlinski, 'How Lawyers' Intuitions Prolong Litigation'（2012）86 *S. Cal. L. Rev.* 571; Andrew J Wistrich, Jeffrey J Rachlinski and Chris Guthrie, 'Heart versus Head: Do Judges Follow the Law of Follow Their Feelings'（2014）93 *Texas Law Review* 855。另见下面的示例。

[2] 鉴于案例教学法的盛行，很容易看出小案例对法律研究的相关性。事实上，小案例通常包括一个案例场景，有时甚至直接改编自现实生活中的情况或法院判决。我们也认识到课堂实验与实验室条件有些不同。在后者中，研究者可以完全控制实验环境的每一个细节。课堂实验在一定程度上受到课程要求和学生经验的限制。

生有一个小案例，除了研究所要测试的元素外，在所有方面都是相同的——被告要求将案件转移到小额索赔法庭的动议、受害者的性别以及证明选择特定法律依据的理由。

为确保实验结果的有效性，必须将参与者随机分配到不同的治疗方法，即小案例的版本。法律专业的学生，就像一般的人类主体一样，并不完全相同。他们在多个方面可能会有所不同：年龄、年级、法律技能、社会经济背景、政治观点、动机等。如果不随机化，这些（观察到的或未观察到的）个人属性可能会影响分组分配并扭曲结果。通过确保每个参与者都有相同的概率被分配到一组或另一组，随机化使各组的这些个人特征趋于一致。在不同的群体中，遇到"左倾"、有强烈动机的学生或保守、没有动机的学生的可能性将是相同的，这就避免了在分析阶段控制这些特征的需要，从而使实验的数字运算方面相当容易。在我们推荐用于课堂法律实验的调查软件中，随机分配很容易实现。

随机化也可用于控制实验的其他方面。实验设计中一个典型的陷阱是忽略了在存在多个问题或复杂的小案例时，排序如何影响回答。例如，如果向受试者提出两个与小案例相关的问题，则明智的做法是将问题的顺序随机化。否则，可能很难排除这样一种可能性，即问题的呈现顺序不会影响他们的答案，例如，因为学生在回答第一个问题后可能会提高对材料的理解（学习效果）。

（二）如何评价课堂实验的结果：平均处理效果

一旦收集了受试者的反应，评估随机小案例实验的结果就没有那些不熟悉实证方法的人预期的那么困难，特别是如果本实验采用在线调查软件进行。基本上，评估结果包括比较各组之间的反应模式（尽管有时我们可能对组内而不是组间的变化感兴趣）。我们要做的是比较各组的平均反应。用更专业的术语称之为平均治疗效果（ATE）。如果学生的回答是在一个连续的可能性范围内的选择（例如，赔偿金额、刑期等），如将在下面演示的那样，那么一个盒须图提供了一个非常直观的工具来可视化和评估组内和组间的差异——尽管使用方差分析（ANOVA）或普通最小二乘法（OLS）回归的正式检验也有帮助，并且通常需要发布结果。

如果响应不是连续的，而是二元的（例如有罪/无罪），则可以将分析与评估抛硬币正面或反面的概率进行比较。尽管与抛硬币不同，某人被判有罪的概率很少恰好是50%，但我们可以使用类似的统计技术来理解二元结果的概率。它们可以用似然函数直观地表示，它们的统计显著性可以被检验，例如，二元逻辑回归或皮尔逊卡方检验。在这些技术特有的基本技术和数学细节背后，隐藏着与任何正式统计测试相同的潜在直觉：我们使用理论概率分布作为基准，以确定我们观察到的是否——即群体之间的差异——不仅仅是一种随机波动。如果组间的差异显著偏离概率分布，我们可以很好地证明治疗中的差异正在系统地影响行为。考虑结果统计显著性最常用的阈值是 p 值低于 5%，①但其他阈值可以在研究设计的背景下进行调整。②

尽管运行这些测试需要基本的统计知识，但由于统计软件的存在，它们的技术实现现在相对简单。JASP 是最友好、免费和开源的选项之一，但实验分析可以很容易地在所有流行的统计软件中，如 R、SPSS、STaTa 或 Matlab 进行。关于如何在这些软件包中实现上述统计测试（和其他测试），可以在网上找到大量教程。

（三）实用提示

写出好的、有效的小案例比乍一看要困难得多。小案例语言的微小差异会对实验的结果产生很大的影响。③对于从未进行过实验的教师，我们建议他们在开始设计自己的小案例之前，首先复制现有的实验（比如下面报告的前两个实验）。复制，除了对越来越科学的重视外，④也是熟悉实验研究方法的有效途径。更重要的是，正如范登博斯（Van den Bos）和赫斯特（Hulst）所注意到的那样，复制可能会提出在原始作品中可能没有得到充分解决的问题，从而贡献新的知识。⑤

在完成实验时，学生们不应该知道正在检验什么假设，或者他们被分配到哪一组。因此，在实验完成前，讲师/研究者应该避免告知他们。理想情况下，在收集学生的回答之前，教师也应该忽略学生是如何分配的。这是因为了解实验的具体目标或研究人员的无意行为可能会无意识地影响参与者，并破坏结果的有效性。

课堂实验可以是纸笔或在线的。与前者相比，后者的优势在于它能自动将学生的回答转换为机器可读的电子表格，并可将其输入统计软件，从而大大减少分析结果所需的时间。⑥此外，使用在线工具可以确保实验是有效的双盲实验。学生和教师/调查人员都不知道小组分配。这样，他们就没有无意中使结果产生偏差的风险了。在线调查平台，如

---

① 描述 5% p 值阈值的另一种方法是，说明研究人员接受 5% 的长期 I 型错误率。第一类错误是假阳性：研究者错误地拒绝了无效假设的情况。

② 参见 Daniel Lakens et al, 'Justify Your Alpha' (2018) 2 *Nature Human Behaviour* 168。

③ 参见 Herman Aguinis and Kyle J Bradley, 'Best Practice Recommendations for Designing and Implementing Experimental Vignette Methodology Studies' (2014) 17 *Organizational Research Methods* 351；Peter M Steiner, Christiane Atzmüller and Dan Su, 'Designing Valid and Reliable Vignette Experiments for Survey Research: A Case Study on the Fair Gender Income Gap' (2016) 7 Journal of Methods and Measurement in the Social Sciences 52；Spencer C Evans and others, 'Vignette Methodologies for Studying Clinicians' Decision-Making: Validity, Utility, and Application in ICD-11 Field Studies' (2015) 15 *International journal of clinical and health psychology* 160。

④ 参见 Marcus R Munafò, Brian A Nosek, Dorothy Bishop, Katherine Button, Christopher D Chambers, Nathalie Percie du Sert, Uri Simonsohn, Eric-Jan Wagenmakers, Jennifer J Ware, and John PA Ioannidis, 'A Manifesto for Reproducible Science' (2017) 1 *Nature Human Behaviour* 1。

⑤ 参见 Kees van den Bos and Liesbeth Hulst, 'On Experiments in Empirical Legal Research' [2016] Law and Method < https://www.bjutijdschriften.nl/tijdschrift/lawandmethod/2016/03/lawandmethod-D-15-00006 > accessed 20 January 2019。

⑥ 不过偶尔，纸笔实验可以让老师更好地控制课堂上的实验条件。

Qualtrics 或 SurveyMonkey，提供了一个用户友好的环境来实施随机实验。一个小案例的处理和控制版本可以写成单独的调查问题，然后随机分配给学生。

一般来说，实验的参与者越多，就越好。更大的样本量意味着，如果假设的效应真的存在，研究人员更有可能检测到它。相反，如果没有发现影响，我们可以相当肯定，根据数据，该假设可以被否定。换句话说，样本量越大，统计功效越强。如果一个给定的替代假设是真的，则统计功效的概念可以表示为一个特定的检验拒绝无效假设的概率。为了了解观察假设效应所需的样本量，可以提前进行功效分析。①也就是说，课堂实验不一定要产生效果，才能让人感兴趣并阐明实证法律研究的原则。此外，为了获得更强的统计功效，可以在多个班级中进行实验。②

当涉及伦理要求时，课堂实验必须遵守与常规实验室或现场实验相同的原则，如避免伤害。实践中，课堂上进行的法律实验通常较少涉及伦理问题，因为它们是非侵入性的和无害的。尽管如此，最重要的是始终获得受试者的知情同意，并充分遵守数据保护规则和其他大学范围内的道德要求。③根据适用的标准和实验设计，大学伦理委员会的事先批准可能是必要的。

三、课堂实验实例

在本节中，我们将展示我们在课堂上对法学学生进行的小案例实验的例子。第一个重复先前的研究。另外两个是由两位作者设计的原创实验。

（一）锚定方法和法律论证

锚定，也被称为"锚定效应"，是一种认知偏见，其特征是在决策时倾向于过于依赖初始信息，甚至是直接荒谬或无关的。丹尼尔·卡尼曼（Daniel Kahneman）和阿莫斯·特沃斯基（Amos Tversky）进行的一项著名研究说明了锚定效应，其中参与者观察到一个预定在65或10点停止的轮盘赌，然后被要求猜测非洲国家在联合国的比例。观察到车轮（随机）在10点停止的参与者得出的估计值（平均25%）低于车轮在65点停止的参与者（平均45%）。④

很容易看出锚定会如何影响法律背景下的决策。例如，和解谈判中的辩护人可能会试

---

① 例如，在一项实验中，我们预计某一框架会使治疗组对车祸受害者的赔偿平均比对照组多 25%，鉴于可接受的 I 型错误率为 5% 和 80% 的功效（这是大多数实验中的默认值），每组需要 199 名参与者。
② 当计算来自多个班级的反应的平均治疗效果（ATE）时，建议研究者/讲师在其统计模型中为每个班级添加一个虚拟变量，以控制未观察到的班级特定效应（如果学生不是随机分配到班级，而是选择参加哪个班级，这可能会产生选择效应。）
③ 实验伦理本身应该成为课堂讨论的重点之一。为了保持实验设计的完整性，一个切实可行的解决方案是听取情况汇报并事后获得同意。
④ 参见 Amos Tversky and Daniel Kahneman, 'Judgment Under Uncertainty: Heuristics and Biases' (1974) 185 *Science* 1124, 1128。

图通过提出一个非常低的初始报价来影响结果,从而创造一个低锚。原告可能想要做完全相反的事情。同样,侵权纠纷的当事人可能会试图以低锚或高锚影响法官,这取决于他们是否希望最小化他们的责任或最大限度地增加判给的损害赔偿金额。根据克里斯·格思里(Chris Guthrie)、杰弗里·拉克林斯基(Jeffrey Rachlinski)和安德鲁·威斯特里奇(Andrew Wistrich)的实验,[1] 我们研究了在一个学生担任法官的假设侵权案件中锚定的影响。我们的假设是,以被告法律顾问的动议形式暴露在低锚下的学生在给予的损害赔偿金额上,比那些没有暴露在低锚下的学生要少。参与研究的学生被随机分为两组。对照组为无锚定组,并带有以下小案例:

假设你正在主持一场人身伤害诉讼。被告是包裹递送业务的一家大公司。原告在一个红绿灯处刹车失灵,被被告的一辆卡车撞倒,严重受伤。随后的调查显示,卡车的制动系统有故障,而被告亦没有妥善保养卡车。原告住院了几个月,此后一直坐在轮椅上,无法使用双腿。作为一名自由职业的电工,他一直过着很好的生活,并建立了稳定的忠实客户群。原告已要求对工资损失、住院治疗和痛苦进行赔偿,但没有具体说明数额。你会给原告多少损害赔偿金?[2]

治疗组,即锚定组,呈现了完全相同的小案例,除了在小案例的结尾添加了以下内容:"被告已提出撤销本案的动议,辩称仅州法院对 25000 欧元以下的索赔拥有管辖权。"这个被告的动议是我们的锚。该实验采用 Qualtrics 进行在线调查。来自比利时一所法学院本科课程的 166 名学生参与了这个实验。这个实验是双盲的。学生们不知道他们被随机分配到不同的组,也不知道被检验的假设。

使用自动随机化也确保了我们在实验本身过程中不能观察到分配。这一点很重要,因为潜意识的暗示可能会影响参与者。当然,根据同意书的条款,学生们被告知了假设,并在随后的情况汇报中得到了结果。

分析结果,我们发现一些学生给出了极端值(一个给了数万亿欧元)。我们删除了这些极端反应以便于分析(尤其是数据可视化),但这不是一个必要步骤——在我们案例中这不会改变实验的实质性结论。

图 1 通过箱形图说明了治疗组和对照组之间的差异。

---

[1] 参见 Chris Guthrie, Jeffrey J Rachlinski and Andrew J Wistrich, 'Blinking on the Bench: How Judges Decide Cases' (2007) 93 *Cornell Law Review* 19。

[2] 正如一些匿名评论者所观察到的,还有许多额外的事实和因素——如原告的年龄和婚姻状况、被告在遵守安全标准方面的历史记录等——现实世界中的法官通常会在做出决定之前要求了解这些事实和因素。然而,这些局限源于 Guthrie 等人最初的实验设计。

课堂上的实验性法律方法 ·149·

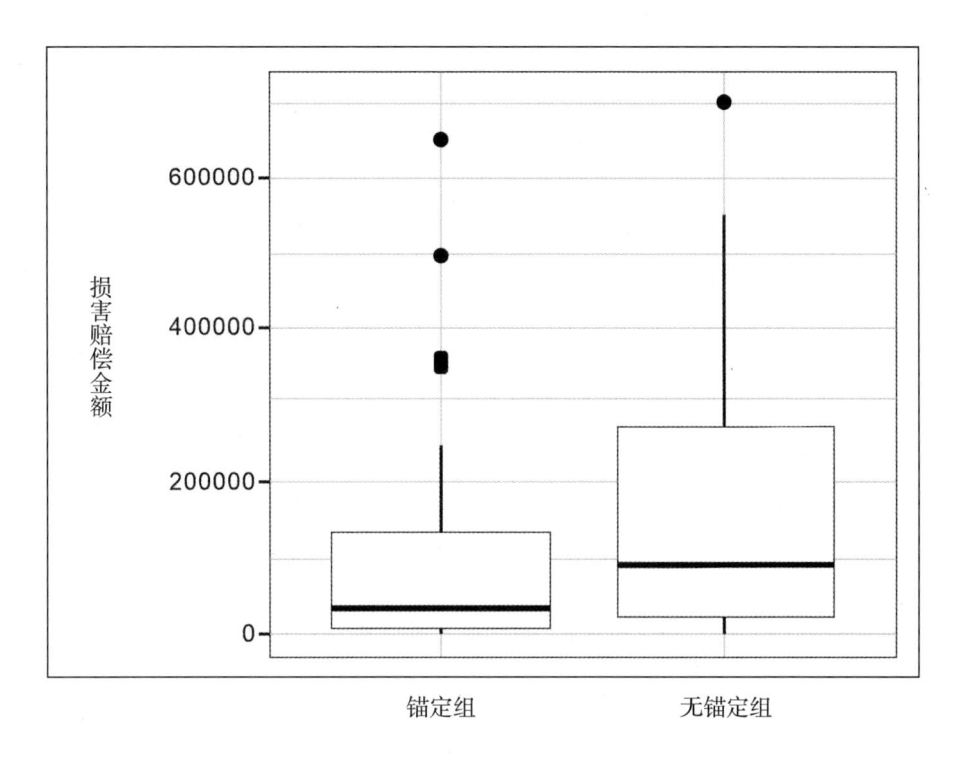

图1：有或没有低锚的学生对小案例反应的盒须图

  盒须图将响应值划分为四分位数。方框下方的值表示第一个四分位数，方框下半部分的值表示第二个四分位数，上半部分的值表示第三个四分位数，方框上方的值表示第四个四分位数。点代表远离平均值的异常值。框中的水平条表示中间值。这意味着，50%的学生判给的损害赔偿低于此值，50%高于此值。在这里，我们看到，与对照组相比，治疗组——接触锚的组——的中位数明显更低。值的分布通常更压缩，更接近中间值。这表明两组之间的系统性差异与我们的锚定假设一致。通过回归分析证实了这一点。平均而言，没有接触到锚的学生向原告多支付了60 776欧元——这一差异不太可能是偶然造成的。[①]在启发我们进行侵权行为实验的研究中，受试者是现实世界的法官，他们被发现对锚定表现出强烈的敏感性。[②]我们的结果表明，法律专业的学生们也容易产生同样的偏见。

  该实验表明律师如何利用法官的认知偏见在法庭上获胜。一项索赔，例如一项高得离谱的损害索赔或一项低得离谱的损害评估，可能会影响法官，即使法官知道这是错误的。在课堂上，这为讨论法律决策者的心理以及非法律因素在裁决中的作用提供了一个很好的机会。

  [①] 我们的统计软件报告 p 值为 0.02，这意味着如果我们进行 100 次实验，我们会偶然观察到不超过两次的大小差异。
  [②] 参见 Chris Guthrie, Jeffrey J Rachlinski and Andrew J Wistrich, 'Blinking on the Bench: How Judges Decide Cases' (2007) 93 *Cornell Law Review* 1。

（二）刑法中的性别

在另一项实验中，我们着手探讨性别对判决的影响。我们想要测试的是，男女法学学生对性侵犯案件的看法是否不同，特别是男学生对男性犯罪者是否更宽容。关于性别对判断的影响的研究表明，在其他条件相同的情况下（即在消除意识形态等其他因素的影响后），女性和男性法官的行为不会有所不同，除非在存在经验和信息不对称的领域，如性别歧视。[①] 性侵犯可能属于这一例外情况——男性和女性对性侵犯可能有不同的经历和恐惧。

可以肯定的是，因为在性侵犯案件中，女性通常是受害者，而男性是肇事者，因此很难建立良好的控制。我们如何判断男学生是因为案件事实被认为不同而更加宽容，还是因为他们真的对男罪犯就不那么严厉呢？为了理清这些影响，我们设计了一个有三种条件的实验：（1）无性因素的袭击案件，受害者为女性；（2）同一袭击案，但受害者是男性；及（3）同一袭击案件，但有性侵的成分，而且受害者是女性（犯罪人在所有三种情况下均为男性）。我们的假设是，第一组和第二组的男女参与者之间没有显著的组内差异，但第三组的男生比女生更宽容。换言之，由性别不同所导致的对性暴力体验和感受的不同只应在第3组中表现出来。

第一组学生获得以下小案例：

23岁的银行职员阿曼达（Amanda M.）正要上车时遭到杰罗姆（Jerome D.）的残忍袭击。杰罗姆在抢劫她的贵重物品——包括现金、珠宝、一部智能手机和一台平板电脑——并逃之夭夭之前，用拳打她的脸，严重损伤了她的下颚。此后不久，杰罗姆被捕，并被控人身攻击和抢劫。由于视频监控记录了袭击事件，阿曼达的财物在他家中被找回，杰罗姆的罪行得到证实。作为法官，你必须决定杰罗姆的刑期。根据法律，人身攻击将被判处8天至2年监禁，抢劫将被判处6个月至10年监禁。罪犯可以连续服刑。

请注明杰罗姆的刑期为月（非年）。

在第2组中，学生们看到了完全相同的小插图，只是受害者是一个他（Robert M.）[②]而不是一个她。对于第（3）组，小案例增加了一个性元素：

23岁的银行职员阿曼达（Amanda M.）正要上车时遭到杰罗姆（Jerome D.）的残忍袭击。在抚摸了她的胸部并强迫亲吻她之后，他打了她的脸，打伤了她的下颚，然后抢走了她的贵重物品——包括现金、珠宝、智能手机和平板电脑——逃跑了。杰罗姆很快被逮

[①] 参见 Christina L Boyd, Lee Epstein and Andrew D Martin, 'Untangling the Causal Effects of Sex on Judging' (2010) 54 *American Journal of Political Science* 389。另参见 Erik J. Girvan, Grace Deason, and Eugene Borgida, 'The generalizability of gender bias: Testing the effects of contextual, explicit, and implicit sexism on labor arbitration decisions' (2015) 39 *Law and Human Behavior* 525。

[②] 评论员告诉作者，"罗伯特·M."是一位著名的荷兰罪犯的名字。然而，我们认为，该案例在比利时并不显著，不足以影响实验参与者。这一假设与第1组和第2组的结果几乎相同这一事实相一致。

捕并被指控犯有人身攻击、性侵犯和抢劫罪。由于视频监控记录了这次袭击，阿曼达的财物在他家中被找回，他的罪行得到了证实。作为法官，你必须决定杰罗姆的刑期。根据法律，人身攻击将被判处 8 天至 2 年监禁，性侵犯将被判处 6 个月至 5 年监禁，抢劫将被判处 6 个月至 10 年监禁。罪犯可以连续服刑。

请注明杰罗姆的刑期为月（非年）。

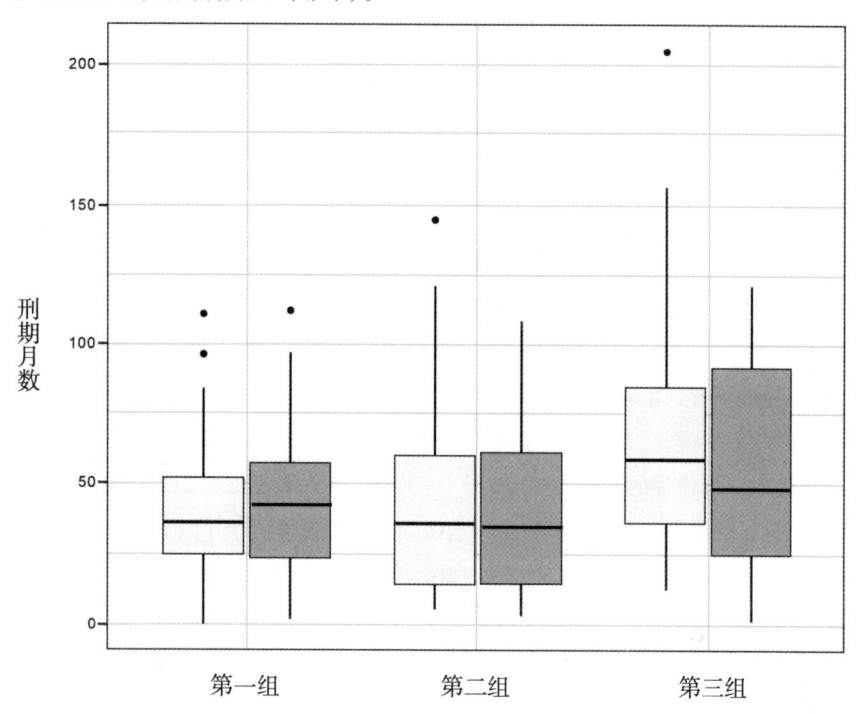

图 2：男女学生在阅读了以下情景后判处的监禁月数：袭击受害者为女性（第 1 组）、袭击受害者为男性（第 2 组）或性侵犯受害者为女性（第 3 组）

来自同一比利时法学院同一本科课程的 234 名学生参加了这个实验。如图 2 所示，结果并不支持我们的假设。诚然，第 3 组中男生的平均刑期低于女生，而第 1 组中男生的平均刑期高于女生，第 2 组中男生和女生的平均刑期相同。然而，第三组男生的价值观表现出很大的差异，这意味着他们的价值观更加分散（中位数附近的压缩程度低于女性参与者）。一项正式检验（回归分析）证实，尽管组间存在显著差异——第 3 组的平均刑期长度显著更长——但第 3 组男女学生之间的组内差异在统计学上并不显著。①

有趣的是，我们还邀请学生以 10 分制报告他们的意识形态。与性别不同，这一因素对刑期长度有显著影响。在保持案件事实不变的情况下（通过统计消除情景的影响），更

---

① p 值为 0.000125，这意味着大约 1/10000 的机会偶然获得这样的结果。

多的右翼学生判了平均明显更长的监禁。①平均而言，在10分意识形态等级上增加1分会导致额外的3.8个月监禁。

由于比利时法律教育倾向于强调黑体字法律，很少关注外部因素在裁决中的作用，因此研究结果提供了一个很好的机会，让学生了解有关司法决策的看法和假设。作为实验的一部分，我们要求学生对影响司法决策的因素进行排名，68.6%的学生将法律规则排在第一位；7.5%的学生认为性别第一；6.8%的学生是"双方提出的论点"排第一；把"其他法院的立场"排第一的为5.4%。只有5.1%的学生将意识形态排在第一位。因此，普遍的、形式主义的判断画面与实验结果形成了有趣的对比。

（三）中立偏见

法律制度和文化建立在各种虚构和规范愿望之上。当然，在欧洲背景下，最重要的两个因素是客观性和中立性。律师通常认为或行为就好像他们认为法律和法律决策是客观和中立的（无党派的）。因此，我们有理由期望律师，尤其是经验较少的法律专业学生，在工作时至少会对表面上客观和中立的信息产生无意识的依恋。

我们进行了一项原创实验，以了解当信息（从法律或理论角度看不相关）被呈现为"政治"信息时，准律师的反应。②"政治"一词对许多人来说传达了利益和党派观念，在某种程度上与客观性和中立性的价值观背道而驰。考虑到律师和其他决策者一样，在进行法律推理时依赖启发法，我们应该能够发现法律论点被政治"玷污"的影响，而不管它们在分析上是否无关紧要。

这项实验是在比利时一所法学院的一堂欧盟（EU）法律课上进行的。该课程专门讨论了欧盟立法中的法律基础概念。80名学生收到了两份法律草案，并要求他们按照欧洲法院（ECJ）的原则，从两个给定选项中为每一项选择一个适当的法律依据（欧盟条约的一项规定）。③两项法律草案（A和B）在模糊性方面有所不同：一项法律草案旨在在两个相互竞争的法律依据之间保持完美平衡，而另一项法律草案则根据欧洲法院的原则和条款的措辞，直截了当地要求在两项法律依据中找到一个法律依据。因此，利用抛硬币的类比，法律草案A的设计基本上类似于一枚公平的硬币——正面和反面的概率为50-50——而法律草案B则非常偏向于一种结果。④

治疗包括一句话，在这句话中，受试者被告知一个欧盟机构"出于政治原因"支持其

---

① 该结果的p值为0.003200。

② 在对本文进行审查的同时，该实验的详细描述已发表，参见Michal Ovádek, 'The apolitical lawyer: experimental evidence of a framing effect'（2019）48 *European Journal of Law and Economics* 385。

③ 选择的动机必须是法律推理。通过这种方式，实验同时采用了更为传统的法律写作技巧。因此，该实验还表明，尽管文献中对法律和经济学有着全面的推动作用，但可测量的数量并不是此类研究的必要条件。积极的写作选择激发了学生们随后的课堂讨论。

④ 如表1所示，50-50的比例实际上并未实现。在对照组，这一比例接近40-60。

中一个法律依据。控制分配不包含此类信息。预计"政治"状况将促使受试者在统计显著水平上走向"无瑕疵"的法律基础。

在表 1 中，我们可以看到，事实上，正如假设的那样，治疗组比对照组更有可能选择"非政治"法律依据。ATE（平均治疗效果）告诉我们，与对照组相比，受治疗组的学生选择"非政治"法律依据的可能性平均要高出多少。与假设一致，ATE 在两种情况下都有积极的迹象，但影响大小不同。总体而言，治疗组选择"非政治"法律依据的可能性高出 17%。情景 A 的更大的模糊性可以说削弱了效果的效力，因为两种法律选择都相对合理。更明确的方案 B 产生了双倍的影响，表明假设的治疗可能会削弱人们对最明显的法律解决方案的信心。

表 1：每组（控制/治疗）和情景（A/B）的参与者人数（n）和成功人数（x）。成功 x 被定义为在治疗条件下选择"非政治"法律依据。平均治疗效果 ATE 计算为 $\left(\frac{x_{治疗}}{n_{治疗}} - \frac{x_{控制}}{n_{控制}}\right) * 100$，该假设预测 ATE 有一个积极的迹象，这意味着政治待遇使得选择"非政治"法律依据的可能性更大。

法律草案	$n_{控制}$	$n_{治疗}$	$x_{控制}$	$x_{治疗}$	平均治疗效果
A	45	42	18	22	12.4%
B	42	45	2	13	24.1%
A + B	87	87	20	35	17.2%

然而，仅仅效应大小并不能告诉我们，从统计学的角度来看，观察到的各组之间的差异是否可以被认为是非常令人惊讶的；它们可能仅仅是随机变化的结果。因此，我们需要检验统计显著性，例如，使用二元逻辑回归或皮尔逊卡方检验。这两项测试都表明，当将两种情景的观察结果进行汇总时，结果具有统计学意义。[①]这同样适用于单独的立法 B，但不适用于立法 A。这种差异可归因于不同程度的模糊性——在模糊性更大的情况下，这种影响更难检测。因此，情景 A 的实验动力不足；更大的样本量可能会在 5% 的水平上产生统计上显著的结果，即使在模糊性更大的情况下也是如此。尽管如此，我们总体上可以得出这样的结论：准律师对"政治"的厌恶假设得到了实验数据的支持。我们还可以从这个实验中得到的是对法律不同程度的模糊性（或不确定性）的教学上有用的证明。所有法律从业者和学者可能都会同意，根据事实和法律，从法律角度来看，某一特定情况或多或少是不确定的。实验可以使法律的这一方面对学生来说更加具体；在本案中，我们可以清楚地看到，根据法律和事实情况，选择一种法律依据的概率不同于选择另一种法律依据的概率。法律分析的不同结果的概率之间的差异提供了一种新的方式，不仅传达了法律可能并

---

① 参数（逻辑回归）和非参数（皮尔逊卡方检验）的 p 值均小于 0.01 水平。

不总是能为某个法律问题提供单一正确答案的观点,而且传达了某些法律结果比其他法律结果更可信的观点。

四、学生对课堂实验的认知

学生对课堂实验的反应如何?我们调查了参加课堂实验的法学学生。我们问他们实验是否有助于理解;他们是否赞成在法学院课程中更广泛地使用它们;课堂法律实验是否有助于在实践中理解法律,是否有助于提升学习体验。我们接触了 2018－2019 学年两门不同法律课程的学生。结果见表 2。

表 2:学生对课堂实验的感知(人数 =28)。我们总共询问了 35 名学生(回答率为 80％),他们来自两个不同的法律课堂,课堂上进行了实验。

理解和学习经验

非常同意	同意	有点同意	既不同意也不反对	有点反对	反对	非常反对
问题 1:你认为课堂实验有助于理解课堂材料吗?						
21%	50%	18%	7%	0%	4%	0%
问题 2:你认为课堂实验有助于理解实证研究吗?						
32%	39%	21%	4%	4%	0%	0%
问题 3:你认为课堂实验让学习体验更愉快吗?						
39%	39%	14%	4%	4%	0%	0%

教育用途和法律实践的相关性

肯定是	可能是	可能是也可能不是	可能不是	肯定不是
问题 4:你会赞成在法学院更广泛地使用课堂实验作为一种教学手段吗?				
32%	50%	11%	7%	0%
问题 5:你认为课堂实验有助于你更好地理解法律的实际应用吗?				
32%	39%	21%	4%	4%

虽然样本较小,但应答率较高(80％)。绝大多数接受调查的学生(超过 80％)承认课堂实验至少对他们理解课堂上讨论的材料和实证研究方法产生了一些积极影响。学生们似乎也对这种教学方法很感兴趣。78％ 的受访者赞同或强烈赞同课堂实验使学习体验更愉快。与实证见解和法律实践无关的看法相反,大多数学生认为实验可以增强他们对法律如何在实践中应用的理解。71％ 的受访者认为,课堂上的法律实验"肯定"或"可能"有助于他们更好地理解法律的实际应用。鉴于这种反应模式,大部分受访学生(82％)赞成在法律教育中更广泛地使用课堂实验也就不足为奇了。

五、结论

在这篇文章中,我们试图促进课堂实验的使用,将其作为一种直观的工具,向法学学生传授经验见解,并在教学和研究之间架起一座可行的桥梁。实验通常比观察定量数据更容易分析,并且借助在线软件很容易在课堂上实施。这些优势使课堂实验成为向法学学生介绍实证法律方法的一个非常合适的工具。我们解释了随机小案例实验的组成部分,并给出了一些实用技巧,以避免常见但易于预防的错误。我们提供了一些实验的例子,这些实验除了易于复制外,还有助于为该方法及其在法律环境中的应用提供具体的轮廓。此外,一项针对接触课堂实验的学生的小规模调查显示,课堂实验对课堂材料的理解和整体学习体验有积极影响。学生们似乎热衷于课堂实验,他们认为这些实验与法律培训和法律实践相关。对课堂实验感兴趣的读者和教师可以查阅不断扩展的文献,以获得进一步的案例和灵感。杰弗里·拉赫林斯基(Jeffrey Rachlinski)、安德鲁·威斯特里奇(Andrew Wistrich)、克里斯·古思里(Chris Guthrie)和克里斯托夫·恩格尔(Christoph Engel)是实验性法律研究中最著名的人物,他们的作品展示了对法律决策中偏见和启发的影响的迷人探索。[1]这些实验既有教育意义,也有科学价值,法律教师和研究人员不利用这些价值是不明智的。[2]虽然在理解实验设计和关键概念方面进行一定程度的投资是必要的,但法律实验不需要变成心理学或经济学的讲座。课堂实验可以关注相对特定的偏见,这些偏见只表现在特定的法律领域(如刑事司法),直接与课堂材料中讨论的法律问题有关。此外,更多的学生参与可以促进更好的课堂材料的整体保留。展望未来,着眼于法律教育改革的辩论,我们相信,鼓励学生学习实验方法并在课堂上加以应用,将提高学生的技能和他们在实践中对法律的理解。

(编辑:杨知文)

---

[1] 参见 Jeffrey J Rachlinski, Andrew J Wistrich, and Chris Guthrie, 'Probability, Probable Cause, and the Hindsight Bias' (2011) 8 *Journal of Empirical Legal Studies* 72; Andrew J Wistrich and Jeffrey J Rachlinski, 'How Lawyers' Intuitions Prolong Litigation' (2013) 86 *Southern California Law Review* 571; Chris Guthrie, Jeffrey J Rachlinski, and Andrew J Wistrich, 'Inside the Judicial Mind' (2001) 86 *Cornell Law Review* 777; Christoph Engel and Lilia Zhurakhovska, 'You Are In Charge – Experimentally Testing the Motivating Power of Holding a Judicial Office' (2017) 46 *The Journal of Legal Studies* 1; Christoph Engel and Michael Kurschilgen, 'The Coevolution of Behavior and Normative Expectations: An Experiment' (2013) 15 *American Law and Economics Review* 578; Christoph Engel et al, 'First impressions are more important than early intervention: Qualifying broken windows theory in the lab' (2014) 37 *International Review of Law and Economics* 126; Theodore Eisenberg and Christoph Engel, 'Assuring civil damages adequately deter: A public good experiment' (2014) 11 *Journal of Empirical Legal Studies* 301。

[2] 虽然这篇文章不是讨论定性、实验和定量观察方法的比较优势和劣势的合适地方,但我们认为,实验设计的主要比较优势在于它们识别认知机制的能力。

解释、真理和解释话语的逻辑形式[*]

[意] 皮尔鲁吉·基亚索尼[**] 著
邱小航[***] 译　吕玉赞[****] 校

摘　要　为阐述最广义"法律解释"所指的社会现象之诸方面，需筛选出三类不同的活动：符合实用目的的解释、符合认知目的的解释以及不当解释。执行第一种活动的主体是在解释法律，包括文本解释和元文本解释；第二类活动提供法条阐释能力，解释表述有三种变体：方法论推测句、意识形态推测句和创造句；第三类活动没有真正解释法律。不同多元主义真理论包括的真理种类不完全相同。若采用宽泛的多元主义真理论的观点，法律解释的领域变成适合真理的领域；若按简略的多元主义真理论的观点，为真理保留的空间等于为经验真理保留的空间。

关键词　文本解释　元文本解释　非认知主义　阐释　融贯性

"如果我们想研究真理和谬误的问题，命题与现实的共识或分歧问题，断言、假设和疑问的性质问题，我们对研究语言的初始形式将有极大的优势，在这些语言形式中，思维形式不是在高度复杂思维过程的混乱背景下出现的。"——维特根斯坦（1958）

"重建态度要求我们以一种不因人为削减而使世界变得贫瘠的方式来描述世界，因此它要求我们在客观需要的地方作重要区分。"——费格尔（1949）

---

[*] 本文原文摘选自英文版书籍 Springer Nature Switzerland AG 2019. P. Chiassoni, *Interpretation without Truth*, Law and Philosophy Library 128 的第二章 "*Interpretation, Truth, and the Logical Forms of Interpretive Discourse*"，并已获得作者本人翻译授权。为方便读者阅读，本文"摘要"和"关键词"为译者添加。

[**] 皮尔鲁吉·基亚索尼（Pierluigi Chiassoni），意大利热那亚大学法学教授。

[***] 邱小航，女，山东安丘人，华东政法大学法学理论专业2020级博士研究生，研究方向为法律方法论。

[****] 吕玉赞，男，山东曹县人，华东政法大学法律方法研究院助理研究员，法学博士，法学博士后，研究方向为法律方法论。

一、一个困扰我们的问题

本章旨在探究法律解释与真理之间的关系。[1] 即将处理的难题困扰着该领域内的诸多工作,其大致包括如下方面:真理与法律解释有关吗?在法律解释领域,是否有真理存在的空间?如果有的话,它又在何处?

处理这一问题任何(有意义的)尝试,都需要对其中的关键术语予以详细阐释。因此,本章包括三部分。第一部分致力于明确术语和概念网,这些术语和概念网旨在通过我们惯用以指陈的、最广义的"法律解释"一词,来捕捉复杂社会现象的某些方面。(第2.2节[2])。第二部分确定了几个似乎容易被适用于法律解释相关的真理概念(第2.3节[3])。第三部分,即最后一部分,将前两部分确立的概念框架付诸实用,得出关于法律解释中真理问题的结论。即使只是为了澄清,这些框架似乎并非完全没有意义(第2.4节[4])。最后一节将本章与本书的主题联系起来,即驳斥解释性认知主义和捍卫非认知主义观点(第2.5节[5])。

二、法律解释

无论我们如何理解"法律解释"这一词语的含义,"解释"一词存在着解释过程与解释结果之前的界限模糊不清的情况,需要对其进行初步区分。这要求对"法律解释"的两种含义进行区分。一种"解释"是指个别解释者在某一时空进行的活动("解释活动");而另一种"解释"是指与解释活动相对应的结果、产品或表述("解释结果")。[6] 例如,"这是一项法律解释"既可以指法学教授在课堂上解释刑法典条款的活动,也可以指这种活动的表述,即她提出的与该条款(正确的)法律含义相对应的判决。

解释活动和解释表述之间的区别可能看起来没有意义。但是,它包含了一些并非完全没有意义的思考。

(1)每当我们追问真理在法律解释领域的地位时,很明显,形容词"真"(true)可以用作分类手段(例如,"X是真实的解释""X是真正的解释""X是真正地诠释"),或用作限定手段(例如,"X对Y的解释是正确的")。

在分类用法中,"真"相当于"真实的""真实相符的""真正意义上的";它有助于

---

[1] 关于法律与真理问题,参见,例如:Patterson (1996), Pintore (1996), Diciotti (1999), Moore (2003), Sucar (2008), Bix (2009), Marmor (2011b), and Sucar and Cerdio Herrán (2017)。
[2] 译者注:"第2.2节"指本文"二、法律解释"部分。
[3] 译者注:"第2.3节"指本文"三、真理"部分。
[4] 译者注:"第2.4节"指本文"四、解决问题"部分。
[5] 译者注:"第2.5节"指本文"五、真理与司法解释的性质"部分。
[6] 这种区分是Giovanni Tarello法律解释理论的一个关键内容:参见Tarello (1980), pp. 39-42。也参见Guastini (2011b), p. 149 ff。

区分什么是（真正的）解释，什么不是。

相反，在它的限定用法中，根据某种预设的真理概念，"真"用来标记哪些解释具有真的属性。在其限定用法中，"真"只能恰当地应用于（"配合"）解释表述：也就是说，它是一个谓语，便于把解释结果设想为"话语实体（discourse entities）"，即通常写在法律文件中的语句，如法学论文、司法意见或法庭法案。

（2）如果谓语"真"作为一种限定手段，适用于作为话语实体（语句）的解释表述，需要注意的是，从法学家和法哲学家实际语言学使用的角度来看，存在着不同甚至异质的"解释"活动，因此，相应地存在不同甚至异质的"解释"结果。

（3）在这种情况下，澄清和把握"解释"的法律用法的公平方法在于筛选出三种不同的解释活动，即：（a）"具有适当意义"和"实用"性质或"实用"目的的解释活动；（b）"具有适当意义"和"认知"性质或"认知"目的的解释活动；（c）"具有不恰当意义"的解释活动。

（一）"符合实用目的的解释"

在适当的意义上，第一类活动具有解释性，因为正如下文所言，执行这些活动的主体实际上是在"解释法律"。此外，它们是"实用"性质的解释活动：法官和法学家做这些活动的目的包括裁决诉讼、确定法律权利主体、为法律问题提供"正确"答案、就上述各种决定提出建议等。

符合实用目的解释（实用解释）的核心情况是（我将称之为）"文本解释"。文本解释通常发生在法学家和法官进行某些进一步活动的情况下，这些活动与文本解释不同，但又与文本解释相关，并且，这些活动也被认为是"解释"的一部分，尽管是词语的广义和宽泛意义上的"解释"。在下文，我将用"元文本解释（meta-textual interpretation）"这个综合概念来指代这些进一步的活动。

1. 文本解释

文本解释在于确定（确立）权威法律文本在法律上的正确含义，以达到某种实用目的。权威的法律文本是"法律条款""来源语句（source-sentences）""前解释意义上的法律规范（legal norms in a pre-interpretive sense）"，甚至是"规则"或"规范公式（norm-formulations）"，例如，宪法或法定条款。文本解释的实用目的通常包括像法官一样，正确决定一项诉讼，或像法学家一样，对抽象的法律问题作出正确的回答。人们将文本解释看作是将法律条款在语言学内部翻译成一个或若干个规范（下文的"显性规范"），这些规范（被提出并通常被认为）具有法律上正确的含义。[1]

---

[1] 关于翻译，参见，例如：Haas (1962), pp. 86-108; Eco (2012)。关于翻译和法律解释，参见 Mazzarese (1998) 的准确评论文章, pp. 73-102。

我们可以从狭义或广义的角度来理解文本解释的语言学表述。

从狭义上看，文本解释的表述仅仅在于一个或多个"显性"规范：也就是说，在解释者看来，一个或多个规范代表了特定法律条款的"明确含义"，即来源语句应该恰当地"表达"或"告诉"。① 例如，如果所解释的法律条款是：

（LP②i）"不得施加残酷的惩罚"，

解释者将其解释成显性规范：

（EN③i）"不得施加根据制定者的意图是残酷的惩罚"，

假设语句"ENi"是一种显性规范，它在狭义上相当于法律条款"LPi"的文本解释的语言学表述。

相反，如果我们采用更广泛的观点，文本解释的表述可以被设想为在于一个"解释性语句"。解释性语句通常用下列逻辑形式表示：

（IS④1）"法律条款'LPi'（'不得施加残酷的惩罚'）表达了规范'ENi'（'不得施加根据制定者的意图是残酷的惩罚'）"。

（IS2）"法律条款'LPi'表示'ENi'"。

（IS3）"条款'LPi'的含义内容是'ENi'"。

然而，必须注意的是，由于这些语句是以省略形式表达的，以至于允许语用歧义（pragmatic ambiguity）的存在。事实上，并不能确定解释性语句是否为"描述（descriptive）"句，只是表述为法律条款"LPi"——通常是某些个别法学家或法官认为——用于表示显性规范"ENi"；或者正相反，它们是相当于"裁判（verdictive）"句"提出"，将"ENi"作为"LPi"的适当的、法律上正确含义。⑤ 因此，在解释性语句中，我们显然不需要使用省略句的逻辑形式。

---

① 法律条款（legal provision）、显性规范（explicit norm）和隐性规范（implicit norm）之间的区别（我稍后会谈到这一点）对热那亚的现实法律理论和法律解释是至关重要的。参见 Guastini（2011a），pp. 63 – 74；Guastini（2011b），pp. 138 – 161. 从语用的有利角度来看，显性规范对应于语境中语句所表达的内容（完全表达的交际）；这可能与语句（法律用语）"所说的"不同，并且不应与语句"暗示"（implies）相混淆。关于这个问题，我将在下面的第 4 章和第 5 章（译者注："第 4 章和第 5 章"指 Chiassoni，*Interpretation without Truth*，Law and Philosophy Library 128 中的对应章节，本文是书中第 2 章的内容）中讨论。

② 译者注：LP 是 legal provision 的缩写，即法律条款。

③ 译者注：EN 是 explicit norm 的缩写，即显性规范。

④ 译者注：IS 是 interpretive sentences 的缩写，即解释句。

⑤ 值得一提的是，引用 J. L. Austin 的几行话："判决是指根据证据或理由对价值或事实做出官方或非官方的裁决，只要这些证据或理由是可以区分的［……］法官的裁决创造了法律［……］，但其仍然认为在证据上是正确或不正确的、对或错的、正当的或不正当的。"（Austin 1962，pp. 153 – 154）。

可以肯定的是，所有被提出的逻辑形式都不能声称具有绝对的理论充分性。[①] 根据上述文本解释的定义，并考虑到有关法律条款（"成文法"）[②] 的解释活动规则，以下逻辑形式——"IS4"和"IS5"——可能更具有理论充分性：

（IS4）"法律条款'LPi'的法律正确含义（'不得施加残酷的惩罚'）是规范'ENi'（'不得施加根据制定者意图是残酷的惩罚'）"。

（IS5）"规范'ENi'是（被视为）法律条款'LPi'的法律正确含义"。

他们认为，要突出解释者"代表 ENi"，将其作为"LPi"的法律上正确含义；她致力于（评估）LPi 在法律上正确的含义。他们还认为，强调解释性语句是解释性决定的表述。在我们的法律文化中，我们期望这样的决定是合理的，或者至少是正当的：我们期望为他们提供（或他们能获得）理由和标准。这意味着针对解释性语句（"IS6"）的进一步、扩大化的逻辑形式，其中"IS4—IS5"类型的解释性语句的论证核心是明确的：

（IS6）"规范'ENi'是（被视为）法律条款'LPi'在法律上正确的含义，根据（应被认为）所有被认为正确的解释规范 IC[③]j 和所有被认为正确的解释资源的 IR[④]j，'ENi'是法律条款'LPi'的含义。"[⑤]

在形式"IS6"中，"ENi"——即解释者提出并为之辩护的显性规范是法律条款"LPi"的合法正确翻译——根据上下文是合理的，注意，这基于两个共同的理由：基于（解释者认为应被视为）"该"正确"解释规范"ICj，以及基于"该"正确"解释资源"的集合或组合。

必须先对"解释规范"和"解释资源"的概念进行简要说明，因为它们将在本书中反复使用。

"解释规范"是一组不相关联的解释规定（interpretive prescriptions），其中包括方法规

[①] 在一篇旧论文中，我坚持认为，解释性语句"赋予法律条款'一种'含义，即排除了最终可能赋予它们的其他含义"（Chiassoni 1999a, p. 27, 36 – 37, 40）。同样，Diciotti (1999, pp. 152 – 157, 284 ff.)，在非认知主义解释理论的基础上，得出"解释性命题"是"评价性命题"的结论，其逻辑形式是："'S'的唯一意义是，它归属于法定条款'F'是正确的，或归属于法定条款'F'所包含的术语'E'是正确的"。他还认为，这种命题的"基础"（也）包括解释的方法论原则，也就是说，在评价性命题中，为了赋予法定文本某种意义，而确立了恰当的方法和论点"（例如，"解释者，首先是法官，解释者赋予法定文本与立法者的意图相对应的意义是恰当的"）。然而，从解释性活动规则的立场来看，这种假设解释性判决（解释性命题或解释性判断）逻辑形式的方式似乎并不充分。它们要求，解释者赋予法律条款的含义不仅仅是"唯一正确的"条款（这种条款传达了党派评价的思想），而是该条款具有"法律上正确的含义"（从"法律"的角度传达了评价的思想）。

[②] 参见下文第 3 章（译者注："第 3 章"指 Chiassoni, *Interpretation without Truth*, Law and Philosophy Library 128 中的对应章节），对 Chiassoni (1999a) 内容的修正和更新，pp. 72 – 73。

[③] 译者注：IC 是 interpretive code 的缩写，即解释规范。

[④] 译者注：IR 是 interpretive resources 的缩写，即解释资源。

[⑤] 关于解释性语句需要更简洁的形式，Jerzy Wróblewski 的一些文章具有开创性的意义：参见 Wróblewski (1992), p. 93。

则和解释规则。① 解释规则是关于如何将法律条款翻译成一个或多个显性规范的说明。例如，普通词义规则（在一种非常宽泛和不确定的版本中）要求将法律条款解释成与条款中所用词语的通常含义相对应的显性规范；立法意图规则（也在一种可能的变体中）要求将法律条款解释成与立法机关希望它们具有的语义含义相对应的显性规范；目的论规则（同样，在一个可能的变体中）要求将法律条款解释成与条款本身的目的相对应的明确规范；原则规则（作为翻译规则）要求将法律条款解释成显性规范，这些规范与一些相关的原则（"宪法原则""基本原则""一般原则"等）所暗示的含义相对应。② 方法规则包括选择规则（确定要使用的翻译规则）、程序规则（确立先前选择的翻译规则的使用顺序）和优先规则（在多个竞争规则中偏好一个解释表述的指令）。③

相反，"解释资源"是使解释规定发挥作用所必需的资料。它们包括，例如，语言惯例，议会报告，关于法律概念和制度的法律理论、司法意见、法律原则，从现有实在法、道德、政治和法哲学宏观系统选定的一套规范和原则等。④

在展开下文之前，先进行一个进一步的说明是合适的。我将文本解释定义为确定（或确立）法律条款在法律上正确的含义。正如前文逻辑形式所表明的那样，法律上正确的含义总是"关于"解释规范"和"解释资源集。含义在法律上"绝对"正确的观点本身就是一个概念上的错误。如果不（默认地）选择一个规范和一组资源，你就不能"解释"一个文本。因此，没有什么能阻止解释者采用不同意识形态立场（关于这一点，参见下文第2.2.2.2节⑤），通过使用不同的解释规范或借助不同的解释资源集而使同一法律条款产生不同的、相互排斥的、法律上正确的含义。成文法解释活动要求解释者提供法律条款在法律上正确的含义，他们将使用这些法律条款来达到某种实用目的。然而，这种博弈结构使得同一法律条款有多种法律上正确的可替代的含义，也存在不同解释。许多法律解

---

① 关于解释规范规则的更详细的说明见下文第三章3.4和3.6节（译者注："第三章3.4和3.6节"指Chiassoni, *Interpretation without Truth*, Law and Philosophy Library 128 中的对应章节）。解释规范涉及一般意义的解释活动和特别意义的法定解释活动。

② 可以挑出六种翻译规则："语言学规则（Linguistic rules）"诉诸制定法律条款所依据的语言惯例。"意图规则（Intentional rules）"诉诸法律条款的"作者的意图"，众所周知，这个短语可以有许多不同的理解方式（例如，"作者"可以与历史的立法机关、现在的立法机构、理性的或理想的立法部门等联系起来）。"目的论规则（Teleological rules）"诉诸法律的目的，即诉诸法律条款本身、法律条款所包含的法规、法律条款所属实在法部门的法律等。"权威规则（Authoritative rules）"是诉诸对司法或法律"权威"解释法律条款的方式。"系统规则（Systemic rules）"（例如，我在文中提到过的原则规则）诉诸法律制度中的其他规范作为可以收集法律条款的正确含义的资料。最后，"他律规则（Heteronomous rules）"诉诸譬如事物的性质、积极的或批判的道德规范等资料（Chiassoni 2011, ch. 2, 翻译规则被称为"主要指令"）。当方法规则涉及争议时，系统性的关注也会起作用：特别是，它们通常会出现在优先规则中。该功能通常由法学家所熟知的"融贯性论证""一致性论证""完整性论证""荒谬性或合理性论证"等解释规则来实现。

③ 参见下文第三章3.4和3.6节。

④ 假设解释规范包含一个原始字面意义规则（originalist literal meaning rule）（"条款应当按照其原始字面意思来解释"）。例如，在这种情况下，解释资源的正确组合将包括，解释者认为在颁布该条款时最可靠的关于自然和/或法律语言的词典。

⑤ 译者注："第2.2.2.2节"指"2. 意识形态的推测"部分。

释者正在以最有力的方式为他们的观点辩护，并希望获得尽可能多的法官和法学家的支持。

2. 元文本解释

"元文本解释"（Meta – textual interpretation）指的是——正如前文所言，通过纯粹的规定——解释一系列异质的活动。这些活动是"元文本解释"，因为它们"先于"文本解释或者（通常）"预设"文本解释。此外，正如我们稍后将看到的那样，其中一些是词语的恰当意义上的"解释"。

到目前为止，在元文本解释的几种活动中，我将考虑五种产生表述的活动，分别包括："制度地位（institutional – status）"句、"整合（integration）"句、"间隙识别（gap – identification）"句、"悖论识别（antinomy – identification）"句，以及最后的"层次识别（hierarchy – identification）"句。

"制度地位句"是一种分类句，相对于先前确定或预设的规范性集（the normative set）而言（就当前的目的而言，可以暂定为一组法律条款和/或法律规范），它确立了某些先前确定的对象（以法律条款、显性规范或隐性规范为主要因素）的制度价值、立场或一些先前确定对象的功能。

制度地位句在法律话语中非常常见，大致有以下几种形式：

（ISS[①]1）"相对于规范性集'LSi'，法律条款'LPi'是（被视为）一项原则条款（即能够表达法律原则）"。

（ISS2）"相对于规范性集'LSi'，规范'N1'是（被视为）最高宪法原则"。

（ISS3）"相对于规范性集'LSi'，规范'N2'是（被视为）可废除的行为规则"。

（ISS4）"相对于规范性集'LSi'，规范'N3'是（被视为）特别法（lex specialis）"。

制度地位句通常在推理中使用，用于提供实在法的某些部分的系统介绍，或解决一些先前确定的悖论。根据"解释"概念，它们是"解释性"语句，"意义或价值归因于"某些先前确定的对象。此外，它们也属于"系统解释"范畴，因为它们确立了与给定的规范性集（规范性系统）相关事物的（正确）价值（地位、立场、"意义"）。

正常情况下，由于法律解释活动（参见书中第 3 章[②]）是一种辩护性活动，它们根据某种预设的法律学说（"理论"）将意义或价值归因于某种法律项目，该法律解释者先前选择过这种学说（"理论"），因为她认为这是正确的。因此，制度地位句相对完整、语用方面更充分的逻辑形式可以被设想为如下形式：

（ISS5）"相对于规范性集 LSi，'X'（法律条款'LPi'、显性规范'Nj'、隐性规范

[①] 译者注：ISS 是 Institutional – status sentences 的缩写，即制度地位句。

[②] 译者注："第 3 章"指 Chiassoni, *Interpretation without Truth*, Law and Philosophy Library 128 中的对应章节。

'Np')在法律上正确的制度地位是'Y'"。

（ISS6）"相对于规范性集 LSi，'Y'是（被视为）'X'（法律条款'LPi'、显性规范'Nj'、隐性规范'Np'）在法律上正确的制度地位"。

（ISS7）"相对于规范性集 LSi，'Y'是（被视为）'X'（法律条款'LPi'、显性规范'Nj'、隐性规范'Np'）在法律上正确的制度地位，根据（应被认为）所有被认为是正确的法学理论 JT①j，'Y'是'X'的制度地位"。

"整合句"确立将某个规范添加到给定的规范性集中，作为其进一步的、隐含的组成部分，这是法律上正确的整合推理（integration reasoning）的表述：即解释者认为，以正确的方式使用法律上正确的一组整合指令集（法律上正确的"整合规范"②）的推理表述。③

整合句最简单的形式如下：

（IGS④1）"规范 Nj 是规范性集'LSi'（'N1''N2'…'Nn'）的隐性组成部分"。

（IGS2）"隐性规范'Nj'（也）属于规范性集'LSi'"。

（IGS3）"规范性集'LSi'（也）包含隐性规范'Nj'"。

但这些形式很难令人完全满意。相对完整、语用方面更充分的逻辑形式似乎更合理：

（IGS4）"规范性集'LSi'（也）包括隐性规范'Nj'，'Nj'是'LSi'的隐性组成成分，根据（应被认为）所有法律上正确的整合规范 IGCj 的被认为在法律上正确的使用的情况"。

（IGS5）"规范 Nj 是（被视为）规范性集'LSi'的一个法律上正确的隐性成分，'Nj'是一个隐性规范，可以根据（应被认为）法律上正确的整合规范 IGCj 的所有情况添加到'LSi'中"。

注意，"Nj"代表一种"隐含的"规范。这意味着，一方面，它"不是"明确的，即它没有像任何单独的法律条款（否定条件）所表达的意思一样被呈现或辩护；另一方面，它是应用某种整合技术（例如，"类比"推理、"逆向"推理、更进一步的推理、从事物的本质进行推理、从一般或基本原则进行推理）的结果，解释者将所有被认为正确的情况呈现为一组先前确定的明确和/或隐含的规范（积极条件）。

整合句通常出现在两种推理中。首先，它们出现在法律"系统性"推理中，意在"揭示"或"挖掘"给定规范性集的全部组成部分。例如，关于言论自由的宪法的"整个系统"。此外，它们还出现在法律或司法推理的内部，意在填补法律中先前存在的间隙。

---

① 译者注：JT 是 juristic theory 的缩写，即法学理论。
② 译者注：IGC 是 Integration Code 的缩写，即整合规范。
③ 作为整合推理的例子，可以考虑以下内容："规范'Nj'是规范集'LSi'的隐性组成部分，因为它可以通过适当的整合规则'IGRo'推导出从属于'LSi'的'Ni'"。
④ 译者注：IGS 是 Integration sentences 的缩写，即整合句。

正如逻辑形式（"IGS5"）所表明的，整合句也可以被视为各种制度地位句。

"间隙识别句"确立法律中规范性间隙的存在。他们指出，法律中存在间隙，通常相当于手头的案件没有任何显性规范。更简洁的形式被设想为：

（GIS[①]1）"案件'Cj（'例如，在距高中建筑200米以内开设酒吧）不受相关法律集'LSi'的任何显性规范的约束"。

相对完整、语用方面更充分的逻辑形式可被假设为：

（GIS2）"案件'Cj'不受任何显性规范的约束，没有显性规范约束'Cj'，可以根据（应被认为）所有被认为是相关法律条款集'RLP[②]j'的正确的文本解释来确定'Cj'"。

（GIS3）"案件'Cj'在法律上有正确的制度地位，相当于其不受任何明确规范的约束，即没有显性规范来约束'Cj'，可以根据（应被认为）所有是相关法律条款集'RLPj'的被认为正确的文本解释来确定'Cj'"。

更确切地说，"GIS2"和"GIS3"涉及对明确间隙的识别。他们以某些文本解释为前提，并以其表述为基础。[③]

"悖论识别句"确立了法律中悖论（规范性冲突）的存在。这样的句子列明了，两个与同一案件"看似"相关的规范之间，存在着不相容性（incompatibility）。其简单形式是：

（AIS[④]1）"与案例'Cj'相关的，规范'N1'与规范'N2'不相容"。

给定一个先前确定的规范性集，规范之间逻辑不相容性的确定是一个逻辑问题。[⑤] 不过，有两点是正确的。

首先，已经被识别的规范性集是识别逻辑悖论的前提。这是文本和元文本解释活动的表述。因此，尽管逻辑悖论的识别是间接的，但仍取决于先前以法律上正确方式确定的相关规范性集的识别标准的解释决定。

此外，逻辑上的不兼容并没有穷尽规范性冲突的所有情况：实际上，在规范之间存在非逻辑上的不相容性，与语用、工具性、目的论和意识形态上的各种悖论相对应。[⑥] 确定非逻辑悖论不仅是一个逻辑问题，而且还需要一些操作。例如，包括从手段到结果的判断

---

① 译者注：GIS 是 Gap–identification sentences 的缩写，即间隙识别句。
② 译者注：RLP 是 the relevant set of legal provisions 的缩写，即相关法律条款集。
③ 关于明显间隙，参见下文第7章第7.2节（译者注："第7章7.2节"指 Interpretation without Truth 中的对应章节）。
④ 译者注：AIS 是 Antinomy–identification sentences 的缩写，即悖论识别句。
⑤ 参见 Alchourrón and Bulygin（1971）。例如，给定由两个规范组成的规范集，即 N1（"公民应该纳税"，"C –> OT）和 N2（"农民可以不纳税""F –> ¬ P T）"，该规范集包含一个关于公民也是农民（或农民也是公民）的悖论：C&F –> OT & P¬ T。
⑥ 关于非逻辑悖论，参见 Chiassoni（2011），ch. IV. 我将在下面的第2.3.3节（译者注："第2.3.3节"指"（三）系统真理"部分）提供一些关于这些概念的线索，同时讨论修辞的规范性系统和它们可能采用的各种相容性标准。

的做出，从广泛的原则中对特定规则的提取，从"停留在背景中"的一些积极规范的道德价值尺度的辨别。

这表明上述简单形式（"AIS1"）不能充分满足悖论识别的复杂性。可以设想更好的逻辑形式，例如：

（AIS2）"根据（应被认为）作为识别相关规范性集 NSi 的所有正确方法，'NSi'包含规范'N1'和'N2'，并且这些规范与案例'Cj'（在逻辑上/非逻辑上）不兼容"。

（AIS3）"关于案例'Cj'，合理界定规范性集'NSi'的规范'N1'和'N2'之间的法律上正确关系是（被视为）（逻辑/非逻辑）不相容性关系"。

最后，"层次识别句"是在两个先前识别的规范之间确立等级顺序，确定两个规范中的哪一个（如果有的话）优于另一个。最简单的层次识别句的形式表述如下：

（HIS①1）"规则'N1'高于（低于/等于）规则'N2'"。

相对完整、语用方面更充分的逻辑形式可以被设想为：

（HIS2）"根据（应被认为）所有被认为是正确的等级标准'HC②j'，规范'N1'是（被视为）高于/低于/等于规范'N2'。"

（HIS3）"规范'N1'和规范'N2'之间在法律上正确的等级关系是'Hi'（即'N1'高于'N2'），根据（应被认为）所有被认为正确的等级标准'HCj'，'Hi'是'N1'和'N2'之间的关系"。③

正如（"HIS2"）和（"HIS3"）形式所示，层次识别句也是一种——事实上，也是非常重要的一种——制度地位句。等级标准的正确性取决于法学家所采用的法律秩序理论。有时候，等级制度取决于与法律系统的"客观结构"对应的既定无争议原则，以及容易确定的经验资料。例如，在一个宪政国家，任何属于宪法规范的规范（解释者先前决定的）都（"在形式上"）优于任何属于"普通立法"的规范（解释者先前决定的）。然而，其他时候，等级制度更多地依赖于法律理论。例如，在一个宪政国家，一些宪法规范由于是（可归类为）宪法的"最高"或"基本"原则而（被视为）优于其他宪法规范。④

（二）"符合认知目的的解释"

"在适当意义上"，解释活动是存在的——因为行为主体的行为相当于"解释法律"——然而，在性质上是"认知的"。他们的执行既不是像法官那样，是为了决定手头上的一些争议，也不是像法学家和律师那样，是为了建议如何正确解决问题。相反，这些

---

① 译者注：HIS 是 Hierarchy - identification sentences 的缩写，即层次识别句。
② 译者注：HC 是 hierarchy criterion 的缩写，即等级标准。
③ 例如，"根据应被视为一切事物的正确的意识形态价值等级标准（AV），最高基本原则的规范 P1 优于普通宪法原则的规范 P2"。
④ 关于"最高宪法原则（supreme constitutional principles）"的法律学说，参见 Guastini (2011a), pp. 182 - 186。

活动旨在提供关于法律条款"阐释能力"的内容：它们是关于法律条款所"能"承载（被解读）的含义。因此，它们不具有实用性、决策性和道德承诺性。

认知解释的表述可以被设想为"推测句（conjectural sentences）"。事实上，正如我们将在后文看到的那样，它们旨在对手头的一项法律条款表达知情的解释性猜测。

推测句的三种变体是值得区分的，它们对应着各种各样的推测解释活动。具体包括：方法论推测的语句（"方法论推测句"），是方法论推测解释的表述；意识形态推测的语句（"意识形态推测句"），是"意识形态推测解释"的表述；最后是创造句，是"创新性推测解释"的表述。① 第一类语句旨在为给定条款的含义制定"方法论集"（"框架"）；第二种是"意识形态集"（"框架"）；第三类在于"方法论创新集"（"框架"）。

1. 方法论推测

"方法论推测句"概述了特定法律条款意义的方法论集（"框架"）。根据不同的解释规则（"指令""方法""技术""准则"），这些语句确定了同一法律条款所能解释出多种可相互替代的意义。根据假设，这些解释规则实际上属于当时相关法律文化的方法论范畴，因此可供任何"使用者"使用。②

方法论推测句是具有阐释学实验特征的复杂活动的表述。③ 根据从法律经验中收集的数据，该实验旨在探究个别条款的阐释学能力。④ 这是通过一个实验机制（experimental machine）来实现的，该机制在于三个步骤。

实验机制的第一步是确定属于当时法律文化方法论范畴的翻译规则（"指令""方法""技巧""原则"）。完成这项任务首先需要进行一项社会学探究，以查明法官和法学家在他们的著作和意见中采用或认可的方法。它还可能要求对现有方法进行精密化的重构，将普通法律话语的广义解释规则（例如："根据法律条文的一般意义解释法律条文"）转化为事实上被认为适用更为精确的翻译规则（例如："根据其字词的字面意义解释法律条款，正如法律颁布时普通读者所理解的那样，考虑到每个字词的直接语言学语境"）。

在实验机制的第二步中，解释者将第一步中确定和精确化的几项翻译规则中的每一条依次应用到手头的法律条款。这需要识别与每个翻译规则相关的一组（或多组）解释资源

---

① "创造性解释（Creative interpretation）"有时被用来指（在我的术语中）文本解释的激进实例，即解释者将法律条款翻译成不属于其方法论意义框架的规范（例如，参见 Guastini 2011a, pp. 141 - 142）。在我看来，一件事是"发明（inventing）"法律条款的新含义；另一件事是通过"该"新含义把条款转化为决定手头案件的实用性目的。这就是为什么我把创造性解释作为一种恰当意义上的推测的、理论的解释形式，而不是作为一种文本的、实用性的解释极端变体。

② 显然，目前的方法推测解释的概念代表了一种认真对待和考虑凯尔森的"科学解释"思想的理论潜力的尝试。参见 Kelsen (1960), chap. VIII. 我将在下面的第 5 章 5.2 节（译者注："第 5 章 5.2 节"指 Interpretation without Truth 中的对应章节）中谈回解释框架。

③ 阐释学实验可以看作是各种思想实验。关于思想实验，例如，参见 Buzzoni (2004), pp. 124 - 126, 265ss. 另参见 Brown and Fehige (2011)。

④ 例如，《意大利宪法》第 3 条第 2 款、《欧洲人权公约》第 3 条、《美国宪法》的"不设立条款"等。

集。在诉讼中对法律条款进行推测性解释时，出于实验的目的，解释者必须进行假设：在应用时，可用的几个翻译规则中的每一个都优先于任何其他规则。出于方法论推测的目的，解释准则——在文本解释中，解释准则是包含各种方法和翻译规则的集合——归结为一个单一、适当精确的翻译规则。

最后，实验机制的第三步在于制定方法论推测句，表述前面操作的最终结果。可行的逻辑形式类似于条件句的析取集（a disjunctive set）：

（MCS①）"如果法律条款'LPi'是根据翻译规则'TR1'和一套解释资源'IR1'进行解释，则其表示规范'N1'；或者，如果法律条款'LPi'是根据翻译规则'TR2'和一套解释资源'IR2'解释的，则其表示规范 N2；或者，更确切地说，如果……，则其表示规范……"。②

2. 意识形态推测

意识形态推测句是概述法律条款意义的意识形态意义集（"框架"）。根据法律和法律解释的意识形态观点（正义哲学、国家和法律秩序规范性理论、关于法官"适当"作用的规范性理论等），这些语句确定了同一法律条款所能解释出多种可相互替代的意义。根据假设，它们存在于当时的法律文化中。当然，作为一个社会事实，其中某些意识形态观点将占据主导地位或具有高度影响力。这些将代表更相关和有趣的探究主题。

正如我们所看到的，方法论的推测解释只是关注方法论的手段，而没有考虑它们所产生的解释结果的实质正确性和文化可接受性。相反，意识形态的推测解释也考虑到了这一更深的方面，使其在探究中占有重要地位。事实上，意识形态推测解释的想法反映了一种——非常明智的——观点，根据这一观点，除了法律文本和逻辑推理形式之外，文本解释还包括两个基本要素，即：伦理价值和修辞技巧。价值观作为意识形态观的组成部分，既影响恰当的（法律上正确的）解释规则集的选择，又影响妥适的（法律上正确的）解释资源安排的选择。

解释性意识形态推测的实验机制在于四个步骤。

第一步致力于识别当时法律文化中存在的意识形态观，或者至少是最有影响力的观点（即使是"臭名远扬的观点"）。

第二步涉及确定意识形态上正确的解释规范，也就是说，根据先前确定的几种意识形态观点中的每一种，解释者必须使用这些规范才能正确解释法律。

第三步是根据几部有正确意识形态的规范，对个别法律条款进行推测性解释。这涉及为每个要应用的规范，确定相关的解释资源集。

第四步也是最后一步，致力于制定意识形态推测句，它构成了前面操作的最终结果。

---

① 译者注：MCS 是"methodological – conjecture sentence"的缩写，即方法推测句。

② 关于方法推测解释，参见下文第 5 章 5.2 节（译者注："第 5 章 5.2 节"指 Chiassoni, *Interpretation without Truth*, Law and Philosophy Library 128 中的对应章节）。

这可以通过条件句的析取集（a disjunctive set）来表示，如方法论句：

（ACS①）"如果法律条款'LPi'是根据意识形态正确的解释代码'IC1'和一套相关的解释资源集'IR1'进行解释，则其表示规范'N1'；或者，更确切地说，如果'LPi'是根据意识形态正确的解释代码'IC2'和相关的一套解释资源'IR2'来解释的，则其表示规范 N2；或者更确切地说，如果……，则其表示规范……"。

假设一个解释者发现在她生存的社会中有两种有影响力的意识形态观点：一种是宪政民主的多数主义["民粹主义"（populist）]观念，一种是宪政民主的自由主义["个人主义"（individualist）]观念。她也可能发现两种观点中的每一种对某种解释规范的承诺：比如，分别是字面的目的规范（a literal - intentional code）和字面的融贯规范（a literal - coherence code）。以此为基础，继续进行推测：首先，如果有必要的话，一个更精准、更完整的解释规范对应于两种观点中的每一种；第二，根据先前确定的两个意识形态规范，与若干宪法规定相对应的意识形态框架。② 如果意识形态规范包含不止一条翻译规则（正如我正在考虑的假设例子的情况一样），我们的推测解释者将依次根据每个规范的每一条翻译规则解释每个条款。如果意识形态规范包含已经成为正在进行的方法论范畴组成部分的翻译规则，那么意识形态推测解释的表述将是方法论推测解释表述的子集。在这种情况下，它将提供关于解释表述的信息，即"社会"（"法律文化""法律职业"等，或其中的某些部分）可能不仅在方法论上，而且在实质上（意识形态上）考虑也是可行的。

3. 方法论创新

最后，"创造句"旨在为法律条款确定可能的新含义。这些含义是新的，因为根据假设，它们不属于系争法律条款意义的方法论或意识形态框架。他们可以通过一些新的解释方法和相关的解释资源集来识别和论证。因此，我们可以将创造性句理解为解释方法论创新的意义框架，或者换句话说，是创造性的推测。创造性语句的逻辑形式可以设想如下：

（CCS③）"如果法律条款'LPi'是根据新方法'Mj'和相关的解释资源集'Rj'进行解释，则其表示规范 Nj，这代表了'LPi'的一种新的含义"。

例如，假设一个解释者猜测宪法条款可以被解释成哪些新的含义，如果不是使用传统的、意识形态上认可的、字面和目的解释方法，就是根据"道德解读"或"价值法理学"方法来解释条款。

显然，当下我对创造性解释的理性概念感兴趣：这个概念关于论证已阐明的新含义可能性。至少在原则上，异想天开的创作超出了我们所知的法律解释活动的范围。④

---

① 译者注：ASC 是 a disjunctive set 的缩写，即析取集。
② 关于意识形态的推测解释，参见下文第 5 章 5.2 节（译者注："第 5 章 5.2 节"指 Chiassoni, *Interpretation without Truth*, Law and Philosophy Library 128 中的对应章节）。
③ 译者注：CCS 是 creative sentences 的缩写，即创造性语句。
④ 关于创造性解释，参见下文第 5 章 5.2 节（译者注："第 5 章 5.2 节"指 Chiassoni, *Interpretation without Truth*, Law and Philosophy Library 128 中的对应章节）。

（三）"不当解释"

最后，"不恰当意义上"的解释活动是这样的：正确地说，执行这些活动的主体并没有真正地"解释法律"。事实上，这些活动是指某人描述其他主体如何解释某项法律，或者预测其他主体将如何解释该法律，再或者制定其他主体应如何解释该法律的规定。在乔瓦尼·塔雷洛①之后，我将这些活动分别称为"解释检测（interpretation-detection）""解释预测（interpretation-prediction）"和"解释规定（interpretation-prescription）"。②

1. 解释检测

"解释检测"以"检测句"结束。

"单称检测句"指对法律条款进行文本解释的个别行为：

（SDS③）"在司法裁决'JDi'中，Ji 法官（例如：the Court of appeals of Yellow Falls）将法律条款'LPi'解释为表达规范'N1'"。

相反，"一般检测句"是来自单称检测句的概括表述，旨在描述过去的解释趋势：

（GDS④）"在过去的时间段 Ti 里（例如：从 1980 年至今），Jo 法官（例如：该国的上诉法官、郡县法院、最高法院的法官）一直将条款'LPi'解释为规范'N1'"。

2. 解释预测

"解释预测"以"预测句"结束。

"单称预测句"预测对法律条款进行文本解释的个别行为：

（SPS⑤）"在对案件'Ci'的判决中，Ji 法官（例如：the Court of appeals of Yellow Falls）有 n 的可能性（例如：超过 60% 的可能性）将条款 LPi 解释为表达规范'N1'"。

相反，"一般预测句"旨在预测未来的解释趋势：

（GPS⑥）"关于未来的时间段 Fo 里（例如：在未来两年内），Jo 法官（例如：该国的上诉法官）有'n'的可能性（例如，超过 60% 的可能性）将条款'LPi'解释为表达案例'C'中的规范'N1'"。

3. 解释规定

最后，"解释规定"以"规定句"结尾。

"单称规定句"包含进行文本解释的个别行为。

（SPRS⑦）"在判决案件'Ci'中，条款'LPi'应由 Ji 法官（例如：the Court of ap-

---

① 译者注：原文为"Giovanni Tarello"，译者音译为乔瓦尼·塔雷洛。
② Tarello（1980），ch. 2.
③ 译者注：SDS 是 Singular detection Sentences 的缩写，即单称检测句。
④ 译者注：GDS 是 general detection Sentences 的缩写，即一般检测句。
⑤ 译者注：SPS 是 singular prediction sentences 的缩写，即单称预测句。
⑥ 译者注：GPS 是 general prediction sentences 的缩写，即一般预测句。
⑦ 译者注：SPRS 是 singular prescription sentences 的缩写，即单称描述句。

peals of Yellow Falls）解释为表达规范'N1'"。

相反，"一般规定句"涉及解释行为的类别：

（GPRS①）"在每个 C 类型的案件中，Jo 法官（例如：the Court of appeals of Yellow Falls）将条款）'LPi'解释为表达标准'N1'"。

根据解释者的制度性的职能，规定句可能具有命令性或规范性特征（设想最高法院向下级法院发布的任何此类规定），或者就像法律规定句的情况一样（在法律规定句中，法律意见不属于正式的法源，因此，对法官和普通民众均没有法律约束力），具有意见或正式建议的特征。②

正如我们所看到的，通过上述对非常宽泛假设的解释话语的重构，我们终于可以开始着手思考我在文章开始时提到的那个困扰我们的问题了。

当法学家和法哲学家认为存在或可能存在"正确"（或"错误"）的"解释"时，他们通常把这种事情称为"法律命题"③"解释性陈述"④"解释性判断""解释性命题"或"解释性论题"⑤ 之类的东西，作为有真理倾向的实体。大致上，这些实体与我在这里所展示的文本或元文本解释活动的表述相对应（上文"1. 文本解释"和"2. 元文本解释"）。事实上，它们是法官和法学家为了完成他们的专业任务所指定的"命题"（"说明""判断""论题"等），通过解释宪法、法规或规章条款来"确定"法律对某个问题的要求——当然也是根据惯例、司法意见和法律著作。因此，在一些法学家和法哲学家看来，（我在这里称之为）解释句和整合句是有真理倾向的实体。这样的观点引出了几个问题：他们是对的吗？当他们认为"解释命题"适合真理时，他们心中的真理是什么？哪个真理可能适合这样的实体？哪些真实条件能让它们成真？为了回答这些问题，对（令人敬畏的）真理领域进行一次非常简短的研讨是合适的。

---

① 译者注：GPRS 是 General prescription sentences 的缩写，即一般描述句。

② 文本中的一系列概念代表了 Chiassoni（1999a）一次激进的重新审视，p. 21 ff；Chiassoni（2011），ch. II.

③ 罗纳德·德沃金认为"法律命题"——例如，"法律禁止各州在《第十四条修正案》所指范围内拒绝给予任何人平等的保护""法律不为同胞受伤提供赔偿""法律要求 Acme 公司赔偿 John Smith 去年 2 月在其雇佣期间所受的伤害"——作为适合为真或假的命题。然而，德沃金的"法律命题"不是真正的规范性命题，即"关于"现有规范的经验上的真或假的陈述（冯·赖特 1963，pp. 105 - 106）。相反，它们是"表达规范"（"规范性要求（normative claims）"）的语句：在法律制度中个别或一般规范、显性或隐性规范作为"真的"被适用、提议、援引、使用。更准确地说，这种"命题（propositions）"的性质是通过建设性解释确定的一般或个别规范的性质。事实上，德沃金清楚地指出："根据法律的完整性，如果法律的主张'符合'或'遵循公正、公平和程序正当程序的原则'，这些原则为社会的司法工作提供最佳的建设性解释'，那么这些法律主张就是真实的"（Dworkin 1986, pp. 4 - 5, 225, italic added; see also Dworkin 2006, pp. 14 - 15）。Patterson（1996）和 Stavropoulos（1996）对法律的"客观性"也提出了类似的观点。

④ 例如，参见 Aarnio（1981），pp. 423 - 448，论述"法律教条主义中的解释性陈述"的"真理"。根据 Aarnio 的观点，解释性陈述是对法律文本进行解释的表述（Aarnio 将其描述为"掌握文本含义内容"的活动），其形式为"法律文本的内容是某某"。显然，作出这种解释性声明的法学家认为，"某某"是"该"法律文本的法律正确含义。因此，当 Aarnio 谈到法律上的"解释性陈述"时，他指的是我在这里所说的"解释性语句"。

⑤ 参见 Diciott（1999），p. 91 ff., 103 ff., 152 ff., 185 ff., 283 ff。

三、真理

在他告别演讲的开场白"什么是正义?"中,汉斯·凯尔森回忆起《约翰福音》(18:38)中的一个场景:

> 当拿撒勒人耶稣被带到彼拉多面前,承认自己是王的时候,他说:"我为这个而生,为这个而来到世上,为真理作证。"于是彼拉多问:"真理是什么呢?"罗马检察官没有想到,耶稣也没有给出这个问题的答案;因为为真理作证并不是他作为救世主国王的神圣使命的本质。他生来就是要为正义作证,为在神的国度里要实现的正义作证,为此,他死在十字架上。①

在他关于福音场景的报告中,凯尔森提醒我们,"真理"一词可能有许多不同的用法:实际上,指的是地球上或天堂里任何有价值的东西。② 他还建议,对于"真理和法律解释"的问题,首先可以采取简化主义的策略(reductionist strategy)。如果我们把"真理"理解为正义的名称之一,那么解释能否是"真"的问题,就变成了解释是否是,或者说能否是有正义倾向的实体的问题,即,解释能否是"公正"的或者"依据正义"。此外,在凯尔森之后,如果我们也认可非客观主义和非认知主义作为我们的元伦理立场(虽然这是完全合理的,但仍然是许多学者和普通民众所厌恶的),法律解释中的真理问题完全改变了性质。至少看似是一个认识问题,即法律解释中客观知识的范围问题,它变成了一个实用性问题。换句话说,在一个政治、法律和道德观点相互竞争的领域中,它变成了站队问题,而这个领域的特点是政治、法律和道德点的多样性,并且通常在稀缺的条件下,个人和群体之间为了追求自己的社会幸福而永无止境地发生物质和精神利益冲突。

然而,假设我们选择不接受凯尔森提出的简化策略,如果我们这样做了,另一个选项会立即出现。这是两种多元主义真理论(alethic pluralism)之间的选择:我们可以称之为简略的多元主义真理论(austere alethic pluralism)和宽泛的多元主义真理论(broad alethic pluralism)。简略的多元主义真理论考虑两种真理概念:经验真理(empirical truth)和形式真理(formal truth)。相反,宽泛的多元主义真理论考虑(为达到我目前的目的,它正在重建中)四个真理概念:除了经验真理和形式真理之外,它还包括语用真理(pragmatic truth)和系统真理(systemic truth)。如果出于一种试验性和尝试性的心理,决定采取一种宽泛的多元主义真理论的立场,并抛开形式上的真理,那么我们可以考虑三种真理的概

---

① Kelsen (1957), p. 1. 这一幕在真实文学中算是成功的。例如,参见 Austin (1950), p. 85。
② 这也是约翰·济慈的《希腊古瓮颂》告诉我们的:"等暮年使这一时代都凋落,/只有你如旧;在另外的一些/忧伤中,你会抚慰后人说:/ '美即是真,真即是美,——这就包括/你们所知道的一切,也是你们该知道的一切。'"

念,这就是经验真理、语用真理、系统真理。① 至少从表面上看,它们是适用于法律解释领域。

(编辑:吴冬兴)

---

① 我认为,形式真理包括分析真理和逻辑真理。前者取决于组成语句的描述性词语的含义。例如,"所有单身汉都是未婚男性"这句话在英语中分析起来是正确的,因为"单身汉"的意思是"未婚男性"。后者取决于逻辑术语("和""或""非"等)的含义和语句的结构。例如,任何形式为"A∨¬A"("下雨或不下雨")的复合句在逻辑上是正确的,而任何形式为"A&¬A"("下雨和不下雨")的语句在逻辑上是错误的。解释表述作为话语实体,是适用于形式上的真与假,因为它们可能是重复的或自相矛盾的。简略的多元主义真理论是逻辑实证主义和经验主义认识论的标志。例如,参见 Ayer(1952),冯·赖特(1951)。关于(宽泛的)多元主义真理论,例如,参见:Pedersen and Wright(2012):"'关于多元主义真理论'提出了这样一个论点,即存在不止一种真实的方式";Pedersen and Wright(2013),ch. 1;Wright(2013),ch. 7;Wright(2001),pp. 751 - 787;Lynch(2001),pp. 723 - 749;Lynch(2009),pp. 1 - 6, 159 ff. 通过关注经验的、语用的和系统的真理,我至少省略了第四个候选理论:即所谓的真理共识理论。粗略地说,这一理论认为,只要理论或实用的主张在理想的反思语境中得到理性主体的普遍同意,那么这个理论或实用的主张是正确的。然而,必须注意到,也许是当代哲学共识理论最杰出的支持者尤尔根·哈贝马斯从 20 世纪 90 年代末就开始区分描述句的"真理",这一方面取决于客观世界、道德判断和道德规范的"规范正确性"或"道义有效性",另一方面,与之相反,取决于"话语原则"的正当性("只有当所有受规则或选择影响的人都能在合理的话语中接受它时,行动或选择的规则是正当的,因此是有效的":Bohman and Rehg 2014,§ 3.4;see Habermas 1999,ch. 6)。顺便说一句,如果我们停下来思考一个理性的主体可能必须接受一个行为规则或选择是"规范正确"或"道义有效"的原因,这可能与规则或选择与她最终的实用性原则和/或她偏好的目标相一致有关。这样,规范正确性或道义有效性的共识理论似乎归结为各种语用正确性或系统正确性。为了给宽泛的多元主义真理论"定调"(set the tone),也许值得引用 Alfred Tarski 的一句话:"在现代哲学文献中,还讨论了其他一些关于真理的概念和理论(除了经典的、语义的或对应的理论等),例如语用概念和融贯理论。这些概念似乎具有完全规范性特征,与'真'一词的实际用法关系几乎没有联系。"(Tarski 1969, p. 64;Tarski 1944, pp. 348 - 349)

英国普通法法律方法的变迁

——以19世纪判例制度的"严格化"为中心

王　婧[*]

> **摘　要**　19世纪，判例制度在英国日渐严格化，法官不再能诉诸"理性"背离先前的判决，而是要受到先例判决理由的拘束。先例的拘束力分为纵向和横向两种。前者指上级法院判决对于下级法院的拘束力，在19世纪中叶已经基本确立；后者指判决对于法院自身和同级法院的拘束力，以上议院在 *London Tramways* 案的判决为标志，于19世纪末确立。判例制度严格化是英国法律职业共同体在19世纪司法改革的背景下对于普通法法律方法的调适，它提高了普通法的确定性，但也限制了英国法院适应社会变革的能力，导致英国最终于1960年代部分放弃了严格的判例制度。
>
> **关键词**　法律方法　遵循先例　法律宣示理论　法律实证主义　区分技术

在普通法的法律方法中，遵循先例（stare decisis）原则是核心要义。所谓遵循先例，是指法官遵照另一个法官在先前类似案件中的判决理由（ratio decidendi）来判决案件。在普通法的司法过程中，法律发现、法律解释、法律推理和法律论证等环节都会受到遵循先例原则的影响。普通法本身也以遵循先例原则为基础形成。正如英国法律史学家贝克尔（J. H. Baker）所言，从来没有一个时代普通法不是"判例法（case law）"，判决作为一种法律渊源的观念一直是英国法学的首要原则。[①] 但是，在英国普通法的历史上，先例（precedent）严格的拘束力（binding force）并不是自始就存在，而是直到19世纪才形成，

---

[*] 王婧，女，山东威海人，华东政法大学科学研究院副研究员，研究方向为外国法制史。

[①] J. H. Baker, *An Introduction to English Legal Hisroty* (Fourth Edition), Oxford University Press, 2011, pp. 196-197.

这主要是由于判例制度在 19 世纪的严格化 (hardening): 遵循先例从弹性的原则变为刚性的规则,从法官的选择变为义务。① 这一变化对于普通法的法律方法产生了重要影响: 法官不再能随意诉诸"理性"(reason)背离先前的判决,而是要受到上级法院以及自身和同级法院先前类似案件判决的拘束。

在国内目前对于普通法方法的研究中,多将 19 世纪之后的判例制度作为论述的前提。② 这与我们当下对于普通法系司法制度的知识需求相关。我国的法律渊源以制定法为主,司法裁判过程中的法律方法也更类似于大陆法系而不是普通法系。然而,改革开放以来,中国社会经历了快速发展与深刻转型,虽然制定法大量增加,但依然无法满足司法实践中对于裁判规则的需求。为此,不少学者呼吁中国引入判例制,普通法的判例制度成为重要借鉴。2011 年,中国开始实行案例指导制度,在探讨指导性案例的性质、效力与运行机制等重要问题的过程中,普通法系的经验依然是重要的比较法资源。从普通法系判例制的发展而言,相较于中世纪,19 世纪之后的判例制度更适应现代社会的要求,其原理与运作经验对于我们构建案例指导制度的启示作用毋庸置疑。但同样不可否认的是,对于案例指导制度的"构建"而言,我们不仅需要知道判例制度现在是什么样的,还需要知道它是如何变成这样。19 世纪先例原则的严格化是判例制度从中世纪向现代的转型阶段,这一阶段对于现代社会的普通法方法产生了深远的影响。在转型的过程中,判例制度与普通法方法为什么改变、改变了什么以及改变的影响,都值得我们关注。

判例制度为何在 19 世纪严格化? 英国法学家克罗斯 (R. Cross) 与哈里斯 (J. W. Harris) 概括了三个原因: (1) 高水平判例汇编的出现; (2) 法院等级体系的完善; (3) 上议院司法的专业化。③ 就原因一而言,主要是指 1865 年英国设立了判例委员会 (the Council of Law Reports) 出版准官方的判例报告——《法律报告》(Law Reports),法官的判决意见得以更好地记录与引用。在此之前的判例汇编都是出自私人之手,权威性和体系性不足。就原因二而言,19 世纪之前,英国虽然存在纠错法院 (court of error),但并不存在审级意义上的法院等级体系,其所适用的纠错程序与现代的上诉 (appeal) 制度也存在明显差异。1830 年代,大法官 (Lord Chancellor) 布鲁厄姆勋爵 (Lord Brougham) 通过设立新的财政署内室法庭 (Court of Exchequer Chamber) 统一普通法法院的上诉,这一法院也成为今天英国上诉法院 (Court of Appeal) 的前身。1851 年,衡平法院内部设立

---

① Jim Evans, Change in the Doctrine of Precedent during the Nineteenth Century, in Laurence Goldstein ed. , *Precedent in Law*, Clarendon Press, Oxford, 1987, p48; Theodore F. T. Plucknett, *A Concise History of the Common Law* (the fifth edition), 中信出版社 2003 年版, 第 350 页。

② 比如李红海:《普通法的司法解读——以法官造法为中心》第四章"普通法方法论", 北京大学出版社 2018 年版, 第 126~161 页; 叶榅平:《遵循先例原则与英国法官的审判思维和方法》, 载《比较法研究》2015 年第 1 期, 第 16~33 页; 孙海波:《普通法系法官背离先例的经验及其启示》, 载《法商研究》2020 年第 5 期, 第 104~115 页。

③ [英]鲁伯特·克罗斯、J. W. 哈里斯:《英国法中的先例》(第四版), 北京大学出版社 2011 年版, 第 29 页。

上诉法庭，衡平法的上诉制度得以建立。1870 年代的司法改革统一了英国的法院等级体系，整个联合王国案件的上诉自此有了明确而固定的路径。原因三主要是指 1876 年《上诉管辖法》。该法规定，上议院设立专业的常任上诉贵族法官（Lords of Appeal in Ordinary，简称 Law Lords）专司审判，实现了上议院司法的专业化和职业化，上议院也从中世纪的议会高等法院（High Court in Parliament）变为现代的终审上诉法院（Court of Final Appeal）。

上述制度变革对于先例原则的严格化不可或缺，但严格化不完全是理性设计和立法活动的结果，它离不开法官在司法过程中对于普通法方法的渐进调适，这就涉及判例制度发展的另外两个问题：改变了什么与改变的影响。本文着重梳理的是 19 世纪法官在司法实践中对于先例拘束力观点的变迁，试图展示普通法法官如何根据外在条件与内心法感调适既有的法律方法形塑现代的判例制度，以启示正在构建中国案例指导制度的法律人。

一、19 世纪之前的普通法方法：遵循先例与"理性"

17 世纪的英国，"遵循先例"的观念已经成为法律人（lawyers）的共识，但遵循先例并不是法院的强制性义务，先例也不具有拘束力。对此，17 世纪普通民事诉讼法庭（Court of Common Pleas）的沃恩法官（Vaughan CJ）给出了经典的阐释：

> 如果一个法院作出司法裁决，另一个法院没有义务作出类似判决，除非后者认为前一个判决是依据法律（according to law）作出。因为任何法院都可能犯错，否则就不会承认判决中的错误，也不会推翻判决。因此，如果一个法官认为另一个法院作出的判决是错误的，他既然发誓要依法判决，也就是凭自己的良心，就不应该作出类似的判决，因为这将使每一个有同样理由的人都受到伤害，因为另一个人之前被伤害过，更不用说遵循司法外的意见了，除非他相信这些意见是正确的。①

上述判决意见中有两点值得注意：

首先，法官在司法裁判过程中可以接受或推翻其他法院的判决。这意味着没有哪个法院的判决具有绝对的权威，因为"任何法院都可能犯错"。这种观念首先与中世纪英国法院的体系有关。中世纪英国法院种类繁杂，各类法院的管辖权之间存在竞争关系。当事人可以自由选择案件的管辖法院，如果不满意法院的诉讼结果，还可以将案件诉至其他法院。在管辖权竞争中取得优势的王室法院可以作出不同于其他法院（地方法院、封建法院和教会法院等）的判决，但这主要是当事人自由选择的结果，而不是因为王室法院是其他法院的上级法院。在王室法院内部，纠错法庭——财政署内室法庭、王座法庭（Court of King's Bench）、议会高等法院——可以纠正王室法院其他法庭的错误判决，但纠错法庭与

---

① *Bole v. Horton*, (1672) Vaughan 360, 383, 124 E. R. 1113.

其他法庭之间同样不存在固定的上下级关系。这种相对松散甚至有些混乱的法院体系为法官在司法裁判过程中评判其他法院的判决提供了空间。

其次，法律（law）是所有司法裁判都要遵循的标准，也是评判先前判决的标准。这里的法律是普通法，而非议会的制定法（statute）。按照中世纪流行的法律宣示理论，普通法被认为是流行于英格兰王国的习惯，是完美的理性（the perfection of reason）；法官的职能不是创制法律，而是宣示法律（jus dicere, not jus dare）；先例是法律的证据（the evidence of the law）而非本身（law in itself）。18世纪英国法学家布莱克斯通（W. Blackstone）关于法律宣示理论的表述影响最大，"正义法庭的裁决是普通法含义的证据"，"如果发现以前的判决明显荒谬或者不公正，那么这样的判决不会被宣布为坏的法律（bad law），而是被宣布为根本不是法律（not law）"。[1] 因此，在司法裁判过程中，如果某种意见体现了理性——或按照沃恩法官的说法是"体现了自己的良心"——即使没有体现在先例中，也可以作为判决依据。相反，先前的判决如果不符合理性，也无法得到遵从。

那么，普通法意义上的"习惯"和"理性"如何确定？中世纪，法官被认为是普通法的阐释者，外行人只能根据法院的判决了解"习惯"与"理性"。在1774年的 Jones v. Randall 案中，曼斯菲尔德勋爵（Lord Mansfield）指出：

> 不过尽管它（指诉讼所涉及的合同——笔者注）没有被任何实在法所禁止，也没有被任何先例判定为非法，但根据原则，它可以被判定为非法；如果只根据先例来判决，英国法将是一门奇怪的科学。先例的作用是说明原则，并使其具有固定的确定性。但是，英国法不包括由制定法规定的实在法，它取决于原则；这些原则贯穿于所有的案件，因为每个案件的具体情况都被发现属于一个或另一个原则。[2]

曼斯菲尔德的主张到19世纪初年依然被遵循：

> 曼斯菲尔德勋爵多年前曾反对在我们的法律中引入细节和概念，他说这些东西是对常识（common sense）的侵犯，人们一定会后悔。他说，现在是摆脱这些东西的时候了，不应该再对它们进行添加：我们的法学应该建立在朴素而广泛的原则之上，这些原则不仅法官可以毫无困难地适用于所发生的案件，而且那些其权利将由它们决定的人也可以理解。如果我们的规则被聪明人所能想象的所有例外情况所束缚，那么就没有确定的原则来指导我们，最好是将正义的原则适用于

---

[1] W. Blackstone, *Commentaries of the Laws of England*, Book Ⅰ *of the Rights of Reasons*, Oxford University Press, 2016, p. 53, 52。强调为原文所加。

[2] *Jones v. Randall*, 1 Cowp 39, 955.

每一个案件,而不是继续得到更多固定规则。①

根据上述意见,普通法的"理性"是一系列原则,通过法院的判决揭示并固定。这些原则由社会整体塑造,不能由法官依据个人偏好添加或者进行其他修改。这意味着普通法意义上的"理性"是不变的。不仅如此,法官在裁判过程中可以直接诉诸理性判决案件,而不必遵循先例和实在法。因此,法律宣示理论下,法官具有阐释和评判法律的权力,排除了依据法院的等级权威服从其判决的可能。

不过,法律宣示理论只是 19 世纪之前法律人对于法律性质观点中的一种。在奠定普通法现代版权制度基础的 *Donaldson v. Beckett*(1774)案中,卡姆登勋爵(Lord Camden)对普通法方法提出了更为"实证主义"的阐释:

> 但是如果除了道德品质和衡平权利(moral fitness and equitable right)没有其他规则,那么谁有权判决这些新案件?我肯定,不是普通法的法官。他们的职责是告诉起诉者法律如何规定,而不是它应该如何规定(How the law stands, not how it ought to be);否则,每个法官心中都有一个不同的法庭,其判决将会像人的思想和脾性一样不稳定、不确定、千差万别。②

根据贝克的考证,早在都铎王朝初期,实证主义的影响力已经在司法实践中显现:没有形成明确意见的法院判决不再为法院重视;正式审慎的司法意见成为明确的法律渊源,区别于附带意见(obiter dictum)。到 1600 年,多数判决意见都具有确定法律的效果。③ 不过,遵循先例要成为法院强制性的义务还要等到 19 世纪。

二、先例纵向拘束力的确立

判例制度"严格化"的表现就是先例拘束力的确立。先例的拘束力分为两种:纵向拘束力和横向拘束力。前者指上级法院判决对于下级法院拘束力;后者是判决对于法院自身和同级法院的拘束力。在 19 世纪,判例的纵向和横向拘束力都得到了不同程度的强化。下文将分而述之。

先例确立纵向拘束力的首要条件就是法院等级体系的完善。因为没有上下级法院,就无所谓纵向拘束力。在 19 世纪初,即使是上议院的判决也没有得到其他法院绝对的服从。比如在 1801 年的 *Perry v. Whitehead* 案中,大法官埃尔顿勋爵(Lord Eldon)承认:

> 很多情况下,下级法院认为它们可以自由地根据非常微小的情境(minute circumstances)违背上议院的判决。瑟洛勋爵(Lord Thurlow)在 *Tweddell v.*

---

① *Strother v. Barr* (1828), 5 BING. 137, 153.
② *Donaldson v. Beckett*, Cobbett's *Parl. Hist.*, xvii. 998. Cited in Jim Evans, "Change in the Doctrine of Precedent during the Nineteenth Century", supra note 3, p. 41.
③ J. H. Baker, *An Introduction to English Legal Hisroty*, supra note 2, pp. 198 – 199.

Tweddell（2Bro. C. C. 101，152）案中如此，以及所有其他一般辞职担保书（general bonds of resignation）①的案件都是如此。（参见 *The Bishop of London v. Fytche*，1Bro. C. C. 96.）……②

随着19世纪30年代司法改革的展开，纠错法院的判决对于初审法院的拘束力开始显现。下文以1833年 *Garland v. Carlisle* 案③为例进行分析。该案的基本案情是，郡长 *Garland* 根据法院的债务执行令状扣押并变卖了破产人（委托人）的破产财产，但是郡长没有注意到在此之前债务人（委托人）已经向破产委员会提起了破产诉讼。争议问题是，在破产者的受托人 *Carlisle* 提起的追索侵占物（trover）的诉讼中，郡长是否应该承担责任？*Garland* 案的初审于1831年在普通民事诉讼法庭进行，法院判定郡长承担责任。然而，财政署法庭（the Court of Exchequer）在随后类似的 *Balme v. Hutton* 案中作出了相反的判决，认定郡长不承担责任。两个案件都通过纠错令状来到了财政署内室法庭。最终，内室法庭推翻了 *Balme* 案的判决意见④，维持了 *Garland* 案的判决。

对于我们研究的问题而言，关键不在于内室法庭的判决结果，而在于内室法庭首先审理了 *Balme* 案。在其后审理 *Garland* 案的过程中，大多数法官仅仅关注两个初审判决不同的意见以及各自的支持理由，却忽视了内室法庭的判决与初审判决之间的效力差别。对此，帕克男爵（Baron Parke）指出：

> 在我们的司法制度中，我们受到先例和之前案件权威的拘束，除非先例和之前的案件清楚明白地建立在错误原则的基础之上，这是明智地为了保证我们司法程序合理的确定性。在这个问题上（指 *Garland* 案的争议问题——笔者注），除了大量既存的权威，我们这里有一个直接的权威，纠错法院推翻下级法院的严肃判决。因此，我们无论在哪个方面赞成那个法院（指 *Balme* 案的初审法院——笔者注）的法官，至少就目前而言，那个判决都不能再指导类似案件。我们的情况不是要衡量两个不同却地位相等的法院之间的相反判决，也不是比较支持各自判决的主张，而是要考虑被纠错法院更高级的权威宣告无效的法院判决，认为其在法律上是错误的，除非国家最高级的法庭发表不同意见，抑或撤销判决排除合理怀疑地坚持错误的原则——在目前的情况下这是不可能出现的。如果我们不这样做，那么除了上议院的判决之外，将没有判决可以成为执业者为客户提供建议或者法官就法律问题发表意见的可靠基础。由此，虽然我从未如此强烈地赞成财政

---

① 辞职担保书是教会法上的术语，由带俸牧师（incumbent）提供的、在一定条件下辞职的保证书。辞职的条件应理由充分并符合普通法，比如该牧师就任第二圣职或圣职推荐人要求其辞职。衡平法上一般不要求该保证书。参见薛波主编：《元照英美法词典》，法律出版社2003年版，第1189页。

② *Perry v. Whitehead*，[1801] 6 Ves. Jun. 546, 547-548；31 E. R. 1187, 1189.

③ *Garland v. Carlisle*，[1833] 2 Crompton & Meeson 31, 149 E. R. 663.

④ *Balme v. Hutton*，[1833] 1 Crompton & Meeson 262, 149 E. R. 398.

署法庭的判决，我依然感觉必须服从高级法院的判决，并在其他案件中遵守这一判决；但是如果需要根据纠错令状向上诉院提供建议，我必定不会如此重视正在审查的特定判决，而是自由表达我的观点。①

帕克男爵强调的是法院等级的权威，"我们这里有一个直接的权威，纠错法院推翻下级法院的严肃判决"，"我们的情况不是要衡量两个不同却地位相等的法院之间的相反判决……而是要考虑被纠错法院更高级的权威宣告无效的法院判决"。因此虽然帕克男爵就案件本身赞成财政署法院的判决，但"依然感觉必须服从高级法院的判决，并在其他案件中遵守这一判决"。这一选择蕴含的逻辑是：法院的等级而不是先前判决是否符合理性在后案的裁决过程中起到了更为重要的作用。

19世纪中叶，虽然英国法院的等级体系并未完全建立，但上议院判决的影响力已在逐步加强。在1858年的 *Paul v. Joel* 案中，财政署法庭的法官布拉姆威尔男爵（Baron Bramwell）认为，上议院的判决"即使上议院能够推翻，我们也不能"。② 王座法院的法官坎贝尔勋爵（Lord Campbell）认为，上议院的判决"……不是我们能够推翻的，我恐怕上议院也不能这样做"。③ 1873年司法改革的关键立法《最高法院司法法》（Supreme Court of Judicature Act 1873，简称《司法法》）将联合王国的大部分法院合并成立最高法院。其中第四条规定，"上述最高司法机构应由两个分支组成，其中一个名为'女王陛下的高等法院'，应拥有和行使初审管辖权，以及来自下文所提的下级法院的上诉案件的管辖权，而另一个名为'上诉法院'，应拥有和行使上诉管辖权，也有下文所提的终结任何上诉所引起的案件的初审管辖权"。在此基础上，1876年《上诉管辖法》规定上议院为终审上诉法院。至此，英国法院等级体系以及两级（上诉法院和上议院）上诉制度通过立法得以确立，判例的纵向拘束力获得了强有力的制度支撑。

19世纪兴起的法律实证主义为判例纵向拘束力提供了有力的证成。法律实证主义的代表人物边沁（J. Bentham）和奥斯丁（J. Austin）认为，法律科学的研究要区分"法律是怎样"与"法律应当是怎样"；法律是主权者的命令，只有"实际存在的由人制定的法"才是法律；法律宣示论不过是一种幼稚的拟制（childish fiction）。④ 法律实证主义对于先例原则最重要的意义在于改变了普通法的定义：议会（King in Parliament）作为主权者是法律最终也是唯一的来源；法律不再是被"发现"而是被"创制"的；普通法不仅不再是评判实在法效力的高级法，而且还要经过主权者的采纳（adoption）才能有效。法官拥有主权的附属性权力，普通法是基于司法（litis causa）的命令。⑤ 当法官能够"创

---

① *Garland v. Carlisle*, [1833] 2 Crompton & Meeson 31, 64-65; 149 E. R. 663, 676.
② *Paul v. Joel*, [1858] 3 Hurlstone and Norman 455, 462; 157 E. R. 549, 552.
③ *Everard and Others v. Thomas Watson*, [1853] 1 Ellis and Blackburn 801, 804; 118 E. R. 636, 637.
④ John Austin: *Lectures on Jurisprudence or the Philosophy of Positive Law*, New York: Henry Holt Company, 1875, p. 321.
⑤ [英]边沁：《论一般法律》，毛国权译，上海三联书店2008年版，第28、38页。

制"而不是"发现"法律时,上级法院的判决就比下级法院的判决拥有更大的权威。如果下级法院不遵从上级法院的判例,后者可以"制裁"——推翻下级法院的判决。按照肖尔(F. Schauer)的说法就是"是先例的来源或地位而不是它推理的可靠性或当下法院认为它结论正确的信念,赋予了它效力"。①

三、先例横向拘束力的确立

先例的横向拘束力涉及的是同级法院,法律实证主义对于它的证成不如纵向拘束力那么直接。历史上,相比纵向拘束力,判例横向拘束力的确立时间也更晚,过程也更为曲折:上议院是在1898年 *London Tramways v. London County Council* 案②中正式确认了本院判例对于自身的拘束力;上诉法院从1895年开始承认本院判例的横向拘束力,并且直到1944年 *Young v. Bristol Aeroplane Co.* 案③才正式确立这一惯例。相比之下,上议院判例对自身拘束力的确立对于先例的横向拘束力更具有决定性意义,*London Tramway* 案同时也是英国判例拘束力确立的标志。故下文以上议院为例进行分析。

19世纪中期,上议院判决的纵向拘束力已经确立,但横向拘束力依然存疑。在1852年 *Bright v. Hutton* 案④中,审理案件的上议院贵族就能否推翻之前——1850年的 *Hutton v. Upfill* 案⑤——的判决陷入了意见分歧。坎贝尔勋爵认为,虽然上议院之前的判决不令人满意,但不可推翻,理由是:

> 在我的印象中,对上议院自身以及所有下级法院而言,这个高等法院在法律问题上的判决是终局性的(conclusive)。我将其视为宣示法律的宪法模式,这样的判决宣布后,只能由议会立法进行修改。⑥

当时的大法官圣伦纳兹勋爵(Lord St Leonards)持相反意见,认为上议院可以修正自己的错误,不受自身判决的拘束:

> 虽然你们和任何法院一样受你们自身判决的拘束,所以你们在特定的案件中不能推翻自己的判决,然而如果根据后来的情况,你们有理由违背自己制定的法律规则,那么你们不受这条规则的拘束;也就是说,上议院和任何正义的法院一样,拥有纠正自身所犯错误的固有权力。⑦

---

① [美]弗里德里克·肖尔:《像法律人那样思考——法律推理新论》,雷磊译,中国法制出版社2016年版,第44页。
② *London Tramways v. London County Council*,[1898] A. C. 375.
③ *Young v. Bristol Aeroplane Co.*,[1944] K. B. 718.
④ *Bright v. Hutton*,[1852] III H. L. C.,341;10 E. R. 133.
⑤ *Hutton v. Upfill*,[1850] II H. L. C.,674;9 E. R. 1248.
⑥ *Bright v. Hutton*,[1852] III H. L. C.,341,391–392;10 E. R. 133,153.
⑦ *Bright v. Hutton*,[1852] III H. L. C.,341,388;10 E. R. 133,152.

最终，上议院遵从圣伦纳兹勋爵的观点，推翻了 *Hutton* 案的判决。*Bright* 案之后，法律人普遍支持圣伦纳兹勋爵的立场。[①] 甚至在坎贝尔勋爵已经成为大法官的 1860 年，金斯当勋爵（Lord Kingsdown）依然对上议院受自身判决拘束的立场持怀疑态度[②]。

然而，到了 1861 年的 *Benjamin S. Beamish v. Henry A. Beamish* 案[③]，上议院贵族的立场发生了改变。*Beamish* 案的争议点在于，英国国教牧师作为新郎且没有其他牧师在场的婚姻是否有效。上议院曾在 1844 年 *R. v. Millis* 案[④]中判决：在英格兰和爱尔兰地区结婚必须有一位英国国教牧师在场，否则婚姻无效。但是 *Millis* 案的判决结果是遵循议会的议事规则做出的。当时，上议院就是否推翻爱尔兰王座法院认为婚姻无效的判决进行表决时，支持和反对票相等。根据议会的议事规则，支持和反对票相等时推定反对意见胜出。爱尔兰王座法院的判决因此被维持，成为上议院的判例。在 *Beamish* 案中，面对是否需要推翻明显错误的先例，坎贝尔勋爵再次重申了自己的立场：

> "但是我必须要说，阁下们受此裁决（指 *Millis* 案的判决——笔者注）的约束，好像它是在全体一致的情况下被通过的一样，而且阁下们身为帝国终审和最高上诉法院审理案件时制定的、作为判决基础的法律规则，必须被视为法律，直到其被下议院和国王以及阁下们同意的议会法律改变。法律就是阁下们的判决理由，明确约束着所有下级法庭以及女王的所有其他臣民，如果它不被看作是平等地约束着阁下们，那么本院就擅自窃取了修改法律的权力，而仅凭自己的权威立法。"[⑤]

根据上述意见，坎贝尔勋爵认为先例具备横向拘束力的理由在于，错误判决需要等待上级立法者修改。这一理由与议会主权原则有关。17 世纪的光荣革命使得议会主权成为英国宪制的基本原则。19 世纪，选举改革提高了议会的民主正当性，立法取代司法成为议会的主要权能，法律实证主义也取代了法律宣示理论成为法学理论的主流。在这一背景下，法院作为司法机关拥有"创制法律"的权力并不为人称道。坎贝尔勋爵的意见体现了 19 世纪上议院作为司法机关对于"创制法律"的谦抑态度：上议院的判决仅仅是在议会立法修改之前才有拘束力，上议院即使是议会的组成部分，也不能"仅凭自己的权威"立法。

坎贝尔勋爵的立场表现出持久的影响力。1898 年的 *London Tramways* 案中，当时的大法官霍尔斯伯里勋爵（Lord Halsbury）指出：

---

① Robert Stevens, *Law and Politics: The House of Lords as a Judicial Body* 1800 – 1976, University of North Carolina Press. 1978, p. 83.
② *The Attorney - General v. The Dean and Canons of Windsor*, [1860] VIII H. L. C. 369, 459; 11 E. R. 472, 507.
③ *Benjamin S. Beamish v. Henry A. Beamish*, [1861] IX H. L. C., 274; 11 E. R. 735.
④ *R. v. Millis*, [1844] X Clark & Finnelly, 534; 8 E. R. 844.
⑤ *Benjamin S. Beamish v. Henry A. Beamish*, [1861] IX H. L. C., 274, 338 – 339; 11 E. R. 735, 761.

在 Beamish 案中,一些博学的勋爵认为 Millis 案的判决是错误的,但是他们默认了那个判决——换言之,他们认为自己在后来的 Beamish 案中受到那个判决的拘束,并且认为上议院的那个判决涵盖了上诉的问题。……当然,我不否认可能会出现个别疑难案件,而且法律职业界会认为这样那样的判决是错误的;但是与不便——灾难性的不便——相比,即与将每一个问题都重新审理,人们的行为因为不同的判决而变得难以预料,因此事实上将没有真正的终审上诉相比,什么是对抽象的正义偶尔的妨碍?阁下们,在某些时候"诉讼应有终结"(interest rei publicæ)应该是"符合国家利益的"(finis litium),这句话无论意味着什么,如果是在暗示每个案件都可以重新审理,因为这个案件不是"一个普通的案件"(not an ordinary case),那么是不可能"符合国家利益的"。根据这些情况,我认为我们不应该重审这个问题。①

霍尔斯伯里勋爵支持上议院判例具有横向拘束力,但是理由不同:坎贝尔勋爵是从宪法角度出发进行论证,霍尔斯伯里勋爵则是从功利和实用的角度提出的理由。后者将判决的终局性提升到"国家利益"的高度,认为诉讼没有终结将破坏人们的行为预期,这是"灾难性的不便"。这一理由很大程度上针对的是19世纪司法改革之前普通法司法的状况:由于法院种类繁多,不满意诉讼结果的当事人可以将案件提交给另一家法院,直到获得满意的结果。因此"每一个问题都重新审理,人们的行为因为不同的判决而变得难以预料",法院也因此不堪重负。20多年后,美国联邦最高法院大法官卡多佐(B. N. Cardozo)说出了类似的理由:"如果每个昔日的案件都可以重新开庭,如果一个人不能在前人铺设的进程的坚实基础之上为自己的进程添砖加瓦,法官的劳动就会大大增加,以致无法承受。"②在司法改革中,上议院成为统一法院组织体系中的终审上诉法院。赋予上议院判决以严格的拘束力,也是保证上议院能够"终审"的制度条件,因为即使重新审理结果也不会不同!霍尔斯伯里勋爵的意见得到了合议庭的一致同意,这也宣告了19世纪末判例的拘束力在英国的判例制度中全面确立。

四、严格判例制度下普通法方法的变化及其影响

19世纪末,随着判例制度的严格化,普通法方法随之发生变化。变化主要体现在两个方面:一是,在确定案件所适用的法律规则方面,对于存在先例的案件,法官必须遵循先例,而不论法官本人是否同意该先例。在宽泛的意义上,上议院的判决就如同议会的立法一样,是国家的法律;二是,对于判决理由准确性的要求提高。判决理由并不存在统一的定义,克罗斯与哈里斯将其定义为法官对于案件判决必要的法律判断。③坎贝尔勋爵认

---

① *London Tramways v. London County Council*, [1898] A. C. 375, 380.
② [美] 卡多佐:《司法过程的性质》,苏力译,商务印书馆2002年版,第94页。
③ [英] 鲁伯特·克罗斯、J. W. 哈里斯:《英国法中的先例》(第四版),前注5揭,第46页。

为是"作为判决基础的法律规则"。无论如何定义,核心要义是类似的:判决中并非所有的话都要约束后来的法官,而仅仅是判决理由才有拘束力。界定判决理由涉及两种区分:一是区分判决中对于事实问题的陈述与对于法律问题的陈述,二是区分判决理由与附随意见。在判例制度严格化的背景下,法官需要准确地界定判决理由的内涵和约束对象。因此,虽然沃恩法官在1672年的 Bole 案中就提出了判决理由与附带意见的区分,但关于如何确定判决理由的研究却是19世纪之后才得到实质性的推进。

普通法方法的上述变化对于英国普通法以及法院在英国社会生活中的作用产生了深远影响,具体而言可以从以下三个方面分析:

1. 提高了普通法的确定性

提高法律的确定性是19世纪英国法律改革的目标之一。所谓法律的确定性,是指法律明确、稳定,能预先为人们行为提供可靠的指引。18世纪中期,英国发生了工业革命,资本主义发展步入新的时期。资本主义作为理性化程度最高的经济组织形式需要法律保障经济行为的可预期性,但是当时的普通法满足不了这样的要求。韦伯曾指出,"在一些经济最为理性化的国家里,私法的理性化程度却是最为落后的,特别是在英国……"。[①] 边沁也认为,普通法并非严格意义上的法律表达(expression),因为记载普通法的案卷记录(Records)、判例汇编(Reports)和著述(treatise)都是私人编纂的,缺乏权威性,"在习惯法[②]中没有既定的规则,没有手段来作为凭借,没有可以诉诸的标准;有的只是不确定的、含混的、混乱的东西"[③]。不仅如此,边沁还认为,普通法的思维方式本质上是溯及既往的,就像对待狗那样对待人——等它做错事后再去惩罚它。[④] 这种思维方式下,社会秩序的实现是利用人们无知的恐惧,而不是知晓法律前提之下的合理预期与理智判断。边沁的理想是以明确简洁且符合逻辑的制定法(万全法,Pannomion)取代普通法。不过最终的改革并没有颠覆以判例制为基础的普通法制度,而是化作了普通法内部的改革努力,普通法方法的上述变化就是这种努力之一。其基本的考量如20世纪中期的上议院法律贵族科恩勋爵(Lord Cohen)所说,"在法律上,不确定是最大的缺陷,如果我们放弃'遵循先例'原则,我们就对不确定性敞开了大门"[⑤]。

但是,先例拘束力的确立是提高而不是确立了普通法的确定性。换言之,19世纪判例制度严格化之前的普通法已经具备一定程度的确定性。且不论"实证主义"的判例观自都铎时期就存在,先例原则本身就蕴含着"同案同判"的形式正义要求。"形式正义"要

---

① [德] 马克思·韦伯:《新教伦理与资本主义精神》,康乐、简惠美译,广西师范大学出版社2010年版,第50页。
② 边沁常称普通法为习惯法。
③ [英] 边沁:《论一般法律》,毛国权译,上海三联书店2008年版,第237页。
④ [美] 杰拉德·波斯特玛:《边沁与普通法传统》,徐同远译,法律出版社2014年版,第305页。
⑤ Lord Cohen, Jurisdiction, Practice and Procedure of The Court of Appeal, *The Cambridge Law Journal*, Vol. 11, No. 3, 1951, pp. 13–14.

求法官裁断当下案件的理由不能与类似案件的理由相差太大，这本质上有助于法律确定性的实现。不仅如此，即使是认可法律宣示理论的法官也并不是会随意更改先例，而是尊重先例中的智慧。如布莱克斯通所言，"必须遵循先例和规则，除非它们是完全荒谬或不公正的：因为虽然它们的理性乍看之下并不明显，但我们还是要尊重以前的时代，不能认为他们的行为没有经过考虑。"① 在19世纪判例制度严格化的过程中，形式正义和尊重前人智慧的要求并没有被放弃，反而被法院的等级权威进一步强化。

2. 准确界定判决理由：消解判例制度严格化负面影响的努力

判例制度的严格化是有代价的。首先，在先例严格的拘束力下，法官们可能为了形式正义而放弃当前案件中的实质正义，去遵循一个极不公正甚至荒谬的判决。其次，极端地追求确定性可能会抑制法律的发展。法律史学家普拉克内特（T. F. Plucknett）曾慨叹，遵循先例的严格化使得司法裁决成为一种僵化的法律渊源（source pétrifiante），不再具有习惯（custom）那种适应社会变化的灵活性。② 再者，先例过分严格的拘束力会诱发法律规避。社会在不断发展，案件事实也千变万化，先例确立的规则已不合时宜却又具备拘束力时，法律规避在所难免。此时，先例严格的拘束力反而有损于法律的确定性，因为人们无法预测实际发生作用的规则。

考虑到上述代价，准确界定判决理由的意义就不仅仅是提升法律的确定性，还在于为法官提供规避先例的合理（合法）途径，也为法官提供了一种发展普通法的方法。19世纪之前，法官可以诉诸"理性"推翻错误或者不合理的判例，甚至评判、否定制定法。19世纪之后，面对有拘束力的先例时，法官无权推翻，只能通过区分技术去规避先例、发展法律。在 Bright v. Hutton 案中，坎贝尔勋爵在主张先例拘束力的同时就通过区分技术规避先例：将前案（指 Hutton v. Upfill 案）涉及的问题视为"事实问题（a matter of fact）"，③ 而将本案涉及的问题视为法律问题。在1901年的 Quinn v. Leathem 案中，霍尔斯伯里勋爵以先例的判决理由受制于特定案件事实为由否认了先例——Allen v. Flood 案④——的效力：

> 一是要重申我此前经常说的，每个判决必须被解读成适用于特定的事实，这些事实要么是被证实的，要么是被假定得到证实的，因为可能在其中发现的一般性表达并不被认为是整个法律的阐释，而是特定的案件事实支配和验证着在其中发现的观点。另一点是，一个案件仅仅对它实际决定的事物是权威。我完全否认它能被看似从它那里符合逻辑地推导出来的主张所引用。这样一种推理模式假定法律必然是一部符合逻辑的法典，然而每个律师必须承认，法律并非总是符合逻

---

① W. Blackstone, *Commentaries* I, supra note 7, p. 53.
② ［英］西奥多·普拉克内特：《简明普通法史》（影印版），中信出版社2003年版，第350页。
③ *Bright v. Hutton*, ［1852］III H. L. C., 341, 391-392; 10 E. R. 133, 153.
④ *Allen v. Flood*, ［1898］A. C. 1.

辑的。①

总体而言，在多数案件中，法官能够区分出先例的判决理由并服从其拘束力。但并不是所有案件都能顺利地确定判决理由。在英国，判决书并没有固定的形式。有些案件判决确定了不止一条法律规则，有些案件却由于法官的分歧并没有形成多数意见接受的规则，判决只宣布案件结果但没有判决理由。因此，有关先例判决中的事实问题与法律问题、判决理由与附随意见的区分经常出现争议。这种争议一方面推动法律人不断地去寻找更好的界定方法，比如 19 世纪末温伯（E. Wambaugh）的倒置检验标准，1930 年代古德哈特（A. L. Goodhart）提出的实质事实方法。上述霍尔斯伯里勋爵的主张也对判决理由的确定产生了重要影响。② 但另一方面，争议也引发了一些人对于判决理由与附带理由的区分本身、甚至对于普通法正统司法裁决理论的质疑，法律现实主义者（legal realists）就是其代表。这些人的观点如阿斯奎斯勋爵（Lord Asquith）所言："这个规则相当简单，如果你同意那个其他的家伙，你会说它是判决理由的一部分；如果你不同意，你会说它是附随意见，潜台词是他是一个天生的白痴。"③ 因此，界定判决理由的困难也限制了对于严格判例制度的负面影响的消除。

3. 普通法发展的连续性没有受到影响，英国法院适应社会变革的能力受到限制

英国普通法发展的一个显著特点是连续性（continuity）。普通法即使经历了深刻的变革也不会有明显的断裂，依然有很多传统得以保留。关于这种特性黑尔（M. Hale）有个著名的比喻，"阿尔戈号返航时仍然是出发时的那艘船，然而它在漫漫航程中成功地进行了修补，几乎没有带回任何以前的材料"。④ 19 世纪判例制度严格化的背景下，普通法方法的变化同样没有破坏普通法发展的连续性。1898 年的 *London Tramways* 案标识的并不是一种从无到有的革命，而是普通法法律人对于之前惯例的确认与强调。"1898 年之后，上议院以及所有受其约束的其他法院所失去的，是拒绝不加区分地（*without distinguishing them*）⑤ 遵守有限数量早先判决的权力。这种权力在 1898 年之前很少被用到，因此失去它并不是非常重要，因为普通法的发展很少通过运用这种权力发生"。⑥

严格的判例制度无法完全限制法官进行社会利益与公共政策的考量，这种考量是法官运用区分技术以及其他法律发展方法的前提。比如，与霍尔斯伯里勋爵同时代的沃特森勋

---

① Quinn v. Leathem, [1901] A. C. 495, 506.
② 严格地讲，完全遵照霍尔斯伯里勋爵的理由将颠覆判例制度的基础，因为它将判决理由与特定的案件事实绑定在一起，削弱了判例为未来案件确立一般规则的能力。
③ Lord Asquith, "Some aspects of the work of the Court of Appeal", *Journal of the Society of Public Teachers of Law* (1950), p. 359, 转引自 [英] 鲁伯特·克罗斯、J. W. 哈里斯：《英国法中的先例》（第四版），第 57 页。
④ Sir Matthew Hale, *The History of the Common Law of England*, The University of Chicago Press, 1917, p. 40.
⑤ 着重为原文所加。
⑥ W. B. Simpson, "The Ratio Decidendi of a case and the Doctrine of Binding Precedent", in A. Guest ed., Oxford Essays in Jurisprudence, 148, 155. Cited in John H. Langbein, Modern Jurisprudence in the House of Lords: the Passing of London Tramwaysm, Cornell Law Review, Vol. 53, No. 5, 1968. p. 810.

爵（Lord Waston）认为，建立在公共政策基础上的判决拘束力不如阐释法律原则的判决拘束力强。① 再如，在解释1897年《劳工赔偿法》（Workmen's Compensation Act 1897）时，法官认为，为机器安装轮胎引发的疝气②、用扳手拧紧螺丝致使动脉瘤破裂③，甚至学生有预谋地袭击导致老师死亡④等，都属于"因为雇佣以及在雇佣过程中发生的事故"的"事故"的范畴。这些解释体现了崇尚"良心与公平"的衡平法思维方式，但也可以视为法官对于社会利益和公共政策的考量。还有，1920年代以来上议院以信托的方式突破"合同的相对性"原则⑤，承认"替代豁免（vicarious immunity）"原则⑥，特别是阿特金勋爵（Lord Atkin）对于普通法侵权责任的发展⑦，社会公共道德的考量在司法裁量过程中起到了重要作用。

但是上述的突破并不能掩盖1960年代之前法院对于英国社会影响力衰落的事实。严格的判例制度压缩了法官的司法裁量空间，它所带来的形式主义的司法进路使得英国法院日益脱离英国社会的发展。面对20世纪以来行政权力的扩张，英国法院在引领英国公法发展方面乏善可陈。二战之后，福利国家的兴起凸显了英国法院的保守。1953年上议院只审理了19个案件，仅仅是1939年二战爆发之前审理数量的一半⑧；1952-1968年，在上议院审理的366件民事上诉案件中，有286件（78.1%）的许可（leave to appeal）是由上诉法院发布的。⑨ 这意味着，上议院很少主动干预下级法院的审判。在通过司法推动社会治理方面，上议院远未达到社会对于联合王国最高法院的期望，以至于出现了废除上议院终审上诉管辖权的呼声。压力之下，1966年上议院发表《惯例声明》（the Practice Statement）⑩，表示上议院在看似适当时可以违背自身的先例。这意味着上议院不再受自身判例的拘束，先例严格的拘束力开始出现松动。

---

① "建立在政策根据之上的一系列判决，不管作出它们的法官如何著名，都不能与那些处理和表述纯粹是法律原则的判决拥有同样的约束力。……在像眼下这样的案子摆在法院面前时，法院的作用在我看来就是，不必去接受100年或150年前就被认为是政策规则的东西，而是凭情况所允许，尽可能近似于准确地确定什么是在那以后的今天的政策规则。"参见 Thorsten Nordenfelt（Pauper）Appellant; v. The Maxim Nordenfelt Guns and Ammunition Company, Limited, [1894] A. C. 535, 553–554。

② Fenton v. Thorley & Co., [1903] A. C. 443.

③ Clover, Clayton & Co., Limited v. Hughes, [1910] A. C. 242.

④ Trim Joint District School Board of Management v. Kelly, [1914] A. C. 667.

⑤ Performing Right Society Ltd v. London Theatre of Varieties Ltd, [1924] A. C. 1.

⑥ Paterson Zochonis & Co. Ltd v. Elder Dempster & Co. Ltd, [1924] A. C. 522。该案允许船主依据租船契约中的豁免条款不承担托运人的货物损失。

⑦ Donoghue v. Stevenson, [1932] S. C. (H. L.) 31。该案不仅确立了侵权法上的过失侵权责任，还是英国"产品责任"和"危险物"严格责任的源头。

⑧ Robert Stevens: The English Judges: The Role in The Changing Constitution, Hart Publishing, 2005, p. 27.

⑨ Louis Blom-Cooper & Gavin Drewry, Final Appeal: A Study of the House of Lords in its Judicial Capacity, Table, Clarendon Press, 1972, p. 132.

⑩ Practice Statement [1996], pp. 128ff3 All ER 77.

结　语

19世纪，判例制度的严格化是英国法律人面对司法体制改革而进行的法律方法调适。这种调适通过个案累积经验实现，是一个连续不断的过程而非一蹴而就。在此过程中，先例拘束力的严格程度很大程度上是由法官决定的。中世纪以来所形成的法律职业共同体的价值认同与凝聚力得到了充分的延续和体现。特别是对于1966年《惯例声明》，虽然它的合宪性受到质疑，但声明宣布之后得到了法律职业共同体的遵行。不过英国的法官并没有滥用这种凝聚力，在面对议会主权原则时表现出了司法谦抑的立场，使得英国成为普通法系国家中最为严格恪守先例拘束力的国家。事实上，19世纪司法改革所确立的法院组织体系通过判例的纵向拘束力足以强化，因此在判例横向拘束力的问题上，法官可以有不同的选择。与坎贝尔勋爵的司法谦抑立场相比，圣伦纳兹勋爵则持一种更为能动的立场——上议院判例对自身具有说服力而不是拘束力。这种能动立场同样不违背议会主权原则。因为如果先例确立的规则可以被主权者采纳成为法律，那么后案的判决同样可以为主权者采纳成为法律。因此，在承认议会（主权者）掌握有最终立法权的前提下，判例制度在先例效力方面可以有更为灵活的安排。英国法律职业共同体采取司法谦抑立场固然值得尊敬，但并不利于法院在社会治理过程中发挥作用。英国判例制度后续的发展也表明，面对现代社会的急剧变革，坎贝尔勋爵的宪法理由和霍尔斯伯里勋爵的实用主义立场，都不足以证成先例的横向拘束力，判例的效力需要在法律的确定与发展之间保持适当的平衡。

（编辑：杨铜铜）

法律方法基础理论

论法律解释的确定性

陈克铭[*]

摘　要　法律解释需要追寻确定性，实现确定性需要发挥特定因素的作用。把法律解释当成文本来看待，可以从多个方面来增强法律解释的确定性。根据法律及法律解释的文本特点，在语言风格方面，以精英化倾向的语言风格来增强法律解释的确定性。从法律解释的实用性出发，追求法律解释的"独解"以增强其确定性。从形式理性的角度出发，通过确定法律解释规则的位阶，降低解释主体对解释内容的影响。通过增强法律解释的垄断者——法官——前见的一致性来增强法律解释的确定性。

关键词　法律解释　法律本文　确定性　语言学

哲学解释学认为，理解、解释、应用是同一过程。"应用，正如理解和解释一样，同样是诠释学过程的一个不可或缺的组成部分。"① 从哲学解释学的视角审视法律的运行，则法官对法律的理解、解释和法律适用也是同一个过程——对法律进行理解、解释，也是将法律由书面的法转化为行动的法的过程。"对一条法律原文的意义的认识和这条法律在具体法律事件里的应用，不是分离的行为，而是一个统一的过程。"② 不论在疑难案件（法无明文规定或有规定而不明确或相互冲突的案件，从狭义看法律解释）抑或一般案件（所谓的那类法律有"明确"含义、可以自动套用到案件，从广义看法律解释）中，法官对法律的解释都是法官处理案件的一个必要阶段。只要作出判决，法官就解释了法律。然

---

[*] 陈克铭，男，江西赣州人，华东政法大学法律学院法理学专业博士研究生，研究方向为法理学和法律方法。

① ［德］汉斯-格奥尔格·伽达默尔：《真理与方法：诠释学的基本特征》（上、下卷），洪汉鼎译，上海译文出版社 2004 年版，第 399 页。

② ［德］汉斯-格奥尔格·伽达默尔：《真理与方法：诠释学的基本特征》（上、下卷），洪汉鼎译，上海译文出版社 2004 年版，第 402 页。

而，在实践中，法律并没有因为"有理解，就会有不同的理解"而变幻莫测、无从琢磨，法官在多数案件判决中还是能够对结果作出大致相同的判断，法律还是在一定程度上具有确定性。究其原因，在于法官释法受到诸多方面的影响，其中特定因素影响有助于法律解释确定性的实现。寻求法律解释的确定性，也可以从这些影响因素着手。笔者试图从法律解释的文本约束、法律解释的实用性考量、法律解释规则以及法律解释的配套制度等方面，全面探讨法律解释确定性的可能性和可行性。

一、法律解释的文本约束

（一）法律文本对法律解释的意义

文本对理解及其自身意义的决定性，曾经是神学解释学和科学主义解释学杜撰的一个美丽神话。确定性寻求的重心，曾经集中在精心构筑的法律文本上。为了追求法律的确定性，在法律运作过程中，人们一方面增强法律作为解释客体的客观性，另一方面试图消磨甚至消除法律解释主体的主观性。因此，在法律应用过程中，出现了一方面企图创立包罗万象、一劳永逸的成文法，另一方面千方百计限制甚至禁止法官解释法律的立场。这种坚信文本决定意义的理念，有时甚至超出对文本的忠诚而变成一种崇拜。

哲学解释学认为，文本仅仅为理解和自身意义提供了可能性，其对意义不具有决定性。首先，文本对读者具有开放性。文本的语言和文本的意义不是同一回事，所看的文本和看见的文本也不是同一回事。"问题的关键是，不仅互相倾听，而且要彼此听见。这才是所谓的'理解'。"[1] 文本不会自己规定自己，事实上没有任何事物能自己规定自己，就像火不能把自己烧掉一样。文本产生以后，它没有选择读者的权利。[2]这种面对读者的开放性意味着其意义的无限可能性，因为意义产生的两个前提——文本视域和读者视域——具备了无限的可能性。因而，文本的意义就不再是文本自己所能控制的，它对自身意义不具有决定性。其次，文本的语言具有流变性。人"不是面对着语言，而是与语言一道思想"。[3]语言在理解中的作用与其共时性和历时性两种性质密切相关，共时性说的是特定时期语言体系的稳定性以及该时期相互理解对这种稳定性的依赖，历时性则是指"语言的结构和意义在历史演进中发生的不断的改变"。[4]这种不断的改变意味着，"今天的"文本与"昨天的"文本可能不是一回事，所以作者也无法决定文本在读者解读过程中伴生的意义。

---

[1] ［德］伽达默尔、［德］杜特：《解释学、美学、实践哲学：伽达默尔与杜特对谈录》，金惠敏译，商务印书馆2005年版，第7页。

[2] 法制史上曾有法秘而不宣的做法，但这并不意味着法律文本的封闭性，因为阻碍一般民众解读法律的不是法律自己而是当权者。

[3] ［德］伽达默尔、［德］杜特：《解释学、美学、实践哲学：伽达默尔与杜特对谈录》，金惠敏译，商务印书馆2005年版，第52页。

[4] 殷鼎：《理解的命运——解释学初论》，生活·读书·新知三联书店1988年版，第189页。

意义由文本而得以可能，却并不被文本所完全规定。

　　哲学解释学对传统解释学的种种颠覆之一就是把文本在意义世界中的统治地位推下了神坛，文本不再能够完全决定意义的确定性。然而，人们往往过分注重一个颠覆性学说与以往学说截然不同之处，却忽视其与以往学说不那么决然对立的部分。对哲学解释学的接受，容易走向极端而持一种"文本无用论"的立场。伽达默尔并没有忽视文本在意义世界中的作用，他认为，"所要理解的意义只有在理解过程中才能具体化和臻于完满，但是这种解释工作完全受本文的意义所制约。不管是法学家还是神学家，都不认为应用任务可以摆脱本文的制约"。① 我们承认文本对意义的非决定性，却不能走向极端而认为文本本身毫无价值。倘如此，则立法机关对法律文本字字斟酌、法学家对法律文本逐句研读岂不是成了镜花水月？我们应当意识到，文本与意义有重大关联、法律文本对法律解释的确定性有重要的作用。在伽达默尔看来，人首先不是使用语言去描述世界的，而是世界体现在语言中。如此，通过语言以及对语言的理解，就不再是主体作为纯粹的旁观者去认识特定的文本，而是真理与意义的显示或展开过程②。我们进行法律解释，可能会最终导致法律的多解，但此种解释绝非是脱离了法律文本的解释。完全脱离法律文本解释法律，必会像对着幽灵打探照灯一样徒劳无功，同时也是任何法律制度所不能接受的。

　　文本作为元标准，成为法律解释确定性的必要来源。拉伦茨对伽达默尔强调文本对意义的非决定性并将此种理论运用于法律解释范畴表示难以接受，认为伽达默尔忽视了规范本身的标杆作用。他认为，规范和对规范的解释在时间上存在这样的递进关系："规范——第一次解释——第二次解释——……——第 N 次解释——第 N+1 次解释……"我们总是先有规范而后有对规范的第一次解释，有第一次解释才会有第二次、第 N 次、第 N+1 次解释。司法判决中的"相同标准"原则以及此种原则倘若丧失将导致的严重的法的不安定性，使得法官在做出后一个解释的时候绝不会轻易忽略前一个解释，相反他会以前一个解释作为后一个解释的准则。因此，考虑到法律运行的同一性和普遍性原则，每一个法律解释往往都是以前一个法律解释为准则进行。依此类推，则规范就自然成为第一次解释乃至所有解释的共同准则了，所有解释都必须以规范为标杆进行。"假使不想对——依其结构为'辩证式'的——法规范适用程序作片面、错误的说明的话，就必须同时考量：规范的准则作用（其要求规范的相同适用）、一再出现之进一步的解释需求以及一旦做成的解释或具体化为对未来的规范适用之'反作用'。"③ 法律适用要遵循同一性原则，而从这个角度来看文本起到了准则作用，因而，拉伦茨认为文本对法律解释的确定性具有积极意义。

---

① ［德］伽达默尔：《真理与方法：哲学诠释学的基本特征》（上、下卷），洪汉鼎译，上海译文出版社 2004 年版，第 431 页。
② 潘德荣：《西方诠释学史》，北京大学出版社 2016 年版，第 6 页。
③ ［德］卡尔·拉伦茨：《法学方法论》，陈爱娥译，商务印书馆 2003 年版，第 94 页。

有学者认为，语言具有空缺结构，文本核心的确定性决定了法律解释的确定性。哈特以一种"核心—边缘"的模式来寻求法律解释的确定性。针对后现代思潮对于确定性观念的冲击，哈特进行了反击。他走的是一条从语言哲学进行分析的思路，其对于确定性的观点可以用下面这几个命题来概括：哲学意义上的确定性问题体现为语言表意（用语言来表达意思）的确定性问题；语言表意的基本前提是概念的定义对于词所指称的意义的包含；概念的定义具有与生俱来的不确定性，表现为边缘的模糊性；概念的确定性表现为其定义的核心部分意义的确定性；语言的空缺结构使得确定性在"核心—边缘"的模式下得以实现。"就立法而言，我们把空缺结构作为人类语言的一般特征提出来了；边界上的不确定性是在有关事实问题的任何传递形式中使用一般分类词语都需付出的代价。像英语这样的自然语言如此使用时就不可避免地成为空缺结构"。① 于是，哈特建构了一个"核心确定、边缘模糊"的确定性寻求模式。他在承认概念边缘的模糊性（即不确定性）的同时，坚持了概念核心的确定性，从而以一种语言的空缺的结构来阐释他的确定性观念。文本语言的边缘可能是不确定的，但核心的确定性决定了该文本意义的确定性、决定了法律解释的确定性。

也有学者以法典为例论证法律条文的各要素共同成就法律解释的确定性。法典具有多重要素：文义要素、历史要素、体系要素和目的要素等。文义要素指的是特定时期内语言的共时性即对文字理解的共通性，这使得"法典文字的功能之一就在于限制解释者必须围绕文字（法条）进行"。② 体系要素要求考虑到法典与法条的整体与部分的循环关系，目的要素指的是法律解释结果的合宪性。这些要素综合作用，"文义要素确定了法典意蕴的活动范围；历史因素对此范围进一步确定，并对意蕴做一些原意及字义的提示；体系因素与目的因素保证着法典意蕴理解的一致性，这在很大程度上克服了仁智之见；在整个过程中宪法原则一直影响着意蕴的最终确定"，③在一定程度上保证了法理解释的确定性。

还有学者从语言的"图像说"角度阐述文本对法律解释确定性的积极意义。语言体系和文字体系是一个规范的体系，它们和意义之间有着确定性的联系，因而法律文本是法律解释的核心、是保证解释确定性的根本性因素。"言语和文字及其系统化的文本本身构成了理解中枢和意义中心。只要言语或文字的文本在，则即使我们的理解之于文本的客观性还相去甚远，甚至我们还会因理解之差异而走向对抗（这在宗教世界中屡见不鲜），但我们至少还会有个共同的意义寄托，并且要解决我们的对抗，还需要围绕它而理解、解释。"④

---

① [英]哈特：《法律的概念》，张文显、郑成良、杜景义、宋金娜译，中国大百科全书出版社1995年版，第127页。
② 陈金钊：《法律解释的哲理》，山东人民出版社1999年版，第184页。
③ 陈金钊：《法律解释的哲理》，山东人民出版社1999年版，第186页。
④ 谢晖：《法律的意义追问——诠释学视野中的法哲学》，商务印书馆2003年版，第509页。

正是由于法律文本语言和司法审判过程中的法律解释确定性有直接的联系，笔者认为，在理论上，通过法律文本的精心构造来增强法律解释确定性是可能的；在实践中，通过法律文本的精心构造来增强法律解释确定性也是必要的。问题的关键在于，我们如何通过构造法律文本的语言来增强司法审判过程中法律解释的确定性。

(二) 以精英化的语言风格增强法律解释确定性

法律文本对法律意义的确定有积极作用，因此我们不会因哲学解释学对文本开放性的强调而走向极端。法律条文不会"死"在解释者的理解当中，也不会因为解释者的理解而变得"面貌全非"。正是从法律最终要通过理解来实现自身价值这一点来考虑，法律文本的表达就变得意义重大。因为各种利益诉求在法律文本中的表达，不会仅仅因为解释者的不屑一顾而遭到放逐。法律的确定性，首先需要法律文本语言的帮助。

这就涉及法律文本的语言风格问题。从某种意义上说，这是以修辞学为内涵的讨论。修辞学一度被理解为：追求的不是对事情尽可能客观的理解，而是操纵性地影响对话伙伴。① 这种观点不尽科学，但一定程度上反映了修辞的意义。如果考虑到"用什么语言来书写法律就应该用什么语言来理解法律"的话，成文法律是用大众化的语言来表达还是用属于法律精英的语言来表达就跟法律解释联系在一起。思考这个问题需要注意的是，不能把法律的语言风格看作是太绝对化的、非此即彼的路线选择。要注重修辞的功能，因为不论是大众化的语言还是精英化的语言，任何成文法律在语言表达上都不会走极端——我们很难想象用儿歌来表达的成文法律规则、也很难想象必须完全依靠法律字典才能理解的法律条文。两种倾向不是绝对的，但现实中又必须有所倾向。

法律文本语言的大众化倾向和精英化倾向何者更能加强司法审判过程中法律解释的确定性？我们从下面几个层次来分析这个问题。

首先，在立法过程中，法律语言的精英话语倾向无法避免。在立法过程中，法律文本表达的精英话语倾向不可避免，首要原因在于它要调整的社会关系的复杂性。法律关系的复杂性导致立法当中法律语言与日常语言的偏离，导致了具有职业化倾向的"法言法语"的使用。"法律活动是社会生活活动中的一种特殊活动，其特殊性表明完全依靠日常用语无法准确有效地表达法律这一社会特殊规范，因此法律职业者在其专门性活动中创制了一些特别的语言用词和用法，即我们常说的'法言法语'。"② 此外，日常生活用语的多义性也决定了法律文本不可能用一种完全大众化的语言来表述。"法律是一种行动的符号，但它能规范人类行动的确定性并不是从天上掉下来的，而是由诸多具体的具有特殊含义的语言和文字确定下来的。这正是文本的意义所在。"③

---

① ［德］乌尔弗里德·诺依曼：《法律论证学》，张青波译，法律出版社2014年版，第74页。
② 苏晓宏：《法理学基本问题》，法律出版社2006年版，第146页。
③ 谢晖：《法律的意义追问——诠释学视野中的法哲学》，商务印书馆2003年版，第93-94页。

其次，在生活领域，公民通常从大众话语的角度来理解法律。意义在语言中存在，人们总是通过语言来理解法律。在生活领域，人们使用日常语言来表达思想。同样，在日常生活中、在法律属于公民内在规范的时候，公民也通过日常语言来理解法律条文。"社会共同生活的规则，并不是透过法律来告诉国家的人民。人民学会这些规则，是在日常生活的沟通里，并且在相互间操作（就好像社会学用不优美的德文所说的'互动'）。市民对于合法与不合法的想象并不是在法律语言的范畴中进行，他是透过日常语言而被给定的。"①

考夫曼在论证这一点时，举了一个德国的真实案例予以佐证。在德国，酒店的服务员为客人上啤酒的同时通常还会在桌面放一张垫子，并用铅笔在垫子上划线来作为客人结账的啤酒消费记载。有一个客人用橡皮把那横线擦掉，从而引发诉讼。可以想象，当事人在用橡皮把横线擦掉的时候，并不是从"伪造文书"的角度来看待自己的行为的，他顶多是从日常生活的角度认为自己耍了个小聪明"欺骗"了酒店而已。生活中这样的例子还有很多，譬如一个人在遭到突然袭击的时候可能会下意识地进行反击（如果不逃避的话），但这反击的过程中，当事人对于相关正当防卫法律规定的理解可能只是"法律允许公民保护自己"，而不会从"正当防卫""假想防卫""必要限度"等法律职业话语的角度去理解。②

再次，在司法审判领域，人们以精英话语来进行法律解释。法律解释出现在司法审判当中，其语言背景是诉讼。司法审判领域，公民对法律的理解发生了分歧并进而请求法院裁决。法律在诉讼层面的运作，通常需要法律职业者的帮助和参与，因为诉讼的程式化决定了普通公民在诉讼中无法胜任诉讼过程中的专业性工作。"如果说法律工作者很少按照讲述'家用药品'的书给自己做手术，也很少按照说明书修理电器的话，那么一本'法律指南'书也难以解决疑难的法律案件。"③ 在专业领域，精英化的语言作为法律职业共同体的"公共前见"而存在。"精英话语的承载体是法律职业。"④法言法语作为法律职业者的"行话"，不仅有助于法律职业者之间的交流以及法律职业共同体的形成，还有助于司法审判领域法律确定性的寻求——前见的公共性和解读对象的特定性意味着意义的确定性。因为这种精英话语作为"公共前见"，在与文本视野的融合过程中更具有可交流性和确定性。"通过语言，人类不仅取得与他人沟通的能力，他因此也学会了在共同体中所决

---

① ［德］考夫曼：《法律哲学》，刘幸义等译，法律出版社2003年版，第178页。
② 参见［德］考夫曼：《法律哲学》，刘幸义等译，法律出版社2003年版，第178页。
③ ［德］伯恩·魏德士：《法理学》，丁小春、吴越译，法律出版社2003年版，第99页。但是，我们同时也应当意识到，法律不仅仅是在出现问题的时候如何"修理"的问题，而常常表现为在日常生活中的确定性指引。只有在大多数公民对法律意义深切体悟、自觉遵守并发自内心地认同的时候，法律制度才算完成其确定性指引的任务。这给构建大众话语和精英话语交流平台的必要性埋下了伏笔。
④ 刘星：《法律解释中的大众话语与精英话语——法律现代性引出的一个问题》，载梁治平主编：《法律解释问题》，法律出版社1998年版，第130页。

定的共同生活的规则。"①

最后，司法判决的理解，也是从精英话语的角度来进行。法律解释最终要体现在司法判决当中，因而人们也通过对司法判决的解读来理解法律、确定法律解释。一般来说，法律文本语言的风格、司法判决的语言风格和法律解释的（大众化或精英化）话语倾向是一致的。使用特定的语言风格来确定法律解释结果，关涉到法律文本语言的风格问题。司法判决可理解性的"最低限度"是从受过法律专业训练者的角度来考虑的，"所有国家的法律裁决都会有最低限度的要求，以使一个受过法律训练但是对案情却不熟悉的人能够在无须借助书面判决以外材料的情况下，对判决在法律上的正确性做出评价。"② 因而，我们不要求一个普通民众能够不经任何训练而读懂一个法律判决，满足法律职业者的相关能力才是最低限度。

笔者认为，具有精英化倾向的法律文本的语言有助于法律解释确定性的寻求，但同时必须注意避免精英话语的过度膨胀。综合上述，司法审判过程中的法律解释确定性寻求，要通过一种具有精英化倾向的语言来实现。法律以精英话语表达、以精英话语在诉讼中进行解释、以精英话语在判决中书写和解释，法律运行的种种要素决定了法律解释的确定性寻求要通过精英化的语言倾向来实现。但我们不能在法律语言精英化之路上走得太远，以至于使法律文本语言与大众话语产生太大的偏离。法律不仅仅体现在司法判决中，也体现在日常生活自觉、不自觉的合法行为中。法律不仅仅要面对法律职业者并在很大程度上通过他们来操作，法律也要同时面对普通民众。大众与法律职业者之间的语言隔阂可能导致大众对司法运作的不满和对法律制度的不信任。有学者认为，应当在司法审判中构建大众话语和精英话语的交流平台。"法律读者应该自觉意识到，偏执一种话语诉求是不恰当的。当然，相互对话有时未必获得一种人人接受的社会共识，在这种情况下，可能只有依赖对话过程的程序设计以求问题的最终解决。但是，对话姿态的选择及认可则是不应受到质疑的。"③

二、法律解释的实用性考量

（一）法律解释的不确定性受到实用性的钳制

法律解释的确定性，受到解释的循环、历史性、开放性的影响。但这些不利影响会由于法律解释的实用性需求而有所限制，这些限制可以增强法律解释的确定性。在法律解释中，解释者并不是把法律文本对号入座地适用于具体案件，或者在文本含义有争议的情况

---

① ［德］考夫曼：《法律哲学》，刘幸义等译，法律出版社 2003 年版，第 176 页。
② 苏晓宏：《法理学基本问题》，法律出版社 2006 年版，第 246 页。
③ 刘星：《法律解释中的大众话语与精英话语——法律现代性引出的一个问题》，载梁治平主编：《法律解释问题》，法律出版社 1998 年版，第 140 - 141 页。

下，只对文本的语义进行解释。实际上，解释者和文本的关系，类似于游戏中参加者、观众与表演者以及对话中对话者之间的关系，两者不是主——客关系，而是辩证互动关系。这一关系可以消解解释带来的不确定性。① 法律解释的实用性需求主要表现在审理期限的有限性、判决的既判力以及判决的强制性三个方面。哲学意义上的诠释和法律意义上的诠释最大的区别在于，后者有这些功利性的要求，即时间上的有限性、判决的确定性和法律解释结果效力的强制性。法律面对的是人类纷繁复杂的生活，调整的是人与人之间"剪不断，理还乱"的社会关系。法律的普遍性和个别事件的具体性之间的差异，使应用问题凸显出来，而法律的应用与人们对法律的理解与解释是密切相关的。② 为了确保其社会调控职能的实现，首先，法律必须在一个可以接受的时间内对社会成员之间的矛盾冲突做出决断——其目的同样是出于确定性的考虑；其次，作出一个决定本身，有时候比作出什么样的决定还要重要，我们必须作出决定；最后，这类决定还必须是有效的、是可以切实施行的，并且是由国家强制力保证实施的。下面分别阐述这些实用性需求对于解释的循环、历史性以及开放性的限制以及法律解释确定性的积极作用。

审理期限总是特定且有限的，案件审理期限的有限性是法律在适用过程中的一个显著特征。一个案件，从提交法院被受理到最终的处理结果出台，有一个特定的时间限制。而在这个审理期限内，法官的法律解释工作仅仅是诸多事务中的一部分——尽管这是其中很重要的一部分。人们说，迟到的正义是非正义。卢埃林也从法律现实主义的角度分析律师和当事人最关心的问题是他们能从审判中得到什么、能用多久得到这些东西，因此，他批评说"不能实现的'权利'比没有更坏；它们是拖延不决、费钱和令人痛心的骗局"。③

审理期限的有限性，使得法律解释在进行事实认定时以法律上的标准来取代事实上的标准。"法律行为或法律的解释，都同样涉及：探求语言表达的'正确'（法律上标准的）理解。"④ 因而，案件事实的不确定性受到法律各种技术性的限制。司法资源的有限性和人的认识（回溯）能力的有限性，让人们退而求其次，不要求客观的回溯而只要求一种在法律意义上的说服力——这就是"法律"意义上的可证性。司法过程以一种司法上的"法律本身的标准"，取代了"事实本身的标准"，用这种法律技术求得一种非客观意义上的确定性。

法院的判决会对纠纷的处理结果在国家层面进行固定，判决在作出以后如果生效就会产生判决的既判力问题。既判力也是司法审判的一个重要特征，它表明司法乃是终局的救济。法治的理念要得以成为可能，我们就必须承认判决的既判力，否则司法失去权威，规

---

① 高鸿钧：《伽达默尔的解释学与中国法律解释》，载《政法论坛》2015年第3期，第16页。
② 潘德荣：《西方诠释学史》，北京大学出版社2016年版，第339页。
③ 沈宗灵：《现代西方法理学》，北京大学出版社1992年版，第316页。
④ [德] 卡尔·拉伦茨：《法学方法论》，陈爱娥译，商务印书馆2003年版，第223页。

则之治将无以为继。判决的既判力是对解释开放性的极大限制。我们对文学进行解释,一般不会做出"定性"的问题。就算有人对某部作品定性了,那么今后其他读者进行其他"定性"也是不可避免的。然而,司法审判无法承受反复"翻案"的巨大代价,它对来自公民的纷争必须有一个确定的答复。

判决的既判力表现为法院的自我约束和保护。法律解释一经作出并形成判决,那么法院就不能任意更改——除非是技术上的笔误等——这无形当中就产生了法院的自我约束机制。如果法院在做出判决以后还可以随意更改,那么我们很难想象谁能对法院本身做出约束。判决的做出和公布,是法院在法律解释方面对自身做出约束的重要途径。同样,法律解释过程中会受到许多因素的制约,其中包括来自法院外部的利益集团的压力、社会舆论的压力甚至行政机关或个人的压力等等。如何保护法院作出法律解释以后不会因外部压力的作用而不得不更改解释结果?判决的既判力可以起到这个作用。不管审判过程中法官受到何种压力并进而作出何种解释,判决一旦生效,则此种解释即成为确定的约束。作为判决的作者和法律的解释者,法官无法对解释和判决进行更改,从而在判决作出后保护法官不受外部改变判决的压力的影响。

判决的既判力表现为对当事人的约束和保护。当事人的纷争提交至法院并被受理,他们就要受到最终判决的约束,当然也要受到最终判决里对法律解释的约束。当事人可以在诉讼过程中采取各种手段影响法官对法律做出于己有利的解释,但是判决做出并生效后,当事人就必须接受这个解释和判决结果。有法谚云,一个人不因同一行为而两次受到审判。一个判决和其中对法律的解释哪怕对当事人再不利,作出并生效后也不可随意更改。那么,这就可以避免当事人受到来自法律之外的压力。解释的多解可能性一旦变成解释的独解确定性,当事人哪怕受到法律的惩罚,也同时是一种保护。

法院的判决对纠纷当事人而言是应当且必须执行的。就哲学解释学而言,解释是一个沟通、交往的过程,这个过程越是自由、充分,解释就越可能成为"真理"。在思想领域,人是自由的,任何人都无法将自己的见解强加于他人。然而在司法过程中,法律解释的做出却是带有强制性的。

法律本身具有强制性。耶林指出:"不以法律强制作为后盾的法律命题是自相矛盾的,是无焰的火,不亮的光。"[①] 法律在其产生之初来源于原始禁忌,在其发展的早期多表现为刑法等强制性的规范。虽然随着法律和法学的发展,有学者认为,强制性并非法律的根本属性,但法律的强制性却是法律无法回避的属性之一。法律的强制性最终通过判决的强制性体现出来。法律给人的行为提供了许多准则,其中一些是示范性的,一些是强制性的。违反强制性规范将导致法律上的惩戒,这种惩戒是保障法律权威(及其背后的社会共

[①] [美]罗·庞德:《通过法律的社会控制、法律的任务》,沈宗灵、董世忠译,商务印书馆1984年版,第88页。

识性意见）的必要手段。"这些制裁惩罚的对象是那种内在地具有强制性同时又具有约束力的既有权威的违反。"①但这种惩诫不是由某个个人来施行，而是由代表国家的法院通过一定的程序来确认并施行。现代社会中，法律的强制性最终要通过判决来落实。守法的人可能感觉不到法律的强制性，但是违法的人一旦在判决中被法院确认并加以制裁，则这种强制就由可能性变成现实性了。

判决的强制性导致理论上平等的解释者在实践中的不平等。判决的强制性，说明在司法过程中解释的共识性并不以当事人的承认或认可为前提。我们在普通领域对一般的文本进行解释，此种确定性的来源是一种认同与共识。但是，司法判决中法律解释的确定性却不以当事人的最终认同为前提。这并不意味着司法判决中解释不存在确定性。因为司法审判的过程，当事人是积极参与的，在程序法的框架内当事人可以对法官法律解释的可能结果施加自己的影响，但只要最终的解释结果在判决中被确立下来，他就必须接受。"法官的'解释'决定着他人的生死利害，他是在运用着权力。这种法律解释与其他类型的解释显然有重大区别。"② 可见，法律解释和一般的文本解释的区别在于它具有一些实用性的需求。这些需求使得法律解释在其内在不确定性方面受到法律技术的限制。

（二）法律解释方法可满足法律解释的实用性需求

哲学解释学的本体论研究并不能自动满足法律解释的这些实用性需求，要在这些实用性需求的制约下寻求法律解释的确定性，我们必须借助法律解释的方法。

在理论层面，法律解释的方法属于形式理性的范畴。法律解释的本体论和方法论的不同思路，实际上是不同价值导向的结果。一个是价值（实质、结果）导向，即实体解释结果的合目的性；一个是方法（形式、程序）导向，即法律解释方法的形式性、非个人性。方法显然属于形式理性，它具有非人性，方法的非个人性对法律解释确定性的积极影响就在于，"法律解释的结果越能排除个人性，就越能使解释结果含有更多法律的确定性"。③

作为工具，方法本身不具有价值取向。而这种价值中立对法律解释确定性的巨大优势就在于它能够在一定程度上摆脱解释者个人前见的特殊性，从而在前见与法律文本视域融合的过程中能够获得更大程度的确定性和可期待性。法律解释要寻求共识，在共识的基础上满足确定性需求。共识的前提是每个解释者有自己的解释，而这个解释从何而来？这就需要法律解释方法的运用。单个个体的解释实践仍然需要求助于方法，可以说，法律解释的方法是法律解释共识的基础，是法律解释确定性寻求的前提。

---

① [德]哈贝马斯：《在事实与规范之间：关于法律和民主法治国的商谈理论》，生活·读书·新知三联书店2003年版，第29页。

② 苏力：《解释的难题：对几种法律文本解释方法的追问》，载梁治平主编：《法律解释问题》，法律出版社1998年版，第59页。

③ 陈金钊：《法律解释的哲理》，山东人民出版社1999年版，第101页。

在实践层面,法律解释的方法实际上是各级法院、所有法官理解法律时所共有的"公共前见"。哲学解释学并没有抛弃方法。当人们对伽达默尔巨著的题目《真理与方法》津津乐道并解释为"真理反对方法"时,伽达默尔对此作出了纠正:"这样的解释给人一种片面的印象,似乎精神科学中不存在什么方法。方法当然是有的,而且我们还必须学习它们、运用它们。"① 从最广义的角度来理解,方法本身是作为前见而存在的。人的前见由很多部分组成——经验、记忆——其中方法也是经验的一部分。不论是在什么领域,方法都不是天生的,它是人类经验的一部分。对方法的学习与掌握,也是对经验的学习与掌握。而方法作为法律解释不可或缺的一部分,也是司法经验在法律解释领域作用的体现。

法律解释的方法作为法律解释的"公共前见"而存在。有学者提出了构建"公共前见"的理论。"如果说'前见'关联着方法,一方面是指:不同的方法就是该方法持有者们'前见'的产物,而当不同的人们抱着同一的方法去诠释法律时,我们说这种方法所表现的是运用者们的'公共前见'。诠释方法的差异意味着'公共前见'的差异。另一方面是指:每个人的'前见'虽然构不成诠释法律的'公共方法',但在每个具体的理解者和诠释者那里,却构成他自身的诠释方法。当他的诠释对社会产生一定普适性的影响时,也就成了'公共前见'。"② 这意味着,(1) 方法是前见的一部分,从而使得方法在哲学解释学的本体论中有了合法性;(2) 普适性的方法具有可能性,从而使得增强解释者前见成为可能;(3) 前见之中包含了方法,从而使得抽象的本体论意义上的前见在解释实践中具备了具体性。

这种"公共前见"理论对于我国法律解释学有重要意义,它解决了哲学解释学的本体论和法学方法的方法论相分离、矛盾的问题。把法律解释的方法理解为解释者的前见,有助于我们在理论上解决"方法无能"和"方法必要"的矛盾。把法律解释的方法视作法律解释者前见的一部分,是在法律解释的本体论与方法论的争鸣之中找到了一条可以接受的调和之路。本文将在这"公共前见"理论的指引下探索法律解释确定性的方法途径。

对法律解释确定性的事后论证使得法律解释的方法具有现实价值。即使承认法律解释的方法有时候是"事后诸葛亮"式的事后论证,我们也坚信这种论证具有极大的现实意义。"由于(方法论)要求法律与法官裁决之间应当具有一个推导关系,所以法官必须尽可能准确地表达出他对法律规定的解释。他必须清楚地说明据以宣布(特定的)法律后果的条件。因此,方法论同样也加强了法官的自我监督与法的安定性。"③ 论证就其本身而言,是寻求一种正当性的依据。而法律解释的方法在一定程度上就能给"找法"工作以正当性的依据,这种依据是法律解释得以正当化的必要途径。"标准的重要性如何,很大部

---

① [德] 伽达默尔、[德] 杜特:《解释学、美学、实践哲学:伽达默尔与杜特对谈录》,金惠敏译,商务印书馆 2005 年版,第 9 页。
② 谢晖:《法律的意义追问——诠释学视野中的法哲学》,商务印书馆 2003 年版,第 553 – 554 页。
③ [德] 伯恩·魏德士:《法理学》,丁小春、吴越译,法律出版社 2003 年版,第 293 页。

分取决于其将造成如何的结果。"①当我们在理论上承认法律解释的必要性和必为性之后，如果不能在实践中找到合法性依据，这不能不说是法治的悲哀。我们大可不必对此感到无助，法律解释的方法给法律解释的确定性结果提供了正当性的证明。

三、法律解释的规则指引

有学者曾对各种法律解释的方法或取向逐一作出评价，最后认为，"所有这些人们寄予厚望的所谓解释理论和方法都不像人们想象的那样可以信赖，人类发现的一个又一个似乎日益完善的法律解释的方法并没有取得多大进展。不仅其中任何一个都不可能充分有效，而且其加总也无法构成一套方法。"② 虽然其论证比较充分并且结论道出了法律解释方法论的"先天"不足，但这种观点无疑过于悲观。

每一个单个的法律解释方法本身是具体的，它对于从法律文本到判决结果有很强的指向性。然而，指向性太强反而可能是方法的缺陷，因为它使得法律解释具有一种"霸权主义"倾向并遭到学者的诟病。每一个具体的法律解释方法又都不是万能的，都不是通向法律解释确定性的必然途径。从这个意义上说，每一个法律解释的具体方法对解释结果都是具有极强指向性的却同时又是不完满的。我们也不能要求解释者对所有法律解释方法进行逐一的、通篇的考量，这在理论上不可行（因为没有人能要求法官个个都是法学家或法律解释学家），在实践上也会给法官进行法律解释带来极大的、甚至是难以承受的负累。伽达默尔在对方法进行批判的时候指出，"不存在人们怎样才能学会正确运用规则的规则"，③但我们至少可以在规则之外给规则排序，建构出"如何使用规则的规则"，抑或更加谨慎地称之为"关于如何使用规则的指引"。因而，法律解释方法的选取规则作为"方法的方法""规则的规则"，只能来源于具体的方法和规则之外。

我们认为，法律解释的方法对于法律解释确定性寻求有积极的作用，我们可以通过法律解释方法的选取规则来增强法律解释的确定性。制定法的语言被认作是立法者或制定法的意志的表达方式，且据此被延伸或限缩。④ 我们能做的，就是建构一个规则，让法官在面对这纷繁的法律解释方法时做到有规律可循。而这种选取规则作为一种"公共前见"出现，能够在意义的产生过程中给法律解释结果提供确定性。

在法律解释过程中选取法律解释的方法，是提高法律解释确定性的重要基础。在规则的指引下，法官可以实现"同案同判"目标，维护法治安定性。解释自身尤其独特的方法和规律。现在中国的法治建设需要形式法治理论，这决定了我们在决定位序的时候应该奉

---

① [德] 卡尔·拉伦茨：《法学方法论》，陈爱娥译，商务印书馆2003年版，第221页。
② 苏力：《解释的难题：对几种法律文本解释方法的追问》，载梁治平主编：《法律解释问题》，法律出版社1998年版，第58页。
③ [德] 伽达默尔、[德] 杜特：《解释学、美学、实践哲学：伽达默尔与杜特对谈录》，金惠敏译，商务印书馆2005年版，第11页。
④ [德] 卡尔·恩吉施：《法律思维导论》，郑永流译，法律出版社2014年版，第126页。

行以形式法治为先的思路。把形式法治的规则与方法放到最重要位置，而把与实质法治相适应的规则与方法置于辅助地位①。在法律解释领域，既要体现解释的一般原理，又要结合法治的导向，笔者认为，法律解释的选取规则应遵循以下规则和顺位：

文义解释应处于优先地位。文义解释方法的优先性得到了学者们普遍的赞同，② 法律通过语言、通过具体的文字表述而呈现在司法者和普通民众面前，因而法律解释应当从文义开始。从文义开始解释，有助于在精英话语和大众话语之间建立有效的沟通。"法律解释对文本意义的追寻，就是要通过语言学、语义学、语法学、修辞学等等知识工具，问鼎法律的真谛，明晰法律的规范意蕴。"③法律的文字表述既表明了法律条文意义的可能性，也在一定程度上约束了法律条文意义的范围。首先从这个有限的范围去确定法律的意义，还可满足以较低的成本来实现法律解释的确定性，符合思维的一般模式。

体系解释次之。理解的循环理论表明，任何对部分的理解只能通过对整体的理解来实现，部分法律条文的意义也只有通过对整体性的法律体系的考查来确定。作为理解的一个基本特征，体系解释应当是具有优先地位的。然而，体系解释法在实践中受到极大约束，包括并不明显的法律体系整体性特征和有限的司法审判时间等。正是因为体系解释法受到这些限制，我们将其作为文义解释法的补充，居于文义解释法的后位。在文义难以通过修辞学、语义学来确定或者这种确定性可能导致不合理时，我们通过对法律制度的整体性分析来确定其含义。

目的解释再次之。在哲学解释学的指导下，我们并不认为法律的创制存在什么确定的、不变的立法意图或目的。然而在法律实践中，立法机关往往会对"立法目的"作出说明，这种公开的说明无疑会对法律解释产生影响，因而必须在法律解释方法中适当考虑目的解释，以它作为文义的补充。立法意图有两种观点，即历史意图说和现实需要说。为了增强法律解释的确定性，我们寻求一种抽象意义的立法意图，即满足社会的当前需要的意图。"一切制度的形式是人在一定的环境之内造下的，不变的并不是它的形式，而是人用它来满足的根本需要。"④ 法官在案件审理中面对社会矛盾的现实需要而扮演抽象的"立法者"角色，有助于法律解释的确定性寻求。需要关注的是，体系解释很少能与目的解释分开。它作为体系解释在很大程度上又是目的解释。⑤

前述几类方法若仍不能确定法律意义或确定的法律意义不合理，则考虑其他方法：诸

---

① 陈金钊：《法学话语中的法律解释规则》，载《北方法学》，2014年第1期，第118页。
② 孙光宁：《反思法律解释方法的位阶问题——兼论法律方法论的实践走向》，载《政治与法律》2013年2期，第108页。该文同时指出，文义解释方法的优先性被当作是"人们必须服从法律的原则的一种延伸"。笔者倾向于认为：这或许就是文本与理解的"纠缠"，理解离不开文本，同时理解的内容又不等于文本内容，因此人们期待以"文义解释"来捍卫自己解释的"准确性"。换言之，文义解释优先性之所以能够成为学者共识，原因更主要是，语言是不同解释者之间的最大共识，而且几乎不需要额外的信息成本。
③ 谢晖：《法律的意义追问——诠释学视野中的法哲学》，商务印书馆2003年版，第94页。
④ 费孝通：《乡土中国、生育制度》，北京大学出版社1998年版，第116页。
⑤ [德] 卡尔·恩吉施：《法律思维导论》，郑永流译，法律出版社2014年版，第92页。

如社会学解释法、比较法解释法等。法律解释方法的选取规则，在其第一层面，集中于法律条文的字面含义，可谓直观而简单；在其第二层面，借助于对法律制度的整体性把握，较为复杂而宏观；在其第三层面，要考查现实的社会需要，这对法官来说已是不小的挑战。如果法律解释方法的选取经历上述层面仍不得其解，那么我们最后再考虑更加复杂、抽象和耗时的社会学解释法和比较法解释法。

四、助力法律解释确定性的制度要素

从司法实践的角度看，法律解释必定是一种独断性解释，法律解释的确定性也只能通过独断性的解释来满足。这就涉及由谁来担任独解垄断者角色的问题——谁来确定法律在判决中的的意义？谁在多解的可能性中选择法律的独解？

选择法官作为法律解释垄断者，在我国更是具有现实性。法律解释是法律适用的前提，法官在审理案件中，判断当事人请求权的性质、选择案件裁判依据的过程，都蕴含着法官对法律条文意义的解释与探索。[1] 由于法律制度的不完备，我国长期以来走着一条立法主导的法治现代化路线。我国的法制建设常常是从"社会需要"开始，由于没有相应的法律规定而变成"立法需要"，进而立法、颁布、实施，然而在新的社会需要面前，我们首先想到的不是在司法层面解决，而是通过"改法"或"立新法"来满足。解决"有法可依"的迫切问题，让我们忽视了司法在法治进程中的重要地位。

然而，在法治建设中，司法不能缺席。不仅如此，司法应当发挥主导性的作用。法律的最终实施要靠司法来进行，法律体系的有效性和实效性要靠司法来保障，法治的理念也只有在司法实践中才能最终得到体现。"中国社会主义法治最终应当是依赖司法为主导的推进才能奏效。"[2] 司法主导是法律制度适应社会发展、弥补自身缺陷的根本出路。我们必须转变立法主导、政府推进的传统观念，重视并发挥司法在法治建设中的作用。

在审理案件过程中，法官需要不断地在法律规范与法律事实之间进行以"事物本质"为中介的寻求法律事实与法律规范的对应性过程。在这一过程中，法官既需要理解法律，也需要不断地根据法律建构事实，法官在法律与事实之间"目光流盼"的过程，是一项相当复杂的思维工程。[3] 由法官垄断法律解释的独解，是司法主导的一个重要体现。我国目前法律解释制度中的"多头解释"——立法、两高——不是司法主导，只有当法官垄断了法律解释的独解，我们才真正走上了司法主导的法治之路。"在部门领域内实行法律解释权垄断，目前在于保证法律的统一实施，维护国家法制的统一，这对于一个行政区域大、

---

[1] 石东洋：《论基层法官的独断型法律解释》，载《江汉学术》2014年第2期，第83页。
[2] 苏晓宏：《法制转型与司法主导——中国社会主义法治的路径选择》，载《华东政法学院学报》2003年第1期，第26页。
[3] 魏治勋：《法律解释体制与法官的法律解释权》，载《东方法学》2013年第3期，第72页。

管理层次众多的单一制国家来说，无疑有重大意义。"①从这个意义上说，由法官垄断法律解释的独解就不仅仅是法律解释制度的建构问题，它还是我国法治路径的必然安排。

如果认同法官是最适合的法律独解垄断者，那么，需要加强法官的前见同质性来增强法律解释的确定性。"作品有它自己的世界，解释者也有他自己的精神世界。这两个世界在解释者的理解中发生接触后，溶合为一个新的可能的世界——意义。"② 法律文本的精神世界和法官的精神世界成为意义产生的来源，因而，法律解释的确定性寻求也可以从这两个精神世界的角度来思考。我们在本章第一节采用精心构建法律文本的方式来增强法律的确定性，是从法律文本的精神世界来着手的。以下，我们将从法律解释者的精神世界角度探讨这个问题。

前见具有历史性。"我们并不选择我们的前见，因为我们发现它们在我们身上乃是先于自觉选择而存在的东西。然而这种对意识的在先性并不使它们成为主观的，因为前见不是来自私有的下意识，而是来自共同的传统。"③ 从人的存在的意义上说，人的前见都是历史性的、都是不能由自己任意"选择"的。前见本身不能选择，但我们可以通过挑选具有特定前见的人来达到"选择"前见的目的。前见还具有有限性。作为法律文本来说，它具有天然的开放性，而作为解释者来说，他的前见作为一种历史的存在则具有天然的有限性。"真理的探索介于我的提问的'有限性'和存在的'开放性'之间。"④ 任何解释者的前见都是特定的、具体的、有限的，这有限性的前见决定了他理解的视域，从而决定了意义的可能范围。如何在这开放性与有限性之中寻求法律解释的确定性？法律解释并没有确定的顺序，它建立在法律解释共同体概念之上。法律解释共同体主要强调对法律的共同理解和认识，⑤ 必须形成共同的认识和理解才能形成一致的解释结论。法律解释首重解释方法的次序，位序的确定需要职业法律人的共识，在共识基础上的位序，解释者应该遵守。⑥ 考虑到法律解释确定性诸因素中人的作用，我们可以通过增强法律解释者前见的同质性来达到我们的目标。理解的主观性是不必排除的确定因素。在伽达默尔那里，这种原本出于对解释的技术的考量转变成了理解现象的根本问题。⑦ 要加强解释者前见的同质性，我们有两个选择：一是在具有同质性的共同体里选任法官，一是在法官群体中加强统一的职业培训。

和其他方式相比较，通过法官的选任来增强法官前见的一致性无疑是具有优越性的。

---

① 张志铭：《法律解释操作分析》，中国政法大学出版社1999年版，第257页。
② 殷鼎：《理解的命运——解释学初论》，生活·读书·新知三联书店1988年版，第91页。
③ 洪汉鼎：《理解的真理：解读伽达默尔《真理与方法》》，山东人民出版社2001年版，第211页。
④ [法]保罗·利科：《历史与真理》，姜志辉译，上海译文出版社2004年版，第36页。
⑤ 贾占旭：《法律解释共同体实践生成的程序法路径》，载《法律方法》第34卷，第126页。
⑥ 陈金钊：《法学话语中的法律解释规则》，载《北方法学》2014年第1期，第117页。
⑦ 张子娇：《理解和解释的条件性反思——基于伽达默尔偏见观的思考》，载《世纪桥》2018年第1期，第93页。

法官选任作为公民进入法官职业的渠道，对法官前见同质性起着重要的作用。它相当于一个过滤器，过滤前、后的物质，其同质性显然会有所差别。以特定的选任方式控制法官职业的流动和范围，有助于加强法官前见的同质性。通过在前见具有同质性的群体中选任法官，是加强法官前见同质性的第一步。从法律解释的实践来看，解释者（法官）的选任向来都不是任意的，"在一个社会的所有法律工作中，审判人员的选任最为关键"。[①] 其关键之处就在于，法官在法律制度的整体有效性、统一性和社会适应性上的重要作用。如前文所介绍，这种重要作用有时就是通过法官对法律的解释来体现。法官从何种人群中选任，对于法官前见的同质性具有重要意义。一般而言，所谓的人群或共同体，其之所以能被统称为一个人群或共同体就在于其某种性状——如职业、爱好、甚至如肤色等——上的同一性。这种特定性状的同一性往往意味着其意识、思维、观念在某种程度上的同质性。

我们可以从法官选任的角度思考增强法官前见同质性的问题。有学者统计过典型的美国联邦最高法院大法官形象，他们在进入联邦法院时具有以下同质性的特征："男性，50–55岁；白种人；通常是清教徒；具有盎格鲁–撒克逊血统（到目前为止仅有15个例外）；属中上到上层社会阶层；在非农村（但不一定是市区）环境长大成人；属于经济小康、公民意识强的、政治上积极的家庭；有文学本科学位、法律本科学位或法学博士学位（他们之中的1/3来自"常青藤联合会"院校）；曾经在某些国家机关或民间组织有过工作经验。"[②] 而在当前我国的司法职业人员选任体制下，法官专业无限制、法官在任职以前的职业也没有限制，年龄的限制极低，只有在信仰和政治立场上趋同。我们的法官来源多样化，其前见的同质性不强，这对法律解释的确定性会有消极影响。为此，建立统一的、严格的、专业化的法官选任制度，对于加强我国法制建设是很有必要的。

与法官选任相比较，法官的职业培训在法官前见同质性增强途径中处于"事后增强"的地位。职业培训作为法官前见同质性增强的一种途径，其缺陷是它只能改变法官前见中比较浅层次的内容。前见有很多内容、包含很多因素，有的是深层次的、需要潜移默化并会在较长时期内保持的（如思维方式、价值取向、政治立场等），有的则是比较浅层次的、容易灌输也容易变化的（如压力、技术性习惯、职业伦理等）。前者很难通过短时期的职业培训来实现，后者才是职业培训的重点。法官职业培训的目标，其最高的目标在于向法官灌输一些基本的审判理念（如职业能力、职业道德、职业修养等），此外还要求法官掌握审判工作的技巧。[③] 因此，通过职业培训来增强法官前见同质性只能作为法官选任角度的补充。根据法官职业培训的特点，它应当在以下两个方面发挥作用：

一是灌输方法论的作用。"从人类发展的总趋势看，方法有可能限制人的思维，从而影响我们达到真理的目标。但法律解释主要不是寻求真理，它旨在寻求一种达到自由、公

[①] ［美］埃尔曼：《比较法律文化》，贺卫方、高鸿钧译，清华大学出版社2002年版，第112页。
[②] 宋冰主编：《读本：美国与德国的司法制度及司法程序》，中国政法大学出版社1998年版，第151页。
[③] 参见《"法官职业与法官培训国际研讨会"发言摘要》，载《法商研究》2000年第1期，第121页。

平、秩序的平衡。法律解释的创造性仅在理解得以进行的意义上被使用，它不要求法官远离法治去进行创造性的理解。从这一点来看，通过法学教育而对法律工作者所形成的职业偏见，对维护法治也是有积极意义的。"①

要保障法律解释的确定性，法律方法不能缺席。有学者认为"强化法官教育和资格制度，普遍提高法官素质（法律正义感和法学方法）"② 是保障法律解释客观性的首要途径。通过法官职业培训来进行法律解释方法论——包括法律解释的方法和法律解释方法的选取规则——的教育，这种公共前见的灌输对增强法官前见同质性进而增强法律解释确定性无疑具有积极意义。

二是作为法官交流平台的作用。法官的职业培训还应当是法官经验交流的平台。职业培训不能仅仅作为一架灌输前见的机器来对法官前见产生影响，法官作为成年人，其心智成熟程度决定了他接受一些观点不能仅仅依靠"灌输"。我们还应把职业培训作为法官间互相交流的平台，应当充分发挥法官职业共同体在影响法官前见中的作用。司法经验作为法官法律解释的前见而进入理解过程。从事法律工作的人，从他们的前辈、从同辈的相互交流中学来了审判的经验，也潜移默化地养成了一种审视法律的视角。共同的视角，使得他们对于法律的理解在一定程度上具有趋同性。法官的经验，法律共同体的经验，使得法官对法律的理解不会超出一个可以接受的确定性幅度。而法官的职业培训，应该作为一个法官经验交流的平台，为法官之间建立有效沟通提供可能。为此，我们在法官的职业培训中应当适当考虑以多种形式加强法官之间的交流。以下是来自职业法官的呼声：法官培训应当采用以下一些法官培训方式"逐步实现满堂灌式填鸭教学向互动式教学、经院式教学向实践式教学转变"③ ——即提问互动式、理论研讨式、庭审观摩式、考察交流式、实践锻炼式等。

结语：追求规则之治的信心

法律解释的确定性寻求是我们对法治的自信与追求。人类对规则之治的生活充满了期待，法律解释的确定性理念给我们以此种生活的信心，而对此种生活的期待又增强了我们寻求法律解释确定性的动力。解释学曾经在方法论和本体论的分野与争鸣中得到极大发展。法律解释的确定性寻求离不开本体论和方法论的共同支持——哲学解释学给我们以寻求法律解释确定性的信心，而方法论则给我们以寻求法律解释确定性的行动指引。"一种同时包含了解释学法学和法律解释的方法论，并且将二者之间的紧张保持在一个适度范围

---

① 陈金钊：《哲学解释学与法律解释学——〈真理与方法〉对法学的启示》，载《现代法学》2001 年第 1 期，第 139 页。
② 梁慧星：《民法解释学》，中国政法大学出版社 1995 年版，第 189 页。
③ 王存根、李国栋：《法官职业教育培训的几点思考》，载《政法论丛》2004 年第 1 期，第 59 页。

内的法解释学理论和实践,对于当代中国的法律发展将是恰当的和必要的。"① 通过对法律文本语言的精心构造、通过在解释者"公共前见"中引入法律解释方法的选取规则、通过让法官来垄断法律解释的独解以及增强其前见的同质性,我们把本体论与方法论联系在一起,共同支撑法律解释确定性的寻求。

(编辑:吕玉赞)

---

① 梁治平:《解释学法学与法律解释的方法论——当代中国法制图景中的法解释学》,载梁治平主编:《法律解释问题》,法律出版社1998年版,第104页。

"建设性"法律现实主义

——对卢埃林法律现实主义的另一种解读[*]

罗有成[**]

> **摘 要** 卢埃林认为，法律不是纸上的规则，而是司法裁判过程中的法官行为；司法判决结果不由规则决定，而由社会的具体事实决定。卢埃林基于规则无法客观描述法律实践和保障裁判确定性两项理由，批判了以兰代尔为代表的法律形式主义，主张在更为广阔的社会背景下客观观察法律的实际运作，致力于寻求保障司法判决结果相对合理的现实确定性。而坚持事实中心的社会科学方法和"宏大风格"的法律技艺传统才是通往现实确定性的真正道路。他晚年把研究重心放在技艺理性上，笃信兼容情景感与审慎理性的裁判技艺对实现法律确定性的可靠作用。从整体上看，卢埃林的法律现实主义是一种"建设性现实主义"，既有法律规则的"怀疑"面向，又有法律确定性的"建设"面向。在理解卢埃林"建设性"法律现实主义这一点时，我们将尊重卢埃林强调研究法官行为本身的重要性以免它沦为法律"自动售货机"的愿望，这仍然是一个极为重要的任务。
>
> **关键词** 卢埃林 法律现实主义 规则怀疑论 现实确定性 裁判技艺

一、导言

要想深刻理解卢埃林的法律现实主义，或许要遇到的第一个问题就是法律应当如何面向社会事实？这个问题换到司法场域中就是：法官如果不想被迫沦为一台按照机械逻辑法

---

[*] 基金项目：本文系国家社会科学基金重点项目"中国法理学研究 70 年回理与评析"（项目号：19AFX002）的阶段性研究成果。

[**] 罗有成，男，重庆人，西南政法大学立法科学研究院助理研究员，西南政法大学行政法学院博士研究生，研究方向为法理学、司法制度以及法律方法。

则运行的法律"自动售货机",① 那么他在司法裁判中应该怎样回应社会事实?司法裁判过程中到底是哪些因素影响甚至决定了司法判决结果?20世纪20、30年代,美国法律现实主义运动的旗帜性代表人物卢埃林宣称要揭开"法律科学"神话的面纱,试图探寻法律如何面向社会事实的答案。他断言,法律不是"纸上规则",而是司法裁判过程中的法官行为。司法判决结果不由规则决定,而由社会的具体事实决定。②

在那样一个自由美梦被经济危机惊醒、进步真理被"一战"颠扑的"美国时代",卢埃林的"规则怀疑论"甫一登场,就获得了人们的广泛支持。③ 人们从"规则怀疑论"中模糊懂得,规则并不是一个去社会化的超验客体和神圣之物,它似乎一直被法官的实际裁判行为所改变。如果真像法律形式主义者所言的那么简单,法官只需运用三段论的逻辑推理即可为每个案件找到唯一正解,那么法律岂不是已然降格为抽象规则的"使用说明书",像鸵鸟一样把头埋在沙里,乐此不疲地把玩着封闭逻辑和修辞游戏。可是别忘了,"法律必须面向社会事实,以促成'人民联合的内在秩序',否则其合法性将自我耗竭"。④

由此,卢埃林为法律面向社会事实提供了两种方案:其一,主张把法律看作经验科学,以事实为中心,采取一种价值中立的描述性研究立场,在更为广阔的社会背景下客观观察法律的实际运作;其二,主张一种司法裁判的"合奏"理论。按照形式主义法学的理解,如果把司法裁判过程比作演奏一首乐曲,那么法律规则就应该是"独奏家",按照既定的三段论演绎逻辑,向听众们按部就班地诠释乐曲。然而,在卢埃林的现实主义理论中,实际的司法裁判过程远不会如此简单。这是因为,司法裁判过程并不是规则的"独奏",而是规则、情景事实、社会习俗、商业惯例、公众理性和公平感等诸多角色在更广阔的社会舞台上的"合奏"。

卢埃林把法律的参照中心从规则转向行为,特别是法官的行为,试图回应社会事实。然而,行为中心进路真正为法律找到了一条回应社会事实的康庄大道,还是又陷入了另一片"荆棘丛"?围绕这个根本性问题,本文试图基于一种新的视角,提出卢埃林的法律现

---

① 一如韦伯所比喻的,法官就像一台自动售货机一般,"投进去的是诉状和诉讼费,吐出来的就是判决和从法典上抄下来的理由"。参见〔美〕刘易斯·A. 科瑟:《社会学思想名家》,石人译,中国社会科学出版社1990年版,第253页。

② 卢埃林在《现实主义的一些现实主义——答庞德院长》一文中宣称:"动乱在法律领域之外发生。兴趣范围得以拓展,人们对于环绕在法律事务周围的生活再次产生兴趣。在法律规则前面的是事实;作为开端的不是言语,而是行为;在裁决背后站着法官,而法官是人;作为人他们有人伦背景。在裁决之上站立着为规则和裁决直接或间接触碰的人们。" See Karl Llewellyn, James J. Chriss, *Jurisprudence*: *Realism in Theory and Practice*, New Brunswick, New Jersey: Transaction Publishers, 2008, p. 42。

③ 对法律现实主义运动历史背景的分析,参见陆宇峰:《美国法律现实主义:内容、兴衰及其影响》,载《清华法学》2010年第6期,第85-89页;于晓艺:《反传统的美国法律现实主义》,载《中国海洋大学学报(社会科学版)》2011年第2期,第35-36页;周赟:《现实主义法学批判》,载《东岳论丛》2006年第1期,第86页。

④ 周尚君主编:《法律和政治科学》(2019年第1辑),社会科学文献出版社2019年版,"发刊词",第1页。

实主义是一种"建设性现实主义"这一论点,既充分展示他对兰代尔法学正统规则观的"怀疑"面向,又致力于探寻他对法律确定性的"建设"面向。从"怀疑"规则到"重建"法律确定性的这一转轨中,我们可以深刻体会卢埃林为捍卫面向个案和现实的"普通法传统"所做的努力。

二、规则怀疑论

长期以来,学界对卢埃林的"规则怀疑论"一直存在着某种错误的解读倾向,即认为"规则怀疑论"将法律描述为无关规则的官员行为,从法律"定义"中排除了规则。事实上,卢埃林并没有主张把规则从法律中排除出去,他只是指出规则远没有法律形式主义强调的那么重要,规则只在法律中发挥着次要作用。[1] 为此,卢埃林首先批判了法律形式主义。形式主义法学把"纸上规则"作为法律的参照中心,不仅无法描述活生生的法律实践,而且三段论的逻辑推理也无法获得特定个案的唯一正解,不能保证司法判决的确定性。然后,卢埃林系统阐释了"规则怀疑论",强调法律不适宜把规则作为法律的参照中心,主张区分"纸上规则"与"现实规则",寻求司法过程中事实情景与判决结果之间的真实联系。从某种意义上说,卢埃林用"规则怀疑论"解构了兰代尔正统"法律科学"的宏大叙事,在行为进路之下重新寻求法律的确定性,试图塑造出一种"建设性的现实主义规则论"新形象。[2]

(一)法律形式主义及其批判

1. 作为背景的法律形式主义

要真正理解卢埃林及其法律现实主义,须从美国法学界当时反叛法律形式主义的背景叙事开始。这是因为,卢埃林的许多论断都根基于对法律形式主义的批判语境中。"脱离了形式主义这一背景,不仅理解不了卢埃林,整个现实主义运动都难以理解。"[3] 法律形式主义主张法律制度是一个封闭的、逻辑自足的概念体系,通过三段论的形式推理可以为特定个案提供唯一正解。概念化的秩序体系和机械的逻辑推理是法律形式主义最核心的要素,"法律推理应该仅仅依据客观事实、明确的规则以及逻辑去决定一切为法律所要求的具体行为"。[4] 他们希望,规则形成一张完整、光滑而无缝的网,一个能自动解决任何问题的尺度。而司法系统只不过是一台"庞大的三段论机器",法官犹如"技艺精湛的机械

---

[1] See Brian Leiter, "Legal Realisms, Old and New", *Valparaiso Law Review*, vol. 47, no. 4, 2013, pp. 949 – 951.

[2] See Brian Z. Tamanaha, "Understanding Legal Realism", *Texas Law Review*, vol. 87, no. 4, March 2009, pp. 731 – 786.

[3] 孙新强:《卢埃林现实主义法理学思想》,载《法制与社会发展》2009 年第 4 期,第 18 页。

[4] [美] 史蒂文·J. 伯顿:《法律和法律推理导论》,张志铭、解兴权译,中国政法大学出版社 1998 年版,第 3 页。

师"一样行动,应用着一套清晰而稳定的规则,如何得出结论只是一个"逻辑"问题。① 换言之,形式主义学者趋向于在概念化的规则体系内部去描述法律制度,适用法律的方法也是来自规则秩序内部的机械逻辑推理,这种内部视角基本不会考虑法律现象外部可能的社会学解释、历史解释或者经济解释,也拒绝参考支撑法律规则的规范目的、公共政策及其超法律外的解释偏好。

19 世纪后期,哈佛大学法学院院长兰代尔(Christopher Columbus Langdell,又译作兰德尔)提出了"法律是一门科学"的论断,将法律形式主义推向了巅峰。② 兰代尔的法律形式主义主要受到 19 世纪末期流行的唯科学主义的影响,认为法律也可以构建成一门逻辑上融贯、概念上有序并能够被证明的科学。通过形式逻辑推理,法律人可以从概念和原则中获得特定案件的正确判决。而且,法律这门科学的所有知识和材料都可以从书本中获得。③ 兰代尔建构的法律科学主要有三个特征:一是概念上的有序性。在法律体系内,法律概念和原则构成一个融贯、有序的系统。从概念和原则中可以推导出特定个案的具体裁判规则。二是规则上的整全性。在法律体系中不存在规则上的缺口或重叠,并且根据法律体系的规则机制可以给每一个案件提供唯一正解。三是推理上的形式性。正确的法律判决在内部的法律体系依靠演绎逻辑展开,不需要凭借外在的其他方法。与之相呼应,兰代尔对于科学精神的忠诚产生了两种意义上的效果:第一,逻辑上的可证明性成为法律判决的唯一标准,法官们不考虑法律判决的正义与否。第二,经济、政策和社会利益等外部考量因素被认为会影响法律科学的逻辑纯粹性。因此,兰代尔古典正统把法律看作一个去社会化的超验客体。法律是一个由概念和原则组成的封闭体系,个案判决的具体规则可以从概念和原则中推导出来,而司法裁判则成为一个类似于几何学的推理过程,法官只需运用演绎逻辑进行形式主义的法律推理便可"将人世间一团乱麻一一化解"。④

2. 卢埃林对法律形式主义的批判

兰代尔宣称自己的"法律科学"发现了客观真理,但在卢埃林看来,由概念和原则组成的封闭体系只不过是"超验的废话"。因为形式主义过分强调了"规则、概念和逻辑"这一套话语,而忽视了"起作用的事实"。社会是不断变化的,法律需要根据社会现实进行重新审查,单单是抽象的规则和概念并不能决定特定个案的判决结果。兰代尔正统构建的法律科学形象是一个虚构的神话。首先,卢埃林认为,法律形式主义过分倚重概念,把

---

① See Burt Neuborne, "Of Sausage Factories and Syllogism Machines: Formalism, Realism, and Exclusionary Selection Techniques", *New York University Law Review*, vol. 67, no. 2, May 1992, pp. 419 – 421.
② 王德玲:《法律现实主义思想再检视》,载《政法论丛》2019 年第 2 期,第 37 页。
③ 用兰代尔自己的话来说,"图书馆就是教授和学生们真正的工厂,它对我们的意义就如同大学实验室对化学家和物理学家、自然历史博物馆对动物学家、植物园对植物学家的意义一样"。See Neil Duxbury, *Patterns of American Jurisprudence*, Oxford: Clarendon Press, 1997, P. 3.
④ See David A. Garvin, "Making The Case, Professional Education for the World of Practice", *Harvard Magazine*, vol. 29, September 2003, p. 58.

法律描述为一个建立在"概念天国"基础上的超验客体。① 这种绝对主义的概念观忽视了概念自身的缺陷。因为"界定所有法律的概念是不可能的,概念中有太多的内容需要考虑进去。概念在为自身划定一个范围的同时,也排除了一些重要的内容。事实上,没有一项法律工作能够把所有的法律内容都涵摄进去"。②

其次,卢埃林怀疑三段论演绎逻辑推理的真实性,并以一种工具主义逻辑观解构了这种理论。在法官裁判案件的司法过程中,法官根本不是按照兰代尔所描述的三段论演绎推理那样去得出法律判决。他们并不从法律的前提出发思考案件,而是先有了一个案件的模糊性结果,然后再去寻找判决理由和事实素材来证明先前的模糊性预期。在这个过程中,法官根据自己对案件的模糊性预期,既可以对案件事实本身进行裁剪和取舍,也可以改变选取先例的视角。判决理由的形成不能再被看作是一种三段论的推理过程,因为这样一种演绎逻辑既不能客观描述整个司法裁判过程,也不能解释法官的判决结果到底是如何作出的。判决意见和逻辑推理只不过是为了"使判决看上去合理,使判决在法律上看起来是得体的、正确的和不可避免的"。③

最后,法律规则并没有像法律形式主义宣称的那么重要,规则只在法律中扮演次要作用,依靠规则并不能准确预测法院的判决结果。"规则判决案件这一理论,一个世纪以来不仅愚弄了闭门造车的书呆子,也愚弄了法官。"④ 规则之所以不适宜作为法律的参照中心,一个很重要的原因在于规则本身具有多重模糊性,以规则为参照中心去理解法律会导致各种事实被模糊化。借助语言表述的规则只能描述一般状况,总存在着模棱两可的边缘或例外情况。有限的法律规则根本不可能涵盖开放的社会事实。在同一情境中,可能出现多个相关联的规则,因而法律中的正确答案并非唯一,而是"有两个、三个或十个"。规则的解释标准也是自相矛盾、漏洞百出的,从同一个规则中我们甚至可以获得两种截然不同的法律结论。例如,"成文法的解释不能超越其文本",有时我们又认为,"为了实现目的,成文法的解释应当超越其文本"。⑤ 此外,规则中心论者主张法官只能"发现"法律而不能创制法律。这与法官们的实际做法并不相符。法官们经常隐瞒他们自己的主动主义这一事实,只不过,法官们把他们的创造性隐藏在一种诠释和释义、发现和宣布法律的说教之中。

---

① See Karl Llewellyn, "On Philosophy in American Law", *University of Pennsylvania Law Review and American Law Register*, vol. 82, No. 3, 1934, pp. 205 – 212.
② Karl Llewellyn, "A Realistic Jurisprudence—The Next Step", *Columbia Law Review*, vol. 30, no. 4, April 1930, p. 432.
③ Karl Llewellyn, "Some Realism about Realism: Responding to Dean Pound", *Harvard Law Review*, vol. 44, no. 8, June 1931, p. 1239.
④ Karl Llewellyn, "The Constitution as an Institution", *Columbia Law Review*, vol. 34, no. 1, January 1934, p. 10.
⑤ [美] 卡尔·N. 卢埃林:《普通法传统》,陈绪纲等译,中国政法大学出版社 2002 年版,第 618 – 619 页。

(二) 对"规则怀疑论"的误读

长期以来,致力于揭开"法律神话"面纱的卢埃林饱受争议。批评者认为,卢埃林的"规则怀疑论"旨在从法律定义中排除规则,消解规则在法律中的地位和作用,从而只关注于法律官员在处理纠纷时的所作所为。因为他在《荆棘丛》曾明确说到,"这些法律官员在处理纠纷时的所作所为,在我看来,就是法律本身";"关键在于观察法律官员做什么,他们如何处理纠纷或者其他事务,以及观察他们的所作所为,从中寻找出某种独特的规律性"。① 在这里,卢埃林似乎给出了法律的一个定义,但这个定义里没有法律规则的位置,法律本身并不在于本本上的规则,而在于法律官员的行为和对法律官员行为的预测。但是,仅仅分析卢埃林论述规则的只言片语,是不可能真正理解其"规则怀疑论"的。他对规则的"怀疑",也只是针对不合理的规则以及法律形式主义者对规则确定性的过分强调,即使最极端的现实主义者弗兰克也没有否定过规则的作用。② 卢埃林也在《荆棘丛》1951年修订版的序言中为自己辩解道,批评者没有全面、认真地阅读《荆棘丛》的其余部分,仅凭只言片语就掀起一场"茶壶里的暴风雨"。③

首先,卢埃林从未定义过法律,也不主张定义法律,当然就不存在批评者指摘的定义错误问题。卢埃林反对从概念到概念的抽象定义方式,他在《现实主义法理学——引领未来》一文中指出,界定所有"法律"概念是困难的,因为这个概念中有太多的内容需要涵摄,而这些内容之间又存在难以置信的差异,一个定义总是要排除或囊括一些内容,总是要划出自己的领地。他并不试图定义法律,更愿意把注意力放在关注法律问题本身上,不是通过描述"边际"去界定法律,而是在现实生活中寻找法律本身的中心——法律官员处理纠纷的行为。④ "法律即官员处理纠纷的行为"这个招致了诸多批评与攻讦的论断,就是他在这里作出的。可见,这一命题与法律的定义或概念没有实质上的联系,从法律定义上去批评卢埃林是不恰当的。⑤

其次,卢埃林并没有消解规则在法律中的地位和作用,相反,他肯定了规则的重要作用。卢埃林指出:"规则是至关重要的,因为规则可以帮助你们关注或预测法官将会做什

---

① [美] 卡尔·N. 卢埃林:《荆棘丛:关于法律与法学院的经典演讲》,明辉译,北京大学出版社2017年版,第5、7页。
② 参见许庆坤:《重读美国法律现实主义》,载《比较法研究》2007年第4期,第6页。
③ 参见刘剑:《"规则怀疑论"者的规则观——评卡尔·卢埃林的〈荆棘丛〉》,载《社会科学论坛》2006年第2期,第152页。
④ See Karl Llewellyn, A Realistic Jurisprudence—The Next Step, *Columbia Law Review*, vol. 30, no. 4, April 1930, p. 452.
⑤ 布赖恩·莱特曾明确地指出,"现实主义者们都不是哲学家,更谈不上分析哲学家,他们在关于法律的概念和定义上,并没有给出任何清楚明白的东西。" See Brian Leiter, "Legal Realism and Legal Positivism Reconsidered", *Columbia Law Review*, vol. 99, no. 4, May 1999, p. 1138。

么,或者有助于你们引导法官去做什么。"① 规则发挥着重要的指引作用,是法律中必不可少的。他同时也为规则作出了两个必要限制。第一,规则虽然重要,但只是第二位的,规则不适合作为法律的参照中心。因为规则只有在帮助人们预测法律官员的行为中才有现实意义。第二,规则这个术语含义非常模糊,提供了很大的解释余地,并不是法律形式主义宣称的那样精密与科学。卢埃林对规则的肯定与限制看似矛盾,实则背后暗藏着一种"现实主义精神":具体案件的判决结果并不能从"纸上规则"中推导出来,应在反映生活事实和情景理性的"现实规则"中作出最佳判断。

(三) 规则的两项真正"罪状"

卢埃林并没有从法律定义中排除规则,消解规则在法律中的地位和作用,对他来说,规则的两项真正罪状在于两个方面:从理论层面上讲,规则不适宜作为法律的参照中心;从实践层面上讲,无论是在判例法还是在制定法中,"纸上规则"与"现实规则"会发生分离,法官无法根据"纸上规则",通过三段论的逻辑推理,获得特定个案的唯一正解。②

首先,从法学研究层面上看,在"利益、权利和救济"的框架下对法律规则进行分析存在着不可避免的局限性,并没有多大的价值,而且这种思考法律的方式还十分危险。第一阶段,历史早期,"规则"通常被人们看作是纯粹的救济规则。当时的社会充满了各种各样的救济措施,人们就是根据这些救济措施来指导自己思维的。人们不会在乎获得救济的正当依据和历史缘由,只关心什么时候、什么条件下自己会得到法院的救济。第二阶段,权利哲学已降,救济失去了纯粹性而具有了某种目的,这种目的便是为了保护"权利"或"主观权利"。救济并不再是目的本身,它变成了一种"作为工具的法律概念",是为人们的实体性权利服务的。第三阶段,自耶林的"利益法学"产生后,利益又和规则紧密交织在了一起。"权利"并不是法律的最终目的,"权利"的实现不过是为了保护某种特定的社会利益。"利益"的创设把规则和权利都被放在了工具性的位置,作为社会重要部分的"救济"更是被边缘化了。正是在这样的发展趋势下,"利益、权利和救济"的法律分析框架正式形成。③ 当"救济"被"权利"取代后,规则的内涵就经不起事实的检验了。权利是人们创造的产物,由权利构成的规则只是一种"指示性"规则,不再与实实在在的"事实行为"相联系,反而变成了一套没有在司法实践中加以验证的"权利言辞"。

---

① Karl Llewellyn, *The Bramble Bush: On Our Law and Its Study*, New York: Oceana Publications, 1960, p. 68.
② 参见陆宇峰:《"规则怀疑论"究竟怀疑什么——法律神话揭秘者的秘密》,载《华东政法大学学报》2014年第6期,第70页。
③ 卢埃林的以上论证, See Karl Llewellyn, "A Realistic Jurisprudence—The Next Step", *Columbia Law Review*, vol. 30, no. 4, April 1930, pp. 431–465。

其次，从法律实践层面上看，一方面，作为"纸上规则"的先例存在两面性，①而且具有巨大的解释空间，使得"纸上规则"在具体的司法裁判过程中被法官潜在运用、修改以及回避；另一方面，普通法传统中解释先例的原则也是自相矛盾的，对同一先例既可以进行严格的解释，也可以进行宽松的解释用来支持完全相反的结论。由此可见，在表面的遵循先例原则之下，实际上涌动着一股经久不衰的创造的暗流。"法官注定说谎，这是由司法活动的本质决定的。一方面，法官造法不可避免。另一方面，法官又须佯称是依法裁判才能获得正当性。"②仅仅从"纸上规则"本身出发，我们能够预测的东西十分有限，应当转向法官对事实以及身边生活的反应，去探究实际的司法裁判是否真如"纸上规则"所宣称的那样。

三、中间讨论：对现实确定性的寻求

卢埃林用"规则怀疑论"解构了兰代尔形式主义的"法律科学"神话，宣称规则不适宜作为法律研究的中心，"纸上规则"与"现实规则"在司法实际运作中会发生分离，而且形式主义推理背后无时无刻不涌动着法律不确定性的暗流。那么问题在于，法官还能根据"纸上规则"进行司法判决吗？如果不能，普通法传统下的法官们又是怎样在具体案件中改变或重塑规则的？法官适用的规则是否应该符合目的和涉及的政策？最终我们又在什么地方实现法律的确定性？这些问题意识背后是卢埃林有别于兰代尔法学正统的隐性思境，也构成了其法律现实主义的一个根本关切——对现实确定性的寻求。卢埃林在后期集大成著作《普通法传统》中开辟了一条具有建设性的"中间道路"，致力于寻求更真实的现实确定性或"可估量性"。"这种现实确定性并不是把百分之百的确定性与绝对的不确定性对立起来，相反，他是从许多方面去减少结果的不确定性，实现判决结果的可估量性。"③简言之，卢埃林追求的是判决结果预测的相对确定性，是一种更现实、不同质地的预判确定性。

在理论平台上，法律确定性的含义发生了改变，它指基于事实和情境的现实确定性，即司法判决与社会现实的相符。④这一描述，与法律形式主义的"融贯论"理念相去遥远。在"融贯论"看来，法律的确定性就是法律规则内部逻辑自洽、体系融贯和外延稳定，不诉诸其他方法就可以得到特定个案的唯一正解。而卢埃林的确定性进路是一种"符

---

① 卢埃林把先例的原理比作杰纳斯的两张脸，它"并非是一个原理，而是相互冲突的两个原理、两条路线。一个原理是要清除那些被认为是棘手的、麻烦的先例，而另一个原理则是要利用那些看起来有助益的先例。"参见[美]卡尔·N. 卢埃林：《荆棘丛：关于法律与法学院的经典演讲》，明辉译，北京大学出版社2017年版，第93页。

② Martin Shapiro, "Judges As Liars?", *Harvard Journal of Law*, vol. 17, no. 4, 1994, p. 156.

③ [美]卡尔·N. 卢埃林：《普通法传统》，陈绪纲等译，中国政法大学出版社2002年版，第16页。

④ 用卢埃林自己的话来说，确定性"不是从静止不动的宇宙中引出的逻辑结论，而是法律与生活相互作用所引出的合乎情理的恒常性"。See Karl Llewellyn, *The Common Law Tradition: Deciding Appeals*, Boston: Little Brown and Company, 1960, pp. 185-186。

合论"。"符合论"所追求的是法律规则与社会事实的和谐一致，强调真理作为符合客观事实的命题具有确定性。① 二者的确定性进路和基础都是不同的，"融贯论"以规则为中心，主张在抽象规则内部寻找确定性来源，无疑事先预设了规则的神圣性和正当性。相反，"符合论"则强调"纸上规则"来源于社会的"真实权利和规则"，主张司法判决应该在后者去找寻基础。

卢埃林进一步阐释道，现实确定性所谓的确定性，不是形式上的确定性，而是区别于概念、逻辑和规则这些特定话语的一套事实、行为和制度。现实确定性有着双重面向：一是法律系统内部"官员行为"的确定性，亦即司法判决结果的可估量性。对特定个案的律师和当事人而言，通过观察和描述法律官员处理纠纷时的所作所为，能够预测特定个案的判决结果，从而实现司法判决的可估量性。二是法律系统外部"社会行为"的确定性。对普通社会大众而言，确定性并不仅仅意味着实现对特定个案判决结果的预测，可预测的判决结果还应该与社会大众现实生活的行为方式相符合。② 为了寻求这种"相符性"，卢埃林十分推崇"宏大风格"司法裁判范式，主张法官充分考虑特定个案的"情景类型"，并和社会公众共享的理性、常识和正义感相联系。

四、通往现实确定性的道路

卢埃林指出，"知道要去哪里是根本性的，但如何到达那里也是一个根本问题，两者都很重要"。③ "规则怀疑论"揭示了法律形式主义通往确定性道路的虚幻，主张一种现实确定性的追求。然而，"规则怀疑论"也只是"知道了要去哪里"，却没有发现"如何到达那里"的方法和路径。卢埃林在后期集大成著作《普通法传统》中开辟了一条具有建设性的"中间道路"，致力于寻求更真实的现实确定性。在他看来，坚持事实中心的行为分析法，重视稳定上诉审（即第二审）的制度性因素，诉诸"真实规则"，重回司法裁判的"宏大风格"法律技艺传统，才是通往现实确定性的真正道路。

（一）理解法律的行为中心进路

要想真正预测司法判决结果，就必须考量社会外部的某些"法外因素"，具体研究特定个案中这些"法外因素"会在多大程度上影响判决结果。于是，卢埃林建构了一种理解法律的行为中心进路：把法律当作一门社会科学，采取描述性的研究立场，以事实为中心，客观观察司法实际运作中的法官行为。而且，为了精确地描述法院实际上做了什么，

---

① 参见陆宇峰：《美国法律现实主义：内容、兴衰及其影响》，载《清华法学》2010年第6期，第92页。
② 可以说，沿着现实确定性的道路前进，我们"得以摆脱先前不恰当的指引和虚伪的确定性，进而获得更深刻、更清晰和更有效率的指引和更真实的确定性"。参见［美］卡尔·N. 卢埃林："我的法哲学"，刘思齐、姚远译，《金陵法律评论》编辑部主编：《金陵法律评论》（2015年春季卷），法律出版社2015年版，第291页。
③ Karl Llewellyn, "Law and the Social Science", in *Jurisprudence: Realism in Theory and Practice*, Chicago: University of Chicago Press, 1962, p. 352.

他主张一种"实然"与"应然"暂时分离的研究方法。事实上,卢埃林一直深知,只有诉诸事实行为中心的研究进路,才能彻底解构法律形式主义"规则"这一源代码。而只有解构了"规则"这一源代码,普通法传统才能获得新生,本土法学建构的第一步亦才能真正迈出。

1. 描述性的研究立场

既然要想知道政治、经济、文化、道德和偏见等"法外因素"到底在多大程度上对法官的司法判决产生了影响,那么就需要一种客观描述法官实际审判过程的新研究范式。20世纪20年代,非欧几何、相对论乃至心理学和人类学全新方法的兴起为这种新研究范式提供了可能。① 卢埃林坚信法律应当立足于经验调查之上,不赞成以概念分析解释法律现象,而试图从相关的经验材料出发来理解法官裁判行为。这就需要把"描述性的规则"和"规定性的规则"进行严格区分。他在批判法律形式主义时就已经指出,规则概念本身是模糊的。一条规则既可以是描述性的,意指法官在具体个案中实际上是怎么做的,也可以是规范性的,意指法官应当如何判决。这样含义模糊的"规则"在具体使用中,总是不经意间从一个含义跳到另一个含义。更为糟糕的是,极少有人去厘清被规定或被描述的"是谁的行为"和"什么行为"。因此,采取描述性的研究立场就是要彻底解决这个困境,只去关心法官实实在在做了什么或者这条规则在现实中到底是如何的。

2. "实然"与"应然"分离的研究方法

卢埃林主张,注重经验事实的法律科学研究应该把"实然"与"应然"暂时分离开,不带成见地观察法律实际运作的一整套事实。② 他主张暂时区分实然与应然是为了更好地进行经验上的观察。他努力回答的问题是"法律实际上是什么",而不是"它应当是什么"。这种研究方法和胡塞尔的现象学方法异曲同工。为了客观、精确地观察司法裁判过程中的实际情况,必然要求暂且疏离我们的价值判断,"正如胡塞尔现象学所主张的那样,应当先将主观的东西用括号'括起来'",③ 以免影响了我们对"纯粹"经验事实的把握。其实,卢埃林也注意到了客观事实描述中可能的价值渗透,"在确立问题过程中,主观性仍然存在"。④ 然而,他更强调的是,如果没有客观观察法律的实际运作,是不可能判断法律应然是什么样子的,法律的应然建立在对实然的充分理解这个大前提之下。"暂时分

---

① 参见邓矜婷:《新法律现实主义的最新发展与启示》,载《法学家》2014 年第 4 期,第 2 页。

② 这体现在卢埃林的如下断言中:"为了研究而暂时区分实然与应然,我这样说的意思是,虽然价值判断在确立研究目的时总是有吸引力的,然而,在研究实然如何时,观察、描述和确立所描述的事物之间的关系应该尽量不受观察者的愿望的影响,不受他希望或认为(在道德上)应该怎样的影响。更为具体地说,在研究法院实际在做什么的时候,并不去考虑他们应当做什么的问题。当然,实然与应然之间的区分只是暂时的。"See Karl Llewellyn, "Some Realism about Realism", in *Jurisprudence*: *Realism in Theory and Practice*, Chicago: The University of Chicago Press, 1962, p. 55 – 56。

③ 孙新强:《卢埃林现实主义法理学思想》,载《法制与社会发展》2009 年第 4 期,第 14 页。

④ Karl Llewellyn, "Legal Tradition and Social Science Method – A Realistic Critique", in *Jurisprudence*: *Realism in Theory and Practice*, Chicago: The University of Chicago Press, 1962, p. 96。

离实然与应然只是一种常识性的研究策略,只是为了排除前进路上的现实障碍。"① 当然,实然与应然的二分法并不完全等同于分析实证主义意义上法律与道德相分离的命题,而是强调法律规则的规范效力与实际效力的区分。卢埃林从根本上想要捍卫的恰恰是法官在司法裁判过程中的实际做法(动态的法的实然)与规范意义上的法律规则(静态的法的应然)的区分,这一二分法始终在其现实主义理论中扮演者着关键角色。

(二)稳定上诉审的制度性因素

卢埃林晚年十分关注司法认知在法官行为中的作用,将研究焦点集中于影响上诉法院审判的制度性因素。在《普通法传统》一书中,他通过引入制度概念,把关于法律现象的研究放入了社会科学观念范围内,运用社会科学的样本分析方法,分析了大量实际判决的司法意见书,证明了美国当时对上诉法院的信任危机是不合理的。② 上诉审法院的司法判决在很大程度上仍然是可估量的、理性的,法律本身的确定性也并没有丧失。严格意义上的法律确定性虽然是不可获取的,但是在先例主导的普通法传统中,真正试图适用客观规范的上级法院为其提供了良好的稳定性。根据卢埃林的考察,保障法院判决结果可估量性的首要事实,就是存在稳定上诉审的十四项制度性因素:(1)受过法律训练的官员;(2)司法原则;(3)公认的原则性技巧;(4)法官的职责;(5)单一正确的答案;(6)法院的单一意见;(7)来自下级法院的事实冻结记录;(8)预先限制、突出和拟定措辞的审理;(9)律师的对抗性辩论;(10)集体判决;(11)司法保障和诚实;(12)公知的法庭;(13)时期风格;(14)专业司法职位。③ 这些制度性因素根植或生长于我们的制度之中,并努力使上诉法院在审理中达到可估量性和稳定性,同时确保了法官造法与合理的可估量性相容,也与正义和适应社会变迁的需要相容。

综合来看,稳定上诉审的十四项制度性因素可概括为司法角色定位、社会化认知、司法的制度性背景和整体司法态度四个方面。

第一,法官的司法角色定位。基于法官司法角色的受制性,再加上法官的专业训练和司法保障,能够确保法官在司法审判实践中秉持客观中立、正直公正的立场。换言之,法官司法角色的定位预设了法官审理案件的特定行为,专业司法职位也提供了一套评价话语体系。这使得法官在审判实践中一方面要符合自身角色定位,另一方面又要满足社会公众对其行为的正义期待。因此,法官的司法角色定位以庄严的力量塑造着法官,而这种塑造力量约束着法官的任意行为,使法院的审判工作总体上仍然能够确保稳定。

---

① 孙新强:《法典的理性——美国〈统一商法典〉法理思想研究》,山东人民出版社2006年版,第83页。
② 在20世纪中叶的美国律师界,存在着针对州上诉法院的一种普遍而严重的信任危机,他们认为,"遵循先例原则业已死亡,上诉案件的判决结果并非逻辑上可以预测的,而是'随意任性的产物'"。参见[美]卡尔·N. 卢埃林:《普通法传统》,陈绪纲等译,中国政法大学出版社2002年版,第2页。
③ [美]卡尔·N. 卢埃林:《普通法传统》,陈绪纲等译,中国政法大学出版社2002年版,第18页。

第二，法官的社会化认知。法官拥有双重身份，一方面作为经由法律专业训练的法官，另一方面也作为社会中的普通人，共享着社会主体间的经验认知。社会化认知要求法官融通这两种身份，基于社会主体间的相互认同感，观察社会公众的现实需要。法官在社会化认知下所作出的司法判决与社会公众的共享经验是一致的，从而实现了社会公众对司法判决结果的信赖与接受。在这种理解下，司法原则、公认的原则性技巧和单一的正确答案这些制度性因素，由于本身来自社会主体间的共享经验，也自然能够保障判决结果的恒常性与可预测。

第三，司法的制度性背景。事实冻结、预先限制、突出和拟定措辞的审理、律师的对抗性辩论和集体判决，作为普通法传统下整体的制度性背景，在程序上构成了对法官判决的外部约束。这些制度性因素既包括对上诉审事实的限定，也包括对法律问题的限定。这充分稳定了法官对判例的解释，足以确保法院承认并依循权威先例意见进行审理，减少个人偏私，保障法律意见的完整性和可估量性。

第四，整体的司法态度。公知的法庭、时期风格这两项制度性因素表明，经由研究一段时间内法官判决案件的行为，可以发现一个规律：特定法庭判断案情、处理先例、判决意见的方式，会受到过去类案中表达的态度和价值取向的限制。① 正是由于这项制度性因素的存在，法院会形成看待某一问题的整体性司法态度。通过研究特定法庭在特定时期内的这一整体性司法态度，法律系统外部的社会公众可以大致确定法官对待决案件的可能裁判倾向。基于此，虽然不能达致百分百的确定性，但是从整体的司法态度出发，法院的判决结果总体上也是稳定的、可估量的。

因此，上述十四项制度性因素统合了社会主体间共享的司法角色定位、社会化认知、司法态度以及制度背景，② 这充分限制了法官对判例的解释，确保司法裁判结果的稳定性和可估量性。尽管不同法院的不同法官价值取向、认知方式和工作态度殊异，但能在该制度化环境中以大致相同的方式看待特定个案的案件事实与法律规则，从而"有助于实现审理活动及最终结果的确定可控目标，总体上增强了预判的精确性，使预测成为现实的技艺"。③

（三）"宏大风格"法律技艺传统

卢埃林在研究大量判例的基础上，总结出美国历史上司法裁判的两种不同风格："宏大风格"（grand style）和"程式风格"（formal style）。"宏大风格"出现在第一阶段，20

---

① 参见周国兴：《情景感与确定性：卢埃林的法哲学》，中国法制出版社2018年版，第160页。
② See Brian Z. Tamanaha, *Beyond the Formalist-Realist Divide: The Role of Politics in Judging*, New York: Princeton University Press, 2010, p. 195.
③ 韩振文：《预判确定性命题的证立与捍卫——以卢埃林法律现实主义观为线索》，载《人大法律评论》编辑委员会主编：《人大法律评论》（2018年卷第3辑），法律出版社2018年版，第358页。

世纪中叶以来又逐渐回潮。这一风格主导下的美国司法裁判呈现出理性的特点，反对表面上的形式逻辑，强调正确的理性，倡导司法判决结果与社会常识、正义相符合。因此，"宏大风格"主导下的先例并不是一成不变的，先例需要根据正确的理性与社会需要进行不断的重新检验，以寻求最佳的法律规则来为人们的未来提供正确的指引。另一种是"程式风格"，其特点是概念有序、规则整全和注重三段论的形式推理，规则与原则是司法判决唯一的参照，"法外因素"会被认为破坏了法律科学的客观性而不予考虑。然而，特定个案的判决结果虽逻辑上唯一确定，但可能与社会公众的常识、理性与公平感明显不符。① 简言之，两种司法裁判风格的主要差异在于："宏大风格"本质上是一种"说理风格"，② 它强调法律规则的不确定性，法官应重点考虑规则适用可能带来的各种社会影响，并根据常识、智慧、正义感和客观情况做出公正的判决；而"程式风格"刻板地遵循"纸上规则"，对秩序的关心凌驾于正义之上，支撑法律制度的规范目的、法律效果和社会习俗被认为与案件无关。③

1. "宏大风格"的主要特征

卢埃林十分推崇司法裁判的"宏大风格"范式，并详细阐述了这一裁判技艺的特征。其主要特征表现为：首先，强调法官的情景感把握。情境感源于法官作为普通人从自身生活经验和智慧中积累的生活常识，也源于法官经过职业训练和基于职业经验所产生的专家常识，两者共同制约着法官对案件事实的把握。④ 换言之，情景感一方面诉诸行家常识，要求法官对法律规则和原则作出恰当理解；另一方面依靠法官积累的生活常识，感同身受地理解普通社会公众的理性常识以及社会环境的发展变化。卢埃林为形象阐释情景感这一重要概念，列举了一个例子：历史上曼斯菲尔德法官在空闲时经常和伦敦的商人一起相处和交流，向他们了解有关商业惯例的情况，后来他便拥有了相当多的商业背景知识。这些商业背景知识使他很容易在审理商事案件中运用情景感，把握情景要义，从商人以及商业道德的视角来看待商事案件的特定事实。⑤

其次，注重情景类型的区分。情景类型的区分是情景感在司法裁判过程中发挥作用的

---

① See V. Tumonis, "Legal Realism & Judicial Decision – Making", *Jurisprudence*, vol. 19, 2012, p. 1362.

② See Karl Llewellyn, *The Common Law Tradition*: *Deciding Appeals*, Boston: Little Brown and Company, 1960, pp. 227 – 228.

③ 参见王德玲：《法律现实主义、后果取向与大数据——疑难案件裁判范式新探》，载《山东社会科学》2019年第5期，第3页。

④ See Karl Llewellyn, "On Reading and Using the Newer Jurisprudence", in *Jurisprudence*: *Realism in Theory and Practice*, Chicago: The University of Chicago Press, 1962, p. 136.

⑤ 运用情景感审理商事案件的法官，既从商人的立场出发，掌握交易术语、交易方式、商事惯例以及商事伦理，又从法律人的职业理性出发，审查待决案件所涉及的商业利益。卢埃林在《普通法传统》中还不厌其烦地列举了很多法官运用情景感判决案件的例子。参见［美］卡尔·N. 卢埃林：《普通法传统》，陈绪纲等译，中国政法大学出版社2002年版，第189 – 209页。

内在机理。这是因为，情景感将案件事实从生活模式中抽取出来加以类型化，① 从中提炼出一般性的情景范畴，从而为未来的类案判决提供一般性指引。就特定个案的司法裁判过程而言，卢埃林重点区分了案件的具体事实和情景类型事实两个概念，并强调情境类型事实的优先性。宏大风格在于方法上的顺序，将情境类型作为首要和重要的方法，具体案件作为其次和辅助的方法。在他看来，不仅要诉诸情景感指导规则的适用或挑选出合理的先例，而且还要求对问题情境的类型作直接分析。法官要有意识地去主动寻找某类包括了待决案件事实的一般模型和范畴，并把其中所涉及的具体问题与一般性问题区分开来，从中提炼出具有一般规制能力的类型情景概念。② 由此一来，尽管具体案件殊异，但法官运用情景感提炼和区分的情景类型事实却是相对稳定的，并非取决于个人的主观偏好，而是与社会公众生活方式相符的一般事实。

最后，致力于寻求客观内在法则。法官运用情景感，既要经验性把握特定个案的情景类型，也要直觉性感知内含于社会生活规范的内在法则。秉持"宏大风格"思维方式的法官运用情景感，充分考虑特定案件的情景类型，并引入社会主体间相互认同的常识、理性和正义感，能够获得具体生活情景的客观内在法则，然后法官只需要在待决案件中适用与此内在法则相一致的具体法律规则。经由情景感寻求的内在法则，既可以引导法官作出符合社会公众生活行为的判决，也可以对法律规则进行不断的检验和重塑。这种对于先前判决的、总是处于进行中的、不停止的司法审查，是"宏大风格"的一个鲜明特点。③ 法官应在情景感运用的基础上，辨明现行的法律规则是否符合情景事实的内在法则。如果符合，法官就可以直接适用该规则；反之，法官则应重新提炼案件的情景类型，限制或扩展该规则，甚至在必要的时候根据情景类型重塑该规则。这种裁判方法就是卢埃林所谓的"情境化的事实确证"。④

2. 在"宏大风格"中实现确定性

如前所述，卢埃林并不认同"程式风格"的司法裁判方式。因为"程式风格"主导下的司法判决疏离了社会事实，既不能实现判决结果的可估量性，也不能调和形式规则与社会事实之间的深刻张力，满足普通民众对个案结果的实体正义预期。为此，卢埃林主张重回"宏大风格"法律技艺传统。"宏大风格"改进或创制下的法律规则不再是冷冰冰的形式规则，它顺应社会的真实情感和要求，将给法官提供司法判决的"最优答案"。具体

---

① See Karl Llewellyn, *The Common Law Tradition: Deciding Appeals*, Boston: Little Brown and Company, 1960, p. 99.

② 参见周国兴：《审判如何回应民意——基于卢埃林情景感理论的考察》，载《法商研究》2013年第3期，第7-8页。

③ 参见刘剑：《估量性：经由传统而实现的神话——评卡尔·卢埃林的〈普通法传统〉》，载《河北法学》2007年第1期，第5页。

④ See Karl Llewellyn, "American Common Law Tradition, and American Democracy", in *Jurisprudence: Realism in Theory and Practice*, Chicago: The University of Chicago Press, 1962, p. 317.

而言，卢埃林理想类型的"规则"形成过程如下：

首先，法官运用情景感辨明待决案件的基本事实；然后，法官在情景感与理性的交互作用下，提炼和区分出案件事实的情景类型；最后，法官引入符合社会生活类型的理性、常识和正义感等内在法则，去检验或重塑具体的法律规则。[①] 这里通常会出现两种情形。第一种情形，法官根据特定个案提炼出的情景类型能够在现行法律中找到相对应的具体法律规定，并且该具体法律规定符合内在法则，那么法官就可以直接根据该规定作出判决。第二种情形，法官并不能在现行法律中找到与情景类型相匹配的具体规则，或者根据情景类型找到的法律规则并不符合内在法则。这时候法官就须重新提炼情景类型，根据新提炼的情景类型改变或重塑该法律规则，然后再根据新的规则作出判决。根据卢埃林的论述，重新塑造的法律规则是具有一般规制能力的规则机制，可以为具有相同类型的后案提供充分指引。这是因为，具体个案尽管千差万别，但特定时空下具体案件的"情景类型"却具有一致性；法官个人偏好层出不穷，但同一社会情境中的社会习俗却较为稳定。

由上可知，"宏大风格"裁判技艺的内在机理在于：法官运用情景感得以区分待决案件的情景类型，并引入常识、公平和理性等内在法则进行检验或重塑，从而提供恰切处理该情景类型的合适方案，由此既能得出符合社会公众实质正义期待的合理判决，也能形成良好的一般化规则。[②] "宏大风格"所形成的规则虽然不具有百分之百的确定性，但它立足于社会公众相互认同的生活方式，能够确保法院审理工作的恒常性与可预测性，自然也不会产生人们对法律的信任危机。这是因为，一方面，"宏大风格"帮助法官实现了对法律的职责，符合普通法传统遵循先例所提出来的要求，能够实现法律判决结果的稳定性、连续性和可预测性；另一方面，"宏大风格"也帮助法官实现了法律对正义的职责。它诉诸情景感，有效地融通了法官的行家常识和生活常识，充分考虑社会公众共享的生活方式与实体正义需求，进而保障特定个案判决结果的可接受性。因此，"宏大风格"技艺理性成为沟通"规范"与"社会"的桥梁。卢埃林也正是在这座桥梁上，调和法律与社会事实之间的深刻张力，满足普通民众对司法裁判个案正义的追求，实现普通法的原初意义。[③]

综上所述，卢埃林用"规则怀疑论"解构了兰代尔正统"法律科学"的宏大叙事后，又开辟了一条具有建设性的"中间道路"，致力于寻求更真实的现实确定性。为此，他转变了法律研究的范式，采取描述性的研究进路，在实然与应然的暂时分离下经验性地理解

[①] 推宁将其概括为，"一项法律规则的简单形式是，为了促进某一目的，在某种情景类型下，规定某种法律后果。" See William Twinning, *Karl Llewellyn and the Realist Movement*, Norman: University of Oklahoma Press, 1985, p. 490.

[②] 参见周国兴：《审判如何回应民意——基于卢埃林情景感理论的考察》，载《法商研究》2013年第3期，第8页。

[③] 参见谢小瑶：《司法裁判中的民主追求——对美国现实主义法学的另一种解读》，载《南京大学学报（哲学·人文科学·社会科学）》2014年第3期，第138页。

法官的司法裁判过程。然后，他从内外两方面提供了稳定上诉审的制度性因素和"宏大风格"法律技艺传统，充分证立与捍卫了现实确定性这一"中间道路"。因此，卢埃林主张的是一种"建设性现实主义"，既要"知道去哪里"，也要"发现到达那里的方法"。"规则怀疑论"揭示了追求现实确定性的目标，"宏大风格"法律技艺传统则为这种现实确定性的实现提供了方法。他晚年把研究重心放在了技艺理性上，笃信兼容情景感与审慎理性的裁判范式对确保法律确定性的可靠作用。因为对于卢埃林来说，现实主义并不是一种哲学，而是一种方法和技艺，① 始终致力于为"法律制度建构及发展战略提出符合实际的提案"。②

五、结语

本文试图做两件事：一是展示卢埃林法律现实主义思想的面貌；二是沿着卢埃林的主要著作和一些有代表性的二手文献来展示它，提出他论述"规则怀疑论""行为中心论""宏大风格"裁判技艺以及现实确定性这些问题的一些思想。本文得出的结论是：从整体上看，卢埃林主张的是一种"建设性法律现实主义"。因为他并不反对法律形式主义所追求的法律确定性本身，而是基于规则无法描述法律实践和保障裁判确定性两项理由，倡导法律思考的中心由规则转向官员行为，寻求一种更真实的现实确定性。换言之，卢埃林秉持一种中庸态度，基于书面规则的法律确定性虽然注定不可获取，但是在先例主导的普通法传统中，凭借上诉法院工作中的"稳定因素"和"宏大风格"法律技艺，依然能够确保人们得以合理"计算"法院的判决结果。

卢埃林竭力倡导的现实确定性具有双重向度，一方面既实现了法律内部司法判决结果的可估量性，另一方面也确保了司法判决结果与社会习俗的相符性。那么，如何实现这种现实确定性呢？卢埃林敏锐地指出，在律师和法官们的操作技术之中、在一些特定判例的事实之中以及在"现实生活规范"之中，能够找到实现现实确定性的方法论工具。③ 这个方法论工具就是社会科学方法和"宏大风格"法律技艺传统。他晚年把研究重心放在了"宏大风格"技艺理性上，坚信兼容情境感与审慎理性的"宏大风格"裁判技艺对实现法律确定性的可靠作用。

在理解卢埃林"建设性"法律现实主义这一点时，我们将尊重卢埃林强调研究法官行为本身的重要性以免它沦为法律"自动售货机"的愿望。这仍然是一个极为重要的任务。

（编辑：吕玉赞）

---

① "现实主义过去是，现在也是一种方法，而不是什么别的东西。现实主义所涉及的唯一信条是，现实主义方法是一种好的方法。" See Karl Llewellyn, *The Common Law Tradition: Deciding Appeals*, Boston: Little Brown and Company, 1960, p. 510。

② 范愉：《新法律现实主义的勃兴与当代中国法学反思》，载《中国法学》2006年第4期，第45页。

③ 参见刘剑："追求一种现实的法律确定性——简评卡尔·卢埃林《美国判例法体系》"，邓正来主编：《西方法律哲学家研究年刊》（第1卷），北京大学出版社2006年版，第332-333页。

麦考密克后果主义论证理论述评*

杨笑宇**

> **摘　要**　麦考密克的后果主义论证理论是一种法律推理理论，这一理论围绕"法官应当如何裁判疑难案件"的问题展开。麦考密克将后果主义论证理论之"后果"，理解为不同裁判对未来可能造成的逻辑意义上的、系统性的后果，同时强调后果主义论证的完成必须经受法规范体系的协调性与一致性的检验。麦考密克试图通过后果主义论证获得的裁判结论，不仅是面向未来的，同样也是面向过去的。他对后果主义论证理论的构建，也正是以契合于形式正义的前瞻性与普遍性的双重要求为主线而完成的。尽管麦考密克的后果主义论证理论并非尽善尽美，但其仍在一定程度上代表着法律实证主义在司法领域新的发展趋势。
>
> **关键词**　后果主义论证　法律推理　协调性论证　一致性论证

近年来，"教义法学"与"社科法学"之争[①]一时成为国内理论探讨的一大热点。其中颇为值得关注的是："法条主义"与"后果主义"何者应为主导性的法律适用方法的

---

* 基金项目：本文系国家社会科学基金重大项目"新兴学科视野中的法律逻辑及其拓展研究"（18ZDA034）阶段性成果。

** 杨笑宇，浙江大学光华法学院法学理论专业博士生，研究方向为法律方法论。

① "教义法学"与"社科法学"之争即对于法学的研究立场、法律理论的性质、法官的实践模式以及法律思维和法律教育等法学基本问题的多维度的讨论，相关成果有：苏力：《法律人思维？》，载《北大法律评论》2013年第2期，第429－469页；苏力：《中国法学研究格局的流变》，载《法商研究》2014年第5期，第58－66页；孙笑侠：《法律人思维的二元论——兼与苏力商榷》，载《中外法学》2013年第6期，第1105－1136页；侯猛：《社科法学的传统与挑战》，载《法商研究》2014年第5期，第74－80页；陈柏峰：《社科法学及其功用》，载《法商研究》2014年第5期，第67－73页；孙海波：《法教义学与社科法学之争的方法论反省——以法学与司法的互动关系为重点》，载《东方法学》2015年第4期，第72－89页；雷磊：《什么是法教义学？——基于19世纪以后德国学说史的简要考察》，载《法制与社会发展》2018年第4期，第100－124页；等。

争论。① 一般说来，法条主义即指法官在司法决策过程中坚守法条，以既存的法律规范为大前提，案件具体事实为小前提，再以大前提涵摄小前提而得出裁判结论。但是，面临疑难案件时，法条主义的局限性便会暴露出来，法官若想得出适当的裁判结论，不免自觉或不自觉地将由法律条文推出裁判结论的法条主义的顺向推理思维，调整为从后果出发选择判决理由进而得出裁判结论的后果主义的逆向推理思维。"随着后果论在关于法学的现代方法论的论辩中获取了一定影响，基于后果评价的法律适用成为司法裁判的一种形式"，②关于后果导向的裁判方法的理论研究亦相继开展。相关研究成果多围绕法条主义与后果主义的对立与差别展开，着重于展现后果导向的司法方法适应性强、更为灵活的优势，强调将后果考量纳入司法的必要性和重要性。但是整体而言，目前国内学界缺乏对后果导向司法裁判理论的建构性的研究，故此，应发掘国外相关研究中的理论资源。麦考密克所提出的后果主义论证理论正是这方面代表性的研究成果，尽管将后果论纳入司法考量并非其原创，但他却是将后果导向的法律推理引入法律实证主义理论体系的开创者。对麦考密克的后果主义论证理论进行梳理与反思，于我国学界开展后果主义司法方法论的建构性研究十分重要。本文的写作思路是：第一部分集中从应用场合、考量内容与必要限制三个方面概括了麦考密克后果主义论证理论的基本内容；第二部分评论了麦考密克后果主义论证理论的独特性，他的这种理论与伦理学上的后果论及一般论证理论中的后果论证均有不同，而且，他的理论是一种能够兼顾"向前看"与"向后看"要求的，围绕形式正义而展开建构的法律推理理论；第三部分评析了麦考密克的后果主义论证理论的理论贡献与局限性。

一、麦考密克后果主义论证理论内容

后果主义论证理论是麦考密克研究中着墨不多但具有构成性地位的重要部分，在他看来，后果主义论证既是一种法律推理过程中的重要特征，也是帮助法官检验备选裁决是否具有可接受性的重要方法。在《法律推理与法律理论》一书中，麦考密克对后果主义论证方法进行了框架性的描述，他提出，法官面对疑难案件时，不宜再固守演绎推理，而应依靠对后果的考量进行裁判。而在其后期著作《修辞与法治：一种法律推理理论》中，为回应关于后果主义论证的一些争议，他收窄了应为法官所考量的后果的范围，并对后果主义论证的应用情形与限制作出了一定调整。

---

① 司法中的法条主义及后果主义的相关研究成果有：杨知文：《司法裁决的后果主义论证》，载《法律科学》2009 年第 3 期，第 3-13 页；孙海波：《"后果考量"与"法条主义"的较量——穿行于法律方法的噩梦与美梦之间》，载《法制与社会发展》，2015 年第 2 期，第 167-177 页；陈辉：《后果主义在司法裁判中的价值和定位》，载《法学家》2018 年第 4 期，第 35-50 页；雷磊：《反思司法裁判中的后果考量》，载《法学家》2019 年第 4 期，第 17-32 页；王彬：《司法裁决中的后果论思维》，载《法律科学》2019 年第 6 期，第 15-29 页；等。

② 杨知文：《基于后果评价的法律适用方法》，载《现代法学》2014 年第 4 期，第 35 页。

（一）应用场合：疑难案件

后果主义论证理论是麦考密克对哈特与德沃金论战中出现的"疑难案件中法律争议的性质为何"这一问题的回应，其虽沿袭了哈特分析实证主义的理论路径，却更侧重于弥补哈特理论在司法适用性方面的不足。麦考密克沿用了德沃金简单案件-疑难案件两分的分析思路，但与德沃金不同，他仍坚持将演绎推理作为完成法律推理的核心，不过他强调在法律推理中，"值得研究的是作为正当化过程的论辩"。① 如此，个案裁判中，法官如何处理法律推理的问题，便会细化为法官"应当怎样去根据对有效性标准的阐释和适用对判决结论进行证明"② 的问题。

法律规则总能被作为有效的司法推理前提吗？这是麦考密克理论展开的起始问题。"的确，在简单案件中，对判决结论的证明可以直接从对既定规则的推理中获得。然而在疑难案件中，由于要面对'解释'、'区分'以及'相关'等问题，所以必须求助于二次证明，只有当确认了该适用哪项法律上的裁判规则时，演绎推理才能派上用场。"③ 显然，有效性标准无法为法律规则全面覆盖，法律规则亦不能独自解决司法中的所有问题。一方面，法律规则具有难以通过解释的方法去消除的不确定性。"规则本身就是指导我们使用语言的一般化规则，而其所利用之一般化语汇本身也有解释的必要。"④ 语言的开放性特征致使由语言表述之规则也必然有着开放结构，"为了使用包含一般化分类语汇的传播形式来传达事实情况，边界地带的不确定性是我们必须要付出的代价"。⑤ 另一方面，诉讼过程中对"辩护权"的承认与支持，也为规则的阐释与适用增加了更多不确定性。在法庭辩论中，非形式推理、或然推理以及各种意义和模式的修辞都将发挥重要作用，庭审各方很可能对案件的重要问题持有不同的立场并得出相互冲突的观点。基于以上，麦考密克总结："一个论断在逻辑上成立，并不能确保它的结论的真理性。"⑥ 也如菲特丽丝所言，"论述的正当性，并不意味着其结论是真实的。它所能揭示的仅是，当前提全部为真的情况下，结论才能为真实的（或者是可接受的）"。⑦ 法律结论若要真正证立，就必须确保判决的前提真实有效。然而，仅凭逻辑难以做到这一点，判断前提是否为真，乃是（或至少可能是）一个经验问题，这个问题必须要求助于进一步的论证。

在《法律推理与法律理论》中，麦考密克将法官在疑难案件中所面临的不能依靠形式

---

① ［英］尼尔·麦考密克：《法律推理与法律理论》，姜峰译，法律出版社2018年版，第21页。
② ［英］尼尔·麦考密克：《法律推理与法律理论》，姜峰译，法律出版社2018年版，第75页。
③ ［英］尼尔·麦考密克：《法律推理与法律理论》，姜峰译，法律出版社2018年版，第239页。
④ ［英］H. L. A. 哈特：《法律的概念（第二版）》，许佳馨、李冠宜译，法律出版社2011年版，第115页。
⑤ ［英］H. L. A. 哈特：《法律的概念（第二版）》，许佳馨、李冠宜译，法律出版社2011年版，第117页。
⑥ ［英］尼尔·麦考密克：《法律推理与法律理论》，姜峰译，法律出版社2018年版，第28页。
⑦ ［荷］伊芙琳·T. 菲特丽丝：《法律论证原理——司法裁决之证立理论概览》，张其山、焦宝乾、夏贞鹏译，商务印书馆2005年版，第75页。

逻辑方法去解决的实践分歧归结为：解释问题、分类问题及相关性问题。① 而在《修辞与法治》中，麦考密克认识到，实践分歧不仅存在于法律层面，也可能存在于事实层面，"在从证据出发进行正确推理的问题上，在对相互冲突的证据做出评价的问题上，"② 仅凭借演绎推理同样很难达成令人满意的论证。于是，从事实裁定的角度出发，他将司法审判中出现的证据问题及评价问题补充为实践分歧的另外两种情形。

（二）考量内容：法律后果（juridical consequences）

在后果主义论证理论的建构初期，麦考密克并未指明后果主义论证中的后果应作何理解，他仅仅提出，"在处理案件时，法官理应对摆在其面前的各种可供选择的裁判规则所造成的后果予以审慎考量，以权衡利弊"。③ 他认为，后果考量虽然是一个有着多元评价标准的、充满主观性的评价活动，但在整个法律体系的限制下，后果主义论证并不会沦为一种非理性的推理。之后，在回应对于后果主义论证的质疑的过程中，受到实用工具主义（pragmatic instrumentalism）法学的启发，麦考密克意识到，如果不对后果主义论证中的后果加以限定，后果主义论证便极易成为一种范畴不清的方法。只有对后果的范围进行限定，才能将后果主义论证的范畴界定清晰，而明确后果的范围也是麦考密克在《修辞与法治》中对其后果主义论证理论进行调整的主要方面。

麦考密克认为，纳入法官考量范围之后果，应当与一般观念中可能由行为引发的因果后果（一项决定本身就是事件的起因）不同，它更偏向于是一项决定（或其他行为）是未来后果的必然条件或先决条件的系统性的后果。④ 于是，司法裁判过程中应考量之后果，被限定为那些与决策的正当性相关的某些类型和某些范围的后果。"如果我们想查明后果如何可能和证成判决相关，则我们必须在特定的因果关系后果和结果之外去寻找。"⑤

---

① 在实践中，规则总是含义不清的，一方面由于规则是以语言描述的，在含义上具有开放性，另一方面，当结合上下文考察时，规则会显得模棱两可。有时，生效的规则所包含的前提性命题会语焉不详，人们可以将之更详细地表示为两个不同且相互抵触的命题，也就是说，法律规则"如果 p 那么 q"在实务中可能被解释为两种：1）如果 p' 那么 q；或者 2）如果 p'' 那么 q。此时，法官需要在 p' 和 p'' 之间进行选择，若选择完成则可通过演绎性证明的方式得到一个确定的判决结论，法官的选择便是"解释问题"。法官还需要面对的另一个问题是，"法律在任何情况下都能将保护一方反对另一方的判决结论正当化吗"？麦考密克将这种超越"解释问题"的局限称作"相关性问题"，其具体含义为：某个特定的命题"如果 p 那么 q"，对于任何包含当下案件事实的 p 和任何包含特定的救济请求的 q，能否在法律上被证明或证伪。案件具体事实是否能够构成适用规则所需要的"有效事实"是另一种司法实践中总会出现的问题，具体即指，情形二级事实 r、s、t 能被归属于 p 的类别下吗？麦考密克将之称为"分类问题"。参见 [英] 尼尔·麦考密克：《法律推理与法律理论》，姜峰译，法律出版社 2018 年版，第 78－82、113 页。
② [英] 尼尔·麦考密克：《修辞与法治：一种法律推理理论》，程朝阳、孙光宁译，北京大学出版社 2014 年版，第 36 页。
③ [英] 尼尔·麦考密克：《法律推理与法律理论》，姜峰译，法律出版社 2018 年版，第 155 页。
④ See Neil MacCormick, On Legal Decisions and Their Consequences: From Dewey to Dworkin, in *New York University Law Review*, Vol. 58: 239, 1983, p. 248.
⑤ [英] 尼尔·麦考密克：《修辞与法治：一种法律推理理论》，程朝阳、孙光宁译，北京大学出版社 2014 年版，第 140 页。

作为法律推理体系中的一部分，麦考密克的后果主义论证所关注的是司法过程中法官采用不同的判决方式所可能带来的不同后果，他将之称为"作为暗示的后果（consequences‐as‐implications）"或更易理解的"法律后果（juridical consequences）"。

"法律后果"并非是指由法官判断所立时触发的法律意义上的案件结果，而是"任何法官都必须综合考虑所提议的权利裁定必定会涉及的各种可能情况，这种对各种可能情况的考虑不可能仅对当前案件裁决的可接受性之充分评估而言是必要的"。① 因而，后果主义论证当中的后果，是"裁决背后的一个普遍规则的后果，而非裁决对各当事人的具体后果"。② 人们总有权将法律等同于法院所作出的裁判结论，或者说，人们选择按照司法判决的引导去行为是不应受到谴责的。但正如麦考密克所指出的，"有争议的是，当或如果人们依靠法律的默许或认可从事某种行为时，这种行为是否可以被接受；是否可以接受该法律将公民即使面对这样的裁决，也可能打算实施的不法或无效行为污名化"。③ 这种可接受性考量本应发生在法官判决之前，更确切地讲，应当发生在后果主义论证的环节中。或许可以通过对一些假想案例的"法律后果"的反思去评估裁决的可接受性，然而须明确的是，后果主义模式中的评估"关心的是后果的可接受性和不可接受性如何。但是，没有理由认为它只是在借助单一的指标进行评价"。④ 事实上，法官常常间接提及正义、公共政策、社会公益、法律上的权宜之计或便利，也常常间接提及表面上明显不同的、作为他们适用于司法后果及争议案件中的可能裁决所导致的未来可能后果之评价标准或依据。⑤ 但值得注意的是，上述任一概念都很难被作为是某种统一的价值标准的概称，并且，不同法官在具体案件中对每一项标准的看法亦可能出现分歧，简单持有一种综合性的价值考量立场，显然并不足以应对后果评估过程中可能出现的各种复杂情形。

无论裁判何种案件，都要从法律体系中寻找依据，形成结论，但是，既有法律体系总有其已然确定的价值或价值集群，当法官意图对疑难案件的竞争性的可能裁决结论进行检验时，就必然会面临价值（法律体系的特定价值之间或这些特定价值与其他价值之间的）冲突。法官显然不能仅依据对不同选择可能带来的法律之内的后果的假想，便作出认可或拒绝某种结论（或者说继续遵循或推翻既有法律规则背后的价值要求）的决定，至少，法官还需要对判决在实际行为层面上的后果投入适当关注。这就引出了法律推理中"价值"

---

① ［英］尼尔·麦考密克：《修辞与法治：一种法律推理理论》，程朝阳、孙光宁译，北京大学出版社2014年版，第144页。
② ［荷］伊芙琳·T. 菲特丽丝：《法律论辩导论——司法裁决辩护理论之概览》，武宏志、武晓蓓译，中国政法大学出版社2018年版，第147页。
③ Neil MacCormick, On Legal Decisions and Their Consequences: From Dewey to Dworkin, in *New York University Law Review*, Vol. 58: 239, 1983, pp. 254–255.
④ ［英］尼尔·麦考密克：《法律推理与法律理论》，姜峰译，法律出版社2018年版，第125页。
⑤ 参见［英］尼尔·麦考密克：《修辞与法治：一种法律推理理论》，程朝阳、孙光宁译，北京大学出版社2014年版，第151–152页。

的角色的问题。① 未经事实意义的价值考量的选择，可能导致对法律制度的根本违背。法律制度之设立目的之一即，在交往中保持对已确定的价值或价值群的充分尊重，以及在这些价值遭遇违反时，执行适当的补救和惩罚。在麦考密克看来，对"法律后果"的评估离不开价值考量，而"检验'法律后果'所依据的价值观，是相关法律分支所认可的价值观"。② 这可以被总结成为法律后果主义（legal consequentialism）的观点，即一种兼顾司法裁判的正当性理由与法律制度的目标理由的观点。设立法律规则总是要追求达成某种长期目标，这种目标必定会支持或促进某种价值，因而法律推理在这种意义上可以用目标推理（goal reasoning）来表达。

麦考密克还提到，法官所应考量的后果并非当前案件的个别后果，而应是对未来类似案件均有参考意义的普遍性的后果。尽管法官对一些可接受性的判断问题的回应仍是感性的、甚至是情绪化的，但却也并非是盲目的，法官所寻求的是一种普遍成立的、主体间性的观点，即他们必须尽力将自己对他人看法的反应控制在相对平缓的程度。③ "一个具有可接受性的正当理由并不应该是个别化的和仅仅适用于当下案件的。当法官在处理不是适用某个先前建立的规则或判例的案件时，法官不但要使对案件的裁决建立在当事人的论辩上，而且要使这样的裁决在它本身的意义上都应当是普遍的或一般的。"④ 麦考密克的这种后果考量思路正暗合了形式正义的普遍化（universalization）的要求，其后果主义论证理论也因而能够同时辐射到正当性与目标导向的双重要求。

（三）必要限制：须与协调性论证及一致性论证相结合

麦考密克理论中的后果主义论证虽在一定程度上弥补了演绎推理的局限性，却并不具有一种独立法律方法所应具有的完整性和充分性。后果主义论证的施用必须遵循如下三项要求：其一，以选择可适用之规则为目标；其二，对选择规则的过程进行正当性与可接受性的证明；其三，须在有效的法律体系的某个特定语境中进行并受之限制。⑤ 也就是说，即使法官选用后果主义论证的方法辅助完成法律推理，最终用以推出判决结论的法律规则仍须与法律体系在总体上相融贯，并与既有的具体规则相一致，毕竟，"法律制度乃是作为一个一致和协调的规则整体存在的"。⑥ 只有同时通过后果主义论证和协调性论证及一

---

① 参见［英］尼尔·麦考密克：《修辞与法治：一种法律推理理论》，程朝阳、孙光宁译，北京大学出版社2014年版，第216页。
② Neil MacCormick, On Legal Decisions and Their Consequences: From Dewey to Dworkin, in *New York University Law Review*, Vol. 58: 239, 1983, p. 257.
③ See Neil MacCormick, *Universalization and Induction in Law*, in C Faralli and E. Pattaro (eds.), Reason in Law, Seminario Giuridicodella Università di Bologna, 1897, p. 104.
④ 杨知文：《司法裁决的后果主义论证》，载《法律科学》2009年第3期，第8页。
⑤ 参见陈伟：《法律推理中的二阶证立》，载《政法论丛》2013年第1期，第78页。
⑥ ［英］尼尔·麦考密克：《法律推理与法律理论》，姜峰译，法律出版社2018年版，第126页。

致性论证，法官对其解释或选择的证明才是真正充分的。① 在麦考密克后果主义论证理论的早期版本中，后果主义论证作为二阶证立的构成内容，被认为是必须与协调性论证及一致性论证保持不可分离的紧密关联。而在其理论的后期修正版本中，麦考密克补充道，"如果一个案件在经过这种逻辑上的前后一致性和融贯性检验之后依旧悬而未决，其决定性或关键性论点则在于从一种多少有些不同于我们业已考虑过的意义上所提出的关于结果的论点"。② 即在某些特殊情形中，后果主义论证可以脱离协调性与一致性的限制。

"所谓'协调'，对于一个成熟的法律制度来说，意指不同的规则只有通盘考虑才'有意义'。规则之所以有意义，在于他们都要与某个更为一般性的规则相一致，并因此被视为这一规则的特定或'具体'的表现形式。"③ 通常，这类合理的、有意义的、能提供一种正当且可欲的标准的一般性的规则，会被视为"原则"，其在司法中能够起到解释和使结论（或规则）正当化的作用。"当对一项规则在具体情境中的恰当含义犹豫不决时，原则可以帮助我们做出恰当的理解；而且，在很多具体场合中原则也帮助我们解释为什么该规则应当予以坚持。因此，将一项规则称为'原则'，意味着它既是相对一般的，又是有着实在价值的。"④ 法官要在审判中做出一种可能创造出新的规则的裁决，就要尽力确保法律体系内不存在价值冲突问题。⑤ 在麦考密克看来，正确把握法律规则与原则的关系是实现"协调"的关键，法律规则与原则并不是互斥的、非此即彼的关系，相反，原则总蕴于法律规则之中。法律规则"应被视为旨在实现某个有价值的目的或者维护某个可欲的一般行为模式的手段：通过某种抽象的规范性表述，体现达到那一目的的政策的要求，或体现维护那个抽象行为模式的可欲性，就把内涵于该规则以及其他相关规则中的'法律原则'表达出来了"。⑥ 原则的存在为法官的论证活动划定了界限，"基于后果考虑为判决结论所做的论证，只有不超出这个界限才是合法的"，⑦ 在界限之内寻获的用于司法推理的前提才能通过协调性的检验。

一致性则是指不同命题之间没有逻辑层面的矛盾，如果一项命题能够与其他命题关联起来，且彼此之间并无冲突，则它们之间就可被视为是一致的。⑧ 相应地，一致性论证即被用以确保法官最终选择适用的裁判依据，与既存的法律规则之间没有冲突。一致性论证

---

① See Eveline T. Feteris, *Fundamentals of Legal Argumentation: A Survey of Theories on the Justification of Judicial Decisions*, Springer, 1999, p. 111.
② [英]尼尔·麦考密克：《修辞与法治：一种法律推理理论》，程朝阳、孙光宁译，北京大学出版社2014年版，第141页。
③ [英]尼尔·麦考密克：《法律推理与法律理论》，姜峰译，法律出版社2018年版，第184页。
④ [英]尼尔·麦考密克：《法律推理与法律理论》，姜峰译，法律出版社2018年版，第185页。
⑤ See Eveline T. Feteris, *Fundamentals of Legal Argumentation: A Survey of Theories on the Justification of Judicial Decisions*, Springer, 1999, p. 109.
⑥ [英]尼尔·麦考密克：《法律推理与法律理论》，姜峰译，法律出版社2018年版，第189页。
⑦ [英]尼尔·麦考密克：《法律推理与法律理论》，姜峰译，法律出版社2018年版，第195页。
⑧ Neil MacCormick, *Coherence in Legal Justification*, in Scott Brewer (eds.), Moral Theory and Legal Reasoning, New York: Garland Publishing Inc, 1998, p. 266.

所针对的是"在制度范围内有什么根据"这一问题,在麦考密克看来,法律制度是彼此一致且相互协调的规则的集合体,因而,在具体案件裁判过程中,"无论一个给定的规则是多么的符合后果论考虑,只要它与一些生效的和具有拘束力的制度规则相抵触的话,就不能被采纳"。① 在确保能够满足协调性要求的疑难案件中,法官依然需要将"一致"作为一种重要价值予以考量。"一项法律上的裁判规则,应当是既能得到原则支持的,在后果上又是可欲的。但是,它仍不能同业已确立的拘束性法律规则相冲突。"② "同一领域内法律规则之间的一致性和协调性,本身就是一种重要的法律价值和公正概念的应有之义,它们要求同等情形同等对待,禁止对不同情形采用专断和任意的方式区别对待。"③ 协调性论证和一致性论证为形式正义的实现提供了保证。虽然在理论层面,后果主义论证与协调性论证和一致性论证被分别视作二阶证立的不同方面,但实际上,这些论证方法指向的是共同的目标,且其既在适用上无先后之分,亦在功能上无法相互替代。

当案件审判过程中出现实践分歧时,援引先例或单纯解释法律规则,都不能为形成有说服力的判决结论提供有效的帮助,不再固守旧有的形式法律推理方法,是法官的必然选择。但是,这种方法层面的突破并不意味着全然否定演绎推理的功能,更不代表要放弃对形式正义的追求,否则,法的确定性和安定性等价值必将受到一定程度的损害。从法治视角来看,法律推理的合理性标准,"是可普遍化和演绎辩护的要求,是根据特定法律价值的后果评估,是与这些规则和法律体系背后原则的融贯和一致。"④ 好的法律推理的标准阐释与推理结论的证成活动,需要在法律秩序的各种基本价值的语境下进行,而司法或者说追求法治的过程中,永远不能回避的、最基本的的法律价值,就是形式正义。后果主义论证与协调性论证和一致性论证构成的二阶证立,是以不与法律相脱离或相悖离的方式,去应对规范层面的解释问题、分类问题、相关性问题,以及事实层面的证据问题与评价问题的有效论证方法,也是保证公正性的价值无论在面向过去的方面还是在面向未来的方面,都能得以实现的必然选择。

二、麦考密克后果主义论证理论的独特性

作为麦考密克法律推理理论的一部分,后果主义论证理论与伦理学及一般论证理论中的后果均不相同,作为一种源生于、且应适用于司法裁判领域的理论,其所应解决的是疑难案件中法官如何令其决定得以理性证立的问题。与演绎推理的顺向推理模式不同,作为一种逆向推理的代表性模式,后果主义论证的完成无法以衍生于公认法律渊源的法律规

---

① [英]尼尔·麦考密克:《法律推理与法律理论》,姜峰译,法律出版社2018年版,第126页。
② [英]尼尔·麦考密克:《法律推理与法律理论》,姜峰译,法律出版社2018年版,第235页。
③ [英]尼尔·麦考密克:《法律推理与法律理论》,姜峰译,法律出版社2018年版,第217页。
④ [荷]伊芙琳·T.菲特丽丝:《法律论辩导论——司法裁决辩护理论之概览》,武宏志、武晓蓓译,中国政法大学出版社2018年版,第131页。

则作为推理起点，并且很多时候，关于后果的考量亦不能轻易获得普遍认同。为了证明其选择的可接受性，法官必须根据一般常识与法律常识去验证裁决，并求助于一般道德价值和原则为裁决的权威性背书。当法官需要在对立的裁判方案之间进行选择时，应用后果主义论证能够令其兼顾方案的现实意义与（文本）制度意义，亦能够帮助对备选规则进行面向过去与面向未来的双重检验，这样一来，将后果纳入司法考量这种更偏向于满足实质正义要求的做法，便能够同时满足形式正义的要求。

（一）不同于伦理学及一般论证理论上的后果论

谈及麦考密克理论中的后果主义论证（consequentialist argument），便不得不关注其与伦理学领域的后果论及一般论证理论领域的后果论证（英文表述分别为 consequentialist 或 consequentialism 及 argument from consequences）的关系。作为一种规范伦理学理论，后果论被用以总称那些"行为和品格的道德属性，由行为和品格特征的后果［相较于践行者的备选项］所决定"① 的观点；而作为一种论证方法，后果论证通常被简述为，允许从有利或不利的后果来评价一个行为或事件的"实用主义的论证"（pragmatic argument），② 或是通过接受（或不接受）某种命题的后果来说明该命题属于真理（或是谬误）的论证形式。③ 麦考密克所开展的后果主义论证的研究，与上述两者既有联系又有区别，对其中关系进行梳理，不仅能够对麦考密克后果主义论证理论的学理基础有更为清晰的认知，亦能对将后果主义论证理论安置于法律实证主义的法律推理理论体系有所贡献。

后果论的典型观点是，"一个行为的伦理地位取决于其后果的价值"，④ 这表示，人们在进行决策时不仅总要权衡相应的后果，还需认可中立价值，即承诺价值无涉于特定个体，⑤ 或者说"任何事态的价值都不依赖行动者"。⑥ 后果论主张，后果是唯一与道德相关的，促成最好的后果对行为的正确性而言绝非仅是必要的，更须得是充分的，而这势必导致，若要依靠后果论去评价行为，便必须接受将正当与善混同看待的前提设定。除以上原初性的观点外，围绕着后果究竟所指为何这一中心问题，后果论逐渐发展出许多更为复杂的理论形态，如客观后果论与主观后果论、直接后果论与间接后果论、总体后果论与多元后果论等。麦考密克并未对如上后果论付出过多精力，事实上，他也并不是后果论观点的

---

① ［美］茱莉亚·德莱夫：《后果主义》，余露译，华夏出版社 2016 年版，导言第 1 页。
② See Ch. Perelman & L. Olbrechts-Tyteca, *The New Rhetoric: A Treatise on Argumentation*, translated by John Wilkinson & Purcell Weaver, Notre Dame Press, 1969, p. 266.
③ See Douglas Walton, *Historical Origins of Argumentum ad Consequentiam*, in Argumentation, Vol. 13: 251, 1999, p. 252.
④ ［美］戴维·索萨：《后果主义的后果》，解本远译，载徐向前编：《后果主义与义务论》，浙江大学出版社 2011 年版，第 48 页。
⑤ 参见［美］茱莉亚·德莱夫：《后果主义》，余露译，华夏出版社 2016 年版，第 31 页。
⑥ ［美］戴维·迈克诺顿、［美］皮尔斯·罗林：《为义务论辩护》，解本远译，载徐向东编：《后果主义与义务论》，浙江大学出版社 2011 年版，第 34 页。

拥护者，在麦考密克的理论中，"后果主义论证"特指一种法律推理方法。① 在他看来，后果对案件裁决结论的得出是重要的，但绝非是充要的，那些认为决策之证成仅能求助于后果的观点，与认为决定的性质和品质是与其正当性证明相关的唯一要素的观点，在他看来均过于极端。② 此外，后果论者多倾向于将某种特定的内在价值（如其典型范例功利主义（utilitarianism）即推崇快乐、幸福等单一价值）作为做出决策时需要考量的唯一标准。但麦考密克认为，对后果的衡量应参考多种价值标准。尽管后果主义论证在实践中确实会在众多因素中确定一个最优标准，但"最优"并不取决于某种单一的评价指标，后果主义论证是综合多元价值后得出的最终判断，其内容甚至涵括对这些价值所导致的对立结果进行协调，因此，"不能把后果主义论辩称作一种'功利主义'的论辩方式，尽管它与另外一个有时称为'理想的规则功利主义'的论辩有明显的相似之处"。③ 规则功利主义主张，"正确的行为不是引起最好的整体后果的行为，而是依照最大化善的那组规则所践行的行为"。④ 后果主义论证旨在为采用何种裁判规则提供合理根据，因而其所应考量的正是相互对立的规则所导致的普遍的、系统的后果，而并非特定判决为特定当事方带来的个别的、具体的后果。总结来说，麦考密克提出的以法律实证主义为理论基础的后果主义论证理论，与伦理学意义上的后果论的一致之处为，后果与决策正当性的证成相关，而分歧之处则在于，后果是否应被作为证成裁判结论正当与否的唯一相关要素，后果的评价标准是单一的还是多元的。

在一般论证理论中，后果论证作为一种非正式逻辑推理方法，兼具权衡与说服的功能。在决策场景中，后果论证的含义为："任何行动（或规则、策略，等等）的选择都要以挑选一种备选项为基础，而这种备选项不会产生比任何其他可获得的备选项更差的总体后果。"⑤ 此种论证方法的逻辑脉络即，因为：经验性角度上某行为将导致某后果（原因①：后果的预测）；并且：规范性角度上该后果相对于规范目标而言是可欲的（原因②：后果的评价）；因此：该行为应当被实施（结论：依据后果而作出）。后果论证的方法在法律领域并不鲜见，当法官将某一特定法律决定所可能产生的积极或消极后果作为支持或

---

① 菲尼斯是最早强调这一点的学者，其《自然法与自然权利》一书中曾提及，麦考密克的后果主义论证与伦理学意义上的功利主义或后果主义不同。麦考密克理论中的后果主义论证是指"（1）如果在该案件之前已经有某一决定作出的，则需对在其他案件中'需要作出的'决定类型进行考察；（2）对在该案件中做出拟议决定的结果之可接受性或不可接受性进行了解"。与一般伦理学意义上的后果主义不同，"没有理由可以推定这种默示的主张会涉及根据单一标准进行的评估"。实际上，"这个评价要参考社会已确立的承诺"。参见［澳］约翰·菲尼斯：《自然法与自然权利》，董娇娇、杨奕、梁晓晖译，中国政法大学出版社 2006 年版，第 108 页。

② 参见［英］尼尔·麦考密克：《修辞与法治：一种法律推理理论》，程朝阳、孙光宁译，北京大学出版社 2014 年版，第 137 页。

③ ［英］尼尔·麦考密克：《法律推理与法律理论》，姜峰译，法律出版社 2018 年版，第 125 页。

④ ［美］茱莉亚·德莱夫：《后果主义》，余露译，华夏出版社 2016 年版，第 103 页。

⑤ ［印］阿玛蒂亚·森：《后果评价与实践理性》，应奇编，东方出版社 2006 年版，第 400 页。

拒绝该决定的理由时,其便是在完成一种诉诸后果的法律论证。① 麦考密克的后果主义论证理论正是法律领域中的后果论证的研究,其研究目的在于,对以抽象形式出现的实践理性论题进行解释,提供充分的论证理由,以及对有争议的法律事件进行的法律论证过程的性质进行阐释。② 其所主张的后果主义论证并不完全遵循后果预测-后果评价-作出结论的一般逻辑脉络,对后果的预测和评价不能成为形成法律决定的唯一影响因素,法官的最终决定还须经历源自法规范体系的检验。

(二) 兼顾"向前看"与"向后看"要求

麦考密克的后果主义论证理论实际包含两个部分,一是对后果进行考量,二是后果考量的结论应当经历的协调性与一致性的检验。前者所关注的问题是,"世界上什么是有意义的",致力于在制度外寻找可接受性依据,对不同判决内容所引起的诸多方面的后果进行预测,评价其可行性或者可接受程度,重视利益衡量、价值判断和政策指向。后者则将"系统中什么是有意义的"这一问题纳入论证过程中,帮助寻找制度内部的可接受性依据,体现对规范思维方式的维护,令经由后果主义论证得出的判决结论与法律体系的各个方面都融贯和谐。可以说,后果主义论证的这种理论设定,令其论证模式能够同时满足面向过去与面向未来的双重要求。

法律的适用不仅指向规范的目标,更指向合理的目标,在缺少明确的强制性规则的场合中,后果主义论证便是对备选的法律规则进行权衡以完成判决结论的合法性与正当性论证的最佳选择。某些种类或某些范围的后果一定和结论之证成相关,尤其是在关于解释问题、分类问题和相关性问题的实践分歧解决的方面,后果主义论证在其中有着决定性的作用。③ 麦考密克理论中的后果,并非仅指对当事人产生的直接、即刻之影响,而是一种可接受的、涉及当前案件并因此可用于其他类似案件之法律命题证成的后果。④ 因而,其所主张的后果主义论证,是一种面向逻辑意义的未来,而非经验意义的未来的论证。

麦考密克的后果主义论证是以法官的不同选择对未来可能造成的影响为出发点的。以其所举出的"电力公司诉霍兰德公司案"⑤ 为例,该案中,被告的职员切断了南英格兰电力管委会的电缆,导致原告受两次停电之影响而中断生产,利益受损。审理法官基辛勋爵的判词中写道:"如果电缆因疏忽大意被损坏使供电中断的话,那么,所有将电力用于营

---

① See Flavia Carbonel, *Reasoning by Consequences*: *Applying Different Argumentation Structures to the Analysis of Consequentialist Reasoning in Judicial Decisions*, in C. Dahlman, E. Feteris (eds.), Legal Argumentation Theory: Cross-Disciplinary, Springer Science C Business Media Dordrecht, 2013, p. 3.
② 参见 [英] 尼尔·麦考密克:《法律推理与法律理论》,姜峰译,法律出版社 2018 年版,第 8 页。
③ 参见 [英] 尼尔·麦考密克:《修辞与法治:一种法律推理理论》,程朝阳、孙光宁译,北京大学出版社 2014 年版,第 137-138 页。
④ 参见 [英] 尼尔·麦考密克:《修辞与法治:一种法律推理理论》,程朝阳、孙光宁译,北京大学出版社 2014 年版,第 139 页。
⑤ Dynamco Ltd. V. Holland & Hannen & Cubitts (Scotland) Ltd., 1971 S. C. 257.

业的公司和个人,均可提起诉讼,就所遭受的利润及其他金钱损失主张赔偿,这对于拥有机器的工厂、商店……都将同样适用。"可以预想,倘若判决被告因切断电缆的过失而承担如此巨额的赔偿,就是认可被告应当"完全预见除受损财产的所有者或占有者之外的其他个人所造成的财产或者经济上的损失",这无疑会令被告及其同类型的主体背负因损害赔偿而倾家荡产的风险,这种后果无论对这些主体,抑或对整个社会而言,都是不可欲的。因此,在这类涉及经济损失的案件中,法官的立场通常是,那些离不开电力供应的企业,应当有能力自行防范由于供电中断而造成的的损失。

尽管后果主义论证具有区别于演绎推理的两项特征,即:较之于对案件事实和既定规则的分析,后果主义论证更关心价值可欲性的论证;较之于直接作用于当事方的判决的即时影响,后果主义论证更关心当下的审判结果是否适合于未来类似案件。但麦考密克始终强调,仅凭后果主义论证,无法完成对结论的完整证明,法官还"必需在业已成立的法律制度中找到判决的基石",[①] 只有找到与当下论证足够相近的前例,或与具体情形足够契合的权威性原则,论证才能真正获得完全能够支撑结论的排他性的力量。后果主义论证的这种理论设计,既能够令裁判结果满足"向前看"的需求,又能令裁判过程兼顾"向后看"的传统。

(三) 理论始终围绕形式正义展开

法律论证与实现法律正义总是密切相关的,对某一判决结论进行论证的过程,就是证明该结论是正当的和本应如此的过程,形式正义是防止形成武断的结论的一道屏障,"坚持正义的形式含义本身,对于判决的证明形式而言可能是具有决定性意义的"。[②] 提到形式正义,人们首先会将其与遵循先例、或者说司法的"向后看"的要求对应起来,具体而言就是,法官在审理案件时,有责任"在相同或相似的问题上与先前的判决一致"。常常被忽略的是,形式正义其实还暗含着"向前看"的要求,即"个案应该以在相似的未来案件中同样能辩护的方式来处理"。[③] 在司法实践中,"向后看"与"向前看"的要求并不是两相对立的,前者是司法职业的思维特征,却不是压倒后者的绝对力量,毕竟过去案件的数量再庞大,也难以与无限的未来案件的数量比肩,"'向后看'的最终目的还是为了'向前看'——无论遵循先例,还是恪守规则,都是为了保证司法判决的激励信号尽可能清晰"。[④]"向后看"仅仅是实现"向前看"要求的手段。后果主义论证理论作为法律实证主义推理方法的一部分,能兼顾"向前看"与"向后看"的要求,便意味着其理论必定

[①] [英] 尼尔·麦考密克:《法律推理与法律理论》,姜峰译,法律出版社2018年版,第144页。
[②] [英] 尼尔·麦考密克:《法律推理与法律理论》,姜峰译,法律出版社2018年版,第89页。
[③] [荷] 伊芙琳·T. 菲特丽丝:《法律论辩导论——司法裁决辩护理论之概览》,武宏志、武晓蓓译,中国政法大学出版社2018年版,第147页。
[④] 桑本谦、李秀霞:《"向前看":一种真正负责任的司法态度》,载《中国法律评论》2014年第3期,第226页。

是以形式正义为导向而建构完成的。

"形式正义概念要求对个案判决的证明必须立基于普遍性的命题，法官应对此奉行不悖，用该普遍性命题作为决定其他类似情形的根据，并把与当下案件相同的处理方式应用于类似案件。"① "向前看"的要求与普遍化的要求（为麦考密克置于司法之核心地位）关联密切，"判决是否合理并不取决于对当事方的直接的、即时性的影响，而取决于当下案件中的法律命题可被适用于其他类似案件"，普遍化的过程是前瞻性的，在做出决定之前，每个人都应当思考"这个规则是否是被普遍遵守的规则？"② 司法裁决的正当性，即体现于遵照形式正义的类似情形类似处理的要求，并且借助法律中那些被证明为正当的特定决定在内的可普遍化理由的力量去完成证明。一般来说，证明包含两个必要部分：证明与有效确立的法律规则不矛盾，以及证明为既定法律原则所支持。但是，这些证明并非在所有案件中都能达成，此时便需要转向后果主义论证的思路。

后果主义论证在本质上仍然是"评价性的"，并且，至少从部分上说，其也是主观性的。"法官们需要在对立的可能裁判方式所造成的后果之间进行权衡，这就需要对不同的评价指标确定不同的权重，采纳或拒绝一项规则会导致何种程度的不公正感，或者带来多大的效用，都可能作为考量因素"。③ 尽管受到价值偏好的影响，不同法官对于应考量何种因素、某种后果是否具有可接受性总有分歧，但论证本就不是为了寻找"唯一正确的答案"，而仅旨在形成有足够说服力的答案。因而，法官选用后果主义的论证方法，并不意味着放弃对形式正义要求的坚守，在麦考密克看来，法律推理实为一种高度制度化和形式化的推理类型，④ 后果主义论证作为完整的法律推理过程中的重要环节，仍应遵循形式正义的"向前看"与普遍化的要求。法官在采用后果主义论证方法时，并不简单地以"常识""正义""公共政策"等法外因素为标准进行价值衡量，以形成最终的裁判结论，而同样将裁判的前瞻性（立基于形式正义原则，即同等情形同等对待）作为重要的考虑因素。法官的行为若不以形式正义的要求为基准，则裁决结论很可能发展成为法官依循独断意志的产物，失去其应有的公正性。麦考密克提出后果主义论证理论的初衷，并非仅是为帮助具体个案形成更为合理的裁判结论，他对于形式正义的坚守以及对于普遍的、系统的后果的强调均表明，他着力于建构的是一种相较于传统推理模式，更能充分发掘形式正义之双重价值的、新的法律推理模式。弥补演绎推理的局限性带来的不足只是法官求助于后果主义论证的初始原因，在判断每一种具体选择的正当性时，他们仍然会提示自己，对待当下案件的方式，将会成为将来对待同类案件的理由。形式正义的前瞻性要求决定了后果衡量的最终方向，并且这种要求也将后果主义论证与法律体系、法律制度紧密地关联起来，

---

① ［英］尼尔·麦考密克：《法律推理与法律理论》，姜峰译，法律出版社2018年版，第117页。
② Neil MacCormick, *Rhetoric and the Rule of Law*, Oxford University Press, 2005, p. 103.
③ ［英］尼尔·麦考密克：《法律推理与法律理论》，姜峰译，法律出版社2018年版，第125页。
④ 参见［英］尼尔·麦考密克：《法律推理与法律理论》，姜峰译，法律出版社2018年版，第327页。

这也注定了，后果主义论证理论的构建，势必需要将协调性和一致性的检验含括在内。

三、麦考密克后果主义论证理论的学术贡献及局限

"法学就其本质而言是面向实践的，它的素材和资料来自实践，同时又能够为实践中的问题提供解决建议，只有这种学术研究与司法实践之间的良性互动，才能为法学的发展提供源源不竭的动力。"[1] 法学学科的特点即，司法裁判活动的现实必将蕴生出反制司法实践之方法论。麦考密克的后果主义论证理论，便是对英格兰、苏格兰法院的真实案件中，法官处理具体问题时所采用的推理方式进行总结后的合理重构。尽管麦考密克并无意于建构一套尽善尽美、放之四海而皆准的推理论证模型，但麦考密克的理论的确同时满足了描述性的与规范性的双重要求，其理论不仅能够重现一种普遍性的司法推理的过程，指导法官规范化地将部分法外因素纳入考量范围，更在一定程度上达成了将合乎需要的法律论证与拙劣的法律论证区分开来的理论目的。在宽泛的方法论的意义上，立足实践的后果主义论证方法的研究，实际上提供了一种能够整合教义法学与社科法学的不同思路的新的路径，在保持二者各自优势的前提下，有效去除旧有弊端，为法官审判案件提供一种新的裁决方式。将对后果的考量纳入司法，将后果主义论证理论化、规范化为法律推理过程的真正环节，这样的努力固然有不少积极意义，然而仍需反思或追问的是，麦考密克所建构出的这种契合于形式正义要求的后果主义论证理论，是否是一种法学意义上的充分的论证形式，其是否能超越传统法律实证主义的推理方法以及实用主义思路下的后果论证方法的司法局限，对法官的裁判行为产生真正的规范化的效果。

（一）学术贡献

麦考密克的研究深受其同时代另外两位学术巨擘哈特与德沃金的影响。哈特所构建的法律运作体系围绕着"承认规则"展开，其曾提出的法律具有开放结构的观点，为法官行使自由裁量权提供了有力的理论支撑。当规则无法为法官提供确定有力的指引时，法官即可依赖实践理性作出法律决策。以哈特的研究为基础，麦考密克强调，法官的自由裁量并非是漫无边界的，而应受到规则的限制。[2] 德沃金的理论正关涉于限制法官被夸大的裁量

---

[1] 孙海波：《疑难案件与司法推理》，北京大学出版社2020年版，第15页。

[2] 在麦考密克看来，哈特所提出的开放结构理论赋予了法官可以伸张却应受规则限制的自由裁量权，而德沃金为了限制这种被夸大的裁量权，特别强调原则的作用、原则与政策的区分以及原则与规则的区分，即认为原则是据以确认公民个人权利的，而政策则是以集体功利为目的，强调基于原则而不是政策的法庭论辩对于法律推理的重要意义，主张规则具有要么完全适用、要么完全不适用的属性，而原则却负有包容性和弹性。麦考密克部分赞同德沃金的观点，但仍做出以下反驳：即使解释问题中规则与原则发生冲突也不一定导致规则失效，原则与规则的边界是流动的、模糊的，更重要的是人们其实也无法对原则与政策进行严格区别。他真正主张的是，政治原则、道德原则与法律原则、原则与政策、原则与规则之间的交错和过渡形态，即一种连续而稳定的、不断进化的动态过程。参见［英］尼尔·麦考密克：《法律推理与法律理论》，姜峰译，法律出版社2018年版，季卫东序，第4-5页。

权。其特别申明,在疑难案件中,应充分发挥原则的作用,令法官依据原则寻到司法案件裁判的唯一正解。麦考密克虽然赞成了德沃金的部分观点,但他仍指出,德沃金关于原则与规则的一些论断并不正确,且其混淆了如何行动的实践分歧与如何寻获正确答案的思辨性分歧。在承继其老师哈特的分析实证主义的基本理论立场之余,麦考密克亦凭借对德沃金的理论观点的不断批驳与反思,发展出一套独特的、包含演绎推理与二阶证立两个主要部分的法律推理理论。作为麦考密克法律推理理论的重要构成部分,后果主义论证理论所解决的核心问题是:司法决定之证立,是否以及在何种程度上能够通过后果主义论证完成。对麦考密克的后果主义论证理论进行梳理分析,不仅对系统把握麦考密克的理论有重要意义,也对确定司法裁决理性证立之构成要件,帮助促进法律论证的规范化具有积极作用。

1. 提出了一种理性证立法律裁决的新方法

"在所谓的疑难案件中,若法官不能依赖被普遍接受的既有规则,法律裁决如何能够得到理性证立",[1] 这是现代法律推理理论所要解决的核心问题。德沃金和法律现实主义都曾回应过此一问题,前者以为,即使未能为法律规则所涵盖,疑难案件之裁决仍可求助于更抽象、更具概括性的法律原则;[2] 而后者的观点则更为激进,主张法官的决定往往是根据非法律规则、甚至是非法律原则的诸种因素而作出的,全盘否定法律规则在法律推理与司法裁判中的核心作用。

麦考密克的研究提出了一种介于以上两者之间的折中答案。他承认,德沃金的理论"包含着许多闪光的洞见",基于法律原则的论证在法律推理中扮演着重要的角色,这一点无疑是正确的,[3] 但同时他也指出,德沃金所持有的原则和规则之间的区分的观点,存在显著缺陷。无论是规则在类比论证中发挥作用的方面,还是规则可能影响原则的适用的方面,原则其实就是更具一般性的规则,规则和原则之间不可能存在泾渭分明的界线。法律现实主义的主张虽能令法律更具开放性,令司法更能够回应社会需求,但其总是夸大法律推理中非演绎性因素的作用,这些因素即使对法律结论的形成是重要的,却也不能被等同于法律推理的全部内容。在现代法律模式内,适用规则依然是法律的核心逻辑。[4] 在忠于法律和开放性之间总存在着某种紧张关系,法官在作出司法裁决时可能面临两难抉择,若完全固守法律,虽能更好维护法律的形式价值,却也会对环境变化丧失敏感性,决策行为难免被动僵化;但若完全倾向于开放性,即使法官能够做到更为灵活地应对问题,但放松

---

[1] Eveline T. Feteris, *Fundamentals of Legal Argumentation*: *A Survey of Theories on the Justification of Judicial Decisions*, Springer, 1999, p. 112.
[2] 参见林立:《法学方法与德沃金》,中国政法大学出版社2002年版,第14页。
[3] 参见[英]尼尔·麦考密克:《法律推理与法律理论》,姜峰译,法律出版社2018年版,第277页。
[4] 参见[英]尼尔·麦考密克:《法律推理与法律理论》,姜峰译,法律出版社2018年版,前言第2页。

形式约束的同时也加剧了落入机会主义的风险。[①] 麦考密克依循哈特的尊重规则的理论思路，对德沃金及法律现实主义的观点进行综合协调，以详细阐述法官面对疑难案件所必须运用的论证形式为目标，建构出兼顾后果考量与保持法律融贯一致的后果主义论证理论。他的这种理论，不仅为法官提供了一种帮助证立裁决的新方法，还能令司法以一种积极的姿态，对人们的未来行为提供规范性指导，对社会期待进行预见性的回应，以帮助实现司法与社会需求及社会发展的良性互动。当演绎推理之局限暴露之前，后果主义论证便成为帮助法官做出最终选择的关键方法，这是麦考密克立足司法问题，为法律实证主义的发展作出的理论贡献。

2. 运用新修辞学理论化解法律推理的实践性难题

麦考密克的后果主义论证理论，是将新修辞学的理论成果应用于法律推理理论体系的典范。"在其法律和法律辩护的制度理论中，麦考密克采取一种修辞学的观点理解法律，把法律辩护构想成规范解释和时间决策语境中的理性说服的一种形式。"[②] 除将"可接受性"概念引入法律推理理论中以外，他还明确指出，对好的法律推理的标准和形式的阐述与说明的整个活动，均需在那些能被归于法律秩序的各种基本价值的语境下进行，而在这些价值的关照下，有关的法律推理便是说服性的，而非证明性或者说是评价性的。[③] 可以说，新修辞学的介入，为后果主义论证过程中势必会出现的后果的预测与评价难题提供了新的思考方向。

在《修辞与法治》中，麦考密克进一步修正了其在《法律推理与法律理论》中展示的关于后果主义论证的解释，即不再坚持"法官有权根据共同体将迎来的判决结论引发的后果进行决策"的观点。他提到，后果论者必然会面临两种困境，其一，法官所应考量之后果十分广泛，选择何种法律规则，将导致何种长期性的社会后果将非常难以计算；其二，即使能够确定每种选择可能导致的后果，如何对相应后果进行评价依然是一个难题。[④] 正如 Peter Cane 在其文章中提及的那样，司法语境中"基于后果的推理（consequence-based reasoning）"的客观性值得担忧。[⑤] 对此，麦考密克的回应是，法官要做的并不是一种"概率推理（probabilistic reasoning）"，而应当依循实践理性，预测新的规则或裁定对人们的行为方式可能产生的影响，这种影响本身便具有极佳的说服力去支撑论证

[①] 参见［美］诺内特、［美］塞尔兹尼克：《转变中的法律与社会：迈向回应型法》，张志铭译，中国政法大学出版社1994年版，第84-85页。

[②] ［荷］伊芙琳·T. 菲特丽丝：《法律论辩导论——司法裁决辩护理论之概览》，武宏志、武晓蓓译，中国政法大学出版社2018年版，第152页。

[③] 参见［英］尼尔·麦考密克：《修辞与法治：一种法律推理理论》，程朝阳、孙光宁译，北京大学出版社2014年版，第2页。

[④] 参见［英］尼尔·麦考密克：《修辞与法治：一种法律推理理论》，程朝阳、孙光宁译，北京大学出版社2014年版，第139-140页。

[⑤] See P. Cane, *Consequences in Judicial Reasoning*, in J. Horder (eds.), Oxford Essays in Jurisprudence, 4th series, Oxford University Press, 2000, pp. 41-59.

的完成。他的这种观点有助于消解一些学者对于后果主义论证将会陷入"明希豪森困境"① 中的"无穷倒退"的担忧。在实践理性的指引下,人们无须不停追问推理的基础究竟为何,而只需要将注意力集中于如何解决实践问题,根据现实情形作出最符合当下需求的决定。

3. 为展开后果主义司法方法的建构性研究奠定基础

随着社科法学研究思潮的涌起,国内相当数量的学者渐次意识到,有必要对以法律规范为中心的"顺向"推理思维进行调整。如苏力、侯猛两位学者均曾指出,仅将目光局限于法条含义,并以其为据演绎得出个案的逻辑结论远非法官工作的全部,法官要作出合法且合理的裁决,便需对各类社会科学知识均有所了解,这样才有能力对裁判可能造成的直接或间接的社会后果进行预判与评估。在社科知识的辅助下,法官才能更准确、更恰当地分析、解释、评判法律条文与解决法律问题,才能做到从后果出发去获取与案件事实相匹配的法条,并阐释相应法条的具体意涵。② 一些部门法学者与实务法官也对后果导向的裁判思维有所描述,如"从目的出发,先得出合目的的结论,再进行事实和法律的对接";③ "就后果考察的方法论属性而言,它是以后果有益性作为参考标准,并以之逆推来论证其解释";④ "先入为主地首先确定答案,然后按图索骥,寻求支持这种答案的路径,为答案的正当性寻找证明";⑤ 等。除在理论层面归纳后果主义司法方法的思维模式外,也有学者采用实证研究的方法考察司法裁判中后果考量的存在样态与运作细节。⑥ 相关成果累积之下,将后果考量纳入司法裁决的观点逐渐摘掉了"异见"的帽子,后果考量的适用范围也不断被拓宽,但随之而来的疑问是:"目前对后果考量的一些理论是否意味着需要重新反思甚至重构? 更进一步讲,后果考量适用的范围变大又该如何尽量确保其适用的规范化呢?"⑦ 伴随着这些问题,重视后果考量在司法裁判中的作用的启蒙式呼吁,逐步转为对后果主义司法方法的建构性的研究。

麦考密克的理论为后果主义司法方法的建构性研究的展开提供了一种相对周延的思路,其不仅能够凸显裁判过程中法官对法外因素的重视,在一定程度上还原由判决结论反

---

① "明希豪森困境"是知识论中的一个思想实验,其中指出任何论证都只能归于三种可能,一为循环论证,即论证最终只能由其自身支持,二为无穷倒退,即论证并无终点,三为武断终止论证,即论证必将终止于某个被接受的前提,如公理、道德信条等,这一实验常被用以表明任何论证都是不可能的。

② 参见苏力:《法律人思维?》,载《北大法律评论》(第14卷第2辑),北京大学出版社2013年版,第434页;参见侯猛:《社科法学的传统与挑战》,载《法商研究》2014年第5期,第76页。

③ 任彦君:《刑事疑难案件中结果导向思维的运用》,载《法学评论》2012年第2期,第148页。

④ 李谦:《后果考察与刑法兜底条款解释》,载陈金钊、谢晖主编:《法律方法》(第31卷),研究出版社2020年版,第316页。

⑤ 孔祥俊:《法律方法论——裁判模式、自由裁量与漏洞填补》,人民法院出版社2006年版,第1131页。

⑥ 参见钱大军、郭建果:《司法裁判中后果考量的实证研究》,载陈金钊、谢晖主编:《法律方法》(第23卷),中国法制出版社2018年版,第245-262页。

⑦ 沈明敏:《疑难案件普遍化视角下的后果考量》,载陈金钊、谢晖主编:《法律方法》(第33卷),研究出版社2021年版,第178页。

推回判决理由的逆向思维过程,还能够使人意识到,法外因素进入司法并非是偶然的或完全经验性的,对案件裁决所涉及后果的预测与评估应当是理性的、合规范的。对麦考密克后果主义论证理论的深入研究,必然会在一定程度上对我国司法裁判理论的发展起到积极作用。

(二) 局限

在需要于法律之外寻找裁判理由的疑难案件中,麦考密克理论中的后果主义论证能够帮助法官以一种理性的、符合形式正义要求的方式证成裁决结论。然而,此一理论的具体设计,对于法官如何行为本身,并不具有充分的拘束力。正如麦考密克承认的那样,裁决结论并不总能依据理性的理由而被得出。后果主义论证的关键正在于对多种价值的综合衡量,在司法裁量过程中,法官常常借助诸如"正义""常识""公共政策"以及"便利"或"权益"等多种标准来进行权衡,法官个人的价值偏好将不可避免地影响这种衡量。法官能否为理性所约束,取决于其是否自愿接受其在法律体制内的角色安排,和并不总是明文出现的理性论证的规则。① 这将导致,无论协调性论证和一致性论证在法官进行后果权衡时发挥着怎样的限制作用,都不能确保经由后果主义论证得出的结论、同经由演绎推理得出的结论有程度相当的确定性。尽管牺牲部分对确定性的追求以换取更加灵活有效地应对疑难问题,是赋予法官弱意义的自由裁量权的理由,尽管法官可能会在裁判文书中罗列出外观上合法又合理的理由,甚至给出形式相对完整的论证过程,但是,如何把握牺牲的尺度、何种程度的论证才是达标的或规范的等等操作层面的具体问题,却没能被涵括在现有的后果主义论证理论中。

麦考密克的理论中,应用后果主义论证的法官主要关注的是,不同裁决结论可能带来的后果的可接受性与不可接受性。因而,法官不应也不能仅仅依凭某种单一的标准进行权衡,其权衡是既多方面的,同时也是充满主观色彩的。"在法律后果的可能范围内(相对于气候时令温度的可能范围),观察者会根据他自己的价值、政策偏好、性情气质、社会理想、生活经验以及其他,找到一种比其他后果更相宜、更有吸引力的或更有说服力的后果,但他不会有能力证明这一后果的正确性。总而言之,疑难案件之决定经常不是'二价性的'(即非对即错)。"② 虽然麦考密克在"在制度中究竟什么是有意义的"这一问题的基础上,附加了"在制度范围内有什么根据"的问题,着重强调法律制度是一致和协调的规则整体,以应对其他学者提出的针对后果主义方法的攻击。但是,其理论仍然仅仅是对具体个案中的法律推理合格与否的一种较为模糊的描述,既没有对不同领域案件的推理标准进行类型化的处理,也没能提供判断某种法律推理理论是否具有普遍适用性的标准。这

---

① 参见褚国建:《疑难案件与法律推理——麦考密克之〈法律推理与法律理论〉评析》,载高鸿钧、於兴中主编:《清华法治论衡》(第12辑),清华大学出版社2009年版,第456页。

② [美] 理查德·A. 波斯纳:《法理学问题》,苏力译,中国政法大学出版社2002年版,第169页。

会导致，而其理论一旦脱离原本的实践土壤，便可能因司法传统与法治环境的明显差异而发生"水土不服"的状况。关于麦考密克的这套后果主义论证理论，仍需继续追问的是，其是否在理论建构的层面仍存在有待精细化的方面，后果主义论证的方法是否真能帮助法官顺利完成价值判断客观化的任务，以协调性论证和一致性论证为边界，能否有效克服法官在司法中应用后果主义论证方法可能带来的一些负面影响。

四、结语

麦考密克的后果主义论证理论是其法律推理理论中最为重要的原创内容。他将法律推理视作实践理性应用的一个分支，申明法律推理是一种"人们运用理性决定在特定情势下如何行动才算正当"[①]的活动。在麦考密克法律推理研究的驱动下，实践理性逐渐成为法律实证主义继续发展的关键性的理论支撑，后果主义论证理论正是法律实证主义在司法方面取得发展的代表性理论成果。

麦考密克用以建构后果主义论证理论的方法，不是思想层面的"纯粹的先验判断"，而是一种"合理重构"，其能够在描述事实的基础上借力于理性，将现实情形重述为一种可以理解的思想和行为体系的方法。[②]该理论也确实有助于揭示出法律推理过程的一个共同的、有价值的特征，即法官总会根据数种裁判结论可能带来的规范性后果的预测与评估，排除掉不合理的裁判，并完善最终选定的裁判结论的论证。尽管人们难免会将司法裁判的后果考量与法律推理的不确定性联想到一处，但因麦考密克后果主义论证理论的建构立基于形式正义，后果主义论证方法在其理论设想中并不能以脱离演绎推理的姿态独立地发挥作用，运用此方法进行裁判，自然也不易被质疑会产生违背法治的结论。在本体论意义上，麦考密克的后果主义论证理论揭示出实践理性之于法律及法律活动的重要意义；而在方法论意义上，该理论不仅还原了法官对不同裁判可能带来的后果进行权衡，以决定采用何种裁判的真实过程，更能被视为是对法官在司法裁决推理活动中的一种规范性的指导。

随着中国法治进程的不断发展，国内学界对司法疑难案件裁判问题的关注日渐增多，教义法学与社科法学论战的最终焦点更落脚于此，支持或批判后果主义式的法律推理模式的研究成果层出不穷。然而目前，我国支持后果主义裁判理论的学者们仅能在否定意义上达成关于后果的一致主张，每每涉及其所主张的后果究竟为何这一关键问题时，其内部立场多元且缺乏系统明确的规范性自我辩护的矛盾与缺陷便暴露无遗。[③]麦考密克的后果主义论证理论，能够为我国学者提供一种将法律规则与法外因素联结起来的论证结构，为如

[①] ［英］尼尔·麦考密克：《法律推理与法律理论》，姜峰译，法律出版社2018年版，前言第1页。
[②] 参见［英］尼尔·麦考密克：《法律推理与法律理论》，姜峰译，法律出版社2018年版，前言，第7页。
[③] 参见钱一栋：《规则至上与后果主义的价值理由及其局限——从法教义学与社科法学之争看当代中国司法哲学》，载《甘肃政法学院学报》2018年第4期，第18页。

何将后果衡量安置于符合形式法治要求的法律推理方法体系勾勒出一种示范模板。从某些方面看，麦考密克所提出的这种面向实践的、开放的、将价值考量纳入其中的推理理论，能够同时与教义法学及社科法学的部分研究发生关联，在一定程度上淡化了二者间的冲突，为学者们提供了一种审视基础学理与方法论的新的、综合式的研究视角，有助于立场相斥的学者之间实现有效的对话与合作。同时，麦考密克的后果主义论证理论，对我国后果主义司法方法的建构性的研究颇具启发意义，能够促使学者们从一味强调后果之于司法的重要性的"呼吁式"的研究，转向后果考量的定位、具体运作等更能与法治要求与实践需求相适应的、新的研究。

（编辑：宋保振）

基本道德法治化的实践理路*

王庆廷**

摘　要　作为维系社会存续的重要调控资源，基本道德具有三个特点：一是语言表达的凝练性，二是意思理解的多元化，三是责任追究的混乱状。基本道德的抽象化及其延伸特点决定了基本道德法治化的必要性，即将抽象化的基本道德予以法律性质的具体化，并辅以统一权威明确的法律责任，以提升基本道德的调控能力。细化道德标准的法律方式可以分为三类：一是法律体系的网络细化，二是法律规定的逻辑细化，三是法律条文的具体细化。基本道德法治化是一项复杂的系统工程，在法治化形式上需要对道德话语进行法律化改造，在法治化程度上需要针对不同情况予以差别处理，在法治化保障上需要加强法律责任的可操作性。

关键词　基本道德　法治　道德标准　道德话语　法律责任

《中共中央关于全面推进依法治国若干重大问题的决定》确立了"坚持依法治国和以德治国相结合"的治国方略。显而易见，无论是作为治国方略层面的法治和德治，还是作为治理资源层面的法律和道德，都不能茕茕孑立、踽踽独行，而是要山水相依，守望相助。基本道德的法治化无疑是其中的一项重大课题，既是实现"法律和道德相辅相成"的绝佳结合点，也是达致"法治和德治相得益彰"的基础性工程。

将抽象的道德理念法律化为具体的道德标准，可以增强道德的可操作性与可实施化。如此一来，道德的抽象内容被代之以法律的具体规定，在原有道德理念仍然起作用的同时，细化的法律规定不仅有利于社会公众更好地理解基本道德，而且辅以法律强制力及其

---

* 基金项目：本系国家社科基金项目《技术标准的法治规控研究》（19BFX185）阶段性成果。
** 王庆廷，男，法学博士，上海对外经贸大学法学院讲师、硕士生导师，研究方向为法理学、诉讼法学、司法制度。

配套的法治运作方式有望使基本道德起到更强的调整作用。

一、基本道德的抽象化及其延伸特点

根据道德对于维系社会的重要程度,大致可以分为两类:第一类是"基本道德",包括社会有序化的基本要求,它们对于有效地履行一个有组织的社会必须承担的义务来讲,是必不可少的,如忠实地履行协议、协调家庭关系、对群体的某种程度的效忠。第二类是"非基本道德",包括那些极有助于提高生活质量和增进人与人之间的紧密联系的原则,这些原则对人们提出的要求远远超过了那些被认为是维持社会生活的必要条件所必需的要求,如慷慨、博爱、无私、富有爱心。① 作为维系社会底线存续的重要控制资源,基本道德具有相当的抽象性和高度的原则性。易言之,绝大多数基本道德是以基本理念、宏观原则、核心价值、经典信条等方式存在的,由此衍生出三大特点。

(一) 语言表达的凝练性

为了有效维系社会存续,理想状态下的基本道德必定是被人人知悉并遵守。即在认知上,每一个或绝大多数社会主体都非常熟悉、了然于心;在行动上,每一个或绝大多数社会主体都坦然接受,一体遵循。鉴此,由语言表达出来的基本道德必定是凝练、通俗、简单、直白。简单的事物,加上凝练的表达,不仅容易让人理解,而且便利他人传播,认知门槛低,流传速度快。当年刘邦进入秦都咸阳后与百姓约法三章:"杀人者死,伤人及盗抵罪。"② 短短十个字,其内容不过是表达了三项基本道德:不得杀人、不得伤人、不得偷盗。在那个百姓文化水平普遍不高,没有便捷传播媒介的年代,如此凝练直白的语言表达无疑是相当成功的。试想,如果刘邦不是说了十个字,而是说了几百几千字,那么效果多半会大打折扣,不尽人意。

(二) 意思理解的多元化

任何语言在表达意思上都有核心与边缘的区别,即在核心意义上,其表达的意思是清楚的,绝少产生歧义,而在边缘意义上,其表达的意思是模糊的,容易产生歧义。③ 如此一来,基本道德在享受语言表达带来的凝练之外,也要承受基于语言边缘意义而致的不同理解。比方说,不得杀人是一项基本道德要求,一般情形下大家对此没有什么歧义,都知道也都认可杀人是不道德的。但是如果假设一些特殊情况,就会引起一些争议。比如,类似"洞穴奇案"中的情境,在一个没有任何食物的岛上,只有两个濒临饿死的人,其中一

---

① 参见〔美〕博登海默:《法理学:法律哲学与法律方法》,邓正来译,中国政法大学出版社1999年版,第373—374页。
② 《史记·高祖本纪》。
③ 参见杨仁寿:《法学方法论》,三民书局1987年版,第93—94页。

个为了生存杀了另一个人;① 再如,某村落中一人患了难以医治的恶性传染病,被众村民密谋毒害并焚烧掩埋;又如,一对夫妻生下小孩后发现有先天重度脑疾,遂弃之荒野;还如,一公交车司机为了避免与违规逆行轿车相撞,而选择撞向路边一行人……再加上理解能力、所处环境、背景知识、品德行为等个人差异因素,可以说对于任何一项基本道德,都会产生一些争议、歧义、矛盾等多元理解,而且在很多情况下每个人都能说出一些道理论证自己的观点,正所谓"公说公有理,婆说婆有理"。

(三) 责任追究的混乱状

违反基本道德需要承担道德责任,这是基本道德存续的必要条件。但是在紧靠道德本身的情况下,责任追究会呈现出相当程度的混乱状态。一是责任追究主体的混乱。缺乏统一权威明确的责任追究主体,可以说处于高度分散状态,几乎每一个人、每一个组织都可以成为责任追究主体,对于自己看不惯的不道德现象进行抨击讨伐,特别是在当今信息时代,网络传播的迅捷和网络载体的多元使得个人的道德谴责很容易溢出自身的物理空间。二是责任追究方式的混乱。缺乏统一权威明确的责任追究方式,可以说处于高度自主状态,基本上由责任追究主体自己说了算。比方说,动车上有人大声喧哗,有人可能投之以冷眼,有人可能以言语劝阻,有人可能予以适度谴责,有人可能向乘警报告,有人可能直接拳脚相向。三是责任追究效果的混乱。基于前述两点,责任追究的效果必定是混乱的,既欠缺可预期性,又欠缺权威性,不利于发挥基本道德的调控效力。

二、基本道德法治化的三类方式

基本道德的抽象化及其延伸特点决定了法治介入的必要性,亦即基本道德法治化的必要性,特别是将抽象化的基本道德予以法律性质的具体化,并辅以统一权威明确的法律责任,以提升基本道德的调控能力。基本道德法治化的前提是道德入法,大致而言有两类入法方式:一是显性入法,即法律条文明确规定倡导、支持或禁止、反对某种道德规范所包含的内容;二是隐性入法,即法律未明文载入某种道德规范的内容,但将其作为价值取向体现在了法律制度、法律规范中。② 一个国家的法律从宏观到微观可以分为三个层次:宏观层次的法律体系、中观层次的具体法律,以及微观层次的法律条文。与之对应,细化道德标准(或曰具化基本道德)的法律方式可以分为三类,即宏观层面法律体系的网络细化、中观层面法律规定的逻辑细化,以及微观层面法律条文的具体细化。三类方式各有特点,相互支撑,将抽象的基本道德转化为具体的法律内容,协力完成基本道德法治化的重任。

---

① 参见[美]萨伯:《洞穴奇案》,陈福勇、张世泰译,生活·读书·新知三联书店2009年版,导言第7—14页。
② 参见喻安伦:《浅论法治运行中的道德因素》,载《法商研究》2001年第4期,第112—113页。

（一）法律体系的网络细化

法律体系，通常是指一个国家全部现行法律规范分类组合为不同的法律部门而形成的有机联系的统一整体。其直接下位概念是法律部门，又称部门法。法律部门是根据一定的标准和原则，按照法律规范自身的不同性质，调整社会关系的不同领域和不同方法等所划分的同类法律规范的总和。[①] 根据通说，我国法律体系由七大法律部门组成，即宪法及宪法相关法、民商法、行政法、经济法、社会法、刑法、诉讼与非诉讼程序法。法律体系中的法律规范又有不同层次或效力位阶，按照狭义的法律概念，效力由高至低大致可以分为宪法、法律、法规、规章等。按照广义的法律概念，法律体系则是一个可以包括宪法、基本法律、基本法律以外的其他法律、行政法规、地方性法规、部门规章、地方政府规章、其他规范性文件，以及司法解释等规范文件在内的庞大的网络化层次化范畴。

以整体视角观之，面对整体化的基本道德，自然需要整体化的法律体系承担细化任务，这是基本道德法治化的应有之义。以个体视角观之，为了更有效地拟定可操作化的具体标准，个体化的基本道德也并非只是简单对应某一部法律规范，而是对应法律体系中的若干法律规范，进而形成一个层次清楚、分工明确、效力互补的法律标准体系。

为更好地展示法律体系的网络细化方式，下面结合具体例证予以说明。众所周知，尊老爱幼是中华民族的一个优良传统，也是一项基本美德，可谓跨越古今，流传千年，既是人类尊重自我的表现，也渗透了浓厚的人文情怀。作为一项基本道德，尊老爱幼不仅深植于每个人的内心，具有厚固的人性基础，而且具有宏大的政治价值。"老吾老，以及人之老，幼吾幼，以及人之幼。天下可运于掌。"[②] 也就是说，敬重自己的长辈，进而推广到敬重别人的长辈，爱抚自己的孩子，进而推广到爱抚别人的孩子。（这样）天下就可以在掌心中随意转动（要统一它就很容易了）。虽然在我国法律体系中，找不到直白的"尊老爱幼"字眼，但是尊老爱幼的精神和内容却存在于多部法律之中。

在位阶效力最高的《宪法》[③] 中，第45条规定"中华人民共和国公民在年老、疾病或者丧失劳动能力的情况下，有从国家和社会获得物质帮助的权利。"第46条规定"国家培养青年、少年、儿童在品德、智力、体质等方面全面发展。"第49条规定"禁止虐待老人、妇女和儿童。"这些宪法性规定虽然大都是提倡性、原则性和宣言性的，但足以表明了我国对于尊老爱幼这一基本道德的坚守态度。

在基本法律中，也有许多法律规定。比如在《刑法》中，有很多针对老年人和未成年人的宽恕性规定：比如根据第17条规定，未满十二周岁的人犯罪，绝对不负刑事责任；不满十八周岁的人犯罪，应当从轻或者减轻处罚；已满七十五周岁的人故意犯罪的，可以

---

① 参见张光杰：《法理学导论》，复旦大学出版社2006年版，第59—63页。
② 《孟子·梁惠王上》。
③ 如无特别说明，文中所涉法律均省略"中华人民共和国"字样。

从轻或者减轻处罚；过失犯罪的，应当从轻或者减轻处罚。同时也有很多严厉打击针对老年人和未成年人犯罪的规定：比如遗弃罪（第261条）、猥亵儿童罪（第237条）、雇用童工从事危重劳动罪（第244条）、组织未成年人进行违反治安管理活动罪（第262条）。再如，在《刑事诉讼法》中专章规定了符合未成年人特点，对未成年人权益提供针对性保护的特别程序——未成年人刑事案件诉讼程序。

在基本法律以外的其他法律中，也有不少相关法律规定。比如有专门的"尊老爱幼"法律——《老年人权益保障法》和《未成年人保护法》，分别针对老年人和未成年人的权益保障与保护做了系统、全面、集中、细致性的规定。前者的立法宗旨是"保障老年人合法权益，发展老龄事业，弘扬中华民族敬老、养老、助老的美德"。后者的立法宗旨是"保护未成年人身心健康，保障未成年人合法权益，促进未成年人德智体美劳全面发展，培养有理想、有道德、有文化、有纪律的社会主义建设者和接班人，培养担当民族复兴大任的时代新人"。

在地方性法规层面，有《上海市老年人权益保障条例》《黑龙江省老年人权益保障条例》《广东省老年人权益保障条例》《北京市未成年人保护条例》《河南省未成年人保护条例》《安徽省未成年人保护条例》等等，结合地方实际，对《老年人权益保障法》和《未成年人保护法》进行了细化和补充。

在法律体系的其他各类层次规范文件中，也有许多"尊老爱幼"的相关规定。比如隶属地方政府规章层次的《上海市人民政府关于加快发展养老服务业推进社会养老服务体系建设的实施意见》（沪府发〔2014〕28号）；隶属司法解释层次的《最高人民法院关于充分发挥民事审判职能，依法维护妇女、儿童和老年人合法权益的通知》（法〔2012〕57号），等等。

由此可见，围绕"尊老爱幼"这一基本道德，我国法律体系在横向上采取集中规定和分散规定相结合，在纵向上采取高层次法律统领和低层次规定细化相结合，形成了一个以可操作化为导向，纵横交错、统分结合，分工明确、全面系统的网络化法律标准体系，将尊老爱幼的理念融于其中，将道德要求细化为法律标准，促使基本道德法治化的转变，增强基本道德的调控效力。

（二）法律规定的逻辑细化

一部法律是由哪些要素构成的呢？一般进入眼帘的是一些序言、篇、章、节、条、款、项、目之类的结构，但这些结构都是一些形式上的文件结构。实质上的法律要素问题则涉及系统论理论，是人们借助系统论的基础性原理对法律现象所作的一种分析。在系统论中，系统是指诸多相互作用的要素构成的整体，要素则是相互作用进而构成一个整体的部分。如果我们把某部法律视为一个整体，那么构成法律整体的组成部分，即可称为法律要素。法学思想史上，很多法学家都曾建构过有影响力的法律要素理论。比如，英国法学家哈特的"法律规则"说,将法律视为两种规则的结合:一种是课予义务的初级规则,另一种叫次级规则,在某种意义上寄生在第一类型的规则之上,他们规定了人类可以通过做或说某些事情,而引入新的、取消或修改旧的初级规则,或者以各式各样方式来确定它们的作用范围,或控制它们的运作。① 再如,美国法学家庞德的"律令—技术—理想"说,其中的"律令"并不仅仅是一批规则,而是由规则、原则、概念和标准组成的复杂体系,"技术"是指解释和适用法律规定的方法和在权威性资料中寻找审理特殊案件的根据的方法,"理想"是指公认的权威性法律理想,它归根到底反映了一定时间和地点的社会秩序的图画,反映了法律秩序和社会控制的目的是什么的法律传统。② 还如,美国法学家德沃金的"规则—原则—政策"说,其中"原则"是有关个人(或由若干个人组成的集团)的权利、正义或公平的要求,或其他道德方面的要求。"政策"是有关必须达到的目的或目标的一种政治决定,一般说来是关于社会的经济、政治或者社会特点的改善以及整个社会的某种集体目标的保护或促成问题。③

在借鉴前述经典法律要素理论的基础上,我国法学界一般将法律要素分为三类:④ 一是法律概念,是指对各种法律事实进行概括,抽象出他们的共同特征而形成的权威性范畴;二是法律规则,是指具体规定人们的权利和义务并设置相应的法律后果的行为准则;三是法律原则,是指构成法律规则之基础或本源的综合性、稳定性的原理和准则。在笔者看来,其实还有第四类法律要素,即法律价值。对法律整体而言,与人类整体理性相对应,法律价值又称法的基本精神、历史使命、主导理念,这些是我们经常挂在嘴边的公平、正义之类的圣物,在西方法律思想史上还有一个诗意的名字——自然法;对法律个体而言,法律价值是指内涵于某部法律的核心部分,包括法律的主要目的、立法宗旨、价值取向等。四类法律要素之间有内在复杂的逻辑关系:其中法律概念是法律的基石,是其他法律要素的构成单位和基础要素。其他三类要素则呈现出递进式的逻辑关系:在明确程度上,逐渐呈现出由具体到抽象的过程,即法律规则最具体,不易产生争议,法律价值最抽象,容易产生争议,法律原则介于两者之间;在调控力度上,逐渐呈现出由刚强到柔弱的过程,即法律规则最刚强,行为人的自由裁量权很少,法律价值最柔弱,行为人的自由裁量权很多,法律原则介于两者之间;在适用范围上,逐渐呈现出由狭窄到广阔的过程,即法律规则最狭窄,调整事项被明确限定,法律价值最广阔,可以涵盖整部法律的调整事项,法律原则介于两者之间;在要素数量上,逐渐呈现出由多到少的过程,即法律规则最多,是一部法律的基础部分,法律价值最少,是一部法律的核心部分,法律原则介于两者

---

① 参见[英]哈特:《法律的概念》,许家馨、李冠宜译,法律出版社2006年版,第77页。
② 参见[美]庞德:《通过法律的社会控制·法律的任务》,沈宗灵、董世忠译,商务印书馆1984年版,第23—26页。
③ 参见[美]德沃金:《认真对待权利》,信春鹰、吴玉章译,中国大百科全书出版社1998年版,第40—43页。
④ 参见张光杰:《法理学导论》,复旦大学出版社2006年版,第22页。

之间；在变化趋势上，逐渐呈现出由动到静的过程，即法律规则易变，容易随着时事变迁和政策改变而变化，法律价值稳定，往往可以保持相当长时期内的稳定性，法律原则介于两者之间；在法律色彩上，逐渐呈现出由浓到淡的过程，即法律规则的法律色彩最浓，最能体现法律的自足性，法律价值的法律色彩最淡，往往与道德、宗教、习俗等其他社会调控资源的界限有所交叉混合，法律原则介于两者之间。

打个不恰当的比方，如果把法律喻为地上的一棵树，那么法律价值就是树干，法律原则就是主枝，法律规则就是侧枝，法律概念是则是组成树干和树枝的细胞。之所以打这样一个比方，主要是为了形象地解释具体法律细化基本道德的逻辑方式。就某部具体法律而言，细化某项基本道德，或者说，基本道德进入某部基本法律，并非粗鲁地强行介入，抑或自然地水乳交融，而是遵循由抽象到具体的递进式逻辑路径。承接前述比喻，如果把法律喻为地上的一棵树，那么基本道德就是树在地下的根。通过根对养分的吸收和输送，基本道德渐次传递到法律价值、法律原则和法律规则，完成由抽象到具体的蜕变。

为更好地展示法律规定的逻辑细化方式，下面结合具体例证予以说明。众所周知，诚实守信是中华民族的传统美德，也是一项基本道德要求。古今中外有很多诚信的事例跨越时空，流传至今，展示了不朽的影响力。比如"曾子杀猪取信于子"、①"商鞅变法立木赏金"、②"华盛顿与樱桃树"③之类的事例都耳熟能详，影响着一代又一代的人。作为一项基本道德，诚信对于个人而言意义重大，诚信为立人之本，是人生最美好的品德；对于国家而言也是意义重大，是立国之本。子贡问政。子曰："足食，足兵，民信之矣。"子贡曰："必不得已而去，于斯三者何先？"曰"去兵。"子贡曰："必不得已而去。于斯二者何先？"曰："去食。自古皆有死，民无信不立。"④可以说，人无诚信不立，业无诚信不兴，国无诚信不强。

作为一项如此重要的基本道德要求，诚信已经渗透到社会生活的方方面面，也渗透到很多具体的法律之中。具体到食品安全领域，就要求市场主体要诚信经营，监管主体要诚

---

① 曾子妻子到集市上去，儿子哭着闹着要跟着去。妻子对儿子说："你回家，等我回来杀猪给你吃。"她刚从集市上回来，曾子就要捉猪杀猪。妻子阻止他说："不过是和孩子开玩笑罢了。"曾子说："小孩是不能和他开玩笑的。小孩子没有思考和判断能力，等着父母去教他，听从父母亲的教导。今天你欺骗孩子，就是在教他欺骗别人。母亲欺骗了孩子，孩子就不会相信他的母亲，这不是用来教育孩子成为正人君子的方法。"于是曾子就杀猪煮肉给孩子吃。

② 商鞅变法开始推行革新时，为了取信于民，派人在城中竖立一木，并告知："谁人能将之搬到城门，便赏赐十金。"秦民无人敢信，后加至五十金，于是有人扛起木头搬到城门，果然获赏五十金，从此宣示与开展孝公变法，史称"徙木立信"。

③ 华盛顿小时候的一件事：有一天，他的父亲递给他一把斧头，让他把自家庄园里影响果树生长的杂树砍了。还嘱咐他不要伤到自己的脚，也别砍伤果树。可是华盛顿一不小心，砍倒了一棵樱桃树。他怕父亲生气，就用杂树把樱桃树盖起来。傍晚，他父亲来到果园，看见了地上的樱桃，就知道华盛顿把果树砍断了。但他装作不知道，还夸华盛顿能干。华盛顿听了父亲的夸奖，脸一下子红了，把事情一五一十地告诉了父亲，还请父亲责备他。可他父亲听了之后，却哈哈大笑起来，还对华盛顿说自己宁可损失掉一千棵樱桃树，也不愿意听到华盛顿说谎。

④ 《论语·颜渊》。

信履职，而《食品安全法》则将诚信要求予以逻辑细化。首先，在法律价值层面，《食品安全法》的立法宗旨是"保证食品安全，保障公众身体健康和生命安全"。其中无疑暗含了这样的理念，即相关主体要尽己所能最大限度地为此目的而努力，这既是一种法律要求，也是一种道德要求，而且是对所有相关主体的要求。唯有如此，立法宗旨才能走出纸面，走向人心，唤起相关主体的内心上的认同感和行为上的自觉性：市场主体才能真正为消费者的安全着想，积极主动地承担起对安全的保障责任，切实加强防范，减少风险，自觉承担高于法律要求的责任；监管主体才会增强责任意识，积极主动地进行食品安全管理，与其他部门"加强沟通，密切配合"，从监管的全过程认识自己的职责，真正实现无缝监管。[①] 如此法律价值无疑包含了相关主体诚信自律的要求，为诚信进入法律原则和法律规则架起来通道。其次，在法律原则层面。《食品安全法》明确将"诚信"这一道德要求作为食品生产经营者的法律责任。第4条规定："食品生产经营者应当依照法律、法规和食品安全标准从事生产经营活动，保证食品安全，诚信自律，对社会和公众负责，接受社会监督，承担社会责任。"再次，在法律规则方面。对于诚信要求在很多方面进行了细化，大致可以分为三大方面：一是细化诚信的行为要求。即遵循诚信的要求，对相关主体应该做出怎样的行为进行了可操作化的指引。比如禁止生产标注虚假生产日期、采用非食品原料等不诚信的食品、食品添加剂、食品相关产品（第34条）。二是细化诚信的评价标准。即对于诚信行为应该达到何种标准进行了明确。比如，食品生产经营者要尽最大诚信生产安全食品，但是对于什么样的食品才是安全食品，并非经营者自己说了算，而是有明确的食品标准。为此，《食品安全法》在第三章专章规定了"食品安全标准"，具体包括国家标准、地方标准和企业标准等三类食品安全标准，并规定了标准的包含内容和制发程序。三是细化诚信的法律责任。没有责任保障的法律规定相当于空头支票，为此《食品安全法》明确规定了不诚信行为的法律责任。比如，经营病死、毒死或者死因不明的禽、畜、兽、水产动物肉类，或者生产经营其制品，尚不构成犯罪的，可以处以没收违法所得、罚款、拘留等行政处罚（第122条）。

（三）法律条文的具体细化

具体到某一部法律，其直观表现形式是法律条文。可以说法律条文是法律的形式表现，或曰形式要件。基本道德的细化最终要落实到法律条文，具言之，法律条文是细化基本道德的最终形式载体。根据不同的标准，法律条文的具体细化形式可以分为若干类别。

一是正面细化与反面细化。根据细化的行为方式，可以分为正面细化与反面细化。正面细化的行为方式是作为，包括可以的作为和命令的作为。反面细化的行为方式是不作

---

① 参见解志勇、李培磊：《我国食品安全法律责任体系的重构——政治责任、道德责任的法治化》，载《国家行政学院学报》2011年第4期，第75页。

为，主要是禁止性规定。前者如《民法典》"合同编"第509条规定的以"诚信"这一基本道德为导向的"附随义务"："当事人应当遵循诚信原则，根据合同的性质、目的和交易习惯履行通知、协助、保密等义务。"后者如《民法典》"婚姻家庭编"第1042条规定的以"和睦"这一基本道德为导向的系列禁止规定："禁止包办、买卖婚姻和其他干涉婚姻自由的行为。禁止借婚姻索取财物。禁止重婚。禁止有配偶者与他人同居。禁止家庭暴力。禁止家庭成员间的虐待和遗弃。"

二是列举细化与概括细化。根据细化的明确程度，可以分为列举细化与概括细化。列举细化主要采用条目明晰式的情形列举，概括细化主要采用一般性或兜底性条款予以概括说明。比如《民法典》"合同编"第500条规定以诚信这一基本道德为导向的"缔约过失责任"："当事人在订立合同过程中有下列情形之一，造成对方损失的，应当承担赔偿责任：（一）假借订立合同，恶意进行磋商；（二）故意隐瞒与订立合同有关的重要事实或者提供虚假情况；（三）有其他违背诚信原则的行为。"其中前两项情形属于列举细化，第三项情形属于概括细化。

三、基本道德法治化的操作框架

前面第一部分论述了基本道德法治化的必要性，是原因层面的论述，第二部分论述了基本道德法治化的三类方式，是实然层面的论述，第三部分主要论述一些操作层面的对策建议，是方法层面的论述。限于篇幅，此处主要做一提纲挈领式的论述，即按照逻辑递进的关系论述三个层面的内容：一是总体方面的转化技术，即法治化的形式要求，主要通过道德话语的法律化改造达成；二是具体情境的注意事项，即在坚持基本道德法治化的整体原则下需要进行区别化处理和类型化对待，不能一刀切，仍然需要注重道德与法律的分界，避免道德与法律的混同；三是道德入法的责任保障，即在前述两个层面的基础上需要确保法治化的实效，主要通过法律责任的可操作化实现。

（一）法治化的形式要求：道德话语的法律化改造

基于抽象性及其延伸特点，基本道德不能直白粗鲁、原封不动地成为法律条文，而是需要在语言形式上进行法律化的改造，大致可以分为三个方面：一是对基本道德进行项目细化。基本道德是抽象的，具体指导作用有限，其法治化的基石必须立足于细化的法律项目之上。以孝敬老人为例，在《老年人权益保障法》中细化为"经济上供养""生活上照料""精神上慰藉"三大法律项目，又可进一步细化为给付赡养费、提供医疗费、安排住房、耕种田地、维修房屋、看望问候等法律项目。二是将基本道德转化为权利、义务、责任等属于法律范畴的术语。法律语言有一套术语体系，语言风格上应当具有庄重、明确、具体、严谨、简约、朴实等特点。① 基本道德进入法律时需转化为对应的法律术语，如此才能与法律的逻辑应用体系匹配。仍以孝敬老人为例，在《老年人权益保障法》中，"子女"被转化为"赡养人"，"孝敬"被转化为"赡养义务"、（对生活不能自理的老人的）"照料责任"、（对老人自有房屋的）"维修义务"、（对老年人承包田地的）"耕种义务"等法律术语。三是由倡导性的道德话语转变为禁止性的法律话语。绝大部分基本道德在语气上都是表明了一种希望，用的是正面的肯定语言，比如要诚实、要勇敢、要节约、要尊重他人等。如果对"诚实""勇敢""节约""尊重"等进行正面列举式细化，可能就会让法律陷入繁文缛节，变得不堪重负。为此，法律通常会"反其道而行之"，采用反面的否定语言进行阐释。之所以如此，是因为一是相对于正面列举的"建构"，反面阐释是"破坏"，在技术上更容易；二是反面阐释可以维系基本道德的底线，确定基本道德的最低标准，这也符合"法律是最低限度的道德"的定位。仍以孝敬老人为例，尊重老人的婚姻生活是其中的重要内容，② 但在《老年人权益保障法》中，并没有正面列举子女应该如何尊重，而是反面规定"子女或者其他亲属不得干涉老年人再婚、离婚及婚后的生活"。日常生活中，丧偶父母的问题会比较复杂，就父母方而言，有的会为爱坚守一生，有的会寻求另一半，有的会因为经济等问题另行嫁娶，有的会得过且过，安于现状；就子女方而言，有的会为父母积极牵线，有的会比较反感，有的则不闻不问，顺其自然。面对如此复杂情状，法律没有正面列举实属明智之举，而反面规定"不得干涉"则划了一条底线——老年人的婚姻自主权属于自己。

（二）法治化的程度确定：区分不同情况，不能"一刀切"

基本道德有高低不同的层次，随着周遭情势的变化也会有不同的内容。仅以诚实为例，如果甲发现乙盗窃，就有若干情形：一、甲主动报案；二、甲在警察询问时如实描述；三、甲不管不问，视而不见；四、甲在警察询问时否定乙盗窃；五、甲在警察询问时指认丙盗窃。就诚实的层次而言，以上五种情形可以说是依次降低。一般而言，第四和第五种情形是明显的不诚实行为，是不能容忍的。但是如果在甲和乙是父子关系，甲受到了乙的威胁等特殊情形下，第四和第五种情形虽然是不诚实行为，但是否可以容忍就比较复杂，不能一概而论。对应于上述情形，基本道德在法治化的过程中也是有程度差异的，而非简单地用法律划一条直线搞"一刀切"。大致而言，基本道德法治化的程度高低主要考虑两大方面的因素：一是区分不同人群，即根据人群的性别、年龄、职业等设定不同的程度；二是区分不同时空，即根据事情发生时周遭情势的紧急与否设定不同的程度。以见义勇为这一基本道德为例，就人群而言，对于警察、军人等特定身份的人的要求程度就明显

---

① 参见杨建军：《法律语言的特点》，载《西北大学学报》（哲学社会科学版）2005年第5期，第124页。
② 本小节中三处关于"孝敬老人"的法律例证可参见《老年人权益保障法》"第二章 家庭赡养与扶养"相关法条。

高于普通人,见义勇为甚至成为其法定义务,如不履行则要承担法律责任。比如,《刑法》第429条规定了"拒不救援友邻部队罪":在战场上明知友邻部队处境危急请求救援,能救援而不救援,致使友邻部队遭受重大损失的,对指挥人员,处5年以下有期徒刑;《人民警察法》第19条规定"人民警察在非工作时间,遇有其职责范围内的紧急情况,应当履行职责"。就时空而言,紧急情况下的见义勇为更容易受到法律的肯定和提倡,甚至不惜宽恕因见义勇为而带来的损害。比如,《刑法》第20条规定了"正当防卫":"为了使国家、公共利益、本人或者他人的人身、财产和其他权利免受正在进行的不法侵害,而采取的制止不法侵害的行为,对不法侵害人造成损害的,属于正当防卫,不负刑事责任。正当防卫明显超过必要限度造成重大损害的,应当负刑事责任,但是应当减轻或者免除处罚。"

(三) 法治化的实效保障:加强法律责任的可操作性

基本道德入法本身不是目的,而是要通过法律修饰来增强其社会调控力,使其真正成为指导人们行为的准则,提升基本道德法治化的实效。为此,首先需要法律表明态度,即对于基本道德相关的行为作出肯定、中立、否定的表态。其次,也是最关键的,是需要法律作出行动,即明确具体的法律责任,特别是强化法律责任的可操作性。所谓法律责任,也称"义务的义务"或"第二性义务",即"由于侵犯法定权利或违反法定义务而引起的、由专门国家机关认定并归结于法律关系的有责主体的、带有直接强制性的义务,亦即由于违反第一性法定义务而招致的第二性义务"。① 具体形式有制裁、惩罚、赔偿、补偿等。法律义务(第一性义务)对应的是法律权利,不履行法律义务意味着对法律权利的侵犯,进而意味着法律制裁成为可能。而法律责任对应的是国家权力,不承担法律责任意味着对国家权力的冒犯,进而意味着法律制裁成为现实。由此可见,法律责任在内容上是对法律义务的强化,在性质上是对法律义务的救济。由此推知,提升基本道德法治化实效的关键是强化法律责任的科学性,尤其是加强其可操作性。我国立法在法律责任方面存在规定缺位、内容笼统、力度欠佳、体系不强等问题。仍以孝敬老人为例,《老年人权益保障法》第81条规定:"不按规定履行优待老年人义务的,由有关主管部门责令改正。"这里的"有关主管部门"就比较模糊,可能会引发老年人无处投诉、部门之间相互推诿等问题。这里的"责令改正"也有问题,比如什么时候做出责令改正的决定,针对谁做出责令改正的决定,如此等等在实际操作中都可能会有疑问。② 因此,亟待提升立法质量,加强法律责任:一是要完善法律责任体系。大致有两种模式,其一是分散模式。即法律责任条款分散排列,分别列于相应的法律义务条款之后;其二是集中模式。即法律责任条款集中

---

① 张文显:《法学基本范畴研究》,中国政法大学出版社1993年版,第187页。
② 比如一公交车司机拒绝老年人免费乘坐,其中就会涉及公交车司机、所在车队、公交公司等若干责任主体,而公交公司的管理部门也涉及交通运输、城乡建设、城管执法等多个机构及其下属机构。

排列于法律文本的一部分，一般以法律责任之名单列一章。二是要完善法律责任条款。包括确保法律责任规范的逻辑结构完整，任何法律义务都应有法律责任与之对应；任何法律责任都要有国家权力与之对应，确保法律责任落到实处；法律责任的语言表述应该规范、明白、准确、完整。① 三是加强法律责任衔接。要注意在不同法律之间法律责任的衔接，以及民事责任、行政责任和刑事责任等不同责任之间的衔接。四是加大法律责任力度。当前一些立法中违法成本较低，再加上执法中"以罚代刑"等不当情形，大大降低了违法者应当承担的"预期成本"，给违法带来了不正当的经济刺激。② 因此务必在科学测量和实证考察的基础上，切实加大法律责任力度，大幅提高违法成本。

需要注意的是，基本道德法治化是一项复杂的系统工程，不仅仅与立法相关，还与执法、司法、守法等有密切关系。比如在司法过程中，基本道德可以成为法官自由裁量的重要考虑因素，在缺乏法律明文规定时将其作为法律推理的源头，在调解过程中运用基本道德说教，在裁判文书中以"法官后语"等方式结合基本道德说理，以及将基本道德的精神纳入司法解释的制定过程，③ 等等。

（编辑：宋保振）

---

① 参见薛涛：《论我国法律责任的规范设置——以〈道路交通安全法〉为考察对象》，山东大学2011年硕士学位论文，第29页。

② 参见丁敏：《"环境违法成本低"问题之应对——从当前环境法律责任立法缺失谈起》，载《法学评论》2009年第4期，第90—95页。

③ 参见最高人民法院：《关于深入推进社会主义核心价值观融入裁判文书释法说理的指导意见》（法〔2021〕21号）。

作为古代历史解释的"考镜源流"

贾建军*

摘　要　注重经验的农耕文明造就了古代中国"重史""遵祖"的传统。法律实践中,律典被奉为"祖宗成宪",成为古代社会秩序稳定的制度基石。因应社会变迁,古典法制发展另辟蹊径,敕令、条例等单行规范大量产生。古代中国形成了"常经"与"权宜"并行的双轨立法格局。"律"自汉时起被视为"祖制",成为历代立法一脉相承的基本内容,于此律文的理解常常需要立足制度沿革追根溯源。当敕令、条例大量滋生时,为求秩序稳定、法制统一,基于重史传统,运用历史解释融贯统合律例、敕令就成为司法者的一种现实选择。由此,"考镜源流"的历史解释成为古代法律解释的一种重要方法。它不仅有助于统一法律秩序,而且有助于人们深化法治认知。反观当代中国,法治实践同样面临着整合不同时期法律规范、深化法治认知的时代任务。因此,未来司法实践应当重视发挥历史解释的积极作用,于多元要素融合中助力法治中国循序建构。

关键词　经验主义　立法原意　制度沿革　考镜源流　历史解释

古代中国,在立法技术方面,传统刑律对犯罪的处罚,不从主观的、概括的主义,而采取客观的、具体的态度。盖为防止有司擅断,对罪刑采取绝对刑主义,即一罪一个刑度,并无相对法定刑可供弹性适用;这种立法技术,自秦汉律以来,一直延续到清末的《大清现行刑律》为止。故同一罪质的犯罪,依其主体、客体、方法、犯意、处所、数量(日数、人数、赃数等)及其他情况,而另立罪名,各异其刑,[①] 在一定程度上,这种立法模式的确可以避免法官自由裁量,有利于防止有司擅断。但是,由于缺乏形式逻辑的归纳演绎,律例规范涵摄社会事实的弹性有限;加之社会秩序变动不居、情伪万端,既有律

---

* 贾建军,男,山西襄汾人,山东大学法学院(威海)博士研究生,研究方向为法律方法论。
① 参见戴炎辉:《中国法制史》,三民书局1979年版,第31页。

例规范往往难以应对复杂的社会现实。"有法者以法行，无法者以类举"，司法实践中，比附援引成为弥补法律漏洞的一种有效法律方法。然而，由于缺乏形式逻辑的有效整合归并，单行规范、成案判例肆意滋生、随意生长，由此"条例繁多，若不校订画一，有司援引断狱，得以意为轻重，始误非小"。① 因此，历代统治者都十分注重通过立法对其进行统一、整合，编敕、纂例就是其具体的行动体现。然而，立法整合往往需要一定的时间和精力，远水不解近渴。于此，在缺乏形式逻辑的归纳演绎方法背景下，基于历史沿革对多元规范进行纵向整合就成了古代司法者的一种现实选择，由此，"考镜源流"的历史解释成了司法实践的一种有效解释方法。当代法治实践中，借鉴立法已经逐渐成为历史，融贯西方法治经验、改革实践经验、传统治理经验于一体开始成为当下法治中国建构的新的历史使命。于此，作为一种古典法治智慧，"考镜源流"的历史解释传统也许可以为当代法治实践提供一些历史借鉴。基于此，本文试图对我国古代的历史解释传统作一具体分析，以期对当代法律解释方法理论发展与完善有所助益。

一、古代历史解释的生成基础

中华民族在其固有的文化传承过程中形成了浓厚的历史情结。注重历史考证，对先人论说和经典著作等历史资源的重视和推崇，成为中国传统经典解释学的重要特质，这对于传统法律解释学也产生了直接的影响，考镜源流的历史情结也成为律学家普遍拥有的一种精神气质。② 在一定意义上说，古代历史解释的生成有其特殊的人文社会土壤。

（一）经验主义下的"重史"传统

"中国人办事往往依循过去惯例，这可能与大多数民众都是农民有关。农民为所耕种的土地所束缚，很少旅行。他们年复一年，按季节变化耕耘作物，凭过去的经验就够用了。因此，如果遇到新事，首先就想过去有什么经验可以遵循。"③ 不过，任何一种经验的获取其最根本的条件在于时间的累积，时间跨度越久，经验累积越丰富，对经验知识的确信程度就越高。④ 由此，中国古人形成了"重史"的政治文化传统，每个朝代都注重修史，以记录历史，积累经验。《史记》《资治通鉴》无疑是这一文化传统的典型体现。"鉴于往事，有资于治道"，受此传统影响，中国古人形成了自己独特的历史意识，它重视从长远的、系统的角度来客观地考察、思索和估量事事物物，而不重眼下的短暂的得失胜负、成败利害，这使它区别于其他各种实用主义。先秦各家如儒、墨、老、韩等都从不同角度表现了这种历史意识。到荀子、《易传》，则将这种历史意识提升为贯古今、通天人的

---

① 马建石、杨育棠主编：《大清律例通考校注》，中国政法大学出版社1992年版，第3-4页。
② 参见王志林：《中国传统法律解释的技术、意蕴与近代转型》，中国书籍出版社2018年版，第134页。
③ 冯友兰：《中国哲学简史》赵复三译，中华书局2015年版，第196-197页。
④ 参见王志林：《中国传统法律解释的技术、意蕴与近代转型》，中国书籍出版社2018年版，第141页。

世界观。把自然哲学和历史哲学铸为一体,使历史观、认识论、伦理学和辩证法相合一,成为一种历史(经验)加情感(人际)的理性。① 由此,融贯古今的历史意识成为传统中国哲学和中国文化的一个鲜明特征。

(二) 在崇奉经典中"返本开新"

与其他文明相比,在农业——宗法社会里成长起来的中华民族,历史意识形成之早,表现之充分,是举世罕见的。在早熟的历史意识里,又滋生出尊重文化传统、宝贵历史经验、信奉经典著作的价值取向,并且凝成一个贯通各个历史时期的道统观念。一件重大事情需要处理,他们往往首先是在历史典籍里搜寻过去的先例,然后再根据新的情况略作变通;一个重要问题需要答案,他们常常首先是忙于在经典著作中探求圣贤的思想,然后再适应新的条件做些发挥。自从汉武帝从思想大一统的政治目的出发,"罢黜百家,独尊儒术"以后,经典,主要是儒家经典,地位更加崇高,以致被历代统治者视为封建政治的理论基础,奉为中国文化传统的总代表和最高权威,变成不是宗教的宗教,不是法典的法典。人们崇奉经典,目的主要就是为了在新的社会文化背景下利用经典;而要利用经典,首先又必须理解和解释经典。没有对经典的解释,就不可能坚持对经典的崇奉。人们正是通过以一定的方式对经典进行解释,来实现自己崇奉经典的目的。② 由此,注重历史考证,推崇前人论说和经典著作,于新语境中对经典进行再解释就成为中国传统经典解释学的重要特质。在此,这种解释毋宁是在坚守道统基础上的视域融合,本质上是一种"返本开新":所谓"返本",并不是简单地回复到遥远的过去,也不是把诠释变成对博物馆陈列物的介绍,而是以传统为力量开辟出现在和未来的道路;"开新"不是指鹿为马,不是历史虚无主义,也不是把诠释学理解为相对主义的狂欢盛筵,而是溯本开流,既使检释以"绝对神圣"为向心力,同时又不把这种"绝对神圣"作为封闭的理解,在返本与开新的张力中产生经典的当下力量。如果这种张力消失不见,诠释只是"为返本而返本",那么前方只剩下历史虚无主义的黑洞;如果诠释滑入"为开新而开新"的相对主义的恶性循环,那么对经典文本的诠释事业也就可宣告寿终正寝了。③ 因此,历史解释并不只是简单的追溯过去,它也是一种梳理沿革中的累积开新。

(三) 于"考镜源流"中阐释律例

就法的体系而言,中国古代没有形成西方社会那种以部门法为基础的有机系统,但中国古代法并不是杂乱无章、无体系可言。中国古代法在致力于解决法律必须稳定,但又不

---

① 参见李泽厚:《中国古代思想史论》,生活・读书・新知三联书店2017年版,第283页。
② 参见周光庆:《中国经典解释学研究刍议》,载《华中师范大学学报(哲社版)》第2期,第113页。
③ 李仁生:《返本与开新:试论〈论语〉诠释的两个面向——以〈子路篇〉"叶公语孔子"章为例》,载《当代儒学》2017年第2期,第58页。

能、也无法一成不变的现实问题方面，颇有建树，而且形成了稳定的"律"与变通的"令"、"科"、"格""编敕"、"例"等的组合方式。"律"自汉时起，就常常被视为"祖制"，其跨越了王朝的阻隔，是各个王朝立法中一脉相承的基本内容。在律学的理论中律具有"经"的地位，自唐以后，"律"更是被奉为圭臬、彝典，其条文极少变动。但在现实中，精练的律条只能作为指导法律实践的原则而存在。更有效、更常被行用的则是历朝历代编行的现行法，如科、格、编敕、例等。① 于此，一方面，由于"律"自汉时起被视为"祖制"，跨越王朝阻隔成为历代王朝立法中一脉相承的基本内容，因此对其具体内容的理解往往就需要实现由过去到现在的语境转换，就需要追根溯源从制度沿革的角度进行历史阐释；另一方面，由于缺乏系统的、有计划的规范立法，随着敕令、条例等单行规范的随意滋长，先后制定的敕令、条例等单行规范之间互相重复、彼此冲突。由此，统一律法适用就成了实践中司法者面临的现实问题。正如《清史稿·刑法志》所载："盖清代定例，一如宋时之编敕，有例不用律，律既多成虚文，而例遂愈滋繁碎。其间前后抵触，或律外加重，或因例破律，或一事设一例，或一地方专一例，甚且因此例而生彼例，不惟与它部则例参差，即一例分载各门者，也不无歧异。辗转纠纷，易滋高下。"② 于此，对于司法者来说，在缺乏形式逻辑理论支撑背景下，基于人们的重史思维、道统观念，通过历史思维对相关律例进行纵向沿革梳理，理顺相关律例产生的历史关系，从而准确适用律例、维护法制统一就成为司法者现实的方法选择。由此，"考镜源流"的历史解释就成为中国古代律例解释的一种重要方法。

二、古代历史解释的基本原理

在中国古代，法律是经由两条并行的路线发展成长的。其一是设计生成的理性主义路线，主要体现在律典的修定。虽然律典的结构、条目的多少、文字的繁复与简约，在历史上也有一个摸索、实验、改进的过程，但是人们倾向于认为，是天道生法，先王制法，圣王制法。这为律典赢得了超越时代的稳定性。例如唐律制定之后，就被奉为典范，似乎增一分太肥，减一分太瘦，无它，因为人们的心目中早已存了一个先天的模式。其二是自然生成的经验主义路线。主要体现在成文法体系之外，通过创设及适用判例，在实践活动中不断地探索，反复地检验，逐步地积累，在成熟后再将其改造纳入法律体系之中。③ 自西汉开始，随着法律儒家化进程不断推进，传统律典逐渐完善、定型并为历代王朝所承继。律典作为"祖宗成宪"为社会秩序调整赢得了超越时代的稳定性，但是，这也导致传统律法过于僵硬机械，无法回应社会变化诉求。为了化解这一实践困境，编敕、纂例等制定单行规范的经验主义路径成了历代王朝法制实践的一种现实选择。然而，实践

---

① 参见马小红:《礼与法：法的历史连接》，北京大学出版社2004年版，第65-66页。
② 赵尔巽等:《清史稿》，中华书局1977年版，第4186-4187页。
③ 刘笃才:《中国古代判例考论》，载《中国社会科学》2007年第4期，第155页。

中，这一经验主义路径又引发了敕令、条例互相重叠、彼此冲突诸多实践问题。于此，为了化解这一冲突、统一法律适用，统治者采取了通过持续立法进行完善的补救措施。然而，立法完善毕竟需要一定的时间，现实中的矛盾冲突往往又需要及时获得化解。由此，对相关单行规范进行沿革梳理，于历时性检视中对相关规范做出解释就成为一种现实的技术选择。

（一）多元收集立法、司法资料

就理性主义立法而言，在先秦法家化立法基础上，伴随西汉法律儒家化进程的推进，一些儒家经典内容直接进入历代王朝律典之中，于此，对于儒家经典文献的追溯阐释在一定意义上就是一种基于立法语境的历史解释。就经验主义立法而言，律典是古代法制的主要法律渊源。但是，由于其长期稳定不变，难以适应变动不居的社会现实。"有法者以法行，无法者以类举"，在比附援引之下，比附律文的大量判例由此生成。本着自然生成的经验主义路线，通过创设及适用判例，在实践活动中不断探索、反复检验、逐步积累，在成熟后将其改造吸收纳入现行法律体系之中。由此，当法官适用具体规范时，对其进行解释可能就涉及最初比附的律文及相关律注、促其生成的儒家经典文献，在其演变过程中发生作用的其他条例、令格等单行规范，以及促其生成的原生性司法判例。于此，律典条文是首先应当收集的解释资料，因为它往往是比附援引形成判例，进而生成单行规范的法律依据；律注虽然并不一定能够成为司法者比附援引的依据，但是，其内容"包罗丰富，有的是对其前律令等文字的解释补充，有的是对文字的注音，有的是对字词的释义，有的是对'例具别条者的指引'，有的是对避讳改字的说明，不一而足"。[①] 对律例条文进行解释具有重要的辅助价值。自西汉始，随着法律儒家化进程的推进，一些儒家经典内容直接进入历代王朝律典之中，于此，对于儒家经典文献的追溯、收集对于历史解释的资料也具有重要意义；在单行规范不断生成的过程中，此规范生成往往以彼规范为基础，由此，经过一个阶段之后，一些单行规范的解释就需要追根溯源，寻求其他单行规范的支持，清代条例的生成就明晰地反映了这一现象。由于"第其始病律之疏也而增一例，继则病例之仍疏也而又增一例，因例生例"，[②] 由此，一些条例的生成以其他条例为基础，对其进行解释必须以追溯其得以生成的条例内涵为基础，因此，对敕令条例的收集意义重大；在经验主义立法模式下，典型案例往往成为敕令、条例生成的实践渊源，因此，典型案例作为诸多单行规范产生的原生性实践素材是历史解释展开的实践逻辑起点，对其进行收集对于解释敕令、条例意义重大。

---

① ［宋］窦仪等：《宋刑统校证》，岳纯之点校，北京大学出版社2015年版，前言第8页。
② 沈家本：《寄簃文存》，商务印书馆2015年版，第191-192页。

(二) 在回溯沿革中探究立法真意

历史解释虽然主要探讨立法者的意思,但是除此而外,也探索立法者所吸纳的各种法律制度的历史发展,因此也探索在历史上法的理念的发展。① 于此,历史解释可以分为探讨立法原意和探究制度沿革两种基本类型。就探讨立法原意来说,要探求原初意旨,就需要了解立法当时的社会状况、立法政策。对此可以从两个维度进行探究:一是追溯其形成的儒家义理根基。传统中国,虽然封建王朝在不断更替,但法律儒家化的进程却没有中断,一直在绵延向前。因此,在引礼入法背景下,一些律法就是儒家经典的转化形态。于此,一定意义上说,探究其儒家化的义理根基实际上就是对其进行历史解释。二是追溯促使规范生成的原初判例、起源事件。对于令文、诏敕、条例等单行规范来说,由于其往往原生于司法判例、特定事件,在缺乏法学理论支持的古代,对于司法判例、特定案件的具体回溯就成为展开历史解释的基础。就制度沿革的历史解释来说,自西汉开始,随着法律儒家化进程不断推进,传统律典逐渐完善、定型并为历代王朝所承继。律典作为"祖宗成宪"对维护社会秩序稳定赢得了超越时代的稳定性,但是,这也导致传统律法过于僵硬机械,无法回应社会变化诉求。为了化解这一实践困境,编敕、纂例等制定单行规范的经验主义的立法就成了历代王朝法制实践的一种现实选择。然而,由于缺乏逻辑上的理论支撑,这些通过简单比附基于特定事件、判例形成的单行规范,往往互相重叠、彼此冲突。因此,为了律法规范的统一适用,司法实践中通过制度沿革纵向梳理的历史解释、阐释律例规范往往就成为司法者的优先选择。

三、古代历史解释的司法实践

如前所述,中国古代,法律经由两条并行的路线发展成长。基于设计生成的理性主义路线,历代律典在修订完善中一脉相承,赢得了超越时代的稳定性。基于自然生成的经验主义路线,因应社会变迁,通过创设敕令、条例补充完善律典,在实践中不断地探索积累,于成熟后将其纳入法律体系之中。无论是律典规范的适用,还是敕令、条例的运用都可能涉及历史解释。于此,历史解释可以根据解释对象不同划分为针对常经律典的历史解释和针对权宜规范的历史解释。所谓历史解释法,是指法律解释者通过对一项法律规范产生的历史背景、发展过程进行分析,发现该法律规范真实含义的方法。② 因此,就其解释依据来说,历史解释存在两种基本形态:一是通过追溯法律制定的历史情境进行规范内容的历史解释;二是通过制度沿革的脉络梳理来说明法律规范基本意涵的历史解释。就其实践功能来说,通过历史解释明确法律规范的具体意涵是其基本功能。在此过程中,解释者

---

① 参见〔德〕科殷:《法哲学》,林荣远译,华夏出版社 2003 年版,第 212 页。
② 参见蒋惠岭:《历史解释法在司法裁判中的应用》,载《法律适用》2002 年第 11 期,第 38 页。

对制度沿革的梳理反思也往往可以推进人们的法治认知。于此，历史解释具有了累积法治智慧、深化法治认知的重要功能。基于以上认知，本文将历史解释从解释对象、解释依据、解释功能三个视角进行分类。

（一）基于解释对象的不同

1. 针对常经律典的历史解释

元嘉初，会稽剡县人黄初妻赵打杀息载妻王遇赦，王有父母及男称女叶，依法徙赵二千里外。隆议曰："礼律之兴，本之自然。求之情理，非从天堕，非从地出。父子至亲，分形同气，称之于载，即载之于赵。虽言三世，为体犹一。称虽创巨痛深，固无仇祖之理。故古人不以父命辞王父命。若云称可杀赵，当何以处载？父子祖孙互相残戮，恐非先王明罚、皋陶立法之旨也。旧令言：'杀人父母，徙之二千里外。'不施父子孙祖明矣。赵当避王期功千里外耳。令亦云：'凡流徙者，同籍亲近欲相随者，听之。'此又大通情体，因亲以教爱也。赵既流移，载为人子，何得不从？载从而称不行，岂名教所许？如此，称、赵竟不可分。赵虽内愧终身，称沈痛没齿，孙祖之义，自不得以永绝，事理然也。"从之。①

"古代礼、律关系密切，而司马氏以东汉末年之儒学大族创建晋室，统制中国，其所制定之刑律尤为儒家化，既为南朝历代所因袭，北魏改律，复采用之，辗转嬗蜕，经由（北）齐隋，以至于唐，实为华夏刑律不祧之正统。"② 因此，本案中法官适用的律法实为《晋律》，并非南朝刘宋政权自己制定的律典。于此，法官要探究律法规范原意就需要追溯到其承继的原生性律法。本案中，傅隆在分析是否需要"徙赵二千里外"时，首先就立足西晋"刑律尤为儒家化"的背景展开理论分析，指出："父子祖孙互相残戮，恐非先王明罚、皋陶立法之旨也。旧令言：'杀人父母，徙之二千里外。'不施父子孙祖明矣。"然后又结合当时的律法"凡流徙者，同籍亲近欲相随者，听之"。继续分析："此又大通情体，因亲以教爱也。赵既流移，载为人子，何得不从？载从而称不行，岂名教所许？如此，称、赵竟不可分。赵虽内愧终身，称沈痛没齿，孙祖之义，自不得以永绝，事理然也。"因此，赵氏不应被流放到两千里之外去。最终，傅隆基于制度沿革梳理的解释获得了司法裁判的认同。

2. 针对权宜规范的历史解释

安抚题：芮天明咬伤缌麻兄芮观受手指，余限内身死一案。此案芮天明于七月二十五日咬伤芮观受手指，并未伤骨，至八月二十四日因伤溃烂身死，系在保辜正限二十日外，余限十日之内。查保辜律载：手足殴伤人者限二十日平复，又例载斗殴伤人保辜限内不平

---

① 参见［唐］李延寿：《南史》，中华书局2000年版，第291页。［宋］桂万荣：《棠阴比事》，朱道初译注，浙江古籍出版社2018年版，第102页。
② 陈寅恪：《隋唐制度渊源略论稿、唐代政治史述论稿》，译林出版社2020年版，第119页。

复，延至限外十日之内，果因本伤身死，情正事实者，方拟死罪，奏请定夺。又律载：限外死者止科伤罪各等语。此原统凡人亲属而言，嗣于乾隆二十三年，臣部奏请将卑幼殴缌麻尊长于保辜限外身死，例应止科伤罪者，按其所殴伤罪，在徒流以下者，于斩候本罪上减一等，杖一百，流三千里等因奏准，通行在案。此专指卑幼殴死缌麻尊长，死于限外者而言，其在余限内身死者，原奏未经议，及与限外身死之犯同一减流，未免轻重无别。臣等公同酌议，卑幼殴伤缌麻尊长，余限内果因本伤身死，仍拟死罪，奏请定夺。如蒙减等，比限外身死者酌加为边远充军。所有芮天明一犯，即照新例办理，仍追埋葬银两给属具领等因题准。乾隆三十一年通行已纂例。①

本案中，纵观律例，针对保辜规范，早期立法不分凡人与亲属，法律从正限二十日、余限十日、保辜限外三个层次进行了规范立法。乾隆二十三年，针对卑幼殴缌麻尊长于保辜限外身死进行专门立法，由此进行了亲属与凡人的身份区分。但是，这也导致了卑幼殴死缌麻尊长，其在余限内身死者，原奏未经议的法律漏洞，这就成为新例诞生的立法背景。由此，通过相关制度沿革的这一历史脉络梳理，就准确阐明了本案所用新例的具体法律内涵。

（二）基于解释依据的不同

1. 基于情境追溯的历史解释

直隶司查例载：杀人之犯有准存留养亲者，查明被杀之人亦系独子，亲老无人奉侍，则杀人之犯不准留养等语。此条定例系雍正二年十二月内钦奉谕旨纂入。原奉旨内，有被杀之人，有无父母，以次成丁之处，一并查明等因。是被杀之家必有以次成丁者，杀人之犯方准留养。至死者虽有兄弟而尚未成丁，亦属亲老无侍。今直隶省姚守廉一案，被杀之阎世禄虽有弟阎世兴，年止十二，尚未成丁。该督将姚守廉不准留养，与原奉谕旨相符，似应照覆。乾隆五十二年说帖。②

《大清律例·名例律上·犯罪存留养亲》律所附条例规定：杀人之犯有奏请存留养亲者，查明被杀之人有无父母，是否独子，于本内声明。如被杀之人亦系独子，亲老无人奉侍，则杀人之犯不准留养。③ 在此，"被杀之人亦系独子，亲老无人奉侍"如何解释是本案裁判的关键所在。追溯立法者原意，"有被杀之人，有无父母，以次成丁之处，一并查明等因。是被杀之家必有以次成丁者，杀人之犯方准留养。至死者虽有兄弟而尚未成丁，亦属亲老无侍。"因此，死者虽有兄弟尚未成丁也不准留养。由此，法官基于追溯立法原意的历史解释做出了本案裁判。

2. 基于历史沿革的历史解释

河抚题刘德绍刃伤胞兄刘德绅一案。查律载：弟殴胞兄刃伤者绞。又乾隆五十七年定

---

① ［清］祝庆祺等编：《刑案汇览三编》（三），北京古籍出版社2004年版，第1495页。
② ［清］祝庆祺等编：《刑案汇览三编》（一），北京古籍出版社2004年版，第78-79页。
③ ［清］《大清律例》，田涛、郑秦点校，法律出版社1999年版，第101页。

例内载：卑幼刃伤期亲尊长之案，如衅起挟嫌，有心刃伤者，依律问拟绞决，毋庸声请；若非有心干犯，或系金刃误伤，及情有可悯者，夹签声明各等语。嗣于嘉庆七年九月本部核覆安徽省题孙登扎伤胞兄孙梅案内，奉上谕：嗣后刃伤期亲尊长律应问拟绞决之犯，如讯非有心干犯，或系金刃误伤，及情有可悯者，俱着问拟绞候，均毋庸夹签声请，着刑部纂入例册遵行等因。钦此。迨十一年修例时已将此条载入例册在案。此案刘德绍因胞兄刘德绅见杏果被人摘食，在门首叫骂，欲将杏树砍去，刘德绍好言相劝，刘德绅不允，举刀砍伐，刘德绍上前夺刀，刘德绅用刀向扎，刘德绍将刀夺获，又被刘德绅揪殴挣不脱身，情急用手搪抵，以致手内之刀扎伤刘德绅左肋等处，伤已平复。该省将刘德绍依律拟绞立决，声请夹签等因具题。查刘德绍刃伤胞兄，既据讯明并非有心干犯，自应照现行条例问拟绞候，今该省援引律文仍拟绞决，声请夹签，殊属错误，应将刘德绍改依刃伤期亲尊长，讯非有心干犯例，拟绞监候。道光元年说帖。①

梳理刑部官吏的历史解释思路：律文规定：弟殴胞兄刃伤者绞；乾隆五十七年定例明确区分了故意与过失，且规定了过失夹签声明制度；嘉庆十一年条例则进一步简化程序，去除了夹签声请的规定，司法者可直接问拟绞候。在此，我们可以看到：从制度操作上，法律规范越来越完善，具有可操作性；从法律精神上，法律规范的处罚逐渐放宽，具有了更多人文关怀的因素。那么，司法官为什么在此要运用历史解释呢？《大清律例》第415条规定："凡断罪，皆须具引律例，违者，笞三十。"第409条规定："凡官司故出入人罪，全出入者，以全罪论。若增轻作重，减重作轻，以所增减论；至死者，坐以死罪。……若断罪失于入者，各减三等；失于出者，各减五等。"法官既需要引用律例裁判案件，同时还需要引用律例条文正确裁断案件。然而由于因应形势变迁，基于比附援引的律例体系日益繁复零碎。这就需要法官首先在繁复零碎的律例规范中找到相关律例规范为"断罪引律"创造条件，在此基础上，再对存在冲突和重复的律例规范进行梳理、整合，形成可以适用的律例规范，于此，梳理制度沿革的历史解释就有了用武之地。因为通过制度沿革梳理，可以明确本条规范的基本立法宗旨，从而为化解相关制度冲突、统一法律适用提供基本依据。本案中，法官首先寻找基本规范：弟殴胞兄刃伤者绞；在此基础上，梳理出乾隆五十七年定例明确区分了故意与过失，且规定了过失夹签声明制度；接着，又梳理出嘉庆十一年条例进一步简化程序，去除了夹签声请的规定，司法者可直接问拟绞候。由此，做出"该省援引律文仍拟绞决，声请夹签，殊属错误，应将刘德绍改依刃伤期亲尊长，讯非有心干犯例，拟绞监候"的决定。

(三) 基于解释功能的不同

1. 累积法治认知的历史解释

河抚题喻松林等扎伤杜魁身死一案。奉批：例内既有执持凶器四字，则王亮董钦二犯

---

① ［清］祝庆祺等编：《刑案汇览三编》(三)，北京古籍出版社2004年版，第1551页。

各携木棍,并无凶器,似不应一概拟遣交馆核议等因。查定例回民结伙三人以上执持凶器殴人者发云贵两广极边烟瘴充军,此凶器二字系统指各项器械而言,向遇有执持木棍、木棒前往争殴之犯亦照此例拟军,不与例载凶器同论。至豫省南汝陈光所属凶徒执持凶器三人以上拟军,十人以上拟遣之例即系仿照回民结伙执持凶器殴人之例纂定,于嘉庆十七年本部议覆河抚审办王安平案内奏准遵行。查原案内有刘言等十一名即系各持刀棍争殴,悉照执持凶器例于军罪上加重发遣,此即前条定例根据,即如强奸拒捕及业师殴死弟子两条例内各有执持金刃凶器字样,均非指定例载凶器,与前两例互相发明,今王亮、董钦听纠争殴,各携木棍,在平民自不应以执持凶器并论,该二犯既系汝宁府属匪徒,自应照例发遣,应请照覆。嘉庆二十二年说帖已纂例。①

本案中,例内既有执持凶器四字,针对"凶器"包括范围司法官存在疑义。于此,司法官追本溯源,从条例生成的渊源出发进行追溯,追溯到源头的法律依据:定例回民结伙三人以上执持凶器殴人者发云贵两广极边烟瘴充军。在此条例中,"此凶器二字系统指各项器械而言,向遇有执持木棍、木棒前往争殴之犯亦照此例拟军,不与例载凶器同论。"这本身就是基于统治者认为"回民等犷悍成风,动辄争殴,故罪较凡斗加严"② 而从严惩处的解释,最终编纂成例的结果。而本案适用的条例——"豫省南汝陈光所属凶徒执持凶器三人以上拟军,十人以上拟遣之例即系仿照回民结伙执持凶器殴人之例纂定",是对这一统治理念的延伸、扩大。因此,条例中"凶器"的解释也宜采取一种扩张的解释,即"系统指各项器械而言,向遇有执持木棍、木棒前往争殴之犯亦照此例拟军,不与例载凶器同论。由此,因为二犯即系汝宁府属匪徒,王亮、董钦听纠争殴所携木棍系凶器,自应照例发遣。在此,通过对条例演进历史的梳理进一步明确了严惩斗殴、维护秩序的法制精神,在总结已有法治经验基础上深化了人们对这一条例的认识,这也为统治者完善立法创造了条件。在一定意义上说,历史解释有利于累积法治智慧,本案说帖后来被统治者编纂为条例就充分说明了这一点。

2. 明确规范意涵的历史解释

东抚咨宋玉行窃委员周丞银物一案。查律载:窃盗赃一百二十两,杖一百,流三千里。又例载:窃赃数多,罪应满流者,改发附近充军各等语。律文内窃盗赃一百二十两,本罪应拟满流,从前俱系按律定拟,乾隆年间因新疆乡屯耕牧,力作需人,奏明将军流情罪较重人犯发发新疆,给种地兵丁为奴,以资工作。彼时此项窃盗计赃满流人犯即在改发条款之内,嗣于三十二年因改发人犯愈积愈多,约束匪易,经大学士会同本部奏明,将改发人犯酌议停止。原奏内声明仍照原例加一等定拟。是年纂例时另立窃赃数多,罪应满流者,改发附近充军一条,所谓窃赃数多者,即律文一百二十两也。例文本极明晰,历经画

---

① [清]祝庆祺等编:《刑案汇览三编》(二),北京古籍出版社2004年版,第1355–1356页。
② [清]祝庆祺等编:《刑案汇览三编》(一),北京古籍出版社2004年版,第71页。

一遵办。此案委员周丞在歇店住宿，贼犯宋玉不知店内系委员公馆，窃得银物被获。查委员周丞寓居歇店，宋玉行窃时无从辨识，应照寻常窃盗办理，计赃一百二十两，律应满流，按例应改发附近充军，与例相符，应请照覆。嘉庆二十四年说帖。①

本案中，条例中"窃赃数多"的具体意涵是法官解释的关键。通过追本溯源，条例最早渊源于律文"窃盗赃一百二十两，杖一百，流三千里"。因乾隆年间新疆乡屯耕牧，力作需人，奏明将军流情罪较重人犯改发新疆，给种地兵丁为奴，以资工作。彼时此项窃盗计赃满流人犯即在改发条款之内。这样窃盗赃满一百二十两的罪犯就被改发新疆充军。乾隆三十年，因改发人犯愈积愈多，约束匪易，经大学士会同刑部奏明，将改发人犯酌议停止，另纂本案适用的条例：窃赃数多，罪应满流者，改发附近充军。因此，"所谓窃赃数多者，即律文一百二十两也。"由此，通过制度沿革的历史脉络梳理就准确地释明了"窃赃数多"的真正意涵。

四、古代历史解释的当代启示

2011 年之前，法治洪荒时代对法律的强烈渴求构成了立法迅速发展的强大动力。立法迅速发展满足了现实对法治的要求，但是却导致了对法治既有历史重视程度的急剧下降，先立后改、边立边改等严重危及法制稳定性的现象经常被视为正当和常态，由此，对现实和当下的过分关注形成了对历史的忽视与淡漠。当然对现实不能不有所关注，但是忽视历史的急功近利将使得任何对现实的关注缺乏必要的背景条件和因素，将无法使现实问题得到充分和合理的解决。② 法治是一种经验累积的智慧。随着我国现行法律体系的基本建成，司法实践在法治中国建构的作用日益彰显，在既有法治历史反思、修正中完善现行法律体系将成为未来法治中国的建构主调。于此，当代司法中，通过"考镜源流"反思法治过去、累积法治智慧的历史解释具有了一定的实践价值。

（一）重新认识历史解释的实践价值

综观中国传统法制实践，法制发展经历了一个兼收并蓄、文明累积的历史过程。春秋战国之世，顺应富国强兵的称霸之需，在法家思想主导下，传统中国法制体系初步形成。自西汉始，经儒家"《春秋》决狱""引经注律""引礼入法"，传统法律开始儒家化；魏晋南北朝时期，受玄学思潮影响，张斐、杜预等通过"辨名析理"推动了传统法制体系化、逻辑化发展；至唐代，《唐律疏议》的颁行标志着传统法律儒家化的定型；宋明理学的发展进一步深化了儒法合流，随着清代《大清律例》的颁行，融儒、道、法等古代思想精华于一体的中国传统礼法体系最终定型。近代以来，随着西方现代法治文明的传入，传

---

① ［清］祝庆祺等编：《刑案汇览三编》（一），北京古籍出版社 2004 年版，第 581–582 页。
② 参见陈金钊、孙光宁：《"历史"的危机与"意义"的重生——法律解释中的历史方法（因素）》，载《河南省政法管理干部学院学报》2006 年第 2 期，第 97–98 页。

统法制又开始了一场兼收并蓄、文明累积的脱胎换骨式的根本变革。在清末变法修律的时代大潮中，传统法制从制度、机制层面被宣告彻底终结，与世界接轨的现代法律制度、机制体制基本建立起来。然而，借鉴西方法治的制度体制的建立并不是现代中国法治建构的全部内容，传统法制思维与西方法治思维的融通、中国人文语境对西方法治文明的接受、悦纳也许是更为重要的内容。因为作为整个当代中国社会文明的一部分，借鉴移植的西方法治文明只有与包括传统法制文明在内的整个社会文明有机融合、和谐互动，才能真正成为当代中国社会文明的一个有机组成部分，才能摆脱被当代中国社会文明整体排斥的命运。于此，如何从历史演进思维出发合理阐释当下的法律规范意涵就成为当代法律职业者的一项重要历史使命。

（二）在借鉴回溯中探究法律真意

我国以往的法学，过分强调法律的当下性、时代性和社会力量对比关系的现实性。这或许有一定道理，但过分强调这一点，放逐法律的积淀性、继承性和历史性，可能会让人们更多地把法律和政治投机行为联系起来，而很难将法律放置在自己的话语世界中，其结果反倒模糊了一些法律词汇、概念的本来面目。实际上，只有把这些法律词汇、概念在历史上的来龙去脉交代清楚了，才能更好地实现人们对法律的理解，更好地助成法律的运用、贯彻和落实。① 自清末开始借鉴德日等大陆法系国家法治经验变法修律以来，民国立法延续了吸取大陆法系法治经验这一传统。新中国成立初期曾一度借鉴苏联法治经验展开立法。改革开放以来，立足总结实践经验，借鉴西方法治成果，经过近四十年的努力，我国基本建成了中国特色社会主义法律体系。由此，对法律小幅调整、完善的司法累积实践在法治发展中的作用开始凸显。由于现行诸多法律都是在借鉴西方法治经验基础上建构起来的，因此，对于一些律文意涵的明确解释不仅需要追溯到立法背景，可能还需要继续往前探索，探究这一法律规范形成的西方语境、时代背景，而这无疑是一种"考镜源流"梳理制度沿革的历史解释。一方面，解释者需要探究借鉴规范的原生法治语境，通过对其生成的历史语境考察，明确该制度规范的立法原意，为进行历史解释奠定立法原意基础；另一方面，解释者需要考察我国借鉴立法时的立法语境，探究我国借鉴立法的法治语境，明确借鉴理由，为进行历史解释阐明借鉴价值所在。在此基础上，立足具体案件语境，融通原生立法原意与借鉴立法理由，合理解释具体法律规范的立法原意，为裁判案件提供基本法律依据。同时，从完善现行立法出发，法官可以立足解释实践理性，反思相关法律规范，为未来完善相关立法提供有益建议。

（三）在经验审视中展开历史解释

改革，本质上是既有社会关系和结构消解与新型社会关系和结构建构的并行过程。在

---

① 参见谢晖：《论理解释与法律模糊的释明》，载《法律科学》2008年第6期，第26页。

这一过程中，新型关系和结构的形成，开始一般通过政策对社会关系进行调整，然后逐步过渡到法制调控，最后政策调控适当退出。因此，改革之初，在新情况缺乏成熟经验可以制定为法律、改革措施与现行法规不相符合时，党和国家往往先行制定相应政策引导、推进改革。当政策措施指导改革实践取得成功具备了升格为法律制度的资格时，社会调整就需要从政策调整过渡到法制调控，立法者就应当对改革经验及时加以总结，通过立法方式巩固改革成果，在改革中健全完善我国现行法律体系，使其能够更好地调整社会秩序，促进改革向纵深推进。因此，当代中国社会的一些法律规范是在总结改革经验基础上于渐进演变中确立起来的，是一种改革经验渐进累积的法治智慧。具体到司法实践中，对这些法律规范的解释就需要有一种历史思维，从其演变生成的整体过程来把握规范的立法原意。具体来说，法官就需要收集与待解法律规范相关的立法资料，结合当时改革的社会语境，遵循制度沿革的思维梳理整个制度演变的过程，于整体考察中把握法律规范的具体意涵；同时，从完善现行立法出发，法官可以立足解释实践理性反思相关法律规范，为未来完善相关立法提供有益建议。

五、结语

如前所述，法治是一种经验累积的智慧，在中国的现代法治框架中，面临着融贯西方法治经验、改革实践经验、传统治理经验于一体的时代任务，这不仅需要体系解释包罗中外的共时性凝练，也需要历史解释纵贯古今的历时性梳理。如此，当代中国法治体系的建构才可能汇聚古今中外一切有益因素为我所用。实际上，除了前述提到的融贯东西方法治经验的历史解释、梳理改革实践经验的历史解释以外，未来随着司法解释制度、案例指导制度在法治实践中作用的逐渐显现，一项法律规范的生成可能是司法个案经验经提炼升格为指导性案例，进而在实践基础上再升格为司法解释，然后再经过一定阶段实践最终演变为法律规范。于此，法律规范的生成就像古代司法实践中从具体个案到通行再到条例一样往往是一个渐进的历时性过程。司法实践中法官要想解释清楚该法律规范的真正意涵，可能就需要法官基于"考镜源流"的制度沿革理念进行历史解释。于此，未来中国法治建构就需要司法职业者进一步树立历史解释的阐释理念，于多元历时性要素融汇整合中助力法治中国循序建构。

(编辑：吕玉赞)

"连环小说"喻示的法律解释标准

刘冰琪[*]

摘　要　美国法学家德沃金的"连环小说"隐喻构思精巧、铺陈严密，以讲故事的方式谈论法律解释标准问题。"连环小说"是一种判例法背景下的一般理论，用来揭示法官处理疑难的过程，强调先例约束下法官的自主选择，蕴含着整体法体系的逻辑前设。在中国，德沃金的"连环小说"也有着诸多的契合点。"连环小说"这一隐喻，符合中国人的思维结构，旨在防范审判权的滥用，中国文学界不乏类似作品。将连环小说运到法律解释之中，可以发现不够贴切之处：与真实的审判过程并不完全相符，忽视法官与立法者的共时性存在，第一位作者难以确定。美国著名法学家波斯纳在《法理学问题》一书中，对德沃金的"连环小说"进行了正面批判，并提出了"新作震撼"这一新的隐喻。

关键词　"连环小说"　法律解释标准　"新作震撼"　法律隐喻

引　言

法官在裁判时，可运用文义的、体系的、历史的和目的等多种方法对有待适用的法律规范进行解释。"由于法律文字之多义性难以避免，所以，法条有如橡胶所作，有无限度牵扯的可能性。是故，如果不诚心努力，取向于公义，探求法律的规范内容，强词夺理出诸学者专家或甚至公务员与公文书，皆有可能。防止之道，在于发展有纪律的方法，使私欲之不理性的驱使能够受到控制，不到处横流，无所忌惮。"[①] 在实际的司法过程中，作为中性工具的法律解释方法既可善用于公平正义的价值目标，也能恶用于恣意专断的不当目的。法律解释方法本身不是自足的，它的运用须由法律解释标准做担保，方能让公众在

---

[*] 刘冰琪，女，辽宁大连人，华东政法大学法律学院博士研究生，上海立信会计金融学院教师，研究方向为法律方法论。

[①] 黄茂荣：《法学方法与现代民法》，法律出版社2007年版，第301页。

每一个司法案件中都感受到公平正义。"比解释规准的数目问题更重要的是它们的排序问题。不同的解释规准会导致完全不同的结果。鉴于这一事实，只有在能够为它们的排序确定严格标准的情况下，它们才可能通过证立来保证获得某种（正确的）结果。"①

德国法学家拉伦茨认为各种解释方法之间的适用顺序为：第一，由一般的语言用法获得的字义，其构成解释的出发点，同时为解释的界限，在可能的字义范围外，即使以"扩张"解释之方式亦不能谓合于字义者，不能视之为法律的内容而加以适用。第二，在探求某用语或某语句于某文字脉络中的意义为何时，法律的意义脉络是不可或缺的。在探求法律的特殊语言用法，确定法律不拟偏离此用法时，亦无不同。第三，假使法律的字义及其意义脉络仍然有作不同解释的空间，则应优先采纳最能符合立法者的规定意向及规范目的之解释。第四，如果前述标准仍有未足，解释者即不得不求助于客观的目的论的标准，虽则立法者本身对此未必有充分的意识。② 必须承认，这种沿着文义方法→体系方法→历史方法→目的方法的先后顺序所理解的法律解释标准，只是大致的、粗线条的指引，其方案过于简单，对司法实践的指导意义不大。实际的法律解释过程远比此要复杂，要考虑到许多因素。在法治国家，各种法律解释方法须有法律解释标准的指引、检验，方是安全可靠的。关于法律解释标准的理解及其操作规则，法学家们曾做过多方面的努力。其中，美国法学家德沃金的"连环小说"隐喻构思精巧、铺陈严密，需要加以特别的关注。

一、德沃金"连环小说"的读解

德沃金是美国当代最有影响的法学家之一，先后在耶鲁大学、牛津大学、纽约大学、康奈尔大学和哈佛大学任法理学教授，主要著作有《认真对待权利》《原则问题》《法律帝国》等，他反对法律实证主义、功利主义和现实主义法学，强调个人的政治、道德权利，被归为新自然法学派。德沃金在法理学领域有着多方面的理论贡献，其中关于法律解释问题也有自己的独到看法。德沃金在《原则问题》一书中以连环小说为喻体，对法律解释标准进行论述。③ 连环小说的连贯性和意图展开构成了法律解释标准的重要象征。

假定有一帮小说家正在一起搞一个特殊计划，他们按照计划连环作业。第一位小说家写出了小说的第一章，然后他把它交给第二位小说家，第二位小说家写出了小说的第二章，不过他写作的第二章是基于对第一章的理解之上而非另辟蹊径从头开始完成的，接着他把这两章交给第三位小说家，以此类推。于是，除了第一位小说家以外，每一位小说家都具有既要进行理解又要从事创作的双重责任，因为在这部小说在意图论者意义上被如此这般地创作出来之前，每一位小说家都必须阅读已经写出的部分。他必须决定，这些角色"真正地"像什么；是什么动机驱使着他们；这部正在发展中的小说的寓意是什么；有意

---

① [德] 罗伯特·阿列克西：《法律论证理论》，舒国滢译，中国法制出版社2002年版，第4—5页。
② 参见 [德] 卡尔·拉伦茨：《法学方法论》，陈爱娥译，商务印书馆2003年版，第219页。
③ 参见 [美] 罗纳德·德沃金：《原则问题》，张国清译，江苏人民出版社2005年版，第188—216页。

识地或无意识地使用的某个文学手法或描述方法对达到上述目的具有多大贡献，为了让下一位小说家的这部小说朝着这一个方向而不是那一个方向发展，它是否应当被扩充、提炼、润色或删节。这必须是一个不受意图约束的不拘一格的解释，因为至少对于第二位小说家及其后手来说，不存在按照计划规则任何一个解释者都可以认为其意图是决定性的单一作者。

连环小说并非德沃金的臆想，而是已经发生的文学创作实践。1969年出版的色情小说《裸奔陌人》，来自美国专栏作家迈克·麦克格雷的创意，全书共有24位作者接续创作，完成一部连环小说，在提倡性解放的西方国家曾经风靡一时。在这里，小说家们被期待认真地担负起他们的责任，并且认识到有义务去创作出一部统一的小说，而不是具有同名角色的一组短篇小说。德沃金将"连环小说"引入法律领域，以讲故事的方式谈论法律解释标准问题，借以表达自己的法律观。

第一，判例法背景下的一般理论。

在英美法系，作为首要法律渊源的判例法，是法官推理的基础，成文法只是给原则带来一些起纠正作用的东西与附加物。成文法不是法律的正常方式，而是"外来部分"。法官只有在判例面前才真正明白法律规定的内容，才敢独立地做出判决。法官如此对待成文法的理由是尊重成文法的至高无上性，法官若将成文法适用于超越法条概括的范围则有违立法宗旨。"如果立法者有意涵括某些规定，就会在法规内容里制定这些规定，因此若任何法院制定超越法规内容规范之法律范围，即逾越了立法机关的职责。"[1] 法院对一个具体的制定法形成的判例，将作为先例拘束以后审理类似案件的下级法院。因而，可适用的法律并不是制定法规定本身，而是法院所解释的规定。实际运用法律，与其说是发现最新的、可适用的成文法规定，不如说是，必须考查在每一个案件中，这一特定的规定已如何由判例法加以解释。[2] 在英美法系，判例法具有更大的司法权威，成文法是在普通法无法有效解决特定争议时，才以处理特别问题的方式制定。在英美法系"连环小说"的第一位作者就是对某一类案件做出第一个判决的法官，第二位、第三位等作者则是受判决先例约束的后续法官。对于"连环小说"，美国法学家比克斯认为，"这个类比形象地描述了法官裁决普通法案件的方式，但德沃金希望这个类比能够普遍适用"。[3] 德沃金的理论抱负是很大的，他希望"连环小说"对成文法国家也是适用的。在以成文法为法源的国家，"连环小说"的隐喻也是适用的。相应地，"连环小说"的第一位作者就是立法者，第二位、第三位等后续作者则是依据法律做出判决的法官。

第二，用来揭示法官处理疑难的过程。

法官审理疑难案件非常相似于连环小说的创作过程。德沃金反对现实主义法学、功利

---

[1] [美] William Burnham：《英美法导论》，林利芝译，中国政法大学出版社2003年版，第43页。
[2] [美] 彼得·哈伊：《美国法律概论》（第二版），沈宗灵译，北京大学出版社1997年版，第6—7页。
[3] [美] 布莱恩·H. 比克斯：《牛津法律理论词典》，邱昭继等译，法律出版社2007年版，第33—34页。

主义和法律实证主义，但对法律实证主义的批判用力最猛。在司法实践中，法官经常遭遇判决无法可依的窘境。对此，法律实证主义的回应是，法官通过行使自由裁量权，来填补法律漏洞。法官如何自由裁量，则是无法探视的"暗箱"。德沃金认为，法律实证主义信守的主观与客观、价值与事实的分隔，与真实的审判过程相去甚远。当法官思考并审理司法案件时，当没有条款就该法律争端给予直接可用的规定时，当法律渊源的选择转向以往其他法官的判决先例时，这种相似性就更为明显。法官必须全面领悟过去其他法官所写成的东西，不仅要发现这些法官已经说出的东西，要发现他们如此说时的精神状态，而且要对这些法官集体完成的事情形成一个意见。假如他在适当的图书中查找的话，那么被迫对一个诉讼案件做出决定的任何一位法官都将发现在几十年以前或者甚至在几个世纪以前依照不同时期不同程序传统和司法惯例，由秉持不同裁判风格、不同司法哲学和政治哲学的许多其他法官做出决定的许多有争议相似案件的记录。"在决定摆在他面前的新案件的时候，每一个法官都必须把自己看作一系列既错综复杂又环环相扣的冒险的参与者，那些冒险便是由这些不胜枚举的决定、建制、惯例、习惯所组成的历史。他的职责就在于通过他今天做的工作继续把那个历史引向未来。因为他有责任推进当前的这项冒险活动，所以他必须解释以往已经完成的东西，但不是把它引向自己的某个新方向。所以，按照他自己的判断，他必须作出决定，以往的判决，这个实践的寓意或主题，从整体上看，究竟是什么。"①不可否认，简单案件与疑难案件是一组比较粗糙的案件分类。一般地，简单案件，是指法律适用没有歧义的案件；疑难案件主要是指法律适用分歧较大的案件。疑难案件对法官的德行、智识、能力都提出挑战，更是法学家们聚讼纷纭的话题。"连环小说"关心的不是常规的司法过程，它所描述的是法官解决疑难案件的裁判过程、技术。

第三，强调先例约束下法官的自主选择。

关于法律解释的标准，学界主要有两个面向：一是"主观说"，一是"客观说"。主观说认为，法律解释的目标应当是探索历史上的立法者事实上的意思，包括立法者的看法、企图和价值观等。主观说的合理性在于：（1）立法是立法者的意思行为，立法者通过立法表示他们的看法和企图，借助法律实现所追求的社会目的。这些目的在法律解释中应当表现出来。（2）立法者的意思是一种可以借助立法文献加以探知的历史的事实，只要取向于这种能历史地被探知的意旨，司法机关的审判或决定便不会捉摸不定，从而保证法的确定性。（3）依据权力分立原则，司法机关应依照法律审判或决定，而法律则只能由立法机关来制定。所以，立法者的意思应是法律适用中的决定性因素，法律解释也应以探求立法者的意思为目标。相对地，客观说的合理性在于：（1）一个具有意思能力的立法者并不存在。法律的起草、制定，历经各种机关，这些机关的意见并不一致，并且他们各自的意见也常常是模糊不清的，因此很难确定到底谁是立法者以及立法者的意思。（2）法律一经

---

① ［美］罗纳德·德沃金：《原则问题》，张国清译，江苏人民出版社2005年版，第207页。

制定,就确立了它的法律思想,并与立法者脱离了关系,成为一种客观存在。立法者于立法当时赋予法律的意义、观念及期待,并不具有拘束力;具有拘束力的是作为独立存在的法律内部的合理性所要求的各种目的。这些目的,也常常由于社会的发展变化而发展变化,法律解释的任务是在法律条文的若干种可能的语义解释中选择现在最合目的的解释。(3)法律与立法者的意思并不是一回事。作为审理案件依据的法律规范常常是从同时或先后颁布的不同的法律章节、条文中摘取或归纳出来的。法官审理案件并非简单到从现行法中抽取出条文作为依据然后就可以判案,而是有一个找寻法律并将它们组合起来的过程。(4)坚持客观说可以使法律解释适应变化的现实,实现法律解释补充或创造法律的功能,有助于提高法的确定性,提高法律的稳定性。①

主观说与客观说各有短长,既不能完全否定,也不能全部肯定,需要理论上的折中与平衡。有学者指出:"理解一直同时是客观与主观的,理解者带着客观与主观进入'理解视界',他不是纯消极地反映要被理解的现象,而是建构被理解的现象。易言之:他不是简单地按照法律对案件进行'推论',自己完全置身于这个进程之外,而是在那个所谓的'法律适用'中,发挥着积极的创建作用。"② 法律是立法者意志的表现,绝对的主观说或客观说都不足取,其中既有"主观的"想法及意志目标,同时也包含"客观的"目标及事物本性。"在理解过程中,总是需要融合两种视角,既理解他人已经接受的价值,又附加进自己的理解,从自己认为正确的角度进行推论或者修正"。③ 如果想充分理解法律,就必须设法调和"主观说"与"客观说",寻找它们之间的合适平衡点。"作为一个实践问题,法律必须从这一假定开始,即法官们在解读和应用先前判决时,能够区分实质事物和琐碎事物间的差别。否则的话,将不会有先例,以致甚至像法律这样的东西。"④ 在裁判过程中,何为核心关键,何为细枝末节,每位法官各自都有较大幅度的选择空间。在这个过程中,所有因素不论是"主观的"或是"客观的",均属应予考量的对象,好的法律解释标准都试图在主观说与客观说之间寻找一个合适的平衡点。

关于德沃金"连环小说",美国法学家比克斯认为,"他用一个半文学化的比喻来解释法官在裁判时既受限制又自由的情形。在这个比喻中,法官就像一连串的小说家在一起写作相同的小说。虽然前面的作者还给后面的作者留有大量自由发挥的余地,小说中已写好的部分(或者先例的判决)约束了后来的作者可以写什么(或法官能决定什么)"。⑤ "主观的"与"客观的"之间的平衡点,并不能像数学题那样可以精准地计算出来,或许

---

① 参见黄茂荣:《法学方法与现代民法》,法律出版社2007年版,第324—332页。
② [德]阿图尔·考夫曼、温弗里德·哈斯默尔主编:《当代法哲学和法律理论导论》,郑永流译,法律出版社2002年版,第145页。
③ [英]尼尔·麦考密克:《法律推理与法律理论》,姜峰译,法律出版社2005年版,第150页。
④ [美]劳伦斯·H.却伯、[美]迈克尔·C.多尔夫:《解读宪法》,陈林林、储智勇译,上海三联书店2013年版,第162页。
⑤ [美]布莱恩·H.比克斯:《牛津法律理论词典》,邱昭继等译,法律出版社2007年版,第33—34页。

注重事物整体轮廓的隐喻认知图式,是个不错的分析工具。

第四,蕴含着整体法体系的逻辑前设。

在德沃金看来,法官是"戴着镣铐的舞者",他的裁判既受到判例、成文法、伦理道德等的约束,同时也有着一定的自主选择空间。法官的解释不是任意随性之举,而是存在着一个压倒性限制。"其解释路径的每一个方面将依赖的任何一个法官对于法律的寓意或功能的理解将包括或蕴含作为一个制度的法律的一体化或连贯性观念,并且这个观念既指导着又限制了他的适当工作理论,亦即他对一个解释必须在多大程度上适合以及如何适合在先法律的信念。(在这里与文学解释是遥相呼应的。)"① 针对只关注具体的法律规则、忽视法律其他可能来源的法律实证主义,德沃金意图构建由规则、原则和政策组成的,无所不包、没有缺漏的整体法理论。一个案件的处理如果找不到可用的规则,法官就必须寻找由某一道德立场、道德理论,借着由其所导出的"原则"进行判决。即使没有明确的法律规则,也不能说法律存在漏洞,法官也没有必要造法,只需适用已存在于法律体系之内的法律原则,就可以保障各种权利。法官在解释法律时,整个政治系统、社会关系、文化传统、法律秩序犹如一个巨大网络,构成了法律的整体性特征、型塑、控导着法官的思维结构、裁判活动。法律的整体性,类似于连环小说的文脉对续写作家的限制,貌似自主选择但又无所不在限制之中。

二、"连环小说"的中国意义

德沃金的"连环小说"虽然是身处英美国家所讲的法律故事,在整个世界学术界都有很大的影响。对中国来说,它也有着诸多的契合点,对人民法院的审判活动也有一定的阐释力。

第一,符合中国人的思维结构。

一般而言,越是严格、抽象的事物,越是难以言说的,就越需要运用隐喻进行思考和交流,隐喻的使用就越频繁。"比喻和想象对理解复杂事物是必须的"。② 在目前的司法运行和学术研究中,企图使用清晰的逻辑语言,反倒难以有效地对法律解释标准进行界定和言说。换个表达手段,尝试借用隐喻方法试图对法律解释标准予以理解与把握,也是一个不错的选择。德沃金明言:"我想把文学解释作为法律分析核心方法的一个模型来使用。"③ 由于法律解释标准的内容比较抽象和概括,经由隐喻的中介,可为法学研究提供新的视角,挖掘出为人忽视的新意蕴。与欧美人比较,中国人的思维结构是感性的、形象性的,更加偏好隐喻之类的类型化思维工具。李泽厚先生指出,中国人之思维特征与"诗"有关。它不重逻辑推论,不重演绎归纳,不重文法句法,而重直观联想、类比关系。

---

① [美]罗纳德·德沃金:《原则问题》,张国清译,江苏人民出版社2005年版,第209—210页。
② [英]威廉·退宁:《全球化与法律理论》,钱向阳译,中国大百科全书出版社2009版,第250页。
③ [美]罗纳德·德沃金:《原则问题》,张国清译,江苏人民出版社2005年版,第205页。

这种类比既有情感因素，也有经验因素，无固定秩序，呈模糊多义状态；其非纯理性，乃美学方式。① 考夫曼认为，不受概念和抽象思维羁绊的类型学思维，"它比那种现今大多数法学著作所采用的形式抽象语言，恰恰更适用于东亚人"。② 在法律解释方面，"连环小说"是中国人喜闻乐见的话语方式，比较符合普通民众的话语体系和思维结构。中国的法学家有效地利用或创造"连环小说"之类的法律隐喻，能够有效地阐明司法裁判的本质，为形成中国特色法学理论提供新的进路。

第二，旨在防范审判权的滥用。

不可否认，在我国的司法实践中还存在着法官滥用审判权的问题。在未来很长的时期内，如何限制司法权力，仍是司法体制改革需要关注的关键问题。习近平总书记指出："当前，司法领域存在的主要问题是，司法不公、司法公信力不高问题十分突出，一些司法人员作风不正、办案不廉，办金钱案、关系案、人情案，'吃了原告吃被告'，等等。司法不公的深层次原因在于司法体制不完善、司法职权配置和权力运行机制不科学、人权司法保障制度不健全。"③ 这些问题的存在，与对法律的解释运用密切相关。如果法律解释本身是激情的奴隶，可以服务于任何主人的话，那么，"认为法律可以约束法官的想法就完全是幻觉"。④ 有效的法律解释标准，能对法官审判活动形成明确的指引和严格的约束，做出符合公平正义目标的判决。

当下，我国法院也强调类案对统一法律适用的功能，就有着强烈的"连环小说"意蕴。辽宁省高级人民法院作出的（2021）辽民申5273号民事裁定书的"本院认为"指出，根据《最高人民法院关于统一法律适用加强类案检索的指导意见（试行）》第九条"检索到的类案为指导性案例的，人民法院应当参照作出裁判，但与新的法律、行政法规、司法解释相冲突或者为新的指导性案例所替代的除外。检索到其他类案的，人民法院可以作为作出裁判的参考。"第十条"公诉机关、案件当事人及其辩护人、诉讼代理人等提交指导性案例作为控（诉）辩理由的，人民法院应当在裁判文书说理中回应是否参照并说明理由；提交其他类案作为控（诉）辩理由的，人民法院可以通过释明等方式予以回应"之规定，对于再审申请人提出本案与最高人民法院颁布的第24号指导案例案件基本事实、争议焦点及法律适用具有高度相似性，应同案同判的理由，原一、二审法院未予论述说理，应当参照指导意见重新予以审理。可以说，这个裁判就是"连环小说"的再版，连环小说的各种要素在这里都得到呈现。在审判过程中，指导性案例由最高人民法院确定并统一发布，它对全国法院审判工作具有指导作用。最高人民法院发布的指导性案例，各级人民法院审判类似案件时应当参照。指导性案例就好像第一位（或者排序靠前）作家的作

---

① 参见李泽厚：《论语今读》，安徽文艺出版社1998年版，第204页。
② [德]拉德布鲁赫：《法学导论》，米健译，中国大百科全书出版社1997年版，考夫曼中译本序言。
③ 习近平：《论坚持全面依法治国》，中央文献出版社2020年版，第98页。
④ [美]萨伯：《洞穴奇案》，陈福勇、张世泰译，生活·读书·新知三联书店2009年版，第6页。

品，它宣示着裁判规则，制约引导后续法官"类案类判"。如果法官对以前成功的判决置之不理，另起炉灶，就好像长长链条的某个环节断裂，也是一种违法裁判。

第三，中国文学界不乏类似作品。

在中国，连环小说并不陌生，我们许多人都曾是连环小说的读者。学界通说认为古典名著《红楼梦》前80回作者是曹雪芹，后40回作者为高鹗。高鹗依循曹雪芹先前设计的叙事主旨、社会背景、故事框架、人物性格，符合逻辑地将《红楼梦》的残本接续写完，成为一部完整的文学作品。这种不同的作者接续工作的过程，尽管环节不多、链条不长，但实际上就是一种连环小说。在当代中国，也有连环小说这类文学作品的创作实践。例如，二十世纪八十年代中期，史铁生、陈放、刘树生、甘铁生、刘树华、晓剑六位作家曾以接龙形式，合作完成了一部中篇小说《男人女人残疾人》。该书的作者之一晓剑，对这次探索性的创作过程做了回忆。在1980年代中期的一个春末，北京雍和宫大街26号一间简陋的平房里，史铁生、陈放、刘树生、甘铁生、刘树华、晓剑等六位作家围在火锅边，吃着涮羊肉，晓剑突发奇想，由在座的6人联手创作一部作品，将每个人的生活经历和社会思考通过文学人物共同展现出来。每个人都在记录自己的真实，每个人都在塑造自己的灵魂，每个人都是作品中的主角，每个人都有自己的故事和曲折命运，但是，大家又都围绕着一个突如其来的事件在发展情节，阐述理念，诠释人生。法律隐喻具有很强的语境依赖性，只有建基于言者与听者共享的知识背景之上，才是有效的。① 在我国文学史上，连环小说之类的文学作品屡见不鲜，这种创造形式深深植根于我们的文化土壤之中。隐喻的使用具有严格的语境依赖性，依存于作者与读者共同的熟知。理解过程的完成，需要通过利用言者和听者共享知识、信仰和假设来实现的。言者在说话时，通过使听者了解其想法来传达他的意图。听者通过参考言者和听者共享的知识可以法律现象与其他领域现象的显著特征，在隐喻所拥有的无数可能意义中确认其中一个或几个。相反，脱离特定语境的法律隐喻将是失败的。在中国，以连环小说为喻体对法律解释标准进行解读，符合中国人的阅读经历，民众并无违和感，能够为人所理解，具有较强的语境性、可接受性。

三、"连环小说"的不自洽之处

在运用隐喻时，我们应当清醒地意识到，当说一个东西像另一个东西，恰恰是因为二者是不同的。法律解释肯定存在着不同于连环小说的地方，如果只关注两者的相似而忽视差异，会误导认识、实践。将连环小说与法律解释相比对，可发现若干不够贴切的地方。

第一，与真实的审判过程并不完全相符。

一部连环小说的作品好坏与否，取决于它如何贴切、扎实地立基于前面的故事之上。沿此思路，法官的判决意见，也是通过比较其与先例的符合程度来评价的，似乎其内容本

---

① 参见刘风景：《法律隐喻的原理与方法》，载《山东大学学报》2011年第1期，第124—132页。

身是否体现公平正义无关紧要。这与真实的审判过程并不完全符合,法官往往基于宪法法律和良知,改变某个判决先例,做出有创新意义的新判决。"法官们有时候会推翻一些判决,或者将这些判决限定于它们自身的那些事实中。此外,关于法律人应该如何使用文学理论中的那些工具,在法理学者之间也存在很大分歧。"① 许多伟大的法官正是通过推翻先例,创造新的裁判规则,发展法律,而彪炳于世的。基于"连环小说"的隐喻,我们对特定案件判决结果的了解,只能是大致的趋势性把握,不能做出准确的算度。

第二,忽视法官与立法者的共时性存在。

一部连环小说由许多作者先后相继、接续创作,除了第一个作者外,接下来的其他作者,必须延续之前那些作者所写的故事。连环小说的隐喻,描述的是时间上的线性运行过程,一位作者一旦完成自己的作品后,即退出创作过程,先后的各个作者之间不进行意见沟通,彼此间没有交流与互动。在法治实践中,法官在裁判时发现的法律问题,往往可以通过各种途径与形式反馈到立法环节,从而间接地参与到立法过程之中,对形成新的裁判规则也发挥作用。全面推进依法治国,立法者、法官等主体一个不能少,都"同时在场",全面推进科学立法、严格执法、公正司法、全民守法。

第三,第一位作者难以确定。

"连环小说"是以判例法国家为背景而使用的法律隐喻,成文法国家不能简单地搬用。如要引入这个理论,必须经过一定程度的改编、调整。包括中国等以成文法为主要法源的国家,成文法是法官判案的第一位法源,不承认法官造法。因此,当法官必须弥补法律之不足时,仍需按照立法至上的原则,应当探寻立法者(第一位作者)的意思。对此,一个有力的质疑是,立法者是虚构的,真正的立法者(第一位作者)是难以寻找到的。"由于立法者是一个集体(联邦议会、联邦参议院),所以立法不可能取决于具体议员的观念。但很多时候,存在着一些有关起草法律文本之人(通常为一个联邦部门)或议会中的意见领袖如何理解法律的立法资料。若存在这类立法资料,则也可以从中认识到立法者的一项特定观念。"② 法律的起草、制定,历经许多机关、个人之手,这些主体的意见并不一致,并且他们各自的意见也常常是模糊不清的,很难确定到底谁是立法者以及立法者的意思。如此看来,"连环小说"的第一位作者就难以确定,第二位第三位作者的确定、后续环节的展开,都是一头雾水,这个隐喻的适当性存有疑问。

法律解释"是一个内容异常丰富的主题,以至于任何一个比方或隐喻都无法穷尽其寓意。解释的要求是如此的取决于语境,以至于典型案例只能起到揭示一般性原则的作用,而无法表达出将这些原则适用于特定法律部门所涉及的细微变化。带着它全部的复杂精微内涵,解释问题在法律的内在道德中占据者一个敏感的核心位置。它比任何其他问题都更

---

① [美]劳伦斯·H.却伯、[美]迈克尔·C.多尔夫:《解读宪法》,陈林林、储智勇译,上海三联书店2013年版,第115页。
② [德]罗尔夫·旺克:《法律解释》,蒋毅、季红明译,北京大学出版社2020年版,第53页。

能体现出维持合法性这一任务的合作性质。如果要使解释者保持自己正在履行有益使命的感觉，立法机构便不应该将无意义的任务强加给他。反过来看，如果立法起草者们要想履行自己的职责，他们就必须能够预见到理性并且相对稳定的解释模式。这种相互依赖的关系以不太直接的方式渗透于整个法律秩序之中。没有任何单一的智识、洞见和良好意愿集中点，不论它占据何种战略上最佳位置，可以独立确保使人类行为服从于规则之治这一事业的成功"。① 任何一个隐喻都有各自的辐射区段，不能解答所有的问题。德沃金的"连环小说"虽是一个好的隐喻，但也只揭示出法律解释标准某些方面的内容。

四、波斯纳提出的"新作震撼"

美国著名法学家波斯纳在《法理学问题》一书中，基于自己的法学立场，对德沃金的"连环小说"进行了正面批判，并提出了"新作震撼"这一新的隐喻。一个先例要么是一个权威（以某种具体方式决定下一个案件的一个理由），要么就是在下一案件的法官看来是一个相关的信息渊源。案件之间的连续性或圆润承续并不具有什么社会利益。在决定下一案件是否要遵循或背离先例时，稳定性和可预测性仅仅是要予以考虑的两个因素，并不是决定性因素。后来的法官的目标也并不只是解释，而是要做出最好的决定，一个判决之所以好，一个重要原因就是不触动由先例创立起来的预期。修改法律，使法律符合常人关于正义和公平交易的感觉，这也许会保护当事人的预期，而不是挫败当事人的预期。"在掂估了诸多相关考虑因素之后，法官可以决定抛弃先前的'各章'，从头开始。而链状小说的第二位作者以及此后的作者却不能这样做，或者是，如果他们这样做，也就不再是在玩这种游戏了。"②波斯纳认为，不要高估先前作品对后续作者的影响，法官面对待决案件更多地考虑如何有效地分配利益，保证判决的公正。当一件新作品创造出来时，它与此同时也对先前所有的作品都产生影响。现存的各个纪念碑之间形成一个理念的秩序，这种秩序由于新的作品介入其间而改变了。在新作品出现之前，现存的秩序是完整的；在创新发生之后，如果这个秩序还要坚持下去，这整个现存的秩序就都必须改变；每件新作品与整体的关系、比例和价值都重新调整了。一件新作品不只是承续先前作品的脉络，更重要的是，它也重构了文学界的秩序，对旧作品的看法评价也会发生改变。波斯纳认为，"新作震撼"要比"连环小说"的意义更为丰富，也更符合真实的司法过程。连环小说的先前各章并不为此后各章改变，因此，后来各章的作者在前进时自由会少一些，而那些对传统有所贡献的人总是会以他们的贡献改变传统。有了莎士比亚之后，马洛的意义就有所不同了，就如同在叶芝之后布莱克一样，因为我们都是根据我们对后来作家的了解来阅读早先作家的。在法律中，在很大程度上，也是如此。"后来的法官运用他们的解释自由改变了

---

① [美]富勒：《法律的道德性》，郑戈译，商务印书馆2005年版，第107页。
② [美]理查德·A. 波斯纳：《法理学问题》，苏力译，中国政法大学出版社2002年版，第327页。

先前的决定，即使他们并没有明确推翻先前决定（当然，他们也会明确推翻），也是如此。但是，这里有一个主要的区别，艺术中的'秩序'确实是一些'纪念碑'的秩序，对它们的尊敬关注是由这些艺术的质量保证的。而法律中的秩序则是由我们称其为上诉法院这样一个由法律人组成的委员会的决定的秩序，这些决定经常会信息不全、不合时宜或很不光彩。法官应给予这些决定的敬意取决于先前决定的固有优点（而其优点很不相同），也取决于如何保持稳定性和实质正义的平衡。要称这种敬意是传统的或解释的，这就是掩盖了实际是而且也应当如此的实用主义的分析。"① 波斯纳的"新作震撼"，是针对"连环小说"隐喻所做的批判，具有鲜明的现实主义法学色彩，更倾向于法律解释标准的客观说。法律自从颁布时起，便有了它自己的意旨，法律解释的目标就是探求这个内在于法律的意旨。法律一旦开始适用，就会发展出固有的实效性，其将逾越立法者当初的预期。法律介入多样而且不断变更的生活关系中，对一些立法者根本没有考虑到的问题，法律必须提供答案。一段时间以后，它渐渐地几乎发展出自己的生命，并因此远离原创者原本的想法。

结　语

德沃金的"连环小说"，是判例法背景下的一般理论，用来揭示法官处理疑难案件的过程，强调先例约束下法官的自主选择，蕴含着整体法体系的逻辑前设。这是个精妙的法律隐喻，对法官裁判活动具有一定的阐释力，同时，也要看到它的辐射范围以及存在的短板。

德沃金的"连环小说"决不是理论研究的终点，对更好的替代性法律隐喻的探寻是一项开放性工作。事实上，在德沃金"连环小说"之前和之后，还有许多生动鲜活的隐喻，构成竞争与互补的关系。除了波斯纳的"新作震撼"外，还有波斯纳的"战争情境"、② 丹宁勋爵的"熨平皱折"，③ 弗兰克的"音乐演奏"，④ 富勒的"未竟发明"，⑤ 柏拉图的"图画再描"，⑥等等。每一个隐喻都体现着不同的法律观，从特定的视角出发，对法律解释标准进行认识和把握的，都有其长处也有短处。这决定了法学家们针对法律解释标准问题，探寻更贴切、更有解释力的隐喻的学术探险，也是无止境的。

（编辑：戴津伟）

---

① ［美］理查德·A. 波斯纳：《法理学问题》，苏力译，中国政法大学出版社2002年版，第328页。
② 参见［美］理查德·A. 波斯纳：《法理学问题》，苏力译，中国政法大学出版社2002年版，第340页。
③ 参见［英］丹宁勋爵：《法律的训诫》，杨百揆等译，法律出版社1999年版，第12页。
④ 参见［美］杰罗姆·弗兰克：《初审法院》，赵承寿译，中国政法大学出版社2007年版，第452页。
⑤ 参见［美］富勒：《法律的道德性》，郑戈译，商务印书馆2005年版，第100页以下。
⑥ 参见［古希腊］柏拉图：《法律篇》，张智仁、何勤华译，上海人民出版社2001年版，第182页以下。

法律论证理论对提高裁判可接受性的启示

——基于"昆仑燃气公司案"的分析

许迎玲[*]

摘 要 随着法治建设的深入推进,最高人民法院对司法裁判的要求从合法性扩大至可接受性、被认同性。法律论证理论为检验和确保裁判的可接受性提供了研究视角和分析框架。"昆仑燃气公司案"中,法院在内部证成的融贯性及一致性上均存在不足,对公共利益原则的两处适用呈现出滥用和论证不充分的问题,导致外部证成亦存在瑕疵。裁判的可接受性取决于裁判的可证立性以及裁判证立的质量。法律适用者一方面应当在找法阶段穷尽规则,在涵摄阶段把握案件事实与构成要件之间的一致性,以确保裁判文书法律论证获得内部证立;另一方面应当加强对实在法规则本身的合法性,以及建构的既非经验命题亦非实在法规则的大前提的正确性展开论证,以确保裁判文书法律论证获得外部证立。

关键词 昆仑燃气公司案 法律论证 内部证成 外部证成 可接受性

一、引言

最高人民法院于 2015 年 10 月 12 日发布的《关于在人民法院工作中培育和践行社会主义核心价值观的若干意见》,将对司法裁判的要求从合法性扩大至可接受性、被认同性。裁判的可接受性指司法裁判活动与听众(诉讼参与人、社会公众)的直觉(道德观念、一般经验)基本相符或不发生剧烈冲突,外化至裁判文书包括裁判理由和裁判结果的可接受性两方面。[①] 裁判理由的可接受性是裁判结果具有可接受性的充分不必要条件:倘若听

---

[*] 许迎玲,女,江苏大丰人,上海财经大学法学院博士研究生,研究方向为行政法方法论。

[①] 参见陈景辉:《裁判可接受性概念之反省》,载《法学研究》2009 年第 4 期,第 3 - 5 页。

众能够接受和认同裁判理由往往也会接受和认同裁判结果；但在诸如后果导向裁判中，①可能出现裁判结果符合听众预期，裁判理由却存在正当性危机的情形。例如《最高人民法院公报》刊登的"寿光中石油昆仑燃气有限公司诉寿光市人民政府、潍坊市人民政府解除政府特许经营协议案"（以下简称"昆仑燃气公司案"），②其裁判结果得到了最高人民法院乃至整个法律界的认可，裁判理由却经不起方法论上的检验，在可接受性上不尽如人意。

该案案情较为明确。原告寿光中石油昆仑燃气有限公司（以下简称昆仑燃气公司）与被告寿光市人民政府（以下简称寿光市政府）委托的寿光市住房和城乡建设局于2011年7月15日签订了《山东省寿光市天然气综合利用项目合作协议》（以下简称合作协议），约定原告在寿光市指定区域从事城市天然气特许经营。由于原告怠于审批申请及投资建设，经多次催告仍未完成全部项目建设，被告寿光市政府于2016年4月6日作出《关于印发寿光市"镇村通"天然气工作推进方案的通知》，决定收回原告在部分区域的特许经营权。原告不服申请行政复议，对维持该通知的复议决定不服提起行政诉讼，对驳回诉讼请求的一审判决亦不服提起上诉，二审法院作出确认被诉行政行为程序违法但不予撤销的终审判决。该案在法律适用上既存在疑难之处又存在争议之处，两级人民法院的裁判说理既存在可圈可点之处又存在可接受性不足之处，对于考察和反思当下裁判文书释法说理质量具有重要样本价值。

我国学者在法律解释、法律修辞、程序理性等研究视域下，就如何提高裁判的可接受性展开分析，获得正确运用文义、体系、目的等法律解释方法，③对修辞学理论尤其是听众理论进行实践转化，④对论辩程序进行形式理性约束等结论。⑤但我们发现，上述研究视域并不足以分析"昆仑燃气公司案"在可接受性上存在的各类问题，上述研究结论也不足以解决这些问题。阿列克西等学者发展出来的法律论证理论为我们提供了新的研究视角和分析框架，该理论包容性强、内部层次明晰，不仅有助于辨别问题类型、分析问题性质，还能够提供具有针对性、可操作性的解决方案。"昆仑燃气公司案"法律适用争议焦

---

① 后果导向裁判指法官在自身原因或案件疑难原因影响下所做的裁判实践。参见宋保振：《后果导向裁判的认定、运行及其限度——基于公报案例和司法调研数据的考察》，载《法学》2017年第1期，第129-130页。
② 参见《中华人民共和国最高人民法院公报》2018年第9期，第42-48页。
③ 参见陈金钊、杨铜铜：《重视裁判的可接受性——对甘露案再审理由的方法论剖析》，载《法制与社会发展》2014年第6期，第134-149页；范跃：《注重裁判理由的可接受性——"寄血验子"案的法律解释分析》，载陈金钊、谢晖主编：《法律方法》（第28卷），研究出版社2019年版，第225-235页等。
④ 参见彭中礼：《司法判决说服性的修辞学审视——围绕听众的初步分析》，载《法制与社会发展》2011年第1期，第95-103页；宋保振：《增强裁判的可接受性：用法律修辞方法讲法说理》，载《山东青年政治学院学报》2014年第5期，第102-109页；郭晓燕：《论司法判决的可接受性——基于听众理论的分析》，载《南大法学》2021年第2期，第126-139页等。
⑤ 参见聂长健：《"说者"与"听者"角色转换——司法判决可接受性的程序性思考》，载《政法论坛》2011年第2期，第122-131页；韩振文：《司法裁决可接受性：理论、困境及优化路径》，载《中南大学学报（社会科学版）》2014年第1期，第121-126页等。

点主要集中于三方面：第一，昆仑燃气公司是否应当承担违约责任；第二，是否存在取消特许经营权的法定情形；第三，未履行听证程序是否合法，如何确定判决类型。以下将立足于法律论证理论，就法院在回应三点争议焦点过程中彰显出的司法智慧、存在的不足之处展开分析，并以此为实践基础反思提高裁判可接受性、被认同性的具体路径。

二、"昆仑燃气公司案"内部证成不具有可接受性

任何将法律适用看作是一个法律论证或商谈过程的法学家，都不会否认逻辑演绎在法律适用中的作用，但也不会仅将法律适用定位为一个纯粹的逻辑演绎过程，法律决定或法律判断还须被其他理由证成或支持，因而法律决定的证成可以区分为内部证成和外部证成两个部分。① 内部证成处理"判断是否从为了证立而引述的前提中逻辑地推导出来"的问题，这些前提大致可以分为三类：实在法规则、经验命题、既非经验命题亦非实在法规则的前提。② 经验命题即是对案件事实进行认定而形成的命题，本文主要关注法律适用问题，不再过多讨论对经验命题的确认和证立。既非经验命题亦非实在法规则的前提也被称为额外前提，是裁判者为了解释实在法或填补法律漏洞而建构出的命题，建构并揭示该等命题是内部证成最为重要的环节，对其证立则是外部证成的任务。内部证成须遵循融贯性、一致性、可接受性等原则，但"昆仑燃气公司案"中两级人民法院在内部证成的融贯性及一致性上均存在不足。倘若裁判理由表象的证立都难以实现，则更深层次的可接受性目标无法达成。③ 以下具体分析该案裁判文书法律论证内部证成中凸显出的问题。

（一）论据链融贯性不足

一审法院仅关注到第一点争议焦点，运用司法三段论的形式逻辑展开论证。概言之，大前提为：《合同法》第8条，第60条第1款，第94条第3、4项；小前提为：原告同时存在第94条第3、4项规定的行为；结论为：产生第94条规定的法律后果即被告寿光市政府有权解除合同。二审法院就该争议焦点得出了同样结论，但论证过程更具融贯性，形成了论据链P1至P3，且论据链的内部结构都是三段论式的。简言之，P1为：根据《最高人民法院关于适用〈中华人民共和国行政诉讼法〉若干问题的解释》第14条有关行政诉讼可以适用民事法律规范的规定，得出本案可以适用《合同法》相关条款的结论；P2为：根据《合同法》第60条第1款有关全面履行义务的规定以及第62条第4项有关约定不明时如何确定履行期限的规定，得出上诉人构成迟延履行的结论；P3为：根据《合同法》第94条第4项有关法定解除情形的规定，得出被上诉人寿光市政府有权解除合同的结论。

---

① 参见王夏昊：《司法公正的技术标准及方法保障》，中国政法大学出版社2017年版，第195页。
② 参见[德]罗伯特·阿列克西：《法律论证理论：作为法律证立理论的理性论辩理论》，舒国滢译，商务印书馆2019年版，第270、282页。
③ 参见孙光宁：《可接受性：法律方法的一个分析视角》，山东大学2010年博士论文，第232页。

"一个论据链比一个简单的论据集合能够给我们提供更高的支持强度,论据链'p,因为q;q,因为r'的论证强度大于简单的论据集合'p和q和r'。"[1] 二审法院关注到了行政与民事法律规范的衔接、法律条文的相互支持、案件事实与构成要件的对应等问题,较之于一审法院笼统的论证逻辑显然更具说服力。但在如下三个方面仍待加强:

其一,遗漏P4。第一点争议焦点为是否应当承担违约责任,但法院仅论证到一方有权解除协议,论据链并不完整。应当增加P4:根据《合同法》第107条有关违约责任的规定,得出上诉人应当承担违约责任的结论。倘若不增加P4,则应当将争议焦点修改为:寿光市政府是否有权解除协议。这里尚不符合阿列克西归纳的形式结构规则:"需要尽可能多地展开逻辑推导步骤,以使某些表达达到无人再争论的程度,即:它们完全切合有争议的案件。"[2]

其二,遗漏构成要件。《合同法》第94条列举了五项法定解除情形,只要构成任意一项,一方当事人即有权解除协议。而本案不仅可以归入该条第4项的构成要件,还可以归入该条第3项的构成要件,一审法院均予以列明,二审法院却仅列明了第4项。法律论证合法性要求之下,当不同条款的构成要件彼此重合且法律后果相同时,法官对规范具有选择适用权,二审法院择一而适用的做法具有合法性。但法律论证融贯性要求之下,法官彻查构成要件的义务增加,既为了排查例外规定、防范法律规范冲突,也为了增加证立理由、提升融贯性。二审法院未能做到拉伦茨所强调的"为解决一'法律事件',必须彻底审查所有可能适用于该事件之规范的构成要件。"[3]

其三,遗漏第二条内部证成路线。实际上,部门规章《基础设施和公用事业特许经营管理办法》第38条第1款也为提前终止行政协议提供了依据。该款构成要件之一为:一方严重违约导致无法继续履行约定的义务,与债权人协商一致的。昆仑燃气公司迟延履行致使合同目的无法实现,已经构成根本违约、严重违约。提前终止协议可能对债权人(包括但不限于金融机构、供应商)利益产生重大影响,因而须向其披露信息并进行协商,但裁判文书并未交代是否存续债务、是否与债权人协商并协商一致等情况。倘若不存在债务或者存在与债权人协商一致的客观事实,本案亦可归入第38条第1款的构成要件,可以产生提前终止协议的法律后果。这里尚未达致"系统内相互支持的规范性证立(反思平衡)的数量越多,这一系统越融贯"。[4] 此类案件中的债权人还可以作为第三人参加行政诉讼,未彻查相关构成要件不仅影响论证系统的融贯性,还可能损害第三人权益、造成未通知第三人参加诉讼的程序性错误。

---

[1] 陈金钊等:《法律方法论研究》,山东人民出版社2010年版,第451页。
[2] [德]罗伯特·阿列克西:《法律论证理论:作为法律证立理论的理性论辩理论》,舒国滢译,商务印书馆2019年版,第278页。
[3] [德]卡尔·拉伦茨:《法学方法论》,陈爱娥译,商务印书馆2003年版,第151页。
[4] 侯学勇:《法律论证的融贯性研究》,山东大学2009年博士论文,第180页。

（二）案件事实与构成要件不一致

第一点争议焦点论证出：政府一方有权单方面解除协议，昆仑燃气公司须承担违约责任，接下来应当回应的问题便是：私法上解除协议的法律后果是否必然产生公法上收回特许经营权的法律后果？或者说昆仑燃气公司须承担的违约责任是否即为被收回特许经营权？一审法院通过区分"收回原告的经营区域授权"与"燃气经营许可的收回"，作出否定性回答。这样的概念区分显然缺乏规范依据且不符合一般认知，昆仑燃气公司上诉时也称原审法院"混淆了基本概念"。二审法院在回应是否应当召开听证会时进行了概念纠正，但二审法院并未关注到公法与私法的衔接问题，而是直接提出了第二点争议焦点，意欲从公法角度论证存在取消特许经营权的法定情形。二审法院认为："迟延履行特许经营协议义务行为虽然未在《市政公用事业特许经营管理办法》第十八条规定的前四项中明确列举，但该法条为弥补列举不全面所可能造成的遗漏规定了兜底性条款，即'法律、法规禁止的其他行为'。本案中由于上诉人长期不能完成经营区域内的燃气项目建设，无法满足居民的用气需要，足以影响社会公共利益，应为法律、法规所禁止。不能因为该条款未将上诉人迟延履行特许经营协议义务行为明确列为取消特许经营权的情形，就将其排除在法律规定之外，这并不符合该法保障社会公共利益的立法目的。"确保法律推理正确性的关键在于涵摄，在具体事实与抽象概念之间发现一种（部分的）同一性。① 那么，迟延履行能否归为第 5 项的一个事例？

从文义来看，迟延履行无法直接归入"法律、法规禁止的其他行为"。阿列克西指明了进一步证立的规则："每当对于 a 是否为 T 或者 M^i 产生疑问时，均必须提出某个规则，对该问题作出决定。"② 此时，裁判者须运用法律方法建构既非经验命题亦非实在法规则的大前提。第 5 项实为指引规范，作用在于连接补充规范和制裁规范，是对构成要件下全部补充规范予以高度抽象后的概括性文本表述。③ 其所指向的法律、法规中的具体规定即为补充规范，例如地方性法规《江苏省燃气管理条例》第 22 条第 1 款第 1、3 项中的部分内容以及第 2 项均为《市政公用事业特许经营管理办法》第 18 条的补充规范。进言之，围绕第 5 项展开的建构必须借助且只能借助体系解释方法。倘若迟延履行、影响公共利益能够被归入相应的补充规范，则案件事实与构成要件之间具有一致性；倘若不存在相应的补充规范却仍然将案件事实归入第 5 项，则案件事实与构成要件之间必然无法具有一致性。

本案中，法院既没有识别出指引规范也没有正确运用体系解释方法。从裁判文书的表

---

① 参见［德］齐佩利乌斯：《法学方法论》，金振豹译，法律出版社 2009 年版，第 140 页。
② ［德］罗伯特·阿列克西：《法律论证理论：作为法律证立理论的理性论辩理论》，舒国滢译，商务印书馆 2019 年版，第 277 页。
③ 参见葛恒浩：《非法经营罪口袋化的成因与出路》，载《当代法学》2016 年第 4 期，第 71 页。

述来看，一来法院错误地将指引规范认定为兜底条款，试图说明对第5项的评价具有开放性。兜底条款指立法者将难以列举、难以预见的事项，通过"其他""等"这类用语予以表述的概括性规定，其内涵没有具体的含义，外延亦没有确定的指向。[①] 第5项具有概括性的外观，但基于法律、法规范围的确定性，其外延具有确定性，即指该条前4项列举的构成要件之外，法律、行政法规以及地方性法规禁止获得特许经营权的企业实施、存在的其他行为。可见，并非所有包含"其他""等"这类用语的条款都是兜底条款。二来法院错误运用回归法律原则的方法建构额外前提，试图将案件事实纳入构成要件。无论指引规范还是兜底条款均未导致法律漏洞产生，对其适用应当在可能的字义范围内展开，如前所述对指引规范应当运用体系解释方法，学界对兜底条款也形成了运用体系、目的解释方法的共识。[②] 然而，法院并未运用该等解释方法，而是诉诸了回归法律原则的漏洞补充方法，建构了"影响公共利益的行为应为法律、法规所禁止"的额外前提。接下来的演绎推理即为：昆仑燃气公司迟延履行的行为足以影响公共利益→昆仑燃气公司迟延履行的行为应为法律、法规所禁止。对额外前提的证立是外部证成的任务，这里暂且引用下文外部证成的结论——无法获得证立，继而我们仍需回归可能的文义。从涵摄模式满足法律拘束的要求出发，在缺乏实在法规则的前提下，迟延履行无法归入"法律、法规禁止的其他行为"。"任何涉及法律规范的判断首先要满足内部证成——内部一致性——的要求。"[③] 本案案件事实无法为构成要件所涵摄，论证过程违反了一致性的基本要求，演绎推理无法达致逻辑有效，内部证成不具有可接受性。

三、"昆仑燃气公司案"外部证成不具有可接受性

外部证成检验内部证成使用的各个前提的正确性、可接受性问题。对不同类型大前提须采取不同的证立方法，对实在法规则的证立主要是指出其符合法秩序之有效标准；对既非经验命题亦非实在法规则的前提的证立则须遵循法律解释的规则、教义学论证的规则、判例适用的规则、普遍实践论证的规则、经验论证的规则、特殊的法律论述规则等。[④] 阿列克西将表达原则的语句纳入教义学语句，对其证立须遵守教义学论证的规则并经得起体系上的检验。本案在两处将公共利益原则引入大前提，却呈现出滥用和论证不充分的问题，经不起体系上的检验，在可接受性上存在不足，以下具体予以分析。

[①] 参见张建军：《论刑法中兜底条款的明确性》，载《法律科学（西北政法大学学报）》2014年第2期，第88页。

[②] 参见陈兴良：《口袋罪的法教义学分析：以以危险方法危害公共安全罪为例》，载《政治与法律》2013年第3期，第10页；李军：《兜底条款中同质性解释规则的适用困境与目的解释之补足》，载《环球法律评论》2019年第4期，第116页等。

[③] 陈金钊等：《法律方法论研究》，山东人民出版社2010年版，第444页。

[④] 参见［德］罗伯特·阿列克西：《法律论证理论：作为法律证立理论的理性论辩理论》，舒国滢译，商务印书馆2019年版，第282-283页。

(一) 向一般条款逃逸

二审法院对第二点争议焦点的论证,不仅在内部证成中无法获得证立,建构的额外前提"影响公共利益的行为应为法律、法规所禁止"亦无法在外部证成中获得证立。首先,从方法论角度来看,存在越过可资适用的规则直接适用原则而向一般条款逃逸的问题。"穷尽法律规则,方得适用法律原则"是法律适用技术层面的共识,这是因为如果容许不经考虑规则事事都可直接依据原则,那么立法活动大多数时候就会变得多余,约束裁量权的目标也难以达成。[①] 一部分行政法原则经由实定化成为行政法规则,例如《行政许可法》9次提及"公共利益"一词;另一部分未实定化的行政法原则,成为对行政法律体系进行漏洞补充的重要手段。当法律体系存在漏洞即缺乏规则或缺乏例外规定时,可以启动对未实定化的法律原则的适用。问题在于,此处是否存在法律漏洞?一方面,《市政公用事业特许经营管理办法》第18条属于列举排斥型法条,在列举取消情形的同时也对未列举的事项作出了相反的评价。从正面讲,其明确了产生相应法律后果的全部构成要件;从反面讲,其对无法为构成要件所涵摄的法律事实作出了不产生特定法律后果的评价。[②] 所以,这里并没有违反法律计划的缺陷,不存在法律漏洞;另一方面,延续第一点争议焦点,实际上,我国行政法律规范中存在协议提前终止与收回特许经营项目衔接问题的规定。《基础设施和公用事业特许经营管理办法》第38条第2款对衔接问题予以明确:"特许经营协议提前终止的,政府应当收回特许经营项目……"该款系私法公法化的法规范依据,私法上协议提前终止的法律后果成为该款构成要件,产生公法上"收回特许经营项目"的法律后果。虽然"收回特许经营项目"与"取消特许经营权"基于动因的不同在表述上存在差异,但都具有限制特许经营、阻断市场准入的功能和效果。总之,在本案所涉限制特许经营的问题上法律体系不存在漏洞,对公共利益原则的适用违反了"禁止向一般条款逃逸"的法律适用规则。当然,无论一审还是二审法院在找法阶段均未穷尽规则,无疑加剧了法律适用过程中对原则的依赖。

其次,从权利保护角度来看,存在公共利益过分干预行政相对人权利的问题。虽然我们已经达成这样的共识,公共利益是限制行政相对人权利的正当理由,但由于对公共利益的评价具有开放性,以公益之名对抗私人权利极易引发对权利的过分干预,进而行政机关及司法机关均应当谨慎启动对公共利益原则的适用。特许经营协议与已有的法律规范中有关限制特许经营的规定,共同构成了限制或剥夺特许经营权的文本规范,只有在没有约定或约定不明、没有规定或规定不明的情形下,才能以公共利益之名对抗行政相对人的公法

[①] 参见雷磊:《法律原则如何适用?——〈法律原则适用中的难题何在〉的线索及其推展》,载舒国滢主编:《法学方法论论丛》(第1卷),中国法制出版社2012年版,第233页。
[②] 参见舒国滢、王夏昊、雷磊:《法学方法论》,中国政法大学出版社2018年版,第126页。

权限。① 本案所涉合作协议已经对甲、乙双方的权责作出了约定，不存在没有约定或约定不明情形；部门规章对取消特许经营权法定情形以及公、私法衔接问题的规定也较为明确，不存在没有规定或规定不明的情形。本案毋须诉诸公共利益，二审法院却在以结果为导向的思维模式下，借公益之名扩张法定情形，违反了保障行政相对人合法权益的宗旨，无法获得证立、不具有可接受性。

（二）缺乏对原则可适用性的论证

我国对行政判决作类型化处理，二审法院为解决第三点争议焦点即判决类型的确定问题引入了公共利益原则："行政行为一旦撤销不仅会影响他人已获得的合法权益，而且会影响居民用气，损害区域内公共利益，故对上诉人提出撤销被诉行政行为的诉讼请求不予支持。"裁判摘要部分进一步对建构的大前提作出总结：对于实体正确、程序违法，撤销将损害公共利益的行政行为，应当判决确认违法但不予撤销，并要求行政机关采取补救措施。公共利益原则涉及公权力与私权利的取舍，适用该原则的妥当性、可接受性须借助利益衡量方法才能获得，具体而言，"需要对利益状态作详细调查，需要把各种利益充分地展示出来，对各种利益的强弱大小进行充分地比对，作出谨慎取舍，从而获得最为合理的结论。"② 二审法院的论证显然不够充分，其仅作出论断式陈述——"损害区域内公共利益"，而未将认定、比较的过程呈现在裁判文书中，如此并不足以得出取公共利益舍行政相对人权益的结论。

最高人民法院或许意识到原裁判文书对公共利益原则可适用性的论证不够充分，在总结的裁判摘要中特地强调："因公用事业特许经营涉及社会公共利益，当程序正当与公共利益发生冲突时，法官应运用利益衡量方法综合考量得出最优先保护的价值。"这里还引入了正当程序原则，将规则与原则之间的冲突问题转化为原则与原则之间的冲突问题。方法论视域下，对于原则之间的冲突问题，应当运用利益衡量方法对各项原则背后的价值展开衡量。可见，无论将"未召开听证会"认定为对法定程序还是正当程序的违反，③ 均须借助利益衡量方法确保公共利益原则的可适用性，促使对其适用获得合法、合理两方面的证立。《最高人民法院公报》发布的"益民公司诉河南省周口市政府等行政行为违法案"同样涉及对公共利益原则的适用，一、二审法院从影响周口市"西气东输"利用工作的进程、影响"西气东输"工程在当地的接口、影响当地市民对"西气东输"天然气的使用、影响第三人信赖利益、补偿第三人损益的经济损失、重新签订"照付不议"协议的风险等

---

① 参见周佑勇：《特许经营权利的生成逻辑与法治边界——经由现代城市交通民营化典型案例的钩沉》，载《法学评论》2015年第6期，第11页。
② 梁上上：《公共利益与利益衡量》，载《政法论坛》2016年第6期，第11页。
③ 法定程序指法律、法规和规章明确规定的程序；正当程序指保障公民权利、防止权力滥用的程序过程、步骤和环节。参见韩春晖：《如何坚持正当程序原则》，载《学习时报》2020年8月12日，第2版。

方面，全面阐述了撤销被诉行政行为对当地公共利益的不利影响，如此高饱和度的论证显然更具说服力。①

四、法律论证理论指导下提高裁判可接受性的路径

可接受性是一个主观性较强的概念，因为接受与否受到主体本身法律素养、价值取向乃至社会舆论等多方面影响，且不同主体对相同裁判结果的接受程度也容易产生差异。基于其主观方面的属性，学者通过对听众理论进行实践转化、对论辩结构进行完善等方式提高裁判的可接受性。但可接受性并不是一个纯粹主观属性的概念，人们之所以接受一个事物往往是因为该事物本身具有可接受性。② 一切可能的相关者都将能够出于好的理由而同意某个规范、接受某项裁判。③ 概言之，可接受性是一个兼具主观性和客观性的概念。基于其客观方面的属性，我们可以通过提高裁判本身的可接受性，来确保裁判为当事人及尽可能多的社会公众所接受、认同。裁判本身的可接受性取决于裁判的可证立性以及裁判证立的质量。④ 裁判的证立是一个过程量：一来法官须充分论证所提出的法律命题、作出的法律决定；二来论证过程及结果只有经得起理性的检验才能获得证立。法律论证理论的主导者阿列克西在对哈贝马斯、佩雷尔曼等学者的论证理论进行总结、提炼的基础上，形成了一套以实现内、外部证立为目标的理性论证规则。该套规则既有利于防止主观方面过于强势以至于"公众意见对于裁判理由的取代"，⑤ 也能够为裁判的可接受性提供客观化的标准，使得法律论证更具专业性和技术性。因此，我们可以借助法律论证理论检验和确保裁判文书释法说理的质量，以裁判的可证立性来不断提高裁判的可接受性。以下也将区分法律论证的内部证成和外部证成，以实现内、外部证立为目标，围绕"昆仑燃气公司案"法律论证过程中暴露出的问题，阐述提高我国裁判可接受性的具体路径。

（一）在内部证成中实现融会贯通、逻辑一致

学界经历了对司法三段论的推崇、批评、改良。至此，我们至少达成这样的共识：三段论是法律推理的基本模式，但推理过程不是一蹴而就的，是多个三段论推理的合力。"昆仑燃气公司案"二审法院对第一点争议焦点的论证便是三个三段论推理的合力，形成了相对复杂的证立图式，在可接受性上更胜一筹。以下围绕三段论的具体环节展开论述：

---

① 参见《中华人民共和国最高人民法院公报》2005 年第 8 期，第 23 – 33 页。
② 参见杨猛宗：《法律论证可接受性的内涵与类型之探析》，载《湖北大学学报（哲学社会科学版）》2017 年第 2 期，第 109 页。
③ 参见［德］哈贝马斯：《在事实与规范之间：关于法律和民主法治国的商谈理论》，童世骏译，生活·读书·新知三联书店 2014 年版，第 126 页。
④ 参见［荷］伊芙琳·T. 菲特丽丝：《法律论证原理——司法裁决之证立理论概览》，张其山、焦宝乾、夏贞鹏译，商务印书馆 2005 年版，第 3 页。
⑤ 陈景辉：《裁判可接受性概念之反省》，载《法学研究》2009 年第 4 期，第 5 页。

1. 找法阶段应当穷尽规则

一个融贯的陈述集合应当具有广泛性，必须尽可能包含相关可适用的规范，这些规范彼此借鉴能够形成一对一的链状或者多对一的网状支持性结构，又将促进体系融贯性的实现。① 法律适用者只有彻查法律体系才能尽可能地穷尽规则，为法律论证的融贯性提供素材，进而增进内部证成可接受性的第一步就是穷尽规则。行政法律规范众多，加大了找法的难度。但囊括法律、法规、规章、司法解释的"国家法律法规数据库"已经建立，诸如"北大法宝""威科先行"等法律数据库也发展的较为成熟，可以通过多重关键词检索以尽可能地穷尽该类制定法源。需要注意的是，不能仅关注高位阶的法律规范还应当关注低位阶的法律规范，不能仅关注私法规范还应当关注公法规范。"昆仑燃气公司案"系行政协议纠纷案件，指涉行政机关与行政相对人公法上的债权债务关系，② 在法律适用上兼具公法性和私法性。然而，法院仅关注到了法律位阶较高的私法规范，未对法律位阶略低的公法规范予以关注。该案未适用的《基础设施和公用事业特许经营管理办法》是规制能源、交通运输、水利、环境保护等领域特许经营活动的专门规定，全文共提及"特许经营"162 次，只要进行关键词检索，遗漏该办法的概率将极大降低。倘若本案在是否可以提前终止协议以及就此产生的法律后果上，能够依托《合同法》和该办法实现两条内部证成路线相结合或相衔接，势必提升论证的融贯性。

行政审判过程中，难度较大的是对可以作为"认定行政行为合法的依据"③ 的行政规范性文件的检索，制定主体众多、数量庞大，且缺乏统一的数据库管理。司法裁判者不仅应当从行政执法依据、双方当事人提交的规范性文件中发现该等规范，还应当尽可能地通过互联网等渠道获取。类案检索制度对法官提出了新要求。类案本身并不属于规则范畴，但指导性案例的裁判要点可以作为论据在裁判理由中引述，其他类案中形成的裁判规则、额外前提也具有参考价值。因而对类案的检索亦可纳入找法阶段，且属于强制检索范围内的待决案件必须进行类案检索。④ 寻找到的法律规范之间、法律规范与指导性案例的裁判要点之间、指导性案例的裁判要点之间以及类案之间还可能存在相互冲突、法律适用观点不一致的情形。此时应当按照《立法法》《〈最高人民法院关于案例指导工作的规定〉实施细则》《最高人民法院关于建立法律适用分歧解决机制的实施办法》等规范中有关冲突处理规则、送请裁决机制、分歧解决机制的规定加以处理。法律适用者也只有穷尽规则、尽量获取过往类案裁判观点，才能确保最终用以规制待决案件的规则和观点与法律秩序融

---

① 参见雷磊：《类比法律论证——以德国学说为出发点》，中国政法大学出版社 2011 年版，第 217 - 220 页。
② 参见徐键：《相对人不履行行政协议的解决路径》，载《政治与法律》2020 年第 11 期，第 14 页。
③ 参见《最高人民法院关于适用〈中华人民共和国行政诉讼法〉的解释》第 149 条。
④ 《最高人民法院关于统一法律适用加强类案检索的指导意见（试行）》第 2 条规定了必须进行类案检索的四种情形："（一）拟提交专业（主审）法官会议或者审判委员会讨论的；（二）缺乏明确裁判规则或者尚未形成统一裁判规则的；（三）院长、庭长根据审判监督管理权限要求进行类案检索的；（四）其他需要进行类案检索的。"

会贯通、不存在冲突问题，从而促进体系融贯性的实现。

2. 涵摄阶段应当把握一致性

一致性是内部证成的关键所在也是涵摄模式的基本要求，法律适用者在案件事实与法律规范的构成要件之间进行归入、比较时，应当确保前者是后者的一个事例，两者之间具有相对的一致性。一致性要求在论证过程中的逻辑功能突出。一方面，一致性是建构额外前提的动因。并非所有的大前提都能直接从实在法规则中引申出来，"当构成要件与案件事实之间存在落差时，就不能直接得出法律后果，否则就存在论证上的跳跃而不合乎逻辑……要避免跳跃论证，就必须加入额外的前提来弥补这一落差，而这正属于涵摄的主要任务"。① 额外前提是裁判者在法秩序框架下，运用法律解释方法、漏洞补充方法确定的语义命题。由于法律概念具有语义模糊、评价开放等特征，因而常常须借助法律解释方法理解法律规则，这些解释方法包括：文义解释、体系解释、目的解释、历史解释、合宪性解释、社会学解释等。当法律体系存在漏洞即缺乏规则或缺乏例外规定时，司法裁判者有填补漏洞的义务，针对不同类型的漏洞须分别采取：类比推理、目的性限缩、目的性扩张、回归法律原则、利益衡量等方法。"昆仑燃气公司案"中，二审法院在论证是否存在取消特许经营权的法定情形时，由于无法直接将案件事实归入构成要件，便关注到了涵摄的该项任务，运用漏洞补充方法增加了额外前提。

另一方面，一致性是连接内部证成与外部证成的逻辑准则。额外前提在外部证成中经受理性的检验，两种情形下的额外前提无法获得证立：一是违背法律解释规则、漏洞补充方法适用规则建构出的额外前提；二是法官超越法律秩序自我创造形成的额外前提。事实上，这两种情形存在现象与本质的关系，以"昆仑燃气公司案"建构的额外前提为例，表面上属于对漏洞补充方法的错误运用，实质上已然脱离法律拘束、不符合可普遍化原则，属于法官的自我创造。一旦额外前提无法获得证立，依托该额外前提的演绎逻辑将被推翻，此时应当回归构成要件可能的文义，如果案件事实无法为构成要件可能的文义所囊括，演绎推理由于不符合一致性的基本要求而不具有有效性。可见，内部证成与外部证成之间并不存在绝对固定的次序，随着论证阶段和步骤的划分可以随时相互转化、相互支持。② 一致性要求则为两者之间的相互转化提供了逻辑准则，用以检验"法律适用者是否在规范与事实之间建立起在论证上令人信服的（'必然的'）联系"。③

（二）在外部证成中检验大前提的合法性、正确性

一般而言，简单案件中，仅需内部证成的演绎证明即可完成对司法结论的正当性证成；但在疑难案件中，演绎推理的证明特性消减，须通过论证的手段对大前提的可接受性

---

① 雷磊：《为涵摄模式辩护》，载《中外法学》2016年第5期，第1213页。
② 参见雷磊：《类比法律论证——以德国学说为出发点》，中国政法大学出版社2011年版，第183页。
③ ［德］魏德士：《法理学》，丁晓春、吴越译，法律出版社2013年版，第296页。

予以证成。① 这里的大前提既包括实在法规则，也包括既非经验命题亦非实在法规则的前提。传统法律论证理论仅强调对后者的证立，阿列克西甚至认为这才是可以称为"法律论证"的东西，但在中国多层级法律位阶的制度背景下，亦应当重视对实在法规则尤其是法律位阶较低的实在法规则的证立。

1. 加强对实在法规则的合法性证成

实在法规则符合法秩序之有效标准可以细化为两方面：一是相关法条所在文本符合规范性文件生效的一般要件，经由有权机关公布且已经施行；二是实在法规则本身应当具有合法性。第一个方面并不难判断，这里主要阐述第二个方面。法律规则本身并不是不证自明的，不是从权威那里理所当然地拿来的，其不同于数学公理，是有争议的也是流动变化的。②《行政诉讼法》确定了法律、法规在行政审判法律适用中"依据"的地位，但并不意味着法院可以不考察法律、法规本身的合宪性、合法性而直接予以适用，只不过较之于对规章的选择、适用，法院的注意义务较低罢了。经由司法解释、司法解释性质文件的规定，对规章合法性的外部证成，成为我国制定法论证中唯一一个法定化的法律论证过程，顺势转化成规章适用的前置性、强制性程序。③ 然而，"昆仑燃气公司案"中，法院并没有围绕规章是否越权、是否与上位法相抵触、内容是否适当等实质合法性判断要素对《市政公用事业特许经营管理办法》第18、25条展开论证，而是直接予以适用。以该案适用的第25条第2款为例，我国中央层面立法尚未就撤回行政许可的程序作出规定，进而该款在性质上属于创制性规定。首先，就是否越权而言。该款属于对授益行政行为公益性撤回的程序性限制，④ 旨在维护行政相对人的权益，并未违反《立法法》第80条第2款有关部门规章不得减损权利、增加义务的规定。所规制的事项也不属于法律保留事项或行政法规、地方性法规专属立法事项，并未超越规章制定主体的立法权限。其次，就是否与上位法相抵触而言。与上位法相抵触既包括与上位法规则相抵触也包括与上位法原则相抵触，对创制性规章的考察集中于是否与上位法原则相抵触。⑤ 第25条第2款是对正当程序原则的具体化，与依法行政原则、尊重和保障人权原则、信赖保护原则、比例原则等行政法基本原则融会贯通、分量相当，⑥ 不存在抵触的问题。再次，就内容是否适当而言。取消特许经营权关涉特许经营者、企业员工、社会公众等多方主体利益，作出召开听证会的程序性规定具有适当性。基于该条本身合法且适当，其作为大前提在内部证成中获得的结

---

① 参见陈金钊等：《法律方法论研究》，山东人民出版社2010年版，第425页。
② 参见王洪：《制定法推理与判例法推理》，中国政法大学出版社2013年版，第168页。
③ 参见许迎玲：《论排除规章适用的方法》，载陈金钊、谢晖主编：《法律方法》（第30卷），研究出版社2020年版，第236页。
④ 参见王贵松：《论行政处罚的制裁性》，载《法商研究》2020年第6期，第23页。
⑤ 参见于洋：《论规范性文件合法性审查标准的内涵与维度》，载《行政法学研究》2020年第1期，第108页。
⑥ 参见姜明安主编：《行政法与行政诉讼法》，北京大学出版社2019年版，第69–84页。

论才具有可接受性。未对规章进行合法性判断是行政诉讼规章适用中普遍存在的问题，裁判者尚未走出"武断地终止论证"的明希豪森第三重困境。同理，如果法院适用《基础设施和公用事业特许经营管理办法》，亦应当在裁判文书中对其合法性进行证成。此外，《最高人民法院关于适用〈中华人民共和国行政诉讼法〉的解释》第148条特地明确了考察行政规范性文件合法性的具体要素，适用该等规范性文件时应当直接对其合法性加以审查。

2. 注重对额外前提的正确性证成

就既非经验命题亦非实在法规则的大前提的证立而言，一来须证成获得该等额外前提所使用的法律方法的正确性，二来须证成该等额外前提本身的正确性。不同法律解释方法、漏洞补充方法包含了不同的要素、目标、适用要求，每一种法律解释方法、漏洞补充方法针对不同的适用语境都有与之相对应的解释规则、适用规则。① 这些法律解释规则、漏洞补充方法适用规则构成了判断运用的法律解释方法、漏洞补充方法是否正确的理由。以回归法律原则的漏洞补充方法为例，法律原则具有高度的概括性、抽象性，极易引发对原则的滥用，只有认定法律体系存在漏洞且不满足其他漏洞补充方法的适用条件时，才可以将法律原则引入额外前提。法律适用者运用回归法律原则方法的论证责任明显重于运用法律解释方法和其他漏洞补充方法，对一般化程度较高的法律原则的论证责任又明显重于一般化程度略低的法律原则。王利明教授总结了"具体的基本原则优先适用""禁止向一般条款逃逸""基本原则的内容要尽可能具体化"等运用回归法律原则方法的规则，个案论证中应当加以适用。② "昆仑燃气公司案"中建构的额外前提便是典型的向一般条款逃逸的结果，在外部证成中经不起理性的检验。

除了证成运用的法律方法的正确性之外，还需证成形成的命题本身的正确性，即该命题须在有效的法秩序框架内被理性地加以证立。那么，衡量命题本身正确与否的标准为何？从宪法上的平等原则出发，额外前提应当经得起可普遍化要求的检验，即能够普遍地适用于类似案件并产生相同的法律后果。"影响公共利益的行为应为法律、法规所禁止"的额外前提便不符合可普遍化要求。行政相对人违反行政法规定及行政协议约定的行为几乎都可以划入影响、损害公共利益的边界内，倘若该前提成立，诸如比例原则等其他行政法基本原则将无用武之地，行政法限制公权力、保护行政相对人合法权益的目标也难以达成。指导性案例提炼裁判要点时便是以可普遍化为出发点的，只要不与新法相冲突或者为新的指导性案例裁判要点所取代，往往可以直接成为法律论证中的额外前提。其他类案中的额外前提则须进一步接受可普遍化要求的检验，能够获得证立的便可以成为待决案件中的额外前提，较之于自行建构的额外前提法院的论证责任有所减轻。最高人民法院就"昆

---

① 参见杨铜铜：《论法律解释规则》，载《法律科学（西北政法大学学报）》2019年第3期，第13页。
② 参见王利明：《法学方法论》，中国人民大学出版社2011年版，第483－485页。

仑燃气公司案"总结的裁判摘要中,存在很多"构成要件+法律后果"的论断式陈述,例如"行政相对人迟延履行政府特许经营协议致使协议目的无法实现的,行政机关可以单方解除政府特许经营协议"。后案法院引用这些论断式陈述的论证责任将有所减轻。

五、结语

"法官自由裁量产生的恣意外观决定了几乎任何裁判都有可能遭遇可接受性的风险,因此裁判文书必须向受众阐明为何选取该结果而非其他结果。"① 法律论证理论对如何提高裁判的可接受性具有启发意义,不仅能够为司法裁判提供富有层次的论证结构,还能够规范、评价法律人的说理。② "昆仑燃气公司案"反映了司法机关注重"通过阐明裁判结论的形成过程和正当性理由,提高裁判的可接受",③ 但也暴露出在内部证成的融贯性、一致性,以及外部证成中对大前提的证立等方面存在的问题。当然,内、外部证成的要求远非如此,阿列克西和其他学者总结了诸多类别的各项命题和规则,司法裁判者在不同论证情境中,须依据不同论证标准采取相应的论证策略和方法。当下,还可以借助制度层面的举措倒逼司法裁判者重视裁判文书法律论证的可接受性。司法系统内部可以将法律论证质量作为裁判文书质量评查、法官专业水平考核的重要内容,并可以引入第三方评价机制。外部程序上,对于尚未生效的裁判文书中的法律论证错误,应当在第二审程序、审判监督程序中及时纠正;对于生效裁判文书中的法律论证错误,如果对裁判结果具有实质影响,应当启动再审程序,对裁判结果不具有实质影响的,则可以引入勘正等其他措施。

(编辑:宋保振)

---

① 金枫梁:《裁判文书援引学说的基本原理与规则建构》,载《法学研究》2020年第1期,第194页。
② 参见杨贝:《法律论证的能与不能》,载《华东政法大学学报》2017年第2期,第92-93页。
③ 参见《最高人民法院关于加强和规范裁判文书释法说理的指导意见》(法发〔2018〕10号)。

法律方法前沿

民主论辩场域中的法律修辞应用与反思[*]

朱 璇[**]

摘 要 民主论辩场域中的法律修辞是在政治因素与法律自身开放性结构的法律因素交糅下被应用的。民主论辩场域中法律修辞的应用可以分为法律概念、法律规范和法律方法的应用。法律修辞在立法和司法两个不同场域表现出不同的应用特征。西式民主论辩场域中法律修辞的应用本质上是以法律语词和法律技术掩盖资本主义政治的不平等的阶级统治关系。在民粹泛起的极化政治时代法律修辞的过分应用会动摇形式法治的确定性与可预期性。西式民主论辩场域中法律修辞应用中出现的问题,需要通过保持法律系统的相对独立性,注重法律协调多元价值的内在功能来修正。

关键词 民主 法律修辞 政治极化 法律系统 政治系统

引 言

2020年9月18日,美国联邦最高法院自由派大法官金斯伯格在美国大选前去世。这引起了美国民主党和共和党在接替金斯伯格的新的大法官提名上的争端。在参议院占据优势地位的美国共和党,并没有像2016年保守派大法官斯卡利亚去世之后,阻挠即将卸任的时任民主党总统奥巴马对自由派大法官的提名,而是在大选结果出台前,利用在参议院的优势地位通过了本党总统特朗普对保守派天主教徒大法官巴特雷的提名。这使得美国联邦最高法院中自由派大法官与保守派大法官的比例变为3∶6。保守派大法官将在相当长的一段时间内在联邦最高法院中占据着优势地位,并在控枪、堕胎、同性婚姻合法化等进入最高法院的政治议题上作出决定性的法律判断。

---

[*] 基金项目:本文系国家社会科学基金一般项目"人大代表'网络问政'研究"(项目编号:12BZZ011)的成果之一。

[**] 朱璇,女,汉族,安徽桐城人,湖南大学法学院博士研究生,主要研究方向:法律修辞、中国政党政治。

美国两党之所以在联邦最高法院大法官提名问题上产生如此激烈的交锋，就在于宪法和法律在当代西式民主论辩场域发挥了越来越重要的作用，乃至最终决定和左右西式民主论辩的结论。而参与西式民主论辩的政党和政治家也越来越利用法律修辞[①]来诠释己方的政治主张，以使得己方的政治主张获得法律上的支持，甚至是为己方的政治主张的施行强行披上一层合法性（legality）的外衣。由此，可以看到在西式民主论辩场域之中，针对同一问题持有差异乃至截然相反立场的政党和政治家都主张己方的政治主张是合乎宪法和法律的，而对方的政治主张是违反宪法和法律的。这种情况不仅仅在美国的两党政治中出现，在西方其他实行竞争性政党民主的国家也广泛存在，并随着当下西方世界政治极化的加剧而表现得更加明显。例如，在英国，脱欧和苏格兰独立等政治议题的支持者和反对者都利用法律修辞来为己方的政治主张辩护。在意大利和德国等欧陆国家，难民危机所引发的传统建制派政党与极右翼民粹政党的争论，在议会辩论与司法判断中都涉及了争论双方对法律修辞的运用。由此可见，在西式民主辩论之中，法律修辞发挥着重要的作用。但是，目前对西式民主辩论中法律修辞应用的现有研究较少且较为碎片化，并没有系统地对西式民主辩论中法律修辞为何能被应用以及如何被应用的问题进行探讨，也没有揭示出西式民主辩论中法律修辞应用的本质。西式民主论辩场域中法律修辞的生成并不是自然存在或者一蹴而就的，而是有着政治因素与法律因素交糅的生成动因。西式民主的政治极化现象也对西式民主论辩场域中法律修辞的应用产生了影响。西式民主论辩场域中法律修辞的应用呈现了不同类型的样态，可以分为不同类型的法律修辞的应用和法律修辞在立法和司法两个不同场域的应用。西式民主论辩场域中法律修辞的应用本质上是以法律语词和法律技术掩盖资本主义政治的不平等的阶级压迫关系。在政治极化的时代被过分应用会动摇形式法治的确定性与可预期性。西式民主论辩场域中法律修辞的应用，需要通过回归法律协调多元价值的内在功能来纠偏和修正。

一、民主论辩场域中法律修辞的应用动因

民主论辩场域中法律修辞的使用，并不是政治因素或法律因素单方面导致的结果，而是宪治民主与具有开放结构和多元价值的法律交糅影响而出现的。西式民主为了防止"多数人暴政"等问题，开始转向宪制民主。在这一转向过程中，众多政治问题开始转变为法律问题，宪法和法律作为对政治权力的限制要素，在西式民主中日益受到重视。在宪治民主之下，西式民主的双方不仅仅主张己方的政治立场符合人民主权的民主性要求，还利用法律修辞强调己方的政治立场满足合宪性和合法性的要求。法律文本具有开放结构的特点，能够得到多元解释结论，也蕴含着不同的规范价值。由此，西式民主的双方往往能够

[①] 本文所指的法律修辞是指运用法律因素作为语言质料进行表达的一种活动，是法律思维在语言运用方式上的表现。法律修辞利用法律概念、法律规范、法律原则、法律方法来贯彻和反映法律思维。参见陈金钊：《把法律作为修辞——法治时代的思维特征》，载《求是学刊》2012 年第 3 期。

同时在法律文本中找到己方政治立场的规范支撑,以此作为法律修辞来增进己方政治立场的合法性。因此,在宪制民主的西方国家,在宪制民主政治发展与法律自身多元开放特点的交糅下,法律修辞得以在西式民主论辩场域中得到适用。随着20世纪60年代以来西式民主国家出现了政治极化的现象,西式民主的双方注重依靠宪法至高的效力和司法裁决的终局性特点来推动己方政治主张通过立法过程和司法过程被实施。随着西式民主国家政治极化开始走向极端化,一些民粹主义政客表现出了抛弃法律修辞而寻求以直接的政治权力来进行政治对抗的倾向。

(一) 宪治民主的形成与政治问题法律化

西方现代民主政治下的政治论争都离不开人民主权这一概念。自法国大革命后,政治权力来源于人民的原则就成为近现代政治的运行基础。因此,在西式民主论辩场域,论辩双方往往都主张己方的政治立场是人民的意志。然而,仅仅主张人民主权的党派论争民主会导致托克维尔所提出的"多数人的暴政",即以多数人的政治观点来压制少数人的自由。在论争民主中占据人数优势的一方,会将己方的政治主张上升为全部的人民主权来压制另一方的意志。在代议制论争民主场域,甚至会出现民粹主义分子利用极端的政治主张蛊惑大部分民众以取得在议会中的优势地位,继而假借人民主权的名义来侵犯全体国民的自由和权利。例如,在第二次世界大战之前通过选举上台的希特勒和纳粹党就是假借德意志人民主权的意志来推行纳粹的暴政。除此之外,通过选举在议会中取得人数优势一方的政党,也可能利用其在议会中的人数优势来强行推行与人民主权的国民意志相背反的政治决断。例如,我国台湾地区的民主进步党就借助其在立法机构的人数优势地位,违背绝大多数民众维护食品安全的意志推行损害民众健康的瘦肉精猪肉进口法案。在这种情况下,就需要利用宪法和法律对民主政治进行一定的限制,来防止"多数人的暴政"损害少部分人的权利或者假借多数人的名义损害全体国民的权利。

托克维尔在《论美国的民主》中提出了防止"多数人暴政"的两种方法。其一是利用作为政策执行者的行政机构的理性官僚和司法机构的法官来延缓来自中央政府的不理性决策的执行速度。其二是通过职业法官的司法判断来防止民主暴政。"多数人暴政"的不合理决策可以被诉诸司法领域,交由经过职业训练的法官作出理性判断,以不受民主选举限制的司法权来限制可能被滥用或不理性应用的政治决断。[1] 麦迪逊和汉密尔顿在《联邦党人文集》也指出,终身任职的法官可以不依赖掌握权力者,而能够相对独立做出对民主决定的政治事务的司法判断,从而防止"多数人的暴政"。[2] 由此,西方民主制度开始在人民主权的基础之上从人民民主转向宪治民主,人民主权作出的政治决断不再是具有不受

---

[1] [法] 阿列克西·德·托克维尔:《论美国的民主》,曹冬雪译,译林出版社2019年版,第152-170页。
[2] [美] 汉密尔顿、杰伊、麦迪逊:《联邦党人文集》,程逢如译,商务印书馆2017年版,第304-308页。

羁束的绝对权力,来自人民的政治权力及其作出的政治判断越来越多地受到宪法和法律的限制。美国在马歇尔诉麦迪逊案后,赋予了联邦最高法院对总统行政决定和国会立法进行违宪审查的权力,建立起了三权分立的宪制民主秩序。奥利弗·温德尔·霍姆斯大法官一针见血地指出作为政治争议仲裁者的"联邦最高法院是美国政治争议的'风暴眼'"。[①] 德国在第二次世界大战结束之后,吸取了纳粹依靠民粹上台实施反人类暴行的教训。通过建立以《基本法》为核心的法秩序体系,使得人的尊严这一最高宪法价值能够约束民主的立法和政治决断。通过联邦宪法法院开展宪法司法审查制度,建立起政治决策司法判断的机制。因此,随着西方国家宪制民主的逐渐形成,在民主政治论争中出现了一切政治问题都会最终变为法律问题的"政治问题法律化"的趋势。在这一背景之下,西式民主的论辩双方不仅仅主张己方的政治主张是人民主权的要求,还主张己方的政治主张符合宪法和法律的规范要求。在这一过程中,法律因素越来越多地作为政治语言的质料被应用于民主论争之中,政治论争的双方开始利用宪法解释领域的不同法律方法来增强己方政治主张的合法性,法律修辞在民主论争中的权重日益得到提高。例如,在"戈尔诉布什"案中,民主党人、共和党人及其律师团队都利用了不同的法律方法对选举法律的规范进行有利于己方政治主张的解释。民主党与共和党对总统大选的政治争议,最终以联邦最高法院判决的方式作出了最终决断。在 2020 年美国大选中,关于大选的政治争议也最终进入了司法领域,政治诉求和法律修辞交糅在一起,美国联邦最高法院以法律修辞的方式驳回了由共和党议员提起的有关宾夕法尼亚州大选计票结果的政治诉求。因此,在宪制民主业已形成的西式民主国家,一切具有争议的政治问题都会从政治领域进入法律领域,法律规范、法律概念和法律方法等法律修辞自然而然地渗透到政治论争与政治决断之中。

(二) 法律解释的开放可能性与法律内部多元价值的调和

由于法律语言有着含义明确的核心区域与含义模糊的边缘地带,法律的开放性结构使得法律理解与适用的结论不是唯一的,而是具有多元可能性的。[②] 早期西方法条主义所提出的输入案件事实就会得出唯一确定结论的"自动售货机"式的司法在现实中并不存在。因此,就西式民主中的政治论争话题而言,一旦这些话题处于法律语言含义模糊的边缘地带,就存在着通过对法律文本采取不同的法律解释方法,得出不同的法律解释结论的可能性。这就使得西式民主的论辩双方可以利用法律修辞,根据倾向于己方的法律解释结论来主张己方政治主张的合法性以及对方政治主张的违法性。例如,美国民主党和共和党关于奥巴马政府推出并施行的《平价医疗法案》的政治论争中,两党就分别主张了有利于己方

[①] [美] 戴维·M. 奥布赖恩:《风暴眼 美国政治中的最高法院》,胡晓进译,上海人民出版社 2010 年版,第 19 页。

[②] 参见 [英] 哈特:《法律的概念(第 3 版)》,许家馨、李冠宜译,法律出版社 2018 年版,第 187 – 214 页。

的宪法解释及其结论。将废除《平价医疗法案》作为竞选总统承诺的特朗普，2018年就利用法官对奥巴马医疗改革计划中一个关键部分作出的违宪解释结论来推动《平价医疗法案》的废除进程。除此之外，西式民主论争的政治议题往往是现有法律体系没有规定的问题。这时，就需要利用法律方法来进行法律漏洞的填补。西式民主的对立双方就会利用法律修辞来争取有利于己方政治立场的法律漏洞填补结论。例如，在美国民主党和共和党激烈交锋的同性婚姻合法化的政治论争上。美国联邦最高法院在同性婚姻合法化判决的"奥伯格费尔诉霍奇斯"[1]案中，针对同性情侣家庭被收养的子女能否得到同性父母的尽职尽责的抚养的论争问题，结合相应社会经验事实，得到了应通过同性婚姻合法化来保护同性恋家庭子女权利的结论，为同性婚姻合法化这一议题的法律漏洞填补提供了论证支撑。在现代道德多元社会，法律并不是在立法过程中在多元价值中选择和确定某一价值作为唯一确定的规范价值，而是在立法和司法裁判的过程中实现多元价值的调和。因此，在法律文本中并存着可能产生冲突的价值和权利，出现"权利冲突"的问题。[2] 党争政治的论辩双方在某一政治问题上的论证往往持有在法律规范文本中并存的两个价值，皆以己方主张的是法律价值的名义来增加己方政治主张的合法性。例如，2020年在美国爆发的"黑人的命也是命"这一政治运动中。美国共和党总统特朗普提出了法律与秩序（law and order）的口号，强调法律中的守法主义和维护社会秩序的价值，以此反对在黑人维权运动中暴力分子对普通公民人身和财产权的侵害。而美国民主党及其总统候选人拜登则强调美国宪法中蕴含的种族平等价值和集会自由价值，认为应当保护黑人全体通过游行来伸张其反对种族歧视政治主张的自由。这充分说明了，法律中内蕴的多元价值作为规范价值可以在西式民主论争中被不同党派用于其自身政治立场的伸张。因此，由于法律文本中的语言和规范价值具有开放性特点，使得西式民主的对立双方都可以利用法律修辞来增强自身政治主张的合法律性。多元性的法律文本为西式民主论辩在法律领域的开展提供了规范土壤。

（三）政治极化下宪法至高效力与司法裁决的终局性

自1960年代以来，随着"权利革命"的勃兴，以美国为代表的西方国家党争政治上的自由派和保守派之间的观念差距日益加剧，西方国家在诸多经济、社会、文化议题的民主政治论争上都产生了极左翼和极右翼两极对立的情势。[3] 由于现代西方社会已经呈现出多元道德价值社会的形态。因此，在多元道德价值社会中，任何一方道德价值的持有者都能够获得一定的民意基础，继而难以人民主权的整体意志来说服或者压制其反对者。在这种情况下，西式民主的论辩双方开始主张己方的政治观点符合作为社会共识最大公约数的

---

[1] Obergefell v. Hodges 576 U. S. (2015).
[2] 彭诚信、苏昊：《论权利冲突的规范本质及化解路径》，载《法制与社会发展》2019年第2期。
[3] 刘瑜：《后现代化与乡愁：特朗普现象背后的美国政治文化冲突》，载《美国研究》2018年第6期，第87–102页。

宪法的规范要求。依靠宪法在法秩序体系内至高的效力，西式民主的一方可以利用需要合乎宪法要求的立法过程或司法过程来贯彻己方符合宪法规范的政治主张，将对方的政治主张解释为违反宪法和法律。例如，美国民主党与共和党在增加高收入群体税收等经济问题上的争议、在医疗保险制度等社会议题上的争议、在同性婚姻合法化等文化问题上的争议，无论是在国会的立法过程中，还是在联邦最高法院的司法审查过程中，争议双方都主张己方政治立场的合宪性与对方政治观点的违宪性，继而利用宪法规范在宪制民主之下遍及全体公民的至高效力，来将己方的政治主张塑造为宪法规范在税收、社保等某一具体事项上的具体规范要求。在这一过程中，就必然涉及利用法律修辞来强化己方政治观点的合宪性与合法性。

除此之外，政治极化在政治决断上带来的一个重要问题就是，西式民主辩论双方主张差距过大且均具有一定的民意民主基础而难以说服对方，以至于仅仅考量政治力量对比的因素无法做出最终性的政治判断。在这种情况下，仍然需要对所争议的政治议题作出一个最终的判断来解决争议。在极化的两方政治力量相持，均无法在政治力量博弈中利用政治手段来说服或者压制对方，导致无法在政治场域作出政治选择的情况下，争议的政治议题就需要进入必须得到唯一确定性结论的司法场域，利用司法裁决的终局性特点，①将司法判断作为争议政治问题的最终决断，实现政治论争上的"定分止争"。例如，在 1974 年"加州大学录取案"② 中，针对种族因素是可以作为大学录取中的考量因素还是可以直接以种族因素赋予某一种族特定录取名额这一两极对立的重大政治争议问题，美国联邦最高法院以 5∶4 的表决结果判决加州大学戴维斯分校的"纠偏行动"违宪。尽管最高法院的大法官内部对这一教育领域的社会问题持有相反的看法，四名对判决持有反对意见的法官依然赞同可以直接以种族因素赋予某一种族特定录取名额来弥补过去种族歧视的损害并不违反平等原则。但是，法院依然依靠鲍威尔法官的赞同意见作出了终局性的裁定。尽管，后续针对相似问题还有诸多诉讼进入联邦最高法院，但是，这已经使得这一政治争议问题在此时和此案的终局性的司法裁决中得以获得唯一和确定的答案。因此，在政治极化的争议问题必须解决的情况下，无法在政治领域解决的相关争议问题进入司法领域，继而获得一定时期内的确定性答案屡见不鲜。在这种情况下，利用法律修辞来在法律程序中争取司法判决对己方政治主张的支持，对政治论争中的双方乃至多方就尤为重要。法律修辞运用的是否成功在一定程度上就以己方的政治主张能够获得司法裁判的支持，继而成为终局性的政治决断为标准。值得注意的是，司法裁判的终局性结论并不根本解决政治论争问题，其对政治论争的判断功能仅限于在具体争议的个案中定分止争。近年来，随着经济全球化带来的弊端在西方国家的底层人群中日益彰显，民粹主义思潮泛起，西方政治极化的现象

---

① 张文显主编：《法理学（第 5 版）》，高等教育出版社 2018 年版，第 251 页。
② University of California Regents v. Bakke , 438 U. S. 256（1978）.

更加激烈。① 特朗普、博索纳罗等民粹主义领导人和五星运动党等民粹主义政党在选举中获胜，并在执政过程中继续加剧西方社会的撕裂。这就导致了尽管司法判决针对某一政治论争问题作出了最终决断，实际上甚至无法使得在个案中其政治主张不被法院支持的一方服从法院判决。例如，包括特朗普亲自任命3名法官在内的美国联邦最高法院的9名大法官驳回了特朗普为阻止认证宾夕法尼亚州选举结果一事提出的上诉后，特朗普及其支持者公开表达了对联邦最高法院大法官裁判的不服。这与2000年联邦最高法院大法官在总统选举诉讼中裁判戈尔败诉后，戈尔对判决的尊重和服从，显然发生了重大的变化。极端的民粹主义分子在使用法律修辞也难以获得法院对其政治主张的支持后，已经出现了抛弃法律修辞而再次寻求以直接政治权力来进行政治对抗的倾向。

二、民主论辩场域中的法律修辞的应用样态

从法律修辞的不同组成内容和法律修辞在不同领域的应用角度来看，西式民主论辩场域中的法律修辞具有不同的应用样态。法律概念、法律规范和法律方法作为不同类型的法律修辞，在西式民主论辩场域中发挥着不同的作用。法律概念的应用促进了西式民主论辩中法律思维的贯彻，法律规范的实体性应用和程序性应用能够决定西式民主论辩作出的政治决断结论，法律方法的选择与应用能够对政治论争的最终结果产生重大影响。法律修辞在立法领域和司法领域的西式民主辩论中分别充当着不同角色。在立法领域西式民主辩论中的法律修辞，关注政治论争议案的合宪性问题，能够促进政治论争的双方的政治主张与既有法秩序相融贯。在司法领域西式民主辩论中的法律修辞，

(一) 不同类型的法律修辞的应用

1. 法律概念的应用

在宪制民主之下，西式民主辩论中不仅仅要使用政治语言，还要使用法律概念构建起来的法律语言。法律概念作为法律修辞的表现形式之一，其应用的价值不仅仅是一套新的概念语词的使用，还在于概念语词背后一整套法治价值观念和思维模式的应用。② 由此，通过法律语言的使用可以促进民主政治论争中法律思维的应用，政治决策由此也被法律概念组成法律语言束缚在政治权力的行使法定框架之内。除此之外，法律概念组成法律语言相对于政治语言更具有精确性和理性，每一个法律概念的应用都离不开背后整个法律体系，都必须在整个法秩序的框架下被检视。因此，法律概念的应用往往能够避免较为抽象、模糊乃至煽动性的政治语言的应用可能造成滥权和煽动社会公众不理性行为的弊端。例如，与公民（citizen）这一法律概念相对应的是人民（people）这一政治语言中常用的

---

① 庞金友：《国家极化与当代欧美民主政治危机》，载《政治学研究》2019年第3期，第44-56页。
② 孙笑侠：《法律人思维的二元论——兼与苏力商榷》，载《中外法学》2013年第6期，第1105-1136页。

概念。公民作为法律概念通常是指具有一国国籍，并根据该国法律的规定享有权利和承担义务的人。相对于人民这一概念语词，公民的主体范围能够得到更精准的界定，且这一概念本身还内蕴着法律上的权利义务关系。运用公民这一法律概念的同时，也意味着必须考虑其在被讨论的政治议题中的相应权利与义务。因此，公民概念相对于人民概念在西式民主政治论争中的使用，更有利于保障公民的法定权利，防止公民被课以超出法定范围的义务。因此，法律概念作为法律修辞的表现形式在西式民主辩论中被应用，意味着其背后的法律思维模式和法治主义立场伴随法律概念的应用而被渗透于西式民主政治之中。这即是法治化的宪制民主对政治论争的要求，也是宪制民主在党争论辩语言表达上的表现。

2. 法律规范的应用

宪制民主要求党争政治各方提出的政治主张都要于法有据，按照法律的规范要求行事。法律规范在西式民主政治论争中的应用分为实体性规范应用和程序性规范应用。就西式民主政治论争中的实体性规范应用而言。对于有普通法律规范依据的政治决定，就要按照普通法律的规范要求进行政治决断。例如，丹麦政府为了防止变异形式的新冠病毒传播，下达了捕杀该国1500万只水貂的行政命令。这一命令引起了政府是否有权大规模捕杀不在感染区域的健康动物的政治论争。在发现现有法律没有授权政府可以大规模捕杀不在感染区域的健康动物，且丹麦国会议员们拒绝了授权宰杀的相关法案的情况下，丹麦政府暂停了捕杀水貂的行政命令。对于缺少普通法律规范依据，或者按照普通法律规范依据进行政治决断会违反宪法要求的，需要对政治决断进行合宪性审查，使其依据宪法而做出。例如，美国的《平权法案》（Affirmative Act）目的在于推动少数族群在就业及受教育上获得更多机会。但是，该法案中的"种族配额"方法使亚裔美国人在大学招生中遭遇了一定程度上的歧视，从而引发了亚裔学生对哈佛大学的招生歧视诉讼。这一诉讼不仅仅涉及哈佛大学在招生过程中对亚裔学生的歧视行为是否违宪，根本上还涉及了作为哈佛大学歧视性招生行为规范依据的《平权法案》是否符合宪法上种族平等要求的问题。西式民主政治论争中的程序性规范的应用也十分重要，甚至能够决定西式民主政治论争的实体结果。例如，在戈萨奇大法官的提名中，为了防止民主党使用少数派参议员不断演讲的"程序性阻挠议事"（filibuster）办法使得参院无法进行表决，共和党动用了"核武选择"（nuclearoption）的程序规则。通过利用该程序性规则，在参议院处于微弱多数优势的共和党得以使用简单多数改变规则，以51票简单多数优势即可通过原本需要60票才可通过的联邦最高法院大法官提名。最终，戈萨奇以54:45的票数通过提名，成为美国联邦最高法院9名大法官之一。由此可见，无论是实体性的法律规范还是程序性的法律规范，其应用都能够发挥影响西式民主论辩作出的政治决断结论的作用。

3. 法律方法的应用

西式民主辩论中法律修辞的应用不仅有规范内容的维度还有方法的维度，法律方法的选择与应用可以对政治论争的最终结果产生重大影响。西式民主辩论中法律方法的应用可以分为两种。其一是针对政治论争议题已有法律规范存在，但法律规范在论争议题上并不能得出唯一确定结论的情况下，法律解释方法的应用。由于法律文本具有多种解释可能性，面对同一法律文本采取不同的法律解释方法能够得到分别支持西式民主论争双方政治主张的结论。例如，在罗斯福新政时期，美国民主党与共和党就合同自由问题与劳工权利保护展开了政治论争。民主党一方，主张合同自由不是绝对而不受限制的，雇主与雇员劳动合同中的薪水约定应满足新政时期通过的《妇女最低工资法》等法律的要求。共和党一方，坚持绝对自由主义经济的传统，认为《妇女最低工资法》等法律对最低工资的规定违反了宪法中保障合同自由的有关正当程序条款。在"西岸宾馆诉帕里什案"[①] 中，联邦最高法院通过目的解释的法律方法，认为州政府通过立法保护妇女权利具有正当目的，最低工资标准的规定是能够被允许的达成目的的手段。合同自由并非绝对而不受限制的（absolute and uncontrollable）自由，州立法可以对合同自由进行出于正当目的的限制。由此，通过本案判决遏制了美国共和党政府和资本家群体利用宪法正当程序条款来推行自由放任经济政策，一定程度上推动了民主党人所支持的罗斯福新政的施行。其二是面对既有法律存在漏洞的情况下，涉及法律续造的政治论争问题，采取不同的续造立场也会影响政治论争的结果。针对人脸识别这一与个人具有高度可结合性的个人信息保护问题，仅仅依靠既有的一般性的个人信息保护法律规范，很难完全解决人脸识别技术大规模公共应用带来的政治争议。英国高等法院在"Edward Bridges 诉南威尔士警察局长等人案"判决中，沿袭了既有个人信息法律规范要求的保守立场，驳回了自由民主党前议员 Edward Bridges 提起的人脸信息保护诉讼，认为英国警察使用自动人脸识别技术不违反《人权法案》和相关的数据保护法案。法院并没有通过对人脸信息保护进行法律续造以加强人脸信息保护的裁判，使得公共安全优先的主张在人脸隐私信息与公共安全之间的政治论争中暂时获得了司法支持。[②] 美国波士顿、旧金山、波特兰和俄勒冈州则针对人脸信息保护的独特问题进行了个人信息保护法律续造，在人脸信息利用和保护的政治论争中倾向于加强信息保护，颁布了人脸识别禁令。

（二）法律修辞在不同场域的应用

1. 法律修辞的立法应用

民主论争中的法律修辞在立法和司法场域均有表现，在不同场域中法律修辞也根据场域的需求和特点，发挥着不同的作用。法律修辞的立法应用有着宪法实施和法律体系融贯

---

① West Coast Hotel Co. v. Parrish, 300 U. S. 379 (1937)
② 朱利江：《英国高等法院判决世界上首例使用自动人脸识别技术合法性的案件》，载国际法律与政策微信公众平台，2019 年 9 月 17 日，访问地址：https://mp.weixin.qq.com/s?src=11&timestamp=1609216794&ver=2795&signature=MzAVyHy-zX-2YobWFEObuam4kdyz85ZkqE1aOzjcI9Gx4geWHCAbpoeVe9dwgGc-d-UmNXGD*OgFgQovJHeLSQw5YIvG5l6w78hZ3hEDmoYbCZzDltrZ1moU0C4ZrI1H&new=1。

两个维度。就宪法的贯彻实施维度而言，在宪制民主之下，任何政治论争的结论通过立法形式得以确认都要符合宪法的规范要求。无论是制定、修改还是废止某一政治论争议题所涉及的相关法律，都必须具有宪法上的依据。对现有法律进行立法解释，也必须采取合宪性解释的方法，符合合宪性控制的要求。民主的双方在论辩中，往往会利用法律修辞来主张己方的立法提案符合宪法的要求，认为对方的立法提案违宪。在具有立法事前合宪性审查制度的国家，民主的论辩双方还利用宪法事前审查制度来否定对方政党主张的已经通过的立法的合宪性。堕胎是西方基督教民主国家政治论争中长期聚焦的话题。在2001年法国堕胎法①修改中，反对延长堕胎期限的60多名参议员认为修改后的堕胎法违反宪法，就议会以多数决议通过的堕胎法向宪法委员会提起了审查申请。宪法委员会支持了修改后的堕胎法的合宪性，认为堕胎法修正案并没有对人格尊严和妇女自由权利之间的平衡造成影响。

民主辩论的立法过程除了要满足合宪性的要求外，还要与既有的法律体系融贯。西方宪制民主的法律秩序是一个以宪法为核心的具有不同效力等级的法秩序体系。这也就意味着法秩序体系内部要符合逻辑要求，实现内部融贯，以避免法律规范之间的冲突。民主论辩双方中提出的法律立、改、废动议，不仅仅要合乎宪法，还要在法秩序体系中寻找到恰当的定位，与既有的法律规范相衔接贯通，防止新的立法破坏既有法秩序体系的逻辑性和完整性。尽管，美国民主党和共和党在医保法案上存在较大的对立冲突。但是，在特朗普上台后当时由共和党占据优势地位的美国众议院对奥巴马医保法案的废改过程中，仍然没有对奥巴马政府提出的已经实施并嵌入到美国医疗保险法律体系之中的"允许子女在26岁之前可以享受其父母的保险计划"等条款进行修改，而是修改了与美国既有医疗保险法律体系并不完全适配的较为激进性的"对不加入医疗保险的个人和企业进行惩罚性的征税"等内容。② 这也说明了，在西式民主论辩中，利用法律修辞及其内蕴的法律思维来处理政治争议问题，能够在既有的规范框架下尽可能地缩小分歧、凝聚共识，甚至防止不理性的激进立法的生成。

2. 法律修辞的司法应用

民主辩论中的法律修辞在司法领域的应用体现在对违宪立法的司法纠偏和对政治争议问题出现的新情况的司法回应上。西方宪制民主强调司法权与立法权和行政权之间的制衡关系。在立法机关占据多数地位的党派可以借助其人数优势而强行通过违反宪法或上位法的法律。为了防止这种情况的出现，就需要司法机关对已经通过生效的法律进行合宪性审查来限制立法权。民主辩论的参与一方，往往利用法律修辞通过宪法法院的宪法审查制度来试图否定对方已经以立法形式通过的政治主张。国家在经济发展过程中充当的角色始终

---

① Decision No. 2001 - 446 DC, 27 June 2001.
② 邹武捷：《美国医疗保险改革分析——以奥巴马医改与特朗普医改对比为例》，载《中国保险》2020年第3期，第61-64页。

是西式民主辩论中一个重要的问题，在多国都存在着主张自由放任的经济政策的小政府的一方与主张政府引导甚至干预经济的一方。在1961年，德国一些主张政府私有化国有资产侵害《基本法》规定的财产权社会义务和平等原则的人士，就针对下萨克森州政府和联邦德国政府根据保护雇员股权优先购买权的私有化法律出售大众汽车公司国有股权提起了宪法诉讼。在"大众汽车私有化案"① 中，德国联邦宪法法院认为联邦政府和州政府在大众汽车私有化过程中倾向于雇员的股票销售调控不违反《基本法》是相关规定。

除此之外，已经由立法通过并发生效力的政治决断面临新情况时，往往需要调整其规范内容以适应新的社会发展状况。由于修改既有法律乃至重新立法的程序繁杂，难以对公民的权利进行高效的救济，这时，往往是由司法机关对政治争议问题出现的新情况作出司法回应，西式民主双方对政治议题新情况的应当如何决断的辩论就自然而然地转移到司法场域。尽管，在大陆法系国家的法学理论和国家机构职权配置中，只有立法机关才能制定法律。但是，在包括大陆法系国家在内的西方国家的宪制实践中，法院事实上在司法裁判过程中扮演了司法立法者（Judicial Law‒making）的角色。② 在20世纪70年代以前，德国的选举法律规定的竞选公共资助对象仅限于政党提名的候选人。尽管，无党派人士在政治舞台上日益活跃。但是，受到众议院阻挠的无党派人士依旧无法获得竞选的补贴。希望获得竞选公共资助的无党派人士与不愿将竞选公共资助与无党派人士分享的传统政党在竞选公共资助对象范围是否应当扩展问题上出现了政治论争。地区行政法院和州行政法院也在这一政治论争中支持了众议院，实际上帮助传统政党巩固了其既得利益。最终，联邦德国宪法法院在1976年"独立竞选资助案"中顺应民主政治领域的最新变化，通过司法判决将竞选公共资助对象从政党扩展到无党派的独立人士。由此可见，民主论辩的参与者通过在司法中运用法律修辞可以纠正被立法机关强行通过的违宪立法，还可以促使法院对政治争议问题出现的新情况作出有利于己方政治立场的判断。

三、民主论辩场域中法律修辞应用的本质及其批判

美国学者弗朗西斯·福山将西方宪政民主制度视为人类"历史的终结"，认为以多党竞争、宪法审查、权力分立为特征的西方式的自由民主制度是人类社会发展的最终形态。③ 作为西方式宪制民主重要组成部分的民主辩论中的法律修辞应用，在一定程度上实际发挥了对可能被滥用的国家权力的限制作用，法律思维影响下民主政治论争也保护和增进了西方国家的部分公民权利。因此，西式民主辩论中法律修辞的应用，在非西方国家被一些人视为宪制民主的神话。随着近年来西方国家民粹主义思潮地方不断兴起，极端的政

---

① Volswagen Privatization Case，12 BVerfGE 354.
② 张千帆：《法国与德国宪政》，法律出版社2011年版，第242页。
③ 参见［美］弗朗西斯·福山：《历史的终结及最后之人》，黄胜强、许铭原译，中国社会科学出版社2003年版。

治人物和政党的不断出现，民主辩论中法律修辞应用的预期作用并没有出现。特别是西方宪制民主国家面对新冠病毒疫情的普遍性的治理失败，动摇了西方民主宪制的神话。这使得越来越多人开始对民主政治的弊端进行审视和检讨。其中民主论辩场域中法律修辞应用的本质和负面效应也应当得到关注。

（一）民主论辩场域中法律修辞的应用本质

民主论辩场域中法律修辞的应用采取的是将政治问题法律化的思路。但是，即使政治论争被披上了法律论争的外衣，依然无法掩盖"政治对于法律在事实上和逻辑上的控制与决定性"。① 即使对一些重大政治论争问题使用了法律修辞，仍然无法回避其中的权力关系与利益诉求等政治问题。西式民主论辩场域中法律修辞的应用，可以将被统治阶级对统治阶级剥削行为的关注转移到法律语词的选择和法律技术的适用上。当作为被统治阶级的民众关注不同法律方法应用之争时，往往就会忽视某种法律方法所服务的利益集团的目标和诉求。除此之外，按照马克思主义法学的观点，统治阶级在西式民主论辩场域中对法律修辞的运用，表面上是将内蕴维护公民权利的法律思维注入政治论争与政治决策中，实际上，这是统治阶级通过少许程度上的妥协和让步，赋予被统治阶级一定的权利和自由来压制其抗争诉求，将这种牺牲部分利益以削弱被统治阶级抗争意识的统治手段法律化。② 因此，西式民主论辩场域中法律修辞的应用本质上是以法律语词和法律技术掩盖资本主义政治的不平等的阶级压迫关系。美国民主党与共和党关于医疗保险制度的法律修辞论争，表面上看是为美国多数人民争取更好的医疗领域社会保障权利，实际上是想用看似激烈的法律论争来制造统治阶级对人民医疗权利保护作出巨大让步的表象。

民主论辩场域中的法律修辞是在多党制竞争民主中被应用的。西式民主论辩场域中法律修辞就始终是服务于不同政党及其所代表的少数统治阶级的利益的。针对政治论争问题的不同的法律解释方法和法律解释结论，看似是用于维护不同公民群体权利，实际上是政治统治阶级内部不同利益群体分歧的法律表征。在美国与墨西哥边境以紧急状态令建立隔离墙的政治论争中。民主党和共和党都使用不同的法律修辞来表征其反对建设隔离墙和支持建设隔离墙的政治立场。美国众议院民主党人首先在西式民主论辩的立法场域提出决议案，来阻止特朗普在美墨边界修建隔离墙的紧急状态令。共和党人利用程序性法律规范的法律修辞使得民主党人未能取得三分之二多数来推翻特朗普的紧急状态令。随后，民主党将特朗普政府挪用五角大楼资金建立美国与墨西哥之间的边境墙的争议政治行为诉诸联邦法院。位处司法场域的联邦法院也作出了特朗普挪用国防、军事资金建设隔离墙行为违反了美国《宪法》中的拨款条款的裁决。但是，无论是在立法场域还是在司法场域，两党运

---

① 姚建宗：《法律的政治逻辑阐释》，载《政治学研究》2010年第2期，第32页。
② ［英］柯林斯：《马克思主义与法律》，邱昭继译，法律出版社2012年版，第17-33页。

用法律修辞时所根本关心的并不是纳税人的税收是否被依法使用。民主党运用法律修辞反对特朗普的紧急状态令根本上是为了维护其所代表的在经济全球化中受益的科技巨头的利益。利用法律修辞来挑战特朗普的紧急状态令，实际上是为了防止特朗普的逆全球化行为损害其所代表的资本家群体的利益。共和党利用法律修辞来支持特朗普的紧急状态令，并不是为了保护因非法移民而收入下降甚至失去工作机会的低收入白人群体的就业权利，而是希望利用损害民主党背后金主利益的逆全球化的行政命令来打击政治对手。

（二）民主论辩场域中法律修辞的应用批判

民主论辩场域中法律修辞的应用对规范政治权力行使和保障公民权利的所带来的积极效果不可否认。但是，当西式民主的双方都能够根据法律修辞来支持己方的政治主张之时，就会对宪治民主的确定性和可预期性的形式法治要求产生冲击。西方宪制民主的法治理论，无论是采取形式法治立场的学者还是采取实质法治立场的学者，都认为宪制民主必须要符合形式法治的基本要求。拉兹和富勒尽管在形式法治与实质法治立场上存在对立，但是都认为法律应当满足可预期性、明确性等最基本的形式法治原则，认为特别法律命令的制定应受公开、稳定、明确以及一般性规则的指导。① 只有满足这些最基本的形式法治要求，法律才能够为人们的行为提供指引，才能够保障公民的权利。然而，在西式民主辩论中，持有不同政治立场的参与者都利用法律修辞来支持己方的主张。特别是利用多元的法律方法，在宪法和法律文本存在解释可能性的情况下，极力主张己方解释结论的合法性和对方解释结论的违法性。这就导致了在政治论争议题上，即使以法律形式通过了某一方的政治动议，但仍然无法说服对方。政治主张没有得到支持的一方，仍然坚持己方政治主张合宪合法。这就使得在政治论辩中实际仍然存在着两种不可协调的法律解释方法和法律解释结论。多元法律解释结论及其背后的政治支持力量在政治实践领域的事实存在，就会导致法律的确定性和可预期性被削弱，继而对形式法治的基本原则造成冲击。

在民主政治国家政治极化的时代，法律修辞被民粹主义者滥用于己方的政治主张之中，进一步加剧了对法律确定性和可预期性的损害，进一步动摇了西方宪治民主国家形式法治的基石。例如，特朗普在总统大选失败后不断提起选举诉讼。即使其提起的选举诉讼请求既没有事实依据，也不符合宪法和选举法律的规范要求，包括特朗普本人提名的联邦最高法院等美国多所法院的法官都根据法律裁决特朗普团队提出的选举诉讼败诉，但是，特朗普及其支持者依然强行用法律修辞来强行为己方的政治主张披上合法性的外衣。这就使得美国2020年总统选举西式民主辩论场域中，实际存在了法院裁定并发生效力的法律适用结论和特朗普团队主张并得到相当部分美国公民认同的法律修辞。这就导致了美国社会对2020年总统选举西式民主辩论场域中不同法律修辞及其应用结论的认识撕裂，使得

---

① Lon. L. Fuller, *The Morality of Law*, Yale University Press, 1969, Chap. 2.

宪法和选举法律无法发挥以法律的确定性和可预期性指引公民行为的作用。因此，西式民主论辩场域中法律修辞的滥用，特别是民粹主义政治家在其政治行为明明没有法律依据的情况下，强行利用法律修辞来为己方的政治主张"诡辩"的行为，会动摇西方宪治民主的形式法治根基。在这种情况下，宪法就会面临着从规范宪法蜕变为"语义宪法"乃至"名义宪法"的危机。[①] 这与宪制民主利用法律修辞来遏制不理性的民粹者的滥权乃至暴政的初衷背道而驰。

结语：回归法律系统的相对独立性

虽然，西式民主政治论辩中的法律修辞自其生成伊始，与政治发展就是相互嵌入相互影响的，甚至形成了不可脱离的紧密关系。但是，在社会系统功能分化的现代社会，法律系统是相对独立于经济系统和政治系统的。法律系统虽然要吸纳政治系统的决断和经济系统发展的新情况，但其本身仍然要在政治系统和经济系统的影响下维持自身的独立性。[②] 归属于法律系统的法律修辞在西式民主政治论辩这一政治系统场域的运用，仍然要保持一定的独立性，不能完全为政治系统控制，甚至成为政治系统的工具。西式民主论辩中在计划政治的背景下，出现了政治家单纯将法律修辞作为诠释其政治立场和政治决断的工具，而忽视法律与法治保障人权、协调冲突、塑造共识、维护秩序等内在价值的消极现象。虽然，这种现象是基于西方多党竞争政治制度生成的。只要多党制竞争民主存在，这样的消极现象就不可避免。但是，在西式民主论辩中如果能够维护法律系统相对于政治系统的相对独立性，就能够消减掉一部分负面效果。

在民主论辩中具有相对性的法律系统，不再是诠释政治决断的法律面具，而是能够以法律和法治的规范价值来制约政治系统。西式民主论辩中，通过回归法律系统相对独立性的法律修辞能够以法律具有的协调多元价值的内在功能来纠偏和修正极化政治带来的负面效应。利用法律修辞的限制作用，将极化政治的民粹主张束缚在法律具有的最低限度共识的框架之内，继而在法律内蕴的最低限度的规范共识基础上展开对话，协调西式民主论辩中的对立方，促使其在既有法秩序的框架内通过对话来以法律形式作出共识性的政治判断。继而，利用法律的强制效力来保护这些法定化的政治共识决断。这将是缓和西方极化政治背景下，西式民主政治论辩中的法律修辞滥用带来社会撕裂和法治动摇等问题的重要出路。

（编辑：杨知文）

---

① ［美］卡尔·罗文斯坦：《现代宪法论》，王锴、姚凤梅译，清华大学出版社 2017 年版，第 37—50 页。
② 李忠夏：《宪法教义学反思：一个社会系统理论的视角》，载《法学研究》2015 年第 6 期，第 3 页。

哈耶克法治经济思想及其方法论的批判分析

王　鑫[*]

摘　要　方法论的个人主义是哈耶克在如何理解社会经济现象的形成和演化问题上通过采取综合统一的研究原理所给出的理论回答。他以有限理性的认识论作为起点，认为市场应该按照其自发规律运行。哈耶克构建的自生自发秩序以及正当行为规则也是其法治经济思想的理论基础，即在正当行为规则的制度保障下，利用市场中分散的知识，实现对政府、社会、经济规律的把握。其理论有一定的合理性，但以此方法论批评社会主义中的集体主义，缺乏对当代社会的各种自由主义和个人主义的思考，导致其理论在现实中产生了极大的争议。

关键词　自生自发秩序　正当行为规则　集体主义　个人主义

政府与市场的关系一直都是我国政府亟须解决的一大难题。[①]自党的十一届三中全会以来，我国在社会主义建设的理论探求和实践过程中不断总结经验，提出了建设现代政府的目标，通过简政放权，让市场主体有更大的发挥空间来创造活力。在这里，政府要做的不仅仅是对经济的宏观调控，还需要为市场提供一个健康的制度环境，归根结底，就是需要用法治来约束市场。哈耶克从知识的利用和有限理性的角度重塑了"方法论个人主义"，并提出了市场不能够被计划，认为市场按照自发秩序来进行。哈耶克是市场经济和法治社会的坚定捍卫者，他对计划经济的批判以及对市场经济的阐释对我国建设中国特色社会主义市场经济仍具有借鉴意义。但也要注意的是，哈耶克的思想是衍生于资本主义的思想环境中，他的很多理论及其所运用的方法论本身就带有一些缺陷，其基本立场也是站在资本世界的一方，所以在借鉴的过程中，也需持一种审慎、批判的态度来看待。

---

[*]　王鑫，男，河南信阳人，《学术月刊》杂志社编辑，华东师范大学博士后研究人员，法学博士，研究方向为法学理论。

[①]　2016年林毅夫、张维迎关于"产业政策"之争，从根源上来讲，也是这一问题的延续。

一、哈耶克"方法论个人主义"的逻辑脉络

"市场秩序是一种法治秩序",① 哈耶克认为在现代社会政府应该做一个"小政府",不应该去干预市场,政府的职责在于为市场经济的有序运行提供法律保障,以维护市场的有效竞争以及私有财产制度。为了防范政府干预市场,应该建立起一套维护市场的法治秩序。而这一套逻辑的背后则是"方法论个人主义"。秉承自由主义传统,哈耶克认为在社会科学研究领域,并不能将社会作为整体进行研究,其起关键因素是社会的个体,"研究者需要把行动者对行动、行动对象、他人及环境的观念作为事实(data),凭借对这些事实的组合和相互联系的考察、分析来建构社会关系的结构模式,由此去获得由行动者们分散又相互之间发生关联的行动的综合效应所产生的社会现象的理解。"② 这种理解社会现实的方法就是"方法论个人主义",这种方法论个人主义的研究基础是社会个体的行动和知识,因而具有主观主义的意义,并因对个体的考察而对社会现象的认识成为可能,达成了个体与制度的互动关系。因此,哈耶克基于理性不及的认识论,在其理论体系中包含了"方法论个人主义"。

1. 方法论的起点:理性不及的认识论

"不可知论"③ 是哈耶克的经济、社会理论的基础。哈耶克认为知识是高度分散地,甚至是互相冲突地存在着,只能掌握在不同的个人手中。知识的分立性所带来的必然后果就是每个社会的单个成员对于社会存在的大多数事实处于无知状态。基于这样的一种认识论,哈耶克认为根本不可能人为地制造出一种供给和需求之间的均衡。可以说哈耶克认为经济的核心问题就是对分散化知识的利用,而价格体系就是利用这些分散的知识最有效的方式。哈耶克改变了经济学领域的研究范畴,之前是研究给定知识利用问题,而哈耶克对知识的论述就将研究转向了知识的发现过程以及分散的知识得以传递和利用的机制中。④ 所以,哈耶克的研究主要在于如何最大效率地运用这些分散性知识,他认为市场是认识这些分散的知识的最有效的途径,但是他也反对将市场当作是没有缺陷的、完美的,他认为市场是迄今为止在所有方式中最有效的一种资源配置方式。因此哈耶克认为"社会主义的难题不是在于社会主义能够通过试错的方式确定均衡价格,而是在于社会主义经济是否有

---

① 高全喜:《法律秩序与自由正义》,北京大学出版社2003年版,第88页。
② 韩新峰、郭艳茹:《对奥地利派方法论个人主义的常见误解与澄清》,载《制度经济学研究》2021年第2期,第302页。
③ 奥地利学派继承了英国的自由主义传统,这一流派认为社会秩序的复杂性以及认识的有限性,对人类理性保持着怀疑的眼光。
④ See William N. Butos, Thoms J. McQuade, *Mind, Market and Institutions: The Knowledge Problem in Hayek's Thought*, 1999. 该英文原文可参见 https://max.book118.com/html/2017/0712/121938501.shtm(2022年3月1日最后访问)。中文相关表述可参见高保中:《市场经济与竞争均衡:哈耶克的启示与超越》,载《南开经济研究》2004年第4期,第14页。

一套激励机制，使零散的信息在商品生产和提供服务时得到利用"。①

哈耶克认为由于知识的庞大以及个人理性的局限，市场职能通过价格的调节作用，将每个经济主体所能掌握的诸如价格、机会、资源等信息协调起来，这样就可以形成一种有序的市场机制。对于哈耶克的理论体系而言，市场做的事情就是要把分散的知识和信息集中到一起，从而可以得到普遍的利用。

2. 方法论的延伸：自生自发秩序

自生自发秩序源于哈耶克对市场秩序的思考。在哈耶克的早期研究生涯中，他就说过，"经济学的主要任务乃在于解释一种经济活动中的整体秩序是如何实现的，而这个过程运用了并非集中于任何一个心智而只是作为无数不同的个人的独立的知识而存在的大量的知识"②。在这里哈耶克首次对经济秩序问题进行了论述。1948 年，哈耶克将奥斯卡·兰格与阿巴·勒纳在与米塞斯、哈耶克论战中所提出的"市场社会主义"模式的论文结集出版了《个人主义与经济秩序》一书，在该著作中，哈耶克论述了市场经济自生自发的抽象特征，这为哈耶克后来提出自生自发秩序提供了理论上的准备。客观上来说，哈耶克系统地提出自生自发秩序是在 20 世纪 60 年代，以发表《自由宪章》一书为标志，在 70 年代发表的《法、立法与自由》一书中更是非常详细地论述了自生自发秩序，自此，自生自发秩序成为了哈耶克思想最核心的一个词汇。

顾名思义，自生自发秩序并不是由人的理智或意志所设计的产物，而是人在非特定目的的行动中自发形成的秩序，例如人类社会的习俗、传统、制度等都是人活动的结果，非刻意设计，而是自生演化而来的。哈耶克的自生自发秩序就在于揭示了人是如何遵循规则而形成的社会秩序的这种内在机制。哈耶克认为经济秩序就是有个高度复杂的信息结构网络，每个人都在遵循着一定的规则行动。自由社会跟极权社会不同之处就在于极权社会极有可能遵循的是同一个命令形成的比较单一的秩序，而自由社会是每一个人根据自己的环境以及自己掌握的知识形成一个复杂的、多元的整体秩序。哈耶克说"正是由于现代社会的结构并不依赖于组织而是作为一种自生自发的秩序演化发展起来的，所以它才达致的这一复杂程度也远远超过了刻意建构的组织所能够达致的任何复杂程度"。③ 自生秩序起点是知识的无知论，又因为这种自生秩序形成的复杂社会，导致了人理性的局限。从规则到秩序的过程中，还有一个人的主观能动性的选择过程，哈耶克认为在自生秩序的形成过程中所形成的选择过程是一种文化进化的社会性选择。这种选择过程是人们根据自己的意图和理性形成的，选择后的规则便是人人都需要遵守的秩序。人们根据自身局限的知识而行

---

① ［英］安德鲁·甘布尔：《自由的牢笼：哈耶克传》，王晓冬、朱之江译，江苏人民出版社 2002 年版，第 89 页。
② 邓正来：《研究哈耶克法律理论的一个前提性评注》，载 ［英］弗里德利希·冯·哈耶克：《法律、立法与自由》（第一卷），邓正来译，中国大百科全书出版社 2000 年版，代译序。
③ ［英］弗里德利希·冯·哈耶克：《法律、立法与自由》（第一卷），邓正来译，中国大百科全书出版社 2000 年版，第 73 页。

动的结果便形成了规则,在众多规则中,人们根据自己的意图和理性进行选择,并有很多人遵守,便形成了自发秩序,这就是自发秩序的一种抽象演进机制。

3. 方法论的集成:正当行为规则

正当行为规则是哈耶克所独创的一个学术术语。哈耶克的一生都在致力于理论的创新,社会主义计划经济只不过是哈耶克所反对的一种现象,并不是他研究的主体,哈耶克研究的主体是整个人类社会规律的研究,从内容看,其研究领域涉及了经济、政治、法律、社会等问题,但是要看到哈耶克的学术观点中最重要的就是自由的观点,是免于强制的自由,为此需要建立一个真正的"法治国家",正当行为规则[①]才是真正的法律,所以说支撑其自由观点的核心就是正当行为规则,即法治的观点。

在哈耶克的语境里,正当行为规则就是私法,就是内部规则。从实证主义者的体系出发,规则就是规则,无所谓正义与否,但是哈耶克提出了一个非常鲜明的观点,他认为规则问题从根本上来说就是一个正义问题,只有正义的规则才是真正的规则,只有正义的规则才能在历史的长河中保存下来,逐渐演化成人人遵守的秩序,所以说良法才是法,恶法不是法。正当行为规则防止的是不正义的行为,通过对不正义的限制来加强对正义的叙述,所以说正当行为规则具有否定性,就如同马克斯·舍勒所说法律命令从来不规定应当如何,它总是规定不应当如何。正是秩序不断地应用这种否定性规则,将抽象的规则转化为行为规则,最终形成正当行为规则,所以哈耶克将他的理论最终归依到正当行为规则中来,正当行为规则让哈耶克的自由理论和自生秩序理论有了坚实的法理基础。[②]

如前所述,大社会的发展有着较高的生产力,这些较高的生产力必然是劳动的分工带来的结果,但是这些劳动的分工超出了任何个人所能够掌握的范围。分散的知识,再加上个人认识的有限,因此就不可能存在有一个个体能够认识到所有的知识,但是自生自发秩序却可以将这些分散的知识形成一个整体,并能随着任何一个事物的改变及时反馈到每一个环节中去。每一个个体虽然对于整体性的知识知之甚少,却能够在正当行为规则的社会环境下,直接享受这些已经形成的成果。所以说,社会的进化也就是这样一个整体性结构因为分散知识的不断扩展和演进的过程,而保障这一进程不断发挥作用,最关键的就是有正当行为规则的保障。

二、"方法论个人主义"视域下的社会主义

基于"方法论个人主义",哈耶克认为,不存在一个全知全能的机构能够直接认识社

[①] 正当行为规则是哈耶克最为核心的观点,在《法律、立法与自由》一书中,哈耶克系统地阐述了这一词汇的内涵。哈耶克认为,"正当行为规则就是指称那些有助益于自生自发秩序之型构的目的独立的规则"。参见[英]弗里德利希·冯·哈耶克:《法律、立法与自由》(第二、三卷),邓正来译,中国大百科全书出版社2000年版,第69页。所以说,在哈耶克看来,法律就是正当行为规则,正当行为规则型构了自生自发秩序。

[②] 参见高全喜:《法律秩序与自由正义》,北京大学出版社2003年版,第76页。

会、国家和经济的发展规律。对于社会主义学派而言,通过外部观察,可以让人获得诸如社会、国家、经济系统等的行为规律。哈耶克对社会主义计划经济的批判正是建立在其"方法论个人主义"基础之上,他是最坚决的反对计划经济的学者,他认为不存在一个全知全能的机构能够直接认识社会、国家和经济的发展规律,并在此基础上建立了自己的市场理论体系,即法治经济。

1. 理性注定无效

哈耶克的理论及其方法论支持部分源自于英国古典自由主义。哈耶克同这些古典自由主义的思想家们一样,都不相信理性的作用,他们都认为人类社会中不可能会有一个人或者一个组织能够完全了解社会整个的情况。他们认为利己主义是社会的本质,而政府的作用就是需要制定一套恰当的社会制度,引导利己之心在无意识的过程中给他人带来益处,换句话说,他否定了人类理性构建社会秩序的合理性,社会秩序的制度设计只能来源于自然进化。因此,中央对经济的"计划"是不可能有效的。哈耶克反对极权政府下的计划经济,任何政府官员都无法对计划经济下的经济活动作出准确的计算,政府官员对计划经济中的规划都是不符合市场所需要的,这是没有认识到人类的"无知"的结果,因此计划经济必然失败。

2. 竞争等于效率

"价格"在市场活动中之所以重要,完全是因为竞争在其中所起到的作用。竞争能够使价格变得更加真实,使价格所蕴含的信息能够反映出市场真正的状况,所以说竞争就是发现某些事实的一种过程,如果真的有一个"全知全能"的人在指导经济活动,那么竞争也就没有任何存在的意义了。因此,有的学者也说竞争在市场中具有一种"实验"的性质。哈耶克说过"当竞争暂时导致某种垄断的时候,实际上就是竞争发挥最大作用的时候"。对于自由主义而言,他们认为与其他现存的制度选择相比,市场具有更大的优越性。而这种最大的优越性就取决于在竞争的环境下,能够产生更多的为其他人所需要的产品,这也间接地给那些在竞争中取得优异成就的人提供了有效的激励。

计划经济是中央指令性下的计划,政府解决生产什么、怎样生产和为谁生产的问题,社会的大部分资源是由政府所拥有的,并且由政府所指令而分配资源,不受市场因素影响。虽然在历史上的某一阶段产生了一些高速的增长,但是从实践上来看,计划经济是不符合现阶段的要求,它消灭了竞争,但是却导致了低效率和腐败。在竞争的环境下,虽然也存在一些弊端,但是这个以竞争为中心的体制目前是世界上最好的体制,而"计划"是消灭竞争的并与竞争是无法相融的,竞争和计划是不可协调、相互对立的两种机制。对于计划和市场双重的机制,哈耶克是极力反对的,他认为"竞争和集中管理二者如果是不完全的,都将成为拙劣的、无效率的工具,它们是用来解决同一问题的只能任择其一的原则,把两者混合起来就意味着哪个也不能真正的起作用,其结果反而比始终只取其一的情况还要糟糕。"[1] 所以说，哈耶克认为之所以计划经济不可以实施，就是因为计划经济消灭了市场，消灭了竞争。

3."计划"产生腐败

"集体主义类型的经济计划必定要与法治背道而驰"。[2] 在他的论著中一直在强调计划会产生独裁，因为计划能够得以实现，只能去依靠强有力的权力去实行。因此，哈耶克认为集体主义会慢慢发展成极权主义。"一个真正的无产阶级专政，即使形式上是民主的，如果它集中指导经济体系的话，它就会跟其他专制政体一样，完全破坏了个人自由。"[3] 政府强制权利的使用不再受事先规定的规则的限制，政府通过立法，使专断的行为合法化。

马克思认为通过计划经济对社会资源的使用进行总体规划，可以避免竞争，从而避免了经济危机对社会的影响。哈耶克认为"控制了所有经济活动的人，就控制了实现我们全部目标的手段，因而也就决定着那个目标会被满足，哪个目标不能满足。经济上的控制，决不仅仅控制了人的生活中可以与其他方面相分离的一个方面，而是控制了实现我们全部目标的手段"。[4] 计划经济让政府权力得到了无限的扩大，在这种社会里，法律会如同虚设，并不能彰显出公平正义。相反计划经济可能会剥夺人的私有产权，在西方法理中，私有产权是人的自然权利，哈耶克也在他的著作中多次提到私有产权是市场经济的前提。关于这一点，在《圣经》中就规定了，《圣经》中说上帝给了人生命，也要给予生存的权利，因此私有产权同生命权一样是人的自然权利。这也是东方人不明白私有产权对于西方人的重要性的原因之一。所以从哈耶克的理论体系来看，政府在经济活动中首要的任务就是要实施正当行为规则。简单来说，哈耶克认为政府参与经济活动时的职能有三个：第一，作为社会中实施强制的机构，政府有责任来维续市场制度的有序、健康运行；第二，政府除了在实施正当行为规则的时候，不能够干扰市场运行；第三，政府必须保护市场制度，以防市场制度被破坏。

"强权必然滋生腐败"——这是当前反对强政府比较有说服力的一个观点。当权力没有了监督的时候，必然会滋生腐败，为了保住既得利益集团的利益，制度也会愈加变得稳定和固化，从而会导致经济和政治的逐渐没落。哈耶克从理性不及和无知论出发，认为不可能存在一个"全知全能"的组织或政府来进行资源的有效配置。在之前已经论证过，哈

---

[1] [英] 弗里德利希·冯·哈耶克：《通往奴役之路》，王明毅、冯兴元等译，中国社会科学出版社2013年版，第66–67页。
[2] [英] 弗里德利希·冯·哈耶克：《通往奴役之路》，王明毅、冯兴元等译，中国社会科学出版社2013年版，第95页。
[3] [英] 弗里德利希·冯·哈耶克：《通往奴役之路》，王明毅、冯兴元等译，中国社会科学出版社2013年版，第93页。
[4] [英] 弗里德利希·冯·哈耶克：《通往奴役之路》，王明毅、冯兴元等译，中国社会科学出版社2013年版，第90页。

耶克的结论就是要限制政府的权力,他将限制政府的权力提升到了一个法律问题上来。同时,哈耶克也认为并不是所有的法律都可以限制政府的权力,有的法律也可以成为政府的帮凶,反而导致政府滥用权力。哈耶克从自生秩序出发,规定了内部规则和外部规则的内涵,也就是真正的法律和立法之法的区别,只有正当行为规则才能称之为真正的法律,只有在政府维护正当行为规则的时候,才能用强制的权力,只有法治才是限制政府权力最有效的方式。所以政府保证了正当行为规则的实施,而正当行为规则又限制了政府滥用权力,最终达到了一种内部规则和外部规则的相互制衡。

因此,哈耶克认为在现代社会政府应该做一个"小政府",不应该去干预市场,政府的职责在于为市场经济的有序运行提供法律保障,以维护市场的有效竞争以及私有财产制度。当然,哈耶克也认为政府应该承担那些私有部门无法承担的公共服务。

三、哈耶克法治经济思想的评析

恰如一枚硬币的两面,哈耶克的自由主义思想,无论是关于市场经济方面,还是关于社会理论方面,或是政治构建方面,都有其理论的合理性,也有其局限性。哈耶克的思想是植根于欧洲的文化根基中,即使这样,在欧美国家,关于哈耶克的理论也有很多的争议,哈耶克在他所有的著作中并没有涉及中国乃至亚洲的问题。但是,从21世纪伊始,中国就出现了研究哈耶克的热潮,在这背后一定有非常深刻的原因。哈耶克将他的市场理论、政府理论、社会理论最终都归依到他的法治思想。不可否认的是,致使哈耶克声名鹊起有意识形态斗争的原因,哈耶克在他的著作中大肆批判社会主义,批判计划经济,受到了一大批资本主义国家政客的青睐。所谓"兼听则明,偏信则暗",笔者试图从真正的社会主义理论出发来审视哈耶克的思想,指出其所坚持的认识论乃至方法论的一些误区,在两种对立的思潮中探究出有益于中国特色社会主义建设的理论。

1. 制度构建中理性的限度

理性不及或理性有限论是哈耶克法治经济思想的前提。哈耶克在前期批判社会主义和计划经济的时候,主要是从计划经济显现出的种种弊端来论证计划经济的不可持续性,缺乏了很多的学理性,也遭受到了马克思主义学者和左派经济学家的反驳。正是基于不可知论来反对计划经济,才让哈耶克的理论在逻辑上站得住脚。哈耶克所说的"理性"的思考有两层意思:一是我们要认识到理性不足的地方;二是我们也不可以忽视理性的作用。哈耶克认为,"理性的使命之一,就是要确定理性控制的范围或限度,或者是要确定理性应当在多大程度上依赖它所不能完全控制的其他力量"。① 作为哈耶克理论最核心的概念——自生自发秩序,也是理性和自然之间的平衡而达致的。从古希腊以来人们就习惯将社

---

① [英]冯·哈耶克:《哈耶克论文集》,邓正来选编译,首都经济贸易大学出版社2001年版,第2–3页。

会所有的现象都划分为"自然的"现象和"人为的"现象,① 基于无知论和理性不及,哈耶克认为人类社会是一个复杂的、千变万化的体系,人类的有限理性根本无法去认识并依据认识去设计秩序或制度,所以哈耶克说社会秩序的生成是进化的,是自生自发的,但是这些秩序或制度又是经由人的活动而产生的,所以不能简单地把这种秩序概括为"人为的"或"自然的"现象,哈耶克将自生自发秩序视为"人的行动而非人的设计的结果"的第三类范畴,人类只有遵循正当行为规则,市场遵循自生自发规则,整个社会才能有序运行。但是在遵循法治(即正当行为规则)的时候,也要注意使用理性的维度,防范过度重视理性的作用,从而导致公法侵入了私法,慢慢生成一个强政府,一个强政府也就不可避免会侵犯市场和个人自由。

2. 对社会主义的误解

哈耶克认为社会主义之所以不成功,主要就表现在计划经济非科学性上。与其说《通往奴役之路》是一部学术著作,不如说这部著作是哈耶克对计划经济的批判,这部著作很明显地表达了对计划经济以及社会主义的偏见。不难发现,在哈耶克的理论体系中,他将社会主义等同于计划经济。在谈起高度集中的中央计划经济时,哈耶克总会提到苏联的社会主义,又将社会主义称之为"乌托邦",在潜意识里他就认为社会主义是不可行的。如果将计划经济与社会主义区分开来,哈耶克攻击社会主义就失去了靶向。计划经济是社会主义的一个特征,是马克思对未来社会的一个设想,马克思的这个设想是建立在物质文化极度发达的基础上。无论马克思的计划经济还是兰格的市场社会主义模型对于现实来说都有一些可行性上的困难,在苏联的社会主义建设实践过程中,也出现了种种弊端。对于如何建立高度发达的社会主义国家,不仅是苏联,包括中国、波兰、南斯拉夫等社会主义国家都曾经对计划经济进行了一些调整,这是对马克思主义理论的丰富和完善。恩格斯曾说"支配着和垄断着整个工业部门的托拉斯没有无计划性,而有资本主义"。② 列宁也说过"有计划性并不能使工人摆脱奴隶地位,相反地,资本家将更有计划地攫取利润,现代资本主义正直接向它更高的、有计划的形式转变"。③ 在这里,其实已经说明了计划经济并不是社会主义本质特征。其实,社会主义一直表现为资本主义范围内的一种争取自由的运动,在马克思时代,所有的社会主义理想不过是一些底层工人追求平等、公平的理论学说,并没有达到一种政治上的构建。苏联社会主义的建立,才使得社会主义以另一种具体的形象出现,社会主义才表现为一种"权威主义"或"极权主义"的组织形式。中国的社会主义道路在历史上也走过了一些弯路,计划经济在生产力还不发达的社会并不能够有效地运转。邓小平同志曾经说过,"贫穷不是社会主义","落后不是社会主义",社会主

---

① See Hayek, *Studies in Philosophy*, *Politics and Economics*, The University of Chicago Press, 1967, pp. 96 – 105.

② 《马克思恩格斯全集》(第 20 卷),人民出版社 1979 年版,第 334 页。

③ 《列宁全集》(第 29 卷),人民出版社 1979 年版,第 436 页。

义的本质就是"解放生产力,发展生产力,消灭剥削,消除两极分化,最终达到共同富裕"。社会主义与资本主义的区别不只是在于实行公有制还是私有制、市场经济还是计划经济,最终还是取决于哪个体制更能体现公平正义。

3. 对资本主义缺乏分析

在对资本主义分析的时候,哈耶克主要谈的是资本主义经济取得的成果,以及这种资本主义制度取得成功后所带来的社会进步和基层人民生活的改善,包括哈耶克的正义理论、福利理论都是在为资本主义"弱肉强食"的游戏规则来辩护。然而,在这方面,他没有马克思阐述得那么深刻,在马克思的许多著作中,不断强调了资本主义作为人类社会发展阶段所具有的重要意义。马克思说,"资产阶级在它的不到一百年的阶级统治中所创造的生产力,比过去一切世代创造的全部生产力还要多,还要大"。① 马克思恩格斯通过对资本主义历史的考察,一方面肯定了资本主义对历史进程的贡献,一方面又考察了资本主义的劣根性。马克思揭露了资本的本质,他认为资本家的本质就是攫取利润,掠夺剩余价值,他所揭露的异化现象揭露出了资本主义丑恶的一面。马克思认为,"社会的物质生产力发展到一定阶段,便同它们一直在其中运动的现存生产关系或财产关系发生矛盾。于是这些关系便由生产力的发展形式变成生产力的桎梏。那时社会革命的时代就到来了。随着经济基础的变更,全部庞大的上层建筑也或慢或快地发生变革"。② 所以马克思认为资本主义最终会内部瓦解。但是在哈耶克的讨论中,既不存在对资本主义历史发展的考察,另一方面,也没有考察资本主义矛盾特征和内在压力,以及没有详细分析与当时比较成功的欧美资本主义经济相比的一些差异范例。

哈耶克主要对资本主义进行的是辩护,而不是分析,主要是明显地缺乏对资本主义历史发展的总体论述,缺乏对当代社会已存在的各种不同的自由主义和个人主义的性质、程度经验上的思考。③ 哈耶克忽视了一个最大的问题是他没有考虑到资本主义制度包括经济、政治方面的体制都受那些大资本家以及资本寡头控制的政治家所把控,这样的一个体制下所产生出来的规章制度必然会符合资产阶级群体的利益,从现实出发,哈耶克所主张的自发秩序必然无法实现,如当代世界各国之间的贸易关系、贸易协定都是互相获取利益的结果,具有利益垄断的一面,不可能用哈耶克的自发演进的市场规则来解释。此外,哈耶克的理论也无法解释"市场失灵"的问题,也无法解释有自发秩序下所带来的贫富差距拉大、市场的无效率等问题。总之,如果从历史发展的角度上来看,哈耶克缺乏一种历史的眼光,这也难怪哈耶克对社会主义保持了非常固执的偏见。

---

① 《共产党宣言》,载《马克思恩格斯选集》(第1卷),人民出版社2012年版,第405页。
② 《马克思恩格斯选集》(第2卷),人民出版社2012年版,第32—33页。
③ 参见 [英] 托姆·博托莫尔:《现代资本主义理论:对马克思、韦伯、熊彼特、哈耶克的比较分析》,顾海良、张雷声译,北京经济学院出版社1989年版,第63页。

4. 对"劳动价值论"的误解

以价格为核心的计算方式是奥地利学派的核心观点,他们认为价值无法测量,更无法为经济学家和管理经济的政府官员所掌握。而价格能够反映一个物品的稀缺程度以及人们对其的喜爱程度,在市场经济下,货币是最有效的经济核算方式。不可否认,在现实的可行性上,奥地利学派的观点确实是可行的。但是恩格斯也说过:"社会一旦占有生产资料并且以直接社会化的形式把它们应用于生产,每一个人的劳动,无论其特殊用途是如何的不同,从一开始就成为直接的社会劳动。那时,一件产品中所包含的社会劳动量,可以不必首先采用迂回的途径加以确定;日常的经验就直接显示出这件产品平均需要多少数量的社会劳动……人们可以非常简单地处理这一切,而不需要著名的'价值'插手其间。"[1] 显然,恩格斯承认社会劳动量与工作小时有关,与"价值"无关。恩格斯又说"比较复杂的劳动只是自乘的或不如说多倍的简单劳动,因此,少量的复杂劳动等于多量的简单劳动。经验表明,这种简化是经常进行的。一个商品可能是最复杂的劳动的产品,但是它的价值使它与简单劳动的产品相等,因而本身只表示一定量的简单劳动"。[2] 马克思恩格斯用劳动来换算价值的方式是站在劳动者的角度上来思考的。但是,奥地利学派并不认可这一点,他们将价格等同于马克思恩格斯笔下的价值了,如恩格斯所说,如果将所有类型的劳动都转化为简单劳动,计算出社会必要劳动时间,那么用劳动时间来做核算单位也是可以成立的。哈耶克对"劳动价值论"的误解就在于他认为劳动价值是无法作为经济的核算工具,再者就是哈耶克是站在"资本"和"资本家"的立场上来分析的。两种逻辑走向都不能说孰对孰错,而应该说是理论的出发点是什么,站在谁的立场上。

四、结语

机遇与挑战并存,我们正处于历史的新的转折点。在这个阶段,该如何建立自己的理论自信,该如何看待西方的思想史,是理论界亟须解决的问题。中国的未来需要建立一个符合市场经济的法治国家,法治是市场经济的必然要求,而法治社会是要建立在理性社会的基础上,中国的社会结构仍是一个富有争议的话题。有学者说中国社会仍然是伦理社会,要想成为理性社会,仍需要漫长的时间,[3] 中国还没有能够建立一个"法治社会"的社会基础,因此,在我们面对西方的各种思潮的时候,无论是新自由主义,还是西方马克思主义,都要结合中国的实际出发,来汲取有用的养分。值得注意的是,从认识论和方法论上看,中国的问题需要中国的理论才能解释,后发国家赶超发达国家的历程,以及中国特色社会主义的成功,根本无法用哈耶克的理论来解释,中国特色社会主义的成功,恰恰

---

[1] 《马克思恩格斯全集》(第20卷),人民出版社1979年版,第334页。
[2] 《马克思恩格斯全集》(第23卷),人民出版社1979年版,第58页。
[3] 参见谢遐龄:《中国社会结构及其启示——从中国可能建立什么样的治理体系角度看》,载《中共浙江省委党校学报》2014年第4期,第25页。

是发挥了政府与市场的协同作用,走出了一条不同于西方国家的道路,才实现了经济的迅速发展。总之,要认识到哈耶克所强调的"自发秩序"和"自然进化"的规则在现实中没有可以实现的土壤,在社会主义建设进程当中,清楚辨析出新自由主义价值理念的"虚假性"一面,坚定中国特色社会主义的道路自信、理论自信、制度自信和文化自信。

(编辑:陈杰)

案例分析的鉴定式转向

柳婷婷[*]

摘 要 鉴定式案例分析法的兴起，正是为了应对三段论模式的各种不足。三段论在实践中并没有严格遵从形式要件，直线型的思维层层推演易错漏，难以应对复杂案情。在构造上，三段论不同于一般的法官思维模式，没有以问题为导向。在考量因素、推理方法、推理证成等方面无法满足论证的多元性需求。不论是依赖前提和经验，还是易预设结果等方面都存在可靠性的问题，都呼唤分析范式的转向。鉴定式研究范式以假设检验为核心，将法律规则与法教义学结合，以一般人的问答思维逻辑展开分析，极具科学性，也弥补了三段论裁判的冷峻，打破了裁判思路的局限。鉴定式的应用存在困难，但打好教育的基础，推动规则的要件化，补全裁判引用体系的缺口，保留部分语言习惯，明确取舍与融合衔接，并做好缓冲工作也是路径之一。

关键词 案例分析 鉴定式 三段论 假设检验

一、问题的提出

随着我国留德学者的不断增多，在案件分析中运用鉴定式（Gutachtenstil）案例分析范式的呼声日益高涨。初期以留德归国学者在高校开设选修课为主，后来逐步衍生为短期课程班的形式，授课教师也扩展到引进德国本土教授。国家法官学院与德国国际合作机构出版了以鉴定式为基础的一套书籍，与大部分论著不同的是，书中基于的是中国的法律和

---

[*] 柳婷婷，女，湖南长沙人，湖南经济与社会发展研究中心助理研究员，湖南大学和德国萨尔大学联合培养博士研究生，研究方向：民商法、数理-计量法学。本文获得国家留学基金委"2019年国家建设高水平公派研究生项目"（联合培养博士类别）资助，为湖南省研究生科研创新项目"违约金酌减预测研究"（CX2018B173）资助的阶段性成果。在本研究及其论文写作过程中，得到了屈茂辉教授多方面的指导，谨在此致谢，当然文责当由作者自负。

案例，主要介绍给定事实下如何适用法律的归入法和事实存在争议如何适用法律的关系分析法，旨在为中国法官裁判案件打开另一种思路。2019年，北京大学出版社出版了一套"法科生四部曲"译著，详实地介绍了德国的法科生培养模式。包括从作业到考试再到学术论文的学习和应试方法，鉴定式思维应用过程中的结构构建、语言表述以及鉴定式到判定式的转化。近年来，涌现了一些优秀的译著：既有完整、内容详实的鉴定式个案分析，[①] 还有从鉴定式的起源和地位入手将其与笛卡尔方法联系起来以验证范式科学性的研究。[②] 除此之外，更多的研究聚焦于法学教育领域：德国的法学教育模式下案例研习课程促进了法律思维的培养，鉴定式是提高学生科研能力的重要法学教学方式，我国目前法学教育存在一些问题，德国学生参与为主的模式具有一定的优点。[③] 因此，诸多学者提出德国鉴定式案例分析方法对于我国法学教育具有借鉴意义和推广前景。

但是，现有研究仍然存在一定的局限性：一是，还停留于鉴定式分析方法的介绍和模仿阶段，研究成果较少。[④] 二是，本土化研究有限。三是，鲜有关注于司法领域范式应用和现有范式之间衔接的。本研究旨在弥补已有研究的不足，从理论逻辑上分析范式转向的深层原因。一则出于三段论实践与理论的需求，二则鉴定式本身具有补强作用。再阐释本土化过程中存在的问题、与现有范式之间如何过渡，以及克服水土不服难题的思路。我国现有的司法裁判采取的是三段论的逻辑范式，三段论的分析遵循从规则到事实的结构，但是思维的宏观性和体系性略显不足。法官只需要考虑连接点在案件中对应的、固定的连接因素，时而会存在遗漏要点的情况。我国《民法典》的颁布，为鉴定式研究范式的转向提供了体系性的法律依据，也对法典实施中的体系化提出了更高的要求。无论是民事司法，还是民法学研究，转变案件分析范式可以更好地促进法典的形式逻辑思维与本土化协调统一，对促进法典目标的实现、维护民生民利具有重要的意义。面对研究需求与现有缺漏，本文对案例分析范式的转向展开研讨，以期对实现良法善治有所助益。

二、三段论分析范式的转向需求

（一）三段论在实践中论证推理不够充足

三段论（Syllogism）作为一种逻辑论证范式，应用演绎推理的方法基于两个被断言为真或者假定为真的命题得出结论。三段论的形式是：大前提（所有 M 是 P） - 小前提

[①] ［德］弗朗茨-约瑟夫·派纳：《德国行政合同鉴定式案例分析：儿童游戏场案》，黄卉译，载《法律适用》2020年第10期，第141-152页。

[②] ［德］卡尔·弗里德里希·斯图肯伯格：《作为笛卡尔方法的法学鉴定式》，季红明、蒋毅译，载《北航法律评论》2017年第1辑，第169-189页。

[③] 卜元石：《德国法学教育中的案例研习课：值得借鉴？如何借鉴？》，载《中德法学论坛》（第13辑），第45-57页。

[④] 笔者2020年7月6日在中国知网（www.cnki.net）中以"鉴定式"为主题关键字在文献数据中仅搜索到7篇论文，其中包括1篇读后感，1篇开班授课的综述。

(所有 S 是 M) – 结论 (所有 S 是 P)。① 法律三段论 (Legal syllogism) 则可以细化为三个步骤：法律发现 – 事实发现 – 法律适用。所有的案件可以将司法裁判的过程以分类的形式简化陈述为具有演绎逻辑的论点。譬如，以 (2014) 鄂武昌行初字第 00035 号行政判决书为例，介绍三段论案例分析范式的思路：

大前提：一是，《城市房屋权属登记管理办法》第 7 条、第 17 条第 2 款、第 27 条。二是，《中华人民共和国物权法》第 106 条。三是，《最高人民法院关于行政诉讼证据若干问题的规定》第 5 条、《最高人民法院关于审理行政赔偿案件若干问题的规定》第 32 条。四是，《最高人民法院关于审理房屋登记案件若干问题的规定》第 8 条。

小前提：第一，被告武汉市房管局是本市房地产行政主管部门，有权颁发房屋权属证书。第三人申请移转登记应当提交权属证书以及合同、协议、证明等文件。被告应当对房屋转移登记申请材料所涉及房屋的权属和产权来源进行审查，但被告没有履行合理审慎的审核程序。原告与第三人均持有该房管局颁发的指向同一房屋的房屋所有权证，原告办证在先。第二，第三人购买标的房屋是真实意思表示，没有串通欺诈的恶意。根据日常生活经验和第三人已经办理了房产证的事实，认定其缴纳了购房款。登记机关将第三人记载为登记簿上的房屋所有权人。第三，原告没有提供证据证明租金损失。第四，被告以重复颁证的行为为由提起行政诉讼，不存在登记原因行为的争议。

结论：根据《最高人民法院关于审理房屋登记案件若干问题的规定》第 11 条第 3 款，因为被告没有履行必要的审查义务，但第三人已经善意取得，所以确认被告给第三人重复登记颁发房屋所有权证的行为违法。根据《最高人民法院关于审理行政赔偿案件若干问题的规定》，因为原告没有举证租金损失，所以驳回原告该诉讼请求。

从上述案例可以看到，首先，三段论在法律文书中的语言表现形式为因果关系句型，强调联系而弱化论证。提出大前提法律规定的权利和义务，再分析小前提具体案情中行为人的行为。明确因为该行为违反或者符合前述法律规定，所以行为人应当承担或不承担相应的法律后果，强调因果之间的联系，也就是行为和责任之间的对应关系。其次，实践中三段论应对复杂案情较为困难。在简单的情况下，明确的法律规范可以推导适用于案件事实，此时规则的有效性不受质疑。然而，在困难的情况下，两个或者多个法律论点会导致规则含义或有效性相互矛盾的结论，而达到了三段论演绎逻辑的极限。在疑难案件中，法院必须默示或明确权衡许多相互竞争的因素，以将法律适用于案件中，只有通过无数价值的复杂平衡才能超越这些限制。这种平衡是必要的，因为有许多不同的方法可以攻击每种类型的法律论点。此外，每种类型的论证都体现了我们法律体系的不同基本价值。这种评价过程不能通过三段论进行；相反，这是一个解释选择的问题。② 再次，法官运用三段论

---

① 其中，S 代表主词 Subject，P 代表结论的谓语 Predicate，M 代表中词 Middle。
② See Wilson Huhn, The Use and Limits of Syllogistic Reasoning in Briefing Cases, *Santa Clara Law Review*, 42 (3), 2002, pp. 848 – 849.

推理过程中,可能因为某一步的错漏导致结果的错误。比如上述案例中,法官因为存在房产证推导缴纳了购房款。一次完整的物权移转交易分为三个部分:买卖合同、支付金钱、登记或交付标的物。日常经验中,买卖合同、支付金钱之后,才会完成登记或交付工作。但是,也不排除一些例外情形。需求要提交到不动产登记中心的申请材料虽然包括买卖合同,但是并不包括支付金钱的转账记录。① 换句话来说,只要提交符合要求的申请材料,双方或者委托代理人前往不动产登记中心,就可以办理不动产登记,登记机关并没有审查房款是否已经交付的职责。所以,这个推理是不成立的。这个不成立的结果将会直接影响到第三人的善意取得和最后原告享有的是物权还是债权。总的来说,司法实践呼唤三段论范式的转向。司法判决书结构中,裁判理由部分应是文书的重点。我国部分判决书这一部分篇幅较少,或者说理并不透彻,逻辑和要点不够明晰。从上述案件可以看到,大前提中的 P 并没有出现在结论中,小前提中的 S 也在裁判文书原文的结论部分中被隐去。反映出实践中,一方面,很多生效裁判文书并没有严格按照三段论的结构一一对应,案件之构成不能对应法条之构成,按照逻辑论证并不能从原因推导出结果。另一方面,从罗列法律法规、陈述案情到裁判结果直接推导,结论中并没有因果关系的阐述,易造成当事人阅读和理解判决的困难。

(二) 三段论在构造上思维逻辑不够严密

第一,三段论缺乏问题导向性。我国三段论与鉴定式之间最大的不同是,三段论没有"提出假设"这一步骤。法官的思维过程具有一定的曲折性,这个曲折性要求案例分析过程中必须要有问题导向。法官思考案件不是直线型而是在案件事实与法律规范之间来回穿梭,以寻求最佳的解决方案,在这个思维过程中,需要通过不断地自我否定和自我肯定,排除一个个的合理怀疑,并作出合理的论证。② 尽管法官怀疑性思维是在性恶论的基础上概括的,性恶论并不能当然地构成法官思维的怀疑性。法官也不能像理论家一样可以抛开条件面对具体规则、具体案件进行高度抽象。但不可否认的是,法官思维过程是一个充满矛盾的过程,法官必须在矛盾中进行选择。③ 三段论的推理是直线型的,思考问题先看抽象后看具体,比对细节与概括之间的对应关系而得出结论,与法官应有的思维方式是不一样的,缺乏了反复"立与破"的择优过程。相反,假设检验不预设结果,以问题为导向,遵循结果推演高质高效的理念。一方面,在设置假设问题之时,应当取容易被证据驳倒的

---

① 参见长沙市不动产登记中心:《我要买卖二手房办事指南》,http://www.changshabdc.com/Home/Detail/? id = 2490064E619B4B37B7316E6632DB69A8&BName = % E5% 8A% 9E% E4% BA% 8B,最后访问日期: 2021 年 9 月 9 日。

② 参见王纳新:《论法律思维与司法裁判——对司法认知规律的法理学思考》,武汉大学 2004 年硕士生论文,第 60 页。

③ 参见陈金钊:《对"法官思维"的反思——以法官书写的经验为背景》,载《河南省政法管理干部学院学报》2008 年第 6 期,第 2-9 页。

命题为原假设。表现在案件分析中,更多地以肯定句的形式提出假设,因为肯定句只要找到一个否定情形,而否定句需要论证出全部肯定的答案。另一方面,证明中一旦有不符合之处,就可以完全推翻原假设。正因为证明过程中词严义密,经假设检验得出来的结论更加具有可信度。

第二,三段论欠缺推理的多元性。这里的多元表现在三个方面:其一,推理考量因素的多元性需求。三段论推理的法律后果不能超出作为前提的法律规则和案件事实的范围,这就使得法律规则必须要没有例外地可以被适用于所有的个案。[1] 但是法律规范之外,法官在裁量案件时考量的因素还很多。比如,某些特殊情况下需要从人文关怀的角度考量履行利益和自我利益。[2] 人生活在社会中不能隔绝外界的影响而存在,或多或少地都会受到家庭、政治、经济、文化、自然与社会环境、历史、地缘等方面的影响。因为法的价值并不是单个的价值,而是一个价值系统,应当追求价值的多元。[3] 其二,推理方法的多元性需求。相比演绎方式,因果、类比、假设检验等更适合某些个案,只要具有论证的说服力,那么在推理的过程中都应当允许被运用。其三,推理证成的多元性需求。包括法学在内的一切实践之学,并不是按照纯粹形式逻辑标准所确立的公理展开推理,而是在千差万别的个案中寻求推理的前提,并对该前提加以证成。[4] 三段论无法应对法律合情理性、可废止性、论辩性等多维度的诉求,也不涉及合理性证成中案件关联性、有语境限定的法理等实质内容。[5] 实际证成过程并不是单单"求真"的过程,在论证形式有效性之外,还需要多元地考量。

第三,三段论存在可靠性的缺漏。缺漏主要表现在四个方面:一是,三段论结论的可靠依赖前提的确切。三段论中的论证形式是,如果承认前提,就必须接受结论。[6] 这是在前提真而结论不可能为假的逻辑下形成的。也就是,必须保证不论是大前提的法律规范,

---

[1] 参见魏斌:《法律逻辑的再思考——基于"论证逻辑"的研究视角》,载《湖北社会科学》2016年第3期,第155页。

[2] 比如,S是一位单身母亲和女演员,在剧院T的音乐剧"猫"中担任配角。双方雇佣合同已经签订。演出当日下午,S的12岁儿子在赛车中发生事故,生命危在旦夕。她告诉导演因为儿子受伤她不得不去医院,不能在晚上的表演中登台。此时,S作为母亲辞演的意志是自由的,T作为债权人请求履行给付的意志也是自由的,但意志的自由无法完全摆脱社会性。S的儿子面临生命危险,站在人性角度来看,对绝大多数母亲来说,在儿子生命危难时刻赶往其身边的自我利益是急迫的。同时,S是剧组的配角,话剧演出一般拥有AB角,所以配角更换为B角并不会严重影响话剧的表演效果。权衡合同履行利益和危重儿子的自我利益,从人文关怀的角度确定请求权无可行性,实现了法与道德的统一。

[3] 参见陈金钊:《法学的特点与研究的转向》,载《求是学刊》2003年第2期,第66页。

[4] 参见舒国滢:《走近论题学法学》,载《现代法学》2011年第4期,第8页。

[5] 参见戴津伟、张传新:《法律逻辑的论证转向》,载《上海政法学院学报(法治论丛)》2019年第1期,第47页。

[6] 参见武宏志:《法律逻辑的两个基本问题:论证结构和论证型式》,载《重庆工学院学报(社会科学版)》2007年第7期,第15页。

还是小前提的案件情况，都要正确、明确、清晰。① 这就要求作为大前提的法律规范必须是语言符合法律专业精准裁判的要求、与请求权基础的思维方法相契合的裁判法，而不是旨在要求当事人按照立法者意志而为或不为一定行为的行为法。行为法的模糊也可能影响裁判结论的可靠性。二是，需要推理，而推理过程未必准确全面。三段论逻辑结构为演绎推理，本身演绎越往后递推，可信度越弱。所以，前提经层层推理后，结果的可靠性已然大打折扣。何况，从我国司法实践来看，一个案件中鲜少有将两类请求权类比讨论得出结果的情况。比如，我国返还原物请求权既存在为债权请求权，也存在为物权请求权的情况。中国裁判文书网（https：//wenshu. court. gov. cn/）中，返还原物纠纷归类于"民事案由—物权纠纷—物权保护纠纷"中为物权请求权性质，但仍有许多案件以合同纠纷等形式伴随返还原物请求权。在不当得利纠纷中也同样存在——返还不当得利的原物和孳息。返还原物的案由却未包含此情况，也未曾有案例将返还原物请求权债与物二分考量。② 两种情况的成立要件不同，法院在判决返还原物情况时，原则上应当择取。假设中的推理则不同，并非所有的假设经推理后都会得到肯定的结果，全方位的考量可防止遗漏案件要点。最为常见的假设检验，即判断《德国民法典》第985条和第812条返还原物请求权的适用。符合要件的情况下，两者均可适用。但是因为第985条必须满足请求权人为所有权人等要件，而第812条则必须满足没有法律上的原因等要件，所以诸多时候，比如出卖并交付存在重大价值认知偏差的物，③ 存在假设被推翻的情况。三是，三段论运用经验考量案件事实，有预设结果的可能性。三段论将逻辑与经验结合，形式推理与实质推理结合。④ 科学的经验资料是受理论指导的，但其成功并不仅仅依赖于经验证明，只有经验事实被认可变化为新的法学理论或规则后，经验才会被应用于案件分析考量因素中。法官是人，具有人的主观意志，人一旦对某一事物有了自我判断就习惯于自己所认为的东西，所

---

① 当然，不论是判例法还是成文法，都有一定的局限性，都无法完全避免漏洞、矛盾、歧义等问题的出现。任何法律程序都不需要达到百分百确定的程度，所以任何逻辑论证的过程都无须达到也无法达到绝对正确的程度。

② 如（2018）最高法民再136号判决纠纷以返还原物为案由，涉及的是混凝土泵车的返还。而（2018）最高法民终32号判决虽为安置补偿合同纠纷，原审原告的上诉请求中依然引用了占有返还条款。（2019）川民再600号判决为不当得利纠纷涉及返还原物请求权，仍被归于不当得利纠纷案由中。

③ E是其已故叔叔O的唯一继承人，其想出售E的一张艺术画，因为画的背面有O的签名，所以E认为这是其作为业余艺术家的叔叔O的作品，同时其继承的财产中也有同一风格的诸多画。当E以1250欧的价格卖给K并交付之后，K把画带回了家。K在看画，找到了著名画家P的原始签名，该画实际价值为50万欧。两个月后，E在艺术家P的大型回顾展上发现了这幅画，立即联系K要求退回画，K坚决拒绝。E根据《德国民法典》第119条的性质错误撤销协议。但是，基础交易（负担行为）的撤销并不会自动消除处分行为的有效性（抽象原则）。是故，移转已经完成，所有权人已然为K。概言之，在承认物权行为无因性的德国，负担行为有效，处分行为无效，卖方对买方可根据第985条请求权返还原物。而处分行为有效，负担行为无效，卖方对买方可依据第812条第1款第1句请求返还原物。而如果负担行为和处分行为都无效，二者均可使用。但第985条规定的为物权请求权，其效力更强，所以一般首先考虑。

④ 参见孙海波：《告别司法三段论？——对法律推理中形式逻辑的批判与拯救》，载《法制与社会发展》2013年第4期，第139-140页。

以也无法完全避免主观印象对案件结果的影响。所以法官运用三段论的经验，可能根据预先设定裁判案件，难以彻底检查案件所有的要点，而因此对结果产生影响。四是，依赖经验，而经验未必正确可靠。三段论中，当法律文本不周延时，需要实质推理补充。但现实案件分析中，实质推理更多时候流于形式，推理模式也趋于机械和僵化。有法官认为，在坚持三段论的裁判框架下，借助经验思维与逻辑思维共同作用，才可以达成司法正义。①但是，当法官面对当事人信息接收时分为"经验—直觉"和"理性—分析"两套系统，法官的经验常识可能对案件事实认定产生隐形的偏差从而造成错案。②

三、鉴定式分析范式的补强作用

（一）鉴定式案例分析范式的思路

从实质上来说，鉴定式案例分析范式类似于后实证主义时期的演绎法，从理论假设到经验验证，从认识一般到认识个别。这一线性方法过程如下：提出假设－陈述假设成立的条件－案情与成立条件的比对－判断假设是否成立。在中间两个步骤中，又从请求权产生、请求权是否消灭和请求权的可行性三方面入手。每一个方面，都需分解构成要件，即法律规定和法教义学分析相结合。请求权产生比如从合同、不当得利等法律关系成立的要件（die Voraussetzung）分析。请求权是否消灭则考查这项请求权是否排除了权利侵害的异议，最初生效的权利在嗣后是否消失，比如是否符合给付不能（Nichterfüllung wegen Unmöglichkeit）的要件。给付的可行性则考量抗辩权以及是否存在不合理的给付后果等。③采取这一方法的目的在于，使得不懂得法律的人在阅读了你的解决方案后，仍然能够合法地评估事实。从问题到答案的线性方法不仅涉及问题中，还涉及每个已提出的和法律相关的方面。换句话说，每个（整体）评释报告被分成较小的子报告。④

申言之，以给付不能经典案例的一个小问题为例，⑤介绍鉴定式案例分析范式的思路：

---

① 参见房伟：《论法官的经验思维》，载《宁波大学学报（人文科学版）》2012年第2期，第111页。
② 参见郑凯心：《案件事实认定中法官的经验偏差防范研究》，载《河北法学》2021年第11期，第182页。
③ 参见［德］托马斯·M. J. 默勒斯：《法律研习的方法——作业、考试和论文写作》，申柳华、杜志浩、马强伟译，北京大学出版社2019年版，第43－46页。
④ See Brian Valerius, *Einführung in den Gutachtenstil*, Springer－Verlag, 2007, S. 12.
⑤ 文玩爱好者Michael（M）想买古董商家Ralf（R）的古玩手串。但两个人都想再次考虑交易价格，M和R准备第二天在咖啡厅再见面，以商讨最后的价格。M回到家思考再三后与R联系，22点双方以6万元的价格达成了一致。22点后，M又向他另一个好友Hack（H）发信息想转让手串并报价8万元，H对这个独特的手串很感兴趣，并回复同意以这一价格购买。24点左右，R回到家中发现，尽管房子防盗措施非常好，但是仍然被盗。小偷偷走了包括M想买的手串在内的诸多古董。R报警后警方认定无法掌握小偷的犯罪踪迹，手串被找回的可能性极小。R确保其已经正确关闭门窗，但是门窗上没有闯入的痕迹，小偷如何进入房间，以及R是否可能没有正确关闭门窗都无法得知。这款古玩手串的市价约6万元，保险公司保了6万5千元。如果M没有将手串转售，M对R是否可以就交易无法履行请求损害赔偿？

假设：根据《德国民法典》第 280 条第 1 款、第 3 款和第 283 条的规定，M 有权向 R 请求 2 万元损害赔偿。

第一，给付请求权产生。作为法律后果，债权人有权对违反义务造成的损害请求赔偿。损害赔偿替代给付替代的是债权人的履行利益。即当合同被正确履行时，债务人原则上有义务向债权人提供应当提供的物品（所谓的积极利益）。[①] 因此，可对债务人正确履行时的财务状况和实际财务状况进行比较。如果债务执行得当，M 将向 R 支付 6 万元并收到市场价值与购买价格相对应的手串。M 转售这个手串，利润为 2 万元。所以 M 本可以赚取 2 万元的利润，这 2 万元属于所失利益。[②] 因此，赔偿要求的范围为 2 万元。

第二，给付请求权未消灭。这项请求权是否排除了权利侵害的异议，最初生效的权利在嗣后是否消失。《德国民法典》第 275 条第 1 款规定的给付不能，意味着给付的不可传递性，即预期给付不再发生。[③] 根据《德国民法典》第 275 条第 1 款，M 对 R 没有请求转让和交付古玩手串的权利，但不等于没有给付赔偿请求权。

第三，给付请求权可行性的考量。拒绝给付的要件是，在注意到债务关系的内容和诚实信用原则的情况下，给付需要与债权人的给付利益处于极不相当的关系中的费用，债务人可以拒绝给付。以上请求权存在的理由，同样适用于债务人无法履行给付义务可能提出的抗辩。R 的抗辩理由无法证明，给付请求权具有可行性。

结论：根据《德国民法典》第 280 条第 1 款、第 3 款和第 283 条的规定，M 有权向 R 请求 2 万元损害赔偿。

上述案例在德国有相似案情对应的司法判决书，即由于车辆被盗而无法履行给付的二手车购买合同案件。[④] 判决书的结构包括：导语、判决结果、事实、决定原因四个部分。导语部分阐释了案件的关键点。并用 "Es besteht … kein Anspruch auf Schadensersatz, wenn…"，即 "如果……情况，就不产生损害赔偿请求权" 的假设检验句型，是鉴定式思维的体现。在决定原因部分，同样以给付请求权的产生分析。第一，根据《德国民法典》第 433 条第 1 款存在有效的买卖合同，卖方必须向买方移转标的物。第二，根据第 275 条第 1 款盗窃引发了嗣后主观给付不能。第三，因为盗窃车辆并非源于第 276 条规定的被告故意或重大过失，也不属于第 278 条被告为第三人负担责任的情形，所以根据第 280 条第 1 款第 2 句被告不承担损害赔偿责任。同类案例的分析研究范式和司法判决之间的比较可以看到，鉴定式不仅是一种研究方法，还为司法判决提供了一种逻辑范式。

---

① vgl. Brömmelmeyer, *Schuldrecht Allgemeiner Teil*, C. H. Beck, 2014, § 9 Rn. 40, 56.
② 《德国民法典》第 252 条。
③ See Brox/Walker, *Allgemeines Schuldrecht*, 42. Auflage 2018, C. H. Beck, § 22 Rn. 3; Palandt, *Bürgerliches Gesetzbuch*, 78. Auflage 2019, C. H. Beck, § 275, Rn. 31.
④ LG Bonn, Urteil vom 17. Juni 2016 – 1 O 441/15 –, juris.

(二) 鉴定式案例分析范式的优长

其一，鉴定式在解决问题时对法律人的指引，可弥补现有诉讼的冷峻。目前司法判决书更多地反映法官对于法条机械性地适用，鉴定式着重分析案件中每一类法律关系可能存在的得丧变更情况及其法律依据。如同流程图，一旦中间一个环节被否定，则此项请求权不复存在。余下得以存在的请求权，均可适用于案件分析中。鉴定式案例分析范式培养出来的法律人思维方式更活跃，分析案件时可能可以提供更多的方向和策略。鉴定式的法律意见书是从调查案件的角度分析，所以一开始是没有结论的，到最后也仅存供选择的思路和指导意见。正文中事实叙述具有条理性，考虑到旧有判例和法学理论的观点，并从案件中分析出法律问题的意见和结果的评估，即书写人必须要证明是如何得出意见的。其并不是为了说服当事人，而是使当事人了解事实和法律，通过简化问题将其决定权交予当事人的方法。如此的法律意见书不能以单边逻辑为依据，而应当考虑多边逻辑。只有在这种情况下仍不存在一种以上的法律意见时，意见才不必详细阐释。[1] 鉴定式案例分析范式如庖丁解牛一般将案件中每一个法律问题细致地从规则到个案适用进行梳理，不存在思维在各部分问题之间跳跃的情况，由此梳理的判决书更通俗，依照人"提出假设－推理假设"从无到有的逻辑范式展开，更好地贴近普通人原始的思维和想法。

其二，鉴定式思维融入判决书分析，可弥补现有裁判思路的局限。为了使得判决书更加简明扼要，德国法院法律文书采判定式方法，正文中首先为判决书生效日期和案号等信息。其次叙述了案情概要以及裁判结果，比如驳回上诉。之后以"aus den Gründen"为引大篇幅阐述裁判结果的缘由。但是，鉴定式仍然对德国的裁判思路产生了影响。第一，鉴定式的假设检验逻辑仍然被用于原因阐述中。比如"Die Berufung der Klägerin ist zulässig, hat aber nur in dem … Umfang Erfolg"，[2] 即"如果在……范围内，上诉即可得到支持"是假设的典型句型。第二，鉴定式就规则和案情的比对与判决书原因分析相呼应。判决书不仅从有无请求权的角度分析权利的得丧变更，还会引用旧有判决及法律法规等作为规则依据。说理的结构基本亦为每一个要点以规则为依据分析个案细节。第三，鉴定式的体系性基于整个法律体系是没有矛盾的，法律条文之间也没有矛盾。而这一体系性从判决书的上下文中即可读出，从事实标记开始，包括数字、句子、段落，始终将其与整个法律体系紧紧联系起来。[3] 可以看到，即便德国在司法判决书中很多情况下没有运用鉴定式，但是鉴定式仍然定位为案件的解决方案（Fallösung），[4] 也可以从判决书中读出鉴定式的思维

---

[1] See Winkler, Klaus in Mayer/Kroiß Hrsg. , *Rechtsanwaltsvergütungsgesetz*, 7. Auflage, Nomos, 2018, Rn. 39 –52.

[2] OVG Münster, Urteil vom 27. 08. 2009 – 14 A 313/09.

[3] See Tina Hildebrand, *Juristischer Gutachtenstil: Ein Lehr- und Arbeitsbuch*, 3. Auflage, A. Francke Verlag, 2017, S. 68.

[4] See Alice Wippler, *Die Operative Fallanalyse als Beweismittel im Strafprozess*. LIT Verlag, 2008, S. 265.

闪光点。运用到我国来说,其全方位、多角度思考问题,打破了现有三段论直线思维推理论证局限的优势,可以在思维方式上引导判决书的撰写。

其三,鉴定式是起源于法院的案件分析范式,在司法中天然具有适用的可行性。笛卡尔提出传统的三段论只能说明已知而不能判断未知。因此总结无须指定大量规则条文即可构成的逻辑,只需要遵守四个原则:首要即避免先入为主对事物的预先认可。其次,需要将待研究问题切割为若干部分。再次,应当按照顺序从易到难逐步分析。最后,应当尽力全面考察,确无遗漏。① 鉴定式案例分析范式虽与笛卡尔方法类似,均为分解分析依次综合,反复考量确无遗漏的思维方式,却并非以这一方法为基础产生。从历史上看,鉴定式产生于帝国枢密法院和帝国枢密院的关系法(一种民事司法实践中的方法)推论。一至两个法官必须向各自的小组提交报告,报告内容包括了传统的修辞学领域以及到现在仍然沿用的论断、证明材料、异议等方面的鉴定要素。而这一方法最初仅作为法院的内部标准,但很快被外部所采纳。法院要求合议庭学者席位的未来成员提供测试鉴定报告,许多其他法院也很快效仿这个例子。而法院发表的鉴定以及诸多的 16 世纪的引论书籍,也缺乏严格的逻辑,但仍适用于众多的学术领域。18 世纪普鲁士时期的法学教育中,实践培训涵盖了陪审和见习两个方面,并成为每位法学教授的入职要求。从 1755 年开始,鉴定式案例分析能力便成为第二和第三次德国国家考试的一部分。自 1781 年开始,根据帝国枢密法院的模板,鉴定式的内容和结构就成为一般法院规则的基础。直到 19 世纪和 20 世纪,鉴定式案例分析范式才正式作为高校考试的一部分。② 概言之,鉴定式因为司法实践的需求而在法学教育中推行。

四、鉴定式案例分析法的应用进路

(一)鉴定式案例分析法的应用难点

要实现案件分析范式的转向,目前仍存在部分难点:

其一,民法典时代思维范式转向不是一蹴而就的。这一转向包括两个方面,一个方面是体系性思维的提升,另一个方面是假设检验思维在案例分析中的运用。这个转变不是个体的转变,而是群体的转变,仍需要一个漫长的过程。

其二,行为法规则相对于裁判法规则的概括性。从法本质上来看,我国的民事法律规范有相当多的行为法规则,如《民法典》第一编的第一章规定的基本原则条款、第 129 条民事权利取得规定、第 132 条民事权利不得滥用规定等等。法律语言表述的抽象性,也倾

---

① [法]笛卡尔:《谈谈方法》,王太庆译,商务印书馆 2001 年版,第 15 – 16 页。
② See Carl – Friedrich Stuckenberg, *Der juristische Gutachtenstil als cartesische Methode*. In: Georg Freund, Uwe Murmann, René Bloy und Walter Perron (Hrsg.): *Grundlagen und Dogmatik des gesamten Strafrechtssystems. FS für Wolfgang Frisch*. Duncker & Humblot, 2013, SS. 168 – 177.

向于对某些行为的引导。比较而言,《德国民法典》更倾向于为裁判法,即从指导司法裁判的角度立法。对于概念的阐述多包含法律关系成立的要件。比如《德国民法典》第929条中概念的规定,就包含了法律关系成立所应具备的合意、移转、时间点和有相应权利的要素。而在我国,民事关系中除侵权关系外,其他诸如物权关系与合同关系并没有如德国为严苛的要件主义。裁判法相对于行为法规定得更为具体、细致和严密,法官裁判案件自由裁量的空间更小。

其三,我国颁布司法解释的主体为最高人民法院,但是庞大的法律法规体系、社会发展的瞬息万变使得司法解释的需求与有限的最高人民法院法官之间难以达到平衡。德国法律解释工作由学者的法律评注解决,鉴定式范式可以引用旧有判决和法律评注。而我国法律文书中,根据《最高人民法院关于裁判文书引用法律、法规等规范性法律文件的规定》第4条的规定,应以法律、法律解释或司法解释,可以行政法规、地方性法律法规为依据。既有判决和学理的引用受限,开阔了法官自由裁判的空间。是故,将鉴定式分析范式运用于我国司法中,需要将其转向或寻找一个契合点。

(二)鉴定式与三段论的转向关系

一方面,转向具有两个前提:

一是,鉴定式与三段论范式基础相似,可比性和可借鉴性较强,是二者可以转向的前提。第一,二者逻辑前提一致。鉴定式的验证部分涵盖了大前提、小前提,其结论也与三段论的结论对应。第二,二者逻辑复杂程度一致。虽然存在鉴定式逻辑推理过于冗长,与我国案件量大的现实不相适应的质疑,但是实质上三段论和鉴定式的逻辑复杂程度是相似的,我国的案例分析范式不能以效率为由排斥鉴定式的适用。目前我国司法判决理由部分的简略并非是三段论范式结构简单导致的,而是由于案件量大,司法推理诸多过程被省略。这一省略,也导致现今大量判决存在难以理解或执行的问题。第三,二者依托规则一致,均以成文法为依据。

二是,我国《民法典》的施行,是从三段论向鉴定式研究范式转向的立法保障。三段论对于法律依据的体系性要求没有那么高。鉴定式以成文法为基础,成文法发展的终极形式为成文法典,而体系性又是成文法典之所以为法典的根本,也赋予了法典生命力。[①] 我国编纂《民法典》目的之一,在于消除现在民商事单行立法体系性缺失、法律之间存在冲突的矛盾。鉴定式是以体系性的民法知识为依托,而形成的一套案例分析逻辑范式。民法典的外在体系目标是为了实现逻辑一致性。[②] 这与鉴定式强调逻辑的内涵与外延是一致的。鉴定式并非仅考虑某一部成文法或成文法典,比如德国网络问题的民法案例中,不仅

[①] 参见柳经纬:《加强民法典体系性问题研究》,载《学习时报》2017年5月12日第007版。
[②] 参见方新军:《内在体系外显与民法典体系融贯性的实现》,载《社会科学文摘》2017年第8期,第75页。

需要考虑《德国民法典》，也需要考虑《德国电子商务法》、欧盟《电子商务条例》等。又比如买卖不动产，既需要考虑债权编买卖合同法律关系，又需要考虑物权编不动产移转和交付的要件。

另一方面，全盘借鉴必然出现水土不服的情况，所以转向要理清取舍与融合的关系：

其一，取舍方面，我国已有几十年三段论的法学教育基础，没必要也无可能强行将现行的三段论范式完全改头换面。所谓"取"，三段论中，大前提的法律发现、小前提的事实发现及二者在个案中的归纳，都是可取的。所谓"舍"，应当主要作出如下改变：一则，改变案例推演的逻辑思维方式，不是为了证明因果关系问题而是逐条假设推理验证是与否的问题。二则，不为案例预设结果，不因推理出一个方面而直接得出结论。三则，不排斥在某些法律论点中运用其他研究范式推演论证。

融合方面，鉴定式与三段论之间，可以尝试其他方法作为二者的衔接和缓冲。第一，假设引入德国的判定式（Urteilstil）作衔接。"衔接"有两种理解，一种是时间上鉴定式与三段论之间直接过渡过于困难需要短暂借助中间范式予以缓冲。另一种是逻辑结构上鉴定式已经与某些范式在实践中有成熟的思维融合形式，这个过渡形式具有某些三段论的特征，考虑到我国三段论的历史惯性而衔接引入该范式。判定式的衔接应当作第二种理解。因为从第一种来说：在德国，判定式被运用的前提是法律人已经有成熟的鉴定式思维，并不是在时间维度上作为单独的案例分析范式而存在，所以判定式不可能作为时间上的连接者。第二种理解中：首先司法实践中鉴定式与判定式本身可以同时存在。德国第一次国家考试非常注重法学基础和法学分析思维，所以侧重于对于鉴定式分析的考察，第二次国家考试更注重实务岗位的准入需求，是故也会留意对判定式的运用。德国经验中，法官需要同时具备鉴定式和判定式两种思维模式，在裁判中也根据案情的需求运用不同的范式展开论证。其次，判定式推理从内容上和因果关系的语言特点上看，类似于三段论。只是，判定式语言更加简洁，在说明理由之前一句话概括了法律纠纷的结果，结构遵循从结论到法律标准再到具体事实的顺序。衔接运用判定式，法官可以保留一些固有的语言形式，不会因大刀阔斧地转向而不适。最后，判定式的适用具有一定的条件，与鉴定式和三段论都不存在冲突，可以在转向中缓和语言表述不适的同时实现与鉴定式的融合。即一旦检查步骤出现问题并需要进一步说明，就必须以鉴定式的分析范式进行讨论。只有在事实明确可以忽略导致结果的诸多原因之时，才能以判定式处理。不确定以何种范式分析时使用更为详尽的鉴定式。[1]

第二，假设引入美国的 IRAC（Issue, Rule, Application, and Conclusion）作缓冲。同样存在上述两种"缓冲"的模式，第二种模式仍然更为适合。因为从第一种来讲，IRAC 主要针对英美法咨询法律先例解决问题的特点，结构中的规则也多是判例经验而非成文法

---

[1] See Brian Valerius, *Einführung in den Gutachtenstil*, Springer–Verlag, 2007, S. 27.

规，最基本的法律适用就与我国大相径庭，倘若在时间维度上作为衔接的范式相比直接转向为鉴定式，会存在更大的困难。第二种来看，首先 IRAC 与鉴定式的思维模式相同，在评释伊始即须找出案件必须回答的问题。再者，IRAC 的语言结合了三段论的因果从句与鉴定式假设句的语言特点，并不是单纯的假设检验，法官的案件分析范式转向可以得到缓冲。最后，IRAC 虽然也有根据问题和规则、分析个案、得出结论的逻辑顺序，但是这一范式基于单个问题而存在。正因如此，在个别案例单个问题适用 IRAC 并不会产生范式之间的冲突，同时在转向中兼顾了三段论与鉴定式的特点，可以作为二者融合的缓冲。

（三）鉴定式案例分析范式的司法应用路径

不得不承认的是，基于我国司法三段论思维模式传统，从三段论向鉴定式转向较为困难，但也不能直接否认转向的可行性。笔者从本土化的角度出发，提出了案例分析范式转向的参考，以供探讨：

首先，在法学教育中培养法科生的鉴定式案例分析思维。培养鉴定式思维的人才，是转向的基础。第一，目前我国介绍鉴定式的文献多以译著的形式，使用的是德国法的案例，在鉴定式教育的推进过程中，以鉴定式思维编著中国法的案例，是大势所趋，也是本土化的重点。第二，开设鉴定式案例研讨课程，将鉴定式融会贯通于法学实践教育中。可以看到在德国，在每一门重要的大课（Vorlesung）中配有相应的案例课（Arbeitsgemeinschaft），选修课程的学生共同上大课，到了案例课就被分成 20 人左右的小组，每堂课针对一至两个案例以鉴定式思维展开讨论。一方面证明了德国法科生在学习基础知识点的同时还要学会运用知识点以鉴定式思维分析案情。另一方面化整为零的案例课强调了助教与学生之间的互动问答，问答的过程就是假设检验思维培养的过程。他山之石，可以攻玉。我国也可以通过在大课后增加小班鉴定式案例教学课程的形式，逐步培养法科生的鉴定式思维，为未来鉴定式的司法应用提供人才基础。第三，将法学考试与鉴定式案例教学相联系。考试是检测学习质量、选拔人才的重要制度。目前考试中主观题部分多以定义、简答、论述、案例分析的形式，更多地偏重于考查法学理论的理解、法律概念的辨析和法律适用的掌握，若将鉴定式作为考查内容之一，一方面可以使得鉴定式思维模式的养成更具有导向性，另一方面法律思维和争议解决能力的培养可以使法科生未来更好地实现理论到实务的过渡。

其次，推动法律规则的要件化。一是，我国已经有了较好的要件分析基础。我国刑法、民事责任等方面已经有较为成熟的要件分析模式。邹碧华法官也在要件分析方法的基础上为实践操作提出了"要件审判九步法"。越来越多的研究从单个规则入手剖析并构建法学各个方向的构成要件，未来需要做的是在此基础上推进要件的全面化、精准化、体系化和专业化。二是，诸多规范本身可以被要件化。虽然并非所有的法律规范都是完整的法规范（vollständige Rechtsnorm），但是要实现规则的要件化可以先实现法规范的解构。每一个完整的法律规范都可以重新表述为一个"如果……（满足要求）……那么……（发生法律后果）"的条件句。所以只要将其内容相应地构建，即便已经制定的不符合该模式的规范也可以成为完整的法规范。① 为避免逐条规则要件化带来的负面影响——法官在庞杂的法律法规中难以寻找与事实相对应的几条规范，也避免大幅度改动法律规范带来的法律确定性问题，要件化并不是由立法者完成的，而是由法律评注完成的。且该评注工作必须统筹规划，以形成没有矛盾的构成要件规则体系。应当注意的是，要件分析不是在一个部门法内检索与案件相关的条文，还应当注意不同部门法的交叉适用，并将实体法与程序法相衔接，将法理运用在法的择取和包括法律解释、利益衡量等法律适用的全过程中。②

再次，在裁判文书中设置观点的引用规范。该问题不仅仅鉴定式须要面对，三段论同样也正在面对。只是鉴定式更加依赖于完备的、体系性的法律规范，所以在范式转向时应当尽量避免规则缺漏的情况出现。学说观点涉及的范围相对法律规范来说更加广泛，具有逻辑和专业性，是兜底规则的良好选择。在法官自由裁量的范围内，与其由个案法官凭空进行法律续造，不如允许法官引用旧有判决、法律评注或者法律文献，但引用必须注明出处。③ 现实中，很多法官裁判案件遭遇规则空白时，已然或多或少地会受其法学教育中学说观点的影响，与其使其处于空白之地，不如将这一现象规范化。但是，应当坚持的是，必须要符合穷尽法律、法律解释、司法解释、行政法规、地方性法律法规后才可适用的原则。

以上在法学教育、规范设置和解读、规则引用方面，为鉴定式转向打下基础，应用进路中，除了融合其他案例分析范式之外，还有两种缓冲思路：

一是，从实践来看，只要案件得以透彻分析、公正裁判，审理分析范式和生效法律文书范式并不需要完全统一。从本质上来说，法官审理分析案件属于个人意志而不属于外化的行为，可以由法官根据其法学教育背景中习惯的思维方式论证论点。而生效法律文书为了维护文书的严肃性、权威性并方便阅读，需要统一分析范式。考虑到培养法官和法科生鉴定式思维不是一蹴而就的，在向鉴定式转向的缓冲时期，可以尝试案件分析范式为鉴定式、生效法律文书范式仍为三段式的模式，等到法律从业者的鉴定式思维模式基本建立后，④ 再正式转向为鉴定式。⑤

---

① 比如《民法典》第 235 条也可以完整的法规范形式表述为："如果一个人一个东西的所有者，另一个人没有权利来源是该东西的占有者，那么所有者可以要求占有者交出这个东西。"
② 参见季红明、蒋毅、查云飞：《实践指向的法律人教育与案例分析——比较、反思、行动》，载《北航法律评论》2015 年第 1 辑，第 224 页。
③ 如德国联邦行政法院就制定了《在联邦行政法院的决定中引用和使用缩写的指南》（引用指南），规范了包括论文、文集、教科书、专著等方面文献的引用标准。
④ 可以参考国家统一法律职业资格考试案例分析题的答题数据。
⑤ 德国之所以在裁判文书中多运用判定式考虑的是行文简略和阅读方便的需求，其要求首先掌握的仍是全面缜密的鉴定式，再锻炼判定式的转化能力。而我国三段论和鉴定式都有着同样复杂的形式，如后有简化需要，可以参考德国鉴定式与判定式之间的转化。

二是，以假设检验的思维，语言可以保留三段论的因果论述传统，并根据个案需求部分兼采其他适宜的案例分析范式。鉴定式案例分析范式融入我国现有三段论范式并不仅仅体现于判决书行文结构上的改变，而更多的是法官逻辑思路上的转向。虽然鉴定式的要求是，为了方便读者阅读判决，语言上要尽量避免运用原因从句，因为描述性的句子意义不大。① 但是，陡然转换法律人的思维存在一定的困难，那么在坚持逻辑结构的前提下，保留部分语言习惯并不会影响整个案例分析过程。法官在书写"本院认为"部分时，不再仅仅依照从规则到案例这一大前提加小前提的思路，而是根据假设检验进行即可。只要把握鉴定式思维模式的大方向，案件个别问题论证方式或者语言表述都可以给予宽泛的支持。

五、结语

《民法典》的出台，使得民法规则更加体系化和科学化，消除了旧有单行法中的矛盾，为民事案件分析范式的应用提供了新的法治环境和规则平台。民法典时代的任务不仅仅是使法典更好地指导司法实践，还需要从案例分析范式出发为制度的施行构筑逻辑严密的证成。三段论虽然法律证成复杂也相对严谨，但实践中应用到复杂案件之时往往更易出现纰漏，构成上思维论证的问题性、多元性和可靠性不足。鉴定式案例分析范式的适用则有利于弥补我国现有三段论案件分析范式的这种不足，使得要点遗漏的可能性降低，司法逻辑更加缜密，错案发生概率降低。诚然，在我国司法中运用鉴定式分析范式存在一定的阻力。但从法学教育入手将鉴定式思维转向作为一项长期的工作，在司法实践中不直接套用，而与我国立法、司法的客观实际相结合，去粗取精、缓急得当，在司法实践中实现本土化、兼容化，不乏为可行之路。

（编辑：戴津伟）

---

① See Roland Schimmel, *Juristische Klausuren und Hausarbeiten richtig formulieren*. 13. Auflage, Verlag Franz Vahlen GmbH, 2018, S. 64 – 72.

党内法规解释权授权的规范反思及完善[*]

尚千惠[**]

摘　要　《中国共产党党内法规制定条例》确立了以制定者解释为主导，辅之以有限授权解释的党内法规解释权配置模式，这是党内法规政治属性的必然要求，也是形成党内法规解释权威性的有力保障。实践中，制定者通常将解释权授予有关部委，由其自身解释的情形较为少见。党内法规授权解释分为授权单一主体解释和授权共同主体解释两大类，但授权主体、对象不清，授权规则不明确，导致部分主体越权解释。解决授权解释异化的问题，首先需要明确授权"有关部委"的确切意涵；其次党内法规授权解释要调和解释权威性与适应性之间的矛盾，并遵循在解释权威性的基础上保持其适应性的基本逻辑，依受权主体职能相关性授权；最后明确授权共同解释情形的同时，对解释权条款予以规范化，明确受权主体和授权规则，提高解释工作的效率。

关键词　党内法规　授权解释　解释权配置　职能相关性

2013年以来，《中央党内法规制定工作五年规划纲要（2013—2017）》及《中央党内法规制定工作第二个五年规划（2018—2022）》明确了从"做好党内法规解释工作，保证党内法规制定意图和条文含义得到准确理解"到"加大解释力度，推动党内法规全面准确理解和适用"的时代转向。2015年《中国共产党党内法规解释工作规定》（下称《解释工作规定》）以及2019年《中国共产党党内法规制定条例》（下称《制定条例》）的修订进一步明确了党内法规的解释体制。实践中，党内法规解释通常采用以授权解释为主的解释权配置模式。目前，党内法规授权解释权配置由于规范的不具体不完善，存在制度漏洞，

---

[*]　本文系2021年度华东政法大学党建理论研究会重点课题"高校党内规范性文件制度建设研究"的阶段性成果。

[**]　尚千惠，女，山东龙口人，华东政法大学博士研究生，研究方向为法学理论、党内法规学。

造成实际对解释权配置的不明确、不一致,如授予行政机关单独解释、对共同主体解释的扩大理解、地方变相授权解释等。立足党内法规从立规论到释规论研究范式的时代转向,[①] 建构一个合规合理的授权解释体制并规范其运用成为当务之急。本文立足党内法规授权解释权配置的规范,结合中央、部委和地方党内法规在授权解释权配置中出现的问题,尝试从学理层面对授权解释权配置的应然逻辑给予正当性、合理性论证,为构建科学、权威的党内法规解释制度框架绘制基本的图景,希冀进一步推动党内法规学基础理论研究。

一、党内法规解释权授权的规范阐释

党内法规解释权配置沿袭了法律解释以授权为主的传统,形成中国特色的党内法规授权解释。《制定条例》第三十四条及《解释工作规定》第三条分别规定了党内法规解释权的授权规则,主要表现为党内法规解释权授权的集权性特征和相关性特征。

(一) 授权的集权性特征

政治属性是党内法规的第一属性和本质属性,[②] 党内法规解释也必然以坚持政治性为制度的根本属性。"集权性"在党内法规的规范语境下,指的是维护党中央的政治权威、保证党中央的集中统一领导以及坚持民主集中制的根本组织原则。党内法规解释权授权的具体内容和实际目的均体现了集权性的特征。

"在解释主体上,必须由法定身份(经过授权)的主体进行解释,否则,法律的权威性、法律意义的安全性便没有保障。"[③] 党内法规解释的政治性和权威性形式上来源于其自身的明确性和统一性,实质上来源于有权主体对解释权的垄断性。党内法规从制度上严格规范了授权解释规则,以保障党内法规解释的权威性与有效性。第一,授权主体只能是作为党内法规制定主体的有权主体作出,且授权解释的适用范围仅限于中央党内法规,这是授权解释权配置的逻辑起点;规范依据为《制定条例》第三十四条规定:"中央党内法规由党中央或者授权有关部委解释。"有权主体是指党的中央组织,《中国共产党中央委员会工作条例》第五条规定:"涉及全党全国性的重大方针政策问题,只有党中央有权作出决定和解释。"在现实中,由于党的中央组织权责广泛,较少对党内法规作出解释,为了保证党内法规解释能及时回应党内法规实施中的问题,中央党内法规的制定主体通常以规范授权的方式,在党内法规中明确规定由特定主体作出解释。这是对解释权的合理分配,

---

① 参见章志远:《从立规论到释规论》,载《东岳论丛》2021年第6期,第130页。
② 参见宋功德:《党规之治:党内法规一般原理》,法律出版社2021年版,第54页。
③ 陈金钊:《法律解释的哲理》,山东人民出版社1999年版,第42页。

符合权力运行系统性和配置科学性的特征。① 第二，党内法规授权解释并不是解释权的完全转移，党内法规制定主体依然享有解释权。党内法规授权解释是对"谁制定，谁解释"的补充，根据工作需要，党内法规制定机关授权特定主体对其制定的党内法规作出解释。② 授权本质上是上级对下级决策权力的下放过程，也是职责的再分配过程。党内法规授权解释不因授权而完全转移党的中央组织的解释权，《解释工作规定》第九条规定，"有关部委根据授权提出的中央党内法规解释草案，还应当按程序报中央审批。"授权解释草案报中央审批的目的是确保解释草案依然体现党中央意志。因此，实质上，授权解释只是解释权的相对分离和下放，这也是从解释权配置上保障了党内法规解释体系的权威性和有效性。第三，由同一制定主体解释党内法规或授权解释党内法规，前者效力高于后者。《制定条例》第三十四条第二款规定："党内法规的解释同党内法规具有同等效力。"党内法规与党内法规解释通常都由制定主体作出，因此，二者的效力自然相等。在授权解释的情形下，受权机关根据党内法规授权作出的解释，可以视同党内法规制定主体作出的解释，与党内法规具有同等效力。有关释义指出："授权解释的权力依据来源于党内法规制定主体享有的党内法规制定权，授权解释机关通常都是党内法规制定主体的下一级党组织。"③ 因此，党内法规解释与授权解释在事实上存在效力的差异，根据《制定条例》第三十一条及三十二条对效力位阶和冲突处理的规定，党中央制定的党内法规效力高于部委和地方制定的党内法规，且部委制定的党内法规不得与中央党内法规相抵触。《解释工作规定》以《制定条例》为制定依据，④ 此规定同样可以适用于党内法规解释。党内法规制定主体有权对授权主体作出的党内法规解释进行变更或撤销，且制定主体在授权解释之外自行解释时，授权解释的效力低于制定主体解释，且不得与制定主体解释相抵触。

　　法解释学中，无论是追求立法者意思的主观解释论或追求文本客观意义的客观解释论，均承认立法者的目的，即"立法目的，对于法条含义的决定作用"。⑤ 党内法规解释也同样承认立规目的，有学者指出"党内法规中存在着一种确定的、不受解释者主观意志影响的客观含义"。⑥ 这种客观含义即党内法规原意，也是党内法规中蕴含的制定者原意。《解释工作规定》第四条规定，"解释党内法规应当遵循〈中国共产党党内法规制定条例〉

---

① 《中国共产党中央委员会工作条例》第五条："中央委员会、中央政治局、中央政治局常务委员会是党的组织体系的大脑和中枢，在推进中国特色社会主义事业中把方向、谋大局、定政策、促改革。涉及全党全国性的重大方针政策问题，只有党中央有权作出决定和解释。"
② 参见宋功德：《党内法规学》，高等教育出版社 2020 年版，第 300 页。
③ 中共中央办公厅法规局：《中国共产党党内法规制定条例及相关规定释义》，法律出版社 2020 年版，第 198 页。
④ 《中国共产党党内法规解释工作规定》第一条："为了加强和规范党内法规解释工作，提高党内法规执行力，根据《中国共产党党内法规制定条例》，制定本规定。"
⑤ 梁慧星：《民法解释学》，法律出版社 2015 年版，第 152 页。
⑥ 王建芹、马尚：《党内法规解释功能的若干基础性问题研究》，载《学习与实践》2019 年第 11 期，第 10 页。

第七条规定的党内法规制定原则",可以认为,党内法规解释是制定的延伸,二者具有同质性,都是制定机关在民主集中制的基础上形成的党的统一意志,并以规范性文本的形式固定下来,成为管党治党的一般性规则。"党的统一意志"实际上是《制定条例》第七条所规定的具体内容,即"坚持正确政治方向,增强'四个意识'、坚定'四个自信'、做到'两个维护'""坚持以党章为根本,贯彻党的基本理论、基本路线、基本方略""坚持民主集中制,充分发扬党内民主,维护党的集中统一"。党内法规授权解释的目的并不是为了分散权力,而是根本上保证党的集中统一领导。因此,党内法规解释权授权区别于法律解释权授予行政机关和司法机关在实际适用法律时解释法律,而是将解释权集中于党中央,由制定机关解释,体现为授权目的上的集权性的特征。

(二)授权的相关性特征

授权具有职能相关性的特征是党内法规解释的工作惯例。《中国共产党党内法规制定程序暂行条例》第十条规定,中央党内法规"按其内容,由中共中央纪律检查委员会、中共中央各部门分别起草。综合性的党内法规,由中央办公厅协调中央纪律检查委员会、中央有关部门联合起草";《中国共产党党内法规制定条例》(2013)第十三条第一款规定,中央党内法规"按其内容一般由中央纪律检查委员会、中央各部门起草,综合性党内法规由中央办公厅协调中央纪律检查委员会、中央有关部门起草或者成立专门起草小组起草"。2019年修订的《制定条例》明确了被授权主体是"有关部委","有关"是指被授权主体应当与党内法规调整事项和制定实施具有最密切联系,也就是主体职能与党内法规内容之间的相关性。根据中办法规局对《解释工作规定》所作的释义,作为中央党内法规起草部门或牵头执行部门的有关部委或是全程参与制定过程,对党内法规的制定目的、出台背景、制定设计等比较熟悉和了解,或是在实践中担负着党内法规执行的主要职责,对执行中的情况具有亲历性,可以实现解释合理性和权威性的统一,经常性和现实性的统一。①

科学配置党内法规解释权需要兼顾主体职权性权能,以及结合实际和工作需要赋予其授权性权能。《制定条例》在第二章"权限"中明确中央纪律检查委员会以及党中央工作机关、省、自治区、直辖市党委"就其职权范围内有关事项制定党内法规",由于解释活动与制定活动在规范目标上的一致性以及工作内容的相似性,党内法规的解释也应当依照主体职权与党内法规内容的关联度确定受权解释机关,如中纪委依其监督检查和责任追究职能而对《中国共产党纪律处分条例》等所做的解释,有《违反〈国有企业领导人员廉洁从业若干规定〉行为适用〈中国共产党纪律处分条例〉的解释》《中共中央纪委法规室对〈关于村委会主任(党员)利用职务之便收受财物行为如何处理的请示〉的答复》等;

---

① 参见中共中央办公厅法规局:《中国共产党党内法规制定条例及相关规定释义》,法律出版社2020年版,第198页。

中央组织部通常对有关党政领导干部选拔任用工作的责任追究和监督检查承担相应的职能，因此《党政领导干部选拔任用工作责任追究办法（试行）》等解释主体为中央纪律检查委员会、中共中央组织部。

二、党内法规解释权授权的规范问题

党内法规中规定授权解释的情形主要分为两大类：有明确规定、无明确规定。无明确规定的一般是由于党内法规没有采用条款式，不便规定解释权条款。有明确规定的解释情形又分为授权单独解释和授权共同解释两类，授权单独解释的主体包括了中央部委、党中央（决策）议事协调机构、国家行政机关；授权共同解释的类型大体包括党组织共同解释和党政共同解释，表现为"会同"解释，"商"解释等情形。

（一）党政联合发文的授权解释主体不明确

党政联合制定的党内法规是党的意志和相关国家机关意志的体现，一般来说，对其解释也应当体现二者的共同意志，由党政主体共同解释。就党内法规的授权情况来看，存在授予单独主体解释的，具体包括两种情形：第一，授权给党中央工作机关单独解释，如中办、国办印发的《法治政府建设与责任落实督察工作规定》规定由中央全面依法治国委员会办公室负责解释，中办、国办印发的《全国性文艺新闻出版评奖管理办法》，由中央宣传部负责解释；第二，授权给国家行政机关单独解释，如中共中央办公厅、国务院办公厅印发的《中央生态环境保护督察工作规定》，由生态环境部负责解释，中办、国办印发的《防范和惩治统计造假、弄虚作假督察工作规定》，由国家统计局负责解释。统计督察、生态环保督察等工作专业性较强，党中央工作机关中没有与其调整事项直接对应的部门，仅在中央国家行政机关中设有主管部门，这也是授权给国家行政机关单独解释的原因。

党政联合发布的党内法规授权多个主体共同解释的情形更为复杂，且存在模糊性。《解释工作规定》未规定党政联合发布的党内法规如何授权解释，根据党内法规授权解释的一般规则，党政作为共同的制定主体可以授权有关部委联合解释，包括党的有关部委和国务院部委，但实际的规定依然不明确。第一种是授权中央部委和国家行政机关共同解释，如《党政主要领导干部和国有企事业单位主要领导人员经济责任审计规定》，由中央审计委员会办公室、审计署负责解释。第二种是授权党中央部委共同解释，如《关于实行党政领导干部问责的暂行规定》由中央纪委、中央组织部负责解释。第三种是授权国家行政机关共同解释，如中办、国办印发的《地方党政领导干部食品安全责任制规定》，由市场监管总局会同农业农村部解释；《党政机关国内公务接待管理规定》，由国家机关事务管理局会同有关部门解释。"有关部门"属于不明确的主体概念，到底是指中央部门还是行政部门，或二者均有可能。第四种是授权中央部委与国家行政机关共同解释，有的授权主体并不符合规范的规定，如《国有企业领导人员廉洁从业若干规定》由中央纪委商中央组织部、监察部解释。监察部现已撤销，并入国家监察委员会，但国家监察委员会不属于国务院部委，依党内法规不具有解释权；还有如《党政机关办公用房管理办法》，解释主体为国家机关事务管理局、中共中央直属机关事务管理局、国家发展改革委和财政部，这里中共中央直属机关事务管理局不属于中央部委，严格来说不可作为解释主体；有的将中央部委作为共同解释的牵头单位，如《党政机关厉行节约反对浪费条例》由中共中央办公厅、国务院办公厅会同有关部门负责解释；有的将国家行政机关作为共同解释的牵头单位，如《地方党政领导干部安全生产责任制规定》由应急管理部商中共中央组织部解释，《生态文明建设目标评价考核办法》由国家发展改革委、环境保护部、中央组织部、国家统计局商有关部门负责解释。由此可见，授权共同解释的主体类型、解释方式、授权的限度等都缺乏具体的制度规范，解释主体是否合规关系到党内法规解释的效力。这些问题在未来的党内法规实践中是应当急切关注和亟须解决的。

（二）授权共同主体解释的类型混乱

《解释工作规定》明确了党的中央组织可以授权多个部委进行解释，条例及以下的中央党内法规常常由两个或两个以上的主体共同解释，存在三种情形：党组织共同解释、国家机关共同解释和党政共同解释。《解释工作规定》只明确了会同共同解释的情形，并且对共同解释主体各自解释作了禁止性规定。[①] 但党内法规的授权解释条款依然存在形式上的差异性，主要体现在连接词的用法上，造成共同解释的类型混乱。

第一，采用"、""和"连接多个解释主体，如《关于实行党政领导干部问责的暂行规定》，由"中央纪委、中央组织部"负责解释；《行政执法类公务员管理规定（试行）》由"中共中央组织部、人力资源社会保障部和国家公务员局"解释。"、""和"的连接方式在法律条款中不能都简单理解为表示并列，《立法技术规范（试行）（一）》规定，"、"用于一个句子内部有多个并列词语，各个词语之间的使用，通常用"和"或者"以及"连接最后两个并列词语，用"、"连接的几个词语无先后顺序。"和"连接的并列句子成分，其前后成分无主次之分，互换位置后在语法意义上不会发生意思变化，但是在法律表述中应当根据句子成分的重要性、逻辑关系或者用语习惯排序。几个解释主体之间都用"、"连接表示各主体均有权以自身的名义独立作出相应的党内法规解释，则不完全符合共同解释的含义。"和"作为连词在语义学上有"同""共同"之义，用"和"连接的则表示为共同解释，且几个主体之间具有逻辑顺序。第二，采用"会同"和"商"两种表述，《解释工作规定》中对"会同"解释作了规定，会同的主体是牵头单位，会同的对象是"有关部委"，二者协商一致，共同作出解释。而"商"解释在授权解释条款中的运用更

[①] 《解释工作规定》第三条规定，"授权多个部委进行解释的，牵头单位应当会同有关部委统一作出解释，不得各自解释。"

加频繁。"商",从汉字表面含义上看,即商量、商议,在这里可以引申为由"商"的后者提供意见和建议,通过沟通协商,由前者,即主办者负责起草党内法规。① 综上所述,以上形式的含义可以理解为:"、"连接表示并列,"和"连接的各主体之间有逻辑顺序,"会同"和"商"的前后二者之间有主次之分。

由多主体共同解释是适应部分党内法规涉及内容宽泛、牵涉主体较多而作出的合理规范安排,对于提升党内法规实施的适应性具有重大的现实意义,但授权解释权配置的类型和方式的不明确在客观上影响着党内法规解释的稳定性与有效性。以上不同类型的共同解释不论是由于《解释工作规定》出台后未及时修改,还是制定时确有其他含义,都应当以规范形式明确共同解释的类型。

(三) 部委和地方党内法规"变相授权"解释

《解释工作规定》对党内法规授权解释作出了明确的限制,仅党中央可以授权有关部委解释,中共中央纪律检查委员会、党中央各部门和各省区市党委制定的党内法规不得授权解释,但具体解释工作可以由相关机构承担,部委党内法规可以由内设机构承担,地方党内法规可以由部、委、厅、局等承担。该规定公布生效后,部委和地方党内法规仍然存在"变相授权"解释的情形,个别党委部门在解释权条款中自我授权,② 具体表现为以下两种形态。

第一种直接授权其他部委解释。例如,中央和国家机关工委印发的《中央和国家机关党小组工作规则(试行)》由中央和国家机关工委基层组织建设指导部负责解释;《湖北省关于纪检监察机关对领导干部进行约谈的暂行办法》规定由中共湖北省纪律检查委员会、湖北省监察厅负责解释;《黑龙江省事业单位人事管理办法》规定由黑龙江省人事厅负责解释;《辽宁省党组织履行全面从严治党主体责任实施细则(试行)》规定由中共辽宁省委组织部商省纪律检查委员会负责解释,《中共青海省委贯彻〈中国共产党党务公开条例(试行)〉实施细则》规定由省委办公厅会同省委组织部解释。第二种是在没有规定由制定机关负责解释的前提下,仅规定该法规的"具体解释工作"由其所属工作机关"承担"。比如,中共福建省委印发的《关于深化落实党风廉政建设党委主体责任的暂行规定》规定,"本规定具体解释工作由省纪委承担";《黑龙江省事业单位领导人员管理暂行办法》规定,"本办法具体解释工作由省委组织部承担"。第三种是地方党内法规解释草案的发文字号没有采用省、自治区、直辖市党委办公厅文件形式发布,例如《中共广西壮族自治区委员会贯彻落实〈中国共产党问责条例〉实施办法》(桂发[2017]5号)规

---

① 参见苏绍龙、秦前红:《论党内法规的适用规则》,载《华南师范大学学报(社会科学版)》2019年第1期,第134页。
② 《党内法规制度解释条文如何表述?》,载共产党员网,http://www.12371.cn/2019/04/11/ARTI1554940219524805.shtml?from=groupmessage,最后访问日期:2021年6月5日。

定:"本实施办法由自治区党委负责解释,具体解释工作由自治区纪委商有关部门承担。"《江西省贯彻〈中国共产党问责条例〉实施办法》(赣发〔2017〕12号)规定:"本办法的具体解释工作由省委办公厅商省纪委办公厅承担。"根据《解释工作规定》第十条,省、自治区、直辖市党委制定的党内法规采用党委文件或党委办公厅文件形式发布。有学者认为,地方党内法规承办机关未经党委会议审批,以自己名义径直印发的,造成了"变相授权解释"的事实。[①] 根据中央党内法规授权解释条款的表述,一般采用"本××(名称)由××(制定主体/受权主体)负责解释"的方式,以上解释权条款表述方式缺乏明确性,明显存在违规授权解释的嫌疑,直接导致党内法规解释权配置的模糊性,不仅损害了党内法规制度权威,也为后续制度解释工作留下了隐患。

三、党内法规解释权授权问题的原因分析

2015年《解释工作规定》具体和细化了2012年《制定条例》对党内法规解释的规定,明确了党内法规解释以"谁制定,谁解释"为原则,并规定了授权解释的情形,但之后颁布的党内法规依然存在授权混乱的情况,主要存在两种原因:第一种是党内法规解释制度体系自身不健全,对解释权的配置本身存在漏洞和缺陷,导致受权主体不明晰,甚至违规授权;第二种原因即党内法规解释在权威性需求与适应性需求之间并未良好协调。

(一)党内法规解释制度体系不健全

《解释工作规定》只在第三条中对《制定条例》关于解释权配置的规定予以细化,但对于被授权主体的范围、党政联合制定的中央党内法规如何授权解释,以及授权共同解释的方式等都没有明确的规定,造成党内法规解释权授权的困难。

首先,"有关部委"作为被授权主体存在概念的不明确性,是否既包括了中央部委,也包括国家行政机关。其次,依据《制定条例》第十三条,党政机关联合制定党内法规具有合规性,对于二者制定的中央党内法规能够适用《解释工作规定》的对授权解释权配置的规定。但《解释工作规定》并没有明确党政联合制定的党内法规授权解释的具体规则,若授权给多个部委解释,国务院部委能否作为牵头单位解释,授权共同解释的主体能否都是中央部委或国务院部委。再次,《解释工作规定》只明确"授权多个部委进行解释的,牵头单位应当会同有关部委统一作出解释,不得各自解释"。但显然实际上党内法规还规定了共同解释的其他类型,不同类型的共同解释涉及解释工作的具体分配以及责任承担。最后,党内法规授权解释权配置存在滞后性。2018年党和国家机构改革后,很多机构被撤销或被合并,但现行有效的党内法规存在大量未修改受权机关的情形,如《脱贫攻坚责任

[①] 参见苏绍龙:《论党内法规的制定主体》,载《四川师范大学学报(社会科学版)》2018年第9期,第76页。

制实施办法》，解释主体为国务院扶贫开发领导小组办公室，2018年国务院机构改革之前该机关为国务院议事协调机构"国务院扶贫开发领导小组"的日常工作部门，不具有对外管理权限，不能作为行政主体，不在授权的"有关部委"之列。2018年国务院机构改革将国务院扶贫开发领导小组改为国家乡村振兴局，属于国务院直属机构；还有如《生态文明建设目标评价考核办法》规定由国家发展改革委、环境保护部、中央组织部、国家统计局商有关部门负责解释。实际上2018年3月，环境保护部已被撤销，并入中华人民共和国生态环境部。机构改革使部分机关的性质和职能有所变动，应当及时清理修改党内法规授权解释条款，否则会对解释工作的实施造成不必要的影响。

（二）党内法规解释的权威性与适应性不相协调

党内法规解释权授权的混乱和矛盾体现出党内法规解释自身权威性与适应性不相协调。党内法规解释既要遵循指导实践为目的，将权力授予相关的执行部门，又必须确立解释的权威性，二者之间必然存在不能相互平衡之处。有学者提出应当确立由"适用者解释"的权力配置模式，"适用者解释的法理理性在于规则的实施性和解释的社会功能"，① 不否认由适用者解释能够更佳契合解释需要进一步明确条文具体含义或适用问题的功能，但权力的下放应当具有限度，解释权下放给适用者还应当考虑解释的效力和权威。

依法治国与依规治党是中国特色社会主义法治体系的一体两翼，其中《法治中国规划（2020－2025年）》将"健全党内法规体系"依然作为依规治党的首要任务，"构建内容科学、程序严密、配套完备、运行有效的党内法规体系"。整合党内法规条文之间、规范与规范之间、"1+4"的各法规制度之间内部系统的衔接与协调，使其更具条理性、系统性，形成有机的党内法规制度体系和系统。运用解释以增强党内法规适用的统一性，在党内法规适用中构筑决策的正当性与合理性，使适用机关本身的行为受到拘束。党内法规建设现阶段的目标与任务决定了"谁适用，谁解释"的体制目前还不能够适用于党内法规，适用者可以承担具体的解释工作，并不意味一定享有解释的权力。由适用者解释的体制应当建立在法规本身已经足够成熟的基础上，而不是借适用者的手进行新一轮的立规。《解释工作规定》第四条明确了解释党内法规要"忠实于党内法规原意，适应党的事业发展需要和党的建设实际，不得违背党内法规的制定目的和基本精神"。解释的权威性与适应性之间不存在完全的对立，忠于党内法规原意与适应党的事业发展需要和党的建设实际之间能够相互协调。忠于制定者原意以维护党内法规的安定性，防止适用中的混乱。这里的"原意"并不是真的要完全探明立规时制定者的所思所想，而是指制定党内法规时的基本考虑和基本意图。党内法规授权解释主体与制定主体的相对分离，符合了解释对适应性的要求。在调和党内法规授权解释权适用性与权威性时，借助授权规范的利益平衡功能，以消

---

① 陈志英：《党内法规解释体制研究》，载《党内法规理论研究》2019年第2期，第79页。

解党内法规解释权威性与适应性之间的矛盾，将权威性作为其首要属性，适用性则建立在权威性基础之上，迎合党内法规实施的目的要求。

四、党内法规解释权授权的完善路径

基于以上的原因分析，党内法规解释权授权的完善总体可以从两个方面入手。第一，从制度层面予以完善，明晰授权"有关部委"的含义；以受权主体职能与党内法规所涉的内容具有最密切联系作为授权标准，可以以党的组织法规、领导法规、自身建设法规、监督保障法规的内容与各党组织的职权职责具有的关联性为参照；明确党政机关联合制定的党内法规的授权解释规则以及授权共同解释的规则。第二，完善解释权条款的设置规则，以准确、简洁、规范化的用语明确解释主体和授权规则。

（一）明确"有关部委"的含义

解释目标与规范目的的统一性在于共同服务于规范的有效适用与规范治理的价值目标，以形成有序的治理环境。解释党内法规应当忠实于党内法规原意，理解立规者的意图便成为解释党内法规的首要目标。"有关"一般是指中央党内法规的起草部门或牵头执行部门，其具有解释的目的性与便宜性优势。党内法规的起草者参与党内法规制定的全过程，对党内法规的制定目的、出台背景、制度设计的内在考虑等较为熟悉和了解，作出的解释也能够更为接近于立规者的原意。同时，享有党内法规执行权的部门适宜对实践中的情况作出解释，也是适应党的事业发展需要和党的建设实际。

根据党内法规在制定中对授权解释的规定，"有关部委"应当明确为中央部委和国务院部委。中央部委在理论和实践的运用中都具有不确定含义，作为被授权主体的中央部委的含义可以根据《制定条例》进行体系解释。2019年修订前《制定条例》规定"中央各部门"是党内法规的制定主体，此处是广义上的"部门"，既包括了狭义的中央各部门，也包括了各委员会。2019年修订后的《制定条例》将"中央各部门"作为党内法规制定主体改为"党中央工作机关"，限缩了制定主体的范畴。根据立规逻辑，一个中央部委当且仅当对本系统、本领域具有实施领导、指导、监督等职能时，才有必要、有可能具有建章立制的权力。党内法规解释是制定活动的继续和延伸，要确保党内法规解释同党内法规具有同等效力和权威，解释主体应当具有领导、指导、监督等领导统筹职能。《中国共产党工作机关条例（试行）》第二条规定了，党中央工作机关是党实施政治、思想和组织领导的政治机关，实施党的领导、加强党的建设、推进党的事业的执行机关。根据体系解释，《制定条例》已经将能够对外对下进行业务领导管理，且工作内容兼具系统性的中央各部门限缩为党中央工作机关，那么作为受权解释主体的有关部委也应当理解为党中央工作机关，即党委办公厅（室）、职能部门、办事机构和派出机关。党内法规赋予党内法规解释同党内法规具有同等的效力，因此，党内法规解释权可以视为一项独立的权力，"在制度设计上，人们视法律解释为一种单独的权力，一种通过解释形成具有普遍法律效力的一般解释性规定的权力，而不是一种附属于法律制定权和法律实施权或决定权的活动。"①有权制定法律，就有权解释法律；但有权解释法律，不一定有权制定法律；有权制定法律，不一定要亲自解释法律。《制定条例》规定了确有必要，经党中央批准，有关中央国家机关部门党委可以就特定事项制定党内法规。②除具有党内法规制定权的党中央工作机关享有解释权外，根据解释工作需要，其他中央部委经党内法规授权也可以解释党内法规。因此，至于属于中央部委，但不属于党中央工作机关的党委直属事业单位、设在党的工作机关或由党的工作机关管理的机关等，③在党内法规的内容与其职能具有相关性时，应当赋予其解释权，负责党内法规的解释工作，如《中国共产党党校（行政学院）工作条例》规定由中央党校（国家行政学院）负责解释。

对于授权有关国务院部委解释的，应当具有独立对外的管理权限，而不能是内设机构。根据1981年制定的《关于加强法律解释工作的决议》，授权国务院及其主管部门解释不属于审判和检察工作中的其他法律、法令如何具体应用的问题。《国务院行政机构设置和编制管理条例》第六条规定："国务院行政机构根据职能分为国务院办公厅、国务院组成部门、国务院直属机构、国务院办事机构、国务院组成部门管理的国家行政机构和国务院议事协调机构。"其中，"国务院办事机构协助国务院总理办理专门事项，不具有独立的行政管理职能"；"国务院议事协调机构承担跨国务院行政机构的重要业务工作的组织协调任务"，"在特殊或者紧急的情况下，经国务院同意，国务院议事协调机构可以规定临时性的行政管理措施。"因此，国务院办事机构和国务院议事协调机构只能作为解释工作的辅助机关，而不能成为授权解释机关。

（二）依职能相关性授权

目前解释权归属的分散明显阻碍党内法规的准确适用，应当以党内法规所涉及的内容对解释权授权进行分类完善。党中央授权有关部委解释中央党内法规，应当依据主体职能与党内法规之间的相关性充分授权，由受权主体独立自主地完成解释工作。受权主体具有职能相关性的同时，还应当依据最密切联系原则选定授权单独解释和共同解释的主体，以最密切联系原则或相对具有综合职能的机关作为共同解释中的牵头单位。④有不同学者提出过依据职能相关性授权的两种分配方式，一种是根据组织法规、领导法规、自身建设法

---

① 张志铭：《法律解释操作分析》，中国政法大学出版社1998年版，第233页。
② 《制定条例》第十条第二款规定："确有必要的，经党中央批准，有关中央国家机关部门党委可以就特定事项制定党内法规。"
③ 参见宋功德：《党规之治：党内法规一般原理》，法律出版社2021年版，第22页。
④ 参见宋功德：《党内法规学》，高等教育出版社2020年版，第301页。

规和监督保障法规的制度体系架构进行权力归位,代表学者如谭波、王浩、唐梅玲等。[①]另一种是根据党内法规所涉的具体工作内容授权,如苏绍龙总结了党内法规的制定实践,归类整理了以"惩戒、党的组织、干部任免、统一战线工作"等为具体工作内容的党内法规,认为我国党内法规制定和解释主体的规定基本是以内容的板块划分为依据。[②] 本文融合了上述两种方式,以党内法规制度体系的基本分类为标准,综合考虑具体党内法规所涉的具体工作内容。这是由党内法规规定内容可能涉及多个部门的工作职能所决定的。

具体来说,以一个在职责职能上关联度最紧密的党的工作机关为主要的受权解释主体,围绕该工作机关,中央根据党内法规内容的实际情况可以授权其单独解释,也可以将其作为牵头机关,会同、商或联合其他部门一同作出解释。就党的组织法规来说,其主要规范党的各级各类组织的产生、职责等事项,一般以中央组织部为主要受权解释主体,可以与其他相关部门共同解释,如《中国共产党地方委员会工作条例》由中央办公厅商中央组织部解释,《中国共产党工作机关条例(试行)》由中央办公厅商中央组织部、中央机构编制委员会解释。党的领导法规主要规范和调整党的领导和执政活动,规范中国共产党与国家政权机关、政协、人民团体、军队等,国有企业、事业单位、集体经济组织、基层群众性自治组织、社会组织,非公企业,党外群众等之间的领导与被领导关系,通常没有固定的解释机关,对某一事项或领域的具体领导和主管机关作为主要的受权主体,例如中央政法委负责解释《中国共产党政法工作条例》,中央统战部负责解释《中国共产党统一战线工作条例(试行)》《社会主义学院工作条例》,中央组织部、中央机构编制委员会办公室负责解释《中国共产党机构编制工作条例》。党的自身建设法规规范党务活动,实施党内治理,保持和发展党的先进性和纯洁性,从政治、思想、组织、作风、纪律、反腐倡廉和制度建设全方位规范党的自身建设活动,通常以中央办公厅和中央组织部为主要的受权主体,如中央办公厅会同中央组织部解释《中国共产党党务公开条例(试行)》,中央纪委商中央组织部解释《中国共产党党员权利保障条例》。党的监督保障法规规范和保障党内法规的实施和执行落地见效,通过建立健全监督保障的体制机制,规范党组织和党员行为,以权责一致为责权配置理念,为党内法规的有效实施保驾护航。中央纪律检查委员会、中央组织部、中央办公厅作为党的专责监督机关和领导机关,领导监督、决策部署、统筹协调党内监督追责工作,一般授权以上三者作为主要的解释主体,在授权共同解释中作为牵头单位,如中央纪委会同中央组织部解释《中国共产党巡视工作条例》。

(三)明确授权共同解释的类型

科学配置党内法规授权解释权,应当建立在承认党内法规制定文本、解释文本与解释

[①] 参见王浩、唐梅玲:《论党内法规的解释主体》,载《黑龙江社会科学》2019 年第 5 期,第 113 页;谭波:《论党内法规解释权归属及其法治完善》,载《江汉学术》2018 年第 4 期,第 80 页。

[②] 参见苏绍龙:《论党内法规的制定主体》,载《四川师范大学学报(社会科学版)》2018 年第 5 期,第 66 页。

主体之间关系的基础上。党内法规的制定者与党内法规文本之间是创制与被创制，源和流的关系；党内法规文本和党内法规解释主体是制约与被制约，主导和从属的关系；党内法规的制定者与解释者之间是创制和适用，传递和接受的关系。"从根本上肯定立法者、法律文本及解释者三者之间的关系，也就是承认了基于人的自然和社会或文化的共性，能够在社会法律生活中成功进行书面表达和交流的可能性，若否定这种可能性，法治和法律的效用就无从谈起。"① 不论站在制定的视角，还是解释的视角，党内法规的制定主体、解释主体、解释文本之间的关系通过语言文字的媒介而紧密联系。依据党内法规的内容授权单独或共同主体解释，体现了党内法规解释多方参与的"交往理性"。哈贝马斯认为，相互理解是交往行动的核心。交往行为是一种遵循"主体－主体"的有效性规范，以语言符号为媒介而发生的交互性行为，其目的是达到主体间的理解和一致，并由此保持的社会一体化、有序化和合作化。授权共同解释的制度逻辑在于受权解释权配置应当与党内法规的内容相协调，涉及几个主体综合内容的法规应分别授权于几个相关的机关或部门，由几个主体统一作出解释。授权几个机关或组织有解释权的，应明确规定各自的解释权限以及发生纠纷的处理规则。

根据职能相关性原则与最密切联系原则，授权共同解释可以分为三种情形：第一种即授予几个主体共同解释，不分主次关系，可以由任意主体启动解释程序，由各主体统一作出解释。第二种即授权会同共同解释，会同解释的主体是牵头单位，会同的对象是有关部委，包括中央党内法规的起草部门或牵头执行部门。一般应当由牵头单位启动解释程序，会同解释的对象可以提请牵头单位启动解释程序。第三种即授权商解释，商解释的主体是解释草案的决策者，商解释的对象提供相关的意见建议和协助解释工作。一般应当由商解释的主体启动解释程序。对于党政机关共同解释的情形，根据最密切联系原则，在中央各部门中没有与党内法规调整内容和事项对应的职能部门时，可以授权国家行政机关单独解释，或由其作为牵头单位共同解释。在国家行政机关会同或商有关部门解释时，根据工作的需要，这里的有关部门可以是中央各部门也可以是国务院部门。

（四）解释权条款的规范化

党内法规中设置解释权条款是党内法规制定的工作惯例，1990 年制定的《中国共产党党内法规制定程序暂行条例》就规定了党内法规草案一般应当包括解释机关，并规定了基本的解释规则，《制定条例》在此基础上延续了设置解释权条款的传统，并进一步明确了党内法规解释体制及效力。对解释权条款进行规范的意义在于：一方面，中央党内法规很少由制定主体解释，基本都授权给有关部委解释，而党和国家机关设置具有复杂性和职能的交叉性，为了保障党内法规制定工作规范性和稳定性，保障党内法规权威性的需要而设置解释权条款；另一方面，法律解释权配置由法律法规概括式规定和授权的方式不能完

---

① 张志铭：《法律解释学》，中国人民大学出版社 2015 年版，第 38 - 40 页。

全适应党内法规解释工作需要明确性、规范性、稳定性及效率性的要求。因此，党内法规规定解释权条款能够避免因解释主体不明确而造成的党内法规解释效力缺乏权威性和适用性，也能避免因解释权授权审批等不必要的程序，提高解释工作的效率。

《制定条例》规定了党内法规解释草案应当包括解释机关，对于没有采用条款形式制定的党内法规（一般为准则），规定解释权条款不合行文的规定，由制定机关作为解释主体，不得授权解释。对于采用条款式规定的党内法规应当在附则部分规定解释权条款，作为党内法规中必不可少的辅助性规则。条款内容应当准确、简洁，具有完整性、明确性与稳定。首先，要明确"承担具体的解释工作"表示的是一种辅助性的行为，"负责解释"意为以规范授权。其次，中央党内法规的解释权条款应当采用"本××（党内法规名称）由××（制定机关/受权机关）负责解释"；授权两个主体共同解释的采用"本××（党内法规名称）由××、××（制定机关/受权机关）负责解释"；授权三个主体共同解释的采用"本××（党内法规名称）由××、××和××（受权机关）负责解释"；授权会同或商共同解释的采用"本××（党内法规名称）由××（牵头单位/综合职能部门）会同/商××（受权机关）负责解释"。最后，部委和地方党内法规根据实际工作需要，可以同时规定解释机关和承办单位，便于法规施行后执行适用该法规的党组织，向解释工作具体承办单位提出解释特定条款或者解答相关问题的请示、请求。具体可以规定为"本××（党内法规名称）由××（制定机关）负责解释，具体工作由××（起草单位）承担"，或者"本××（文件名称）由××（文件制定机关）负责解释，具体工作由××（综合办公部门）会同/商××（相关职能部门）承担"。[①]

五、结语

党内法规体系形成后的目标任务将转移到党内法规的适用问题。适用党内法规的过程是解释事实与规范的过程，对规范的选择和解释与对事实的性质认定是一个相互融合、密不可分的过程。解释规范是明确其在党内法规中的含义，解释事实则是对其性质和规范意义的定夺，适用者通过解释规范才能释放事实的规范意涵，通过解释事实才能真正实现解释规范的意义。如《设立"小金库"和使用"小金库"款项违纪行为适用〈中国共产党纪律处分条例〉若干问题的解释》，既明确了设立"小金库"和使用"小金库"款项作为违纪行为的事实认定，也解释了如何适用《中国共产党纪律处分条例》对该行为追究责任。因此，党内法规解释制度形成之后，如何选择和运用方法论解释规范和事实，就成为党规如何有效适用的新的研究命题。

（编辑：杨铜铜）

[①] 王付友：《党内法规制度解释条文如何表述》，载《秘书工作》2018年第5期，第34页。

党内法规文本中"或者"连词的规范分析

何晓琴*

摘　要　语言学领域衡量文本规范质量高低主要通过探究某个词的规范使用和文本可读性展开。通过党内法规文本可读性的视角切入党内法规文本中"或者"连词的规范分析，可实现研究党内法规立规质量之目的。通过考察党内法规文本中"或者"连词的使用情况发现：党内法规文本的可读性要难于口语，个别内容上法律文本的可读性更高，但整体上党内法规的可读性优于法律文本。党内法规文本中"或者"的少数复杂使用导致党内法规文本表述不流畅，增加了产生理解歧义的可能，从而降低了党内法规文本的可读性，影响党内法规立规质量。我们应从以下四个方面提升党内法规立规质量：一是重视"可读性"在党内法规立规过程中的基础性作用；二是规范党内法规文本的"或者"句式表达；三是处理好语言经济原则与文本流畅度之间的关系；四是建立党内立规用语规范化专家咨询的立规机制。

关键词　可读性　或者　党内法规　制定技术规范　语料库

党内法规作为中国特色社会主义法治体系的组成部分，其立规语言的规范程度直接反映着党内法规的立规质量，应引起学界重视。目前，党内法规研究领域关于党内法规立规语言和立规质量研究的重要文献主要分为三个研究进路：一是从党内法规制定技术规范的宏观层面展开；[1]　二是从党内法规立规语言的使用层面切入；[2]　三是聚焦于党内法规本身

---

* 何晓琴，女，山西孝义人，武汉大学党内法规研究中心博士研究生，主要研究方向为党内法规。

[1]　参见管华：《党内法规制定技术规范论纲》，载《中国法学》2019 年第 6 期，第 133 - 135 页；秦前红、周航：《通过制定技术规范完善党内法规的路径分析》，载《吉首大学学报（社会科学版）》2019 年第 6 期，第 18 - 20 页。

[2]　参见段磊：《论党内法规的明确性原则》，载《法学评论》2019 年第 5 期，第 26 - 33 页；邹东升、姚靖：《党内法规"党言党语"与"法言法语"的界分与融合》，载《探索》2019 年第 5 期，第 71 - 80 + 92 页；陈光：《论党内立规语言的模糊性及其平衡》，载《中共中央党校学报》2018 年第 1 期，第 29 - 36 页。

的文本和条款类型。① 已有研究虽有助于从不同层面为提升党内法规立规质量提供智识支持，但也存在实证不足、研究不够精细、科学性不够等问题。党内法规立规质量的提高离不开立规语言的正确运用，立规质量实际上是立规技术与语言知识综合使用的体现。② 语言学领域衡量文本规范的质量高低主要通过探究某个词的规范使用和文本可读性展开。③ 同时，当下法学领域已有通过借助大数据，运用语料库语言学研究方法开展法学的相关研究。④ 有鉴于此，本文拟引入语言学相关研究内容与研究方法，结合党内法规的特定领域知识，通过党内法规文本可读性的视角切入党内法规文本中"或者"连词的规范分析，进而实现研究党内法规立规质量之目的。

一、选取"或者"连词开展分析的原因

党内法规的语言从语用学角度可分为连词、名词、动词、形容词、介词、副词和数词七大主要类别。类比立法语言特点，从规范视角来看，有禁止性规则语词、义务性规则语词、授权性规则语词和但书规则语词。文本可读性取决于一系列词语的排列组合，连词在遣词造句中承担着无法绕开的角色。结合党内法规文本自带的规范属性来看，选取连词、禁止性规则语词、义务性规则语词、授权性规则语词和但书规则语词进行党内法规文本可读性的分析，是更为切合实际的选择。五类党内法规用语的分析，实际上包含着两大视角，即连词视角和规范语词视角。

经过对语料库的检索统计发现，党内法规文本中使用的连词主要有双音节⑤连词"或者""及其""以及""如果""只有""甚至""然后""还是""并且""而且""所以""即使"和"尽管"；以及单音节连词"或""和""而"。表1的统计结果显示，双音节连词"或者""及其""以及"的使用频率最高。经统计，单音节连词"和""或"⑥ 在连

---

① 参见伍华军、赵晨阳：《论党内法规责任条款及其规范设置》，载《河南社会科学》2020年第8期，第20-31页；罗有成：《党内法规文本质量实证研究——以221部党内法规为分析样本》，载《理论导刊》2020年第4期，第34-40页；秦前红、庞慧洁：《地方党内法规制定质量研究——以制定程序为中心的考察》，载《河南师范大学学报（哲学社会科学版）》2020年第1期，第1-6页。

② 实际上立规技术本身即包含了立规语言技术，为了突出立规语言技术，这里另行提出语言知识加以强调。

③ 参见汪国胜、白林倩：《从连词"或"看澳门中文立法语言的规范化》，载《汉语学报》2020年第3期，第16-22页；吕文涛、姚双云：《词汇规制与立法语言的简明性》，载《语言文字应用》2018年第4期，第65-74页；崔玉珍：《从立法语言的连词"或者"看我国法律文本的可读性》，载《当代修辞学》2016年第2期，第86-94页；张伯江：《法律法规语言应成为语言规范的示范》，载《当代修辞学》2015年第5期，第1-7页。

④ 参见［美］托马斯·李、詹姆斯·菲利普斯著，宋丽珏译：《大数据驱动的原旨主义研究》，载《法律方法》2020年第2期，第3-55页。

⑤ 在汉语中一般一个汉字的读音即为一个音节。单音（节）词指由一个音节构成的词，如"天、山、吃、走、大、高"等，与双音（节）词相对。参见张清源：《现代汉语知识辞典》，四川人民出版社1990年版，第202-203页。

⑥ 统计单音节词"或"时，"或者"也是被统计在内的，故"或"的频数要高于"或者"。单音节词是规范文本所应竭力避免的，单音节词"或"从文本规范角度考虑，均应替换为"或者"，本文的考察不包含"或"的使用情况。

词中的使用频率最高，但由于"和"的功能特殊，数量庞大，不仅可作连词使用，也可作动词使用，放在本文语境下不宜探讨，"及其""以及"的使用频率远不及"或者"之高，故对二者不做分析。

对于何为"关键词"，普遍认可的一个观点即是，一个词在文本中出现的次数越多，这个词越重要；反之，出现的频数越少，这个词越不重要。但该观点的不足之处在于二次重复确认已知文本主题词的重要性。针对仅凭任一单词出现的频数多少来确定对于文本重要与否的不足，TF*IDF 算法应运而生。TF 为 Term Frequency 的简称，即词频，表示某词在一个文档中的出现频率，共有两种计算方法，① 本文采取最为常见的一种计算方法：TF = 某词在一个文档中出现的次数/一个文档中的单词总数。IDF 为 Inverse Document Frequency 的简称，即逆文本频率指数，表示如果包含某词 t 的文档越少，即 n（t）越小，则 IDF 的值越大，也就意味着该词 t 具有很好的类别区分能力。IDF 的计算方法是：A = 总文件数/包含该词的文件数目 + 1，再将得到的 A 商值取以底为 10 的对数值作为 IDF 值（"+1"原因是为了避免分母为 0，即所有文档都不包含该词）。② TF*IDF 的计算方法如下：

$$TF * IDF = \frac{某个词在文章中的出现次数}{文章的总词数} * \log(\frac{语料库的文档总数}{包含该词的文档数 + 1})$$

TF*IDF 算法的优点在于，在以往词频的基础上，为每个词分配了一个"重要性"权重。例如，某一词出现在 125 部党内法规文本中的次数越多，分配给该词的权重值（IDF）越小；反之，某词出现在 125 部党内法规文本中的次数越少，其 IDF 值将会越大。由于不考察某词在不同位置（如文档的首段、首句、末段、末句）对于党内法规文本可读性的影响，"或者"一词一般情况下也不存在理解歧义，因此 TF*IDF 算法的缺点③在此可以不予考虑。综上所述，利用 TF*IDF 算法确定党内法规文本的关键词相比仅凭某词的频数确定更为科学。

本文利用 TF*IDF 算法，选取了由 125 部文本组成的党内法规语料库分词后的 100 个词进行计算。通过 jieba 模块中提供的 TF*IDF 计算程序对 125 部党内法规关键词进行确定。计算结果见表 1。

---

① 另外一种词频计算方法是：词频（TF）= 某个词在文章中的出现次数/该文出现次数最多的词的出现次数。

② 关于 TF*IDF 算法更为详细的介绍，可参见阮一峰：《TF*IDF 与余弦相似性的应用（一）：自动提取关键词》，载阮一峰个人博客：http：//www.ruanyifeng.com/blog/2013/03/tf - idf.html，最后访问时间：2021 年 2 月 15 日。

③ TF*IDF 算法的不足主要有两点：只考虑了词频，没有考虑语义；没有考虑词语在语料库中出现的位置。

表1 党内法规文本中五类使用词的各项统计指标值

类别	词语	出现次数	TF*IDF值排名	类别	词语	出现次数	TF*IDF值排名
连词	或者	1907	8	禁止性词	不得	481	64
	以及	458	65		违反	355	——
	及其	312	——		不能	117	——
	如果	41	——		不准	88	——
	并且	32	——		禁止	56	——
	只有	13	——	义务性词	应当	2988	1
	甚至	10	——		必须	515	77
	然后	6	——		应该	18	——
	还是	4	——	授权性词	可以	834	59
	即使	2	——		有权	85	——
	而且	1	——		能够	40	——
	所以	1	——	但书条款	但是	14	——

表1中，在连词、禁止性规则语词、义务性规则语词、授权性规则语词和但书规则语词①五类词中，其TF*IDF值排名位于100以内的词语从高到低依次为：② 义务性词"应当"的TF*IDF值排名为1，连词"或者"的TF*IDF值排名为8，授权性词"可以"的TF*IDF值排名为59，禁止性词"不得"的TF*IDF值排名为64，连词"以及"的TF*IDF值排名为65，义务性词"必须"的TF*IDF值排名为77。这从实证层面直接印证了"中国共产党党内法规的价值取向是以党员义务为优先，兼顾党员权利"的学术论断的正确性，③ 同时也表明本文的计算方法是比较科学合理的。虽然五类词中义务性词"应当"的TF*IDF值最大，但结合可读性更侧重于句子连贯度、流畅度的意义，五类词中连词"或者"的TF*IDF值排名为8，居于五类词中的第二位置，故选"或者"进行党内法规文本可读性的分析更为适宜。综上所述，本文通过党内法规文本可读性的视角切入党内法规文本中"或者"连词的规范分析，以实现研究党内法规立规质量之写作目的。

---

① 本文列举的五类语词仅是在个人最大能力范围内进行了搜寻，存在遗漏其他语词的逻辑可能性。
② "应当、或者、可以、不得、以及、必须"的TF排名依次为：2、4、24、60、65、48。
③ 周叶中、邓书琴：《论中国共产党党内法规的价值取向——以党员义务和党员权利为视角》，载《中共中央党校学报》2018年第4期，第70页。

二、为何要探究党内法规文本的"可读性"

（一）"可读性"的含义

"可读性"在不同研究者看来具有不同的含义。有的学者基于出版行业特点，认为"可读性"即"有意思"，指作品行文晓畅流利，包含人类普遍感兴趣的元素，结构安排巧妙精致，能吸引人持续阅读下去；① 有的学者是从传播学角度使用该词的，认为"新闻可读性"即新闻可受性，是指报纸、广播、电视新闻便于阅读、收听、观看，吸引受传者的特性；② 也有学者从公文角度出发，强调公文实用性与艺术性的统一，认为"公文可读性"包括必读和耐读两个要素，其中"必读"是指公文让读者感到适合所需而非读不可，"耐读"是指公文具有审美意蕴，禁得起反复阅读，值得读者欣赏；③ 还有一种理解则是认为"可读性"要求针对特定读者群的口味，调动一切写作手段，全力打造冲击力。④ 从以上四种对于"可读性"的定义中，可以发现与"可读性"这一概念相关的近义词有"易读性"和"生动性"，但这三者又各自有其侧重点。"可读性"是从文章内容出发，受众能否知晓其主要意思，旨在强调文章的理解难易程度；"易读性"更侧重于强调形式和用词用语的通俗性，即"公文外观形态和语言通俗易懂"；⑤ "生动性"则是从审美修辞角度对文章提出的要求。按照 CHALL 对"可读性"下的定义，"可读性"是指在一篇给定的文章中，影响读者能否以最佳的速度阅读、理解并引起兴趣的互相作用的全部因素之和。⑥ 简单地讲，也就是一篇文章的阅读难度。⑦

"可读性"是指文本易于阅读和理解的程度或性质。⑧ 从写作目的出发，本文定义的"可读性"是指党内法规文本的阅读难易程度，不涉及党内法规文本的修辞与党内法规文本篇章结构，采用 CHALL 对"可读性"定义的最基本含义"读者能否以最佳的速度阅读与理解"。

---

① 张世海：《可读性、解释力与深度共识：对新时代主题出版的三点思考》，载《出版发行研究》2019年第4期，第44页。
② 汝信：《社会科学新辞典》，重庆出版社1988年版，第1252页。
③ 阎杰、高鸿雁：《公文可读性试论》，载《档案学通讯》2012年第6期，第33页。
④ 陈文晓：《实用类期刊必须找到实用性与可读性的结合点》，载《编辑之友》2005年第1期，第51页。
⑤ 参见阎杰、高鸿雁：《公文可读性试论》，载《档案学通讯》2012年第6期，第32-34页。
⑥ 阎达五、孙蔓莉：《深市B股发行公司年度报告可读性特征研究》，载《会计研究》2002年第5期，第11页。
⑦ 阎达五、孙蔓莉：《深市B股发行公司年度报告可读性特征研究》，载《会计研究》2002年第5期，第11页。
⑧ 崔玉珍：《从立法语言的连词"或者"看我国法律文本的可读性》，载《当代修辞学》2016年第2期，第86页。

（二）探究"可读性"的意义

2019年修订的《中国共产党党内法规制定条例》从第一章至第六章均对"党内法规文本可读性"提出了具体要求：（1）第7条第3项①包含了党的群众路线之内在涵义，"从群众中来，到群众中去"旨在要求党内法规的制定要考虑群众对党内法规的接受度，接受度最直接的体现则是制定出来的党内法规能否被群众看懂、看明白。第6项"防止繁琐重复"的制定原则基本之一即是对简便、简明的党内法规的追求。何为简便、简明？最简单之义即为简单、方便、明了，即"一下看得懂"。（2）第14条第2款②规定"党内法规应当具有可操作性"，具备可操作性的前提是内容之规定具体明确，"具体明确"隐含的意思之一即为容易理解。（3）第15条③规定要"构建......运行有效的党内法规体系"，"运行有效"旨在要求党内法规实施过程中能够被正确执行，正确执行的基本前提之一即是正确理解了党内法规文本的含义所在。（4）第25条第1款④则直接明了地回应了第一章总则部分第7条第3项，群众对于党内法规文本的理解越到位，群众提出的意见越能够被"充分听取"。而群众理解党内法规文本到位的最大前提即是群众首先能够读懂党内法规文本，在读懂的基础上再谈理解到位的问题。（5）第27条第1款第8项⑤规定党内法规的前置审核主要审核的内容有"是否符合规范表述要求"。规范表述要求的基本含义包含了党内法规文本的表述既符合"规范功能"层面的要求，也符合"语言功能"层面的要求。符合语言功能层面的要求即是党内法规文本符合语言之基本要求：用语规范，符合语言习惯。（6）第36条⑥对党内法规文本可读性提出了最直接明确的要求："制定和实施一体推进"旨在要求制定党内法规时就应该去考虑党内法规实施过程中可能会遇到的文本理解困难，从制定源头上去避免由于对党内法规理解不畅而带来的实施困难，这也是国家法

---

① 《中国共产党党内法规制定条例》（2019年修订）第7条第3项规定：党内法规制定工作应当遵循下列原则：（三）坚持以党章为根本，贯彻党的基本理论、基本路线、基本方略；

② 《中国共产党党内法规制定条例》（2019年修订）第14条第2款规定：制定配套党内法规，不得超出上位党内法规规定的范围，作出的规定应当明确、具体，具有针对性、可操作性。除非必要情况，对上位党内法规已经明确规定的内容不作重复性规定。

③ 《中国共产党党内法规制定条例》（2019年修订）第15条规定：制定党内法规应当统筹进行，科学编制党内法规制定工作五年规划和年度计划，突出重点、整体推进，构建内容科学、程序严密、配套完备、运行有效的党内法规体系。

④ 《中国共产党党内法规制定条例》（2019年修订）第25条第1款规定：党内法规草案形成后，应当广泛征求意见。征求意见范围根据党内法规草案的具体内容确定，必要时在全党范围内征求意见。征求意见时应当注意听取党代表大会代表和基层党员、干部以及有关专家学者的意见。与群众切身利益密切相关的党内法规草案，应当充分听取群众意见。

⑤ 《中国共产党党内法规制定条例》（2019年修订）第27条第1款第8项规定：审议批准机关收到党内法规草案后，交由所属法规工作机构进行前置审核。前置审核主要审核下列内容：（八）是否符合制定权限、程序以及规范表述要求。

⑥ 《中国共产党党内法规制定条例》（2019年修订）第36条规定：坚持制定和实施一体推进，健全党内法规执行责任制，加大党内法规宣传、教育、培训力度，对党内法规执行情况、实施效果开展评估，加强监督执纪问责，确保党内法规得到有效实施。

律实施过程中的经验所在。① "加大党内法规宣传、教育、培训力度"中"宣传"置于首位,这就说明了让更多人知晓党内法规是当前党内法规工作的重点之一。知晓之目的即是让知晓者理解并去实施党内法规,只有在理解基础上的执行方为有效的党内法规执行,党内法规的实施效果方能达到立规者之预期。

党内法规作为中国特色社会主义法治体系的组成部分,其基本功能包括规范功能和社会功能。具体而言,党内法规的规范功能主要包括规范指引功能、评价预测功能和强制教育功能;② 党内法规的社会功能主要包括社会秩序功能、社会构建功能和社会调控功能。③ "七五"普法规划主要任务的第四项任务即是"深入学习宣传党内法规。适应全面从严治党、依规治党新形势新要求,切实加大党内法规宣传力度"。④ 即将到来的八五规划实施完成后,要求法治观念能够深入人心。⑤ 党内法规文本可读性关系党内法规功能的充分发挥,关系七五普法实施成效,长远看,则直接关系着中国特色社会主义法治体系的运行成效,法治社会建设总体目标的实现。以往普法方式陈旧、单调、枯燥,普法宣传教育的主要方式是"纯文本"传播或照本宣科,缺乏趣味性和新颖性。⑥ 普法主体从最初的官方组织传播发展到当下的官媒、自媒体和个人,普法方式也适应时代发展,线下普法和"互联网+法治宣传"共同构成了当前普法大格局。提高普法宣传教育效果,既是深入开展法制宣传教育工作的客观要求,也是实施依法治国方略、建设社会主义法治国家的重要内容。而当前关于普法效果的学术讨论无一不认可的观点即是:三十多年来普法效果不佳的原因之一概括起来可以称为"民主缺失",⑦ 其具体表现则有:民主立法不够和公众参与感差。⑧ 普法宣传教育的内容均是基于文本开展,文本是决定宣传效果的源头,党内法规的宣传教育基于党内法规文本展开。不论普法的传播手段和形式如何变化,倘若最根本性的文本内容难以被公众所理解,源头上出现问题,那么不论传播手段和形式如何创新,其宣传效果的提升也是有限的。从这个角度而言,党内法规文本可读性高低直接影响着其普

---

① "晦涩生僻的法言法语难以为一般民众理解和掌握,……这种状态导致通过法制宣传使民众理解、接受乃至信仰法律存在极大的难度,再多的普法也难以使民众同法律这个陌生人'对话'",30多年的普法历史证明法律可读性差是导致普法效果低的不可忽视的原因之一,参见付子堂、肖武:《普法的逻辑展开——基于30年普法活动的反思与展望》,载《社会科学战线》2017年第6期,第208页。

② 邓世豹:《立法学:原理与技术》,中山大学出版社2017年版,第67页。

③ 参见侯淑雯:《新编立法学》,中国社会科学出版社2010年版,第42-46页。

④ 《中共中央、国务院转发〈中央宣传部、司法部关于在公民中开展法治宣传教育的第七个五年规划(2016-2020年)〉的通知》(中发〔2016〕11号)。

⑤ 参见《法治社会建设实施纲要(2020-2025年)》(中国共产党中央委员会2020年12月7日印发)。

⑥ 王平:《从组织传播到大众传播:普法传播的路径选择》,载《广西社会科学》2010年第2期,第149页。

⑦ 传统中国法律传播活动和当代中国的普法活动走的是同一条路径:官方灌输民意——塑造民众法律意识。形成了单一单向的从官到民的法律意识传播结构,缺乏民众的主体性和主动性,缺乏传播者与接收者之间的互动,导致法意实质上难以吸纳民意,民意也难以成为法意之基础。参见张明新:《对当代中国普法活动的反思》,载《法学》2009年第10期,第30-36页。

⑧ 林凌:《法制宣传教育:从普法模式到公众参与模式》,载《编辑学刊》2015年第5期,第44-48页。

法效果的好坏。

2017年6月印发的《中共中央关于加强党内法规制度建设的意见》中指出："制定党内法规制度必须牢牢抓住质量这个关键"，党内法规制度质量的直接呈现载体即是党内法规文本。2018年2月印发《中央党内法规制定工作第二个五年规划（2018－2022年）》，该文件对自印发之日起5年内的党内法规制度建设进行了顶层设计，对党内法规的制度质量提出了明确要求，"党内法规制度质量明显提高，执行力明显提升，系统性、整体性、协同性明显增强。""执行力、系统性、整体性、协同性"四项具体的党内法规制度质量要求均需通过党内法规文本来落实。保证党内法规文本规范性是落实党内法规制度质量四项具体要求的基本前提。同时党内法规文本规范性直接影响党内法规的实施效果，对于实现党内监督和群众监督具有重要意义。梳理影响党内法规文本可读性的因素对于提升党内法规立规质量，实现前文所述目标具有助力之用。

（三）"文本可读性"的测量方法

影响文本可读性测量的因素众多，客观层面包括文本本身的语言结构、修辞、逻辑、语体、语用及文化背景，书面符合清晰度和印刷排版格式，主观上则与阅读者本身相关，包括读者的文化素养、个人兴趣、阅读时的动机和情感因素等。[①] 国际上通用的测量公式为弗雷奇（Flesch）公式，[②] 其计算方法为：

Flesch = 206.835 － 0.846 * wl[③] － 1.015 * sl[④]

Flesch分数越高表示文本越容易理解，反之，文本越难理解。[⑤] 但该公式的常数206.835的设计针对的语种为英文，若直接套用在中文篇章中，结果的科学性难以保证。故本文不采取此种方式测量。关于中文可读性的测量公式，目前尚未形成认可度高的测量公式，已有的中文可读性测量公式主要是针对对外汉语文本体裁和新闻语体研发的，[⑥] 最新关于中文可读性的研究，是通过建立机器学习模型预测的，认为汉字、词汇、句法和篇章四个层面中，基于词汇层面特征的模型准确率最高，基于篇章层面特征的模型准确率最低。[⑦] 关于法律法规文本可读性的测量公式目前并不存在，仅有的一篇研究亦是理论层面

[①] 参见卢伟：《基于WEB的对外汉语教材编著系统：理论依据与设计开发》，载《外语电化教学》2006年第6期，第32页。
[②] 参见Flesch Rudolf, A New Readability Yardstick, 3 *Journal of Applied Psychology* 221（1948）.
[③] wl是word length的缩写，表示每100个单词的音节数。
[④] sl是sentence length的缩写，表示每个句子的平均句长。
[⑤] 参见杨晓宏：《弗雷奇的易读性和人情味公式与网络新闻制作》，载《新闻界》2006年第4期，第96页。
[⑥] 参见杨纯莉：《基于统计算法的对外汉语报刊文本易读性词汇因素分析》，华东师范大学2018年硕士论文，第13－28页。
[⑦] 参见吴思远、于东、江新：《汉语文本可读性特征体系构建和效度验证》，载《世界汉语教学》2020年第1期，第81－97页。

的呼吁和讨论。① 当前学界关于法律文本可读性的研究，主要有崔玉珍的《从立法语言的连词"或者"看我国法律文本的可读性》和汪国胜、白林倩的《从连词"或"看澳门中文立法语言的规范化》②，其中崔文的研究较好地提供了探究法律文本可读性的研究范式，对本文的研究启发最大。

党内法规语言作为党内法规文本的基础要素，中央及部门党内法规的立规系统性和协调性优于地方党内法规，考察中央及部门党内法规的语言特点有助于提升今后党内法规的制定质量。现今正式公开印发的中央及部门党内法规共计125部，③ 本文研究基于125部党内法规文本开展。④

从研究现状、研究目的、本文所涉的语料库特点以及学科角度出发，拟采取定量和定性方法相结合的方式进行研究。125部党内法规文本的主要确定依据是中共中央办公厅法规局汇编、法律出版社2017年8月出版的《中央党内法规和规范性文件汇编》（1949年10月-2016年12月）。确定方法是：2016年12月以前的党内法规选取以《中央党内法规和规范性文件汇编》一书中选取的中央党内法规为准，2017年1月1日至2021年2月1日之间的党内法规由人工确定。在共产党员网和北大法宝上下载确定好名称的125部党内法规文本，进行交叉比对后，去除不相关的题注和附件内容，将125部党内法规文本存为.txt格式，采取utf-8的编码形式，总计字数为581850字。通过Jupyter Notebook上搭载的Python3版本进行程序运行，用jieba模块和re模块⑤进行分词与词频统计。

党内法规作为不同于国家法律的规范形式，同时又不同于日常口语体，其可读性高低通过与这两类语体进行对比研究，更有助于本文研究的开展。本文使用的对比语料库为法律语料库和口语语料库。⑥ 其中法律语料库为自建语料库，⑦ 口语语料库的语料来自北京大学CCL语料库。⑧ 法律语料库的构建方法是：将现行有效的275部法律除去11部主干

---

① 参见陈佳璇：《法律语言的"易读性准则"与"易读性"测量》，载《修辞学习》2006年第4期，第21-22页。

② 汪国胜、白林倩：《从连词"或"看澳门中文立法语言的规范化》，载《汉语学报》2020年第3期，第16-22页。

③ 这125部党内法规中包含了尚处于讨论之中的党政联合发布的、符合党内法规外在制定形式的文本，有研究者将其概括为混合性党规。参见欧爱民、李丹：《混合性党规的正当性证成与适用范围——党政联合制定党规的一种理论回应》，载《中南大学学报（社会科学版）》2020年第1期，第87-96页。

④ 如无特别说明，下文讨论出现的"党内法规"均指中央及部门党内法规，不包括地方党内法规。

⑤ jieba模块和re模块分别是Python中封装好的用于分词统计和字符串处理的程序，jieba模块即结巴分词器，re模块即正则表达式模块。

⑥ 本文所使用的文本资料目录及研究中确定的党内法规领域的IDF值已开源在Github网站上，以供本文实验数据检测及其他相关研究者的后续使用。开源地址：https://github.com/StacyHe/iplr_research。

⑦ 研究者崔玉珍在《从立法语言的连词"或者"看我国法律文本的可读性》一文中自建法律语料库的研究成果，考虑到该文的样本随机性与样本时效性，暂不能满足本文的研究要求，故这里进行了法律语料库的自建。

⑧ 詹卫东、郭锐、常宝宝、谌贻荣、陈龙：《北京大学CCL语料库的研制》，载《语料库语言学》2019年第1期，第71-86、116页。

性法律外①进行编号，通过梅森旋转算法②进行在线简单随机抽样，③ 共获得 14 部法律样本。最终法律语料库的样本为 25 部现行有效法律。口语语料库的构建方法同法律语料库相同，选取北京大学 CCL 语料库中的当代语料库的口语语料部分，将其进行编号后进行在线简单随机抽样，共获得 14 个口语样本。

三、党内法规文本中"或者"连词使用情况考察

"或"与"或者"连词的连接对象主要有词、短语、分句和复句四种类型，其使用句式主要有居中黏结式和前后配套式两种。④"或者"两种句式的示例如下：

"居中式"句型示例

（1）条例对党的某一领域重要关系或者某一方面重要工作作出全面规定。

——《中国共产党党内法规制定条例》（2019 年修订）第 5 条第 4 款

（2）党支部每年至少召开 1 次组织生活会，也可以根据工作需要随时召开，一般以党员大会、党支部委员会会议或者党小组会形式进行。

——《中国共产党党员教育管理工作条例》第 17 条

"配套式"句型示例

（1）没有正当理由，连续 6 个月不参加党的组织生活，或者不交纳党费，或者不做党所分配的工作，按照自行脱党予以除名。

——《中国共产党党员教育管理工作条例》第 31 条第 1 款第 6 项

（2）丑化党和国家形象，或者诋毁、诬蔑党和国家领导人、英雄模范，或者歪曲党的历史、中华人民共和国历史、人民军队历史的。

——《中国共产党纪律处分条例》（2018 年修订）第 46 条第 1 款第 3 项

"或者"连词最主要的用法是前后连接两项或两项以上语言成分构成连接词组、连接分句和连接复句三种。从可读性的视角来看，"或者"连词对党内法规文本理解的影响主

---

① 这 11 部主干性法律分别是：宪法、民法典、民事诉讼法、刑法、刑事诉讼法、行政处罚法、行政复议法、行政强制法、行政诉讼法、行政许可法和监察法。

② 梅森旋转算法（Mersenne Twister）是一个高效准确的随机数生成算法，因其生成的随机数通过梅森旋转算法可以实际算出来，故通过梅森旋转算法生成的随机数又称为伪随机数，梅森旋转算法产生的伪随机数的取值范围是 $[0, 2^{19937} - 1]$。运用梅森旋转算法进行随机抽样时，将文本编号从常规的 1 开始编号修改为具有计算机意义的 0 即可，即第一个文本的编号为 0，第二个文本的编号为 1，依次类推。伪随机数一般情况下能够满足统计学要求。关于梅森旋转算法的具体介绍可参见日本广岛大学数学系网站：http：//www. math. sci. hiroshima - u. ac. jp/m - mat/MT/ewhat - is - mt. html，最后访问时间：2021 年 2 月 15 日。

③ 抽样要求设计为：99% 置信度和 1% 响应区间。

④ 参见刘清平：《连词"或"与"或者"的使用差异及其制约机制》，载《世界汉语教学》2011 年第 3 期，第 367 - 368 页。

要有三个方面:"或者"的使用频率、"或者"词组内部复杂度以及"或者"语句复杂度,具体包括"或者"一词使用频率考察、"或者"一词连接对象数量考察、"或者"一词连接对象长度考察、"或者"一词单句中的出现次数考察以及"或者"一词的其他使用情况考察。本文将从上述五个角度对党内法规文本中"或者"连词的使用情况进行考察,依托自建的党内法规语料库、法律语料库及口语语料库中使用的"或者"连词进行考察和对比,从对比中揭示党内法规文本中"或者"的使用情况对于党内法规文本可读性的影响,进而考察党内法规文本中"或者"连词的规范使用。

(一)"或者"一词的使用频率考察

一个词的使用频率越大,它在文本中出现的次数就越多。因此若要衡量一个词在不同使用场景下的使用频率,统计它在语料库中出现的次数及频率即可达到研究之目的。从表2中可以看出:"或者"连词在党内法规语料库中的使用频率为6.56‰,在法律语料库中的使用频率为19.46‰,在口语语料库中的使用频率为0.41‰。"或者"连词在党内法规语料库中的使用频率是法律语料库的0.34倍,是口语语料库中"或者"使用频率的16.07倍。即"或者"连词在法律语料库中使用最多,在口语语料库中使用最少,党内法规语料库对于"或者"连词的使用居中。

表2 "或者"使用频率的基本统计指标值

语料库类别	语料库规模	"或者"的使用次数	"或者"的使用频率(‰)[①]	比值[②]
党内法规语料库	581850 字	1907 次	6.56	
法律语料库	417883 字	4116 次	19.46	0.34
口语语料库	436297 字	89 次	0.41	16.07

从这个角度来看,可以得出一个结论:三个语料库中,党内法规文本的理解度介于口语语体和法律文本之间。党内法规文本相比法律文本而言,其理解难度是法律文本的三分之一左右;但阅读党内法规文本要比口语语体困难16倍。

---

① 研究者崔玉珍计算"或者"的出现频率之方法为:"或者"的出现频率 = "或者"的出现次数/语料库规模(字),但这里有一个小问题是,"或者"一词占字为2,但在计算其出现频率时,将"或者"算作1字得出其百分比。虽然崔氏在其文中对于法律语料库和对话语料库中"或者"出现频率的百分比计算均使用了相同的计算逻辑,故其将得出的结果进行对比时不存在计算错误。但本文认为这样的计算逻辑不是非常准确。这里有两种计算方法,第一种是:"或者"的出现频率 = "或者"的出现次数/语料库分词总数;第二种是:"或者"的出现频率 = ("或者"的出现次数*2)/语料库总字数。本文采用第二种计算方法。
② 这里的"比值"是将党内法规语料库中"或者"的使用频率分别与法律语料库中"或者"的使用频率、口语语料库中"或者"的使用频率进行比较。计算方法为:比值1 = 党内法规语料库"或者"的使用频率/法律语料库"或者"的使用频率;比值2 = 党内法规语料库"或者"的使用频率/口语语料库"或者"的使用频率。

(二)"或者"一词连接对象数量考察

通过对党内法规语料库、法律语料库和口语语料库三个语料库中"或者"一词连接对象数量的统计,从表3中发现如下事实:(1)党内法规语料库中"或者"连词与法律语料库中的"或者"连词大部分情况下其后连接一项对象,分别是1567例和3448例,各自占比82.39%和84.43%,前者是后者的0.98倍。行文至此,似乎可以推断出党内法规语料库中的党内法规文本可读性不如法律语料库中的法律文本。因为连接对象数量越少,文本可读性越高。(2)"或者"一词的连接对象数量分别是两项、三项、四项和五项时,党内法规语料库的这种情况分别是法律语料库的1.11倍、1.19倍、1.29倍和1.33倍。连接对象数量是一项、两项、三项、四项和五项的情况,占党内法规语料库总体情况的99.85%,占法律语料库总体情况的99.66%。(3)当"或者"连接对象数量为六项、七项、八项和九项时,党内法规语料库中的这种情况均小于或等于法律语料库。(4)法律语料库中"或者"在连接对象数量上的表现要丰富于党内法规语料库。因为党内法规语料库中"或者"连接对象是七项和九项的数量均为0,而法律语料库中分别为4例和1例。(5)若采取极端视角观察,党内法规语料库中的党内法规文本可读性要高于法律语料库中的法律文本,因为其极值比例①少于法律语料库中的法律文本。

表3 "或者"一词连接对象数量统计值

连接对象数量及百分比	党内法规语料库		法律语料库		口语语料库	
一项	1567 例	82.39%	3448 例	84.43%	84 例	94.38%
两项	231 例	12.15%	445 例	10.90%	4 例	4.49%
三项	63 例	3.31%	114 例	2.79%	1 例	1.12%
四项	32 例	1.68%	53 例	1.30%	0	0
五项	6 例	0.32%	10 例	0.24%	0	0
六项	2 例	0.11%	7 例	0.17%	0	0
七项	0 例	0	4 例	0.10%	0	0
八项	1 例	0.05%	2 例	0.05%	0	0
九项	0 例	0	1 例	0.02%	0	0
总计	1902 例②	100%	4084 例	100%	89 例	99.99%③

① 法律语料库中"或者"一词连接对象数量在六项以上包括六项的比例均要大于等于党内法规语料库中的分布情况。

② 这里的1902例不是理论上的结果1907例的原因是:在进行相关计算时,部分文本过于复杂,正则表达式无法准确进行字符串处理,故有部分采用了人工统计,人工统计量在30%左右。1902例相比1907例的误差在0.26%;4084例相比4116例的误差在0.78%。这里的计算精度为99%,属于结果误差的可接受范围之内。

③ 需要说明的是,这里总计99.99%未达100%的原因是计算结果的四舍五入所致。

根据上述事实，可以得出以下四个结论。结论一：党内法规语料库、法律语料库和口语语料库中，"或者"连接对象的数量是一项的是这三个语料库的常态，分布比例均超过了80%，口语语料库中"或者"的连接对象数量更是高达94.38%。结论二：从"或者"一词连接对象数量的角度看，党内法规语料库中的党内法规文本可读性与法律语料库中的法律文本差不多。结论三：法律语料库中"或者"在连接对象数量上的表现要比党内法规语料库的复杂。结论四：从连接对象数量考察视角来看，法律语料库离日常化表达方式最远；而党内法规语料库和日常化表达方式之间也存在不小距离。

（三）"或者"一词连接对象长度考察

连词连接对象的长度越短，受众阅读时越容易理解。从表4中可以看出，党内法规语料中"或者"连词连接对象的长度在"1-5字""6-10字""11-15字""16-20字""21-25字""26-30字"时，其百分比均要高于法律语料库；但"或者"连词连接对象的长度在"30字"以上的党内法规语料库百分比要低于法律语料库。由于极值数量越多，相同比较条件下对事物影响越大。观察表4可以发现单方面比较上述百分比，即仅以连接对象长度为标准，无法判断哪个语料库的表述更为复杂。这里采用权重计算法，分别给每类型长度进行赋值，长度越长，理解复杂度越大，故其权重越大。"1-5字、6-10字、11-15字、16-20字、21-25字、26-30字"的权重赋值分别为1、1.1、1.2、1.3、1.4、1.5，"30字以上"的权重赋值为10。可以发现，对党内法规语料库和法律语料库中"或者"连词连接对象的长度不包括"30字以上"进行计算时，党内法规语料库和法律语料库的得分分别是：113.314和111.083，党内法规语料库的得分高于法律语料库，相差2.231。① 但事物的特殊情况属于其极值，"或者"连接"30字以上"的权重赋值为10时，党内法规语料库此时的得分为128.01，得分要高于法律语料库的分值128.083。② 口语语料库在各自对应赋值权重计算下得分为110.797，均低于党内法规语料库与法律语料库得分。

表4　"或者"一词连接对象长度统计值

连接对象长度百分比	党内法规语料库	法律语料库	口语语料库
1-5字	20.87%	31.96%	35.96%
6-10字	37.54%	30.04%	35.96%

---

① 计算方法是：将各自百分比*100化约为正整数基础上，分别乘以相应赋值。例如，党内法规语料库113.314的得分计算过程是：20.87（20.87%*100）*1+37.54（37.54%*100）*1.1+20.29（20.29%*100）*1.2+11.93（11.93%*100）*1.3+5.42（5.42%*100）*1.4+2.47（2.47%*100）*1.5=113.314。

② 若将或者连接"30字以上"的情况赋值为1.6的权重，则党内法规语料库此时的得分为115.666，仍然高于法律语料库分值的113.803。

续表

连接对象长度百分比	党内法规语料库	法律语料库	口语语料库
11-15 字	20.29%	19.73%	15.73%
16-20 字	11.93%	10.16%	8.99%
21-25 字	5.42%	4.35%	3.37%
26-30 字	2.47%	2.07%	0
30 字以上	1.47%	1.70%	0
总计	100%	100%	100%

因此得出的一个结论是：若计算"或者"连词连接对象长度进行理解难度的比较，党内法规语料库的理解难度和法律语料库的理解难度整体上基本是接近的，至少党内法规语料库的理解难度不必然比法律语料库容易。同时，党内法规语料库的理解难度高于口语语料库。

（四）"或者"一词单句中的出现次数考察

句式越简洁，其越好理解，可读性也越强。因此毋庸置疑的是一句话中"或者"出现的次数越少，该句话就越容易理解。表5统计值显示，口语语料库中一句话最多出现两次"或者"。党内法规语料库和法律语料库中，"或者"一词在单句①中的出现次数从一次到九次均有。党内法规语料库除了出现一次的比例高于法律语料库外，单句中出现"或者"二次、三次、四次和五次的比例均低于法律语料库。仅有法律语料库单句中"或者"出现六次、七次、八次和九次。口语语料库则以单句中出现一次"或者"为主，比例高达97.75%。因此从单句中出现"或者"的次数来看，党内法规语料库和法律语料库中的文本理解难度均要高于口语语料库；党内法规语料库中的党内法规文本理解难度低于法律语料库中的法律文本。

表5 "或者"一词连接对象出现次数统计值

出现次数及百分比	党内法规语料库		法律语料库		口语语料库	
一次	1194 句	79.44%	2023 句	71.06%	87 句	97.75%
二次	231 句	15.37%	552 句	19.39%	2 句	2.25%
三次	64 句	4.26%	182 句	6.39%	0	0
四次	9 句	0.60%	44 句	1.55%	0	0

---

① 本文"单句"的定义包括两种类型：一是包含"或者"的以句号结尾的句子；二是出于规范文本的特殊格式，句子中存在（一）（二）（三）等形式且包含"或者"的，带分号的句子即视为单句。

续表

出现次数及百分比	党内法规语料库		法律语料库		口语语料库	
五次	5 句	0.33%	20 句	0.70%	0	0
六次	0	0	18 句	0.63%	0	0
七次	0	0	6 句	0.21%	0	0
八次	0	0	1 句	0.04%	0	0
九次	0	0	1 句	0.04%	0	0
总计	1503 句①	100%	2847 句	100%	89 句	100%

（五）"或者"一词其他使用情况考察

对于"或者"连词的使用考察，除去上面分析的四点外，还有对"或者"连接成分考察、"或者"表达方式和"或者"嵌套情况考察，整体概览如表6所示。

表6 "或者"一词其他使用情况统计值

其他使用情况	党内法规语料库		法律语料库		口语语料库	
	数量	百分比	数量	百分比	数量	百分比
表示并列关系	21 次	1.10%	41 次	1.00%	42 次	47.19%
表示选择关系	1881 次	98.90%	4043 次	99.00%	47 次	52.81%
配套式句式	5 句	0.33%	4 句	0.14%	1 句	1.12%
"或者"嵌套句式	42 句	2.79%	168 句	5.90%	0 句	0

（1）"或者"连接成分方面：党内法规语料库和法律语料库中的"或者"绝大多数情况下是连接前后类型、性质、种类等成分相同的选择元素，这种情况分别占比98.90%和99.00%；口语语料库中"或者"表示并列关系和选择关系的则相差不多，分别占比47.19%和52.81%。"或者"在党内法规语料库和法律语料库中的用法与口语语料库存在明显不同。

（2）"或者"表达方式方面："或者"在党内法规语料库、法律语料库和口语语料库中的表达方式有居中式和配套式两类。三类语料库的句式表达均以居中式为主。党内法规语料库中采用配套式进行表述的有4句，占比0.27%；法律语料库中采用配套式进行表述的有4句，占比0.14%。

（3）"或者"嵌套句式方面："或者"的嵌套句式是指在第一个"或者"出现组成的

---

① "或者"在语句中出现的次数不是1907次的原因是：这里的统计单位是以单句进行计算的。即一句话中有多少个"或者"出现；法律语料库同。

未被任何标点符号隔断的"或者"表述中再次出现"或者"的表述句式。该情形在党内法规语料库中共有 42 句,① 占比 2.79%；法律语料库中的"或者"嵌套句式共有 168 句,占比 5.90%；口语语料库中无"或者"嵌套句式出现。在此情形下,党内法规语料库中党内法规文本的可读性高于法律语料库中的法律文本。

四、"或者"连词对党内法规文本质量的影响

(一)影响党内法规文本的规范表达

"或者"作为连词中使用频率最高的双音节词,其被规范使用的程度反映出党内法规文本的规范程度。依前述内容,"或者"的句式可分为居中式和配套式两大类。党内法规语料库中配套式"或者"句仅占 0.27%,这 4 句表达是否存在必须要采用配套式"或者"句式有待商榷。"或者……,或者……"的配套式句式应作为党内法规文本表述的次优选择,党内法规文本表述应以居中式"或者"句式为首要句式选择,最大程度做到文本风格统一和表述规范化,以提升党内法规文本的可读性和规范表达。"或者"的嵌套式句式加剧了党内法规文本可读性的难度,可以通过分项列举、变换句式的立规技术避免"或者"的嵌套句式出现,同时也能保证文本的可读性。例如《公务员职务、职级与级别管理办法》(2020 年)第九条修改前和修改后的文本分别如下:

(修改前 230 字符)第九条 公务员晋升领导职务应当具备的资格条件,按照《党政领导干部选拔任用工作条例》和有关法律、法规、章程规定执行。其中,晋升乡科级领导职务的最低任职年限条件为:

(1)晋升乡科级正职领导职务的,应当任乡科级副职领导职务 2 年以上,或者任乡科级副职领导职务和三级、四级主任科员及相当层次职级累计 2 年以上,或者任三级、四级主任科员及相当层次职级累计 2 年以上,或者任四级主任科员及相当层次职级 2 年以上。

(2)晋升乡科级副职领导职务的,应当任一级科员及相当层次职级 3 年以上。

(修改后共 221 字符)第九条 公务员晋升领导职务应当具备的资格条件,按照《党政领导干部选拔任用工作条例》和有关法律、法规、章程规定执行。

晋升乡科级领导职务的最低任职年限条件应当符合下列情形之一:

(1)任乡科级副职领导职务 2 年以上;

(2)任乡科级副职领导职务和三级、四级主任科员及相当层次职级累计 2 年以上;

(3)任三级、四级主任科员及相当层次职级累计 2 年以上;

(4)任四级主任科员及相当层次职级 2 年以上。

---

① 这里试举一例:中央委员会成员必须严格遵守党的政治纪律和政治规矩,发现其他成员有违反党章、破坏党的纪律、危害党的团结统一的行为应当坚决抵制,并及时向党中央报告。对中央政治局委员的意见,署真实姓名以书面形式<u>或者</u>其他形式向中央政治局常务委员会<u>或者</u>中央纪律检查委员会常务委员会反映。

晋升乡科级副职领导职务的,应当任一级科员及相当层次职级3年以上。

可以明显直观地看出,在保证文本意思不变的前提下,修改后的第九条不仅比修改前的第九条行文更加流畅直观,意思清晰明了,更加符合党内法规文本的规范要求;而且所使用的字符数也减少了9个,更加符合语言的经济性原则。①

(二) 影响党内法规文本的准确表达

"或者"连词在连接对象数量和连接对象长度上均存在极值,在连接对象数量上存在前后总计连接8项的文本,这里试举两例:

句1. 对存在本规定第十八条情形的责任人员,应当根据情况采取通报、诫勉、停职检查、调整职务、责令辞职、降职、免职或者处分等方式问责;涉嫌职务违法犯罪的,由监察机关依法调查处置。(《地方党政领导干部安全生产责任制规定》(2018年)第19条)

句2. 各级党委及其有关部门应当依据职责对本条例的执行情况进行监督检查。违反本条例的,根据情节轻重,给予批评教育、责令作出检查、诫勉谈话、通报批评或者调离岗位、责令辞职、免职、降职等处理,或者依纪依法给予党纪政务处分。(《社会主义学院工作条例》(2018年)第61条)

上述2个例子中,句1和句2使用"或者"连词进行句子连接与表述,造成了两个句子之间存在边界不清和表达混乱的立规现状。边界不清体现在:句1使用【或者处分】的表述,句2使用【或者依纪依法给予党纪政务处分】的表述,句1中的"处分"边界是什么,是既包括党纪处分和政务处分,还是仅包括其中一项性质的处分。表达混乱体现在:(1) 句1中【采取通报、诫勉、停职检查、调整职务、责令辞职、降职、免职或者处分等方式问责;】的"通报、诫勉、责令辞职、降职、免职"是处于同一表达层次的。但在句2中【给予批评教育、责令作出检查、诫勉谈话、通报批评或者调离岗位、责令辞职、免职、降职等处理,或者依纪依法给予党纪政务处分】,"通报、诫勉"和"责令辞职、降职、免职"成为用"或者"隔开的不同层次关系。(2) 句1中的"处分"和句2中的"处分"表达由于前述表达上的差异,第三次带来了二者的表达差异。

党内法规文本存在的边界不清和表达混乱的立规现状直接影响党内法规文本含义的准确传达,这将会增加文本歧义和引发后续由于表达不准确带来的需要解释的可能,但这并非出于立规技术上的必要模糊性带来的文本解释。

(三) 增加党内法规文本的理解难度

党内法规的适用对象主要是党员群体和各级党组织,党员群体文化程度不甚相同。

---

① 参见徐正考、史维国:《语言的经济原则在汉语语法历时发展中的表现》,载《语文研究》2008年第1期,第9页。

2021年最新的中国共产党党内统计公报显示：① 大专及以上学历党员共计4951.3万名，在党员队伍中占比52.0%，这意味着48%的党员受教育程度在大专学历之下。同时发展党员中，发展具有大专及以上学历的党员共计222万名，占比46.8%，意味着53.2%的被发展党员的受教育程度在大专学历之下。中国共产党是一个强调集中统一领导的政党，党中央的路线方针政策需要各级党组织进行贯彻执行。如果党内法规文本规定得过于复杂，理解难度超出了一部分党员的理解范围，尤其是超出了部分党员领导干部的理解范围，那就会一定程度上影响到党中央路线方针政策的贯彻执行，不利于加强党的集中统一领导。

根据前述内容，党内法规语料库中党内法规文本"或者"的使用次数居于法律语料库和口语语料库中间，即"或者"的使用频率居于二者中间；连接对象数量及百分比高于口语语料库，低于法律语料库；单句中出现的"或者"次数从一次到五次不等，高于口语语料库，低于法律语料库；使用的嵌套句式有42句，高于口语语料库，低于法律语料库；连接对象长度及百分比高于口语语料库，除"1-5字"的连接对象长度外，其余比例均高于法律语料库。党内法规语料库虽然不如法律语料库复杂，但依然要远比口语语料库复杂，无形之中增加了党内法规文本的理解难度。

五、结语："或者"连词视角下党内法规的立规建议

党内法规语言属于党内法规制定技术规范体系中的一个环节，党内法规的表达和实施都离不开党内法规语言的运用。党内法规研究的初创期，理应借鉴国家立法的已有经验，有意识地规避国家立法中曾经出现的短板，做到注重内容的意思表达，重视立法形式和表达技术。结合党内法规制定的文本实践来看，具体内容如下：

第一，重视"可读性"在党内法规立规过程中的基础性作用。作为党内法规的表达载体，立规语言不同词汇形式的选择与语法修辞遵守的状况直接关系到党内立规的表述规范程度，进而影响党内法规文本所承载的党内法规信息传递、转换与反馈的准确程度与实施效果。② 具体而言，党内法规可读性同党内法规的传播效果、执行实效和解释机制密切相关：党内法规可读性的高低与其传播效果的好坏成正比；党内法规可读性的高低直接影响着党内法规执行实效的好坏；党内法规可读性高低虽与党内法规解释机制的发达与否没有直接的正负相关性，但可读性高的党内法规可以减少启动不必要的党内法规解释机制。党内法规文本可读性的重要性从党内法规的制定体系、执行体系、解释体系以及法治社会大体系的源头和整体角度而言，均发挥着基础性作用。鉴于提升党内法规文本可读性是制定党内法规的本质要求所在，也是法治社会构建的实际所需，今后应重视"可读性"在党内法规立规过程中的基础性作用。

---

① 参见中共中央组织部：《中国共产党党内统计公报》，载共产党员网：https://www.12371.cn/2021/06/30/ARTI1625021390886720.shtml，最后访问时间：2021年7月10日。

② 参见邓世豹：《立法学：原理与技术》，中山大学出版社2017年版，第196页。

第二，规范党内法规文本的"或者"句式表达。党内法规文本语言表达的规范化，使得党内法规庄重、简明，也便于对党内法规的理解和执行。① 党内法规文本的"或者"句式应以居中式为主，尽量避免使用配套式的"或者"句式。配套式的"或者"句式可以"有下列情形之一的，…"进行替换表达，以提升党内法规文本整体表达规范度。今后党内法规的立规和修规工作中应有意识地运用居中式"或者"句式进行党内法规的文本表达。

有法律语言学家指出，"立法语言的规律没有很好得到展示，有的深奥、艰涩，脱离公民的理解能力和心理认识习惯，造成法律信息传递不畅…"② 前述观点直接指出了"深奥艰涩"的语言表达会造成法律信息传递不畅，党内法规在立规之时应借鉴国家法立法的实际经验。党内法规的语言表达应当简洁，在不影响信息传递的情况下删去可有可无、不能提供有用信息的冗辞。党内法规文本中"或者"嵌套句式的不当使用带来党内法规文本表达的冗长，进而增加了党内法规文本的理解复杂度，影响党内法规文本的传播与实施。今后党内立规、党内法规的修改应减少甚或避免"或者"嵌套句式的使用，以提高党内法规表达的主旨明确与简洁明快，增强其可传播性与可实施性。

第三，处理好语言经济原则与文本流畅度之间的关系。语言使用遵循经济性原则，通常是指使用最少话语表达最多含义。党内法规作为一类规范文本，文本表达上遵循着语言经济性原则，通过使用内容密集度大的文本实现更多的意思表达，但与此同时也应重视党内法规的文本流畅度。已有的立法修改经验表明，改变句型是立法语言修改幅度最大的方式之一。③ 通过句式的变换，可以使得相关表述突出主旨，简洁明快。句式是语言、心理、社会、文化的凝合体，在满足文本表达协调一致的原则下，单句中"或者"连续出现的嵌套式党内法规表达是否必须使用"或者"连词进行，是否存在其他可替代性表达需要学界进一步研究，④ 以提升党内法规的表达准确，增强文本可读性，进一步提高党内法规立规质量。

第四，建立党内立规用语规范化专家咨询的立规机制。全国人大常委会法制工作委员会2007年成立了立法用语规范化专家咨询委员会，聘请了十四位全国知名的国家通用语言文字方面的专家对法律草案进行审校，截至2019年底已审校了110余部法律草案。每部法律草案通过前一般都请2–3位语言文字专家进行审校，减少文字"硬伤"，优化语言表达，立法质量有了较大提高。中共中央办公厅法规局今后可以比照全国人大常委会法工

---

① 参见陈炯：《论立法文句的逻辑结构》，载《平顶山学院学报》2006年第1期，第76页。
② 李振宇：《漫谈立法语言的实现》，载《应用语言学：法律语言与修辞国际研讨会》论文集，上海大学法学院2000年，转引自陈炯、钱长源：《对于立法语言作为立法技术的几点思考》，载《江汉大学学报（人文科学版）》2004年第2期，第23页。
③ 陈炯：《论立法语言修改的原则与方法》，载《平顶山师专学报》2004年第6期，第58页。
④ 前文举例的《公务员职务、职级与级别管理办法》（2020年）第9条表明不改变文本意思前提下，党内法规文本的确存在其他可替代性表达。

委建立的工作制度之———立法用语规范化专家咨询委员会,建立党内立规用语规范化专家咨询的立规机制,邀请从事党内法规语言学、通用语言学教学科研的专家学者、字典词典编审编辑、传播学学者、法学专家以及党内法规学专家共同参与党内立规的起草制定工作,结合中国共产党党员的学历分布以及当下不可忽视的融媒体传播形态进行党内立规用语的科学选择。通过连续性、长时间、制度化地将党内法规草案送语言文字专家审校的常态化立规机制来科学提高党内法规的立规质量和制定水平,减少、修改文本中单音节词"或"的用法。①

(编辑:吕玉赞)

---

① 党内法规语料库中单音连词"或"的出现次数是318次,占比14.29%;而法律语料库中单音连词"或"的出现次数是24次,仅占比0.57%。

司法审判证据提示模式构建

——以诈骗罪为例

祝艳丽[*]

摘 要 司法审判中个案所采信的证据和案件事实间具有关联性,这一关联特征可以推进人工智能在司法审判领域新的应用。以诈骗罪为例,通过机器学习同类案件裁判文书中证据与事实文本中"要素"的对应关系,能够有效识别"要素"来预测新案件中的待证事实所需证据。该模式所推出证据比判决书中载明的证据更加全面,表明这种迁移学习能够为法官审理案件做出有效指引,提升证据审查的精确性和全面性。

关键词 机器学习 诈骗罪 案件事实 证据提示

一、引言

近年来法律人工智能受到了理论界的广泛关注,人工智能在法律领域的应用是法律人工智能关注的一个重要方向,中国"智慧法院"的建设问题在其中最具有代表性。自中国实行裁判文书公开之后,裁判文书网公开的海量裁判文书成为大数据深度学习的数据基础,使得人工智能与法官审判工作的深度融合有了更多可能。目前人工智能在司法审判工作中的应用主要集中在定罪量刑和证据方面。人们希望通过人工智能技术辅助法官进行事实认定,即针对一段事实文本做出定罪和量刑的建议,比如海南高院的"量刑规范化智能辅助办案系统"即是对这一模式的落地成果。证据领域的应用主要关注点在证据收集和证据审查,比如上海市 2019 年 1 月启动的"刑事案件智能辅助办案系统"(又名"206 系统"),其庭审示证区可以集中展示庭审示证功能、证据校验功能、证据链审查判断功能、

---

[*] 祝艳丽,女,四川大学法学院博士研究生,主要研究方向为法律推理。

言词证据功能,指引办案人员的取证行为①以及结合法律的实体和程序性规定对案件审理中显示的证据瑕疵、证据矛盾等进行重点审查。②贵州探索研发了"案件证据数据化+标准化系统",贵阳市公检法三家共同制定的"刑事案件提请批准逮捕受理证据指引"和"刑事案件证据收集指引",以期实现证据标准在公检法三机关的统一适用。③

人工智能在证据收集和证据审查方面的应用已经有了一些实践成果,但无论是上海"206系统"的庭审示证功能还是贵州的证据数据化、标准化功能都是对原被告双方现已提供证据的审查,或者是需要法官根据案件事实做出人为判断之后去主动"收集"证据。可以说,目前并没有一种在审判过程中根据案情预测该案所需证据的系统,基于此证据提示模式的构建便可以填补这一空缺。

二、基于机器学习的证据提示模式构建

证据提示是指在庭审过程中,通过机器学习可识别的法律文本提示法官有助于案件审理的重要证据。具体实现方式为:人工对大量事实文本进行要素标注,也即对文本贴标签的过程,在此基础上借助机器学习训练出文本和要素之间对应关系的模型,让其能够识别一段新事实文本中的要素,然后人工建立要素和证据之间的对应关系,最终实现从事实文本推出相关证据的目标。根据证据提示的指引,法官需依法重点收集和审查部分证据,避免人为因素造成的证据认定偏差,来更全面、准确的把握案情。理论上这种模式对于司法审判工作具有重要参考价值,在法律人工智能领域有很广阔的发展前景。

(一)诈骗罪要素的整理及标注

证据提示模式借鉴了司法实践中要素式审判的核心内容。要素式审判是在司法需求和人工智能在司法领域应用的双重作用下产生的,要素式审判在全国各地法院审判改革中呈现出适用范围越来越广的趋势,但又具有趋同性,比如厦门市集美区人民法院、④ 深圳市中级人民法院、⑤ 南京市鼓楼区人民法院⑥等都在劳动争议纠纷、交通事故纠纷、婚姻家庭纠纷等案件中适用要素式审判,这几个案由下的案件事实都比较简单。学界尚未形成统一的要素式审判的概念,但多数学者认为要素式审判是对能够凝练出共同事实要素的类型

---

① 参见崔亚东:《司法科技梦:上海刑事案件智能辅助办案系统的实践与思考》,载《人民法治(法律实施)》2018年第18期,第92-97页。
② 参见潘庸鲁:《人工智能介入司法领域路径分析》,载《东方法学》2018年第3期,第109-118页。
③ 参见董坤:《证据标准:内涵重释与路径展望》,载《当代法学》2020年第1期,第108-118页。
④ 参见安海涛,李晨:《改革破制度藩篱 科技提工作质效——福建厦门集美法院推进"分调裁"机制探访》,载《人民法院报》2017年12月15日,第4版;安海涛,吴淑贞:《厦门集美"五化"布局集成庭审之美》,载《人民法院报》,2018年6月11日,第5版。
⑤ 参见林劲标:《深圳简易民商案件裁判文书"瘦身"》,载《人民法院报》2013年6月3日,第5版。
⑥ 参见张宽明,皮轶之:《繁中谋精简中求速——江苏南京鼓楼区法院繁简分流工作体系调查》,载《人民法院报》2017年11月9日,第5版。

化案件，围绕要素进行庭审并制作裁判文书的一种审判方法。要素可以将类型化的案件进行要素化解构，使得审理案件变成了审理要素，同时，要素的设置是建立在法条和司法实务基础上的，其优势在于具有可解释性，能够弱化人工智能"黑箱"操作的弊端，降低其应用的风险。①

要素也是证据提示模式的重要组成部分。在司法审判中，影响定罪、量刑的因素都是法定的，理想情况下法条的规定能够展示出一个案由下所有定罪量刑的情节，所以根据法条归纳出来的要素就能够被认为是该案由下所有需要证明的待证事实，本文所构建的证据提示模式把这种人工对法条总结和归纳形成的关键词或者短语称为"要素"。

为了能够准确地验证此种机器学习提示证据模式的真实效果，供机器学习的训练和测试文本要有一定难度，也就是案件类型应当具备案件事实比较复杂、所涉及的证据种类繁多等特征，故证据提示模式选取了刑事案件中诈骗罪这一案由。审理刑事案件的关键在于定罪和量刑，因此诈骗罪的要素集主要围绕主体、定罪行为、定罪金额、从重和从轻处罚情节、不起诉或免于刑事处罚等几个方面来归纳，所以有关诈骗罪的全部法条就是能够完全概括诈骗具体情形的文本，关于诈骗罪的要素也就是所有规定诈骗罪法条的概括和总结。比如，《刑法》第二百六十六条是关于诈骗罪的一般规定，对于该条款如果用要素来概括就是"诈骗公、私财物行为"；《关于办理诈骗刑事案件具体应用法律若干问题的解释》第七条规定："明知他人实施诈骗犯罪，为其提供信用卡、手机卡、通讯工具、通讯传输通道、网络技术支持、费用结算等帮助的，以共同犯罪论处。"该条列举了常见的共同犯罪的情形，即用"共犯"可以概括；《关于办理电信网络诈骗等刑事案件适用法律若干问题的意见》第二条第二款规定了十种电线网络诈骗应当从重处罚的情形，虽然这十种行为被规定在同一个法条中，但是内容却完全不同，故在要素标注时分别用"冒充司法机关等国家机关工作人员实施诈骗的""诈骗犯罪集团或团伙"等短语概括。

证据提示模式能够在某个类型化案件中根据审判过程中出现的"要素"为法官提示用于本案审理的证据。理想情况下，在法院并未查明案件事实也即没有做出判决之前，可以用起诉状或者实时庭审笔录作为事实文本。基于庭审笔录和起诉状为法院内部资料无法获取，所以在模型的训练阶段，为了最大程度还原案件的真实样貌，选取 10000 份裁判文书中"经审理查明"部分作为训练文本。为了不破坏文本的完整意思表达，在标注的过程中采用整段标注。比如文本"经审理查明，被告人王成波利用虚假病例于 2011 年 3 月至 2017 年 3 月间在榆树市华昌街道申请城镇居民最低生活保障，共骗取低保金人民币 31965.8 元。案发后，被告人将所得赃款全部退还。"② 这一整段案件事实中包含有"诈骗公、私财物行为""骗取社会保障待遇""诈骗公私财物达到一定数额""退赃、退赔"四

---

① 参见李鑫、王世坤：《要素式审判的理论分析与智能化系统研发》，载《武汉科技大学学报（社会科学版）》2020 年第 3 期，第 323 – 334 页。

② 节选自吉林省榆树市人民法院（2019）吉 0182 刑初 277 号刑事判决书。

个要素，就需要对这段数据"贴上"机器可以识别的要素标签。经过统计，诈骗罪要素共计 36 个，去除 4 个没有出现在标注结果中的要素和 3 个不影响证据提示的要素，共计有 29 个常用的诈骗罪要素，[①] 标注过程中要素的使用频率也有差异（见图 1），这也反映了真实案件中有关诈骗罪的不同情形出现的频率不同。

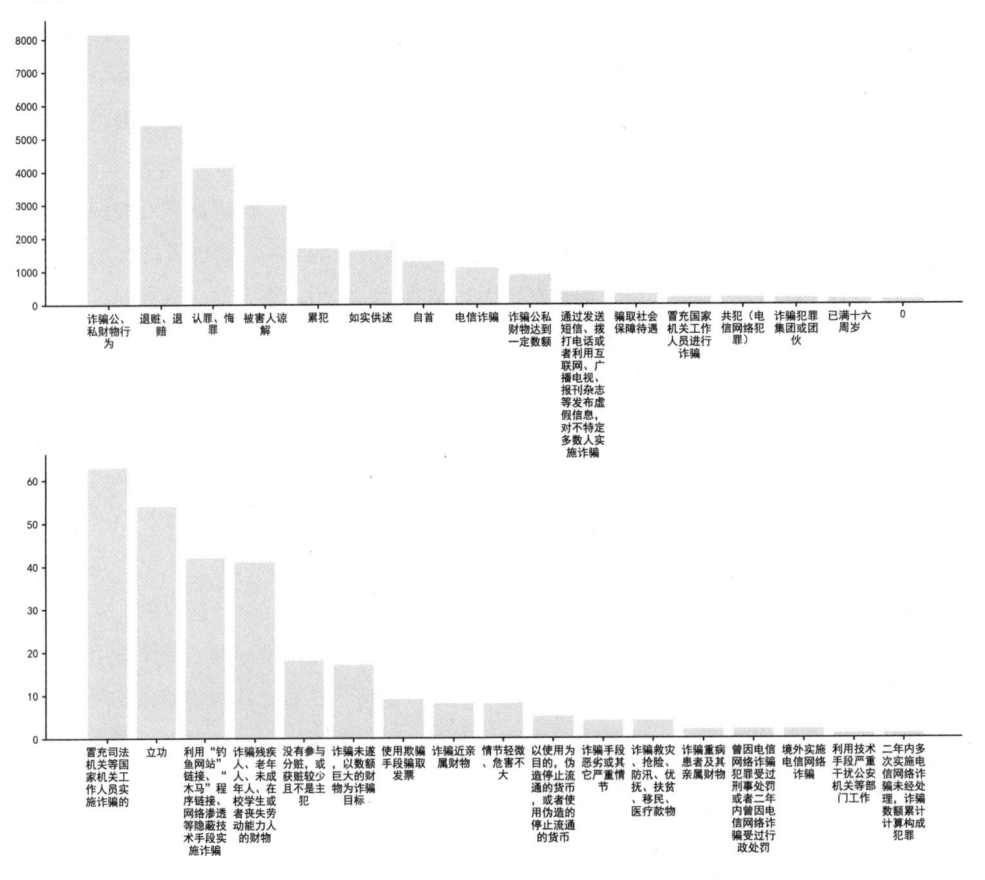

图 1　诈骗罪要素标注数量分布

（二）诈骗罪重要证据的整理

在真实案件中被法院采信的证据更具有真实性和代表性，故笔者以裁判文书网上公开的判决书中所列举的证据作为整理证据集的来源。在诈骗罪案由以下要素为关键词在裁判文书网进行检索，提取符合条件的裁判文书中列举证据的部分，整理、汇总出该要素涉及

---

① "使用伪造的学生证购买半价火车票""假借研制、生产或者销售疫情等灾害用品""以赈灾募捐名义诈骗""被害人自杀、精神失常或者其他严重后果"这四个要素未在标注过程中出现，说明这四种情形在司法实践中也很少出现。"诈骗未遂，以数额巨大的财物为诈骗目标""诈骗手段恶劣或其他严重情节""情节轻微、危害不大"这三个要素没有明显相关的证据可以关联，即不影响证据提示。

的所有证据，以此类推，用所有要素进行检索，去除重复的证据，指代同一个但是名称不同的证据只选取最为常用的名称，最终形成一个证据集合。

虽然本文对提示证据集的整理涵盖了大量裁判文书，旨在做到全面。但证据的整理过程并不像法条的整理一样能够做到完整、准确，不能也无法涵盖所有的证据种类。主要有以下几个原因：首先，按照《刑事诉讼法》的规定，证据有法定的八种类型，分别是物证，书证，证人证言，被害人陈述，犯罪嫌疑人、被告人供述和辩解，鉴定意见，勘验、检查、辨认、侦查实验等笔录，视听资料、电子数据。其中，书证和视听资料、电子数据本身并不是某一个证据的名称，而是一类证据的总称。比如，能够以文字、符号、图案等内容来证明待证事实的材料都是书证，是包含证据种类最多的一种证据类型，至于到底有多少种证据属于书证，并没有明文规定。其次，个案具有特殊性，一些案件中用来证明待证事实的证据可能具有非常强的针对性，只在某个特定的案件中出现，并不具有普适性。证据提示的目的是辅助审判，笔者认为能够在事实文本的基础上通过机器学习提示出证明某个犯罪行为最基本的且一定需要的证据就已经能够说明该模式具有非常强的实用价值，这也是证据集和一般的证据清单的最本质区别。最后，证据整合的标准具有主观性，笔者在整理证据时发现，部分证据只能用来证明某个特定的要素且这几个证据之间具有相似性或者基于同一行为产生，比如身份证、户籍证明、常住人口登记表、出生证明都是证明当事人主体身份的证据且一般会同时使用其中一个或者几个；QQ、支付宝、微信转账记录都是为了证明当事人之间的交易情况且都是依托互联网产生；扣押决定书、扣押清单、扣押笔录、扣押物品照片均是在扣押过程中产生的证据。为了让证据更加简洁清晰，此种证据在整理过程中也被视为一个整体。

随着社会不断进步，新型诈骗方式不断出现，诈骗手段更加复杂，对应的证据就更加多样化，法律文件也在与时俱进发生增补或修改，但是本文所整理的证据集合能够根据具体情况灵活做出调整，随时更新，这也是该模式优势所在。

（三）建立要素和证据间的对应关系

要素的整理是对法律规范文本的理论分析，证据的整理是对实践中真实案例的整理归纳，要素与证据的关联是搭建理论和实践的桥梁也是证据提示模式的关键环节。

关联性是诉讼中对证据进行审查判断的重点，要求证据可以作为证明待证事实存在与否的依据。证据的关联性注重的是证据与案件中待证事实之间的关系，即它和"要素"的关系，要求证据的证明目的指向本案的待证事实，否则该证据就不具备关联性。[1] 一份案件事实认定清楚、证据确实充分、适用法律正确且程序合法的裁判文书具有与法律相同的

---

[1] 参见汤维建、卢正敏：《证据"关联性"的涵义及其判断》，载《法律适用》2005 年第 5 期，第 24 - 25 页。

效力,所以应当认为公开上网的裁判文书中法院采信的证据和待证事实是具有关联性的,该模型构建所做的工作是明确已经具备关联性的要素和证据之间的对应关系,也就是总结归纳证据集中的某个或某些证据证明了某个要素。

这里涉及法学界一个有争议的概念:证据标准。刑事、民商事、行政案件各自都有对证据的不同审查标准,证据标准在案件不同的审理阶段是否也应当有不同的标准都有比较大的争议。在刑事领域,有学者将证据标准定义为"对于被允许进入审判阶段的案件,其证据需要具备证据能力且满足各项要件事实对要件证据及必要附属证据的最低要求,即相应要件证据和附属证据对各项要件事实的支持已经形成完整的推论链条,这样一种标准"。其中要件事实是指在实体法规范中构成一项犯罪所需具备的基础性事实,① 也就是"要素",要件证据是能够通过推理和要件事实直接联系的证据,附属证据不与要件事实直接相联系,但是可以辅助推理。② 从目前的实际应用来看,比较前沿的如贵州省的"案件证据数据化+标准化系统",上海市的"刑事案件智能辅助办案系统",都以具体的某个案由为证明对象,对证据的种类、数量等做出细致的规定,可以将在证据上不具备进入审判条件的案件直接过滤,上海市高级人民法院副院长、206 工程主要负责人黄祥青也认为,证据标准是指针对不同类型的案件,按照构建完整证据链条的要求所必须收集的证据,它侧重于说明应当收集哪些证据。③ 这种类罪证据收集指引更像是证据清单,事无巨细地罗列出所有相关的要件证据和附属证据。审判前的侦查、审查起诉等行为需要证据标准指引,庭审过程同样需要对证据的审查进行提示,不过本文所构建的证据提示模式并不同于实践中这种在庭审前的证据标准指引,证据提示旨在提示法官收集或者重点审查某个案由下具体的某个要件事实应当具备哪些重要的证据,也即要件证据,至于可能在个案中才会出现的不具有普遍适用性的附属证据进行提示反而会对法官审理案件形成干扰,所以和要素关联的证据是在具有关联性证据的基础上选出的具备直接关联性的证据。

为了让提示出来的证据对法官审判更具有参考价值,要求每个要素所对应的证据是尽可能准确且有针对性的。不同案件的判决书在证据列举的部分有详有略,往往用"以上事实有……予以证实"引出,其后的证据列举大致呈现出两种形式:一种是直接将所有证据名称用顿号隔开排列在同一段,不做任何解释,另一种是在证据数量比较多的情况下,先对证据进行分类,然后在列出证据名称后另外对每个证据所要证明的事实进行简要的说明,比如说认罪认罚具结书可以用来证明被告人认罪、悔罪的情节,那么认罪、悔罪这一要素就可以和认罪认罚具结书这一证据建立关联,所以从判决书中可以得出部分要素和证

---

① 参见熊晓彪:《刑事证据标准与证明标准之异同》,载《法学研究》2019 年第 4 期,第 191–208 页。
② [美]特伦斯·安德森、戴维·舒姆、威廉·特文宁:《证据分析》,张保生、朱婷等译,中国人民大学出版社 2012 年版,第 332 页。
③ 参见严剑漪:《揭秘"206":法院未来的人工智能图景——上海刑事案件智能辅助办案系统 154 天研发实录》,载《人民法院报》2017 年 7 月 10 日,第 1 版。

据的对应关系。即使是第一种证据的列举方式，虽然没有要素和证据的一一对应关系，但是至少可以认为法院认定的案件事实部分和法院采信的证据之间有整体的对应关系，一般来说案件事实部分包含不止一个要素，和证据之间形成了多对多的关系。部分要素对应的证据可以根据常识直接判断，比如身份证、户口本等证据是用来直接证明犯罪嫌疑人或被告人的主体身份的，这种关联就是必然的；谅解书可以证明被告人得到了受害人的谅解；医疗诊断证明书会被认定为证明当事人身体患病情况的证明。当然，如果不联系案件事实，部分证据所要证明的对象是不明晰的，所以还可以通过阅读具体案件事实文本判断部分证据所要证明的内容，比如银行账户交易明细既可以证明犯罪嫌疑人或被告人的诈骗财物金额，也可以证明被告人犯罪后退赃、退赔的情况。

阅读大量判决书之后，经过整理，绝大多数证据都可以对应一个或者多个要素，表1列举了部分要素和证据的对应关系。其中，比较复杂的情况是，一些证据在不同案件中的证明内容不同，或者是在同一案件中能够证明多个要素，说明该证据和部分所要证明的要素没有必然的关联性，并不是证明该要素最典型的证据。为了能够凸显证据和要素之间密切的联系，所以在人工进行对应的时候就舍弃了部分要素中对应的这部分证据。最为典型的证据是单独作为证据种类的"证人证言""被害人陈述""犯罪嫌疑人、被告人供述和辩解"，这几种证据都可以理解为一种载体，在这种呈现形式下包含的内容和数量可以不受限制，所以可以证明的要素数量较多，故最终只和最相关的几个要素建立了对应关系，比如犯罪嫌疑人、被告人供述和辩解是如实供述的唯一证据。

表1 要素和证据间的对应关系示例

分类	要素	证据
不起诉或免于刑事处罚	电信诈骗	手机； 电话卡； 电脑主机； 扣押决定书、扣押清单、扣押笔录、扣押物品照片； 现场照片； 搜查笔录； 电子证据检查笔录； 通话记录、短信记录； QQ、微信、邮件等网络通信记录； 电话号码、QQ、微信、邮箱等账号信息；
	累犯	刑事判决书； 刑事裁定书（减刑、假释）； 结案通知书； 释放通知书；

续表

分类	要素	证据
不起诉或免于刑事处罚	冒充司法机关等国家机关工作人员实施诈骗的	伪造的国家机关工作人员证件； 证人证言； 被害人陈述； 犯罪嫌疑人、被告人供述和辩解； 通话记录、短信记录； QQ、微信、邮件等网络通信记录； 辨认笔录；
	认罪、悔罪	认罪认罚具结书； 犯罪嫌疑人、被告人供述和辩解；
	被害人谅解	谅解书； 和解协议；

（四）事实文本推荐要素的模型构建

在要素整理及标注、证据整理、要素和证据对应关系的基础上，需要依靠算法在大量训练文本进行要素标注的基础上预测出新的事实文本所包含的要素，从而根据要素推断出相关证据。

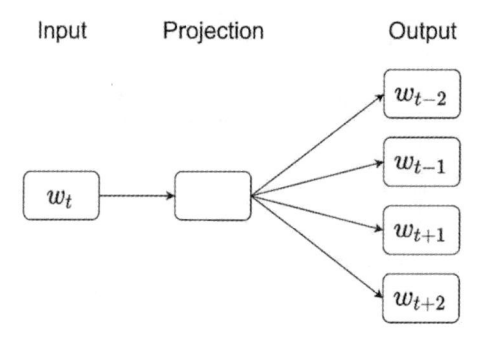

图 2　Skip – Gram 模型结构

模型使用 fasttext[①] 的 Skip – Gram 算法训练词向量，其利用词的子词信息，例如'嫌疑人'的二元子词包含'<嫌''嫌疑''疑人'和'人>'，其中<和>表示词的左右边界，令 g_t 为词 w_t 的子词集，则词向量 $w_t = \sum_{i \in g_t} w_i$。对词典集 $\{w_t\}_{t=1}^T$，遍历词 w_t 及其取定范围的相邻词 $\{w_c\}_{c \in c_t}$ 和随机抽取的负样本集 N_{ct}，如图 2 所示，使用 w_t 预测相邻词 $\{w_c\}_{c \in c_t}$，最小化负对数似然：

---

① Bojanowski P, Grave E, Joulin A, Mikolov T. Enriching word vectors with subword information. Transactions of the Association for Computational Linguistics. 2017 Jun；5：135 – 146. Joulin A, Grave É, Bojanowski P, Mikolov T. Bag of Tricks for Efficient Text Classification. InProceedings of the 15th Conference of the European Chapter of the Association for Computational Linguistics：Volume 2, Short Papers 2017 Apr（pp. 427 – 431）.

$$\sum_{t=1}^{T} \left[\sum_{c \in c_i} 1(w_i^T w_c) + \sum_{n \in N_{i,c}} 1(-w_i^T w_c) \right]$$

其中 $l: x \rightarrow log(1+e^{-x})$。文档向量为文档中所有词的向量的平均，利用文档向量计算推荐各要素的条件概率，得到事实文本推荐要素的模型。构建这一模型的目的是能够利用该模型推断出一段新的事实文本中所包含的要素，为后续推荐要素对应的证据奠定基础。

三、证据提示模式的测试及结果分析

上文提到证据的名称存在表述上的差异，同一个证据可能会有不同的表述方式，笔者在整理证据的时候对于同一个证据只采用了其较为简洁、常用的名称，势必会和部分判决书中的表述有出入，所以证据提示不像法条推荐一样可以计算出准确率，但是基于要素和证据的对应关系已经被明确，那么从事实文本推断要素的准确率即可认为是证据提示的准确率。在1000个文本的训练集中分别选取500个文本作为验证集和测试集，以0.5为阈值得到测试集上从事实文本推断要素的准确率为79.8%，召回率为70.1%。以下是在测试文本中随机抽取的案例分析结果：

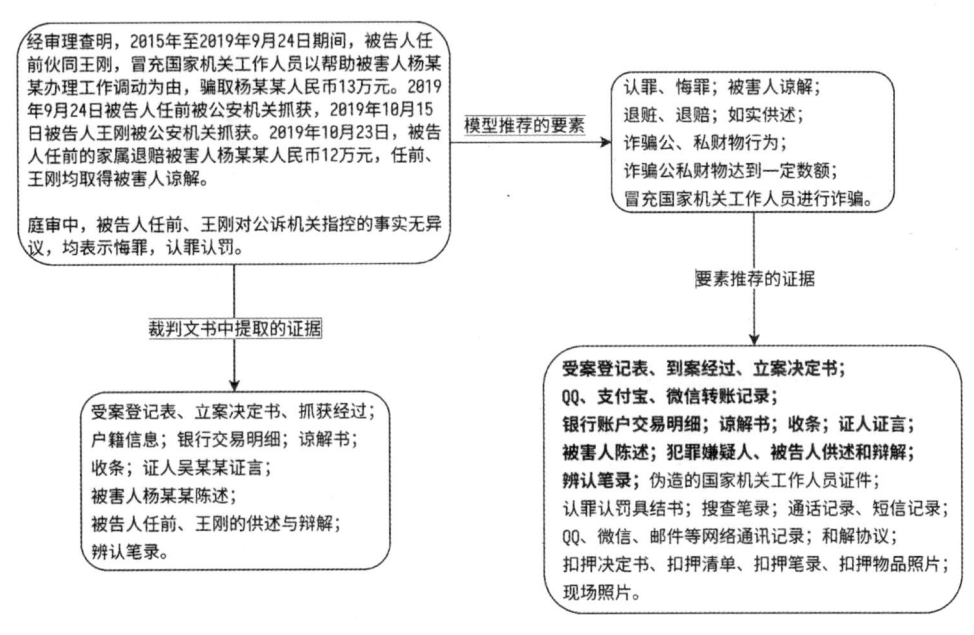

例1：[①] 见图3

图3 例1

[①] 节选自贵州省贵阳市云岩区人民法院（2020）黔0103刑初56号刑事判决书。

针对例1的案件事实,机器学习推荐的要素全部合理,没有出现错误或者遗漏。除了判决书中列明的证据,还推出了其他证据。被告人以"冒充国家机关工作人员"这一方式骗取被害人财物,如果是通过线下出示证件获取被害人信任的方式诈骗,那么就应当有"伪造的国家机关工作人员证件"这一证据予以佐证,如果是通过网络、电话等形式诈骗,那么"通话记录、短信记录"或者"QQ、微信、邮件等网络通信记录"也一定会被采用。"扣押决定书、扣押清单、扣押笔录、扣押物品照片""现场照片""搜查笔录"这三个证据所对应的要素是"诈骗公私财物达到一定数额",考虑到"财物"并不是只包括金钱,如果是诈骗物品,就需要这几类证据对物品本身的情况予以说明。"认罪认罚具结书"所对应的要素是"认罪、悔罪",根据《刑事诉讼法》第一百七十四条的规定:"犯罪嫌疑人自愿认罪,同意量刑建议和程序适用的,应当在辩护人或者值班律师在场的情况下签署认罪认罚具结书。"该条还规定了三个不需要签署认罪认罚具结书的情形,此处就不一一列举,从法条的规定来看,犯罪嫌疑人如果认罪认罚那么原则上应当签署认罪认罚具结书,这样也是更符合程序规定的。应当说,本案例通过机器学习提示的证据比判决书中所列举的证据更全面。

例一中的要素在事实文本中都有比较明显的关键词作为提示,证据提示模式同样可以根据事实文本推出没有直接关键词,需要结合文本内容分析得出的要素。

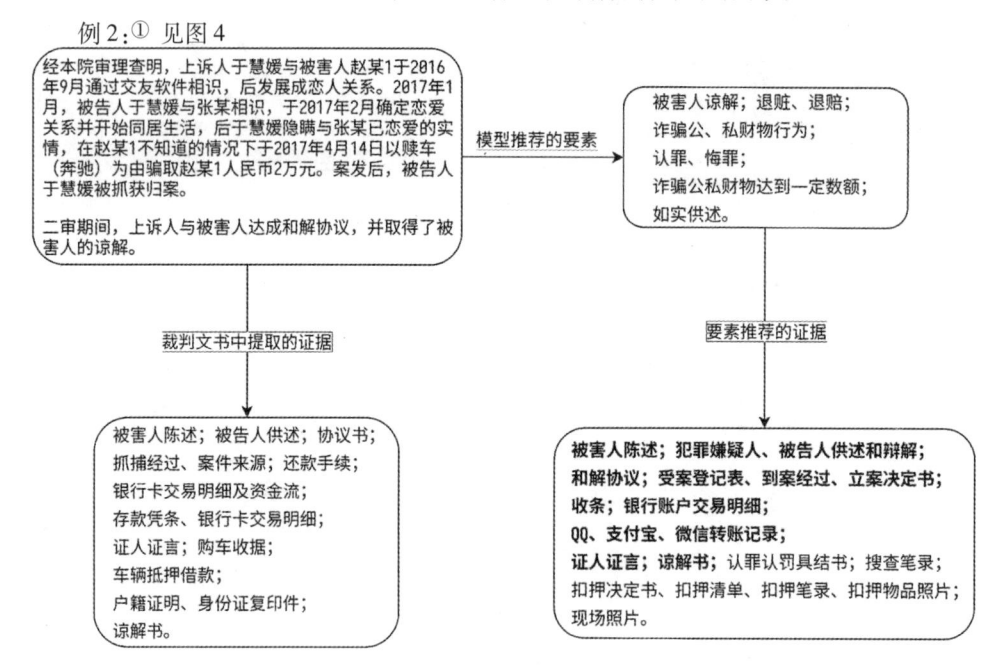

例2:[①] 见图4

图4 例2

[①] 节选自辽宁省辽阳市中级人民法院(2020)辽10刑终24号刑事判决书。

本案通过机器学习推荐的要素基本具有合理性。"被害人谅解""诈骗公、私财物行为""诈骗公私财物达到一定数额"这几个要素可以通过文本直接得出的,"退赃、退赔""认罪、悔罪""如实供述"这三个要素虽然事实文本并没有直接表明,但是鉴于被告人已经和受害人达成了和解协议,被告人认罪悔罪、如实供述、退还赃款也应当具有极大的可能性,即使最后通过结合案件的其他事实分析并不能得出这三个要素,至少能够认为本案中是否满足这几个关键要素有争议,会影响定罪量刑,需要提示法官着重审查。购车收据、车辆抵押借款是本案中实际用到但是机器学习没有提示出来的证据,被告人以赎车为由骗取被害人的财物,赎车是本案的特殊情形,不具有普遍性,购车收据、车辆抵押借款这两个证据对于普通诈骗案件来说也不是常见的证据,这类特殊证据要根据案件具体情况决定是否采用,所以其不在提示结果中也是合情合理的。

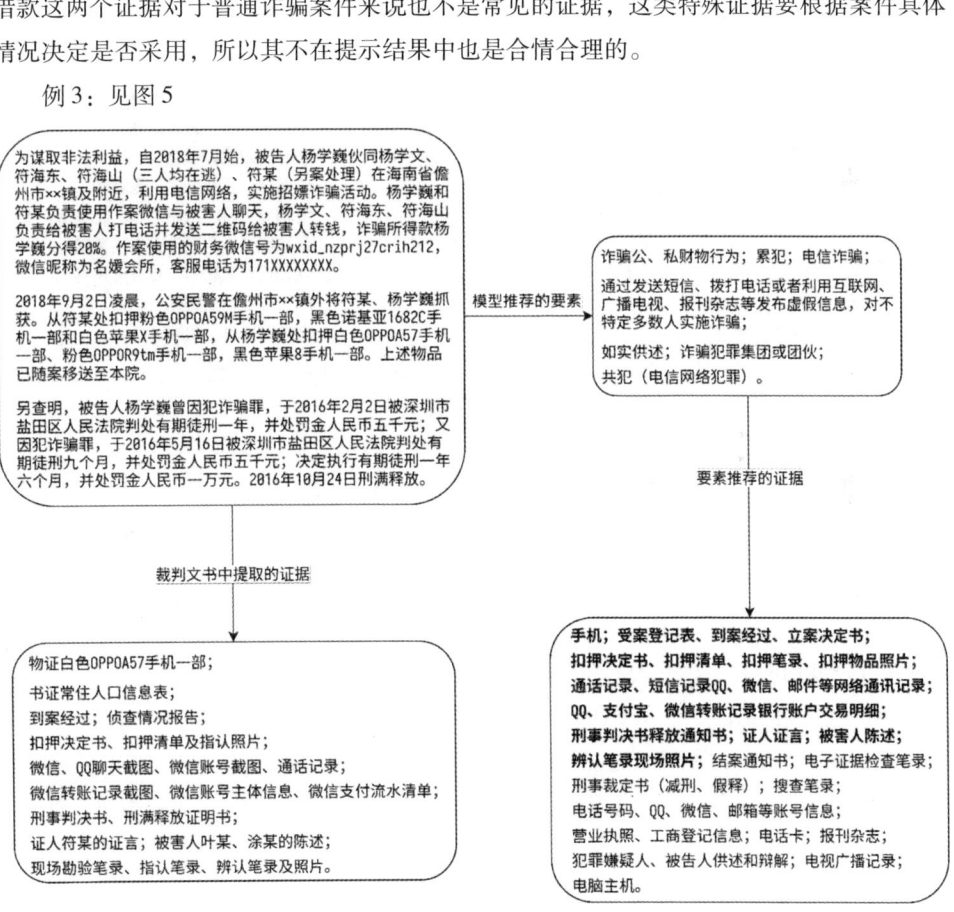

例3:见图5

图5 例3

例4：见图6

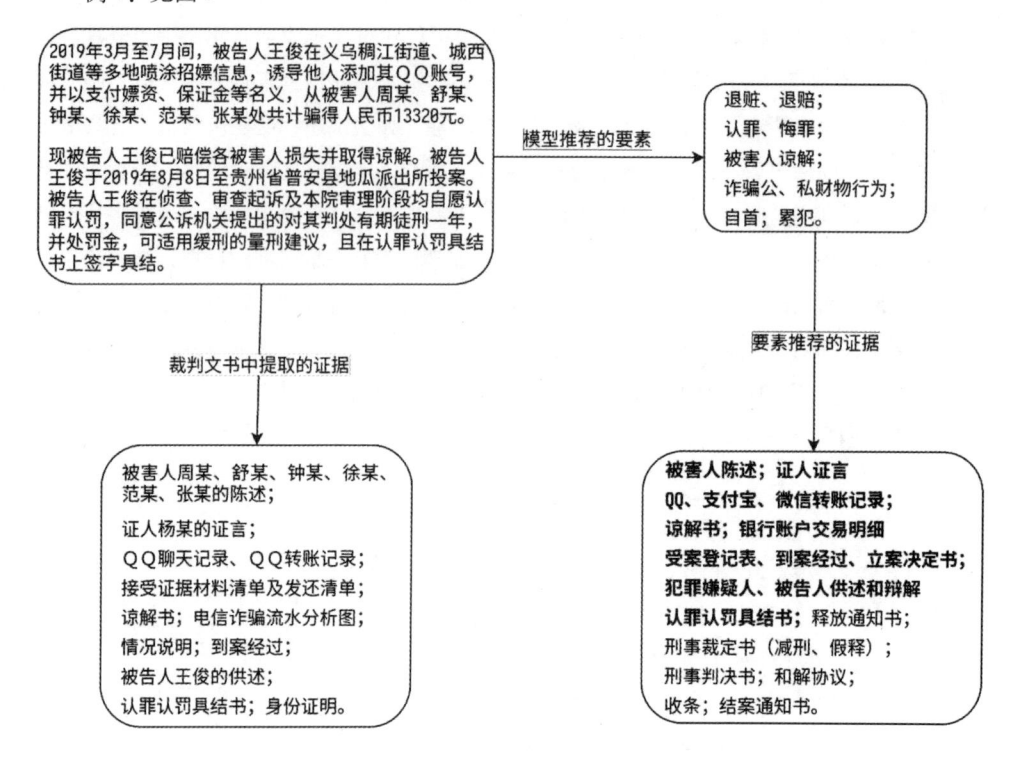

```
2019年3月至7月间，被告人王俊在义乌稠江街道、城西
街道等多地喷涂招嫖信息，诱导他人添加其QQ账号，
并以支付嫖资、保证金等名义，从被害人周某、舒某、
钟某、徐某、范某、张某处共计骗得人民币13320元。
                                              模型推荐的要素          退赃、退赔；
现被告人王俊已赔偿各被害人损失并取得谅解。被告人                               认罪、悔罪；
王俊于2019年8月8日至贵州省普安县地瓜派出所投案。                    ──────→      被害人谅解；
被告人王俊在侦查、审查起诉及本院审理阶段均自愿认                                诈骗公、私财物行为；
罪认罚，同意公诉机关提出的对其判处有期徒刑一年，                                自首；累犯。
并处罚金，可适用缓刑的量刑建议，且在认罪认罚具结
书上签字具结。
```
            │   │
     裁判文书中提取的证据   要素推荐的证据
            ↓   ↓
```
被害人周某、舒某、钟某、徐某、                            被害人陈述；证人证言
范某、张某的陈述；                                       QQ、支付宝、微信转账记录；
证人杨某的证言；                                         谅解书；银行账户交易明细
QQ聊天记录、QQ转账记录；                                 受案登记表、到案经过、立案决定书；
接受证据材料清单及发还清单                                犯罪嫌疑人、被告人供述和辩解
谅解书；电信诈骗流水分析图；                              认罪认罚具结书；释放通知书；
情况说明；到案经过；                                     刑事裁定书（减刑、假释）；
被告人王俊的供述；                                       刑事判决书；和解协议；
认罪认罚具结书；身份证明。                                收条；结案通知书。
```

图6 例4

例3的案件事实来源于最高人民法院2019年11月19日发布的电信网络诈骗犯罪典型案例中的"杨学巍诈骗案"，涉及的是一种新型的电信网络诈骗犯罪行为，即以微信招嫖的方式进行诈骗，通过机器学习准确推出了"电信诈骗""通过发送短信、拨打电话或者利用互联网、广播电视、报纸杂志等发布虚假信息，对不特定多数人实施诈骗"等要素，说明本文所使用的学习方法能够准确识别此类新型犯罪行为的特征。

例3和例4的共同之处在于都推出了"累犯"这一要素，事实文本中也没有"累犯"等关键字眼作为提示，说明通过大量的要素标注，机器学习能够识别出该要素的重要特征。结案通知书、刑事裁定书（减刑、假释）是判决书、释放证明以外可以用来证明被告人构成累犯的证据。但是通过人工分析例三和例四的文本内容，例四中被告人并不构成累犯，"判处有期徒刑一年"是本次犯罪所受的刑罚，显然机器学习无法判断。正如上文所言，证据提示结果并不能保证百分之百的准确，比如"累犯"这一要素如果出现在一段事实文本中最为明显的特征便是被判处过刑罚，但是符合一般累犯还需要满足其他要件，①

---

① 一般累犯的构成要件：前罪和后罪都必须是故意犯罪；前罪所判刑罚和后罪所判刑罚都是有期徒刑以上的刑罚；后罪必须发生在前罪执行完毕或者赦免以后五年以内。

更多地需要法官自己做出判断，故在标注过程中为了便于机器学习，尽可能不糅合人为因素，只要满足受过刑罚这一明显可以用文字表达的要件就可以认为有极大可能性构成累犯，从而对文本进行标注，接下来就需要法官根据提示做进一步分析。

除了"累犯"这一要素，还有其他要素同样只能通过机器学习的提示进行人工判断。比如在以下三段事实文本中，利用机器学习得出"冒充国家机关工作人员进行诈骗"这一要素："分别冒充教育局、财政局、房产局的工作人员""再通过冒充律师、法院工作人员以被害人未按要求交纳保证金或领取奖品构成违约为由，恐吓要求被害人交纳手续费""再由冒充银行客户服务人员的窝点人员以'帮助取消上述分期付款业务'为由"。[1] 是否属于国家机关工作人员在实践中本就是一个很难界定的范围，即使是在行政机关、司法机关等国家机关的工作人员也并不一定就属于国家机关工作人员，还应当具备履行公职这一要件。

四、证据提示模式的优点分析

从证据提示的测试结果来看，该模式提示出的证据相较于审判中实际所采用的证据更加全面，结合案情分析，虽然不一定完全能够被采信，但从该模式的构建原理来看提示的证据至少和事实文本中的某个"要素"具有一定的关联性，并非与案情毫不相干，可以作为法官审查证据的参考。与经典数学相比，人工智能方法具有自学习、自组织、自适应的特征和简单、通用、鲁棒性强、适于并行处理的优点，对处理非线性和模糊问题具有独特的优势。[2] 证据提示模式不仅具有上述优点，还有其他可取之处。首先，在某一特定案由下，该模式对事实文本的选择没有特定要求，机器学习对文本的识别是一种机械式的直观判断，不需要进行数学的推理运算。当然，建立在大量事实文本基础上的算法模型需要预先对文字进行预处理，文字预处理作为模型运算的前期工作是不可避免的一项重要任务。从有效文本的节选到文本中要素的识别都需要耗费时间精力，一旦要素随着立法的修改发生变化还面临着人力成本的重新投入，这一问题需要随着人工智能的发展逐渐去解决。其次，对文本识别之后所含要素的判断是建立在大量数学模型的运算基础上的，模型在训练完成之后，只需要将数据"填充"进去便会算出结果，能够保证判断结果的可靠性。最后，证据提示模式构建的各个过程是相互独立的，各环节仅有数据之间的互相利用，在运算过程上并没有相互融合，在很大程度上减少了结果的误差，如果出现错误只需有针对性的制定解决方案，不必牵一发动全身。

---

[1] 三段文字分别节选自最高人民法院 2019 年 11 月 19 日发布电信网络诈骗犯罪典型案例"陈文辉等 7 人诈骗、侵犯公民个人信息案""陈明慧等 7 人诈骗案"，最高人民法院 2016 年 3 月 4 日发布电信网络诈骗犯罪典型案例"福建省平和县曾江权等人以台湾居民为犯罪对象诈骗案"。

[2] 参见张妮：《我国司法裁量模型探析——以医疗精神损害赔偿为范例的分析》，载《法律方法》2014 年第 15 卷，第 284 页。

人为对事实做出判断固然能够灵活应对个案案件事实细微差异所导致的证据的不同的情况，法官对案情的分析、对证据的考量所做的创造性劳动是机器学习所不能取代的。但是在可计算的数据基础上，人的脑力劳动的正确率和效率是不能和机器抗衡的，证据提示模式的构建至少能够为证据审查提供一个具有参考价值的结果，为庭审做辅助而不是革命性的变革。我国刑事诉讼的法定证明标准为"证据确实充分、排除合理怀疑"，要求公诉人全面提供与案件事实有关的证据，对公诉人的举证要求较高，与之对应的就是法官要全面审查相关证据。民事诉讼相关法律规范下法官只有在特殊情况下才会主动去调查取证，主要是当事人及其诉讼代理人因客观原因不能自行收集、人民法院认为审理案件需要这两类证据。法官审理案件时应当依照原被告双方提交的证据认定事实，没有证据证明的案件事实不予认定，实践中极有可能出现当事人遗漏或没有证据证明其所主张的事实的情形，尤其是针对遗漏证据这一情形，将会造成事实的重要环节缺失甚至是事实不清、背离真实情况的情形。在坚持有证据即有事实这一原则的基础上，即使是提示法官当事人应当提供而没有提供的证据、或者是法官需要重点审查哪些证据，也能够让法官尽可能对案件有更全面的把握，并不会影响法官对案件事实的认定。从理论上分析来看，不论是要求法官全面审查证据的刑事案件还是可依职权调查证据、举证可能不全面的民事案件，证据提示模式都具有较强实用性，并且案件事实越复杂，证据提示的作用就越大。当然，该模式要求法官在审判时思维模式发生微妙的转变，从传统的被动接受证据来还原案情为按需采用的思维模式，这需要在长期落实的过程中慢慢适应。

随着人工智能在法律行业甚至是司法审判领域应用的不断推陈出新，法律人工智能的发展方兴未艾。人工智能辅助审判工作的能力显而易见，审判效率的提高有了质的飞跃，不仅让法律工作者从繁重的事务性工作中解放出来，更让司法人员的法理判断效率有了进一步的提升，对司法体制改革的推进具有重要意义。所以我们对于新的技术手段应当持一种包容态度，让实践去检验其是否可行，这也是法律人工智能发展的必然趋势。

五、证据提示模式面临的挑战与展望

上文的测试结果能在一定程度上反映出证据提示模式的有效性，不过这只是理想情况，该模式依然面临着很多挑战：

理论界对人工智能在要素式学习的应用上存在担心，有学者认为通过机器学习推断出文本中具有哪些要素是一个事实判断问题，即使人工智已经能够准确判断事实问题，但是法律的实施并不只完全依照法律文本的字面含义，部分情况下还需要考虑立法目的、利益均衡等因素。除了这些客观原因，裁判还需要对行为人的内心状态做出判断，这些问题的解决依然在法律人工智能的能力之外。① 针对这种质疑，需要明确的是，人工智能介入司法领域是必然的趋势，不应该在人工智能要不要介入司法领域的问题过于纠结，未来应当在如何实现二者的深度融合上有更实质性的研究，用更加科学的手段克服这些障碍。

证据提示模式的实现目前还过多地依赖人工，从训练文本和测试文本的选择、要素的整理、要素的标注、证据的整理，到要素和证据的关联都是人工完成的，其中不免会掺杂主观因素。即使是不掺杂主观因素的工作也不能保证百分之百的准确，这些都是该模式面临的现实问题。该问题的解决方案是，利用技术手段将尽可能多的工作交给机器实现，排除人为因素的干扰，当然这有赖于人们对机器学习的渗入挖掘。机器永远不可能取代人，即使同一种违法行为下的证据具有相似性，但是个案在行为时间、行为地点、行为方式上存在差异，依然需要人为在规律性证据之外发现特殊证据，所以证据提示只能成为庭审活动的指引，而不能机械地照搬适用。

为了更有效地发挥此种学习方法的优势，必然需要更多的数据支撑研究，在保证大量真实可靠数据的基础上，机器学习提示的结果才具有更高的参考价值。在标注的过程中我们发现，现有的法律数据有明显的结构化不足的问题，同一含义往往有很多法律词语表达，对于机器而言，法律术语的识别要比自然语言更加困难，这种非结构化的数据表达给机器学习造成了一定的障碍。所以需要考虑更细致的统一法律文书术语，为人工要素标注、机器学习提供便利。②

司法审判借助法律人工智能已经是必然的趋势，基于迁移学习将 FastText 模型和法学知识所结合提出的证据提示模式能够取得很好的实验结果，能够针对实际复杂的案例可以推送出重要的证据。随着技术的发展，大数据深度学习模式下的人工智能具有非常大的发展空间，在此基础上的证据提示模式也能够有更为优化的构建方式，比如在数据的收集和处理上可以依靠机器学习进行辅助，提高工作效率，摆脱人为因素带来的主观性，从而进一步提高测试结果的准确率，对司法审判起到更好的辅助作用。

（编辑：杜文静）

---

① 参见吴旭阳：《法律与人工智能的法哲学思考——以大数据深度学习为考察重点》，载《东方法学》2018年第3期，第18－26页。

② 参见左卫民：《关于法律人工智能在中国运用前景的若干思考》，载《清华法学》2018年第2期，第108－124页。

公益诉讼指导性案例适用难题及其破解

——以最高人民检察院19个指导性案例为分析对象

王　浩[*]

摘　要　公益诉讼检察指导性案例有利于弥补成文法供给不足、统一办案尺度和规范检察权运行。实践中，公益诉讼检察指导性案例适用效果欠佳，主要原因是缺乏适用的方法论指引。公益诉讼检察指导性案例属于非正式法律渊源，是法律和司法解释的有益补充。有必要在明晰"应当参照"适用效力内涵的同时，构建公益诉讼检察指导性案例的生成和适用操作技术运行规范，保障公益诉讼检察指导性案例功效的最大限度发挥。

关键词　指导性案例　公益诉讼检察　法律适用　应当参照

2019年修订的《最高人民检察院关于案例指导工作的规定》（以下简称"2019年高检案例指导规定"）第十五条规定，各级人民检察院应当参照指导性案例办理类似案件。但该规定并未明确解释"应当参照"的内涵以及如何"应当参照"。公益诉讼作为国家赋予检察机关的一项新职权，成文法供给不足将制约其功能有效发挥。指导性案例具有弥补法律缺失和统一法律适用的功能，对公益诉讼办案具有规范指引作用。有鉴于此，本文拟以最高人民检察院（以下简称最高检）发布的公益诉讼检察指导性案例为分析样本，对适用现状和存在问题予以探析，并从明晰公益诉讼检察指导性案例效力、构建生成和适用技术运行规范方面予以完善，以期对公益诉讼检察案例指导实践有所裨益。

一、公益诉讼检察指导性案例适用的研究意义

公益诉讼检察指导性案例适用研究，对于弥补公益诉讼成文法的不足，统一办案标准

---

[*] 王浩，男，山东滕州人，山东大学政治学与公共管理学院博士研究生，主要研究方向为社会保障法。

和规范检察权的运行,都具有重要的保障作用。

1. 弥补公益诉讼成文法供给不足

我国公益诉讼检察是一项实践探索走在制度理论之前的司法活动。一方面,公益诉讼检察法律制度正式确立以来,检察机关办理公益诉讼案件数量快速增长,① 公益诉讼案件范围持续拓展;另一方面,检察公益诉讼属于客观诉讼,在调整对象、诉讼原则、诉讼主体等方面与传统诉讼类型不同。"公益诉讼是一种更具有主动性的诉讼职能",② 与法院审判以及其他检察业务工作相比,体现了更强的能动性和全流程性。公益诉讼检察办案涵盖线索发现评估、立案、调查取证、磋商、检察建议、支持起诉、提起诉讼、诉讼活动监督以及持续跟进监督等全流程。然而,检察公益诉讼现行法律层面依据主要是《行政诉讼法》和《民事诉讼法》两个原则性条款。特别是将公益诉讼嵌入主观诉讼性质明显的行政诉讼程序,暴露出行政诉讼不利于保护公益的短板。③ 指导性案例制度作为中国特色司法制度的组成部分,是成文法的有益补充,被视为弥补法律供给不足的有效方式。弥补成文法供给不足首先体现在与抽象的法律规范相比,指导性案例具备更具体、更生动、更直观的特征,能有效弥补法律规范不周延,为当前公益诉讼实践直接提供参照指引。弥补成文法供给不足还体现在通过指导性案例的先试先行,可以为公益诉讼专门立法提供规则资源。当前,公益诉讼专门立法时机尚未成熟,出台司法解释仍存在众多分歧,指导性案例作为一种规则生成机制,制发成本相对较低,可以克服成文法的滞后性,待时机成熟把案例指导规则上升为法律。

2. 统一公益诉讼办案尺度

检察机关办理公益诉讼案件实现"同案同待"(like cases treated alike)是法律平等适用原则的体现。④ 所谓"同案同待"指相类似案件应当采取类似处理方式,这既有利于保护被监督对象的法律预期,还有利于实现公益诉讼检察权威性和公信力。公益诉讼检察作为一项新制度,各项规则标准仍在探索完善。检察机关在提起公益诉讼中,对公益诉讼案件范围、行政机关法定职责是否限定为《行政诉讼法》中"监督管理职责"、食药安全和生态环境领域惩罚性赔偿适用等缺乏统一明确标准,导致不同地方检察机关对公共利益保护力度不一。指导性案例的正当性正是立足于"同案同待"司法构成性义务。⑤ 公益诉讼检察指导性案例体现最高检对公益诉讼的基本立场,对全国检察机关办案具有引领示范作

---

① 2018年-2020年,全国检察机关每年办案数量已经稳定在10万件以上,2020年首次突破15万件。上述数据参见闫晶晶:《公益诉讼检察:凝聚共识,打造社会治理共同体》,载《检察日报》2021年11月21日。
② 参见胡卫列:《当前公益诉讼检察工作需要把握的若干重点问题》,载《人民检察》2021年第2期,第7页。
③ 参见刘艺:《构建行政公益诉讼的客观诉讼机制》,载《法学研究》2018年第3期,第40页。
④ 参见陈景辉:《同案同判:法律义务还是道德要求》,载《中国法学》2013年第3期,第51页。
⑤ 参见泮伟江:《论指导性案例的效力》,载《清华法学》2016年第1期,第20页。

用,"不失为统一司法尺度的绝佳方案"。①

3. 规范公益诉讼检察权运行

检察公益诉讼是国家在保证检察权法律监督本质属性的前提下,对检察权外延和运行方式的拓展。我国检察公益诉讼体现了明显的能动司法特征,② 司法实践中检察职能运行具有扩张性趋势。检察机关在立案、磋商、诉前程序等环节,对公共利益是否受损、行政机关是否违法或者不作为、制发检察建议后行政机关是否依法履职以及受损公益是否得到维护进行判断,获取了一定的实质处断权。绝大多数公益诉讼案件在诉前程序结案,未进入审判程序,检察机关发挥审前诉讼资源调控者的角色,被赋予更多裁量权,产生了"检察裁决"的现象。③ 由此可见,有必要对公益诉讼中检察权的运行监督制约,强化检察权运行的有责性。公益诉讼检察指导性案例规范检察权运行首先体现在内部制约。根据《检察院组织法》规定,最高检领导下级检察机关,上下级检察机关关系具有行政属性。最高检发布的公益诉讼检察指导性案例对下级检察机关具有约束力,如果检察官无正当理由拒绝参照适用,可能面临承担办案责任的后果,从而实现对检察权的内部监督制约。规范检察权运行的第二个层面是强化外部监督,即通过公益诉讼检察指导性案例公开发布,使办案过程和办案结果公开,接受社会公众监督。

二、公益诉讼检察指导性案例适用现状与问题

(一) 公益诉讼检察指导性案例的实证解析

2015 年 7 月,全国人民代表大会常务委员会授权检察机关开展公益诉讼试点工作。2017 年 7 月,《行政诉讼法》《民事诉讼法》正式确立检察公益诉讼制度。2016 年 12 月,最高检以"检察机关提起公益诉讼"为主题发布第八批指导性案例,标志着公益诉讼案例指导制度正式启动。截至 2022 年 2 月,最高检已陆续发布 19 例公益诉讼检察指导性案例。④ 详见表 1。

表 1 最高检发布的公益诉讼检察指导性案例汇总

案例编号	案例名称	案例类型	发布时间
检例第 28 号	江苏省常州市人民检察院诉许建惠、许玉仙民事公益诉讼案	行政公益诉讼	2016 年 12 月

---

① 参见李超:《指导性案例:公共政策的一种表达方式》,载《法律适用》2014 年第 6 期,第 20 页。

② 参见邓炜辉、于福涛:《回应型治理:检察公益诉讼治理模式的祛魅与重构》,载《社会科学家》2021 年第 8 期,第 119 页。

③ 参见周新:《论我国检察权的新发展》,载《中国社会科学》2020 年第 8 期,第 74-77 页。

④ 截至 2022 年 2 月,最高人民检察院共发布 34 批 140 例指导性案例。其中,公益诉讼检察指导性案例占最高人民检察院发布指导性案例约 14%,占比不高跟刑事检察、民事检察、行政检察和公益诉讼检察"四大检察"尚未实现全面协调充分发展有关。

续表

案例编号	案例名称	案例类型	发布时间
检例第29号	吉林省白山市人民检察院诉白山市江源区卫生和计划生育局及江源区中医院行政附带民事公益诉讼案	行政附带民事公益诉讼	2016年12月
检例第30号	湖北省十堰市郧阳区人民检察院诉郧阳区林业局行政公益诉讼案	行政公益诉讼	2016年12月
检例第31号	福建省清流县人民检察院诉清流县环保局行政公益诉讼案	行政公益诉讼	2016年12月
检例第32号	贵州省锦屏县人民检察院诉锦屏县环保局行政公益诉讼案	行政公益诉讼	2016年12月
检例第49号	陕西省宝鸡市环境保护局凤翔分局不全面履职案	行政公益诉讼	2018年12月
检例第50号	湖南省长沙县城乡规划建设局等不依法履职案	行政公益诉讼	2018年12月
检例第51号	曾云侵害英烈名誉案	民事公益诉讼	2018年12月
检例第63号	湖北省天门市人民检察院诉拖市镇政府不依法履行职责行政公益诉讼案	行政公益诉讼	2019年12月
检例第86号	盛开水务公司污染环境刑事附带民事公益诉讼案	刑事附带民事公益诉讼	2020年12月
检例第88号	北京市海淀区人民检察院督促落实未成年人禁烟保护案	行政公益诉讼	2020年12月
检例第89号	黑龙江省检察机关督促治理二次供水安全公益诉讼案	行政公益诉讼	2020年12月
检例第98号	邓秋城、双善食品（厦门）有限公司等销售假冒注册商标的商品案	支持起诉	2021年1月
检例第111号	海南省海口市人民检察院诉海南A公司等三被告非法向海洋倾倒建筑垃圾民事公益诉讼案	民事公益诉讼	2021年8月
检例第112号	江苏省睢宁县人民检察院督促处置危险废物行政公益诉讼案	行政公益诉讼	2021年8月
检例第113号	河南省人民检察院郑州铁路运输分院督促整治违建塘坝危害高铁运营安全行政公益诉讼案	行政公益诉讼	2021年8月
检例第114号	江西省上饶市人民检察院诉张某某等三人故意损毁三清山巨蟒峰民事公益诉讼案	民事公益诉讼	2021年8月

续表

案例编号	案例名称	案例类型	发布时间
检例第 115 号	贵州省榕江县人民检察院督促保护传统村落行政公益诉讼案	行政公益诉讼	2021 年 8 月
检例第 136 号	仇某侵害英雄烈士名誉、荣誉案	刑事附带民事公益诉讼	2022 年 2 月

已发布公益诉讼检察指导性案例按照功能划分，涵盖法律复述型、法律解释型和填补法律型。① 试点阶段尚未制定公益诉讼法律和司法解释，指导性案例承载着填补法律之功能，为检察机关办理公益诉讼案件提供操作指引。曾云侵害英烈名誉案（检例第 51 号）的要旨对《中华人民共和国英雄烈士保护法》第二十五条内容予以重申，该案例则属于法律复述型。贵州省榕江县人民检察院督促保护传统村落行政公益诉讼案（检例第 115 号）要旨规定，纳入《中国传统村落名录》的传统村落属于环境保护法所规定的"环境"范围，对环境保护法中"环境"进行解释，该案例则属于法律解释型。最高检已发布的公益诉讼检察指导性案例中多数属于法律解释型。鉴于可能引起"检察官造法"质疑，已发布的指导性案例中填补法律类型较少。如北京市海淀区人民检察院督促落实未成年人禁烟保护案（检例第 88 号）要旨规定了未成年人保护检察公益诉讼，在《未成年人保护法》正式实施前创设规则，属于填补法律型。②

（二）检察指导性案例适用文本规范表达嬗变

最高检发布的《关于案例指导工作的规定》（2010 年），是第一份正式检察案例指导工作的规范文件，成为检察案例指导工作的主要依据。最高检结合检察改革要求，分别在 2015 年和 2019 年对《关于案例指导工作的规定》进行修订，修订特色之一是指导性案例的体例结构明显突出"检察机关履职过程"，以体现检察指导性案例与法院指导性案例的区别。"2019 年高检案例指导规定"第十五条规定，各级人民检察院应当参照指导性案例办理类似案件。本次修订将"可参照执行"修改为"应当参照"，与最高人民法院案例指导相关规定保持统一，③ 实现了检察指导性案例由柔性参考到刚性参照的嬗变。详见表 2。

---

① 本文类型划分的对象是最高检发布的 19 例公益诉讼检察指导性案例。关于指导性案例类型化研究，参见瞿灵敏：《指导性案例类型化基础上的"参照"解读——以最高人民法院指导性案例为分析对象》，载《交大法学》2015 年第 3 期；邓志伟、陈健：《指导性案例裁判要旨的价值及其实现———以最高人民法院公报案例为研究对象》，载《法律适用》2009 年第 6 期；陈兴良：《案例指导制度的规范考察》，载《法学评论》2012 年第 3 期。

② 《中华人民共和国未成年人保护法》（2021 年 6 月 1 日起施行）第一百零六条规定："未成年人合法权益受到侵犯，相关组织和个人未代为提起诉讼的，人民检察院可以督促、支持其提起诉讼；涉及公共利益的，人民检察院有权提起公益诉讼。"

③ 参见《最高人民法院关于案例指导工作的规定》（2010 年）第七条："最高人民法院发布的指导性案例，各级人民法院审判类似案例时应当参照。"

表 2　最高人民检察院关于"参照"指导性案例规定的历次变化

2010 年《最高人民检察院关于案例指导工作的规定》	第十五条："指导性案例发布后,各级人民检察院在办理同类案件、处理同类问题时,可参照执行"
2015 年《最高人民检察院关于案例指导工作的规定》	第三条："人民检察院参照指导性案例办理案件,可以引述相关指导性案例作为释法说理根据,但不得代替法律或者司法解释作为案件处理决定的直接法律依据"
2019 年《最高人民检察院关于案例指导工作的规定》	第十五条："各级人民检察院应当参照指导性案例办理类似案件,可以引述相关指导性案例进行释法说理,但不得代替法律或者司法解释作为案件处理决定的直接依据"

最高检司法文件中对检察指导性案例效力的表述变化,表明最高检关注重点已从是否需要建立案例指导制度向如何发挥指导性案例功能转换。但笔者注意到公益诉讼试点阶段到"2019 年高检案例指导规定"施行前,公益诉讼检察指导性案例体例结构文本规定与实践表达部分悖离,[①] 即未严格遵照最高检司法文件规范。

（三）公益诉讼检察指导性案例适用问题检视

虽然公益诉讼检察指导性案例初衷之一是弥补成文法规范不足,规范检察机关办案指引,但笔者通过与检察办案人员访谈等方式调查发现,公益诉讼检察指导性案例未能充分实现其应有的制度功能。

1. 公益诉讼检察指导性案例显性适用率低

指导性案例适用可分为显性适用（明示适用）和隐性适用。显性适用指指导性案例适用存在可被观察的外在形式;隐形适用指检察机关虽参照指导性案例,但是未从外部形式表现出来。[②] 笔者在 12309 中国检察网,以"指导性案例"为检索词,未检索到援引公益诉讼检察指导性案例的公开法律文书。一方面,公益诉讼检察指导性案例的适用实证分析依赖于公开的法律文书,目前公开的起诉书等检察法律文书规模较小;另一方面,公益诉讼案件绝大多数在诉前程序解决,进入诉讼程序的比例极少,而诉前程序的检察建议公开更少。虽然体现公益诉讼检察指导性案例显性适用的公开法律文书规模小,但在一定程度上也能反映其适用情况不佳。最高检政策研究室检察官曾指出,检察指导性案例应用状况总体不佳,检察官办案不知检索有无指导性案例可供参照。[③]

检察官在办案中隐性参照指导性案例的情形必然存在,但难以精准统计。诸如最高检

[①] 参见韩东成、张元金:《检察指导性案例体例结构实证研究——基于对最高人民检察院检察指导性案例的行文分析》,载《犯罪研究》2021 年第 4 期,第 104 页。
[②] 参见孙海波:《指导性案例的隐形适用及其矫正》,载《环球法律评论》2018 年第 2 期,第 145 页。
[③] 参见万春:《最高检指导性案例的发展历程和创新完善》,载《国家检察官学院学报》2019 年第 5 期,第 70 页。

发布的公益诉讼检察起诉典型案例"西藏自治区朗县人民检察院督促履行矿山环境资源监管职责行政公益诉讼起诉案"中，检察机关在诉前审查阶段，参照陕西省宝鸡市环境保护局凤翔分局不全面履职案（检例第49号）确定行政机关依法全面履职标准。① 检察机关在上述案例中实质参照了指导性案例，但却未在公开法律文书中体现。隐性适用违背了指导性案例"以开放性、明示化适用的基本要求，背离了案例指导制度的初衷"。②

2. 公益诉讼检察指导性案例对法院无约束力

在中国裁判文书网同时以"指导性案例"和"公益诉讼"为检索项，未检索到适用公益诉讼检察指导性案例的裁判文书，即法院在裁判文书中未阐述最高检发布的公益诉讼检察案例。案例指导制度功能之一是统一法律适用标准，确保实现"同案同待"。但由于指导性案例对法院缺乏约束力，导致检察机关和法院对进入诉讼程序的案件"不愿"援引指导性案例说理。如海南省海口市人民检察院诉海南A公司等三被告非法向海洋倾倒建筑垃圾民事公益诉讼案（检例第111号）要旨规定，检察机关可以依法提起海洋环境民事公益诉讼。但笔者调查发现，实践中部分地区法院对检察机关提起的海洋环境公益诉讼，以检察机关不具备主体资格为由不予受理，这导致公益诉讼检察指导性案例的权威性受到严重折损。

3. 对公益诉讼检察指导性案例性质认识不清

明晰检察指导性案例的性质是精准适用的前提，但检察官囿于对检察指导性案例性质认知不清，导致不适用或者适用不准。公益诉讼检察指导性案例属于非正式法律渊源，不具有成文法的效力，这点学界已形成共识。但实践中仍然存在检察官将指导性案例与司法解释、典型案例适用混淆情形。一方面，指导性案例与司法解释作为补充规则供给的方式，均以"统一法律适用标准"为价值依归，③ 但二者在生成程序、适用方式、文本效力等方面均不同。司法解释作为正式法律渊源，是抽象的法律规范，具有"法律效力"。④指导性案例作为个案实现正义的补充，不能作为检察机关办案的唯一依据，⑤只能作为辅助三段论式法律适用的手段。实践中直接把参照指导性案例等同于抽象规则并直接嫁接到司法三段论大前提的做法，属于机械司法主义。⑥

---

① 参见2021年9月15日最高人民检察院公布的"检察公益诉讼起诉案例"。
② 参见孙海波：《指导性案例的隐形适用及其矫正》，载《环球法律评论》2018年第2期，第156页。
③ 党的十八届四中全会发布的《关于全面推进依法治国若干重大问题的决定》明确提出，"加强和规范司法解释和案例指导，统一法律适用标准。"
④ 参见最高人民法院《关于司法解释工作的规定》第五条："最高人民法院发布的司法解释，具有法律效力。"
⑤ 笔者在12309中国检察网检索到《广州市南沙区人民检察院不起诉决定书》（穗南检公刑不诉〔2020〕8号），文书载明"依据最高人民检察院第十二批指导性案例：朱凤山故意伤害案（检例第46号）、侯雨秋正当防卫案（检例第48号）的指导要旨，被不起诉人吴某甲的行为属于《中华人民共和国刑法》第二十条第一款规定的正当防卫行为，依法不负刑事责任。"该文书直接将指导性案例要旨作为"依据"，即对检察指导性案例性质认知错误。
⑥ 参见冯文生：《审判案例指导中的"参照"问题研究》，载《清华法学》2011年第3期，第104页。

另一方面，分析公益诉讼检察指导性案例，绕不开检察机关发布的典型案例。截至2022年1月，最高检共发布公益诉讼典型案例41批。与最高检是指导性案例的唯一创制主体不同，典型案例的创制主体除了最高检还包括地方各级检察机关。在法律效力方面，典型案例不具有"应当参照"的效力，不具有填补法律和司法解释"空白"的功能。在某种意义上，地方各级检察机关发布的典型案例与其它国家机关发布的典型案例性质相似，并非一定具有司法属性。

4. 公益诉讼检察指导性案例适用缺乏操作方法

公益诉讼检察指导性案例之所以在实践中未得到应有重视，既有我国重成文法轻案例这一传统思维的影响，也有效力不明的原因，但根本原因在于缺乏可操作的适用方法。学界关于指导性案例的效力，主要存在事实拘束力和法律拘束力的分歧，但这种划分方式主要是解决效力来源的问题，即效力是在事实中形成还是来源于法律规定。[①]"2019年高检案例指导规定"对指导性案例的效力予以明确，即"应当参照"，但未明确具体内涵与操作技术，即如何参照。

至此，可以得出一个悖论：一方面，最高检发布公益诉讼检察指导性案例目的是统一法律适用，且发布公益诉讼检察指导性案例频率增加，以解决指导性案例供不应求之矛盾。另一方面，公益诉讼检察指导性案例适用状况不佳或者隐性适用，造成公益诉讼检察指导性案例未充分释放其功能。造成上述问题的根本原因是公益诉讼检察指导性案例效力不明，生成方式和参照适用缺乏方法论指引。

三、强化公益诉讼检察指导性案例适用的对策

公益诉讼检察指导性案例如何在司法实践中适用，是中国特色检察案例指导制度的核心问题。这个问题既涉及到公益诉讼检察指导性案例的效力，还涉及到指导性案例的生成逻辑，更涉及到案例的具体操作技术。公益诉讼检察指导性案例的效力解决属于本体论问题，而生成逻辑和适用方式属于方法论问题，致力于供给司法实践技术。[②]

（一）明晰公益诉讼检察指导性案例的效力

1. "应当参照"的法律含义

我国法律文本中大量条款使用"应当参照"这一表述。"应当参照"多存在于准用性法律规则，目的是保证立法简练。在法律规范体系中"应当"属于"强行性规范"，[③]"参

---

① 参见邹兵建：《"两高"指导性案例新论》，载《时代法学》2014年第3期，第34页。
② 参见雷槟硕：《如何"参照"：指导性案例的适用逻辑》，载《交大法学》2018年第1期，第61页。
③ 参见谢晖：《"应当参照"否议》，载《现代法学》2014年第2期，第54页。

照"可以解释为参考并比照,其法律内涵不同于依据、参考。① 如现行《行政诉讼法》将法律法规作为法院审理行政案件的"依据",而将规章作为"参照"。再如《人民检察院公益诉讼办案规则》将法律法规规章均作为认定行政机关监管职责的依据,同时将"三定方案"、权责清单作为"参考"。"依据"指必须作为判断标准,即无条件适用;"参考"指对不与上位法相违背的情形下,检察机关可以将其作为判断标准。应当参照,从反面理解即检察官应承担不参照的特殊说理义务,明确说明不参照的理由,否则将承当司法行政方面的消极评价等后果。

2. "应当参照"的主体

一方面,应明确公益诉讼检察指导性案例对行政机关、违法行为人的效力。行政公益诉讼案件中,行政机关作为被监督对象,对检察机关提出的检察建议有权利提出异议。如前所述,如果行政机关提出指导性案例要旨规则与履职标准判断存在相似性,检察机关审查后发现确实存在相似情形的,应当予以认定。同理,在民事公益诉讼案件中,被告提出指导性案例相关规则具有参照性,检察机关应当予以审查。综上,对行政机关和侵权人在公益诉讼过程中援引指导性案例说理时,办案检察机关应当回应是否参照指导性案例并阐明理由。

另一方面,公益诉讼检察指导性案例对法院的效力应区分不同情形。一是制定法规空白情形下,最高人民法院缺乏同类指导性案例时,法院一般应当参照最高检发布的指导性案例。最高检发布进入法院诉讼程序指导性案例符合"案件处理结果已经发生法律效力"条件,即裁判已经发生法律效力。最高检在遴选指导性案例过程中亦会征求最高法的意见,并审慎对待最高法提出异议的案件,这正是其具有准约束力的正当性基础。二是最高检发布的指导性案例与最高法发布的指导性案例存在冲突时,可以参考司法解释冲突解决路径,即报请全国人民代表大会常务委员会解释或决定。②如果法院不参照公益诉讼检察指导性案例,实践中造成同类案件差异性裁判,将从深层次上割裂法治统一的标准,从而引发司法公信力危机。

(二)完善公益诉讼检察指导性案例的生成

最高检应坚持积极稳妥的工作思路,既要加大公益诉讼检察指导性案例的发布频次,发挥示范引领作用,又要严格遵循基本法律理念和法律原则,防止出现"检察官造法",用指导性案例取代成文法。唯有如此,方能通过公益诉讼检察案例制度本身的完善以增强

---

① 笔者在12309中国检察网检索到《湘潭市雨湖区人民检察院不起诉决定书》(潭雨检公诉刑不诉〔2019〕71号),该法律文书表述:"根据最高检第十二批指导性案例陈某正当防卫案(检例第45号)一般防卫有限度要求,超过限度的属于防卫过当,需要负刑事责任。"该表述明显将"参照"与"根据""依据"等混淆。

② 笔者在最高人民检察院参与公益诉讼检察指导性案例遴选工作期间,遇到地方法院判决支持检察机关提起适用惩罚性赔偿的民事公益诉讼案件,最高人民法院建议最高人民检察院对此征求全国人民代表大会常务委员会法制工作委员会的意见。高人民检察院对该指导性案例备选案例征求了全国人民代表大会常务委员会法制工作委员会的意见。

其适用效果。

1. 出台案例指导工作规定实施细则

随着公益诉讼检察指导性案例数量逐渐增加，如何识别和判断待办案件与指导性案例类似愈加复杂。由于检察官对相似性判断具有自由裁量权，如果最高检不通过规范指引方式明晰参照方法，可能会造成检察官因为惰性或者司法技术水平而放弃参照。最高检可以参考《〈最高人民法院关于案例指导工作的规定〉实施细则》等相关司法规范文件，出台指导性案例实施细则，明确指导性案例的"选、编、用"规则。①

2. 确立公益诉讼检察指导性案例具体编选标准

一是要旨的提炼不应偏离基本案情和检察履职。要旨作为指导性案例创制规则的主要载体，不能低水平地变相重复法律或司法解释规范。基本案件事实要精准，但要全面涵盖关键法律事实，避免检察机关在参照时无法进行类比运用。值得警惕的是，避免要旨溢出案件事实，出现司法解释化的偏好。

二是关键词和要旨避免概念模糊化。关键词是检索适用指导性案例的基础，要旨是公益诉讼检察指导性案例的核心，二者均由法律概念组成。关键词和要旨中的概念应使用法律语言，避免使用文义不清的概念。要旨是根据基本案情提炼的规则，是对制定法规范的细化说明。因此，要旨的抽象程度高于作为基本案情的概念，但低于作为制定法规范和司法解释的概念。随着检察公益诉讼的发展，检察公益诉讼理念的塑造使命完成，公益诉讼检察指导性案例关键词和要旨中应减少理念类概念，回归指导性案例统一法律适用的制度设计初衷。

三是强化指导性案例说理。当待办公益诉讼案件参照检察指导性案例要旨处理时，要旨本身并不直接赋予这种处理权威和正当性，其正当性基础是背后的说理。公益诉讼检察指导性案例的约束力不能仅仅依靠检察机关领导体制下的权威，更重要的是形成检察官的职业自觉。这需要指导性案例在释法说理、形成要旨的论证过程等方面更加充分。检察机关办案需要与行政机关、违法行为人以及法院等多元主体交涉，为基层检察官提供更多的说理论证，有利于检察官对相关主体充分说理。如贵州省榕江县人民检察院督促保护传统村落行政公益诉讼案（检例第115号），该案将传统村落纳入"生态环境"领域公益诉讼范围，但缺乏对传统村落属于"环境"的详实论证。

四是及时规范修改废止。检察公益诉讼处于探索阶段，制度正在成形过程。随着指导性案例数量的增多，必然会存在一些案例需要修正或不再适用。指导性案例的要旨或指导意义若与新出台的法律或司法解释相冲突，或存在其它明显失当的情形，应当及时宣告失效。如吉林省白山市人民检察院诉白山市江源区卫生和计划生育局及江源区中医院行政附

---

① 参见最高人民法院《关于编写报送指导性案例体例的意见》、《指导性案例样式》以及《〈最高人民法院关于案例指导工作的规定〉实施细则》。

带民事公益诉讼案（检例第 29 号）涉及的行政附带民事公益诉讼，已与公益诉讼现行规定冲突，应予以补充说明。如湖北省十堰市郧阳区人民检察院诉郧阳区林业局行政公益诉讼案（检例第 30 号）的"指导意义"将判断违法行为是否侵害公共利益标准限定为实然侵害。而根据《安全生产法》第七十四条规定，检察机关对"安全生产违法行为造成重大事故隐患"亦可提起公益诉讼。① 河南省人民检察院郑州铁路运输分院督促整治违建塘坝危害高铁运营安全行政公益诉讼案（检例 113 号）要旨规定"对于高铁运营安全存在的重大安全隐患，行政机关未依法履职的，检察机关可以开展行政公益诉讼"。由此可见，检察机关对存在损害公益利益重大风险的可提起预防性公益诉讼。检例第 30 号与公益诉讼最新法律规定以及新发布的指导性案例相违背，应当依照法定程序予以修正，由最高检检察委员会讨论决定后宣告失效，即不再参照。②

3. 建立公益诉讼检察指导性案例强制检索机制

诚如上文所述，检察机关在办理公益诉讼案件特别是行政公益诉讼诉前程序案件时，行使了实质判断权。在公益诉讼成文法规则供给有限的现实背景下，检察机关对作为法律和司法解释补充的指导性案例进行强制检索，有利于扩大检察指导性案例效用，防止实践中指导性案例被"架空"的危险。否则，检察机关办案"应当参照"指导性案例的注意义务形同虚设，进而影响指导性案例的功能发挥，不利于检察机关公益诉讼办案的严肃性和权威性。最高检未来修订《人民检察院公益诉讼监督规则》时，可借鉴《人民检察院行政诉讼监督规则》，增设公益诉讼检察指导性案例强制检索条款。③

建立公益诉讼检察指导性案例强制检索制度的基础是案件信息公开。公益诉讼检察指导性案例涉及公共利益，为了保障公众知情权、参与权和监督权，依法、及时、规范公开检察建议书、公益诉讼起诉书、裁判文书等外部化法律文书，可以为全方位参照类似案件奠定基础。④ 检察机关将参照指导性案例法律文书公开，有利于实现"应当参照"的显性化、规范化、可视化，⑤ 接受检察机关外部监督。

4. 强化公益诉讼检察指导性案例协同参与

公益诉讼检察指导性案例的受众首先是检察机关、法院、律师、法学研究者等法律职

---

① 参见《中华人民共和国安全生产法》第七十四条第二款："因安全生产违法行为造成重大事故隐患或者导致重大事故，致使国家利益或者社会公共利益受到侵害的，人民检察院可以根据民事诉讼法、行政诉讼法的相关规定提起公益诉讼。"

② 不予参照的形式可以借鉴 2020 年 12 月 29 日《最高人民法院关于部分指导性案例不再参照的通知》。

③ 参见《人民检察院行政诉讼监督规则》（2021 年 9 月 1 日起施行）第五十一条："人民检察院办理行政诉讼监督案件，应当全面检索相关指导性案例、典型案例和关联案例，并在审查终结报告中作出说明。"

④ 参见《人民检察院案件信息公开工作规定》（2021 年）第十九条："人民检察院办理的具有示范引领效果、促进社会治理的案件涉及的下列法律文书，可以向社会公开：……（三）民事公益诉讼起诉书、行政公益诉讼起诉书……"。由此可见，目前案件信息公开法律文书限于检察机关外部化的法律文书，立案决定书、审查终结报告等内部法律文书不需要公开。

⑤ 参见庄永廉：《如何强化指导性案例的生成和应用》，载《人民检察》，2019 年第 11 期，第 47 页。

业共同体，但不能忽视行政机关和社会公众。公益诉讼检察指导性案例适用主体越广泛越有利于释放其制度功能。最高法指导性案例的适用很大程度上源于案件当事人以及律师的推动。由于公益诉讼属于协同之诉，指导性案例表达主体不应限于检察机关，对于其他参与主体的履职亦应表达，避免为凸显检察机关履职过程，而隐去行政机关等主体的理据和履职内容。最高检发布公益诉讼检察指导性案例，邀请行政机关参与新闻发布会，由专家学者进行解读，正确处理法学技术性与公众易读性的平衡，有利于激励行政机关等多元主体参照指导性案例，促进公益诉讼检察指导性案例的推广适用。

一个公益诉讼案件一旦被遴选为指导性案例，其则具备了普通案例所不具备的效力。与最高法指导性案例不同，公益诉讼检察指导性案例效力充分发挥更需法院、行政机关等主体的认同。[1] 最高法与最高检联合发布指导性案例是解决法院和检察院对检察指导性案例适用率不佳的路径之一。[2] 检察公益诉讼目的是促进行政机关依法行政、严格执法，唯有行政机关认同，而非被动接受，方能实现制度目标。扩大公益诉讼检察指导性案例参与和公开，有利于促进提升其公信力。唯有如此，行政机关或者违法行为人方能援引指导性案例作为提出异议或抗辩的理由。对行政机关或违法行为人以指导性案例作为理由提出异议或抗辩的，检察机关必须予以回应是否参照及其理由。"应当参照"不仅意味着遵循还包括背离，检察机关对未遵循指导性案例的应当对相关主体说明在办案件与指导性案例之区别。

（三）细化公益诉讼检察指导性案例的适用技术

任何宏观制度构想都要落实到具体操作层面，公益诉讼案例制度也不例外。实现公益诉讼检察指导性案例功能，避免其制度异化，离不开明确的适用技术。对如何"应当参照"公益诉讼检察指导性案例予以明确，是该项制度构建的必然要求。

1. 应当参照适用的前提

公益诉讼中检察机关实质处断权和裁量权使"同案同待"成为司法考量标准，即参照指导性案例以检察机关依法具有裁量权为前提。因此，"参照"的前提包括两种：一是缺乏直接作为依据的制定法规范和司法解释；二是存在制定法规范和司法解释，但缺乏单一适用标准。如果存在单一性明确的制定法规范和司法解释可以直接适用，则无参照之必要。诚如史尚宽先生所述"类推适用，于法律虽未规定应准用时，因适应社会之需要，仍应许其适用关于类似事项之规定"。[3]

---

[1] 参见《最高人民检察院关于案例指导工作的规定》第十八条规定："最高人民检察院在开展案例指导工作中，应当加强与有关机关的沟通。必要时，可以商有关机关就互涉法律适用问题共同发布指导性案例。"
[2] 如笔者在12309中国检察网检索到的《湖南省祁东县人民检察院刑事抗诉书》（衡祁检公诉诉刑抗〔2020〕4号），检察机关援引最高人民检察院、最高人民法院联合发布的指导性案例予以释法说理。
[3] 参见史尚宽：《民法总论》，中国政法大学出版社2000年版，第52页。

最高检应对检察机关如何"参照"予以明确。检察机关在检察建议书、起诉书等对外法律文书中可以直接引用要旨,援引顺序应在法律、法规、规章以及司法解释之后。检察机关办案援引要旨作为判断依据还是说理依据,应根据不同类型指导性案例予以区分。对法律复述型的指导性案例,可以直接作为检察官判断依据,如检察官可以直接援引作为认定行政机关法定职责的依据。对于法律解释型和法律填补型,只能援引要旨作为说理依据。

2. 应当参照适用的对象

检察指导性案例主要包括关键词、要旨、检察履职过程、指导意义和相关法律规定。要旨或指导意义从指导性案例的案情中抽象概括而来,主要作用是方便检索,而非直接为待办案件提供规则,否则是重新迈入概念推理的模式,抹杀了指导性案例经验技术的独特价值。因此,不能仅参照要旨和指导意义,还应参照基本基本案情和检察履职等内容。公益诉讼检察指导性案例中的检察履职过程能体现调查取证、督促行政机关履职等对关键词或要旨细化解释的内容。

有学者认为,指导性案例中的裁判要点属于具有强制性的制度性参照,而裁判方法、法律思维、司法理念等属于原则式参照的非制度性参照。① 如上文所述,当前公益诉讼检察指导性案例价值之一在普及理念,如将要旨与司法理念割裂划分,不宜全面发挥指导性案例的功能。同时,这与我国上下级检察机关的领导与被领导关系不符,在实践中难以操作。诸如指导性案例中提到的"双赢多赢共赢"监督理念,亦是检察机关办理相似案件的强制性参照。

3. 应当参照适用的操作方法

"参照"在逻辑上属于类比推理,即在案件事实、法律适用方面进行类比。类比推理的关键是两个法律案件之间的相似性和差异性认定,即判断此案与彼案之间的相似性,并考量案件事实的差异化。与"法律规范(大前提)→案件事实(小前提)→结论"的司法"三段论"不同,参照指导性案例模式为"事实归纳→相似性判断→结果"。首先对待办案件的基本案件要素进行识别;其次运用"区别技术"与指导性案例进行对比,从而对其是否高度相似予以认定;最后结合演绎法律方法得出办案结果。与"三段论"抽象到具体、一般到个别的演绎方法不同,指导性案例参照主要运用个别到个别的类推方法。

一是识别基本案情要素。待办案件基本要素包括:公益诉讼案件类别,即属于行政公益诉讼还是民事公益诉讼;公益诉讼案件领域,即属于法定领域还是"等外"领域;被监督行政机关监管职责或者违法行为性质。通过对待办案件的基础事实特征要素分析之后,② 对其可能涉及的法律要素予以分析。

---

① 参见郭明瑞、瞿灵敏:《指导性案例的参照效力与适用问题研究》,载《江汉论坛》2016年第2期,第138页。

② 笔者在12309中国检察网检索到《山东省青岛市人民检察院刑事申诉复查决定书》(青检四部刑申复决〔2020〕2号),该文书中对指导性案例与普通案例区分,以及基础事实的类比进行了说明。

二是判断形式与实质相似性。判断相似性是适用指导性案例的前提，否则部分学者主张的"指导性案例制度背离报告"难以落地。① 检察机关处理待办公益诉讼案件时，通过形式判断发现与待办案件相似的指导性案例。根据关键词判断待办案件与指导性案例是否属于同一公益诉讼案件类别、案件领域。此外，指导性案例中的要旨和指导意义，是判断待办案件与指导性案例是否属于同案的认知论条件。然而，检察官不能机械参考要旨或指导意义，应通过检索指导性案例检察建议、起诉书以及裁判文书等法律文书，全面分析案件事实、法律适用、办案结果以及影响办案的综合因素。综上，如果待办案件与指导性案例存在高度相似性，则将指导性案例规则适用于待办案件。对高度相似性的判断，实质运用了归纳的法律方法。

三是运用演绎推出结果。通过归纳待办案件的基本要素，并与指导性案例类比之后，可以结合演绎方法得出办案结果。当待办案件与指导性案例关键相似性大于差异性，则"参照"指导性案例，如差异性大于相似性，则排除对指导性案例的"参照"。因为"参照"并不具备独立支持检察机关办案的依据约束力，应依附于作为演绎推理大前提的正式法律渊源。本阶段可概括为：制定法规范＋指导性案例（大前提）→基本案情（小前提）→案件结果。正是因为作为大前提的制定法规范模糊，基本案情无法直接归入大前提的构成要件之中，才需要参照指导性案例对制定法予以补充描述。

参照公益诉讼检察指导性案例的一个具体技术问题是，指导性案例如何在法律文书中引用？诚如前文所述，公益诉讼检察指导性案例并非正式法律渊源，因而不能在法律依据部分引用，但是可以作为检察机关办案理由予以阐述。检察机关行政公益诉讼磋商函、事实确认书、磋商意见书、检察建议书以及起诉书以及民事公益诉讼起诉书等法律文书的论证说理部分均可以引用指导性案例。

四、结语

公益诉讼检察指导性案例具有全方位的司法功能，对于明晰法条含义，统一法律适用标准，规范检察权的运行都具有重要的保障作用。公益诉讼检察指导性案例严格遵循推荐、评审、征求意见、修改、发布等规范程序，是检察机关重要的司法资源，其生命力在于"应当参照"适用。如果公布之后束之高阁，则贬损了其制度价值。强化公益诉讼检察指导性案例适用，应当明确公益诉讼检察指导性案例的效力，改进指导性案例的生成技术，优化公益诉讼指导性案例的适用方法，使公益诉讼检察指导性案例的作用得到全方位的贯彻执行。

（编辑：蒋太珂）

---

① 参见庄永廉：《如何强化检察指导性案例的生成与应用》，载《人民检察》2019年11期，第47页。

部门法方法论

刑法占有问题的教义学展开

——兼论错误汇款领受行为的法律评价[*]

张金钢[**]

> **摘　要**　占有问题是刑法学一个争论不休的议题，同时也是研究财产犯罪的基底。刑民占有制度具有很大的差异性，刑法上的占有虽脱胎于民法上的占有，但刑法上的占有具有自身独特的构造与内涵，更注重和强调占有的事实属性。法人是占有的适格主体，财产性利益是占有的客体，关于银行中存款的占有归属问题采取银行占有说更为妥洽。领受错误汇款行为的法律性质如何定性见仁见智、争论不休，取得罪说和侵占罪说均存在重大疑问，从存款合同性质、财产犯罪的体系性解释、犯罪惩治等角度来言，对领受错误汇款的行为以不当得利来认定更为妥当，并具有逻辑上的自洽性。
>
> **关键词**　占有　错误汇款　银行占有　领受行为　不当得利

一、冲突与抵牾：问题的缘起与提出

占有理论在刑法上具有重要的地位，是刑法领域一个经久不衰的议题，相关的研究、著述汗牛充栋，各种判例亦是层见叠出。但由于基础性研究有限，关于占有概念还存在着争议，对占有内涵的理解也是众说纷纭，一直难以得出一个统一的结论。此外，由于部门之间错综复杂的关系，使得刑法上的占有、民法上的权限、金融法上的银行性质相互交织，在判断提取、转走等领受错误汇款的行为是否构成犯罪，构成何种犯罪的问题上异常复杂。如何评析实践与学说中的不同观点，如何认识国内外不同立法术语背景下的占有，

---

[*]　基金项目：本文系国家社科基金重大项目"网络时代的社会治理与刑法体系的理论创新研究"（项目批准号：20&ZD199）的阶段性成果。

[**]　张金钢，男，河南许昌人，上海市公安局法制总队，二级警长，研究方向：经济刑法。

如何评价处分权限与民事权利之间的关系等问题都是值得加以思考的。鉴于此，本文主要从刑法教义学的角度，按照刑民占有制度之比较——财产犯罪中占有之解构——存款占有问题之探究——领受错误汇款行为之法律评析的角度进行推进，拟通过对相关问题的研究，探究刑法上占有概念的内涵，并分析在错误汇款情形下，行为人通过提取、转走等不同手段领受错误汇款的刑法评价问题。

二、区别与差异：刑民占有制度之比较

（一）民法上的占有

民法上的占有制度，最早起源于古罗马时期的《十二铜表法》，后随着时代的发展，占有的内涵也逐渐丰富了起来。而刑法的占有，正是由民法的占有演化而来的，因此，为了探究刑法上的占有制度，需要追本溯源，回归到民法领域去探讨占有制度。当代大陆法系国家所采用的民法制度，大多受罗马法和日耳曼法的影响。前者是占有事实主观说的起源，代表国家是法国；后者则是占有事实客观说的根源，代表国家是德国。随着时代的变迁，立法者对于法律的理解也悄然发生着变化，日本民法虽然继受德国民法，但在法律移植的过程中，对占有进行了本土化的改造，采取了占有权利说的立场，将占有解释成一种权利。从我国民法发展的角度来看，在《民法通则》颁布之前，占有沿袭了日本民法的规定；《民法通则》出台后，对所有权进行了扩张，认为占有既不是事实，也不是权利，而是一种权能。但由于法条对于占有制度的表述仅寥寥数语，规定不够具体明确，加之理论界也并没有明确占有的概念、构成要件等基本问题，因此对于占有制度的本质依然存在着不小的争议；在《物权法》出台后，该争论最终以占有的本质以事实性为主、权力性为辅的观点而告终。

（二）刑法上的占有

在我国，刑法中占有一词至少对应着三种适用情形，在不同情形之下的内涵也存在着较大的差异。遗憾的是，三种"占有"概念常在有意或者无意中被误用了。第一种是非法占有目的中的"占有"。这种占有概念往往出现在诈骗罪、盗窃罪等财产犯罪中，并且往往会涉及主观超过要素[1]、短缩的二行为犯[2]的问题。这里的非法占有意思，即排除原权利人，将他人的财物当作自己的财物进行利用、支配、处分的意思。第二种是作为财产犯罪法益的"占有"。对应的范畴是财产犯罪所保护的法益究竟是"本权说"或者是"占有说"，该争论的主要问题为采用不法手段取回他人占有的自己所有之物是定性为私力救济

---

[1] 所谓主观的超过要素，一般认为是独立于主观"故意"之外，缺乏客观事实与之对应构成要件要素。
[2] 所谓短缩的二行为犯，是指在客观层面存在的，并且缺乏与主观要素方面相对应的行为。

行为或者是构成财产犯罪。第三种是用于解释盗窃罪等财物犯罪客观构成要件的"占有"。① 这种占有主要讨论的是在财产犯罪中,以"物"为中心,行为人所建立起来的"人对于物的支配关系"。其功能在于通过认定占有归属,从而判断行为人是否构成盗窃、诈骗等财产犯罪。显然,在部分财产犯罪中就存在着两种"占有",然而这两种占有之间存在着较大的区别,不可同日而语。第二种概念上的"占有",可以认为是将第三种意义上的"占有"提升到法益层面所形成的。而本文所涉及的"占有"概念为第三种意义上作为客观构成要件要素的占有,即对于财物的控制、管理关系。

占有,目前普遍接受的观点是人对于物的事实上的控制支配状态。② 由于刑法的占有发源于民法的占有,因此刑法上的占有亦要求客观要素和主观要素两个层面。虽然目前两个学科之间对于占有的内涵还存在着认识上的差异,但是二者都承认占有的要素是由客观要素和主观要素共同组成这一结论。占有的客观要素,指占有人对物具有实际的控制与支配,且该种控制支配不以物理的、有形的接触为必要,而应当根据物的性质、形状、物存在的时间、地点,以及人对物的支配方式和社会习惯来判断。③ 占有的主观要素,是指占有人对上述事实上的控制与支配应当具有支配的意思。该占有意思不要求是明确的,占有人有概括的、一般的意思即可,甚至可以是潜在的、推定的支配意思。④

(三) 刑民占有制度的异同

刑法与民法在占有问题上是大同小异的,首先,对于占有的构成要素是一致的,二者均要求同时具备客观要素与主观要素。其次,占有的对象是基本一致的。民法认为占有的对象包括物与权利(准占有制度),而刑法为了保护财产性利益,也将占有的对象由财物逐步扩大到了财产性利益。二者的区别仅仅在于民法承认观念占有,而刑法并不完全承认观念占有。另外,刑法中占有的对象包括违禁物,而民法上不能占有违禁物。最后,在占有的发展趋势上是一致的。民法已经逐步完成了占有观念化的进程,而刑法虽然强调事实上的支配力,但是另一方面又认为在事实支配力松弛的场合,可以通过规范属性加以补强。之所以会出现上述细微的区别,主要还在于制度功能的区别。民法中的占有制度是区分规范主体之间权利义务关系的一种方式,强调的是行为主体之间的法律关系,因此弛缓了人与物之间的事实状态,将占有的概念进行适当的扩张或限缩。而刑法上的占有,其主要功能在于确定财物归于何者主体,并在此基础上对破坏上述财物控制关系的行为予以刑事法角度的评价。⑤ 因此强调的是人对于物的支配关系。

---

① 参见车浩:《占有概念的二重性:事实与规范》,载《中外法学》,2014年第5期,第1180-1181页。
② 参见徐凌波:《存款的占有问题研究》,载《刑事法评论》第29卷,2012年版,第416-418页。
③ 参见周光权、李志强:《刑法上的财产占有概念》,载《法律科学》2003年第2期,第41页。
④ 参见刘明祥:《论刑法中的占有》,载《法商研究》2000年第3期,第36页。
⑤ 参见陈洪兵:《财产犯罪之间的界限与竞合》,载《安徽大学法律评论》2010年第1期,第207-208页。

（四）理性认识民法与刑法的差异

由于刑法的占有制度脱胎于民法的占有制度，使得民法、刑法在占有制度上大体相似。但另一方面确实在一定程度上存在着差异，应当如何看待这种差异？刑法占有的概念究竟是应当保持原初的概念，强调占有的事实属性，或者为了体系上的一致，进一步增强规范属性，甚至是仅仅通过规范属性来完成占有的建构呢？

上述问题便涉及法秩序统一的问题，尤其是在概念的内涵外延是否应当一致的问题上，法秩序一元论和法秩序相对论存在着较大的分歧。法秩序一元论可区分为严格的一元论与缓和的一元论。严格的一元论指作为判断犯罪的条件应当在法秩序统一的视野中予以判断，因此同一概念的内涵外延在不同的部门法之间也应保持一致，以此来保持法秩序的统一性，更准确地说，就是宪法、刑法、民法等不同的法领域在立法、法律适用上不能相互矛盾和冲突。[1] 该学说认为，民法、刑法对于占有概念的认知应当完全一致，二者需要有一样的内涵与外延，因而需要对两个"占有"概念进行改造，消除二者之间的差异。缓和的一元论指在一般情况下，对法秩序应当是统一评价的，但同时由于不同的法领域中存在不同的目的，其表现形式及所处的阶段亦不相同。因此，刑法与民法对于占有的认知可以存在着差异，只要这种差异是在合理的限度内，不会直接产生法领域之间的矛盾即可。法秩序相对论则认为宪法、民法、刑法等不同法领域的违法判断是相对的，各个部门法间对于法概念的定义及其制度是相对的或者多义的，因此对占有的内涵应当由各个学科各自的体系、制度目的与司法实践所决定。这种概念的差异并不需要刻意去回避，只需各符合自身学科的逻辑即可。

上述两种理论都具有自身的合理性。一方面法律学科之间确实存在着差异，可以说民法和商法在规范内容上存在着相当的一致性，仅因为对交易的保护力度不同都存在着相当多的争议，更何况包罗万象的刑法呢？要求刑法完美契合所有部门法的精神与认知显然过于严苛了；另一方面，由于学科间的差异会导致民众对于法律认知的错位，甚至在个例中会得出截然相反的结论。比如在采用不法手段取回他人占有的自己所有之物时，刑法有可能得出盗窃罪的结论，民法却得出私立救济行为的结论。再比如提取错误汇款的场合，刑法可能得出盗窃罪、侵占罪、诈骗罪等结论，民法上却认为行为人有着合法的取款权限，取款行为完全合法。以上结论都会对国民产生不准确的指引，也有损公民对自己行为的法律认知。况且，虽然法律之间存在着上下位阶之分，根本法与一般法之别，但这种区别都是为了法规范的统一，法律体系的完备所设计的。同时相对论虽然充分考虑了不同法律之间在细节上的差异，但却没有站在更宏观的角度综合考虑法律的统一性和一致性，观点值

---

[1] 参见童伟华：《日本刑法中违法性判断的一元论与相对论述评》，载《河北法学》2009 年第 11 期，第 169 页。

得商榷。因此应当站在宏观角度去肯定法秩序的统一性，即一元论的观点，而在一元论中，缓和的一元论显然更为合理。正如前文所述，由于制度的目的的差异，各个部门法的概念、理念、原则自是存在差异，对于一个术语做出差异性解释也在所难免。一个刑法尚有三种"占有"，何况整个法律体系呢？如果为了刻意维持严格的一元论，那么恐怕中国的法律就要出现各式各样的持有、占有、握有等概念了。而一旦将严格一元论上升到理念层面，则势必刑法也要同民法一道开始保护"期待利益"，将所有的违约都认定为财产犯罪了。众所周知，由于各个部门法的概念渊源、解释技术存在不同，因而对同一术语存在不同的解释实属正常现象，不能认为术语或概念的差异背离了法秩序的统一性，而应认为是在坚持违法一元论的前提下的合理缓和。① 因此，本文认为，刑法的占有制度虽然发源于民法，且二者具有相当的一致性，但是基于学科的目的、特点，还是应当具有自身独特的构造与内涵。

三、正本与清源：财产犯罪中占有之解构

占有作为侵占财产犯罪的基本概念目前已经引起了我国刑法理论界的广泛关注，在我国关于财产犯罪的理论讨论中，占有概念可以说是除财物概念之外最受关注的构成要件要素。随着学科认识的深入，对于占有的认定标准，学界也从注重事实要素逐渐发展到注重规范要素，最终认可了占有具备事实要素和规范要素的双重属性，从单一的事实性到强调规范性，再到二者并重的一个过程。可以说在占有概念的内部，事实与规范的要素含量并非始终处于平衡状态，而是随着对方的改变而变化。事实上，占有的产生与维持并不需要二者持续存在为前提，当现实的控制力松弛，为了维持占有，规范性要素就会增强。因此，事实要素削减的过程即是规范要素逐步增强的过程，极端情况下，甚至可以出现纯粹的事实支配与纯粹的规范支配，只有当两者都比较薄弱时，占有才处于难以判断的状态。② 而目前学界关于占有内涵外延的争议，实质上便是对占有规范要素与事实要素的关系问题。由于对占有二重性的承认，使得刑法上的占有已经有所让步，尤其是在法秩序一元说的背景下，在占有制度的刑民推演过程中，规范属性的地位和作用会得到逐步提升的。

（一）占有的主体

由于刑法上的占有较民法上的占有更强调占有的事实属性，而能够进行"实际"管理财产的只能是具有自由意志、能依自己的主观意思采取活动的自然人，因此有学者认为法

---

① 参见童伟华：《日本刑法中违法性判断的一元论与相对论述评》，载《河北法学》2009 年第 11 期，第 170 页。

② 参见［德］英格博格·普珀：《法学思维小学堂》，蔡圣伟译，北京大学出版社 2011 年版，第 25 - 27 页。

人因其意志由自然人所决定，不能够成为适格的主体。笔者认为法人是占有的适格主体。首先，仅逻辑上从占有的"事实""现实"控制的概念出发，片面强调"事实"方面的要素，忽略占有的规范属性，会陷入形而上学的逻辑陷阱之中。比如某公司仅有五个工作人员，在一次旅游中集体丧生，是否就意味着由于公司不存在着代表人而丧失了对所有物品的占有？依据这种逻辑进行分析，将问题复杂化，最终将得到前后矛盾的观点。其次，我国采用了法人实在说的立场。法人实在说认为法人如同自然人一样，具有独立的人格，存在着实体，可以依据自己的意思独立实施行为，以自身名义承担责任，可以直接占有财产，代表人只是占有媒介而已。显然，依照法人实在说，法人具有自己的意思，可以自己实施行为，自然也就可以取得占有。再次，从单位犯罪的角度分析。刑法中设置了单位犯罪，并明确了其犯罪主体与刑罚。一方面，罚金刑缴纳的主体为单位，就意味着承认了单位所有了财产，那么从逻辑上也应当承认作为所有权下属积极权能之一的占有，也可以由法人所行使；另一方面，单位犯罪要求体现单位的意志，这种意志是由单位负责人、单位代表人所实现的。那么在财产犯罪中，为何不对"意思"的内涵进行解构，认可代表人的意思是单位意思的体现，成员并非因为表决而形成了单位的意志，而是将法人的意思"表达"出来。这种解释，不仅更符合我国民法上的通说，而且也可以避免陷入纠缠于"现实"的逻辑困境。同时也正是由于单位存在着这种意志，才存在着对法人进行刑罚处罚的必要，体现了权利义务相一致的原则。最后，我国刑法对法人的财产依法予以保护，盗窃国家和单位的财产应当定为盗窃罪。但是在法人代表人盗窃单位财产问题时会陷入逻辑上的困境，刑法上的占有意思仅仅是模糊的，为他人占有也是占有。但当法人代表人的占有意思由"替法人占有财产"变更为"为自己占有财产"时，是否会构成犯罪？或者说，这种具体的占有意思是否需要在评价犯罪时予以考量？可以说，法人代表人采用平和的方式破坏他人占有并建立起自己的占有与使用、取得单位所有物的客观行为是完全一致的，区别仅仅在于主观是否有非法占有目的。如果说犯罪与否完全取决于法人代表人的主观所想，是否会落入主观主义刑法的陷阱中亦值得思考。而倘若否定需要具体的占有意思，那么无论法人代表人将法人财产如何利用，处置都不会破坏"占有"，从而出现了刑罚处罚的真空。因此基于以上观点，笔者认为法人可以成为占有的主体。

（二）占有的客体

在发达国家中，由于刑法发展的时间较长，法律体系较为完善，立法用语凝练精准，因此通常情况下，对于占有对象的探讨仅有理论上的意义。如德国、奥地利、瑞士等国刑法在规定盗窃罪时，使用的是"他人的动产"一词，而在规定诈骗罪时，使用的是"他人的财产"一语，前者不包括财产性利益，后者则包括财产性利益。[①] 而日本则将侵犯财

[①] 参见王作富主编：《刑法分则实务研究（中）》（第4版），中国方正出版社2010年版，第1079页。

产罪区分为侵犯财物罪和侵犯财产性利益罪。但在我国,由于刑法中并没有严格区分使用"财物"和"财产性利益",甚至持不同立场的学者均可以在刑法中找到法律依据,从而使得财产犯罪中占有的对象是否包括财产性利益有着较大的立场分歧。在讨论占有的客体之前,需要厘清中国语境下的财产概念。其实财产是一个抽象的集合名词,是法律上的利益归属,因此本部分所讨论的问题在于,刑法分则第五章"侵犯财产罪"中的利益归属究竟是单纯的物的归属或者是法律利益的归属。

从解释论的角度上来看,刑法普遍承认财物①与财产性利益是两个不同的法律概念。二者相互补充,共同组成了上位的财产概念。但问题在于,由于我国刑法中并没有明确财物的概念,盗窃罪、诈骗罪等罪名中所用的"财物"究竟是否包括财产性利益,即该财物概念究竟是一个广义的财物还是狭义的概念?刑法第九十二条规定了财产的概念,本条指出:"公民的合法收入……依法归个人所有的股份、股票、债券和其他财产",显然,刑法中的财产包含了财产性利益。而总则对于分则具有指导作用,这种一般性、原则性的规定不仅对总则的内容产生作用,也会对于分则条款的解释、适用产生作用。如果否认财产犯罪中的"财物"概念包含财产性利益,就会导致刑法第九十二条与刑法分则第五章具体制度规定的矛盾。而且我国刑法在绝大多数财产犯罪的罪名中没有明文规定财物与财产性利益,恰好可以给扩大解释提供解释的基础语义环境。

从占有的本质来看,将财产性利益解释为占有的客体不存在理论障碍的。一般认为,完整的占有分为两个阶段,即建立占有和维持占有。在占有财产性利益的场合,建立占有即意味着财产性利益的获得,而占有维持意味着持续拥有财产性利益。而财产性利益的发生必须依据一定的法律事实,所谓法律事实,即依据法律规定,能产生权利义务关系产生、变动、消灭的现象。即便是产生赌债等不受法律保护的财产性利益,也需要依托一定的事实,进而产生了权利义务关系。由此,占有依托事实得以建立,在占有建立之后,只要不发生新的法律事实,权利人便一直享有财产性利益,亦即通过规范维持着对于财产性利益的占有。

同时,即使承认了财产性利益是占有的客体,由于罪刑法定原则的限制和占有概念自身的涵摄范围有限,占有不会肆意破坏财产犯罪的结构和内涵。扩大占有的对象是基于处罚必要性的考虑,但是不能因为为了填补处罚漏洞就忽略了其他的构成要件要素,在具体的案件中,还必须考虑到其他的因素,不可脱离构成要件,必须完整地显示出将他人的财产性利益转移至自己占有这一层面,才有探讨构成犯罪的可能性。虽然承认了财产性利益可以是占有的对象,但是相比于民法上的占有,刑法上的占有仍然更加强调事实属性。以死者占有问题为例,即便承认了财产性利益是占有的对象,但是充其量其继承人只是占有

---

① 此处的财物指的是狭义的财物概念,不包括财产性利益。相对的,广义的财物则包括了财产性利益,在这种情况下,与第三种财产概念相同。本文所指的财产概念也多为第三种财产概念。

了遗产的继承权,而不是通过继承权直接占有财物。换句话说,占有财物和占有财产性利益是两个维度的问题,侵犯财物并不意味着必然侵犯财产性利益,反之亦然。占有财产性利益后还需一个事实"仪式"取得对财物的占有,否则即便财产性利益与财物均指向了同一个主体,也可能出现占有主体的分离。需要说明的是,占有财产性利益只是基于保护财产的必要性而进行的扩大解释,是作为判断财产犯罪的一个补充手段,在思考是否构成犯罪时必须让位于"对财物占有的破坏"。比如盗窃他人游戏账号的行为,既窃取了作为财物的游戏账号,又侵犯了玩家登录游戏的权利,但是在评价时只会探讨窃取作为财物的游戏账号这一部分事实。一方面,财物的价值与财产性利益如同硬币的正反两面,财物既有自身的价值,又是利益的载体,二者如果指向同一利益归属,比如在占有"物权"的情形中,重复评价会引起不必要的麻烦;另一方面,在绝大多数案件中,财物本身的价值就是行为人所要侵犯的利益了。只有少数破坏权利凭证的案例才需要考虑占有财产性利益的问题,并且还需要进一步考虑这种权利凭证的丧失对权利人行使权利造成了多大影响、是否有救济途径等问题后才有刑法介入的空间,这种由表象到本质,从具体到抽象的思维方式更符合人的思考习惯。质言之,应当认可财产性利益也是占有的对象。

四、检视与选择:存款占有问题之探究

存款的占有,一直是财产犯罪中的疑难问题,学界对此主要有两种观点,即"银行占有说"和"存款名义人占有说"。笔者认为存款的占有,应包含两个层面的问题:第一、占有属于谁;第二、占有对象是什么。对于第二个问题,即占有什么的问题,本文认为探讨的对象是银行所保管的钱款,而非存款债权。虽然从目前的理论出发,存款名义人是有成立对债权占有的可能性,但是这个问题已经脱离了最初含义上所指的"存款占有问题"了。事实上,在探讨银行存款问题的时候,通常指向的问题是领受银行占有的钱款如何定性处罚的问题,而非消灭了存款人提取现金的权利凭证并使其无法得到赔偿或补办可能性,使得债权的履行前提从根本性得以消灭的情形。正如同行为人纵火烧光了债务人的所有财产,侵犯的也是债务人的权利,理论上也不会因此而探讨债权人权利实现可能性降低,行为人对债权人是否构成犯罪的问题。同理,行为人撕毁债权人所持有的欠条,也并不会去讨论行为人变相增加了债务人的财产该如何评价的问题。可以说,占有债权和占有债权所对应的物是两个完全不同的问题。并且在银行存款的场合,想要从根本上消灭权利凭证也是异常困难的,因为只要存款人能够提供相应的身份凭证,就可以补办相应的凭证。即使是在冒领的场合,在现代化的安保方式下,如手机动态密码、邮箱提示等也可以在一定程度上阻碍该行为的发生。因此,本文不讨论占有对象为债权的情形,讨论对象仅为银行中钱款的占有归属问题。

对于银行中钱款的占有归属,笔者认为采取"银行占有说"更为合适。第一,存款人对钱款的控制力并不足以达到排他的程度。银行的性质是企业法人,《商业银行法》规定,

银行是存在破产情形的,而在受偿顺位上,清算费用、公益费用、职工工资等项目之后,存款人才可以行使债权,提取存款。并且根据《存款保险条例》,银行若倒闭的话,银行最多偿付个人50万元,对于超出的部分不予保护。此外,如果发生金融危机出现挤兑风潮时,银行也无法偿付所有存款人的存款。倘若依照"存款名义人占有说",则存款人可以无视经济、金融法律的规定,依照自己的意愿随时随地取得存款,这种结论显然是不合理的。此外,在ATM、柜台取款时,都需要存款人输入密码,而银行只需要直接划拨;存款人进行大额取款,则需要到柜台办理取款业务,甚至是提前预约;存款人的财产被法院强制执行时,银行是可以直接划拨存款人的财产的,以上都表明了存款人对于存款的控制力弱于银行,银行的"占有"优先于存款人。第二,银行的性质也要求银行直接占有财产。银行最基本的功能便是充当资金的"中介",银行通过吸收存款,发放贷款以促进金融市场上资金供需的平衡,同时自身也需要展开理财投资,设计理财产品。依照"存款名义人占有说",银行在开展所有投资、放贷行为时,需要对每笔款项进行核查,并逐一征求存款人的意见,如遇上存款人反对,则银行就不得使用钱款,将直接动摇银行业的根基。第三,在我国民法中,通说认为委托物的占有属于受托人。虽然每张钞票上都有独立的编号,但是在理论上仍认为货币是种类物,并且货币属于一般等价物,是需要频繁流动和交换使用的,而种类物非经公示,就没有公示效力,无法将种类物品"特定化",也就没有所谓具体的"物权"了。显然,这种公示只能由银行来完成。第四,人总是生活在社会网中,社会生活所产生的规范也会在刑法领域有所反映,当社会规范将某种事实性并不那么强的管领认可为占有时,规范要素便进入了刑法领域,成为了占有属性的重要补充。但是,规范要素是不能够取代事实要素的功能,也不能单独成为刑法占有制度的基础而独立存在。正如学者指出的:"占有概念二重属性,但是规范的作用归根结底是在补强和支持在事实层面上人对财物的支配和控制关系,如果事实上的支配关系为零,规范关系再强,也无法独立支撑起占有的成立。"① 显然,在银行中保管的现金,存款名义人无论如何都不具有事实上的管理可能,并不存在着物理上的联系,债权关系的有无,仅仅是涉及了取款权限是否存在的问题,与占有问题无涉。即便占有着债权,也无法穿过事实属性的屏障,单独完成对于钱款的占有。可以说,存款人享有的,只是一个偿还能力强、偿还速度快、偿还方式简便的借贷合同,无论使用多么方便,"债权"终归不是"物",不能将财产性利益等同财物。因此,银行占有说更为妥当。

五、证成与确立:领受错误汇款行为的法律性质评析

学界关于领受错误汇款行为的法律性质一直见仁见智、争论不休,主要有取得罪②、

---

① 参见车浩:《盗窃罪中的被害人同意》,载《法学研究》,2012年第2期,第108页。
② 此处所指的取得罪包括盗窃罪与诈骗罪。

侵占罪①与不当得利②学说的争论，笔者认为将领受错误汇款的行为定性取得罪与侵占罪均存在重大疑问，不当得利学说论证不够充分。在行为人领受错误汇款的场合，应当认定为不当得利。可以说一方面承认行为人正当的取款权限，另一方面又认为由于银行占有了财物，因此不得不限制行为人的取款权限，进而得出了行为人取款将构成犯罪的结论，这种结论本身就违反了法律秩序的一元性。并且由于银行和存款合同的特殊性，使得银行在面对取款人时，只是形式审查其是否具有合法的取款权限表征，只要符合条件，便足额给付取款人钱款，而对于这种取款权限的形成原因在所不问。相反，由于取款人占有了债权，银行对自身占有的钱款处分的范围事实上是会因为取款人的请求而受到影响。例如出现大宗的提现请求时，银行就必须对其资质进行审查，甚至是提前预约。一方面是为了防止犯罪的发生，另一方面也是为了保证银行拥有充足的现金，促使银行工作顺利进行。

对于行为人，虽然在事实角度无法与钱款建立起联系，但是从规范的角度却可以占有存款债权，建立起了足以动摇银行钱款占有的权利。根据存款合同，在存款名义人向银行请求支付其小于或等于存款额度的现金时，银行有义务向存款名义人进行支付即与存款等额的金钱，在法律上是由存款名义人支配的。③ 因此，与其认为行为人的取款权限受到限制，却无法说明应当做出何种限制、这种限制的合法性基础以及这种限制的适用范围，倒不如承认银行的占有因为存款人对钱款具有高度支配力而受到了影响。从民法角度分析，不论是通过本人存款或者是他人汇款所形成的，取款人对存款债权的支配是排他的。甚至是在错误汇款的场合，取款人在债权被撤销之前，都获得了合法的取款权限。而取款人通过合法的取款权限，向银行请求行使权利时，银行通过形式审查，及时而清晰地做出了一个同意转移钱款占有的承诺，并随之放弃了对于钱款的占有，取款人随即建立了自己对钱款的占有。亦即，由于金融机构的特殊性，银行放弃钱款占有的意思是明确的，甚至是银行所追求的。在错误汇款行为发生之后，汇款人与取款人之间就已经因为事实行为而产生了不当得利返还请求权。取款人从银行取得钱款的过程中，只是涉及了银行与存款人之间债务关系的消灭与变动，并未使存款人的权利发生变动、丧失，同时该占有的移转是经过银行明确承诺的，因此不成立取得罪。

银行占有和取款人权限是否矛盾呢？笔者认为不然，以抵押权为例，在动产抵押的场合，抵押权人并没有获得抵押物的占有，却可以在一定条件下限制抵押人的处分权，并且对于抵押物的价款优先受偿。而在质权的场合，这种事实性与权利性的分离更为明显。质权人虽然事实上控制了质押物，却无任何支配、处分、收益的权能。而质押人虽然在规范层面保有了权利，却并无进行现实控制的可能。无论认定是谁在刑法层面占有了质押物，

---

① 陈洪兵：《中国语境下存款占有及错误汇款的刑法分析》，载《当代法学》2013年第5期。第75页。
② 张红昌：《错误汇款领得行为的刑法评价》，载《中南大学学报（社会科学版）》2013年第1期，第135页。
③ 参见杨兴培《挂失提取账户名下他人存款的性质》，载《法学》2014年第11期，第158页。

都无法解决事实与权利的分离,质权人和质押人均不具备完整的所有权的问题。因此,占有和民事权限的分离,事实上早在存款占有问题被提出时就已经存在了,并且也可以各尽其职。占有制度用于区分罪名之间的界限,权利制度用于保护权利人所享有的权益。二者并没有因为彼此重合或者分离导致刑法和民法之间的错位。之所以刑法学对提取错误汇款行为的定性争论不休,是因为在探讨该问题的时候,过分强调了占有的功能,而欠缺对财产犯罪的体系性解释结论。亦即,占有的变动只是构成部分财产的必要条件,却不是充分条件。但是在讨论具体问题时,往往将研究视角落在占有上,而忽略了其他构成要件要素的作用。因此,占有和权限事实上是两个层面的概念,二者具有不同的制度价值和功能,"上帝的归上帝,恺撒的归恺撒",不能因为其中任意一方而否定另外一方,甚至是将二者混为一谈。在错误汇款的情形中,取款权限的作用是为银行占有的转移提供合法性基础。因为有取款权限的存在,使得占有的变动得到了原占有人的同意,占有的变动才得以发生。

接着的质疑是,因为债权的形成没有合法原因,故不具备终局性的权利,新建立的占有不具有保有力。因此这种占有并不稳定,行为人的行为应当纳入刑法调整的范畴中。取款人在取得现金的时候已经表明了自己的身份,并且已经对银行展示了自己的取款权限了,客观上而言就已经合法地建立了钱款的占有了。事实上,盗窃罪、诈骗罪的评价标准应当是旧占有的消灭是否符合原占有人的意思,新占有的建立是否合法。占有是否保有力是否具备,并不应当落入盗窃罪、诈骗罪的考量范畴中。其实,所有合同都存在着因为单方违约而被解除或者撤销的可能。例如在互联网购物的情形下,消费者享有收到货物之日起七天内的任意解除权。如果认可了保有力是占有合法性的基础,则所有的网购平台,电商的销售行为都可能是财产犯罪的实行行为了。在这个意义上,法律关系的不确定性并非否认占有转移合法性的依据。因此,保有力并非刑法所要评价的对象。并且,汇款人在汇款的时候,客观上实施了转移钱款占有的行为,主观上也具有转移占有的意思。之后钱款的流向已经与汇款人无关了,该笔钱款对汇款人而言不具有探讨占有脱离物的前提了。而由于取款人所具有的取款权限具有的真实性和有效性,使得占有的变动存在着法律上的原因力。根据占有即所有的原理,取款人在占有钱款的同时也获得了货币的所有权,不存在着"他人的财物",因此也不存在着侵占罪的适用空间。

再接下来的疑问在于,形式的分析是否会导致犯罪圈的缩小。例如行为人拾得了他人所遗失的银行卡,并且通过尝试试出了银行卡密码,并进行了取现或者转账。又比如虽然银行卡内记载的金额并没有错误,银行卡的持有人也是合法拥有银行卡,但因为柜员机故障等原因,使得取款人获得了多于银行卡记载数额的钱款。依照上述分析亦可能得出行为人无罪的结论,从而缩小了犯罪圈。笔者认为上述的担心是多余的。错误汇款发生的原因是存款人因自身过失,将自己的钱款打入了取款人的账户;拾得他人银行卡是因为存款人的过失使得取款人获得了自己的银行卡,并通过一定方式获得了正确的密码;超额取款的原因是因为机器故障。以上三者的区别在于银行卡的现实持有人与银行卡的登记持有人是否发生了分离、银行卡记载的钱款与实际取款数额是否一致。正当取款权限应当是通过如下方式建立：取款人持有自己的银行卡，或者通过他人明示的同意，持有他人银行卡——到柜台进行审查身份——提现或者转账，且取得的金额必须等于这次取款所行使的债权的数额。但是，在拾得他人银行卡的场合，行为人首先并没有获得他人的同意，相反，这种持有甚至可能是违背名义持卡人的同意的。并且，如果柜台进行实质审查，可以发现行为人的身份信息、手机号码等与银行卡所登记的信息是相互矛盾的。但是，由于银行经营范围广、项目多，客观上要求银行快速高效处理大量的业务，因此，对所有业务进行实质审查会极大地加重银行负担，是不现实的做法。因此，银行只能采取形式审查的办法。并且，在通常情况下，形式审查也可以发现身份的错误，比如连续输入错误密码等。如果行为人试出了密码，则会使银行略过了实质审查，并错误地得出现实持有人是该存款关系中银行卡的登记持有人，从而错误地处分了财产。因此，行为人构成了诈骗罪。同理，利用机器的错误，获得了一个不真实的承诺，行为人取得占有的行为违背了银行的意思，成立盗窃罪。事实上，银行所应当审查的内容是人——卡——钱款额度之间的关系，而并非额度产生的原因。而在错误汇款中，由于存款人人——卡——额度三方关系是可以建立的，因此具有合法的取款权限，不构成犯罪。并且，依照这种思路，无论行为人究竟是在柜台或者ATM机上取款，或者通过转账的方式"转移"了债权，由于行为人都具有合法的处分权限，使得行为人在行使债权的时候符合法律的评价，阻断了构成犯罪的可能。因此也可以避免出现通过转账并不构成犯罪、在柜台取款构成诈骗罪、在ATM机上取款构成盗窃罪的结论，使得刑罚得以统一。

（编辑：蒋太珂）

论刑法违反性规定中参照规范的确定方法

潘华杰[*]

摘　要　我国刑法中存在众多违反性规定。解决违反性规定明确性问题的关键在于确定参照规范的范围，参照规范的范围可以分为位阶和内容两个方面。确定参照规范的位阶按照以下方法：第一，严格按照刑法第96条解释"违反国家规定"；第二，一般情况下对违反性规定中参照规范采取文理解释，同时辅以论理解释适当修正；第三，优先适用较高位阶的参照规范，依次向低位阶检索，但不能超过参照规范所能解释到的最低位阶；第四，适用违反性规定中参照规范可以参考比参照规范更低位阶的解释性规范。对于违反性规定中参照规范内容的解释，应对比刑法与行政法的规范目的，分两步进行。第一步是根据违反性规定的条文表述和刑法规范目的初步确定参照规范可以是哪些法律法规。第二步是根据规范目的确定哪些具体条文可予适用。

关键词　违反性规定　参照规范　位阶　规范目的

我国刑法中众多条文含有"违反……"的表述，如"违反枪支管理规定""违反国家规定""违反规章制度"等，这类刑法规范就是违反性规定。[①] 关于违反性规定，一个最容易受到质疑的问题[②]就是，违反性规定中使用空白罪状，是否违反罪刑法定原则中刑法明确性的规定。"如果犯罪构成不明确，就不具有预测可能性功能，国民在行动前不明白其行为是否构成犯罪，就会造成国民行动萎缩的效果，限制国民自由。"[③] 但刑法的明确性要求并不是绝对的，要求一部规范内容绝对确定的刑法典是不切实际的。刑法学界的主

---

[*] 潘华杰，男，安徽肥东人，中国政法大学法学院硕士研究生，研究方向为刑法学。
[①] 此类条文目前学界并没有统一称呼，为简化表达需要，本文统一称为"违反性规定"。
[②] 违反性规定是否违反法律主义也存在一定的争议，但是并非本文的重点内容。具体争论及相关回应参见刘树德：《罪刑法定原则中空白罪状的追问》，载《法学研究》2001年第2期，第40–50页。
[③] 张明楷：《刑法学》，法律出版社2016年版，第53页。

流观点认为，对于违反性规定这类空白罪状，在参照规范明确的情况下，刑法只是将罪刑规范转交了出去，只要参照的规范明确，就不违反罪刑法定明确性的要求。[①] 因此，确定违反性规定中参照规范的范围，即"违反"一词后所列出的"规定""国家规定""规章制度"等规范性文件的范围就成了重中之重。

但是，如何确定违反性规定中参照规范的范围依然是一个难题。理论界关于参照规范范围的确定方法众说纷纭，[②] 司法实践中违反性规定的适用也不尽相同，[③] 由此导致了同案不同判，部分案件可能出现司法不公正的情况。本文将从违反性规定中参照规范的位阶与内容两个角度出发，提出参照规范的确定方法，从而解决违反性规定的明确性问题。

一、违反性规定的基本释义

违反性规定的立法语辞表述不一、形式多样。根据笔者统计，违反性规定共涉及76个罪名，存在12种不同的表述方式。如表1所示：

表1：刑法中违反性规定统计

立法语辞	罪名	罪名数量
违反……规定	违规制造、销售枪支罪，非法持有、私藏枪支弹药罪、危险驾驶罪、重大责任事故罪、危险作业罪、大型群众性活动安全事故罪、危险物品肇事罪、传染病菌种、毒种扩散罪、妨害国境卫生检疫罪、武器装备肇事罪、擅自改变武器装备编配用途罪	11个
违反规定	利用未公开信息交易罪、违规出具金融票证罪、擅自出卖、转让军队房地产罪	3个
违反规章制度	重大飞行事故罪、铁路运营安全事故罪	2个
违反……法规	交通肇事罪、妨害药品管理罪、消防责任事故罪、非法转让、倒卖土地使用权罪、雇用童工从事危重劳动罪、偷越国（边）境罪、非法向外国人出售、赠送珍贵文物罪、非法出售、私赠文物藏品罪、非法捕捞水产品罪、非法狩猎罪、非法猎捕、收购、运输、出售陆生野生动物罪、非法占用农用地罪、破坏自然保护地罪、非法批准征收、征用、占用土地罪；非法低价出让国有土地使用权罪、故意泄露军事秘密罪；过失泄露军事秘密罪、逃离部队罪	18个

---

① 参见陈兴良：《刑法的明确性问题：以刑法第225条第4项为例的分析》，载《中国法学》2011年第4期，第112–113页。

② 参见张涛、魏昌东：《回顾与展望：刑法中的"违反国家规定"研究》，载《法治社会》2018年第6期，第36–45页。

③ 例如根据笔者对工程重大安全事故罪的司法判例检索，判决书中将"违反国家规定"解释为"违反国家有关建筑法规""违反国家法律、法规和强制性规定""违反国家建筑行业规定"等，不尽相同。除此之外，大多数判决书都没有明确地表述被告人的行为违反了哪部法律规范，遑论具体法律条文。

续表

立法语辞	罪名	罪名数量
违反……法的规定	虚假出资、抽逃出资罪、逃避商检罪、擅自出卖、转让国有档案罪、妨害传染病防治罪、非法采矿罪；破坏性采矿罪、滥伐林木罪、故意泄露国家秘密罪；过失泄露国家秘密罪、违法发放林木采伐许可证罪	9个
违反法律规定	非法携带武器、管制刀具、爆炸物参加集会、游行、示威罪	1个
违反法律、行政法规的规定	徇私舞弊发售发票、抵扣税款、出口退税罪	1个
违反国家规定	工程重大安全事故罪、非国家工作人员受贿罪、公司、企业人员受贿罪、挪用公款罪、违法发放贷款罪、逃汇罪、虚假广告罪、非法经营罪、组织出卖人体器官罪、非法侵入计算机信息系统罪；非法获取计算机信息系统数据、非法控制计算机信息系统罪、破坏计算机信息系统罪、扰乱无线电管理秩序罪、污染环境罪、非法处置进口的固体废物罪、危害国家重点保护植物罪、非法引进、释放、丢弃外来入侵物种罪、非法生产、买卖、运输制毒物品、走私制毒物品罪、非法提供麻醉药品、精神药品罪、受贿罪、行贿罪、对单位行贿罪、单位行贿罪、私分国有资产罪；私分罚没财物罪、违法提供出口退税证罪	27个
违反国家有关规定	侵犯公民个人信息罪、非法采集人类遗传资源、走私人类遗传资源材料罪	2个
违反有关……的国家规定	妨害动植物防疫、检疫罪	1个
违反约定①	侵犯商业秘密罪	1个
违反治安管理活动	组织未成年人进行违反治安管理活动罪	1个

由表1可知，违反性规定主要分布在刑法分则第二章危害公共安全罪、第三章危害社会主义市场经济秩序罪、第六章妨害社会管理秩序罪中。由此可见，违反性规定主要是一种社会管理规范。为了使国家的行政活动顺利展开，从而保障国家目的的实现和国家任务

---

① "违反约定"虽然同其他违反性规定一样使用了"违反"一词进行提示，但是它的参照规范并不是一个行政规范，而是当事人之间基于意思自治形成的契约，所以下文的讨论并不包括"违反约定"。

的完成，国家通过制定各种行政法①来进行社会管理；而一旦行政法不能顺利实现管理目的，刑法则会出动，对其中危害严重的行政犯罪给予刑罚处罚。②

我国刑法中存在大量行政犯罪，行政犯罪与传统的自然犯罪存在很大区别，因此部分行政犯罪的条文表述也采用了不同的方式。刑法分则采用违反性规定的表述形式主要是基于以下原因：

（1）刑法典追求稳定性的需要。国外刑法典的内容基本上都是自然犯，违反行政管理的行政犯基本上都存在于附属刑法中，但是我国刑法分则规定了大量行政犯。③行政犯以违反各种行政法为前提。为了适应社会的迅速发展，行政法往往容易发生变动。采用违反性规定的表述方式，可以避免因为行政法变动而导致刑法的频繁修改。

（2）立法中简化表述的需要。行政犯不同于自然犯，由于其不以违反伦理道德为前提④，所以往往需要采用叙明罪状对犯罪构成要件进行详细的描述。采用违反性规定的立法方式可以使其成为空白罪状，简化罪状的表述。以工程重大安全事故罪为例，在1996年12月20日的刑法修订草案中该罪使用了3个条文进行描述，后来为了简化表述，将3个条文中的主体放到了同一条文中，采用"建设单位、建筑设计单位、施工单位、工程监理单位违反国家规定……"的表述方式⑤，极大地简化了罪状表述。

基于以上叙述，笔者对本文中的基本概念进行以下界定：本文中"违反性规定"是指刑法分则条文中在罪状描述上采用了违反某一规范性文件的表述方式并使用"违反"一词进行提示的刑法规范。其基本上属于法定犯，主要是为了对行政法无法解决的、危害严重的行政犯罪给予刑罚处罚。本文中"参照规范"是指刑法分则违反性规定中"违反"一词后所列出的规范性文件。这些规范性文件主要是行政管理方面的法律法规，在对违反性规定进行适用时需要予以参照。

解决违反性规定明确性问题的关键在于解决参照规范的明确性，但是理论界和实务界

---

① 行政法是指以特有的方式调整行政——行政行为、行政程序和行政组织——的法律规范的总称，是并且正是调整行政与公民之间的关系、确定公民权利和义务的规范。参见［德］哈特穆特·毛雷尔：《行政法学总论》，高家伟译，法律出版社2000年版，第33页。如今主流观点认为行政法是控制和规范行政权的法律。参见姜明安主编：《行政法与行政诉讼法》，北京大学出版社、高等教育出版社2015年版，第14－35页。本文为了表述方便，行政法的含义采用上述第一种观点。

② 参见张明楷：《行政刑法辨析》，载《中国社会科学》1995年第3期，第95－96页。

③ 参见张明楷：《刑法分则的解释原理》，中国人民大学出版社2011年版，第533页。

④ 参见张明楷：《自然犯与法定犯一体化立法体例下的实质解释》，载《法商研究》2013年第4期，第46－47页。

⑤ 本罪的写法首见于1996年12月20日的刑法修订草案，该草案用了3个条文：第141条：建设单位违反规定，要求建筑设计单位或者施工企业降低工程质量，或者提供不合格的建筑材料、建筑构配件和设备强迫施工企业使用，造成重大损失的……第142条：建筑设计单位不按建筑工程质量标准进行设计，造成工程质量事故，损失严重的……第143条：施工单位在施工中偷工减料，使用不合格的建筑材料、建筑构配件和设备，或者不按照设计图纸或者施工技术标准施工，造成重大质量事故，损失严重的……最终1997年刑法第137条表述为：建设单位、设计单位、施工单位、工程监理单位违反国家规定，降低工程质量标准，造成重大安全事故的……参见高铭暄：《中华人民共和国刑法的孕育诞生和发展完善》，北京大学出版社2012年版，第337－338页。

没有对法条中参照规范的范围形成统一意见。事实上，作为我国法律体系的一部分，参照规范的范围可以通过纵向的法律规范的位阶与横向的法律规范的内容来确定。所谓法律规范的位阶是指根据制定规范性法律文本的权威主体不同，每一部规范性法律文本在法律体系中的纵向等级。目前我国主要有宪法、法律、行政法规、地方性法规、部门规章与地方性政府规章等法律位阶。不同位阶的法律规范发生冲突时，适用"上位法优先于下位法适用"的原则。法律规范的内容是指根据法律所调整的社会关系不同及对社会关系进行调整或保护的方式不同，对全部法律规范进行划分所形成的同类的法律规范的集合。在同一法律位阶中，存在不同的法律规范的内容，构成横向的法律体系。如果参照规范的位阶和内容是确定的，那么这个参照规范就是唯一确定的。因此，下文主要讨论两个问题：1. 违反性规定中参照规范的位阶如何确定？2. 违反性规定中参照规范的内容如何确定？

二、违反性规定中参照规范的位阶确定

（一）参照规范位阶的争议

违反性规定中参照规范的位阶应当如何解释存在较大的争议，一直以来都有"限缩说"与"扩张说"两种观点。"限缩说"占据主流地位，认为基于罪刑法定原则与刑法的谦抑性，违反性规定中参照规范的位阶应当尽量限缩解释为仅限于刑法第96条规定的全国人民代表大会及其常务委员会制定的法律和决定，国务院制定的行政法规、规定的行政措施、发布的决定和命令。[1] "扩张说"则主张宽泛地界定国家规定，其基本理由是保护法益、打击违法犯罪的需要。[2] "扩张说"认为如果将所有参照规范的位阶都界定为第96条的规定，会导致部分犯罪无法找到对应的参照规范，此举无异于作茧自缚。[3]

以刑法第134条第1款重大责任事故罪为例，该款规定，"在生产、作业中违反有关安全管理的规定，因而发生重大伤亡事故或者造成其他严重后果的"，是犯罪。该条中的"有关安全管理的规定"如何理解就成了一个问题。"限缩说"认为，我国刑法中"违反……法规""违反……的规定"是对"违反国家规定"的具体化，[4] 因此第134条中的"规定"的位阶仅限于第96条的规定。关于第134条中的"规定"，2011年12月30日最高人民法院《关于进一步加强危害生产安全刑事案件审判工作的意见》（以下简称《意

---

[1] 参见胡江：《侵犯公民个人信息罪中"违反国家有关规定"的限缩解释》，载《政治与法律》2017年第11期，第40－42页；蒋铃：《刑法中"违反国家规定"的理解和适用》，载《中国刑事法杂志》2012年第7期，第36－37页；张涛、魏昌东：《回顾与展望：刑法中的"违反国家规定"研究》，载《法治社会》2018年第6期，第39页。

[2] 参见刘德法、尤国富：《论空白罪状中的"违反国家规定"》，载《法学杂志》2011年第1期，第16页。

[3] 参见王恩海：《论我国刑法中的违反国家规定——兼论刑法条文的宪政意义》，载《东方法学》2010年第1期，第23页。

[4] 参见蒋铃：《刑法中"违反国家规定"的理解和适用》，载《中国刑事法杂志》2012年第7期，第34页。

见》）认为，"认定相关人员是否违反有关安全管理的规定，应当根据相关法律、行政法规，参照地方性法规、规章及国家标准、行业标准，必要时可以参考公认的惯例和生产经营单位制定的安全生产规章制度、操作规程"。司法解释将第134条中"规定"的位阶在"必要时"降低到了生产经营单位制定的相关规定，可见最高法在第134条的解释上采取了"扩张说"。至于该司法解释是否具有合法性与合理性，这值得我们探讨。

事实上，"限缩说"与"扩张说"都存在一定的合理性，但是过度强调自身立场则会导致刑法解释的过度限缩或过度扩张。刑法的机能是法益保护与人权保障并重。"扩张说"更加强调法益保护的侧面，而"限缩说"更加强调人权保障的侧面，将两者加以调和则可得出更合理的解释。

（二）确定参照规范位阶的具体方法

为了合理地确定参照规范的位阶，兼顾法益保护与人权保障的刑法机能，参照规范位阶的确定可以使用以下方法：

第一，强调总则对分则的指导，严格按照刑法第96条解释"违反国家规定"。总则与分则的规定大体上是一般与特殊、抽象与具体的关系，总则中一般原则、一般概念的规定指导分则的规定和对分则的解释。[①] 刑法总则第96条已经对"国家规定"的含义进行了解释，那么分则条文中的"国家规定"也应如是解释。这一点看似简单，但实际上却屡次出现问题。

例如，第225条非法经营罪的构成要件要求"违反国家规定"，但是2009年12月3日最高人民法院、最高人民检察院《关于办理妨害信用卡管理刑事案件具体应用法律若干问题的解释》第7条规定："违反国家规定，使用销售点终端机具（POS机）等方法，以虚构交易、虚开价格、现金退货等方式向信用卡持卡人直接支付现金，情节严重的，应当依据刑法第二百二十五条的规定，以非法经营罪定罪处罚。"然而，迄今为止并不存在相关"国家规定"。司法解释尚且如此，司法实务中出现的问题就更多了。以第137条工程重大安全事故罪为例，相关案例的裁判文书把此罪中的"违反国家规定"解释为"违反国家有关建筑法规"、[②] "违反国家法律、法规和强制性规定"、[③] "违反国家建筑行业规定"[④] 等。显然，在这些案例中"违反国家规定"并没有按照第96条进行解释。审判实践将"国家规定"的位阶降低，直接导致的结果就是入罪标准降低，使被告人可能仅仅因为违反一个位阶极低的规范而受到刑法的制裁。

第二，一般情况下对参照规范采取文理解释，同时辅以论理解释适当修正。法谚云：

[①] 参见张明楷：《刑法分则的解释原理》，中国人民大学出版社2011年版，第109-112页。
[②] 湖北省鄂州市中级人民法院（2018）鄂07刑终46号刑事判决书。
[③] 四川省乐山市中级人民法院（2018）川11刑终17号刑事裁定书。
[④] 黑龙江省克东县人民法院（2018）黑0230刑初51号刑事判决书。

"法律不是嘲弄的对象"。解释者应该认为法律的规定都是合理的，不应推定法律中有不平衡的规定。① 对于法律的解释，首先应该做出符合法条字面含义的解释。基于维护社会主义法制统一的需要，一般情况下刑法中的参照规范应根据《立法法》进行理解。因此，对于刑法分则中规定的"违反……法"，一般情况下是指全国人民代表大会及其常务委员会制定的法律②，"行政法规"是指国务院根据宪法和法律制定的行政法规③，"法规"是指行政法规和地方人民代表大会及其常委会根据本行政区域的具体情况和实际需要制定的地方性规范④。但是如果将地方性规范也包括在"法规"中，极可能导致一个行为在一个地区构成犯罪，而在另一个地区则被认为是无罪，违反法律面前人人平等的原则。因此，对于"法规"的合理解释应该是仅指行政法规。基于同样的理由，"规章制度"是指国务院各部、委员会、中国人民银行、审计署和具有行政管理职能的直属机构在本部门的权限范围内制定的规章，而不包括地方政府规章。⑤

或许存在这样的质疑，我国刑法中确实存在一个行为是否构成犯罪在不同地区可能得出不同结论的现象。例如，根据2013年4月2日最高人民法院、最高人民检察院《关于办理盗窃刑事案件适用法律若干问题的解释》第1条规定，对于刑法第264条规定的"数额"，"各省、自治区、直辖市高级人民法院、人民检察院可以根据本地区经济发展状况，并考虑社会治安状况，在前款规定⑥的数额幅度内，确定本地区执行的具体数额标准"。这说明盗窃罪的认定标准不同省份并不相同，从而得出这样的错误结论：既然盗窃罪的数额可以适用地方性规范性文件，参照规范也一样可以适用。但是参照规范与盗窃罪的数额存在本质不同：参照规范是关于表明行为侵害法益的质的构成要件，是犯罪构成的本体要件，是罪体要素；而数额是在具备犯罪构成的本体要件的前提下，表明行为对法益侵害程度的数量要件，是罪量要素。⑦ 罪体要素从横向、行为类型、此罪彼罪的意义上表征某一具体犯罪的类型特征；而罪量要素则是从纵向、行为程度、轻罪重罪（罪与违法）的意义上表征某一具体犯罪的程度特征。⑧ 基于罪刑法定原则⑨，罪体要素必须由法律规定，所

---

① 参见张明楷：《刑法格言的展开》，北京大学出版社2013年版，第6页。
② 《立法法》（2015年修订）第7条。
③ 《立法法》（2015年修订）第65条。
④ 在《立法法》（2015年修订）中，地方性规范包括地方性法规、地方政府规章、经济特区法规、民族自治地方的自治条例和单行条例等。具体规定见第72条、第74条、第75条、第82条。
⑤ 《立法法》（2015年修订）第80条。
⑥ 前款规定的内容为：盗窃公私财物价值一千元至三千元以上、三万元至十万元以上、三十万元至五十万元以上的，应当分别认定为刑法第二百六十四条规定的"数额较大""数额巨大""数额特别巨大"。
⑦ 参见陈兴良：《作为犯罪构成要件的罪量要素——立足于中国刑法的探讨》，载《环球法律评论》2003年第3期，第276页。
⑧ 参见王强：《罪量要素：构成要件抑或处罚条件》，载《法学家》2012年第5期，第37页。罪体要素是有无的特征，而罪量要素是程度的特征。"有"与"无"本身是不需要解释的，而确定达到何种"程度"才是刑法处罚的对象，则是需要解释才能适用的。
⑨ 《立法法》（2015年修订）第8条第4项、第9条。

以参照规范必须具有全国性效力；而表示程度特征的罪量要素则可以在行为构成本体要件的前提下进行解释，所以盗窃罪中的数额可以通过地方的法院和检察院进行解释。①

文理解释得出的结论可能需要辅以论理解释进行适当修正。②例如，第432条故意/过失泄露军事秘密罪的罪状表述是"违反保守国家秘密法规"，仅仅按照文理解释，只有行为违反行政法规才能构罪，但是在泄露军事秘密案件中这样解释是不合理的。一方面，军事秘密泄露比一般的国家秘密泄露的法益侵害性更加严重，这点从故意/过失泄露军事秘密罪的法定刑高于故意/过失泄露国家秘密罪的法定刑可以看出。基于保护法益的需要，泄露军事秘密的行为应该比泄露国家秘密的行为有更高的处罚必要性；另一方面，军事秘密的界定与保护工作具有专业性，行政机关制定的行政法规并不一定能够准确归纳行为类型。因此，第432条故意/过失泄露军事秘密罪中的"法规"应当做扩大解释，不仅仅包括行政法规，还应该包括中央军委制定的《中国人民解放军保守国家军事机密条例》《国防尖端技术保密规定》等军事法规。③

第三，优先适用较高位阶的参照规范，依次向低位阶检索，但不能超过参照规范所能解释到的最低位阶。以第133条交通肇事罪为例，该罪的罪状表述为"违反交通运输管理法规"，这包括《道路交通安全法》等法律及其实施条例、其他相关行政法规。虽然第133条明文规定本条中的前置法律包括各种法规，但是法官在认定犯罪时，应优先适用《道路交通安全法》等法律的相关条款。

之所以如此解释，是因为我国现行刑法于1997年施行，当时很多违反性规定中的参照规范并没有更高位阶的规范，所以只能规定为较低位阶的法规、规章制度等。在1997年刑法的立法过程中，已经将一部分1979年刑法的违反性规定中较低位阶的参照规范改为了较高位阶，同时1997年刑法中的新罪名也大多采取了较高位阶的参照规范，例如1979年刑法中故意/过失泄露国家秘密罪的参照规范表述是"国家保密法规"，1988年《保守国家秘密法》通过，于是1997年刑法中该罪的参照规范表述变成了"保守国家秘密法"；④1997年刑法的新罪名逃避商检罪⑤和擅自出卖、转让国家档案罪⑥，由于在立法之前已经有了1989年通过的《进出口商品检验法》和1987年通过的《档案法》，所以其参

---

① 除了正文的解释外，还有一种解释是："数额较大"是刑法的规定，地方性的规定是对"数额较大"之类的刑法表述的解释，属于一种解释性规定，而不是在刑法之外创制性的规则，所以不违反罪刑法定原则。

② 论理解释包括当然解释、扩大解释、限制解释等。参见高铭暄、马克昌主编：《刑法学》，北京大学出版社、高等教育出版社2016年版，第24页。

③ 参见高铭暄、马克昌主编：《刑法学》，北京大学出版社、高等教育出版社2016年版，第791页。

④ 参见高铭暄：《中华人民共和国刑法的孕育诞生和发展完善》，北京大学出版社2012年版，第621-622页。

⑤ 参见高铭暄：《中华人民共和国刑法的孕育诞生和发展完善》，北京大学出版社2012年版，第446-447页。

⑥ 参见高铭暄：《中华人民共和国刑法的孕育诞生和发展完善》，北京大学出版社2012年版，第553-554页。

照规范的位阶都是法律。在1997年之后又产生了一批新法，但是由于立法成本等原因，刑法典并没有因此进行修改。因此，当更高位阶的立法产生之后，优先适用较高位阶的规范自然是应有之义。现行刑法中表述为"违反……法规"的条文一般情况下都可以做如是解释，如刑法第133条、第139条、第322条等。

若没有较高位阶的立法，则应该适用当前存在的相对低位阶的参照规范，但不能超过参照规范所能解释到的最低位阶，否则有违罪刑法定原则。例如第405条第1款徇私舞弊发售发票、抵扣税款、出口退税罪要求参照"违反法律、行政法规的规定"，那么对于税务机关的工作人员的行为是否构成犯罪应首先检索税务相关的法律，如果没有规定则再检索税务相关的行政法规；如果根据法律、行政法规都不能认定行为人的行为构成犯罪，则应该认定行为人无罪。即使行为人违反了税务机关的部门规章或者其他更低位阶的规范，也不能够据此认定行为构成犯罪。

比较麻烦的是"违反……的规定"中"违反规定"的表述。"规定"按照其字面意义，几乎可以包括一切规范性文件，因此在最高法有关重大责任事故罪的《意见》中，参照规范甚至包括了生产经营单位制定的安全生产规章制度、操作规程。国民可能因为违反如此低位阶的规范受到刑罚处罚，① 这极大限制了国民自由。因此，对于参照规范的解释不是没有限度的。"解释的实质性的容许范围与实质的正当性（处罚的必要性）成正比，与法律条文的一般语义之间的距离成反比。"② 法条同样表述为"规定"，综合考虑处罚必要性与语义可能性等问题之后，可能得出不同的解释结论。第126条违规制造、销售枪支罪中的"规定"是指《枪支管理法》，第331条传播病菌种、毒种扩散罪中的"规定"是指国务院卫生行政部门的规章制度，③ 第437条擅自改变武器装备编配用途罪和第442条擅自出卖、转让军队房地产罪中的"规定"是指有权机关的许可。④

第四，适用违反性规定中参照规范可以参考比参照规范更低位阶的解释性规范。参照规范实际上在两个方面发挥作用：（1）作为客观构成要件的具体要素，即作为犯罪构成要件的一部分来描述违法行为的类型，如第131条重大飞行事故罪的条文为"航空人员违反规章制度，致使发生重大飞行事故，造成严重后果的"。航空人员的行为是否符合客观构成要件，需要根据"规章制度"确定。（2）犯罪的构成要件要素中的法律的评价要素需要结合参照规范进行判断。例如，第345条第2款滥伐林木罪规定"违反森林法的规定，

---

① 国民违反低位阶的参照规范并不必然会受到刑罚处罚，因为行政犯的认定还需要考虑法益侵害程度。但是如后文所述，在司法实践中部分案例只是从形式上考虑了行为是否违反了参照规范，没有考虑实质的法益侵害性。因此，避免参照规范位阶过低实际上是基于我国实际情况作出的一种限制。

② [日] 前田雅英：《刑法总论讲义》，曾文科译，北京大学出版社2017年版，第52页。

③ 参见蒋铃：《刑法中"违反国家规定"的理解和适用》，载《中国刑事法杂志》2012年第7期，第34页。

④ 参见张明楷：《刑法分则的解释原理》，中国人民大学出版社2011年版，第553－554页。

滥伐森林或者其他林木,数量较大的",其中"滥伐"就是法律的评价要素。① 作为客观构成要件的具体要素的参照规范的位阶必须严格遵守违反性规定中的内容,这是罪刑法定原则的要求。但是对于构成要件要素中法律的评价要素的判断则可以参考相应的解释性规范。解释性规范的主要作用是对法律规范的事实要件和法律后果做出更为详尽的规定,即对实体法律规定进行具体化。② 不同于创制性规范是为了填补法律法规的空白或者变通法律法规的规定,解释性规范不会超过被解释法律的范围,所以不会违反罪刑法定原则。值得注意的是,这里所说的解释性规范并非形式意义上冠名为"解释"或者"实施细则"之类的规范,而是实质内容是对目标规范进行解释的规范。③

例如,滥伐林木罪中的"滥伐"作为法律的评价要素,其行为模式的确定需要依据《森林法》。《森林法》第32条规定"采伐林木必须申请采伐许可证,按许可证的规定进行采伐"。没有取得采伐许可证或者没有按照采伐许可证规定进行采伐即是"滥伐"。④ 但是更细节的内容,如滥伐的对象——森林资源是什么、如何取得采伐许可证、采伐许可证规定的内容有哪些⑤,只有通过《森林法》的解释性规范《森林法实施条例》才能具体了解。⑥ 司法实践中也存在这样的案例,比如适用低于参照规范位阶要求的中国人民银行《贷款通则》来解释《中华人民共和国商业银行法》。⑦ 但是并非所有的下位解释性规范都是可以参考的,解释性规范对相关内容的解释需要刑法做出独立的审查和判断。⑧ 在赵春华非法持有枪支案⑨中,"枪支"的认定根据是公安部印发的《公安机关涉案枪支弹药性能鉴定工作规定》。该规定认为,"所发射弹丸的枪口比动能大于等于1.8焦耳/平方厘米时,一律认定为枪支",这在刑事案件中显然是不合理的。因为枪支的行政犯与刑法中的枪支犯罪的规范目的不同:"非法持有枪支罪是为了保护公众的人身和财产安全,而枪支的行政犯是为了维护枪支管理秩序和公众抽象的安全感。"⑩ 具体如何认定解释性规范的

---

① 参见张明楷:《犯罪构成体系与构成要件要素》,北京大学出版社2010年版,第197页。
② 参见谢立斌:《论国务院的职权立法》,载《政法论坛》2018年第6期,第103页。
③ 理论上,基于法律的法规创造力,一切法规均应由法律来创造,所以对于行政机关的立法,只应该有解释性立法,不应该有创制性立法。但是中国的现实是诸多行政法规、规章都是没有法律依据的,或者虽名为解释性规范,但实为创制性规范。所以本文直接以现实为依据进行创制性规范与解释性规范的论述。参见王贵松:《论法律的法规创造力》,载《中国法学》2017年第1期,第128-129页。
④ 《最高人民法院关于审理破坏森林资源刑事案件具体应用法律若干问题的解释》(法释[2000]36号),第5条第1款。
⑤ 以上内容参见国务院制定的行政法规《中华人民共和国森林法实施条例》第2条、第30条、第31条、第32条、第33条。
⑥ 理论上国务院制定的实施条例应该只能是法律的解释性规范,但是在现实中此类实施条例中常常出现创制性规范。
⑦ 辽宁省义县人民法院(2016)辽0727刑初40号刑事判决书。
⑧ 参见于冲:《行政违法、刑事违法的二元划分与一元认定——基于空白罪状要素构成要件化的思考》,载《政法论坛》2019年第5期,第42-43页。
⑨ 天津市河北区人民法院(2016)津0105刑初442号刑事判决书。
⑩ 欧阳本祺:《论行政犯违法判断的独立性》,载《行政法学研究》2019年第4期,第96页。

合理性，适用下文所述的规范目的理论。

三、违反性规定中参照规范的内容确定

（一）参照规范内容的争议

违反性规定中参照规范的内容是另一个需要研究的问题。以第 228 条非法转让、倒卖土地使用权罪中的"违反土地管理法规"为例，该罪的参照规范的内容是仅包括《土地管理法》还是可以扩张为所有与土地管理相关的法律法规？如果仅包括土地管理法，是土地管理法中的所有条文还是仅仅包括其中的特定条文？如果可以扩张为所有与土地管理相关的法律法规，那么到底包括哪些其他法律法规呢？其扩张或者限制的范围采用什么样的标准进行界定呢？在法条表述上没有做出任何限定的"违反规定""违反规章制度"又该如何解释呢？

立法解释与司法解释似乎对上述问题做出了部分回答。2001 年 8 月 31 日全国人民代表大会常务委员会《关于〈中华人民共和国刑法〉第二百二十八条、第三百四十二条、第四百一十条的解释》规定："刑法第二百二十八条、第三百四十二条、第四百一十条规定的'违反土地管理法规'，是指违反土地管理法、森林法、草原法等法律以及有关行政法规中关于土地管理的规定。"2016 年 11 月 28 日最高人民法院、最高人民检察院《关于办理非法采矿、破坏性采矿刑事案件适用法律若干问题的解释》（以下简称《解释》）第 1 条规定："违反《中华人民共和国矿产资源法》《中华人民共和国水法》等法律、行政法规有关矿产资源开发、利用、保护和管理的规定的，应当认定为刑法第三百四十三条规定的'违反矿产资源法的规定'"。从立法解释与司法解释来看，全国人大常委会和最高法、最高检支持可以将参照规范的内容扩张到所有相关法律法规的观点。但是以上立法解释与司法解释并非没有问题。例如，第 343 条非法采矿罪、破坏性采矿罪规定的是"违反矿产资源法的规定"，司法解释将其扩张到行政法规，已然是违反了参照规范的位阶的限定。此外，不管是形式解释还是实质解释，都要求解释不超过条文可能的语义，不违反民主主义与国民预测可能性。[1] 立法解释与司法解释对刑法条文事后做出上述扩张范围的解释，是扩大解释还是类推解释？更为实质的问题是，立法解释与司法解释中"有关"是与什么"有关"？如何界定"有关"的范围？我们可以通过规范目的理论尝试解决上述问题。

（二）作为确定参照规范内容标准的规范目的

刑法与行政法具有不同的规范目的。刑法中的规范目的可分为三个层次，即刑法的整体目的、刑法分则各章（或各节）的目的与刑法各个条文的具体目的。[2] 刑法的整体目的

---

[1] 参见陈兴良：《形式解释论的再宣示》，载《中国法学》2010 年第 4 期，第 27 - 28 页。
[2] 参见劳东燕：《功能主义刑法解释论的方法与立场》，载《政法论坛》2018 年第 2 期，第 15 页。

是保护法益。第二层次的刑法目的可以从分则的各章（或各节）名称中明确。各个条文的具体目的则需要通过文理解释、目的解释等各种解释方法来探求。"可以肯定的是，刑法中的任何一个具体的罪刑规范，都是以保护特定法益为目的的。"①

"行政法关注的是行政管理目的，强调的是行为的行政程序违反性，行为只要违反了有关行政管理的法规，就可以推定具有社会秩序的破坏性，通常就可以认定为行政不法行为。"② 行政法的首要目的是维护社会管理秩序，在此基础上，客观上存在保护法益的目的。因此，为了实现井然有序的社会生活，行政法可能会将没有实质性法益侵害的行为认定为行政不法行为。原《中华人民共和国药品管理法》第48条规定，③ "依照本法必须批准而未经批准生产、进口，或者按照本法必须检验而未经检验即销售的"按假药论。这样规定的目的是，行政机关可以有一个形式上的标准来认定假药，通过对违反药品行政程序的行为进行打击，维护药品管理秩序。但是这就导致未经批准而从国外代购的有真实疗效的药品也被认定为假药。刑法第141条生产、销售假药罪中的"假药"依照《药品管理法》来进行认定，所以一些并没有侵犯法益、甚至对社会有益的行为也被认定为犯罪。

之所以出现上述案件，是因为没有对刑事违法与行政违法做出区别。不论采用温和的违法一元论还是违法多元论的观点，"对于成为刑法上处罚对象的行为，都要求能够肯定其存在特别的违法性。"④ "在各个不同的法律领域中，目的、法律效果各不相同，作为推导出效果的要件，违法性中存在差异也是理所当然的。"⑤ "刑事违法与行政违法的本质区别体现在两者具有不同的规范目的。"⑥ 总体上，刑法规范是为了保护特定法益，着眼点在于实体的法益侵害；而行政规范则主要是为了维护特定的行政管理秩序，着眼点在于程序的违反。⑦ 虽然部分行政法规范在客观上也能起到保护法益的作用，但这并非行政法规范的主要目的。

由于刑法与行政法的规范目的存在本质区别，在违反性规定的参照规范的适用过程中，如果不能对行政规范做出实质性审查，任何违反参照规范的行为都被认定为该当构成

---

① 张明楷：《刑法目的论纲》，载《环球法律评论》2008年第1期，第18页。
② 孙国祥：《行政犯违法性判断的从属性和独立性研究》，载《法学家》2017年第1期，第53－54页。
③ 经2019年8月26日全国人民代表大会常务委员会修订后，关于假药与劣药的认定规定在第98条，并对原第48条进行了修改。
④ ［日］山口厚：《刑法总论》，付立庆译，中国人民大学出版社2018年版，第188页。
⑤ ［日］前田雅英：《刑法总论讲义》，曾文科译，北京大学出版社2017年版，第25页。
⑥ 欧阳本祺：《论行政犯违法判断的独立性》，载《行政法学研究》2019年第4期，第88页。
⑦ 行政规范对于行为违法性的判断，并非仅仅着眼于行政相对人的行为对行政程序的违反，行政规范对于行为违法性的判断有时也会采用实质标准。但是因为行政规范的主要目的在于行政管理秩序的维护，同时大多数违反行政程序的行为都有实质违法性，再加上基于行政效率的考量，行政主体不可能对所有相对人的行为都进行实质违法的判断，所以在大多数情况下，一旦违反了行政程序即认为相对人的行为是行政违法行为。以行政处罚为例，在实务中大多采用客观归责原则，只对行为进行形式判断，如今理论界逐渐呼吁将主观过错作为行政处罚的构成要件，使之更能贴近实质法治。参见张春林：《主观过错在行政处罚中的地位研究——兼论行政处罚可接受性》，载《河北法学》2018年第5期，第97－106页。

要件，必定存在过度扩大刑事打击范围的危险。因此，对参照规范的内容进行适当限制是必要的。只有行政法的规范目的与刑法的规范目的相同，该行政法才可以作为参照规范予以适用。这样，不但对行政规范作出了实质性审查，而且漫无目的、囫囵吞枣式的在无限法律法规中寻找参照规范的行为，转变为教义学式的规范目的探求行为，极大地增强了参照规范内容确定的准确性与可操作性。①

(三) 确定参照规范内容的具体方法

1. 规范集合的确定

确定违反性规定中参照规范的内容，首先需要确定规范集合，即参照规范包含哪些法律法规。违反性规定按照参照规范表述明确程度，可以分为以下三类，分别对应不同的内容。第一类是绝对明确的条文，表述为"违反……法的规定"，如公司法、森林法等。由于条文中表述的法律在我国是唯一确定的，所以这些条文中参照规范的内容也是唯一确定的。上述《解释》认为，"违反矿产资源法的规定"可以解释为"违反《中华人民共和国矿产资源法》《中华人民共和国水法》等法律、行政法规"，不但在位阶上，而且在内容上都对刑法进行了不适当的扩大，违反了罪刑法定原则。

第二类是绝对不明确的条文，主要表述为"违反规定""违反国家规定""违反规章制度"等。此类规范单从字面意义完全无法判断参照规范的内容，但是并不代表其适用范围是无所限制的。表述不明确的条文应该结合该刑法条文的规范目的来确定参照规范的内容。以第 186 条违法发放贷款罪为例，该罪的规范目的是保护银行或其他金融机构资金安全、维护金融管理秩序。与此相关的有《商业银行法》《中国人民银行法》等法律及其实施条例以及《银行管理暂行条例》《借款合同条例》等行政法规。但是在赵某龙、姚某江违法发放贷款案②中，法院将《担保法》也作为参照规范是不合适的。《担保法》的内容虽然与违法发放贷款罪相关，但是其立法目的是"促进资金融通和商品流通，保障债权的实现"，③ 是调整平等市场主体之间关系的民事法律规范，而不是为了像公法一样保护金融管理秩序。

第三类是介于前两者之间的相对明确的条文，主要表述为"违反……规定""违反……法规"，如"违反枪支管理规定""违反交通运输管理法规"等。相对明确的条文对参照规范的内容进行了一定程度的限制，但条文中表述的法律法规在我国并非唯一的，而是包括限定范围的这一类的法律法规。在不违反国民预测可能性的情况下，参照规范的内容可以是条文中限定范围的文字以外的其他名称的法律法规。相对明确的条文的参照规范的内容确定应该分为两步：在利用法条文字表述将参照规范限定为一类法律法规后，再通

---

① 参见姜涛：《规范保护目的：学理诠释与解释实践》，载《法学评论》2015 年第 5 期，第 114–116 页。
② 辽宁省兴城市人民法院（2016）辽 1481 刑初 108 号刑事判决书。
③ 《担保法》（2021 年 1 月 1 日《民法典》生效后，本法已失效）第 1 条。

过上述规范目的理论来确定参照规范的内容范围。上述立法解释中,将"违反土地管理法规"解释为违反土地管理法、森林法、草原法等法律以及有关行政法规中关于土地管理的规定,只是扩大解释,而非类推解释。

2. 具体条文的确定

确定了违反性规定中参照规范包含哪些法律法规并不能解决问题,因为要确定行为是否符合构成要件,适用的是法律法规中的具体条文,而非一部抽象的法律。从上文中对于刑法与行政法规范目的的论述中可知,一部法律中的哪些条文能够作为参照规范予以适用的标准是参照规范与刑法规范的规范目的是否相同。

法益概念揭示违法性的实质,刑法与行政法的规范目的是否相同可以通过规范所保护的法益来体现。规范目的决定了法益保护的程度和范围;刑法规范并不禁止所有侵害法益的行为或结果,而只是禁止那些以特定方式侵害法益的行为或结果。[①] "通常,并不是广泛的针对所有的行为,而是仅仅针对特定种类的行为,进行法益保护。"[②] 因此,当行政法的保护法益与刑法的保护法益不同,或者行政法与刑法的保护法益相同,但是存在程度差异时,都属于行政法与刑法的规范目的不同。按照这个标准,存在以下三种情况:

第一,参照规范的保护法益与刑法规范的保护法益不同。行政规范中不同条文存在不同的规范目的。以《道路交通安全法》为例,其中的众多规定明显是出于行政管理的需要,例如对机动车实行登记制度[③]、机动车应当悬挂号牌、随车携带机动车行驶证[④]等。而有些条文既具有行政管理目的,也具有保护公民人身、财产法益的目的。《道路交通安全法》要求机动车驾驶人应当依法取得机动车驾驶证。[⑤] 驾驶证的取得作为行政许可过程,既方便了行政机关对机动车驾驶人的管理,又对机动车驾驶人提出了驾驶能力的要求,有利于避免不当驾驶行为对法益造成侵害。

第133条交通肇事罪要求"违反交通运输管理法规",该罪名的规范目的是保护交通运输中的人身、财产法益。因此,仅仅基于行政管理需要而确立的行政规范并不是适格的参照规范。而对于包括行政管理与保护法益双重目的的行政规范则需要结合案情进一步考虑。例如,行为人未取得驾驶证而驾驶机动车并导致交通事故的,如果事故原因是机动车驾驶人不具有驾驶能力,那么行为人就落入了"应当取得驾驶证"以确保驾驶能力、保护法益的规范目的之中,从而与交通肇事罪的规范目的相同,符合构成要件。如果驾驶人虽然没有取得驾驶证,但是驾驶能力一流,事故原因是被害人突然冲入高速公路,那么驾驶人虽然违反了行政管理规定,但是其与交通肇事罪的规范目的并不相同,对驾驶人进行刑

---

① 参见李波:《规范保护目的:概念解构与具体适用》,载《法学》2018年第2期,第26页。
② [德]安德鲁·冯·赫尔希:《法益概念与"损害原则"》,樊文译,载《刑事法评论》2009年第1期,第19页。
③ 《道路交通安全法》(2011年修订)第8条。
④ 《道路交通安全法》(2011年修订)第11条第1款、第2款。
⑤ 《道路交通安全法》(2011年修订)第19条第1款、第2款、第3款、第4款。

事处罚显然是不合理的。①

又如，第 345 条第 2 款滥伐林木罪规定，"违反森林法的规定，滥伐森林或者其他林木，数量较大的"，构成犯罪。《森林法》第 32 条规定采伐林木必须申请采伐许可证，按照许可证规定进行采伐。而相关法规规定，即使砍伐枯死林木，也需要办理采伐许可证。② 因此，没有取得采伐许可证而砍伐枯死林木的行为构成滥伐林木罪。但是，滥伐林木罪的规范目的是保护生态环境、发挥森林的生态效益。这些功能只有"活着的"林木才能实现，也就是说该罪实际上只保护"活着的"林木。砍伐枯死林木并没有损害森林的生态效益，没有违反滥伐林木罪的规范目的，所以不可能构成犯罪。《森林法》第 32 条的规范目的显然是维护森林采伐的行政管理秩序。刑法第 345 条与《森林法》第 32 条的规范目的并不相同，所以在此类案件中，不能适用《森林法》第 32 条作为滥伐林木罪的参照规范。

第二，参照规范与刑法规范的保护法益相同，但是行政规范保护的法益没有达到值得刑法保护的程度。"刑法并不全面禁止任何对法益的损害，而是强调：立法者基于对宪法上价值选择的角度认定，某些特定的举止方式是极其有害的。因此我们必须容忍存在保护上的漏洞。"③ 以王力军倒卖玉米被判非法经营罪一案为例，④ 原审法院认为王力军未办理粮食收购许可证，未经工商行政管理机关核准登记并颁发营业执照，违法收购玉米，构成非法经营罪。再审法院认为，王力军无证收购玉米的行为确实违反了当时的国家粮食流通管理有关规定，但尚未达到严重扰乱市场秩序的危害程度，不具备与非法经营罪相当的社会危害性和刑事处罚必要性，不构成非法经营罪。也就是说王力军的行为虽然违反了前置性的行政管理规定，侵犯了社会主义市场经济秩序的法益，但是其对法益的侵害程度并没有达到非法经营罪所要保护的法益的程度，所以再审改判无罪。

第三，参照规范与刑法规范的保护法益相同，且行为对法益的侵害达到了值得刑法处罚的程度。此时，参照规范与刑法的规范目的相同，参照规范通过了实质性审查，可以作为违反性规定的构成要件予以适用。

综上所述，在确定参照规范的内容时，应根据刑法规范的保护目的，首先确定哪些法律法规包含在参照规范内。在适用法律法规中的具体条文时，需要结合具体的案件比对前

---

① 在本文讨论的涉嫌交通肇事罪的案例中，也可以通过客观归责理论中规范保护目的来排除犯罪。这样的方法与本文所使用的确定违反性规定中参照规范的内容的方法并不矛盾，因为两种方法的路径不同：本文的路径是试图分析参照规范中哪些条文可用、哪些条文不可用，从而把不可用的条文排除掉，达到排除犯罪的目的；客观归责的路径是首先承认拟定的参照规范可以适用，然后在客观归责阶段通过规范保护目的理论把拟定的参照规范排除掉。通过客观归责被排除的参照规范正是本文在"内容"部分试图排除的，可见两种方法有异曲同工之妙；客观归责理论也从侧面佐证了本文的研究。下文中讨论的涉嫌滥伐林木罪的案例中，也可以通过没有法益侵害结果来排除犯罪，如上所述，这也从侧面佐证了确定参照规范内容的方法的正确性。
② 《国家林业局关于规范树木采挖管理有关问题的通知》（已废止），林资发 [2003] 41 号。
③ ［德］乌尔斯·金德霍伊泽尔：《刑法总论教科书》，蔡桂生译，北京大学出版社 2015 年版，第 24 页。
④ 内蒙古自治区巴彦淖尔市中级人民法院（2017）内 08 刑再 1 号刑事判决书。

置性的行政规范与刑法规范的保护目的是否相同,即行政规范与刑法规范的保护法益是否相同,行政规范保护的法益是否达到了值得刑法保护的程度。若两个问题都得出了肯定性答复,那么就可以肯定该条文在该案件中属于参照规范的内容,可以予以适用。

四、结论

随着市场经济的发展、风险社会的到来,各国纷纷加大了动用刑罚管控风险的范围和力度,行政犯罪在刑法中的比例大幅增加。[①] 我国刑法中大量违反性规定的设置正是基于这样的背景。既然这样的规定不可避免,而且有其存在的现实价值,那么最合理的方式就是基于罪刑法定原则对其进行解释。遗憾的是,理论界与实务界对于这个问题并没有得出一个令人满意的答案。本文从确定违反性规定中参照规范的范围入手,提出了从纵向的位阶与横向的内容两个方面来解决问题的思路,并且分别提出了具有可操作性的方法,希望能够对相关案件的解决有所裨益。

(编辑:吕玉赞)

[①] 参见刘艳红、周佑勇:《行政刑法的一般理论》,北京大学出版社2020年版,第30页。

刑事违法所得追缴的两元体系构造*

卫 磊**

摘 要 "任何人不得因违法行为而获利"的理念在刑法中未得到彻底贯彻，现行刑法对违法所得的处理规定存在定位不清、规范冲突等困境，司法适用中也存在追缴对象性质不清、范围不明等困境。上述困境的根由主要在于传统以定罪为单一前提的违法所得追缴体系，需要以两元体系方法论为指导，探索未定罪前提下的违法所得追缴体系，并由此建立刑事违法所得追缴两元体系。该两元体系在适用上可能存在相对失衡，可以通过罪刑法定原则下的正当化解释予以初步解决，可以将刑事违法所得的定罪追缴视为准保安处分、将刑事违法所得的未定罪追缴作为单列后果。应当采取立法修正方式以求得较为彻底的解决，《刑法修正案（十一）》对洗钱罪的修改已呈现出这一特点。在刑事诉讼法保持不变的情况下，需要在适当时机对《刑法》第64条等条文进行修改。

关键词 刑事 违法所得 追缴 两元体系

"任何人不得因违法行为而获利"是刑事法领域的公理，但这一重要公理在刑法中却并未得到彻底贯彻。在普通刑事犯罪占据主要比例的较早时期，这一问题带来的影响并不明显，但近年来随着黑恶势力犯罪、跨境腐败犯罪、电信诈骗、网络金融犯罪等新型犯罪行为日趋复杂，严格意义上的证明行为人有罪已日趋困难，传统以定罪为前提的违法所得处理模式遇到了前所未有的困境，由此带来的不利影响已难以忽视。[①] 这一现象也开始引起立法机关的高度重视，我国2012年修改刑事诉讼法时，为此专门增设没收犯罪嫌疑人、

---

* 本文为国家社科基金重大项目"网络时代的社会治理与刑法体系的理论创新研究"［项目编号：20&ZD199］的阶段性研究成果。
** 卫磊，男，安徽六安人，上海政法学院副教授、法学博士，研究方向为规范刑法学。
① 姜涛：《"任何人不因不法行为获利"新解》，载《检察日报》2021年3月31日，第3版。

被告人逃匿、死亡案件违法所得的特别程序。社会各界对此予以高度评价，期待能够在消除常见犯罪的经济根源、强化追缴跨境转移的洗钱资产等方面起到有力推动作用。然而，从2013年1月该修正生效实施到2018年间，我国司法机关对该程序的适用仅有45件；从2018年到2019年，我国司法机关对该程序的适用也仅有17件。[①] 相比较同期全国惩办同类型案件数量而言，显然该适用情况不如人意。对此，多数观点从刑事诉讼法角度予以分析，认为与法律规定的适用罪名范围过窄、程序启动条件高，申请和审理周期长，司法解释规定的证明标准高、实践中难以做到等因素有关。[②] 需要注意的是，刑事诉讼法第1条开宗明义指出："为了保证刑法的正确实施，……制定本法"，该特别程序适用不足的问题也应当联系刑法进行探究。同时，实践也已经证明：单靠刑事诉讼法的修改并不能从根本上解决我国违法所得处理模式的转型问题，还必须依靠刑法的解释论或立法论的变革。换言之，现行刑法对违法所得的处理规定存在更多问题，不仅难以为上述特别程序的适用提供有力的实体法根据，也造成了自身较多的学理与现实困境，亟须对此进行解释论或立法论的完善。

对刑事违法所得的解释论或立法论完善，需要从方法论根基上着手，需要将传统刑法解释论或立法论的单一体系方法，转型为涵盖有罪前提与未定罪前提的两元体系方法。传统刑法的解释论或立法论，从其方法论根基上而言，总体上属于以定罪为前提的责任单一追究模式，反映到刑事违法所得追缴领域，集中体现为以确定有罪为前提的单一追缴体系。该体系符合经典的罪刑法定主义，也符合近代刑法重视对人的刑事责任的总体趋势，在具体体系方法上符合经典科学的线性思维。由此引申出的突出问题是：该体系较为重视对犯罪本身的认定与处理，却并不重视对责任后果的认定与处理，尤其更为忽视与犯罪人相对疏离的违法所得的认定与处理。进入现代社会以后，由于经济、社会过程日趋细化，具有实害后果或危险的行为日趋过程化，犯罪人、犯罪行为、刑事责任等刑法范畴的相互联系日趋疏离，刑法上的责任单一追究模式已不能适应这一趋势，迫切需要在方法论根基上将责任单一追究模式转变为责任多元追究模式。在刑事违法所得追缴领域，责任多元追究模式的转型包括两个方面：一是追缴方式多元化，即追缴方式出现了直接追缴、间接追缴、第三人追缴等多种方式；二是追缴前提两元化，即追缴前提呈现出定罪追缴与未定罪追缴两种情形。后者的转型在适用上可能存在相对失衡，对此可以通过罪刑法定原则下的正当化解释予以初步解决，可以将刑事违法所得的定罪追缴视为准保安处分、将刑事违法所得的未定罪追缴作为单列后果。从而对完善罪刑法定原则的适用、刑法解释的发展以及相应的刑法立法论导向，表现出深刻的方法论意义。

---

① 参见《最高人民检察院2018年工作报告》与《最高人民检察院2019年工作报告》。
② 乔宇：《刑事涉案财物处置程序》，中国法制出版社2018年版，第216页。

一、刑事违法所得单一追缴体系的脉络与困境

现行刑法对违法所得的处理规定主要集中于总则的第 64 条，以及分则第 191 条、第 312 条、第 349 条、第 395 条等，形成了以第 64 条为中心、辅以分则其他条文的刑事违法所得单一追缴体系。[①] 所谓单一追缴体系，指的是以定罪为追缴单一前提、以直接追缴为单一方式的刑事违法所得追缴体系。传统刑法对我国上述涉及违法所得规定的解释，其解释论方法的单一性尤为明显，就完善相关解释论而言，妥当解释《刑法》第 64 条是其中至为关键的内容。《刑法》第 64 条规定"犯罪分子违法所得的一切财物，应当予以追缴或者责令退赔"，可以发现：该条规定中所谓"一切财物"的表达虽表明了立法者的坚定立场，却也凸显了刑法规范不确定性的显著特点。[②] 由此出发可以将违法所得区分为广义与狭义两种理解：从广义上理解"违法所得"，违法所得是一个跨部门法的概念，民法、行政法和刑法对此都有所规定。因此，从严格区分角度上看，可以将违法所得分为民法意义上的违法所得、行政法意义上的违法所得和刑法意义上的违法所得。[③] 狭义上看，《刑法》第 64 条所指的违法所得是指刑事法意义上的违法所得，即通过构成犯罪的违法手段获得的财物。

其一，关于违法所得的生成来源。该问题实际上又包括两个问题：一是违法所得是来自一般违法行为还是来自犯罪行为，二是违法所得生成来源的具体情形。

关于违法所得是来自一般违法行为还是来自于犯罪行为，就我国《刑法》现行第 64 条规定而言，其表述为"犯罪分子违法所得的一切财物，应当予以追缴或者责令退赔"。就其规定的"违法所得"而言，似乎可以得出来自于一般违法行为的结论，但同时其加以限制"犯罪分子"的"违法所得"，则又与犯罪行为联系在一起。有的观点认为：应对《刑法》第 64 条的"犯罪分子"作扩大理解，包括犯罪的自然人、犯罪组织以及犯罪单位。此外，"违法所得"指的是具备符合构成要件的违法行为所得，不要求满足有责性要件。[④] 该观点的结论合理，但其分析思路还需要细化。其认为违法所得是指符合犯罪构成要件的违法行为所得，更妥当的说法应当是指违法所得来源于已经符合犯罪成立条件，本应当构成犯罪但却依法不承担责任或者不予刑罚处罚的行为。否则，依照我国刑法理论通说与立法体系，符合犯罪构成要件的行为属于构成犯罪。

[①] 我国刑法理论传统上多使用"没收"违法所得的表述，但这一表述值得商榷：一是与附加刑中的"没收财产"相混淆；二是与第 64 条规定的"违禁品和供犯罪所用的本人财物，应当予以没收"中的"没收"相混淆；三是没收多属于现在时态，追缴更反映未来时态，更符合与违法所得不妥协的正义立场；四是"追缴"表述符合《刑法》第 64 条的直接规定。故本文采取追缴概念。

[②] 肖志珂：《论刑法规范不确定性的语义消解》，载《法律方法》第 34 卷，研究出版社 2021 年版，第 324 页。

[③] 竹莹莹：《违法所得问题研究》，载《西南政法大学学报》2005 年第 1 期，第 90 页。

[④] 张明楷：《刑法学》（上）（第 6 版），法律出版社 2021 年版，第 824 页。

关于违法所得生成来源的具体情形，一般包括三种情形：(1) 违法行为制造物，或者违法行为所生物，如伪造货币行为制造出的伪造货币等。(2) 违法行为占有物，如贪污行为占有的国有资产、受贿行为获得的贿赂款或贿赂物。(3) 违法行为回报物，如介绍贿赂的佣金、委托将腐败资产洗钱的代理费等。

其二，关于违法所得的计量。关于违法所得的计量，存在三种观点：一是纯利说，二是总额说，三是折中说。持纯利说的观点，有的认为："对行为人有责的行为，作为附加刑对犯罪行为的毛利予以追缴；行为人无责的行为……，罪责原则禁止将超过纯利部分予以追缴，因此必须在扣除所生费用后，将追缴限制在实际获得的利益上。……行为人在原因行为或来源行为上的罪责没有得到证实的，追缴只能适用纯利原则。"[1] 有的认为，如采总收入原则，就会使没收违法所得变为惩罚，从而就不符合要求犯罪行为人不得占有违法所得、恢复合法财产状态的宗旨。[2] 有的认为，就没收违法所得而言，只能采取纯益主义。纯益以外的犯罪成本，可以解释为供犯罪所用的本人财物。[3] 持总额说的观点，有的认为：当今国际社会普遍认可追缴违法所得不扣除犯罪成本，这表明追缴违法所得的目的不仅在于没收行为人的违法收获，更在于对违法行为和违法人的制裁。[4] 折中说认为：在计算违法所得时，既不能采取扣除违法成本后的纯利说，也不能采取不扣除违法成本的总额说，而是应当从违法所得中扣除合法的边际成本，但应当由提出扣除要求的一方承担其合法的证明责任，如果不能证明，就按违法所得总额来追缴其违法所得。[5] 司法实践中也存在纯利说与总额说的分歧，前者认为，"违法所得"是指获利数额，该看法有2012年最高人民法院研究室在答复有关部门的征求意见支持。后者认为，"违法所得"无需扣除生产、销售成本，包括通过实施犯罪直接或间接产生获得的任何财物。[6]

妥当解释《刑法》第64条的规定，应当认为对违法所得的计量采取总额说更为合理。首先，总额说更符合我国《刑法》第64条的立法表达模式。该条的规定表述为"犯罪分子违法所得的一切财物，应当予以追缴或者责令退赔"，其强调的是"一切财物"。按照立法的常规用语，此处所列的"一切财物"似乎有些画蛇添足，如果将该条规定改为"犯罪分子违法所得的财物，应当予以追缴或者责令退赔"，在逻辑上也完全顺通。可见，立法者在此规定为"一切财物"，明显是突出其计量要求，是对追缴违法所得中包括违法行为成本、违法行为成本外的获利在内的全部内容的强调。其二，符合当今各国对未定罪违法所得追缴的立法变革。当今各国立法已经普遍认可了对违法所得的追缴采取总额说，

---

[1] [德] 汉斯·海因里希·耶塞克、托马斯·魏根特：《德国刑法教科书》（下），中国法制出版社2017年，第1070–1073页。
[2] 刘清生：《论刑事违法所得的认定与追缴》，载《湖南社会科学》2009年第2期，第53页。
[3] 张明楷：《刑法学》（上）（第6版），法律出版社2021年版，第824页。
[4] 张磊：《论我国经济犯罪收益追缴制度的构建》，载《政治与法律》2009年第5期，第39页。
[5] 吴光升：《刑事涉案财物处理程序研究》，法律出版社2018年版，第24–25页。
[6] 刘晓虎、赵靓：《"违法所得"概念的界定和司法认定》，载《人民法院报》2018年7月4日，第6版。

例如德国立法在 1992 年之前采取纯利说、而在 1992 年之后采取总额说,在 2017 年修改《德国刑法典》时更加强调对未定罪的处置也采取总额说,而英美法系在其判例法的运用中早已承认总额说。同时,以《联合国反腐败公约》为代表的国际公约也都普遍认可了总额说,该公约在其第 2 条中明确规定"'犯罪所得'是指通过实施犯罪而直接或间接产生或者获得的任何财产",通过对"任何财产"的强调来肯定追缴违法所得包括违法行为成本、违法行为成本外的获利在内的全部内容。其三,对违法所得的计量采取总额说更为合理。纯利说的不合理之处在于:将违法行为的成本排除在违法所得之外并不具有正当性与合理性,违法行为的成本在司法实践中普遍表现为实施违法行为的预备之物,完全不具有正当性,依照刑法理论和多数国家立法,对此应当依法没收。就现实操作而言,将违法行为的成本排除在违法所得之外,不具有合理性。在司法实践中,违法行为的成本经常出现与违法行为的获利混同、合并,在客观上无法分离排除,在诉讼中也难以提供充分证据证明其分离排除的界限,徒增讼累。折中说的不合理之处在于:试图对纯利说与总额说进行调和,但其调和方式却增加不必要的条件,也无法进行调和。其主张:从总收入中扣除合法的边际成本,所谓的边际成本概念来源于经济学,一般指的是额外一单位产量所引起的总成本的增加。其能够直接运用到刑法中暂且不论,就是在经济学界内部,有关边际成本的看法也存在很大争论,并不适宜作为排除违法所得一部分内容的标准。[①] 并且其主张:由提出扣除边际成本要求的一方承担相应的证明责任,这既不合理,也不具有可操作性。要求扣除边际成本的一方通常是犯罪嫌疑人、被告人或者有关第三人,要求其承担证明边际成本合法的责任,超出了其参与诉讼的法定责任,该责任对于司法机关、专业经济学家都难以做到,要求一般的普通人承担该责任,更加不具有可操作性。因而,对违法所得的计量采取总额说是妥当的。

传统刑法解释论或立法论的单一体系方法,总体上更为适应传统刑事犯罪的责任承担,但随着黑恶势力犯罪、跨境腐败犯罪、电信诈骗、网络金融犯罪等新型犯罪行为日趋复杂,由此带来了违法所得的利益化、间接化、第三人化等新问题,传统的刑事违法所得单一追缴体系已呈现出较多困境。

其一,关于违法所得的利益化。关于违法所得是否包括财产性利益,对此有肯定说与否定说两种看法。肯定说认为:《刑法》第 64 条规定的财物,必须是财物、物品,但不限于有体物,还包括财产性利益。[②] 否定说认为:非物质性利益不能纳入违法所得的范围,这缺乏法律依据,刑法没有对非物质财物作出规定;也缺乏可操作性,在现实中无法把握各种各样的种类繁多的非物质性利益。[③] 应当认为,肯定说更为合理。从前述各国有关立法和国际公约可以看出,大多数国家普遍将违法所得解释为包含财产性利益在内的资产。

---

① [美]曼昆:《经济学原理(微观经济学分册)》(第 7 版),北京大学出版社 2015 年版,第 286 页。
② 张明楷:《诈骗犯罪论》,法律出版社 2021 年版,第 20 页。
③ 乔宇:《刑事涉案财物处置程序》,中国法制出版社 2018 年版,第 29 页。

少数国家虽然在刑法中没有明确肯定违法所得包含财产性利益,但是通过特别立法予以认可。例如:日本在1991年制定《麻醉药品及精神药物取缔特例法》规定某些特定的财产性利益也可能成为没收对象,比如存款的债权、专利权等。①依照该思路进行处理,有利于发挥对违法所得追缴的预防功能。但在传统的刑事违法所得单一追缴体系中,刑法规定难以支持肯定说。

其二,关于违法所得的间接化。违法所得的间接化主要指的是可否追缴违法所得间接产生的收益,多数国家刑法立法与理论对此认为应当予以追缴,但对于间接受益的间接性延伸到何种程度,则存在较大争议。英美法系对其采取无限追溯的看法,其认为:只要是能够追溯至犯罪行为的收益均可作为违法所得追缴,即能否作为违法所得追缴,关键看是否存在可以追溯至犯罪行为的因果关系,而不需要关注违法行为与违法所得之间的环节层数,如果可认定存在因果关系,就可作为违法所得追缴。②大陆法系对此采取有限回溯的看法,其认为:这种因果关系溯源,也不是无穷尽的。③我国司法实务多数主张:违法所得可以包括直接利用违法所得或其替代物产生的收益,但收益产生于间接的违法所得则不能追缴。④我国理论界有的认为:从违法所得没收目的来看,将违法所得限制于犯罪直接违法所得与该违法所得的收益,很值得商榷,其认为:某些收益产生于间接违法所得的,也应当予以追缴。将违法所得间接用于合法经营产生的收益,应将其予以扣除。⑤从传统的刑事违法所得单一追缴体系出发,上述主张都不尽合理:无限追溯说将伤害到不知情的第三人利益,将损害到正常交易秩序;有限回溯说没有给出有限的界限与基准;合法收益扣除说与上述扣除违法行为成本的看法具有类似的弊端。对违法所得间接收益应当采取收益实质判断后再行追缴的主张,即违法所得间接收益与违法所得的性质直接相关,并属于违法所得本身的价值衍生,则应当追缴;如果违法所得间接收益与违法所得的性质没有直接关联,也不属于违法所得本身的价值衍生的,不应当予以追缴。

其三,关于违法所得的第三人化。此处的第三人指的是除了共同犯罪人以外的其他第三人,对于参与犯罪的共同犯罪人,即使没有在同一个诉讼中受到起诉,对其违法所得也应当进行追缴。我国理论界对此主要分为否定说、肯定说、有条件肯定说三种。比较有趣

---

① [日]金光旭:《日本刑法中的不法收益之剥夺:以没收、追缴制度为中心》,钱叶六译,载《中外法学》2009年第5期,第784页。

② 吴光升:《刑事涉案财物处理程序研究》,法律出版社2018年版,第15页。

③ [日]金光旭:《日本刑法中的不法收益之剥夺:以没收、追缴制度为中心》,钱叶六译,载《中外法学》2009年第5期,第786页。

④ 参见2015年《关于审理掩饰、隐瞒犯罪所得、犯罪所得收益刑事案件适用法律若干问题的解释》第10条规定:"上游犯罪行为人对犯罪所得进行处理后得到的孳息、租金等,应当认定为刑法第三百一十二条规定的'犯罪所得产生的收益。'"以及2017年《关于适用犯罪嫌疑人、被告人逃匿、死亡案件违法所得单独没收程序若干问题的规定》第6条第3款规定:"来自违法所得转变、转化后的财产收益,或者来自已经与违法所得相混合财产中违法所得相应部分的收益,应当视为第一款规定的'违法所得'。"

⑤ 吴光升:《刑事涉案财物处理程序研究》,法律出版社2018年版,第17页。

的是：持否定说的，多数为刑法学者；持肯定说的，多数为民法学者。我国立法机关对此则持回避态度，例如我国在2007年前后讨论《物权法》草案时，物权法草案的前三次审议稿均曾有"盗窃物"或"被盗、被抢的财产"等善意取得的规定，但在四审稿后被删除，最终没有被写入《物权法》，立法机关对此的解释是："对被盗、被抢的财产，可以通过司法机关依照有关法律追缴后退回。在追赃过程中的保护善意受让人权益、维护交易安全和社会经济秩序，可以通过进一步完善有关法律规定解决，物权法对此可以不作规定。"① 我国司法实务则对此多持有条件的肯定立场，比如："两高一部"在2016年《关于办理电信网络诈骗等刑事案件适用法律若干问题的意见》中指出："他人善意取得诈骗财物的，不予追缴。"从传统的刑事违法所得单一追缴体系出发，对第三人取得的违法所得，原则上不予追缴，这既有利于维护公平交易秩序，也有利于国家登记制度的权威，更有利于对第三人权益的保护，但困难在于通常难以判断第三人属于善意取得该违法所得，在结果上并不符合正义需要。

二、探索刑事违法所得未定罪追缴体系

传统刑法解释论或立法论的单一体系方法，及其指导下的刑事违法所得单一追缴体系已难以适应现代社会日趋复杂的犯罪形式，对其进行有限解释论的探索效果也差强人意，迫切需要探索不以定罪为唯一前提的刑事违法所得未定罪追缴体系，在方法论上探索涵盖有罪前提与未定罪前提的两元体系方法转型。

在方法论上探索涵盖有罪前提与未定罪前提的两元体系方法转型，探索刑事违法所得未定罪追缴体系具有重要的学理意义，主要表现在实现正义与维护法秩序相对统一两个方面。首先，探索刑事违法所得未定罪追缴体系是实现正义的重要内容。在长期的历史与现实实践中，普遍存在"有罪必定、罚当其罪""定罪才是实现正义"的观念。"长期以来，'罚当其罪'的道义报应观已深深扎根于人们的思想观念中，并成为人们对刑法产生信赖情结的重要原因。但作为'罚当其罪'的逻辑前提是'有罪必定'。所谓'有罪必定'应理解为在行为人数行为中，凡独立地符合某种罪的犯罪构成，就应当将该行为单独予以定罪量刑。'罚当其罪'从'如何罚'的角度探讨了犯罪行为与刑罚处罚之间动态平衡的互动关系，这种互动关系是以刑罚对犯罪行为的亦步亦趋、互为因果为特征的。'有罪必定'则从'为何罚'的角度探讨了行为与定罪之间的因果关系，为'罚当其罪'的动态平衡提供前提。"② 应当认为，上述观点并不全面：其一，"有罪必定、罚当其罪"与现代刑法理念与制度不符。"有罪必定、罚当其罪"源自刑事古典学派思想，"对于犯罪最强有力的约束力量不是刑罚的严酷性，而是刑罚的必定性，……即使刑罚是有节制的，它的确

---

① 胡康生主编：《中华人民共和国物权法释义》，法律出版社2007年版，第244页。
② 向朝阳、莫晓宇：《牵连犯定罪量刑之价值定位与模式选择》，载《中国刑事法杂志》2000年第3期，第27页。

定性也比联系着一线不受处罚希望的可怕刑罚所造成的恐惧更令人印象深刻。"[1] 在反抗封建时期罪行擅断、刑罚严酷的抗争中，刑事古典学派提出上述思想发挥了巨大作用，为在刑法上全面发扬罪刑法定主义提供了思想基础。但上述观念到了现代社会后遭遇到较多挑战：如英美法系的辩诉交易、大陆法系的刑罚易科等，令"有罪必定、罚当其罪"并不完全成立。其二，"有罪必定、罚当其罪"难以适应现代社会犯罪后的法律后果多元化的复杂现象。"有罪必定、罚当其罪"是设定的理想状态，定罪量刑与定罚是现实的复杂状态，从理想到现实要跨越巨大鸿沟。就有罪必定而言，现实中存在情节显著轻微危害不大的不认定为犯罪的现象，因而我国刑法第13条对此做出了但书规定；就罚当其罪而言，认定为犯罪后也不一定要受到刑罚处罚，如我国刑法中多处规定了免予刑事处罚的规定。传统看法将正义局限于对人的正义，而忽视对物的正义。正义的实现，当然首先是要实现对人的正义，应当实现人的权利的公正获得与公平行使。但是，在现代社会里，除了对人的正义以外，越来越注重对人以外的正义的实现。例如近年来，越来越提倡所谓的"环境正义""动物正义"等，而探索刑事违法所得未定罪追缴体系领域里，也可以提倡"对物的正义"。

其次，探索刑事违法所得未定罪追缴体系是维护法秩序相对统一的重要方式。"所谓法秩序的统一性，是指由宪法、刑法、民法等多个法领域构成的法秩序之间互不矛盾，更为准确地说，这些个别的法领域之间不应作出相互矛盾冲突的解释。……法秩序的统一性意指违法的统一性或者违法的一元性。"[2] 法秩序统一性可分为严格统一与相对统一，前者源于早期法治国理念、认为"法无二解"，后者适应现代法治理念、认为违法性判断存在法领域的差异。早期法治国理念主张法治反对人治、主张规则反对肆意，需要以严格统一的法秩序来完成反对封建专制的使命，但进入现代社会以后，严格统一的法秩序观念日益受到冲击，法领域细分化、立法目的多元化等造成不同法领域的解释相互矛盾，需要对法秩序进行相对统一的理解。"同一行为，受到刑法评价而承担刑责，并不影响兼负民事赔偿之责，两种责任不相冲突"。[3] 对此判断如从另一角度理解"同一行为，受到民法评价而承担民事责任，并不影响兼负刑责"，同样可以成立。在我国民事立法上也有着类似内容，《民法典》第187条规定："民事主体因同一行为应当承担民事责任、行政责任和刑事责任的，承担行政责任或者刑事责任不影响承担民事责任；民事主体的财产不足以支付的，优先用于承担民事责任。"该规定体现了违法责任相对统一的多元结构，体现了法秩序相对统一的观念。刑法定罪量刑的逻辑起点是可罚的行为，需要从同一事实中截取出符合犯罪成立条件的内容进行认定；民法定纷止争的逻辑起点是适格的关系，需要从同一事实中抽取出符合民事法律关系的内容进行认定，两种法律都存在从事实到规范的过渡。探

---

[1] [意]切萨雷·贝卡利亚：《论犯罪与刑罚》（增编本），黄风译，北京大学出版社2014年版，第73页。
[2] [日]松宫孝明：《刑法总论讲义》，钱叶六译，中国人民大学出版社2013年版，第81页。
[3] 朱庆育：《民法总论》，北京大学出版社2016年版，第16页。

索刑事违法所得未定罪追缴将能够实现以法秩序相对统一为基准,合理分配刑民责任。

在方法论上探索涵盖有罪前提与未定罪前提的两元体系方法转型,探索刑事违法所得未定罪追缴体系同时还具有重要的现实意义。十八大以来,党和国家提出了"减少腐败存量、遏制腐败增量"的重要思路,凸显了反腐败思路从惩治腐败分子为主到惩治腐败分子与控制腐败量变并重的重大转变,凸显了反腐败举措从着重追究腐败行为的人的法律责任,发展到追究腐败行为的人的法律责任与追究腐败资产的物的法律责任并重的重大转变。就多数犯罪而言,犯罪人无论实施何种具体危害行为、基于何种主观认识,其行为的发生、发展、终结都表现为违法所得的流转、凝聚与相对固定,违法所得就是经济犯罪的命门。只要能够实现对违法所得的精准定位、摸底、追踪、追缴,就能基本截断犯罪问题产生的物质根源,就能总体遏制住犯罪分子的行为动力。

在应对犯罪问题的治理结构中,法律治理历来是其中最直接最稳定的措施和手段。很长时间以来,治理犯罪问题的法律手段主要依靠刑法,而刑法治理犯罪问题的手段主要依靠传统的认定犯罪与刑罚处罚。我国历来的刑法立法也非常重视对犯罪的规范认定与刑罚处罚,从第一部刑法典开始到近年来的多次刑法修正案,都把强化犯罪圈认定与刑罚结构完善作为立法的关注重点。但与立法不断投入资源、强化定罪处罚的态势不相称的是,出现了两种不理想的现象:一是犯罪问题总体上仍然较为严峻,似乎出现了定罪重罚模式的边际递减效应,也就是定罪重罚资源投入越多,而对犯罪问题的遏制效果却在减弱。二是某些犯罪分子通过逃匿、自杀、洗钱等方式,逃避定罪处罚,客观上出现了"以死避罪"的不利情形。寻求不需要定罪也可以进行必要处罚的处理模式,对传统以定罪为核心的刑事法律理论与体系而言,这显然是某种重大变革。在此过程中,我国立法先行一步,2018年通过修改《刑事诉讼法》对违法所得追究模式做出重大修改,增加了"犯罪嫌疑人、被告人逃匿、死亡案件违法所得的没收程序",初步建立了不经定罪的违法所得处理模式,迈出了立法先导的重要一步。严格来看,出现这种情形,对于刑事程序法与刑事实体法来说,都不是理想状态。对刑事程序法而言,在刑事实体法立法没有做出先行修改、刑事实体法理论没有做好充分准备以前,先行修改刑事诉讼法立法,将造成"犯罪嫌疑人、被告人逃匿、死亡案件违法所得的没收程序"等相关制度理解与实施的矛盾与迟滞。对刑事实体法而言,在刑事程序法立法已经做出重大修改,刑事实体法立法已难以无动于衷,刑事实体法的理论研究也必须要做出回应,否则难免受到跟不上刑事程序法立法的质疑。刑事诉讼法增加"犯罪嫌疑人、被告人逃匿、死亡案件违法所得的没收程序"后的适用情况也验证了这一点,刑事诉讼法增加该特别程序所体现出来的制度理念,即使在世界范围内的比较而言也属于较为先进,但是其规范结构与证明规则却是比较模糊。为此,最高人民法院与最高人民检察院 2017 年发布的《关于适用犯罪嫌疑人、被告人逃匿、死亡案件违法所得没收程序若干问题的规定》,以及最高人民法院 2021 年发布的《关于适用〈中华人民共和国刑事诉讼法〉的解释》,对该特别程序中的违法所得没收适用范围、适用条件、证明规则等进行了较为全面的解释,然而上述规定仍然运用传统定罪主导下的没收模式来处理没收未定罪违法所得,反而令该特别程序的适用出现了新的矛盾境地。

三、寻求刑事违法所得追缴两元体系的内在均衡

刑事违法所得未定罪追缴与定罪追缴相辅相成,将是构成刑事违法所得追缴两元体系的理想结构。然而,未定罪与定罪终究是形式上相反的不同法律状态,在其有关的违法所得追缴上却殊途同归,这就需要对两元体系共同归属于罪刑法定原则之下予以正当化解释。

首先,可以将刑事违法所得的定罪追缴视为准保安处分。刑法理论上传统对刑事违法所得定罪追缴的观点主要有刑罚说、保安处分说、混合说。其一,关于刑罚说。我国在1979年制定刑法和1997年修订刑法中,都将对(犯罪)违法所得及其收益的没收规定在刑法总则的第四章"刑罚的具体运用"中,确认了追缴作为刑罚的立法定位。由此,在理论上存在较多观点认为对违法所得的追缴属于刑罚。刑罚说并不足取,因为使利益状态比违法行为之前恶化的才是制裁,仅仅使利益状态恢复到违法行为之前状态的就不是制裁。因此,没收违法所得并不是一种制裁,当然不属于刑罚。① 其二,关于保安处分说。有的观点认为:我国刑法中除了没收财产刑以外的追缴或没收都具有保安处分性质,"没收供犯罪所用的本人财物,虽然具有没收财产刑的内容,但只能归入保安处分""没收违禁品属于保安处分,而不是刑罚""只有将没收违法所得作为保安处分或者行政措施,才能没收任何人的违法所得,从而实现刑法的公平正义。"② 引入保安处分概念的主要出发点是因为:刑罚需要与责任相适应,或者说必须与有责的违法相适应,而保安处分则不存在与责任相适应的问题。③ 然而,保安处分通常是针对人的预防制度,而违法所得的追缴则是针对物的法律措施,两者难以等同。其三,混合说本质上属于刑罚说。综上,刑事违法所得定罪追缴的理论定位界定为准保安处分更为妥当,也符合罪刑法定原则的正当化解释。

其次,可以将刑事违法所得的未定罪追缴作为单列后果。将刑事违法所得的未定罪追缴作为单列后果,同样符合罪刑法定原则的正当化解释。近来刑事诉讼法的立法新变化却开始表明:需要关注同一部门法内的法治统一或法秩序一元的问题,特别是由于刑事诉讼法的修改客观上超越刑法的理念与制度,实际上造成了刑事部门法内法秩序不统一,并直接影响了刑事法治的统一与权威。刑事诉讼法的两次修改集中凸显了一个重大刑事法问题:行为人死亡后是否可以追究责任、如何追究,一方面立法者对此做出了肯定回答,即在上述法定特定情况下可以追究行为人的刑事责任,但另一方面立法者却没有考虑刑事法

---

① [法]卡斯东·斯特法尼:《法国刑法总论精义》,罗结珍译,中国政法大学出版社1998年版,第167页。
② 张明楷:《论刑法中的没收》,载《法学家》2012年第3期,第55、59、64页。
③ 张明楷:《论刑法中的没收》,载《法学家》2012年第3期,第46页。

治的统一，没有同时对刑事诉讼法或刑法的有关规定作出修改，造成了现有刑事法体系内部有可能出现了法秩序不统一的情况。如果不承认追缴作为刑事单列后果的法律定位，将无法妥当调适刑事法内部法秩序统一的重大问题，并将最终影响到刑事法的权威。将为定罪追缴违法所得作为"单列后果"的单列之意，主要是与传统以定罪为前提的刑事责任追究模式予以有效区分，对该后果的承担应不以定罪为前提，这一解释并没有违反罪刑法定原则，从逻辑上看罪刑法定原则适用于定罪与刑罚，而不一定适用于非刑罚的刑事后果。如果从法秩序统一的角度看，也可以认为罪刑法定原则是适用全部刑法内容的准则，理当适用于未定罪追缴的刑事单列后果。

刑事违法所得未定罪追缴的中心概念是未定罪或者称为不经定罪，其概念一般难以单独运用，需要将其与追缴或者没收联系在一起适用。未定罪，指的是基于事实上的原因或者法律上的原因，不能对行为人启动刑事审判或者经审判认定其不构成犯罪。基于事实上的原因，指的是行为人因身体客观原因或者其他客观事实，无法被纳入刑事审判；基于法律上的原因，包括基于刑法上的原因和刑事诉讼法上的原因，无法被纳入刑事审判或者经审判认定不构成犯罪。

基于刑法原因的未定罪，与刑法上另一个概念"出罪"非常相似，其内涵外延都存在一定的交叉融合之处，但又有明显的差别。我国刑法学者对于出罪的理解与运用，主要从两个方面展开。其一是刑法立法意义上的"出罪"，此种出罪指的是立法者通过刑法的修订将原本规定为犯罪的行为不再规定为犯罪，又称"除罪化""非罪化""非犯罪化""去罪化"。如有的学者主张："将侮辱诽谤这一罪名从刑法中剔除，这类事件应该以民事纠纷论处，适用《侵权责任法》的范畴而不是《刑法》。"[1] 其二是刑法司法意义上的"出罪"，此种出罪指的是审判者依法以及依据自由裁量权将被告人判处无罪的诉讼过程。如有的学者主张："罪刑法定原则只是限制法官对法无明文规定的行为入罪，但并不限制法官对法有明文规定的行为出罪。"[2] 有的学者主张："刑法第3条前段既不是对罪刑法定原则的规定（不是所谓积极的罪刑法定原则），也不是对必罚主义的肯定，而是基于我国刑法分则的特点，禁止司法机关随意出罪、防止司法人员滥用自由裁量权。"[3] 就开展刑事违法所得未定罪追缴而言，未定罪的含义应当从司法意义上理解，而不是从立法意义上理解。司法上的出罪，指的是裁判者根据已有的刑法规定，在犯罪构成理论的共识指导下，将已经进入犯罪评价范围的行为从犯罪圈中排除、不再认定为犯罪的过程与结果，此时的未定罪与司法上的出罪在内涵上存在一致性。但是，未定罪与司法意义上的出罪具有竞合关系，并且这一竞合关系应当是交叉竞合，而不是包容竞合。首先，未定罪除了包括司法上的出罪以外，还包括尚未启动司法程序的未定罪，而司法上的出罪实际上指的是已经启

---

[1] 周光权：《应对"诽谤官员罪"出台司法解释》，载《南方都市报》2010年3月8日。
[2] 陈兴良：《入罪与出罪：罪刑法定司法化的双重考察》，载《法学》2002年第12期，第31页。
[3] 张明楷：《司法上的犯罪化与非犯罪化》，载《法学家》2008年第4期，第65页。

动司法程序并对行为人是否构成犯罪做出法律评价的过程和结果。如果将出罪界定为对行为人的出罪，则该区别更为明显。例如，我国《刑事诉讼法》规定的违法所得单独没收程序就是针对违法所得展开的刑事程序，即使对违法所得决定没收，但是违法所得涉及的行为人是否构成犯罪，尚没有启动司法程序，仍属于未定罪状态，但不能认为该行为人已被出罪。其次，未定罪需要确定具体事由，出罪也需要确定具体事由。能够发生未定罪追缴效果的未定罪事由，包括两个方面：事实上的未定罪事由与法律上的未定罪事由。出罪事由则包括三个方面：刑事法规范（包括刑法、立法解释司法解释等）的规定、学界通行实务界通用的学说理论（主要以超法规出罪事由为内容）以及刑法和司法制度所赋予裁判者的自由裁量权，例如刑法第 13 条但书的授权规定。① 这两类事由之间存在较大的差异，例如我国《刑事诉讼法》规定的违法所得单独没收程序中，所确定的开展未定罪追缴的两个事由分别是逃匿和死亡，就难以被认为属于出罪事由。再例如，根据我国刑法第 390 条第 2 款的规定"行贿人在被追诉前主动交代行贿行为的，可以从轻或者减轻处罚。其中，犯罪较轻的，对侦破重大案件起关键作用的，或者有重大立功表现的，可以减轻或者免除处罚"，行贿者将可能被出罪，也属于未定罪，但根据较多国家刑法规定，对该未定罪的行为人的行贿款应当追缴或没收。

四、构建刑事违法所得追缴两元体系的可行路径

在方法论上探索涵盖有罪前提与未定罪前提的两元体系方法转型，并以此构建刑事违法所得追缴两元体系，主要有解释论与立法论两种可行路径。

关于解释论层面的可行路径，主要围绕《刑法》第 64 条以及分则有关条文的正当化解释而展开。首先，关于《刑法》第 64 条的正当化解释。《刑法》第 64 条中"追缴""责令退赔"和"没收"三者的含义不清，实践中的适用颇为混乱。该条规定违法所得应当追缴或者责令退赔，但是违法所得有相当一部分被没收上缴国库，这就导致了追缴与没收概念的含混，还有部分违法所得应当退还被害人，又导致追缴与责令退赔出现概念上的交叉重叠。责令退赔是对被害人财产权利的救济，而该条同时又规定了对被害人合法财产应当返还，从而引起责令退赔和返还被害人财产的争论。责令退赔的表述既有"退"又有"赔"，究竟应作赔偿理解，还是退还原物和赔偿损失都包括在内，立法也没有给出明确看法，给司法实践带来困扰。对此，建议对该条有关内容做如下的正当化解释：一是对追缴对象予以统一的正当化解释。建议将《刑法》第 64 条第一句中涉及的对象，解释为"违法所得及其直接收益、与实施罪行有关的间接收益"。二是对追缴方式予以统一的正当化解释。建议将"犯罪分子违法所得的一切财物，应当予以追缴或者责令退赔"，解释为"违法所得及其直接收益、与实施罪行有关的间接收益，应当予以追缴。违法所得及其直

---

① 方鹏：《出罪事由的体系与理论》，中国人民公安大学出版社 2011 年版，第 12 页。

接收益、与实施罪行有关的间接收益灭失、因混同无法分割的，应当追缴其等值替代物或等值金额的现金"。其次，准确适用修改后刑法分则有关行为定罪的具体规定，明确对自洗钱行为所得、第三人故意掩饰隐瞒违法所得等可以适用追缴。在《刑修（十一）》未通过之前，我国对洗钱罪的认定与处罚经常面临两难境地：一方面根据我国刑法规定对转移到境外的违法所得只能追究上游行为的责任，并以此为依据与其他国家合作追缴未定罪的违法所得，却难以符合"双重犯罪原则"；另一方面如果对转移到境外的违法所得追究下游行为即洗钱行为的责任，并以此为根据与其他国家合作追缴未定罪违法所得，却由于我国没有明确规定自洗钱行为可以构成洗钱罪，导致无法追究该行为。因此，在《刑修（十一）》中明确规定对自洗钱可以构成洗钱罪，对自洗钱构成洗钱罪后的违法所得也应当适用追缴。同时，司法实践中经常面临第三人故意掩饰隐瞒违法所得而无法进行追究的情况，因刑法立法和理论上基本认可只能在有效范围内追究故意掩饰隐瞒违法所得的责任，通常是故意掩饰隐瞒违法所得的直接第二人，而不是间接的第三人。对此，应当考虑对第三人故意掩饰隐瞒违法所得的，也应当可以适用追缴制度。

关于立法论层面的可行路径，侧重考虑对《刑法》第64条以及分则第191条、第312条、第349条等予以修改完善。首先，考虑对《刑法》第64条进行整体修改，统一立法用语。《刑法》第64条针对犯罪有关财物的立法用语较为混乱，就违法所得而言，存在"追缴""责令退赔""及时返还"三种法律结局。同时结合"违禁品和供犯罪所用的本人财物，应当予以没收"的规定，不排除违法所得与违禁品、供犯罪所用本人财物之间的竞合，从而造成相关法律适用的冲突。建议在将来可能的情况下，将该条中的"没收"统一修改为"追缴"，并将"责令退赔""及时返还"统一修改为"及时发还"。做出上述修改的理由在于：一是该条的没收概念与没收财产刑中的没收无法区分。针对违禁品和供犯罪所用的本人财物的没收，其对象是非法财产，没收财产刑中的没收对象实质上是合法财产，两者有着重大差异，应当采取不同的立法表述。二是针对违法所得的"责令退赔""及时返还"，模糊了刑事后果的强制性，不利于刑事责任的统一与权威。现行规定中"责令退赔""及时返还"的强制性并不突出，需要依赖于行为人的主动配合，并不能有效恢复被害人或其他社会成员的合法权益。三是没收具有现在时性质，追缴具有未来时性质，更符合刑事责任后果的发展规律。从事实逻辑上看，能够形成违禁品和供犯罪所用的本人财物的危害行为都是过去时，经过法律评价后对其进行处理，必定是危害行为之后的未来事物。当违法所得与违禁品、供犯罪所用本人财物发生竞合时，适用没收与追缴将会发生一定冲突。假若违禁品、供犯罪所用本人财物发生灭失、转换、融合的时候，适用没收更会遇到较大困难。因而，有必要对其做出上述修改。

其次，建议对分则第191条、第312条、第349条等予以协调修改。在《刑法修正案（十一）》之前，适用第191条对洗钱罪的认定与处罚经常面临两难境地：一方面根据我国刑法规定对转移到境外的违法所得只能追究上游行为的责任，并以此为依据与其他国家合作追缴未定罪的违法所得,却难以符合"双重犯罪原则";另一方面针对转移到境外的违法所得,追究下游行为即洗钱行为的责任,并以此为根据与其他国家合作追缴未定罪违法所得,却由于我国没有明确规定自洗钱行为可以构成洗钱罪,导致无法追究该行为。因此,在《刑法修正案(十一)》中明确规定对自洗钱可以构成洗钱罪,对自洗钱构成洗钱罪后的违法所得也应当适用追缴。然而,立法机关却没有对与第191条有着密切关系的第312条、第349条予以同步修改,将可能对洗钱罪、掩饰、隐瞒犯罪所得、犯罪所得收益罪、窝藏、转移、隐瞒毒品、毒赃罪等罪名之间的竞合处理造成新的困惑。建议在适当时候,对第312条、第349条进行修改:一是明确第191条、第312条、第349条各自的适用对象。目前就三个条文的规定而言,适用对象与追责范围之间存在较多的重叠,难以合理区分各自的适用对象。例如:第349条所指的"毒赃",从其条文表述而言,符合第191条所指的"毒品犯罪的所得及其产生的收益",也符合第312条所指的"犯罪所得及其产生的收益"。对其进行处理,也就难以回避三个条文之间的竞合与分歧。二是明确第191条、第312条、第349条的追责范围。在第191条明确自洗钱行为入罪之后,第312条、第349条是否应当予以类似修改,将有关的自掩饰、隐瞒犯罪所得、犯罪所得收益行为以及自窝藏、转移、隐瞒毒品、毒赃行为入罪,也就成为无法回避的问题。从罪刑均衡原则出发,将相同性质的行为予以轻重不同处理,总体上并不妥当。即使出于刑事政策考虑,对于某些特定犯罪的下游行为予以加重处理,也应当考虑相对的罪刑均衡。因而建议可以在适当时机,对第312条、第349条的追责范围予以修改,将相应的自行为入罪。

(编辑:吕玉赞)

僧尼遗留财产的分配路径

——从民法解释论到宗教法治方案

刘 焓[*]

摘 要 对于僧尼遗留财产的分配问题,现行立法没有明确规定,司法实践也不具有一致性。民法解释论从民法的现有规定出发,主张将佛教教规化约为契约或习惯,运用契约法规则或《民法典》第 10 条的规定分配财产。囿于民法高度抽象化的方法,两种民法解释论将纠纷对象定性为民法上的遗产,进而对法律与教规的关系持二元对立的立场,这与宗教规律、中国佛教的实际情况不符。僧尼遗留财产分配的法治方案应当以宗教规律为基础。在宗教观念上,佛教僧尼遗留财产具有世俗财产和信仰财产双重属性,应以此进行类型化处理,对世俗的财产适用民事继承法。僧尼嘱授属宗教行为,法律和教规对宗教行为效力的判定二元合一,形成效力矩阵。就信仰的财产而言,若僧尼留有嘱授,应根据效力矩阵分类讨论,若僧尼未留嘱授,作为僧尼意志的推定,"一切亡比丘物,尽属四方僧"的佛教教规可以在佛教组织认定僧尼虔诚和法律认可此种推定的前提下得到适用。基于宗教规律分配僧尼遗留财产的法治方案表明,依法管理宗教事务是可行的,法治与宗教规律是相容的。

关键词 民法方法 法律解释 宗教法治

引 言

在中国,佛教徒出家成为僧尼,便是在内心斩断了对俗世的牵挂,但这并不意味着僧

---

[*] 刘焓,中国人民大学博士研究生,中国人民大学法律与宗教研究中心研究人员,研究方向:立法学、法律与宗教。本文为国家社科基金 2017 年重大攻关项目"宗教工作法治化研究"(17ZDA149)的研究成果。

尼在客观上可以实现与现实生活的隔绝。宗教与现实的不可分割性在僧尼的财产问题上体现得极为明显：尽管僧尼出家前需要放弃自己的所有财产，但僧尼在寺庙中的修行仍然需要来自俗世钱财的支持。无论是信徒的捐赠、寺庙发放的生活补贴还是僧尼参与社会生活获得的财产，都是归僧尼个人支配使用的私有财产。当僧尼圆寂时，若未留下符合佛教教规的嘱授，便适用"一切亡比丘物，尽属四方僧"的规定，而僧尼的继承人似乎也有理由根据僧尼的遗嘱或者法定继承的规则继承财产。由于我国继承法律制度并未针对此种情形作出特殊规定，故而一旦僧尼没有在遗嘱中明确由寺庙继承自己的财产，僧尼生前所在寺庙与主张权利的继承人之间就会发生纠纷。实践中，这种纠纷多发生在僧尼的俗家亲属与寺庙之间，自改革开放以来，这类纠纷并不少见，而司法机关对这类纠纷的处理并不具有基本的一致性。根据笔者的不完全统计，巨赞法师遗产继承案、① 上海玉佛寺和尚钱定安遗产继承案、② 法融和尚遗产继承案、③ 释有锦遗产继承案、④ 释含净遗产继承案⑤和释永修遗产继承案均属于此类纠纷，⑥ 但法院的结案方式则各有不同，除部分调解结案的案件外，做出判决的法院有些认可了我国佛教长期以来形成的"一切亡比丘物，尽属四方僧"的教规，有些则认为应适用《中华人民共和国继承法》。最高人民法院的态度也是模糊的，1994年10月13日的《最高人民法院对国务院宗教事务局一司关于僧人遗产处理意见的复

---

① 时任中国佛教协会副会长巨赞法师圆寂，其侄潘某要求继承其遗产。在继承法还未出台的情况下，终审判决准许了中国佛教协会依照佛教丛林制度对巨赞法师遗产的继承。参见《巨赞法师遗产纠纷案》，载凤凰网，https://fo.ifeng.com/special/sengrenyichan/pandian/detail_2012_10/11/18183476_0.shtml。

② 上海玉佛寺和尚钱定安去世后，其侄钱伯春要求继承其遗产。上海市高级人民法院内部就此案产生分歧，并向最高人民法院作了请示报告。上海市高级人民法院内部观点的分歧具有典型性。一种观点认为应按照国家宗教政策，由寺庙继承，另一种观点则认为在继承法没有特别规定的情况下，钱安定的法定继承人有继承权。参见《上海市高级人民法院关于钱伯春能否继承和尚钱定安遗产的请示报告》（1986）沪高民他字第4号。最高人民法院的电话答复回避了问题关键，对于适用佛教教规还是继承法的问题没有给出答案，而是同意以调解方式结案。参见《最高人民法院民事审判庭关于钱伯春能否继承和尚钱定安遗产的电话答复》（1986）民他字第63号。

③ 法融和尚出家后因土改还俗，成为妻子与前夫所生之子赵家顶的继父，后又出家，并掌管兴隆寺账册单据。1996年法融和尚去世后，赵家顶要求继承其遗产，兴隆寺则认为法融和尚生前经营款项混乱，其所遗留财产除生前随身衣物和生活用品外，均应按照佛教传统习惯、规制归自己所有。参见郑东主编：《婚姻家庭法律问题答疑与案例点评》，工商出版社2001年版，第215-217页。

④ 广州光孝寺僧人释有锦于2001年去世，生前银行存款数目不菲。释有锦法师的俗家亲属向寺院和银行要求按我国民法上财产继承的规定进行遗产继承；光孝寺要求由该寺院集体继承享有；而存款所在的银行则认为应按无承受财产处理规定上缴国家。参见《广州光孝寺释有锦法师财产继承纠纷案》，载凤凰网，https://fo.ifeng.com/special/sengrenyichan/pandian/detail_2012_10/11/18183747_0.shtml。

⑤ 2003年3月22日，五台山龙泉寺僧人释含净去世，生前立下公证遗嘱，将自己享有的房产全部遗赠给五台山龙泉寺，一处产权登记名为释含净妻子（已早于其病逝），另一处产权登记名为释含净和其女儿。龙泉寺与释含净女儿协商房产变更问题未果，即向房产所在地北京宣武区和西城区法院同时提起诉讼。西城区法院先开庭审理，调解结案。参见《五台山龙泉寺释含净法师财产继承纠纷案》，载凤凰网，https://fo.ifeng.com/special/sengrenyichan/pandian/detail_2012_10/11/18183847_0.shtml。

⑥ 玉溪市大悲普度寺方丈释永修北海，其出家前生育的女儿张某云为继承遗产，一纸诉状将玉溪市红塔区灵照寺佛教管理委员会告上了法庭。原告方从现行法律规定出发，主张继承遗产，被告方以佛教戒律为依据，主张这些财产归寺庙所有，法院驳回了原告的诉讼请求。参见刘百军：《方丈遇害遗产纠纷追踪 法院一审宣判遗产归佛寺》，载凤凰网，https://fo.ifeng.com/news/detail_2012_09/26/17909196_0.shtml?_from_ralated。

函》实际上没有实质回答:"僧人个人遗产如何继承的问题,是继承法和民法通则公布施行后遇到的新问题,亦是立法尚未解决的问题。因此,我院不宜作出司法解释。"可见,应如何处理这类纠纷,司法中也未形成一致实践。

一、民法解释论及其不足

立法的缺失和司法的不一致,意味着僧尼遗留财产的分配不能通过简单套用法律条文解决,而是需要进行理论上的探讨。由于涉及遗留的财产,首先需要进行讨论的自然是基于民法解释论的立场能否得出对于佛教界和僧尼俗家亲属而言都可接受的解释结果。对僧尼遗产分配路径的现有探讨大多也是在民法解释论的基础上展开的,代表性的观点主要有两种,一种观点认为可以将"一切亡比丘物,尽属四方僧"解释为契约,进而运用契约法的规则分配财产,[①] 笔者称之为契约论;另一种观点认为可以将"一切亡比丘物,尽属四方僧"解释为《中华人民共和国民法总则》(以下简称《民法总则》)第10条规定的"处理民事纠纷,应当依照法律;法律没有规定的,可以适用习惯,但是不得违背公序良俗"中的习惯,[②] 笔者称之为习惯论。

笔者认为,契约论和习惯论不失为两种应对问题的策略,具有解决纠纷意义上的合理性,但两种民法解释论造成了对佛教信仰和佛教教规的扭曲处理,使佛教界基于民法解释论获得僧尼遗留财产的同时不得不接受这种扭曲。笔者将在本部分阐述契约论和习惯论的基本立场,指出各自的不足,并论证民法解释论的问题源于其高度抽象化的方法。

(一)契约论及其不足

1. 契约论的基本立场
(1) 共同体契约:继承法律制度与处理僧尼遗留财产教规的共同上位概念。

契约论构建在这样一个理论预设之上:人类社会存在多种结合形式,这些结合形式中的规则都是"共同体契约"。契约论使用"共同体契约"来统摄人类家庭中的继承制度和佛教处理僧尼遗留财务的教规,因此,继承制度是家庭共同体契约的内容,佛教处理僧尼遗留财务的教规则是僧侣共同体契约的内容,两者是分属两个共同体的共同体契约。对于家庭成员而言,家庭继承关系"可视为半开放式的标准合同束,可以看作一系列合约的联结,其补充遗嘱的意思缺漏,亦不断为遗嘱意思所补充,在保障公平的前提下降低民事主体的交易成本",[③] 遗嘱在满足法定要件后,相对于家庭关系中的共同体契约——法定继承制度,具有优先性,本质上构成了特定家庭关系中的特定共同体契约。出家僧尼的情况

[①] 参见吴才毓:《僧侣遗产问题的民法立场》,载《法商研究》2016年第3期。
[②] 参见吴昭军:《僧尼遗产处理的民法路径与裁判依据》,载刘云生主编:《中国不动产法研究》第18卷,法律出版社2018年版,第45-58页。
[③] 吴才毓:《僧侣遗产问题的民法立场》,载《法商研究》2016年第3期,第28页。

也是类似的，出家意味着从一个共同体（家庭）脱离，进入到另一个共同体（寺庙）中，并接受新的共同体契约，"僧侣的出家行为已经远超缔约接触的阶段，成立实质上的新契约关系"。①

（2）僧尼嘱授权：处分权而非遗嘱权。

建立共同体契约这个基础概念后，契约论认为，"宗教誓言使宗教神职人员失去遗嘱能力，并不是基于法定，而是基于契约"，②其原因在于僧尼已经脱离了家庭共同体，进入了僧侣共同体，僧尼的嘱授权也就因此不可能是遗嘱权（因为遗嘱是就家庭共同体而言的），契约论者认为僧尼的嘱授权是一种受到限制的处分权，限制的来源则是宗教活动场所作为非营利组织的宗旨。尽管契约论者使用了"处分权"这样的一个术语，但其背后主张仍是僧侣共同体的共同体契约已经赋予了僧尼共同体的此种处分权，只不过这种共同体契约的内容受到了法律对非营利组织处分权的限制，故而僧尼的嘱授也受到相应限制。

（3）法律行为：僧侣共同体取得僧尼遗留财产的依据。

契约论者认为，在僧尼没有行使嘱授权的情况下，僧侣共同体仍然可以基于僧尼加入僧侣共同体时的签订的"出家契约"中包含的死因赠与的意思表示而获得遗留财产。换言之，死因赠与本就是僧侣共同体契约的内容之一，"出家行为中含有死因赠与契约的意思表示"，③而且由于死因赠与契约的订立不需要履行任何法定方式，④恰好与僧尼出家时的实际情况相匹配，似乎就更有动机将教规解释为僧尼与寺院之间的"一系列契约的结合"，将其中由僧侣共同体获得遗留财产的规定解释为"一系列契约"中的死因赠与契约了。因此，僧侣共同体乃是基于法律行为获得了僧尼遗留财产，这区别于基于非法律行为获得遗产的法定继承和遗嘱继承。

不过，僧尼的俗家亲属并非僧侣共同体的成员，并不受僧侣共同体契约的约束，相反，其主张权利的基础是继承法律制度。对此，契约论认为，僧侣共同体契约和家庭共同体契约分属不同的共同体契约体系，连接两个体系的则是僧尼出家时世俗亲属明确同意的意思表示，这使出家者和家庭共同体达成了脱离家庭共同体的合意，进而得以和僧侣共同体达成进入僧侣共同体的合意，家庭共同体成员实际上作出了接受僧侣共同体契约约束的意思表示。

2. 契约论的不足

（1）对僧尼嘱授权限制的错误归因。

在僧尼嘱授性质的判定上，契约论认为嘱授权并非遗嘱权，而是被僧侣共同体契约所

---

① 吴才毓：《僧侣遗产问题的民法立场》，载《法商研究》2016年第3期，第28页。
② 吴才毓：《僧侣遗产问题的民法立场》，载《法商研究》2016年第3期，第25页。
③ 吴才毓：《僧侣遗产问题的民法立场》，载《法商研究》2016年第3期，第26页。
④ 参见周枏：《罗马法原论》（下册），商务印书馆1994年版，第578页。转引自吴才毓：《僧侣遗产问题的民法立场》，载《法商研究》2016年第3期，第26页。

限制的契约上的处分权,这种限制的法律根据是寺庙作为捐助法人(非营利组织)应确保财产用于公益目的,但一个前置性问题并没有进入契约论的视野:僧尼处分权的限制是来自法律还是共同体契约?从契约论的论证来看,这种限制是来自法律的,但这不仅会消解契约论的基础,还与僧尼嘱授所受限制的实际来源不符。

契约论似乎认为法律对非营利法人处分权的限制可以直接适用于僧尼嘱授,然而法律针对非营利法人的限制并不能当然地适用于组织内部成员,实际上,契约论的此种理解恰恰消解了其论证基础——共同体契约,因为按照契约论的这种思路,法律并非通过对共同体契约内容的限制来限制僧尼嘱授的范围,而是已经绕过共同体契约,直接对僧尼嘱授进行限制,这无疑使共同体契约成为论证中的冗余。实际上,僧侣共同体契约对僧尼嘱授限制的来源是他们共同的宗教信仰而非法律对非营利法人的限制。从纵向的历史沿革来看,僧侣共同体契约对僧尼嘱授的限制古已有之,《行事钞》载:"凡言嘱授,正是舍财相应心,要必决与生福胜处,定无变悔,皆悉成就。若云此物死后与我作墓,买棺椁,碑揭,作像,写经,供僧等事,并不成就。以未死是物主定不自分,死后更有主来处断,不依前法。若犯王法,知明日晚间必死,今日中前,随时并成。由未死前,必决成立。若以财物令人造像,施僧斋供,使我眼见,因即命终者,成。……《四分》,若临终时嘱物与佛法僧,若我死后与等,佛言一切属僧(以心不决故)。《十诵》大同,唯三衣六物不应自处分。《僧祇》,若未付财,或得已,不作净,还置病人边,并不成。若作净已,置边者,得。若言我死当与,若差即不舍,并不成。《五分》,若生时与人而未持去,僧应白二与之。"① 这显然早于将宗教活动场所作为捐助法人管理的实践。从寺庙与其他非营利法人的横向比较来看,其他非营利法人成员获得的私有财产并不必然受到这样的限制,如基金会管理者处分其工资就不会受到类似限制,这与基金会处分其获赠财产时受到限制显然是两种情形。因此,在契约论的框架下,僧尼嘱授所受的限制不可能来自法律,而只能来自共同体契约。

值得注意的是,可能有观点认为僧尼获得的生活补贴、信众供奉并非其私有财产,而是寺庙这个非营利法人获赠的财产,故而对财产的处分要受到限制,但这已经推翻了僧尼可以拥有私人财产的论证前提,此时僧尼遗留财产的分配已经不成之为一个问题了,因为僧尼对这些财产根本不享有所有权,其俗家亲属更无从主张继承了。

(2)忽视了两种共同体契约的性质差异。

只要我们认可国家法律和各种共同体契约的区分,即使在共同体契约的范畴内来看,民事继承法(家庭共同体契约)和佛教教规(僧侣共同体契约)也是性质迥异的两种规范。在遗留财产分配的问题上,家庭共同体契约的效力来源是国家法律的规定,包括遗赠

---

① 《行事钞》卷下一《二农总别篇》,载《大正藏》(卷40),第113~114页。转引自何兹全:《佛教经律关于僧尼私有财产的规定》,载《北京师范大学学报(哲学社会科学版)》1982年第6期,第89页。

扶养协议、遗赠、遗嘱继承、法定继承在内的分配规则直接由国家法律予以确认,从而获得效力;而僧侣共同体契约的效力来源则是共同体内成员的佛教信仰,国家法律囿于政教分离的现实,不会直接以法律效力的形式保障僧侣共同体契约。换言之,违反继承法规则会引起相应的法律后果,而对佛教教规的违反则只会引起相应的宗教后果,法律对此不予置评。具体而言,如果一个普通家庭的老人留下的遗嘱不符合民法规定的生效要件(如将全部财产遗赠给某恐怖组织),则其遗嘱无效,其遗产按照法定继承规则分配;但若僧尼在死亡前声明自己并无佛教信仰,多年来修行为假,敛财是真,并在遗嘱中写明由自己的俗家子女继承自己的全部财产,法律却并不会直接认定其行为无效,相反,其遗嘱若符合生效要件,反而极有可能成为遗嘱继承的依据。这种极端的情形当然只是一种假设,但是这里想要说明的是,在遗留财产分配的问题上,违反家庭共同体契约的遗嘱面临法律效力的减损乃至消灭,但违反僧侣共同体契约的嘱授却仍然有可能被认定为有效的遗嘱。此时,僧侣共同体契约的评价与法律的评价是相反的,不过,在僧尼嘱授符合僧侣共同体契约的情形下,僧侣共同体契约同样会被法律认定为有效的遗嘱,此时,僧侣共同体契约的评价与法律的评价是一致的。这足以说明,起码在僧尼嘱授(遗嘱)的问题上,法律并不关心僧尼的嘱授是否符合僧侣共同体契约的规定,这与法律对家庭共同体契约的保护显然不同。

对于上述极端情形,贯彻契约论将得出一种不可接受的结果:宗教界的财产流失不可避免,宗教骗子反而得利。家庭共同体契约和僧侣共同体契约借由"出家契约"实现的表面和谐已经不复存在了,两个共同体之间的争议仍然会发生。

即使我们不认可国家法律与共同体契约的区分,契约论仍然难以成立。既然前述的家庭共同体契约和僧侣共同体契约的矛盾在很大程度上源自国家法律对两种共同体契约的不同态度,那么契约论的一种可能思路就是不如将国家法律也化约成共同体契约——国家共同体契约,那么这种矛盾就可以被转化成国家共同体契约和僧侣共同体契约之间的矛盾。正如前文所分析的那样,这种思路同样受制于国家共同体、家庭共同体与僧侣共同体间关系的差异而无法实现。由于家庭共同体与僧侣共同体之间处于相对并列、平行关系,契约论通过"出家契约"尚能实现僧尼财产分配规则从家庭共同体契约向僧侣共同体契约的转化,但在国内法的语境下,国家共同体实际上处于无所不包的状态,僧侣共同体、家庭共同体都属于国家共同体内的组成部分,故而在共同体契约层面,仅凭"出家契约"无法排除国家共同体契约的适用。即使将法律化为国家共同体契约,其终局性和垄断性的特点决定了两种财产分配规则的矛盾仍然存在。

(二)习惯论及其不足

首先需要说明的是,尽管论者提出的观点是佛教教规可以被解释为习惯法,但笔者仍称之为习惯论。原因在于这种观点主要基于《民法总则》第10条的规定展开,而该条只是一种"授权性条款",并不足以使习惯成为习惯法,因为任何习惯都可能进入这一"授权性条款"的视野,且"授权性条款"才是使习惯得以发生效力的关键。① 就本文讨论的问题而言,如果要将"一切亡比丘物,尽属四方僧"解释为习惯法,其前提是具有承认这一教规是法律的立法事实,而这个前提显然没有得到满足。因此,无论从"习惯法"概念本身出发还是就僧尼遗留财产的分配问题而言,习惯法论都难以成立,而这种以《民法总则》第10条为论证出发点的观点,只能被称为"习惯论",亦即将佛教教规的相关规定解释为《民法总则》所称的习惯,进而解决僧尼遗留财产的分配问题。具体而言,习惯又可以被分为两种,一种是依赖于实践的习惯(习俗),另一种则是兼具依赖于实践和应当观念的习惯(成规),②习惯论特别指出《民法总则》第10条中的"习惯"不是事实上的惯习,而是"习惯法",实际上就是在强调这里的习惯应当在特定群体内具有规范性,因此,习惯论所称的"习惯法"实际上是指的是成规意义上的习惯。

1. 习惯论对契约论的不完全批判

习惯论首先对契约论进行了批判,但这种批判并不完全。习惯论的批判理由包括"僧尼遗产归寺庙常住并非一成不变""实践图景中僧尼遗产处理的复杂性和多样性"和"契约说的内在逻辑缺陷",③ 前两个理由其实较为牵强。仅凭"佛教寺庙的僧尼遗产处理方法……在不同时期存在些许差异"④ 并不足以否认契约作为概念工具的合理性,相反,契约的最大特点恰恰是意思自治,其内容也因此具有相对性,如果不同历史时期的不同主体对相似事项约定而得的契约内容一成不变,反而不符合契约论的基本立场;同样的,同活共财僧众的遗产处理方式、僧尼嘱授权的存在、亡僧债务清偿的实践以及僧尼遗嘱的历史存在,的确可以证明实践图景的复杂性和多样性,但是这同样不能作为反对契约论的有效理由,因为这些实践中的做法完全可以被契约所吸收。习惯论者所列举的前两条理由更像是为习惯论做铺垫,而对"契约说的内在逻辑缺陷"的讨论则稍显单薄,论者虽然提及了出家行为并非法律行为、寺庙对僧尼生养死葬并非对价、契约论会导致市场化和功利化,并据此给出了与契约论相反的观点,却没有对此进行详尽的论证。习惯论者所担心的契约论背离了我国以血缘关系为基础的继承制度,其实也并非契约论的必然结果,契约并非都是有偿和强调对价的,故而在继承问题上引入契约论并不意味着需要同时引入对被继承人履行赡养、扶养义务的考量,故而也就不必然导致道德危机和伦理悲剧,因此,关于继承

---

① 参见陈景辉:《"习惯法"是法律吗》,载《法学》2018年第1期,第10-11页。
② 参见陈景辉:《"习惯法"是法律吗》,载《法学》2018年第1期,第5-6页。
③ 参见吴昭军:《僧尼遗产处理的民法路径与裁判依据》,载刘云生主编:《中国不动产法研究》第18卷,法律出版社2018年版,第48-52页。
④ 吴昭军:《僧尼遗产处理的民法路径与裁判依据》,载刘云生主编:《中国不动产法研究》第18卷,法律出版社2018年版,第50页。

根据的权利义务一致说也并非如习惯论者所认为的那样与"僧尼遗产处理的契约说相一致"。[1]

2. 习惯论的基本主张

习惯论认为，基于《民法总则》第10条的规定，[2] 应当将"一切亡比丘物，尽属四方僧"的佛教教规视为习惯法，理由在于习惯法路径更具有灵活性，且相比契约论更契合我国继承制度。[3] 通过将该教规视为习惯法，便可以将僧尼遗产继承的难题转化为法律无规定时适用习惯的具体法律规定加以解决。其背后逻辑是：我国继承法律制度没有对僧尼的遗产继承作出特别的规定，即属于法律没有明确规定的情形，"采取习惯法路径，可由当事人主张并举证习惯法的存在及内容，法官审查后如若符合事实，则可依据我国《民法总则》第10条，适用习惯进行裁判"。[4] 习惯论能够适应佛教教规内容变动、各地情况不一致的情形，使教规内容能通过当事人举证的方式在个案中得到明确。

3. 习惯论的不足

（1）欠缺对适用习惯前提的讨论。

《民法总则》第10条规定的适用习惯的前提是"法律没有规定"，僧尼遗留财产的问题是否符合这一前提呢？这并非是一个不需要讨论的问题，尽管我国民事法律没有对僧尼遗留财产的分配问题进行专门规定，但一般性是法的必要条件，我们不能仅因为法律没有专门规定僧尼遗留财产如何分配就径直认定这属于《民法总则》第10条"法律没有规定"的情形。相反，僧尼的俗家亲属完全有理由立足于法的一般性，认为僧尼作为法律上的自然人，在法律没有作出除外规定的情况下，其遗留财产应按照民事继承法的规定分配。僧尼遗留财产的分配问题首先表现于此，对这个问题的回答决定了习惯论有无使用空间，但习惯论并没有就此展开讨论。

（2）忽略了习惯与教规的性质差异。

尽管我们已经区分将习惯论所称的习惯（法）限定为成规意义上的习惯，但这并不足以让我们无视习惯与教规在性质上的重大差异，这主要体现在两者与法律的关系上。就成规意义上的习惯而言，其规范性来自某个群体具有一致性的实践和"应当"的观念，故而习惯可以被用来说明法的性质，进而得出习惯可以经由立法事实而成为法律的观点。此外，主权者的命令、"主张自己是正当权威"的事实权威、社会计划都能够在一定程度说

---

[1] 吴昭军：《僧尼遗产处理的民法路径与裁判依据》，载刘云生主编：《中国不动产法研究》第18卷，法律出版社2018年版，第55页。

[2] 这一规定为《中华人民共和国民法典》所继受。

[3] 参见吴昭军：《僧尼遗产处理的民法路径与裁判依据》，载刘云生主编：《中国不动产法研究》第18卷，法律出版社2018年版，第54－56页。

[4] 吴昭军：《僧尼遗产处理的民法路径与裁判依据》，载刘云生主编：《中国不动产法研究》第18卷，法律出版社2018年版，第55页。

明法律的性质，并存在转化为法律的可能。① 就教规的内容而言，信教群体同样具备一致性实践和"应当"观念这两个条件，但在现代国家的语境下，教规并不能被用来说明法律的性质，相反，按照习惯论的思路，教规恰恰是被说明性质的对象，也即习惯可以说明教规的性质，就像习惯可以被用于说明法律的性质一样。因此，在习惯论的语境下，教规与法律具有某种同构性，其差别仅在于认可习惯的主体不同：国家通过立法事实的方式认可习惯，而宗教组织通过制定教规的方式认可习惯。这无疑将两种法律与教规这两种规则的关系转化成了国家与宗教组织之间的关系，那么在中国的政教关系语境下，便会得出教规应服从法律、僧尼遗留财产应由其俗家亲属依据民事继承法规定继承的结论，而这种结论显然与社会普遍认知不符，不具有可接受性。

实际上，宗教教规的最大特点即其所规定的行为模式皆具有宗教信仰上的特殊意义，教规得以获得遵守的原因是遵守者希望通过践行教规的要求来表达自身的宗教信仰，信教群体实践的一致性和观念上的"应当"皆源自共同的宗教信仰。教规的此种自上而下的构造与法律截然不同。作为分析法学化约论的结果，习惯具有偶然性和假设的先验性，但宗教信仰之于宗教教规却具有必然性和真实的先验性，分析法学家可以将法律化约成习惯或其他任何对象，但是对宗教教规进行化约却只能得到一个唯一的结果——宗教信仰，否则，宗教教规就将失去其最本质的特点，进而无法与包括法律在内的各种规则产生实质意义上的区别，由此产生的结果自然就是规则之间的关系问题滑坡成为制定规则主体之间的角力问题乃至政治问题，而这已经超出了法治的范畴。

（3）以习惯解释教规存在泛化风险。

由于习惯与教规在我国的法秩序中处于不同的位置，以习惯解释教规就会导致教规效力的外溢。《民法总则》第10条确认了某些习惯可以得到适用，实际上确认了习惯效力的外溢，也即某个群体内部的习惯有可能经由这一"授权性条款"而对群体外的成员发生效力。就教规而言，我国法律并没有作出类似规定，相反，由于教规与宗教信仰的紧密关联，在宗教信仰自由的语境下，教规的效力需要被严格限制在信教群体内部，否则，便存在侵犯不信教者不信教自由的可能。换言之，宗教信仰和宗教教规本就是不可分的，习惯论虽然使教规的内容获得了适用，但由此产生的代价则是消解了教规中的信仰要素，不恰当地扩大了教规的属人效力范围，这与《中华人民共和国宪法》（以下简称《宪法》）规定的宗教信仰自由的内容是不相符的。

在僧尼遗留财产继承的情形下，若将佛教教规解释为习惯，并对僧尼俗家亲属发生效力，尽管名义上发生效力的是僧侣群体的习惯，但实际上发生效力的正是佛教教规的内容，且教规规定的财产分配路径在佛教信仰上具有独特意义，这一旦成为法治实践所依赖的路径，便会使宗教信仰与宗教教规相分离，教规就有脱离宗教信仰而成为更具普遍性的

---

① 参见陈景辉：《"习惯法"是法律吗》，载《法学》2018年第1期，第17页。

要求的风险。更值得注意的是，即使仅关注僧尼遗留财产纠纷的解决，习惯论也是不足的，因为僧尼的俗家亲属完全有理由主张自己不信仰佛教的自由受到了侵犯，纠纷仍然存在。

（三）民法解释论的问题来源：高度抽象化的方法

相比宗教法治理论的欠缺，契约理论和习惯理论无疑更加成熟，更适合作为讨论该问题的法学坐标，而且契约理论和习惯理论似乎都可以轻而易举地把敏感的宗教问题转化成不敏感的契约问题和习惯问题，进而实现涉宗教纠纷的一般化、脱敏化处理。因此，契约论与习惯论尽管有不同的结论，却都不约而同地选择将佛教教规化约为民法解释论中的对象进行处理。不过，正如上文所分析的那样，这两种理论都存在着各自的问题，笔者在这里将要阐述的是，两种民法解释论的问题看似各异，实则都源自民法高度抽象化的方法，这种方法的思路是运用高度抽象化的概念工具统摄现实纠纷，使具体的纠纷与民法预设的纠纷类型相对应，进而按照成熟的民法规则进行推理，给出民法上的解决方案，这种方法贯穿了契约论和习惯论的始终。

1. 纠纷对象的定性：遗产

遗产和遗留财产是两个不同的概念，在法学的语境下，"遗产"一词已经有了稳定的含义，即自然人死亡时遗留的个人合法财产，但遗留财产并非法律术语，其含义不仅包括"遗产"一词所指代的内容，还包括自然人生前占有的为他人所有的财物。在本文的语境下，使用"遗产"指代僧尼遗留财产的纠纷对象是不恰当的，这事实层面表现为"遗产"一词不能指代纠纷对象的全部，在财产性质层面表现为"遗产"一词无法涵摄"僧尼遗留财产"的信仰属性，后者从根本上否定了"遗产"这一指代的恰当性。

（1）遗产对纠纷对象的不完整指代。

在事实层面，我国佛教寺庙财务管理状况在相当长的一段时间内都较为混乱，寺庙甚至不能以自己的名义在银行设立账户，寺庙财产只能登记在方丈住持的个人名下，直到《民法总则》颁布、《宗教事务条例》修订，宗教活动场所的法人地位得到正式确认，这种情况才得到改善。因此，僧尼死亡时遗留的财产可能不仅包括其个人私有财产，还可能包括其生前占有的寺庙财产，佛教僧尼遗产继承的难题部分地源于寺庙财产与僧尼私有财产权属事实不清。基于这种现实，一种乐观的看法是，破解僧尼遗留财产分配问题的关键在于明确区分僧尼的私有财产和僧尼占有、使用的寺庙财产，只要司法者在个案中区分僧尼出家或还俗的阶段和收入的真实来源，将两者清晰划分，就能轻而易举解决这一难题：僧尼的继承人仅对僧尼个人财产有继承权，僧尼占有、使用的寺庙财产则仍为寺庙所有。[1] 顺着这种思路，寺院不佳的财务管理状况就被视为问题的源头："产生财产纠纷的

---

[1] 参见曹爱静、葛先园：《试论佛教僧侣遗产的继承》，载《青海民族大学学报》2017年第8期，第154-155页。

根源在于寺院财务管理的混乱"①"域外法治遵循了既尊重宗教自由又不断改善宗教财务治理结构的进路，在中国，大多数宗教场所的财务管理却具备强烈个人随意性"，② 由此产生的应对之策自然是"政府宗教事务部门应当加强对宗教活动场所财务的监管"。③ 笔者将这种观点称为事实论。

事实论的确可以说明使用"遗产"指代财产纠纷对象并不恰当，但这显然是不足的。一方面，如上所述，随着宗教领域立法的完善，事实论所担心的问题在将来会大大减少；另一方面，民法解释论大可以将"遗产"严格限定在僧尼私有财产的范围内以避免简单事实论的批评，换言之，民法解释论的"遗产"正是经过事实论厘清之后的确属僧尼个人的私有财产。由此也不难发现，事实论只适用于事实问题，其最大功用是使财务管理不再混乱，使僧尼私人财产成为一个得以独立存在的事实状态，便于各方以此为基础主张不同的分配方案。经过事实论的处理，"财产应当如何分配"的问题已不属于事实范畴，而是进入了规范范畴。具体而言，僧尼死亡的事实无法直接引起财产流转，至多只能使这些财产在法律上处于待分配和处置的状态，只有在规范层面对"应当如何分配"进行判断才能促使财产流转，这种判断可以体现为民法上的遗产分配规则，也可以体现为佛教教规的规定，或者其他根据社会习俗、道德而衍生出的分配方案等，但如何处理这些分配方案之间的关系，仍不得知。

（2）遗产对僧尼遗留财产的扭曲指代。

佛教寺庙主张获得僧尼遗留财产的一大理由在于这些财产与佛教信仰是不可分割的。信徒供养僧尼并非出于慈善帮扶或是购买僧尼的心灵安慰，而是相信这样做是一种表达信仰的方式，可以积攒功德，对于僧尼而言，这些供养也只是修行的物质基础来源之一；寺院为佛教僧尼发放生活补贴，也绝非像普通公司一样购买僧尼参与寺院劳动和管理的服务，而是在物质上帮助僧尼修行。僧尼通过以上途径获得的财产与宗教信仰密不可分，信徒的供养具有积攒功德的目的，而寺庙发放的生活补贴具有帮助僧尼修行的目的，不过，这些在宗教上具有特殊意义的目的与民法对财产流转关系的抽象处理方式是不相容的。在民法的视野中，财产之上附着的宗教意义并不构成影响财产流转的要素，佛教僧尼遗留的财产是其生前的合法私有财产，在其死后便自然成为遗产，这是对纠纷对象进行抽象化处理、剔除财产上附着的宗教意义后自然而然得出的结论。因此，即使经过了事实论的补足，民法上遗产对僧尼遗留财产的指代仍然是不恰当的，尽管民法对财产进行了各种类型化处理，但作为市民社会的法，民法本身就没有信仰的面向，故而其抽象化的处理方式不

---

① 于淼：《方丈遗产能否由亲属继承——云南省玉溪市灵照寺方丈释永修遗产纠纷案例解析》，载《中国宗教》2015 年第 8 期，第 49 页。
② 秦前红：《宗教的"遗物"与法律的"遗产"》，载《财新》2012 年第 18 期。
③ 于淼：《方丈遗产能否由亲属继承——云南省玉溪市灵照寺方丈释永修遗产纠纷案例解析》，载《中国宗教》2015 年第 8 期，第 49 页。

能准确描述僧尼遗留财产的重要属性——信仰属性。在僧尼遗留财产的分配过程中，信仰属性与民法的抽象化处理方式之间产生了强大的张力，这种张力最直观地表现在民法规定与宗教教规对待僧尼遗留财产的态度差异上，然而，这种张力在一开始界定财产纠纷的对象时就已经出现了，只要将僧尼遗留财产认定为遗产，就不可避免地带来民事继承法如何适用的问题——完全适用民事继承法的规定，由僧尼俗家亲属继承其生前接受的寺庙生活补贴、信众供养的方案显然具有不可接受性。

2. 问题定位：法律与教规的二元对立

由于将纠纷对象锁定为遗产，那么民事继承法规则就要进入民法解释论的视野。在民事继承法规则没有为遗产继承规则作出特别规定的情况下，两种民法解释论都将引发纠纷的问题定位为民事继承法规则和佛教教规的二元对立，即按照民事继承法分配财产的结果在佛教教规上是不可接受的，故而需要在民法制度内寻求规避民事继承法规则的路径（契约、习惯），从而得出具有可接受性的结论。这是民法解释论所倚赖的高度抽象的分析方法带来的必然结果，因为在这种抽象化的推理中，所有的遗产都需要按照民事继承法的规则进行分配，在法律没有作出特别规定的情况下，民事继承法规则和佛教教规的对立当然是不可避免的。为了在民法框架内避免这种抵触，便需要将教规化约为契约或者习惯，为佛教教规找到适用的空间，然而，正如前文对契约论和习惯论的分析所表明的那样，这种对教规的化约会带来新的问题。

更加值得注意的是，这种由民法高度抽象化方法得出的法律与教规二元对立的结论本身就存在问题。首先，这种二元对立的预设看似清晰，却与现实情况不符。在我国，佛教僧尼既是出家人，也是公民，教规、法律在佛教僧尼这一群体中实现了合一而不是分立。换言之，我国的所有佛教僧侣都同时是我国公民，没有任何一个僧尼可以因其修行、道行而与现实世界、法律调整相隔绝。在遗留财产分配的问题上，佛教界当然会极力主张适用佛教教规，[①] 但僧尼的继承人却也会自然而然地主张适用继承法律制度，可见，是两种规则在财产上的重合而非分立导致了纠纷的出现。其次，公允中立的分析起点固然要考虑双方在各自立场上的诉求，却不能止步于此。前述二元对立的观点已经认识到了僧尼身份的双重性，却将事实上二元身份的合一视为对立，在预设的理想情形下，每一元都得到了完美阐释（僧尼受佛教教规约束——遗产归寺庙；僧尼也是公民——公民的继承人有继承权），然而这种阐释对于二元合一的现实情形是束手无策的，[②] 在已知两种民法解释论都存在问题的情况下，在二元对立的分析框架下解决二元合一的现实纠纷，就只能寄希望于

[①] 参见《中国佛教协会关于寺院僧人遗产问题的复函》，会字〔2002〕第128号，2002年8月20日发布。

[②] 在中国，这表现为理论界在谈及国法与教规的关系时，往往只能反复强调在中国"政主教从"的政教关系下，教规应服从国法，教规与国法不符时，即无效力。若在僧尼遗留财产分割的问题上持此种立场，便会得出佛教僧尼的遗产尽数归其继承人所有的结论，而这无疑是对僧尼宗教信仰自由的一种侵害。

在教规、法律之间"一决高下"或折中程序性方案。[1] 就前者而言，教规与法律之间谁服从谁的问题已然在法治之外，就后者而言，程序性方案发挥作用仍然需要以对实质问题的法治判断为基础。

3. 对民法解释论的小结

此处可对民法解释论的两种尝试进行简单总结：民法解释论的运用依赖于一种高度抽象化的方法，因此，两种民法解释论都将纠纷对象定性为遗产，这种指代既不全面，也不准确，还进一步将问题定位为法律与教规的二元对立。然而，民法解释论无法在其预设的二元对立的框架下解决二元合一的现实纠纷，作为民法解释论的两种尝试，契约论和习惯论都存在着由民法高度抽象化方法引发的问题。不仅如此，由于这种二元对立的分析框架极有可能将佛教僧尼遗留财产的分配问题推出法治框架，进而诉诸政治决断或缺乏清晰实体判断的程序性解决方案，故而将佛教教规化约成其他规则的尝试也是没有意义的，因为运用民法高度抽象化方法都必然得出法律与教规二元对立的结论。

二、新分析起点：正视宗教的客观规律

受限于民法高度抽象化的方法，民法解释论在处理僧尼遗留财产的分配问题时，首先需要将纠纷的对象、性质转化成民事法中已有的纠纷类型，其基本思路是运用民事规则解决民事纠纷，但民事规则本身产生于市民社会，并不包括宗教领域，因此，僧尼遗留财产的分配问题在多大程度上可以被视为一个民事纠纷，则是运用这一套民事规则的前置性命题。

此外，正如前文所分析的，僧尼遗留财产的分配问题不仅具有财产纠纷的面向，同时还具有明显不同于市民社会的宗教面向，因此，要妥当处理这类纠纷，就需要合理吸收宗教学的一些研究成果，在分配财产的过程中正视宗教而非回避宗教，并以此为基础在法秩序的框架内寻求更加符合宗教规律的法治解决方案，在现有法秩序存在不足的情况下，这种主张可能还包含着宗教领域立法的合理诉求。

（一）宗教的构成要素：以宗教观念为原点的辐射分布形式

宗教的构成要素是当代宗教学的研究对象之一，尽管不同的宗教学者对宗教的构成要

---

[1] 持有此种观点者通常寄希望于未来立法或 ADR 等处理机制，然而具体如何立法、如何处理，则又难见详细措施。

素为何有不同的观点,① 但仍可发现基本共性：首先,宗教的构成要素需包含着宗教观念、意识等思想层面的无体内容,这部分内容涉及信教者内心与神的沟通,规定着宗教的神圣性;其次,就宗教中的有体内容而言,需要区分宗教的行为、组织、制度、器物等,这部分内容规定着一系列将世俗的对象神圣化的行为、组织、制度、器物等,其本质是对人与人之间关系的安排,但这些要素是世俗对象神圣化的途径;最后,基于人与人之间关系的多样性,宗教现象中人与人的关系可通过行为、组织、制度、器物等多种形式表现,因而这些表现形式也就成为分析宗教时需要单独加以讨论的基本要素。

不难发现,无体的宗教观念在诸构成宗教的要素中处于核心的位置,其他要素则服务于宗教观念,或者说,是宗教观念在现实世界的反映。宗教行为将世俗对象物予以神圣化的基本途径;宗教组织是确保宗教行为符合宗教观念的组织保证;教规作为一种宗教制度,是宗教观念信条化的产物,也确保了维护宗教组织的正常运转;宗教器物本是世俗的对象物,但是通过宗教行为被神圣化,进而构成宗教行为的重要组成部分。因此,宗教观念在宗教的构成要素中处于核心的位置,宗教行为宗教观念与现实现世发生关联的纽带,居于次核心的地带,其他的宗教构成要素则与宗教观念有着更疏远的关系,因而处于最边缘的地带。总体而言,宗教的诸构成要素呈现出以宗教观念为核心、宗教行为为次核心的辐射分布形式。(见图1)

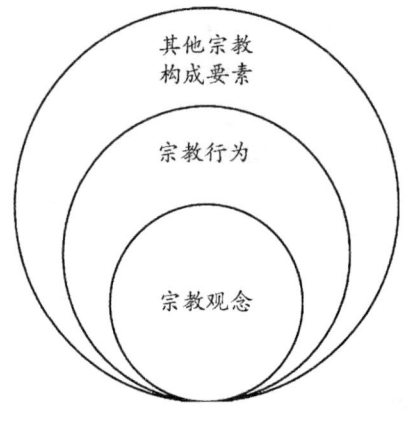

图1

---

① 吕大吉等人主编的《宗教学原理》一书基于"宗教四要素说"将宗教定义为"关于超人间、超自然力量的一种社会意识,以及因此而对之表示信仰和崇拜的行为,是综合这种意识和行为并使之规范化、体制化的社会文化体系",其中提到了宗教的观念、宗教的体验、宗教的行为、宗教的体制四个构成要素。参见吕大吉主编：《宗教学纲要》,高等教育出版社2003年版,第37页。陈麟书在其参与主编的《宗教学原理》一书中将宗教作为社会实体(区别于宗教作为一种特殊的社会意识形态)的构成要素概括为宗教意识、宗教组织、宗教礼仪和宗教器物。参见陈麟书、陈霞主编：《宗教学原理》,宗教文化出版社1999年版,第74页。王晓朝、李磊主编的《宗教学导论》将宗教的构成要素概括为宗教意识、宗教组织、宗教礼仪、宗教器物四个要素。参见王晓朝、李磊主编：《宗教学导论》,首都经济贸易大学出版社2006年版,第11页。彭自强主编的《宗教学概论将》宗教的构成要素概括为宗教观念、宗教情感、宗教行为、宗教组织。参见彭自强主编：《宗教学概论》,宗教文化出版社2008年版,第68页。

(二) 宗教行为：法治分配方案的起点

1. 宗教相关行为：一种非宗教行为

首先需要排除在宗教行为之外的是宗教相关行为。如前所述，宗教观念、宗教行为之外，还存在着多种其他构成要素，这些要素并不直接服务于宗教观念，当这些构成要素与一些世俗行为发生关联时，并不构成宗教行为与社会的交叉，而只能构成一些宗教相关行为，这类行为的典型特征是不服务于宗教观念，不表达行为者的宗教信仰。如在文学艺术领域，许多文学艺术作品的创作者都借用了宗教的某些元素使作品具有更广阔的创作空间，但这些创作者并非要在自己的作品中讲解教义的奥妙之处，更不是要借作品表达自己的宗教信仰，宗教元素的出现只是为了方便作者表达自己思想。小说《西游记》中出现了大量的道教、佛教元素，但人们通常不会将《西游记》视为吴承恩表达自己宗教信仰或讲述宗教教义的产物，这本小说至今都只被认为是一本通俗小说，而非什么宗教经典。又如元宵节燃灯、观灯的习俗虽然与佛教的传入息息相关，却仍然只是一种世俗的民间娱乐活动。"汉永平年间（58－75），汉明帝提倡佛法，恰好蔡愔从印度求法归来，称印度摩羯陀国每逢正月十五，僧众云集瞻仰佛舍利，是参佛的吉日良辰。汉明帝为了弘扬佛法，下令正月十五夜在宫中和寺院'燃灯表佛'。灯火的照耀代表佛陀的智慧光明，能够破人世的黑暗，摧众生的烦恼。之后，燃灯、观灯习俗流传民间，成为民俗活动。"当代的元宵节观灯显然已经不是表达信仰的行为了。佛教与元宵节观灯活动之间的关系更多是文化意义上的，而绝非信仰意义上的，佛教的信仰已经与这种活动相对分离了，剥离信仰后的观灯行为自然也就不属于宗教行为，而只是一种带有宗教文化影响的集体娱乐活动。观灯活动的方式、程序也都不需要遵守任何教规的安排，观灯者也无需持有特定宗教信仰。信仰要素的缺失意味着法体系可以将针对一般集体娱乐活动的种种规定直接适用到元宵节观灯的活动中。在法律领域，诸如宗教活动场所进行法人登记、宗教活动场所进行土地确权登记等行为，都是法人登记、土地确权登记等活动中涉及了宗教界的主体，这些活动自然是与宗教相关的，实则无涉宗教信仰，与其他主体进行的法人登记、土地确权行为并无本质差异。

至此，我们不难发现宗教观念、宗教行为和宗教相关行为实际上处于不同的层次，它们与宗教信仰这个核心的关系是依次递减的。宗教的核心无疑是信教者内心的人神沟通活动，这也是宗教信仰的原初含义；处于宗教信仰"外层"的是以信仰表达为内容的宗教行为，相比宗教信仰的内心活动，信仰表达行为把信教者的信仰外化为特定的行为，这些行为的外观往往符合其他无涉宗教的行为的典型模式，因而在受到教规调整的同时，也得以进入法律的调整范围内；处于宗教信仰"边缘"的是宗教相关行为，在这类行为中，宗教与信仰已经发生了剥离，因而其主体是多元的，行为的方式和程序也不受教规影响，而且这些外化的行为完全可以被法律调整。

表 1　宗教的层次

	宗教信仰的观念（核心）	宗教行为（外层）	宗教相关行为（边缘）
内容	表达宗教信仰	表达宗教信仰	出现宗教元素，不表达宗教信仰
主体	信教者	信教者	包括信教者在内的所有主体
方式和程序	教规规定的特定方式、程序	教规规定的特定方式、程序	教规不对方式、程序作任何限定
可否由法律调整	不可由法律评价	可以由法律调整	可以由法律调整

2. 宗教行为是宗教观念的表达

几乎所有宗教都会在教义中宣称自身的神圣性，但实际上，任何宗教都是人的宗教，因而不可能置身于人类社会之外，也就不可能具有完全的神圣性，而是神圣与世俗的结合。"所有已知的宗教信仰，不管是简单的还是复杂的，都表现出了一个共同特征：它们对所有事物都预设了分类……都划分成两类，或两个对立的门类，并在一般意义上用两个截然不同的术语来称呼它们，其中含义可以十分恰当地运用凡俗的和神圣的这两个词转达出来"。[①] 宗教中被奉为神圣之物的对象，其实都是世俗之物，只不过通过初入仪式得以建立联系，[②] 从而将世俗之物赋予宗教上的神圣观念，成为神圣之物。这种"初入仪式"需要宗教组织的参与[③]才可以完成，可见其本质是宗教组织依据教规而为的内部判准。思想与行为、信仰与仪式的区分是宗教社会学描述宗教现象的基本工具，"宗教现象可以自然而然地分为两个基本范畴：信仰和仪式。信仰是舆论的状态，是由各种表现构成的；仪式则是某些明确的行为方式。这两类事实之间的差别，就是思想与行为之间的差别。"[④] 换言之，某个对象物在特定宗教观念中的是神圣的还是世俗的，可以通过宗教组织的内部特定的宗教仪式（行为）实现相互转化。中国佛教中普遍存在的供养行为就是一种典型的供奉形式，这种供养行为使得世俗的钱财被重新赋予了意义，从而具备了信教者观念中的神圣属性。无论是信徒对寺庙的供养还是对具体僧尼的供养行为，都可以由这个仪式改变对象物观念属性的模型解释，又如中国佛教的"说净"仪式就可以扩大僧尼可蓄私财的范围。[⑤]

---

① [法]涂尔干：《宗教生活的基本形式》，渠敬东、汲喆译，商务印书馆2018年版，第45页。
② 参见[法]涂尔干：《宗教生活的基本形式》，渠敬东、汲喆译，商务印书馆2018年版，第45页。
③ 根据涂尔干的总结，"有一个确定的群体作为宗教的基础"使宗教区别于巫术。参见[法]涂尔干：《宗教生活的基本形式》，渠敬东、汲喆译，商务印书馆2018年版，第54页。
④ [法]涂尔干：《宗教生活的基本形式》，渠敬东、汲喆译，商务印书馆2018年版，第45页。
⑤ 参见何兹全：《佛教经律关于僧尼私有财产的规定》，载《北京师范大学学报（哲学社会科学版）》1982年第6期，第79–92页。

3. 宗教行为以虔诚为生效要件

宗教行为决定了宗教观念能否产生和被接受，故而其行为的效力取决于行为者是否符合本宗教对此类行为虔诚性的要求，也就是说，宗教行为需要受到宗教观念的规定。宗教行为是否符合宗教观念的判准则是由宗教组织根据教规来判断的。

就本文讨论的问题而言，僧尼的嘱授行为是否为佛教教规有效，取决于其佛教信仰是否虔诚，而这只可能由佛教组织进行判断。中国佛教允许僧尼以嘱授的形式对其圆寂后遗留的财产进行处理，但佛教教规对这种嘱授的内容和效力进行了严格限制。《行事钞》载："凡言嘱授，正是舍财相应心，要必决与生福胜处，定无变悔，皆悉成就。若云此物死后与我作墓，买棺椁，碑揭，作像，写经，供僧等事，并不成就。以未死是物主定不自分，死后更有主来处断，不依前法。若犯王法，知明日晚间必死，今日中前，随时并成。由未死前，必决成立。若以财物令人造像，施僧斋供，使我眼见，因即命终者，成。……《四分》，若临终时嘱物与佛法僧，若我死后与等，佛言一切属僧（以心不决故）。《十诵》大同，唯三衣六物不应自处分。《僧祇》，若未付财，或得已，不作净，还置病人边，并不成。若作净已，置边者，得。若言我死当与，若差即不舍，并不成。《五分》，若生时与人而未持去，僧应白二与之。"① 不难发现，《行事钞》对僧尼嘱授的限制多从信仰不虔诚的角度作出，如"云此物死后与我作墓，买棺椁，碑揭，作像，写经，供僧等事""言我死当与，若差即不舍"。换言之，僧尼嘱授作为一种佛教允许的宗教行为，其效力取决于嘱授是否符合佛教教规的要求，如果僧尼的嘱授被宗教组织判定为不虔诚，不符合"舍财相应心，要必决与生福胜处，定无变悔，皆悉成就"的要件，则嘱授行为会被僧尼所在的佛教组织判定为无效。

以此为基础，佛教界主张的"一切亡比丘物，尽属四方僧"的教规便可视为佛教界对僧尼未留嘱授时的意思推定，这种推定的内容是僧尼愿意在圆寂后将自己的财产悉数交由"四方僧"，以完成生命中最后一次表达信仰的行为，并再次固化这些财产在佛教观念上属于"神圣"而非"世俗"的范畴，而这种推定的基础必须是佛教组织判定僧尼的佛教信仰是虔诚的。

4. 宗教行为的"他者"视角

作为宗教观念的表达，宗教行为包含着强烈的信仰表达动机，但宗教行为也可能被评价为具有世俗目的。以佛教信徒供养僧尼的行为为例，信徒供养的动机源自其佛教信仰，其行为的意义在于将自己的佛教信仰予以践行表达，但人们仍然可以根据道德、习惯、宗教市场观念、法律等将信徒的此种行为评价为道德上善的行为、符合特定群体习惯的行为、购买宗教服务的行为、民法上的赠与行为等。不过，这些评价都不是根据宗教信仰判

---

① 《行事钞》卷下一《二农总别篇》，载《大正藏》（卷40），第113—114页。转引自何兹全：《佛教经律关于僧尼私有财产的规定》，载《北京师范大学学报（哲学社会科学版）》1982年第6期，第89页。

做出的,故而都不能反映宗教行为之于宗教观念的重要性,使得宗教行为变成道德善行、习惯、等价交换、民事赠与,这些"他者"视角虽然在一定程度上说明了宗教行为的性质,却没有将宗教行为服务于宗教观念的属性表达出来,故而都只说明了宗教行为的一个侧面。

就法律对宗教行为的评价而言,宗教行为可以被评价为合法或不合法,就宗教观念对宗教行为的评价而言,宗教行为又可以被评价为虔诚或不虔诚,因此,当两种评价交叉时,便两两组合形成了如下表矩阵所示的四种情形,即某一宗教行为可能是虔诚且合法的、不虔诚但合法的、虔诚但不合法的、不虔诚且不合法的。

表2 宗教行为的效力矩阵

宗教效力＼法律效力	合法	不合法
虔诚	虔诚且合法	虔诚但不合法
不虔诚	不虔诚但合法	不虔诚且不合法

三、基于宗教客观规律的法治分配路径

(一) 必要性与可行性

从落实依法管理宗教事务的国家政策层面来看,建立僧尼遗留财产的法治分配路径无疑是必要的,从僧尼遗留财产分配问题的实际情况来看,以法治统摄宗教规律也是可能的。

1. 法治为理由提供了优先顺位

不可否认的是,获得圆寂僧尼遗留的财产对于佛教寺庙乃至整个佛教界都有着十分重要的现实意义。诚如学者所言,"佛教仿照世俗宗法的继承关系,建立了一套法嗣制度和寺院财产继承法规。各个宗派的师徒关系,俨如父子关系,代代相传,形成世袭的传法系统。为了编制本宗的谱系和历史,一代一代地安排本宗的祖师爷,年代久远的不惜凭空编造"。① 本文探讨的"一切亡比丘物,尽属四方僧"的教规显然在现实层面有防止寺庙财产流失的作用,若仅以此为基础,从宗教组织维持自身存续的角度出发,固然可以列出"确保佛教健康发展""维护宗教界利益"等理由以支持"一切亡比丘物,尽属四方僧"的适用,但这些主张并不能成为佛教教规的正当性来源,因为我们同样可以列举出许多应当限制宗教财产扩张的理由,如健康有序发展宗教事业、引导资金进入其他社会慈善等,僧尼的俗家继承人等也可以列举出许多自己应当继承这些财产的理由,如巩固家庭关系、维持生活所需。无论是对于佛教界还是俗家继承人等,这些获得财产的理由都是可以成立

---

① 方立天:《中国佛教文化》,中国人民大学出版社2006年版,第319页。

的，但这些理由之间却又是极为混乱的，而法治恰恰可以为这些不同的主张、理由提供优先顺位上的指引，将双方的理由转化为法律上的主张，进而运用法治的方式予以解决。

因此，佛教界真正有效的主张基础只能是"宗教信仰自由"这一为我国实在法体系所认可的价值（尝试将佛教界主张融入民法中的契约论和习惯论已经被证明不可能实现）。现实情况也是如此，集中体现佛教界主张的《中国佛教协会关于寺院僧人遗产问题的复函》在主张适用"一切亡比丘物，尽属四方僧"的教规时，其依据是"佛教的传统规制和宗教信仰自由政策规定的精神"。① 虽然两个理由被并列写明，但宗教信仰自由无疑在主张中起到了更基础的作用，原因在于，"佛教的传统规制"只是点明了佛教教规所具有的类似习惯的属性，而习惯本身只能说明遵守习惯行为的普遍性，并不具有天然的正当性。和任何传统规制一样，佛教传统规制中既有精华，也有糟粕，故而要证明特定的佛教传统规制具有正当性，就需要借助其他理由（如宗教信仰自由）从外部完成正当性的证成，只有当"一切亡比丘物，尽属四方僧"的佛教教规是受到宗教信仰自由保护的，这条教规才有适用的可能。

2. 法治可以和宗教规律共存

在宗教规律的层面，佛教界主张获得僧尼遗留财产的终极原因是其在宗教观念上认为僧尼遗留的财产具有神圣属性，而神圣与世俗的界限是严格的，两者在观念上的转化必须借助一系列佛教仪式实现。换言之，在佛教观念中，僧尼遗留财产能否脱离神圣属性进入世俗只能取决于佛教组织的内部判准，而僧尼的俗家亲属等人基于民事继承法的主张恰恰跳过了这一判准的过程，直接把僧尼遗留的财产界定为世俗意义上的遗产，在没有经过佛教组织内部判准的情况下打破了神圣世界与世俗世界的严格界限，这使得佛教界难以接受此种主张。因此，如果仅从宗教规律的角度出发，直接改变纠纷双方的观念才能够从根本上解决问题，最佳的解决路径无疑是通过传教等方式使僧尼的俗家亲属等人认同佛教信仰和僧尼遗留财产的神圣属性，或是通过劝说等方式使佛教组织改变观念，将僧尼遗留财产视为世俗。不过，这种致力于改变一方观念的解决方案在现代社会中不具有太高的可行性，而且隐藏着侵害宗教信仰自由的风险。法治的调整方式虽然不能直接改变人的观念，但是鉴于宗教行为存在"他者"视角，法治仍可以在符合宗教规律的前提下对僧尼遗留财产分配问题中的宗教行为进行评价，将观念的差异转化为对宗教行为评价的差异，进而寻求在法治框架内解决这一问题。

（二）僧尼遗留财产的观念类型

值得注意的是，尽管佛教界在观念上将僧尼遗留财产视为神圣，但现实情况则是，佛教僧尼私有财产的来源是多样的。原始佛教不允许僧尼蓄私财，甚至不允许寺庙通过经营

---

① 《中国佛教协会关于寺院僧人遗产问题的复函》会字〔2002〕第128号，2002年8月20日发布。

获得财产,但佛教传入中国后,在数千年的本土化过程中,这两条禁令事实上都被突破了。①从笔者通过访谈②掌握的情况来看,中国的佛教僧尼拥有私有财产是相当寻常的现象。当前我国佛教僧尼私财主要来源有三:其一是信徒对僧尼个人的供养;其二是寺庙发放的生活补贴;其三是僧尼个人通过个人能力和技能获得的财产。显然,前两种财产经由仪式使财物在观念上被神圣化,但僧尼通过个人能力或技能获得的财产并没有经过佛教的仪式获得观念上的神圣属性。

由此,可以基于财产是否经过佛教仪式获得了佛教意义上的神圣化观念,将僧尼遗留财产分为两类,也即信仰的财产与世俗的财产。

1. 世俗的僧尼遗留财产:宗教相关行为的产物

尽管佛教教规对于僧尼的私产有着详细的规定,但我国法律并未就佛教僧尼参与市场活动作出任何例外的限制,因此,僧尼在法律上从未丧失参与各类民事活动的资格和参与经济生活的权利,他们参与经济活动获益形成的个人私有财产也受到法律的保护,这使僧尼基于宗教相关行为获得私有财产成为可能。无论是出资创办公司,还是就著书立说,即使是于佛教教规不符的行为,只要符合相关法律制度的规定,他们从事相关活动的获利都会受到法律的平等保护。宗教居于从属地位的政教关系决定了佛教僧尼具有通过各种民事活动获得私有财产的事实可能性:即使佛教教规禁止了通过交易行为获利的特定途径,也无法影响法律对僧尼和其他公民作出平等的制度安排,一视同仁地保护普通公民与僧尼之间的民事交易活动。近年来,僧尼参与炒股、出售字画等活动常受到公众关注,③但关注度源于公众对佛教教义教规的了解,而非法律的特别限制。实际上,不因宗教信仰的差异而对公民的法律权利进行差别对待正是现代国家基本的平等权和宗教信仰自由的宪法要求,是世界各国所普遍认可的制度安排,因此,佛教僧尼得以拥有"世俗的"财产是社会常识,并且得到了法律的认可。此种情形下的财产流转并非基于佛教的宗教信仰发生,而是基于世俗的途径(如交易行为、单纯的获利行为等)发生。换言之,这个财产流转过程与佛教信仰发生的唯一关联就是参与财产流转的一方主体是佛教僧尼,而佛教界显然无法仅以此为理由主张获得财产,原因不仅在于此种主张缺乏实在法依据,还在于这种以主体的宗教身份为理由的干预已经构成了对财产流转的基本秩序的否定。

由于僧尼通过世俗途径获得的财产并没有经过转换财产世俗属性的仪式,这些财产不

---

① 佛教内律多通过变通解释在事实上允许僧尼蓄积私财,如设立"对增长善法有利无利"作为可否蓄财的标准、运用"说净"仪式扩大僧尼可蓄私财的范围等。关于佛教僧从不得蓄私财到可以蓄私财的过程在佛教经律中的体现,参见何兹全:《佛教经律关于僧尼私有财产的规定》,载《北京师范大学学报(哲学社会科学版)》1982年第6期,第79-92页。

② 笔者于2018年10月15日至11月14日参加了中国人民大学国家发展与战略研究院和法律与宗教研究中心联合和举办的"宗教工作法治化的实践难题"系列座谈会,连续五周与佛教、天主教、道教、基督教、伊斯兰教的宗教界人士进行座谈。

③ 参见《僧人谈股:炒股就是个交易嘛》,载搜狐新闻,http://news.sohu.com/20070510/n249942560.shtml。

具有佛教观念上的神圣属性，佛教界也就缺乏主张获得这部分财产的动机，因此，在僧尼圆寂后，世俗的僧尼财产都属于民法意义上的遗产，与普通公民的遗产无异。僧尼对于属于自己的世俗的财产，当然地享有处分权。在继承环节中，僧尼的遗嘱也就当然地具有效力，无论僧尼在遗嘱中将这些财产分配给"四方僧"、自己的俗家继承人或者其他任何人，只要符合法律的规定，都可以成为继承过程中财产流转的依据，在没有遗嘱的情况下，法定继承同样可以成为财产流转的依据。值得注意的是，如果僧尼在遗嘱中将这些世俗的财产分配给"四方僧"，其行为性质在民法视野下当属赠与，而在佛教观念中，则可以构成以供养为内容的宗教行为。僧尼的行为既是使财产获得神圣属性的嘱授，又是民法上的赠与，寺庙便可以在教规上找到获得财产的依据，而僧尼的俗家亲属也因赠与的存在而无法获得财产。

2. 信仰的僧尼遗留财产：宗教行为的产物

和任何其他宗教一样，佛教僧尼仅靠信念、教义是不足以完成修行的，因而无论是僧尼个人还是寺庙，总是要寻求一定的物质基础维持自身基本生活，才能践行宗教信仰。一般而言，信徒对僧尼个人的供养和寺庙发放的生活补贴是我国佛教僧尼在宗教领域内获得物质基础的主要来源。这些财产在成为僧尼私有财产时，都经历了观念上的转化。

在信徒供养僧尼的情形下，供养方与受供方共同践行宗教信仰是财产流转的根本目的。由于佛教修行者不限于出家僧尼，还包括居家修行的居士，这些居士由于种种原因不能出家，只能用更多其他的方式践行自己的宗教信仰，如参加寺庙定期组织的宗教活动、利用闲暇时间到寺庙做义工、向寺庙功德箱捐款或基于特定事项（如修缮庙宇、佛像等）捐款等。此外，信徒践行佛教信仰的一种重要方式是通过捐助物质利益帮助僧尼修行。在这种情况下，信徒通过捐助物质利益的形式帮助僧尼修行，获得佛教意义上的功德，而僧尼接受信徒物质利益的捐赠，不仅获得了修行所必需的物质基础，还得以借此引导居士、信众，扩大佛教的影响力。此时，供养者和接受供养的僧尼之间就共同践行佛教信仰达成了合意，在这个合意的指引下，其供养行为被赋予了佛教上的特殊含义，也就使得转移的物质利益、捐赠的财物在观念上被神圣化了。与慈善捐助行为的对比可以使我们更容易理解这个观念化的过程。通常人们基于慈善目的而捐赠时，受赠对象通常处于一种需要帮助的状态，如遭遇自然灾害或重大疾病，但在供养行为中，尽管存在着经济状况不佳的僧尼接受信徒供养的情形，但佛教信徒同样也会供养那些并非处于经济上需要帮助状态的僧尼，可见供养行为的真正目的乃是共同践行宗教信仰，在这个目的的指引下，供养的财物就不单纯是用来维持僧尼基本生活的了，换言之，这些财物已经不是俗物，而具有了佛教观念下的神圣属性了。

在寺庙发放生活补贴的情形下，这种生活补贴也绝非支付僧尼在寺庙内"工作"的对价，而是为了满足僧尼日常生活的基本需求，使僧尼得以专心修行，践行宗教信仰。尽管改革开放以后，宗教政策鼓励佛教寺庙"开源"，① 佛教寺庙的收入也更加多元，在单纯靠信徒捐赠不足以满足传教和寺庙存续发展需要的情况下，佛教寺庙得以重新通过一些经营行为充实自身的物质基础，但为了确保获得此类收入的正当性，这些收入都被限制在"自养"的目的之下，② 换言之，尽管"开源"之后寺庙收入已经不限于信众捐赠，但接受这些"开源"途径的正当性基础仍然是满足寺庙正常运转，使寺庙得以成为僧尼、信众践行宗教信仰的场所，寺庙将这些来源复杂的财产二次分配给僧尼作为生活补贴时，其目的自然也应被严格限制在辅助僧尼修行的范围内，尽管这种由寺庙发放的生活补贴不能被称为供奉，但是这种生活补贴仍然区别于世俗意义上的对生活困难者的资助，具有佛教意义上的神圣属性。

（三）信仰的僧尼遗留财产的分配路径

1. 僧尼合法嘱授具有双重优先效力

僧尼嘱授的内容既可以根据佛教教规被评价为虔诚或不虔诚，也可能根据法律被评价为合法或不合法，因此，当僧尼嘱授的宗教效力与法律效力交叉时，前述矩阵中的四种情形都有可能出现。不过在僧尼嘱授不符合法定的遗嘱生效条件的情形下，无论僧尼的嘱授是否符合佛教教规的要求，法律层面上都已经排除了将僧尼嘱授作为遗嘱继承依据的可能，而是使法定继承获得了适用的可能，这与下文将要分析的僧尼未留有嘱授的情形是相同的，故而这里仅分析僧尼嘱授合法的两种情形。

（1）僧尼嘱授虔诚且合法：嘱授（遗嘱）生效。

从《行事钞》等文献的记载中不难看出，相比之下，僧尼嘱授需要首先满足以佛教信仰为内容的实质条件，才有可能具有相对于佛教教规的优先性。在僧尼嘱授没有违反佛教信仰和教规禁止性要求的前提下，佛教界通常会认可僧尼嘱授相对于佛教教规的优先效力。以此为基础，进入到权利主张的阶段，佛教界便可主张僧尼嘱授作为僧尼表达宗教信仰的一种方式，应当受到宗教信仰自由的保护。此时，佛教界的诉求、佛教信仰和佛教教规的要求和宗教信仰自由的保护范围恰好是一致的，或者说，僧尼的嘱授真正具有了双重优先性，因为基于继承法规则，僧尼嘱授可以对抗其俗家亲属等人的权利主张，基于佛教教规，僧尼嘱授可以代替教规原有的关于财产分配的规则而生效力。

因此，在虔诚且合法的情形下，僧尼可能作出与"一切亡比丘物，尽属四方僧"相一

---

① 1981年12月26日，国务院批转了国家宗教事务局制订的《关于汉族地区佛教道教寺观管理试行办法》，该办法第9条即规定"政府鼓励和扶助寺观，按照现行经济政策经营手工业和其他服务事业，有条件拨给土地、山林的地区可经营农业、林业。寺观应努力创造条件，逐步做好自食其力，以寺养寺"。参见罗广武编著：《新中国宗教工作大事概览》，文化出版社2001年版，第295页。

② 《全国汉传佛教寺院管理办法》第六章规定了寺院收入与自养事业，第42条更是将寺院自养的经营性活动限制为"寺院为维持其自身生存、发展以及佛教事业发展的需要，可以在法律、法规、规章和政策范围内举办与佛教宗旨、习俗相符的以自养为目的的经营性活动"。参见《全国汉传佛教寺院管理办法》。

致的嘱授，也可能作出与佛教信仰相一致的其他嘱授（这意味着这些嘱授没有改变信仰的财产的观念属性），这些嘱授都会获得佛教界内部的支持。与此同时，尽管这种嘱授的结果与僧尼的俗家继承人等的利益相违背，但是僧尼的俗家继承人等却只能接受，原因在于僧尼的俗家继承人等主张权利的基础只能是他（们）与僧尼之间的继承关系，在这种关系中，僧尼的嘱授依据民事继承法的规定被视为僧尼的遗嘱，从而具有优先于法定继承规则的效力。不仅如此，作为一种十分明确的意思表示，僧尼的嘱授是僧尼圆寂之前对佛教信仰的最后践行，这当然地属于宗教信仰自由的保护范围。

值得注意的是，在这种情形下，僧尼嘱授既是教规意义上的嘱授，也是法律意义上的遗嘱，嘱授与遗嘱、佛教徒与公民身份实现了合一而非分立，原因在于宗教信仰自由与民事继承制度没有发生直接冲突，或者说，潜在的冲突恰好被掩盖了。

（2）僧尼嘱授不虔诚但合法：遗嘱生效。

当僧尼的嘱授与佛教信仰相违背时，佛教界若希望按照教规分配财产，通常会首先判定该嘱授不符合佛教信仰，进而主张嘱授在佛教内部无效，但是这种判定却无法进一步成为佛教界的有效法律主张，因为这种主张并不受宗教信仰自由的保护。宗教信仰自由既包括信仰自由，也包括不信教自由，这与佛教的虔诚要求并不相同，僧尼的违反佛教信仰的嘱授虽然已经表明其信仰不坚定，但是这种对信仰的抛弃同样受到宗教信仰自由的保护，因此，在贯彻宗教信仰自由的立场的前提下，佛教界难以在实在法上找到真正有力的主张基础。当僧尼作出与"一切亡比丘物，尽属四方僧"相违背或其他违背佛教信仰的嘱授，将"信仰的"财产授予俗家继承人等第三方时，这一违反教规要求的嘱授虽然不被佛教界内部所认可，但此种嘱授的受益方（俗家继承人等第三方）仍然可以基于与僧尼之间的继承关系主张此种嘱授是合法有效的遗嘱，进而要求继承这部分信仰的财产。此时，佛教界只能主张此种嘱授违背了"一切亡比丘物，尽属四方僧"等佛教信仰，却不能基于保护宗教信仰自由的理由主张此种嘱授在法律上无效。相反，尽管僧尼嘱授不虔诚，但这种行为同样受宗教信仰自由的保护，因为宗教信仰自由既包括信教自由，也包括不信教自由。在法律保护宗教信仰自由的层面，僧尼在圆寂前对佛教信仰的最后践行或最后背叛都应受到同等保护。因此，在佛教界只能通过宗教信仰自由来主张实现教规内容的前提下，这种不理想情形造成的信仰的僧尼遗留财产流失只能由佛教界承担。这似乎有些难以接受，但这其实也是传教过程中所不可避免的传教失败带来的风险，只不过这种风险出现的时间更晚、且表现为财产的形式。

2. 僧尼未嘱授时的合理推定

在僧尼未留有嘱授的情形下，僧尼俗家继承人主张财产的唯一依据只能是法定继承制度，而佛教界虽然仅仅主张适用"一切亡比丘物，尽属四方僧"等教规是没有说服力的，但其真正需要论证的乃是自己主张财产分配方案是符合宗教信仰自由的要求的。就像民事继承制度中的法定继承是对被继承人意思的推定一样，在僧尼没有嘱授的情况下，佛教教规也是对僧尼意思的一种推定,特别是对僧尼具有虔诚的佛教信仰的推定。而要证立这一推定,需要具备如下两个条件:首先,佛教界需要肯定圆寂僧尼具有虔诚的佛教信仰;其次,教规的此种推定受到宗教信仰自由的保护。这两个条件都可以得到满足。

首先,在没有明显相反的事实和证据表明圆寂僧尼的佛教信仰不虔诚的情况下,佛教界通常都会认为僧尼圆寂是对佛教信仰的成就。上文没有讨论的僧尼嘱授虔诚但不合法、不虔诚且不合法的两种情形,在这里可以一并处理,即在僧尼嘱授虔诚但不合法的情形下,僧尼嘱授不作为遗嘱产生法律效力,但可以作为虔诚的嘱授发生宗教效力,优先于佛教教规适用;在僧尼嘱授不虔诚且不合法的情形下,僧尼嘱授仍然不作为遗嘱发生法律效力,但这可以作为僧尼不虔诚的重要证据,进而阻断推定僧尼虔诚的可能,但佛教组织仍可基于《行事钞》等教规的规定宣布僧尼嘱授无效,按照"一切亡比丘物,尽属四方僧"分配僧尼遗留的信仰的财产。

其次,教规基于僧尼佛教信仰而对其遗愿的推定,无论是推定的依据、推定的对象、推定涉及的财产,都处于佛教信仰的涵摄范围之内,因而属于宗教组织的内部事务,而且这一内部事务涉及的财产——信仰的僧尼遗留财产,原本就是因佛教信仰而聚集的财产,并不与一般公众利益普遍相关,故而国家法律缺少进入的基本途径,国家更不可能越过政教分离的界限,根据佛教教规的规定判定僧尼的宗教信仰是否虔诚。

因此,在僧尼未留有嘱授的情形下,应基于政教分离的基本界限和对宗教信仰自由的保护,允许佛教组织按照"一切亡比丘物,尽属四方僧"的教规分配僧尼遗留的信仰的财产。

四、余论

依法管理宗教事务意味着解决具体问题应以法治方案为基础。作为我国长期坚持的宗教政策,依法管理宗教事务要求我们在面对涉及宗教的问题时运用法治思维进行分析,而不能简单地套用政策话语,将问题还给政策。在僧尼遗留财产的分配问题上,如果仅因"政主教从"的政教关系就得出"一切亡比丘物,尽属四方僧"佛教教规不能适用的结论,直接适用民事继承法,那么虔诚佛教徒的宗教信仰自由就难以得到保障,依法管理宗教事务的目标就会落空。本文至少提供了在法治层面解决这一涉宗教问题的可能解决方案,证明某些涉宗教问题是可以纳入法治框架内解决的。

法治方案不等于无视宗教自身规律的抽象解决方案。一般性是法治的重要属性,但是这不能以无视宗教自身规律为代价,运用成熟的高度抽象化的法治方式解决问题的前提是确保方法与问题相匹配。将宗教问题化约为法体系中的简单问题进行抽象处理应当以符合宗教自身规律为前提,区分宗教问题与其他问题的个性与共性,否则就会导致解决问题的法治工具与问题本身不配套。正如本文在分析具体问题时所体现的那样,佛教僧尼遗留财产的分配问题在现象上主要表现为财产纠纷,为了实现依法管理宗教事务的政策目标,民事继承法和民事财产法的介入当然是必不可少的，但将涉及宗教的财产纠纷化约为其他类型的普通财产纠纷的做法并不能真正回答如何分配财产的问题，不仅如此，还会造成对佛教信仰和教规的忽视或扭曲处理。这就说明，依法管理宗教事务，还需要正视相关纠纷中的宗教信仰要素，认识到宗教问题本身的独特性、不可化约性，进而在具体纠纷中找到运用抽象方法的界限，最大限度地将纠纷纳入法治框架内解决。

纵观当前的宗教领域法，对于宗教财产的规定仍显欠缺，《宪法》规定的宗教信仰自由的具体内涵并没有在财产法中得到充分阐释，因此，民法解释论很大程度上是一种无奈的选择，其代价则是使解决僧尼遗留财产问题的法律实践与宗教自身规律相背离。这使我们不得不将目光转向立法论：未来的宗教财产领域立法应以宗教规律为基础，以区分宗教领域财产的类型为切入，作出恰当的制度安排。对于世俗财产的纠纷，可直接准用民事领域的现有法律规定对所涉宗教相关行为进行法律判准；对于信仰的财产，则应允许宗教组织在不违反法律强制性规定的前提下进行相应的宗教行为，确保信仰的财产仅可被用于宗教信仰本身，维持宗教自养的基本来源，而"强制型规定"的具体内容，不仅包括现有民事财产法中的强制型规定，还有待于未来立法结合宗教政策、宗教领域法的现有规定和各宗教的实际情况予以完善。

（编辑：杨知文）

执法视角下行政法漏洞的识别与填补方法[*]

贺译葶[**]

摘　要　宪法赋予了行政机关填补行政法漏洞之权能,依法行政原则亦为行政机关填补行政法漏洞留有空间,但作为一种可能影响相对人权利义务的"造法"活动,行政机关填补法律漏洞必须具有充分的正当性,不得触碰法律绝对保留事项且法律漏洞填补应有利于维护社会秩序或公共利益。囿于依法行政理念之影响,行政机关在运用各种法律方法填补行政法漏洞时虽可部分移植民法漏洞填补的既成理论与方法,但应受到更多限制:如在对相对人作出不利处理决定时禁止采用类推适用方法填补法律漏洞;在给付行政中,采行目的性限缩填补法律漏洞需考虑当事人之信赖利益;在干预行政中,采行目的性扩张填补法律漏洞不得突破法律保留的范围,在无法律授权的情形下限制私人权益。

关键词　行政执法　行政法漏洞　行政机关　漏洞填补

行政法漏洞是否存在是学界一直探讨的重要问题,认可行政法漏洞的存在逐渐成为当前主流观点。依照行政法定原则,行政权的行使必须于法有据,必须遵循法无授权不可为的基本原则,循此逻辑行政法便不可能出现漏洞。事实上不论立法如何严密也难以为所有行政纷争给定预先答案,将行政法定原则绝对化,否定行政法漏洞的存在或否定行政法漏洞填补之必要性,则相当于否定了行政执法的灵活性及个案纷争之特殊性。实际上,并非所有行政活动都须遵循行政法定原则,司法实践已然证实了行政法上的漏洞是客观存在的,且行政法漏洞的处理比私法规范更为棘手。一则在依法行政及行政法治理念的渲染下,公众对行政法。律漏洞更加难以容忍;二则行政事务的繁杂性及不确定性使得行政法的更替比私法规范更为频繁,行政法漏洞问题因之更为突出且难以避免。行政法漏洞填补

---

[*]　基金项目:本文系湘潭大学科研启动项目《失信被执行人信用惩戒适用研究》(KZ08004)阶段性成果。
[**]　贺译葶,法学博士,讲师,湘潭大学信用风险管理学院硕士生导师。

虽涉及立法机关、行政机关和司法机关等多个不同主体，但唯有行政机关同时承担了立法及执法的双重职能，在满足一定条件的前提下，由行政机关填补行政法漏洞不仅可以调和法律的普遍性规定和特殊个案之间的矛盾，亦可充分激发法律方法提升个案正义的工具性作用。但行政法漏洞之填补并不能完全套用民法漏洞填补的既成理论与方法，行政机关填补法律漏洞之正当性与其填补法律漏洞的条件与范围紧密勾连，并形成对法律漏洞填补方法的适用限制。

一、基于执法视角填补行政法漏洞之正当性

执法视角下行政法漏洞之补填即是当法律规定不明晰或存在不圆满状态时，行政机关在审视现有法律法规的基础上，藉由各种法律推理方法为个案纷争寻找最充分及妥当的处理依据的活动过程。行政机关填补行政法漏洞之必要性与正当性即根植于公民权利保障的客观需求及行政权的运行规律与实践样态之中。

（一）行政机关具备填补行政法漏洞的权能

西方国家普遍遵循三权分立的原则，将行政、司法及立法三大权力分别交给不同的国家机关执掌，其目的在于避免权力滥用或权力的肆意行使，但随着行政实践的发展，行政机关已不仅仅局限于执行法律，委任立法的出现使得行政机关在某种程度上成为立法主体，并成为时代趋势。① 可见，西方国家的权力分立并非绝对化的，为优化国家机构的职能，基于功能主义的视角对国家机构的权力配置做出调整乃是现实所需。功能主义视角的权力配置并不囿于对传统分权理论下的人权保障与权力制衡的尊崇，而是更进一步要求国家事务的配置应依"适当功能之机关结构"标准进行划分。②

在功能主义理念的影响下，权力的配置已不限于防止权力的滥用或肆意行使，而是要如何使国家机构能够更有效率地运作。德国、日本及法国等国家都赋予了行政机关一定范围的立法权。如德国《基本法》第80条规定："联邦政府、联邦部长或州政府可经法律授权颁布行政法规"。我国宪法秉持的是权力分工的基本理念，立法权由全国人大及其常委会行使，行政立法权与行政管理权则由国务院、国务院各部门和地方政府行使，《宪法》第89条第1款规定国务院根据宪法和法律，规定行政措施，制定行政法规，发布决定和命令；第107条规定"县级以上地方各级人民政府依照法律规定的权限，管理本行政区域内的经济、教育、科学、文化、卫生、体育事业、城乡建设事业和财政、民政、公安、民族事务、司法行政、计划生育等行政工作，发布决定和命令，任免、培训、考核和奖惩行政工作人员"，相当于以明示的方式对行政立法权给予了肯定。

---

① 参见张志伟：《重审三权分立的权力制衡价值——从理论结构到实践考证》，载《政法学刊》2014年第1期，第8页。

② 许宗力：《法与国家权力》，元照出版有限公司2006年版，第139页。

虽然行政立法权并不等于行政法漏洞填补权，行政机关填补行政法漏洞的行为亦不涵盖行政立法行为，但行政法漏洞填补需要在行政法体系内部寻求法律塑造的方法，并根据现实需要在宪法价值秩序的约束下形成新的法律规则，因而，其活动过程不可否认的具有"造法"的特征，但却非严格意义上的"造法"行为。相较于行政立法，行政机关填补法律漏洞，更接近于一种基于行政实践补充确立行政法律规则的尝试活动，这种尝试对于完善行政法律法规并非毫无助益，且既不违背宪法精神，也未打破依法行政原则。依法行政包括法律优先和法律保留两项具体内容，前者要求行政行为应当受现行法律的约束，行政机关的行政活动不得与法律相抵触；后者要求行政机关只能在获得法律授权的情况下实施相应行为。同时，法律保留又包括了相对保留与绝对保留，这也意味着法律保留并不适用于所有行政领域或行政事项。我国台湾地区通过"司法院大法官"解释拓宽了法律保留原则内容指向，依据不同事项区分规范密度建立了由严至宽的层级化法律保留体系。① 对于非属法律保留的事项允许行政机关填补法律漏洞并不会与依法行政原则相冲突，"依法行政原则并不禁止一般的法律漏洞补充或类推适用，尤其法律漏洞补充导致对人民有利的结果时，则更为法之所许。"② 可见，行政机关具有填补行政法漏洞之权能与空间。

（二）行政机关填补行政法漏洞是保障公民权利的客观需求

我国宪法强调对生命、财产、人身自由、政治参与等各项公民基本权利给予保护，当基本权利受到不法侵害时，国家应当提供必要的保护，而保护公民基本权利不受侵害不仅是立法者的责任，也是执法者的责任。立法者侧重从法制建构层面彰显法律制度对公民基本权利的保护，执法者则侧重从法律实施层面落实对公民基本权利的保护。宪法提倡法律面前人人平等，但当法律出现漏洞时，刻板适用就可能出现截然相反的情况，即"同案不同判"或"相同法律事实区别对待"的问题。此种情形下，基于保护公民基本权利的立场，行政机关遵循宪法精神填补法律漏洞，从实质层面落实公平正义的法理精神实属为必要。事实上，因立法者的疏忽或立法之滞后性，应由法律做出规定的事项未予规定，或者虽有法律规定但内容指向模糊的情形并不少见。漏洞通俗地讲就是一种不周密或不周延的状态，拉伦茨认为法律漏洞即是在法律体系上的不完满状态。③ 广义上的法律漏洞包括法律模糊、法律冲突互斥、法律漏洞。④ 这些情况在行政法当中都可能出现，譬如，新修订行政处罚法第三条规定"公民、法人或者其他组织违反行政管理秩序的行为，应当给予行政处罚的，依照本法由法律、法规、规章规定，并由行政机关依照本法规定的程序实施"。处罚实施主体不限于行政机关，还包括法律、法规授权的具有管理公共事务职能的组织，

---

① 吴庚：《行政法之理论与实用》（增订8版），中国人民大学出版社2005年版，第70页。
② 翁岳生：《行政法》（上），中国法制出版社2002年版，第206页。
③ ［德］卡尔·拉伦茨：《法学方法论》，陈爱娥译，商务印书馆2003年版，第251页。
④ 谢晖：《法律哲学》，湖南人民出版社2009年版，第34页。

但本条却未将后者涵盖进去。那么，这是否意味着所有处罚都应由行政机关实施呢？这显然不符合处罚行为逻辑。行政法律漏洞的存在，不仅影响了法官对行政案件的裁判，且可能导致行政机关无法直接引据具体法律处理行政事务，滋生法律的不圆满状态。若行政机关放任漏洞的存在，无视法律模糊、法律冲突互斥、法律漏洞对公民基本权利的侵害，亦有违宪法义务。因此，行政机关填补法律漏洞不仅是一种权限，更是一种责任和义务。① 行政机关填补法律漏洞，从外观上来看虽近乎一种"造法"活动，但其本质是在法治秩序的拘束下追求实质正义。

（三）行政机关具备填补行政法漏洞的实践基础

在法律实践中，如果法律顺利解决了实践中的问题，那么该法律就是圆满的，如果其不能圆满的解决实践问题，那么就视为存在漏洞。② 虽然国内外学者对法律漏洞的认知有所不同，但比较一致的观点是法律具有滞后性，行政法亦是如此。一些重要的行政法的起草亦往往是由与该法相关的行政部门来完成的，其一定程度地依赖于行政机关的工作实践，反映了特定行政机关的职权、行政手段、程序、法律责任等内容。部分行政机关既扮演着立法起草者的角色，也扮演着立法科学性、合理性检验者的角色。相较于司法机关，行政机关具有更为丰富的立法与执法经验，政府部门虽皆有完善的档案管理，得以贮存公文、研究报告、档案材料等外显知识，但深藏在公务员脑海中与由实务经验精炼而来的默会知识则是更为重要的资产。审视现行行政法律规范文本的完善过程，不难发现，行政法的修订往往与行政实践当中出现的不能为原有行政法规范包容的法律事件、法律问题或者新型行政举措有关，当一项新的行政举措或者行政纠纷处理方式经过实践反复证实了其有效性和可行性，且具有立法之必要性，就会以法律的形式固定下来成为可反复适用的行为规则或裁判规则。事实上，很多行政行为方式、行政举措、行政程序规则早在法律明文规定之前就已存在，如警告、罚款、吊销许可证等处罚手段早在《行政处罚法》将其明确规定为处罚具体类型前就已被行政部门广泛使用，而立法者只是将其规范化和法律化。③ 从这一层面而言，行政机关对法律漏洞填补的过程，亦是其以行政实践为基础检视现行行政法问题，并逐步酝酿新的行政规则的过程，法律漏洞填补行为得当不仅能够确保行政系统的有效运行，行政权力的公正行使，而且能够基于行政实践、行政惯例、行政先例等检视现行行政法的缺漏或不完满状态。可见，行政机关不仅是行政法制完善的助推者，也是行政法制完善程度的检视者。

二、执法视角下行政法漏洞填补的应用场景

尽管行政机关填补法律漏洞具有正当性及必要性，但并非在任何情形下都可进行漏洞

---

① 参见周公法：《论行政法领域的类推适用》，载《行政法学研究》2012 年第 3 期，第 19 页。
② 参见李秀芬：《法律漏洞的特征与填补路径》，载《华东政法大学学报》2019 年第 6 期，第 119 页。
③ 参见马怀德：《行政处罚现状与立法建议》，载《中国法学》1992 年第 5 期，第 46 页。

填补，在依法行政原则的规约下，行政机关填补法律漏洞必须受到一定限制，以免其藉由这一"类立法"活动扩张行政权。

（一）存在需要填补的行政法漏洞

法律漏洞的存在不外乎以下几个原因：一是法律体系建构不周延，存在应当规范而未予规范的事项；二是法律体系建构不严密、不清晰或法律言语修辞错误；① 三是法律文本间存在冲突，直接适用现有法条规定必然会引起争议，无法有效解决法律问题。行政法是调整行政主体与行政相对人之间法律关系的规范依据，而非调整行政主体与行政相对人之间关系的规范依据，行政法并不调整行政机关与公民、法人或其他组织间的发生的所有行为，因此，未就某一非为法律调整的事项做出规定，不应视为存在法律漏洞。即便存在应当规整的生活事实未被规范，是通过完善立法文本实现整体化规整，还是由行政机关进行个案填补亦另当别论。

譬如，《国务院办公厅关于加快推进社会信用体系建设，构建以信用为基础的新型监管机制的指导意见》中提出要大力推进信用分级分类监管，对守法守信者实施联合奖励，对违法失信者实施联合惩戒，但目前对守法守信者的激励政策，除税收优惠政策之外，更多的优惠政策并没有相应的法律规范做出具体规定，其中可能就存在需要填补的法律漏洞。"假使法律以特定方式规整案件事实 A，对于评价上应属同类的 B 事件则未有规则，此等规整欠缺即属法律漏洞。"② 倘若优惠政策施行的目的是健全社会保障与福利，那么，行政机关则应关注优惠对象的生存状况和基本需要，而非信用状况。③ 如果行政机关在提供社会保障资金支持时将当事人的信用状况作为考量因素，则有悖于国家对公民应当履行的基本生存照顾义务。赫克曾言，在确定法律漏洞时，并不以法律中的价值判断作为唯一判断标准，如果法官认为有值得保护的利益，即便在现行法律当中找不到对此的特别规定，也可考虑对该利益进行保护，亦即为法官可以从生活经验中提炼出法律共同体的认识。

（二）漏洞填补具有正当性

"法律漏洞的认定和类推适用的过程，是法律适用者给予其价值判断而为的评价性行为，实质上系裁量权的行使。"④ 既然是行使裁量权，那么和其他行政行为一样，应当受到行政法基本原则的约束，行为之目的应当具有正当性。以《上海市社会信用条例》为

---

① 参见殷相印：《法律语体与模糊修辞》，载《修辞学习》2000 年第 5、6 期合刊，第 18－19 页。
② ［德］卡尔·拉伦茨：《法学方法论》，陈爱娥 译，商务印书馆 2003 年版，第 252 页。
③ 李烁：《论对失信联合惩戒的合法性及其补强——以〈对失信被执行人实施联合惩戒的合作备忘录〉为样本的分析》，载《中国法律评论》2021 年第 1 期，第 153 页。
④ 参见周公法：《论行政法领域的类推适用》，载《行政法学研究》2012 年第 3 期，第 22 页。

例,其中第 25 条规定行政机关根据信息主体严重失信行为的情况,可以建立严重失信主体名单。众所周知,该名单一旦建立,严重失信主体将面临联合惩戒。因此,何为严重失信主体,哪些情形应当归属严重失信情形则显得尤为重要。然而,《条例》第 25 条除第 3 项和第 4 项有明确所指外,诸如"严重损害自然人身体健康和生命安全的行为""严重破坏市场公平竞争秩序和社会正常秩序的行为"等规定的指向并不清晰。类似这样的情形,行政机关即有结合具体情况进一步细化操作规则的必要性。再如《条例》第 31 条规定,对严重失信主体行政机关应当严格依照法律、行政法规的规定,就相关联的事项采取以下惩戒措施,何为"相关联"的事项指向亦不明确,虽然该条规定行政机关应当从其他法律、行政法规当中去寻找依据,如可依据《印刷业管理条例》第 45 条规定限制被处以吊销许可证行政处罚的印刷企业法定代表人或者负责人在一定期限内担任印刷企业的法定代表人或者负责人。但如若《条例》中规定的限制性措施并无可供援引的其他法律法规依据,而行政机关却欲作出相应的惩戒行为,则需要根据工作实际制定具体的操作性细则。[①] 从理论上而言,如果行政机关在采取某一失信惩戒措施时具备法律法规或政策依据,按照类推适用的原则,行政机关在采取另一性质近同的惩戒措施时,亦应具备相应的法律法规或政策依据,此时,行政机关则有通过细化规则填补"法律空白"之正当性,且限于行政法定原则适用范围之外的空间及场域。

(三) 非属法律绝对保留事项

法律保留原则要求行政行为必须严格按照法律规定做出,法律未规定的行政机关不得为之。基于法律保留的适用密度,可将法律保留分为绝对法律保留与相对法律保留,前者要求行政机关在作出影响人民自由权、平等权、生存权等基本权利的处理决定时必须具有法律依据,必须处于代议机关的监控之下,否则不得行使行政权;后者则不禁止立法机关在不违反授权明确性要求的前提下,授权行政机关行使必要的立法权。换言之,对于法律保留范围内的事项,立法者可以法律的形式加以规定,也可以法律授权的方式授予行政立法机关以法规的形式加以规定。绝对法律保留概念的提出是为了使人民的基本权利能够获得更大的保障,也是国家实行法治国家之依法而治及行政上之依法行政的必要前提。[②] 相对法律保留原则将部分非属重要性事项的立法权授予行政机关以解决立法机器运转迟缓与行政实践发展迅猛而滋生的法律依据不足的问题。"不承认行政立法就意味着把当事人置于无权利保护的境地。"[③] 我国立法法在第 8 条及第 9 条中分别规定了绝对法律保留及相对法律保留之事项范围。除相对法律保留的事项之外,行政机关亦可就非属法律保留事项行使法律漏洞填补权,也就是说,当行政机关获得法律授权时,行政机关即享有填补法律

[①] 罗培新:《社会信用法:原则、规则、案例》,北京大学出版社 2018 年版,第 105 页。
[②] 陈新民:《德国公法学基础理论》,山东人民出版社 2001 年版,第 355-356 页。
[③] 平纳德:《德国普通行政法》,中国政法大学出版社 1999 年版,第 49 页。

漏洞的自主空间,其针对执行法律所作出的细节性、具体性的规定,只要不与上位法相悖,就应当被肯认。从可行性角度而言,行政事务的庞杂性与变迁性决定了难以通过法律的形式来对所有的行政事项进行明确规定,对于缺乏充分认识的新兴事物,尚需实践检验才能形成适宜的、稳定的终极性规定;从必要性角度而言,非涉及公民基本权利或公共事务的重要事项,出于技术性的执行或落实原则性规定,而授权行政机关细化和具体化行为规则则更契合行政实践之需要,此即行政机关填补法律漏洞之作用空间。

（四）漏洞填补应利于维护社会秩序

"行政权力的存在和活动是为了实现社会公共目的。在一个以自由竞争为基础的社会里,个人、法人或者社会团体所直接追求的往往是局部的利益,这就需要公共权力对社会进行全面的、整体的协调和组织,从而实现社会公共利益。"[①] 大多数时候公共利益与个人利益是相一致的,维护公共利益即相当于实现了对公民个人利益的维护。当公民个人利益与公共利益发生冲突时,公共利益并非总是占据优势,需要行政机关在公益与私益之间进行比较权衡,尤其是当法律漏洞的填补将对行政相对人产生不利影响的应当慎重而为,在衡量形成与判断授权规范之填补上,必须斟酌多数不同情状的利益及其可能产生的长期效应。[②]

以网约车监管为例,作为一种出租汽车行业与"互联网+"相融合的新的商业模式,网约车运营在兴起之初的确不符合现有法律法规的相关规定,但立法机关在制定《中华人民共和国道路运输条例》及《道路旅客运输及客运站管理规定》等法律规范时并未考虑到网约车这种新的运营模式,因而对其存在之合理性也未作周密考量。从网约车的市场需求来看,其不仅大幅提升了公众出行的便利性及降低了出行的成本,且有利于解决长期以来出租车存量不足的问题,有效缓解了出租市场供需失衡的现象。由网约车所引发的市场运营争议并非网约车本身不能为出租车市场所容的问题,而是规制此种新型出租车运营模式的法律规范缺失的问题。

在"广州市交通委员会与蔡平行政处罚纠纷"一案中,蔡某借助滴滴打车软件平台与一名乘客取得联系,将乘客送至目的地之后,由乘客支付车费,这一行为被广州市交委执法人员发现。经调查,蔡某无法出示车辆道路运输经营许可证,执法人员认定蔡某未取得道路客运经营许可擅自从事道路客运经营,违反《道路运输条例》第十条、《道路旅客运输及客运站管理规定》第十二条的规定,依照《道路运输条例》第六十四条、《道路旅客运输及客运站管理规定》第八十四条的规定,对其作出处罚。然而,立法并未涉及网约车这一新型经营模式,网约车与传统的、未取得旅客运输行政许可而从事旅客运输活动的单

---

① 杨海坤:《现代行政公共性理论初探》,载《法学论坛》2001年第2期,第27页。
② [德]阿斯曼:《秩序理念下的行政法体系建构》,林明锵等译,北京大学出版社2012年版,第32页。

个非法营运行为存在着重要区别。滴滴打车软件平台运营商与网约车司机属于共同实施经营行为的一方主体，如果执法人员仅对蔡某的违法行为作出处罚，那么显然有违平等原则，会导致选择性执法的错误，亦将打车软件运营商排除在道路客运违法经营责任主体范围之外。从有效维护社会秩序的角度出发，执法人员有必要衡量在资源重新配置中获益者与受损者之间的利益比例，而非直接援用原有传统方式进行管理和处罚。可见，本案中不仅存在需要填补的法律漏洞，而且该漏洞所涉的生活事实与社会秩序及公共利益有着密切联系。

三、执法视角下行政法漏洞填补的方法

行政法的适用往往涉及行政主体及行政相对人之间法律关系的调整，目前法律漏洞填补的方法大多取自于民法领域，但未必适用于行政法领域。尽管行政机关具备填补法律漏洞之权能，但其填补行为应保持相当的谦抑性，囿于依法行政理念之影响，其在适用各种法律方法填补行政法漏洞时应受到更多限制。

（一）基于不成文法填补漏洞

法源包括成文法源与不成文法源，不成文法源包括习惯法、解释与判例、一般法律原则（与法理）。① 可用于填补行政法漏洞的不成文法源包括习惯、法律原则及判例等。我国虽不是典型的判例法国家，却也不可否认行政判例能够起到填补法律漏洞的作用。② 尤其是最高人民法院发布的指导性案例中，蕴含了法院从个案裁判中提出来的可以被类似案件反复适用的法律规范，事实上发挥着弥补制定法漏洞的作用。法律原则反映了对某种价值的高度概括和推崇，在成文法模糊不清、指向不明的情况下，通过法律原则间的权衡获取新的法律规则向来被视为填补法律漏洞的一种途径。"有一些领域，特别是政府行为，存在对现实事物进行裁断的权力，通过规则不能得到充分调整，它们必须受到原则的直接调整。"③

在"于艳茹诉北京大学撤销博士学位决定案"中，北京大学学位评定委员会召开会议全票通过决定撤销于艳茹博士学位，这一处理结果对当事人的影响极大，不仅会对个人名誉造成损害，亦会对其未来职业发展造成严重影响。按照正当程序原则及充分保障当事人权益的基本原则，北京大学学位评定委员会在做出撤销其学位的处理决定时需充分履行告知义务，给予当事人陈述申辩的机会。当成文法中欠缺对此种程序的明确规定时，北京大

---

① 陈清秀：《行政法的法源》，翁岳生编：《行政法》第 3 章（1998 年）；吴庚：《行政法之理论与实用》（第 5 版），台湾三民书局 1999 年版，第 49 – 64 页。
② 贺译莘：《行政习惯法作为干预行政之法源》，《民间法》第 16 卷，厦门大学出版社 2016 年版，第 220 页。
③ ［英］约瑟夫·拉兹：《法律原则与法律的界限》，雷磊译，载《比较法研究》2009 年第 6 期，第 142 页。

学即可援引一般法律原则来填补法律漏洞，以免造成不必要的争议。本案的最终处理结果亦证实了这一点，法院认定北京大学做出撤销博士学位的行为程序违法、亦缺乏明确法律依据，判决撤销北京大学该决定。主审法官在裁判书中提到："退学处理的决定涉及原告的受教育权利，从充分保障当事人权益原则出发，被告应将此决定直接向本人送达、宣布，允许当事人提出申辩意见。"① 这一说理是根据法律原则创制出的可供类似案件适用的法律规则。

在李清志诉北京市公安局公安交通管理局朝阳交通支队呼家楼大队公安交通管理行政处罚和北京市朝阳区人民政府行政复议决定一案中，原告认为呼家楼大队分别于2019年7月12日及2019年7月17日对其在北土城东路育慧南路南口至北土城东路东口段处实施机动车违反停车规定的违法行为作出多次处罚实属处罚不当，违背了"一事不二罚"原则，处罚法第29条明确规定对当事人的同一个违法行为，不得给予两次以上罚款的行政处罚。但没有明确何为"一事"。而该案涉及"连续违停多日"与"多日分别违停"是否应当依据同样的标准进行处罚的问题。② 从违法事实来看，"连续违停多日"与"多日分别违停"显然不同，根据第29条的规定将前者认定为同一违法而处以一次处罚，对后者处以多次处罚，似有不妥。从违法事实所产生的负面后果来看，连续违停多日比多日分别违停对道路交通秩序的破坏程度甚至更大。然而，《道路交通安全》法第56条仅规定了机动车应当在规定地点停放。《北京市实施〈中华人民共和国道路交通安全法〉办法》第49条规定机动车停放应当遵守下列规定：（一）在停车场或者交通标注、标线规定的道路停车泊位内停放；（二）在道路停车泊位内，按顺行方向停放，车身不得超出停车泊位，并未就连续违停多日的违法情形如何处罚作出规定。此时，执法机关即可根据法律原则来填补现行法律存在的漏洞。对于长时间违法停车的行为，仅做出一次处罚与其对公共交通造成的损害不成比例，无法达到制裁违法与矫正违法行为的目的。本案最终采取切割处断的处罚方式，对不同时段查处到的连续违停行为分别作出处断，将"一事一罚"转换为"多事多罚"，这样的处理方式既没有突破依法行政及比例原则的限制，也更利于维护"公共交通秩序"这一公共利益。

需注意的是，行政机关在运用法律原则填补漏洞时，应秉持客观中立的态度，避免扭曲行政目的而忽视当事人的权益，如过分偏重形式正义而忽视了个案裁断之特殊性，无论偏向哪种价值选择，都有必要进行充分说理。譬如，在上述案件中若变换一下具体情形，某机动车违反禁止标线指示停车连续多日，执法机关连续多日因同一违法事实对其作出多次处罚决定，而未考虑机动车主是否已收悉违法处罚信息则有不妥。因部分地方采取系统发送短信通知的方式告知当事人处罚决定，当事人往往会延后几天收到通知，在当事人收

---

① 该案详情参见（2017）京01行终277号北京大学与于艳茹撤销博士学位决定纠纷上诉案。
② 该案详情参见（2019）京0105行初898号李清志与北京市朝阳区人民政府等一审行政判决书》；（2020）京03行终393号李清志与北京市朝阳区人民政府等二审行政判决书。

悉处罚决定通知信息前违法行为并不具有中断之事由，则不宜基于同一事实做出多次处罚。行政机关通过在具体案件中权衡不同法律原则的适用并创制出的新的法律规则是行政法发展完善的必由之路。

（二）通过类推适用填补漏洞

当法律规范没有就某一法律事实作出规定，而通过类推推理的方式使其基于已有规定中的类似情形实现相当的法律结果即为类推适用的基本思想，其潜在逻辑是通过类似情形的同等对待实现公平正义。"类推推理实际上蕴涵着一个以内容评价为基础的一般化命题，即已在法律上作出规定的情形与法律上尚未作出规定的情形之间的区别并未重要到这样的程度，以至于可成为区别对待的正当理由。"① 运用类推推理的方式来填补行政法漏洞需清晰识别和筛选出法定案情中的关键因素，以判断系争事件与法定构成要件是否具有类似性或近同性，这亦是德国法学界的主流观点。类推推理的逻辑大致可表述如下，某案件事实 A 包含甲、乙、丙、丁等特点，另一案件事实 B 包含甲、乙、丙、庚等特点，那么案件事实 A 与 B 之间就存在甲、乙、丙三个相似点，如果能够论证甲、乙、丙三个特点对于决定案件事实类型具有重大意义，那么就能够认定两个案件事实具有类似性或近同性，可适用类推推理。有人认为可以将特定的私法规定类推适用于公法领域。② 从有效约束行政权的角度出发，在采用私法规范处理行政争议案件时，法律适用者必须进行充分的说理，并受到相应限制。执法视角下的类推适用应优先考虑行政法律法规，在的确无可供适用的行政法律法规，而采用私法规范的确具有充分理由时才类推适用私法规范。譬如，基于更好地保护行政相对人合法权益的立场，或者课予相对人利益的情形，具有类推适用的必要性，可采行类推。也有学者认为"基于依法行政之旨趣，类推适用私法规定的界限，在于不得扩张行政机关的权限"。③

以"杨庆峰诉无锡市劳动和社会保障局工伤认定行政纠纷案"为例，无锡市劳动局根据《工伤保险条例》第十七条规定："工伤职工或者其直系亲属、工会组织在事故伤害发生之日或者被诊断、鉴定为职业病之日起 1 年内，可以直接向用人单位所在地统筹地区劳动保障行政部门提出工伤认定申请。"认为杨某申请工伤认定已超过规定的申请时效，遂做出了《不予受理通知书》。④ 本案中《工伤保险条例》第十七条对于伤事故认定申请时效的规定不够清晰，法律适用者对于如何理解"事故伤害发生之日"存在不同看法，无锡市劳动和社会保障局认为"事故伤害发生之日"即为"事故发生之日"，但实际上事故对人造成的伤害未必会在事故发生当时就明显表现出来，有的伤害存在较长的潜伏期，本案

---

① ［德］齐佩利乌斯：《法学方法论》，金振豹译，法律出版社 2009 年版，第 99 页。
② 毛雷尔：《行政法总论》，法律出版社 1998 年版，第 50–51 页。
③ 李建良：《行政法基本十讲》，台北：元照出版有限公司 2016 年版，第 171 页。
④ 该案详情参见杨庆峰诉无锡市劳动和社会保障局工伤认定不予受理案。

中杨某的眼伤潜伏了两年多才发作，经确诊后认定的确与工伤事故有关。最高人民法院《关于贯彻执行〈中华人民共和国民法通则〉若干问题的意见（试行）》第168条规定："人身损害赔偿的诉讼时效期间，伤害明显的，从受伤害之日起算；伤害当时未曾发现，后经检查确诊并能证明是由侵害引起的，从伤势确诊之日起算。"显然，民法通则关于人身损害赔偿诉讼时效的规定与工伤认定申请时效的处理具有类似性，二者都是针对人身伤害赔偿作出的时效性规定。将《民法通则》中关于身体受到伤害要求赔偿的诉讼时效类推适用于本案当中，不仅有利于保障杨某的权利，而且夯实了《工伤保险条例》的立法目的。《工伤保险条例》的立法目的是为了保障因工作遭受事故伤害或者患职业病的职工获得医疗救治和经济补偿。杨某的损伤显然是因工作所遭受的伤害，只是其眼伤的潜伏期比较长，经过两年之后才完全暴露出来，如果仅因为申请时效而拒绝受理其工伤认定申请，显然有失公允。在眼伤暴露出来前，当事人亦无法就还没有发生的损伤事实申请工伤认定。杨某未及时申请工伤认定，并非因其主观原因所致，而是由不可控的客观因素导致的结果。此时，行政机关类推适用《民法通则》中的相应条款来处理本案即具有充分的理由。在授益性行政行为中鼓励类推适用，不仅有利于保护相对人之合法权益，且有利于从实质层面落实个案正义。反之，在负担性行政领域，行政机关须严格遵守依法行政的基本原则，尤其是在对相对人做出不利处理决定时则禁止采用类推适用的方法填补法律漏洞。此外，行政机关在采用类推适用的过程中应当贯彻公平正义原则，在事物本质类似性的判断及援引类似规定法律效果时应当对该漏洞填补行为之正当性进行充分说理。①

（三）通过目的性限缩填补漏洞

基于立法的目的将法律规则文意所能涵盖的某类案件排除在该法律规则的适用范围之外即为目的性限缩。② 目的性限缩与类推推理所指向的内容完全不同，其意在将立法者疏于考虑的例外情形排除在法律适用范围之外，以免机械化执行现行法规，产生不正义的结果。目的性限缩通过将法条适用范围缩小来重新刻画案件适用类型或案件构成要件事实，限缩的缘由往往是因为法律规范在具体适用过程中出现了案件事实虽已达到法规范的构成要件，但依据规范意旨，却不适宜适用法规范或者说完全遵循法规范对争议问题做出相应处理的情形。

譬如，朱某在下班途中因驾驶轻便摩托车与他人发生碰撞致身体受伤，遂向原上海市南汇区劳动和社会保障局提出工伤认定申请，原南汇劳动局受理后作出南劳认（2009）字第0607号工伤认定，朱某受伤情形符合《工伤保险条例》第十四条第（六）项规定，认定为工伤，并分别向盈元公司、朱某送达了书面工伤认定书。盈元公司不服，认为朱某所

---

① 周公法：《论行政法领域的类推适用》，载《行政法学研究》2012年第3期，第24页。
② 舒国滢、王夏昊、雷磊：《法学方法论》，中国政法大学出版社2018年版，第417页。

驾驶的摩托车的年检有效期已超过两年多时间，行驶证已经失效，且原南汇交警支队已重新作出交通事故认定，认定第三人驾驶未经年检的机动车，负事故的全部责任，因此，朱某所受伤害不应被认定为工伤，盈元公司遂向原上海市南汇区人民政府申请行政复议。原上海市南汇区人民政府做出行政复议决定，维持被诉工伤认定。修订前的《工伤保险条例》第十四条第（六）项明确规定"在上下班途中，受到机动车事故伤害的"应当认定为工伤，并未考虑当事人在事故中的责任大小，因此，朱某受伤情形显然符合该款规定。《工伤保险条例》第16条规定了工伤排除的情形，"因犯罪或者违反治安管理伤亡的"不得认定为工伤或者视同工伤，但行政机关却未将其适用于本案，而进行了目的性限缩，将朱某驾驶未经年检的摩托车的情形排除在《工伤保险条例》第16条第1款的适用范围之外，因该情节不足以影响行政机关对其做出工伤认定，驾驶未经年检的摩托车与驾驶无证车辆或酒后驾车等严重违法治安管理规定的行为亦不能等同，若据此不予对其进行工伤认定将导致不正义的结果。

　　在不同的行政执法领域适用目的性限缩方法的条件有所不同。在给付行政或福利行政中，法律法规适用的目的在于赋予人民利益，采行目的性限缩时仍需遵循信赖保护原则，在当事人的信赖利益和法规范目的的正义价值之间进行平衡。① 在干预行政中，则可以借助目的限缩将法规范未予考虑的"例外"事项排除于法律规则的适用范围，即当在特定案件中适用法规范将导致不正义的结果或法规范所不期待的结果时，根据规范目的在构成要件基础上增设构成要件要素以限制法规范在个案中的适用。譬如，某斑马线旁设置了交通指示灯，但一老人因行走缓慢，无法在指示灯变红之行走至马路对面而站在马路中间非常危险，某机动车主在发现该情况后为保护老人安全通过斑马线，在其他机动车辆都不让行情况下，采取将机动车横停在斑马线前的方式阻挡其他车辆正常通行以保护老人安全行至马路对面。根据《道路交通安全违法行为记分分值》的规定，该机动车主属于不按规定行车或停车的情形，应当受到处罚。但处罚法并未将紧急避险规定为处罚阻却事由，我国台湾地区的《行政罚法》和《社会秩序维护法》规定的法规阻却事由包括依法令与依命令行为、正当防卫和紧急避险。② 基于紧急避险限缩适用法律规则对本案中的违法行为免于处罚并不会突破法规范维护道路交通秩序的目的，而彰显了法规范目的之正义价值。

（四）通过目的性扩张填补漏洞

　　目的性扩张与前述目的性限缩的适用范围恰好相反，是根据立法目的将法律规范适用范围扩张至文义未能涵摄的案件类型的法律漏洞填补方法。然而，法的安定性对于相对人来说极为重要，这亦是依法行政的内在要求，因此，行政机关在采用目的性扩张解释方法

---

① 章志远：《行政法总论》，北京大学出版社2014年版，第101页。
② 刘晓源、李良万：《应受行政处罚行为构成要件的反思与重构——从"三要件"到"三阶层"》，载《福建江夏学院学报》2017年第1期，第58页。

来填补法律漏洞时不得藉由法律载体文字表述之模糊性肆意扩张行政权,法律适用者进行目的扩张性需在法的实质正义及形式正义之间做出权衡,且不得超出行政相对人的合理预期范围。通常而言,目的性扩张的结果是否有益于保护相对人之权益、是否有利于实现个案正义及是否有利于实现立法目的是行政机关可否采行该法律适用方法之关键。目的性扩张和类推推理都是基于立法目的和正义理念扩张法律规范的适用范围,故而较易混淆。但类推适用是以系争案型与法定案型之间的类似性为前提的,而目的性扩张则不要求系争案件类型与特定法律规则所规定的事实类型之间具有相似性,只是系争案件和法定案型都是系争法律规范意旨所应涵盖的案型。① 在实际运用中,目的性扩张方法通常适用于类推推理所不能够涵盖的那些法律漏洞和部门法或法典漏洞。②

以生活中经常出现的一种违法情形为例,甲某驾驶机车在道路上行驶被某公安局执法交警当场截停,因其所驾驶的机动车通过人行横道时未按照规定停车让行,违反了《道路交通安全法》第47条第1款的规定,并根据《道路交通安全法》第90条对其作出罚款100元,记三分的处罚决定。甲某认为其驾驶机动车靠近人行横道时,行人已经停在了人行横道上,不属于第47条第1款规定的"正在通过"情形,因而不应受到处罚。本案的争议焦点即在于甲某经过案发路口时,遇行人过人行横道时的表现应否视为法律所规定的应当停车让行的情形。《道路交通安全法》第47条规定了机动车对于"正在通过"人行横道的行人负有让行义务。那么,停留在人行横道上是否应视为正在通过呢?如果将行人通过人行横道的活动过程进行分解,"正在通过"似乎可以涵盖一系列通过人行横道的观望、起步、停顿、挥手等连续性行为。但仅从文义上进行理解,"正在通过"并不当然涵盖停留行为,将"不继续前进"视作"正在通行"似乎有些牵强,也很难说服本案中的违法行政相对人甲某。通常,行人在通过人行横道时会放慢脚步观察车辆是否会让行,如果通行车辆没有减速动作,行人往往出于对自身安全的考虑不得不停在人行横道上,反言之,只要行人未主动示意机动车先行,即当默认其是出于对人身安全的考虑而被动停留在人行横道上。通过目的性扩张可知,根据《道路交通安全法》第47条第1款的规定,甲某注意到人行横道上有停留的行人而未停车让行的行为应受到处罚。《道路交通安全法》第1条的明确规定,为维护道路交通秩序,预防和减少交通事故保护人身安全,保护公民、法人和其他组织的财产安全及其他合法权益,提高通行效率,制定本法。《道路交通安全法》第47条第1款规定:"机动车行经人行横道时,应当减速行驶;遇行人正在通过人行横道,应当停车让行。"该条中虽然没有直接链接本法第1条中的立法目的,但无论是机动车经过人行横道时,应当减速,还是遇到正在通过人行横道的行人时,应当停车让行,都可以映射出预防和减少交通事故的目的,且是通过优先保障行人在人行横道上的通

---

① 黄建辉:《法律漏洞 类推适用》,台北:蔚理出版社1988年版,第61页。
② 舒国滢、王夏昊、雷磊:《法学方法论》,中国政法大学出版社2018年版,第420-421页。

行权来实现的。机动车路过人行横道没有减速或停车的趋势，行人选择停止通行，这是为保护人身安全不得不为的行为，行人在人行横道上的优先通行权显然无法得到保障。通过目的性扩张，机动车遇"正在通过"和"停留"在人行横道上的行人停车让行均符合《道路交通安全法》第47条第1款的规范意旨，据此对甲某做出处罚决定并未突破依法行政的基本要求。

允许行政机关进行目的性扩张并不代表在任何情况下其都可以基于法律目的的实现进行法律漏洞填补。行政机关采用目的性扩张适用法律因超越了法律规定文义可能涵盖的范围而必须有充分的正当性，且该正当性须足以消除既有法规范中存在的价值判断矛盾。同时，行政机关适用目的性扩张应受法律保留原则以及法安定性原则等的限制。[1] 譬如，对于负担性行政行为，行政机关必须要有法律的明确授权才能实施。"法律有时给行政划了一个圆，只要行政机关不越出边界，在这个圆内基于行政任务而创造性地从事行政活动，也是符合依法行政原理的。"[2] 允许行政机关在特殊纠纷中采用目的性扩张适用法律规则并非要赋予行政机关突破依法行政的拘束的自由，乃是为促进实质正义与形式正义而给予行政机关能动应对个案纠纷的理性空间。

结　语

采行类推适用、目的性限缩或目的性扩张等方法填补行政法漏洞的可行范围虽不及民法领域广，然其必要性及正当性显而易见。执法视角下行政法漏洞之填补往往涉及行政主体及行政相对人之间法律关系的调整，系替代立法机关进行的"造法"活动，因而行政机关并非在任何情形下都可以进行法律漏洞填补。为免行政机关藉由这一"类立法"活动扩张行政权，其法律漏洞填补行为应保持相当的谦抑性。适用于民法领域的法律漏洞填补方法亦未必都适用于行政法领域，因此，无论行政机关采行何种法律方法填补法律漏洞都应当结合具体案件及相关法律规范进行充分论证，譬如，目的性扩张的结果是否有益于保护相对人之权益、是否有利于实现个案正义及是否有利于实现立法目的是行政机关可否采行该法律适用方法之关键。

（编辑：戴津伟）

---

[1] 翁岳生：《行政法》，中国法制出版社2002年版，第206页。
[2] 章剑生：《依法行政原理之解释》，载《法治研究》2011年第6期，第9页。

行政机关救援违法旅游遇险者的费用补偿研究

——以行政法上的无因管理为视角[*]

闫映全[**]

摘 要 近期，部分景区出台了违法旅游遇险后救援费用由个人承担的规定。违法旅游遇险有偿救援的背后，是因为违法旅游者所从事的活动已不构成《旅游法》上的旅游活动，其所处区域也并非旅游区域，行政机关此时没有法定或约定的义务，为违法旅游者的利益而从事的救援活动构成行政法上的无因管理，行政机关因此有权要求合理的费用补偿。在受益人拒不补偿的情况下，行政机关当前仍然只能采取民事诉讼方式维护权益。长远来看，应通过修改《旅游法》或《行政诉讼法》的方式，赋予行政机关以行政决定方式收取费用或提起行政诉讼维护合法权益的权力（利）。

关键词 违法旅游 有偿救援 费用补偿 行政法上的无因管理

一、违法旅游遇险有偿救援引发的关注

2021 年 6 月，黄山市文化和旅游局拟定了《黄山市山岳型景区有偿救援指导意见》引发社会广泛关注。《意见》指出："本指导意见所称有偿救援，是指旅游者不遵守黄山市旅游景区游览规定，擅自进入未开发、未开放区域陷入困顿或危险状态，属地政府完成救援后，由旅游活动组织者及被救助人承担相应救援费用的活动。"无独有偶，2018 年 8

---

[*] 基金项目：2020 年教育部人文社会科学研究青年基金项目"行政机关在行政之债中的债权保障研究"（20YJC820057）

[**] 闫映全，华东政法大学党内法规研究中心助理研究员，法学博士，主要研究方向行政法、党内法规。

月，四川稻城亚丁景区开始实施《甘孜州稻城亚丁景区有偿搜救制度》。该制度适用于亚丁景区范围内非法登山、非法穿越等户外活动及未按规定线路、区域旅游而发生事故的人员。2018年9月，四川四姑娘山景区也出台了《四姑娘山景区山地户外运动突发事件有偿救援管理办法》。办法规定，擅自进入四姑娘山景区发生险情需要救援的团体或个人，擅自变更山地户外运动申报时间、线路和活动项目发生险情需要救援的团体或个人，违规开展登山、徒步、攀岩等山地户外运动项目发生险情需要救援的团体或个人，求助人员瞒报、谎报险情的团体或个人等均在有偿救援范围内。

除景区外，外交部也曾发布过类似的"通告"。2017年12月19日，外交部提醒中国公民勿心存侥幸，前往也门、利比亚等高风险地区经商，并明确指出："如中国公民在暂勿前往提醒发布后仍坚持前往或滞留相关国家和地区，有可能导致当事人面临极高安全风险，并将严重影响其获得协助的实效，且因获得协助而产生的费用需由个人承担。"[①] 2017年12月26日，外交部再次因巴厘岛火山爆发，要求中国公民谨慎前往巴厘岛旅游。并指明："鉴于上述地区的特殊情况，如中国公民在谨慎前往提醒发布后仍坚持前往上述所提醒的高风险地区，有可能导致当事人面临较高安全风险，并可能影响其获得协助的实效，因协助而产生的费用由个人承担。"[②]

频繁出台的"有偿救援"规定，针对的都是不遵守规定或不顾警示，擅自进入未开发、未开放或危险区域的"违法旅游遇险者"。这被认为是惩罚不遵守规则的驴友，约束非法旅游行为，节约社会公共资源的重要方式。这些规定的依据在《中华人民共和国旅游法》第八十二条。该条规定："旅游者在人身、财产安全遇有危险时，有权请求旅游经营者、当地政府和相关机构进行及时救助。中国出境旅游者在境外陷于困境时，有权请求我国驻当地机构在其职责范围内给予协助和保护。旅游者接受相关组织或者机构的救助后，应当支付应由个人承担的费用。"但显然，本条并未区分合法与违法旅游者，合法旅游遇险可以无偿救援，违法旅游遇险则要有偿救援，这种差别的内在正当性似乎很难以简单的"违法"来解释。另外，一旦违法旅游者拒不缴纳相关费用，外交部或景区管理部门应当如何处理？

显然，以上零星的做法虽然符合社会朴素的正义观念，却缺乏内在统一的法律机理。"有偿救援"的做法有其合理性，但这种合理性必须在法理框架下加以阐释，否则不仅易受"不平等"之诟病，无类似规定的地方也仍然无法解决违法旅游遇险后救援带来的种种问题。本文试图就实践中"有偿救援"的规定，以"行政法上的无因管理"理论加以统合和解读，从而为其提供理论正当性，并建构统一的费用补偿机制。

[①] 参见央视网：《外交部：中国公民暂勿前往利比亚等海外安全高风险国家和地区》，http://news.cctv.com/2017/12/19/ARTIPXRtqldv2EIxNYdot80L171219.shtml，2021年6月20日最后访问。

[②] 参见人民网：《外交部提醒中国公民近期谨慎前往巴厘岛旅行》，http://travel.people.com.cn/n1/2017/1226/c41570-29728851.html，2021年6月20日最后访问。

二、行政法上的无因管理理论概述

(一) 由公法之债到行政之债

隶属于"行政法上的无因管理"的"公法之债"理论。"债"最早起源于古代西亚文明,如今的民法学界通常使用的是滥觞于罗马法的债的概念,① 指"特定人与特定人之间的请求为特定行为的法律关系"。② 我国《民法典》第一百一十八条第二款规定:"债权是因合同、侵权行为、无因管理、不当得利以及法律的其他规定,权利人请求特定义务人为或者不为一定行为的权利。"按照这一定义,"债"虽然多用于私法领域如民事法律关系中,但公法上同样存在特定人之间请求为或不为一定行为的法律关系,因而不可避免地存在"债"。公法领域的债既包括存在于公法但实质仍为私法性质的债,也包括完全公法性质的债,③ 诸如税费、土地出让金等,都属于国家对公民、法人或其他组织所享有的公法债权。④

公法之债理论从1919年德国税法的改革开始产生。1919年德国《帝国租税通则》第81条"税收债务在法律规定的课税要件充分时成立"的规定,为将税收法律关系理解为一种"公法上的债权债务关系"提供了契机。1924年,德国法学家亨泽尔出版《税法》一书,随后的1926年,其与彼由拉在德国法学家大会上进行了"税法对私法概念构造的影响"的讨论。借此,以"公法之债"来理解税收法律关系的理论开始流行开来,税法演化出一种"税收债法"的观察和研究模式。⑤ 以私法或债法思维考察传统上显属公法的税法,对税法产生了深远的影响,也使德国公法学上开始延伸出"公法之债"理论:"债务关系说照亮了迄今为止的法律学上的一直被忽视的'公法上的债务'这一法律领域,使运用课税要件的观念就可对公法上的债务——税债务进行理论上的研究和体系化成为可能。"⑥ 我国已有学者对公法之债进行了体系化的研究,将公法之债界定为"在公法范围内,在特定当事人之间发生的请求特定给付的权利义务关系"。⑦ 还有学者将公法法律关系与民法上债的发生依据结合,将公法之债分为公法上的法定之债、公法侵权之债、公法合同之债、公法无因管理之债、公法不当得利之债等。⑧

由"公法之债"到"行政之债"(行政法债务关系),相关概念的含义并没有大的改

---

① 参见魏振瀛:《债与民事责任的起源及其相互关系》,载《法学家》2013年第1期,第115页。
② 张广兴:《债法总论》,法律出版社1997年版,第17页。
③ 参见柳经纬:《当代中国债权立法问题研究》,北京大学出版社2009年版,第115-118页。
④ 吴钰:《论公法债权》,载《苏州大学学报》2008年第5期,第27页。
⑤ 参见翟继光:《税法学原理——理论·实务·案例》,清华大学出版社2012年版,第43页。
⑥ [日]金子宏:《日本税法》,战宪斌、郑林根等译,法律出版社2004年版,第21页。
⑦ 汪厚冬:《公法之债论——一种体系化的研究思路》,苏州大学2016年博士学位论文,第29页。
⑧ 参见王克稳:《中国行政法律关系的回顾与思考》,载周永坤主编:《东吴法学》第19卷,中国法制出版社2009年版,第31-33页。

变。德国学者毛雷尔指出:"行政法债务关系是指行政机关和公民之间的、其构成和客体与民法债务关系类似的公法法律关系。"① 台湾学者陈敏则将行政法债务关系界定为"公行政与人民之公法法律关系中,其构造及标的与私法之债务关系相似,可以产生损害赔偿请求权者。"② 可见,尽管行政主体以单方决定为其主要行为方式,但当公共行政主体和行政相对人作为债权债务当事人的给付关系客观存在时,利益状态的实现与私法规定的情况类似,行政法上的债务关系与私法上的相应制度存在着广泛的一致性,公法与私法此时应当相互补充和容纳。③

(二) 由公法无因管理到行政法上的无因管理

公法上的无因管理(以行政法上的无因管理为主要表现形式)同样与民法上的无因管理在结构上具有高度相似性。德国行政法认为,公法无因管理即符合民法无因管理特征(管理行为、为他人、未经委托)的公法法律关系。④ 台湾行政法学者则将公法无因管理界定为"未受委任,并无义务而为他人管理公法事务"。⑤ 我国《民法典》第九百七十九条规定:"管理人没有法定的或者约定的义务,为避免他人利益受损失而管理他人事务的,可以请求受益人偿还因管理事务而支出的必要费用;管理人因管理事务受到损失的,可以请求受益人给予适当补偿。"依此,公法(行政法)上的无因管理有三个要件:管理他人公法事务、无法定或者约定的义务、为他人利益管理事务。⑥ 满足以上三个要件,则行政法上的无因管理成立。

行政法上的无因管理有四种表现形式:行政主体为行政主体、行政主体为行政相对人、行政相对人为行政主体、行政相对人为行政相对人。⑦ 违法旅游者遇险后的救援若要认定为无因管理的话,显然属于行政主体为行政相对人的无因管理行为。在行政法上,行政机关为相对人行无因管理行为,最为典型的是"代履行"。我国《行政强制法》第五十条规定:"行政机关依法作出要求当事人履行排除妨碍、恢复原状等义务的行政决定,当事人逾期不履行,经催告仍不履行,其后果已经或者将危害交通安全、造成环境污染或者破坏自然资源的,行政机关可以代履行,或者委托没有利害关系的第三人代履行。"第五

---

① [德]哈特穆特·毛雷尔:《行政法学总论》,高家伟译,法律出版社 2000 年版,第 741 页。
② 陈敏:《行政法总论》,新学林出版有限公司 2019 年版,第 1254 页。
③ 参见[德]汉斯·J. 沃尔夫、奥托·巴霍夫、罗尔夫·施托贝尔:《行政法》(第二卷),高家伟译,商务印书馆 2002 年版,第 163 页。
④ [德]哈特穆特·毛雷尔:《行政法学总论》,高家伟译,法律出版社 2000 年版,第 747 页。
⑤ 陈敏:《行政法总论》,新学林出版有限公司 2019 年版,第 1258 页。
⑥ 参见汪厚冬:《公法上无因管理的理论构造——基于释义学分析》,载《北方法学》2021 年第 2 期,第 148-150 页。
⑦ 参见[德]汉斯·J. 沃尔夫、奥托·巴霍夫、罗尔夫·施托贝尔:《行政法》(第二卷),高家伟译,商务印书馆 2002 年版,第 167-168 页。对此,德国行政法上也有争议,毛雷尔认为,行政法上的无因管理只包括前三种情况,而不包括行政相对人为行政相对人从事公法无因管理的可能。参见[德]哈特穆特·毛雷尔:《行政法学总论》,高家伟译,法律出版社 2000 年版,第 747 页。

十一条规定:"代履行的费用按照成本合理确定,由当事人承担。"在代履行法律关系中,行政相对人有排除妨碍、恢复原状等公法上的义务却未履行,行政机关在没有上述义务的情况下,为了相对人的利益或公共利益,代相对人管理了公法上的事务,成立行政法上的无因管理。当然,此时即使违背相对人的意思,但因相对人的真实意思违背法律、公序良俗或公共利益,无因管理仍然成立。

从外在的构造和法律后果来看,对违法旅游遇险者的救援及救援后的费用补偿实践,与行政法上的无因管理颇为相似,但要深入探寻行政法无因管理理论应用于实践的适宜性,还需要将目光在理论与实践间往返流转,以理论对实践加以阐释。

三、行政法上的无因管理对违法旅游遇险有偿救援的阐释

我们认为,违法旅游遇险者有偿救援背后的法理基础在于:对于违法旅游遇险者,行政机关——无论是外交部还是景区管理部门,所实施的救援行为相对于旅游者构成行政法上的无因管理,行政机关有权因此要求本人即违法旅游遇险者承担无因管理过程中支出的必要费用。当然,实践中真正实行救援的往往不是行政机关,而是行政机关委托的主体(如专业救援队),但依德国法上的通说,无因管理之规定仅在于规范管理人与本人间的债之补偿关系,也就是所谓的"内部关系",与第三人之法律关系并不在规范的范围之内。[①] 对这一观点,尚需从以下几个方面予以详细阐释。

(一) 行政法上的无因管理是否违背依法行政原则

行政法上的无因管理成立,首先意味着行政机关没有法定或约定的义务而从事了管理事务。但行政机关行为受到依法行政原则的严格控制,在没有法定或约定义务的情况下,行政机关相当于对某一事项没有管理权限。此时行政机关若实施"无因管理",反而有超越职权之嫌,可能有违依法行政原则。有学者指出,之所以要以法律的形式规定无因管理制度,除鼓励人们相互帮助外,也有防止行为人借管理之名而行损害他人利益之实的考虑。[②] 这恰恰与依法行政原则的目的相一致,因而更加印证了行政机关"无因管理"的不合法性。

对此,汪厚冬指出,随着风险社会的到来,行政主体的法定权限往往是概括性的,其目的就是要求行政机关在适当的时候能够更加积极、主动地处理流动性事态,从而维护社会秩序和人民福利。依法行政原则如今已经成为一种复数的法益衡量结果,因而无因管理并不必然违背依法行政原则。[③] 笔者对此十分赞同。其实,无因管理制度在私法中出现,

---

[①] 转引自吴从周:《见义勇为与无因管理——从德国法及台湾地区法规定评河南法院判决》,载《华东政法大学学报》2014年第4期,第8页。

[②] 参见魏振瀛:《民法》,北京大学出版社、高等教育出版社2000年版,第579页。

[③] 参见汪厚冬:《公法之债论——一种体系化的研究思路》,苏州大学2016年博士学位论文,第246页。

就已经违背了私法的根本原则即"意思自治"原则。所谓"一个人的实际同意才是判定对其事务进行干预的可接受性的唯一标准",① 无因管理本质上其实是一种"侵权行为",但法律仍然容许了这种制度存在,其目的就是要在禁止干预他人事务和鼓励帮助他人之间找寻一种平衡。② 这种平衡的合理性在于,禁止干预他人和帮助他人都会有利于他人的利益,这也是无因管理的正当性基础。③ 行政法上的无因管理同样如此,依法行政原则是为了保护相对人的合法权益不受行政机关的侵犯,而在无因管理情形下,行政机关的行为同样是为了维护相对人的利益。两者的一致性,使行政法上的无因管理并不违背依法行政原则。当然,在德国法上,只有在情况紧急并且在纯主权领域没有法律限制的情况下,行政机关才能实施无因管理,④ 且行政机关的无因管理行为不得有损害法律保留的情况,⑤ 不得牵涉第三人的利益。⑥ 这是对行政机关没有法定权力和管辖权而干涉公民权利的限制,对违法旅游遇险者的救援显然符合上述条件。

(二)违法旅游遇险者与行政机关之间是否存在法定或约定义务

我国《旅游法》第十二条规定:"旅游者在人身、财产安全遇有危险时,有请求救助和保护的权利。"第八十二条规定:"旅游者在人身、财产安全遇有危险时,有权请求旅游经营者、当地政府和相关机构进行及时救助。"这明确规定了行政机关的法定救助义务。况且,部分违法旅游者也购买了门票,他们和景区之间的合同关系因此成立,行政机关此时有法定或约定的义务,又如何构成无因管理?

这一问题涉及对以上法律的解释。从《旅游法》的制定目的条款和框架体例安排来看,《旅游法》整个建立在合法旅游的范畴之内,并未考虑本文所涉及的非法旅游问题。根据《旅游法》第二条规定,所谓的"旅游"是指在境内和境外进行的"游览、度假、休闲等形式的活动",但违法旅游者进入未开放、未开发区域,目的往往在于探险猎奇、寻求刺激甚至自杀等极端行为,这些行为已经很难归属到《旅游法》上的"旅游"概念中。质言之,违法旅游者已经不能为上述第十二条、第八十二条中的"旅游者"概念所包含,正如职业打假人在一段时间内被司法认定为不属于"消费者"一样。另一方面,当地政府、景区管理部门等对旅游者的救援义务,实际上是其对旅游区域进行管理、维护义务的延伸。但违法旅游者不顾警示所进入的区域,往往是未开发、未开放的无人区,不属于严格意义上的"旅游区域"。即使旅游者购买了门票,这些区域也不能纳入合同范围内,

---

① Hanoch Dagan. *The Law and Ethics of Restitution*, Cambridge University Press, 2004, pp97 - 98.
② 参见王泽鉴:《债法原理1》,中国政法大学出版社2001年版,第325-361页。
③ 参见杨与龄:《民法概要》,三民书局2000年版,第113-116页。
④ 参见[德]哈特穆特·毛雷尔:《行政法学总论》,高家伟译,法律出版社2000年版,第748页。
⑤ 参见[德]汉斯·J. 沃尔夫、奥托·巴霍夫、罗尔夫·施托贝尔:《行政法》(第二卷),高家伟译,商务印书馆2002年版,第168页。
⑥ 转引自陈敏:《行政法总论》,新学林出版有限公司2019年版,第1260页。

行政机关对这些地区不存在《旅游法》或旅游合同上的管理和维护义务，或者说，其管理和维护义务的履行恰恰在于对这些区域不加开发从而保护当地资源和环境，这种"不作为"的要求很难延伸出法定或约定的救援义务。

（三）行政机关是否存在概括性救援义务？

在学界，有学者反其道而行之，认为行政机关存在的目的在于为人民服务，行政主体的工作人员也因其公务员身份而承担一种先行为义务。因此，行政主体为行政相对人利益而从事的一切活动，包括救援违法旅游的遇险者的情况，都可以概括地认为有法定义务，因而不符合无因管理的条件。①

这一观点有其合理性。包括行政机关在内，整个国家在建立之初都被赋予了一种概括性义务，即维护全体公民之利益。国家及其机关为公民利益从事的各类活动，都属于广义的"分内之事"。实践中同样有居民被锁门外后打119向消防人员求助，甚至有老人打110报警只为与民警聊天派遣孤寂的案例，②确实很难认为此时消防部门或公安机关属于"无因管理"而可以要求补偿。

但这种"概括性义务"的观点，给行政机关施加了过重的负担，不仅可能造成行政机关随意超越权限，干涉公民私人事务的结果，而且会模糊利益维护的重点，反而降低权利保护的可能性。行政机关何时没有义务因而构成无因管理，可以尝试从公权力视角进行分析。虽然公权力及与此相配套的反射利益理论主要为了解决行政诉讼原告资格问题，但公权力的原本含义在于"公法赋予个人为实现其权益而要求国家为或者不为特定行为的权能"。③所以，行政机关在上述情况下是否成立无因管理，与相对人此时是否享有公权力有直接联系。如果相对人在此种情况下享有公权力，则行政机关不构成无因管理，反之亦然。

在公权力的判断上，"法律……确定在什么样的限度要竭力保障这样被选定的一些利益，同时也考虑到其他已经被承认的利益和通过司法或者行政过程来保障它们的可能性"。④可见，哪些利益被法律确定为公权利，取决于其本身的重要性、与其他利益的关系以及保护可行性。违法旅游遇险者要求国家保护的利益是自己的人身权、财产权乃至生命权，重要性自不待言。但这种需求的产生是源于其自身行为违法，此时强加给行政机关以义务似乎过于严苛，或多或少违背了"保护可行性"标准。从被保护利益与其他利益的关系看，此时保护个人利益与维护公共利益间存在一定矛盾，因为这相当于让整个社会为

---

① 参见张弘：《行政法无因管理研究——以公民为行政机关从事行政活动为分析视角》，载《东方法学》2011年第5期，第68-69页。
② 秦聪聪：《孤寂老太忍不住打110找人聊天》，载《生活日报》2013年9月29日，第A06版。
③ [德]哈特穆特·毛雷尔《行政法学总论》，高家伟译，法律出版社2000年，第152页。
④ [美]罗·庞德：《通过法律的社会控制》，沈宗灵译，商务印书馆1984年版，第36页。

个别违法者买单。何况，公权利的根本目的在于"防止相对人沦为国家随意支配的客体，以防御国家以公益之名对其过度侵害"。① 但这些遇险者的生命财产安全受到威胁并非源于行政机关的行为，赋予其公权力并不合理。最后，随着德国行政法在"实质法治国"理念下被更新，在公权利问题上出现了"新保护规范说"，其中"自己责任"原则成为公权利认定标准之一。② 根据以上标准，赋予因违法旅游遇险者以公权力似乎并不妥当，认为行政机关的救援行为构成无因管理，更有理论上和实践上的合理性。

但若如此，是否可以认为，行政机关面对违法旅游遇险者可以"见死不救"？我们认为，出于现代国家对公民生存照顾的职能，行政机关应当救援违法旅游遇险者，但这仅仅是一种国家的"道义救助义务"而非法律义务。违法旅游者所从事的，是一种法律上的"自甘风险"行为。根据日本法上的规定，管理人为使本人能够避免其身体、名誉或财产遇到的紧急危害而做出的事务管理，除非有恶意或重大过失外，对因此发生的损害不负赔偿责任。③ 实践中，救援人员因各种条件限制导致救援失败的情况非常常见，也未见有以行政机关未妥善履行救援义务为由而请求国家赔偿的情况。

（四）违法旅游遇险的有偿救援是否可能构成私法的无因管理

在公法之债起源地的德国，区分公法无因管理和私法无因管理的标准存在争议。有人主张根据管理人活动的法律性质判断，有人主张根据管理本身的法律性质判断，后者为较为通行的观点。④ 台湾学者进一步指出："公行政与人民之间，可以成立公法或私法之无因管理关系，因该无因管理为公法或私法性质之不同，不仅须具备不同之要件，始能成立合法之无因管理，其法律救济途径亦因之而异。无因管理之性质之认定，学说有人主张应依'管理人'管理行为之性质定之者。惟通说者认为，应依该事务由'本人'自为管理时之性质定之。"⑤ 在违法旅游遇险救援的情况中，管理活动本质上是行政机关对旅游遇险者人身、财产的救援，是动用国家和社会资源对个人事务进行管理的活动，并非纯粹的"个人事务"，而是个人与行政机关之间的关系。况且，救援事务本身同时是景区管理部门对景区进行管理、维护事务的延伸，这也属于公法而非私法上的事务。因此，违法旅游遇险救援构成公法而非私法上的无因管理。

四、行政机关救援违法旅游遇险者的费用补偿途径

公法无因管理的出现，最终目的在于解决实务中的费用补偿问题，即为行政机关无因

---

① 鲁鹏宇：《德国公权理论评介》，载《法制与社会发展》2010年第5期，第42页。
② 参见 鲁鹏宇：《德国公权理论评介》，载《法制与社会发展》2010年第5期，第43页。
③ 转引自章程：《见义勇为的民事责任——日本法的状况及其对我国法的启示》，载《华东政法大学学报》2014年第4期。
④ 参见［德］哈特穆特·毛雷尔：《行政法学总论》，高家伟译，法律出版社2000年版，第749页。
⑤ 陈敏：《行政法总论》，新学林出版有限公司2019年版，第1258-1259页。

管理后获取费用补偿提供一种请求权基础。如前所述，外交部和个别景区已通过公告或景区管理规定的形式明确要求非法旅游遇险后的救援费用由个人支付。但若被救援者拒绝支付相关费用，外交部或景区管理部门应以何种手段维护自身利益，相关通告或规定并未明确。黄山景区采取的方式是将拒不缴纳救援费用者纳入当地的"旅游黑名单"，但如此处理，获得补偿的目的终究并未实现。实践中，还有被救者勉为其难缴纳费用，但想方设法给行政机关和实际救援主体设置障碍的情况①，这体现出进一步明确费用补偿路径的必要。

（一）行政机关费用补偿的当前路径

我国学者研究行政法上的无因管理也大多注意到了其中的补偿请求权问题。但现有研究多是关注行政相对人为行政机关从事无因管理后对行政机关取得费用补偿请求权的情况，很少关注行政机关为相对人从事无因管理后应当如何获得补偿的问题。② 不过，行政法债务关系中的请求权虽然主要针对国家，"但反过来国家也可能享有针对公民的相应的请求权。"③ 所以，必须关注行政机关救援违法旅游遇险者后的费用补偿路径。

当前，行政机关在违法旅游遇险者拒不缴纳救援费用的情况下，可以尝试采取民事诉讼的方式维护自身权益。我国《民法典》第九十七条规定："有独立经费的机关和承担行政职能的法定机构从成立之日起，具有机关法人资格，可以从事为履行职能所需要的民事活动。"本条明确了行政机关的民事主体资格。第九百七十九条规定："管理人没有法定的或者约定的义务，为避免他人利益受损失而管理他人事务的，可以请求受益人偿还因管理事务而支出的必要费用。"本条的"管理人"并未要求必须是自然人，法人同样可以构成无因管理。在我国司法实践中，已有法院认定行政主体对私人构成无因管理，并要求本人对行政机关的支出进行补偿的案例。例如，在"连州市西江镇人民政府与姚锦全、严雪连、严锦坤等追偿权纠纷一案"中，法院认为："原告作为地方一级人民政府，是行政机关，无法定的或约定的义务赡养有婚生子女的被告严家田。原告将年老、身体差、生活无法自理的被告严家田送到连州市×××暂时安置并支付相应费用是一种无因管理行为，而无因管理是指没有法定的或者约定的义务，为避免他人利益受损失进行管理或者服务的，

---

① 例如，2021年5月6日，陕西宝鸡，非法穿越鳌太线的2名驴友被困，搜救队20多小时后将其带出。事后家属承诺的每辆车500元车费只同意按200元结算，并让队员打7小时车程外领取。参见光明网：《秦岭失联驴友获救后减扣搜救者车费 搜救者：人没事就好》，https://m.gmw.cn/baijia/2021-05/07/1302278027.html，2021年8月17日最后访问。

② 参见张弘：《行政法无因管理研究——以公民为行政机关从事行政活动为分析视角》，载《东方法学》2011年第5期，第68-59页；曹达全：《无因管理行为公法保护制度探讨——以加强对无因管理者权利的保护为重点》，载《理论探索》2008年第2期；李晓新：《论公法性质之无因管理》，载胡建淼主编：《公法研究》2009年第七辑；宁立成：《论公法上的无因管理引起的国家补偿》，载《江汉论坛》2003年第1期。

③ ［德］哈特穆特·毛雷尔：《行政法学总论》，高家伟译，法律出版社2000年版，第742页。

有权要求受益人偿付由此而支付的必要费用。"① 在"天津市滨海新区人民政府寨上街道办事处与天津市圣天石工贸有限公司无因管理纠纷案"中，法院也将街道办事处先行替污染企业处理污染的行为认定为无因管理并明确指出："在圣天石公司电石灰堆料已经形成污染源，环保部门进行督察督办的情况下，为避免公众利益遭受更大损失，寨上街道办事处治理圣天石公司电石灰料堆污染所支付1374461元的必要费用，应由圣天石公司向寨上街道办事处承担给付义务。"②

以民事诉讼的方式解决无因管理的费用补偿问题有一定的合理性。在德国法院看来，"存在这种'需要'，即除一般的公法规则外，对这种'特殊的、紧密的行政机关和公民之间的关系'类推适用民法典的债法特别规定，尤其是有关赔偿责任的规定。"③ 但不区分公法的无因管理和私法的无因管理只是当前情况下的权宜之计。事实上，由于案件发生在公法领域内，其中有公权力运用和公共利益的问题，公法无因管理显然更应当纳入行政法领域内解决。

（二）行政机关费用补偿路径的完善

将行政法上的无因管理请求权问题纳入行政法领域处理，是世界发达国家的通例。在德国，有法律授权的情况下，行政主体还可以通过行政行为（给付决定）实现行政法债务关系中的权利。④ 此外，根据德国行政法院法第40条第1款规定，行政法院对国家的支出补偿请求和损害赔偿请求享有管辖权，⑤ 行政主体和行政相对人都可以通过向行政法院提起给付之诉实现行政法债务关系中的权利。

在我国，《旅游法》虽然规定"旅游者接受相关组织或者机构的救助后，应当支付应由个人承担的费用"，但并未明确赋予行政机关以"单方行政决定"方式收取救援费用的权力。因此，以本条作为行政机关作出行政决定乃至后续申请法院强制执行（行政非诉执行）的法律依据，可以解决一时之急，但依据不够充分。背后的根本原因在于，我国主要建立在单方性、高权性行政行为之上的行政法体系，无法适用于公法无因管理这样有平权倾向的法律关系中。这也是为什么，违法旅游遇险有偿救援的规定会受到质疑和抵触。

借鉴德国法的规定，违法旅游救援的费用补偿争议，最公正的处理方法是由行政机关在法院提起行政诉讼，这也是最符合公法无因管理结构的一种处理方式。但我国行政诉讼只能"民告官"，并没有"官告民"的诉讼模式，这是公法无因管理在我国行政诉讼上始终无法出现的症结。不过近年来，我国许多学者已经开始讨论"官告民"的"反向行政

---

① 广东省连州市人民法院民事判决书（2020）粤1882民初708号。
② 天津市滨海新区人民法院民事判决书（2020）津0116民初17955号。
③ ［德］哈特穆特·毛雷尔：《行政法学总论》，高家伟译，法律出版社2000年版，第741—742页。
④ 参见［德］汉斯·J. 沃尔夫、奥托·巴霍夫、罗尔夫·施托贝尔：《行政法》（第二卷），高家伟译，商务印书馆2002年版，第178页。
⑤ 参见［德］哈特穆特·毛雷尔：《行政法学总论》，高家伟译，法律出版社2000年版，第750页。

诉讼"，而反向行政诉讼的一个很重要的适用场域就是"行政法上的债权债务关系"，包括行政法上的无因管理。① 从行政诉讼类型划分看，德国行政法上的"一般给付之诉"便可以"官告民"。一般给付之诉指公民要求公共行政主体或公共行政主体要求公民依公法规范作出、容忍或停止作出某行为的诉。一般给付之诉要求的给付通常可以是除行政行为以外的任何一种给付；其原告不仅可以是公民，还可以是行政机关。② 与之类似，我国《行政诉讼法》第七十八条规定："被告不依法履行、未按照约定履行或者违法变更、解除本法第十二条第一款第十一项规定的协议的，人民法院判决被告承担继续履行、采取补救措施或者赔偿损失等责任。"本条相当于在行政协议（即行政法上的合同之债，同样属于行政之债或公法之债范畴）中加入了对行政机关的一般给付判决，作为我国没有一般给付之诉的替代。虽然目前尚无行政机关对相对人的一般给付之诉，但可以想见，随着行政协议进入行政诉讼法中，行政诉讼中加入"民告官"的诉讼也变得越来越可能。

所以，关于行政机关救援违法旅游者的费用补偿路径，当前可以继续采取民事诉讼审理的方式进行，短期内可以通过解释或修改《旅游法》，赋予行政机关以行政决定及后续的行政非诉执行方式获取费用补偿的权力，长远的方式是修改《行政诉讼法》并加入"官告民"的"反向行政诉讼"后，将公法无因管理纳入其中处理。

五、结语

违法旅游遇险的有偿救援是近期颇受关注社会问题。违法旅游有偿救援，合法旅游无偿救援，从法理上解释，是因为违法旅游者所从事的活动已非旅游活动，活动的区域也并非旅游管理区域，因而行政机关没有法定或者约定的义务对其进行救援。在这种情况下，行政机关为了违法旅游者的生命财产安全对其进行救援的活动，构成行政法上的无因管理，行政机关因此而付出的费用，有权要求受益人予以补偿。行政机关从事无因管理在我国司法实践中已经被承认，但囿于行政诉讼单向构造的限制，而只能委身民事诉讼之中。未来，随着行政诉讼出现"官告民"的构造，相关争议可以得到更加正当和合理的解决。

（编辑：蒋太珂）

---

① 参见解志勇、闫映全：《反向行政诉讼：全域性控权与实质性解决争议的新思路》，载《比较法研究》2018年第3期。

② 参见刘飞：《行政诉讼类型制度探析——德国法的视角》，载《法学》2004年第3期。

附：《法律方法》稿约

《法律方法》是由华东政法大学法律方法论学科暨法律方法研究院编辑出版，陈金钊、谢晖教授共同主编的定期连续出版物。本刊自 2002 年创办以来已出版多卷，2007 年入选 CSSCI 来源集刊，并继续入选近年来 CSSCI 来源集刊。从 2019 年起，本刊每年拟出版 3 至 4 卷。作为我国法律方法论研究的一方重要阵地，本刊诚挚欢迎海内外理论与实务界人士惠赐稿件。

稿件请以法律方法研究为主题（含译文），包括部门法学领域有关法律方法的研究论文。稿件正文应在 1 万字以上。本刊审稿实行明确的三审制度，对来稿以学术价值与质量为采稿标准，并由编辑委员会集体讨论提出相应的最终用稿意见。本刊已实行独立作者署名的制度。本刊将不断推进实施用稿与编辑质量提升计划。

一、栏目设置

本刊近几卷逐渐形成一些相对固定的栏目，如域外法律方法、法律方法理论、司法方法论、部门法方法论等。当然，也会根据当期稿件情况，相应设置一定的主题研讨栏目。

二、版权问题

为适应我国信息化建设，扩大本刊及作者知识信息交流渠道，本刊已被《中国学术期刊网络出版总库》及 CNKI 系列数据库收录，其作者文章著作权使用费与本刊稿酬一次性给付。如作者不同意文章被收录，请在来稿时声明，本刊将做适当处理。

三、来稿要求

1. 本刊属于专业研究集刊，只刊登有关法律方法论研究方面的稿件，故请将这方面的作品投稿本刊。

2. 稿件须是未曾在任何别的专著、文集、网络上出版、发表或挂出，否则本刊无法采用。

3. 来稿如是译文，需要提供外文原文和已获得版权的证明（书面或电子版均可）。

4. 来稿请将电子版发到本刊收稿邮箱 falvfangfa@163.com 即可，不需邮寄纸质稿件。发电子邮件投稿时，请在主题栏注明作者姓名与论文篇名；请用 WORD 文档投稿，附件 WORD 文件名也应包括作者姓名和论文篇名。请把作者联系方式（地址、邮编、电话、电子信箱等）注明在文档首页上，以便于联系。

5. 本刊一般在每年的 6 月和 12 月前集中审稿，请在此之前投稿。本刊不收任何形式的版面费，稿件一经采用即通知作者，出版后邮寄样刊。

6. 来稿需要有中文摘要（300字左右）、关键词（3－8个）。欢迎在稿件中注明基金项目。作者简介包括：姓名、性别、籍贯、工作（学习）单位与职称、学历和研究方向等。

7. 为方便作者，稿件请采用页下注释，注释符用"1、2、3…"即可，每页重新记序数。非直接引用原文时，注释前需要加"参见"，引用非原始资料时，需要注明"转引自"。每个注释即便是与前面一样，也要标注完整，不可出现"同前注…"、"同上"。正文中注释符的位置，应统一放在引用语句标点之后。

四、注释引用范例

1. 期刊论文

陈金钊：《法治之理的意义诠释》，载《法学》2015年第8期，第20页。

匡爱民、严杨：《论我国案例指导制度的构建》，载《中央民族大学学报（哲学社会科学版）》2009年第6期，第65页。

2. 文集论文

参见焦宝乾：《也论法律人思维的独特性》，载陈金钊、谢晖主编：《法律方法》（第22卷），中国法制出版社2017年版，第119~120页。

3. 专著

参见王泽鉴：《民法思维：请求权基础理论体系》，北京大学出版社2009年版，第165~166页。

4. 译著

［德］卡尔·拉伦茨：《法学方法论》，陈爱娥译，商务印书馆2005年版，第160页。

5. 教材

张文显主编：《法理学》（第4版），高等教育出版社2011年版，第274页。

6. 报纸文章

葛洪义：《法律论证的"度"：一个制度问题》，载《人民法院报》2005年7月4日，第5版。

7. 学位论文

参见孙光宁：《可接受性：法律方法的一个分析视角》，山东大学2010年博士论文，第182页。

8. 网络文章

赵磊：《商事指导性案例的规范意义》，载中国法学网http：//www.iolaw.org.cn/showArticle.aspx？id＝5535，最后访问日期：2018年6月21日。

9. 外文文献

See Joseph Raz, "Legal Principles and The Limits of Law", *Yale Law Journal*, vol. 81, 1972, p. 839.

See Aleksander Peczenik, *On Law and Reason*, Dordrecht/Boston/London: Kluwer Academic Publishers, 1989, p. 114 – 116.

Tom Ginsburg, "East Asian Constitutionalism in Comparative Perspective", in Albert H. Y. Chen, ed., *Constitutionalism in Asia in the Early Twenty – First Century*, Cambridge: Cambridge University Press, 2014, p. 39.

引用英文以外的外文文献请依照其习惯。

《法律方法》编辑部

2021 年 10 月于上海